# OECD Institutional Investors Statistics 2020

OECD
BETTER POLICIES FOR BETTER LIVES

**Please cite this publication as:**
OECD (2020), *OECD Institutional Investors Statistics 2020*, OECD Publishing, Paris, *https://doi.org/10.1787/9a827fb7-en.*

ISBN 978-92-64-51252-8 (print)
ISBN 978-92-64-39355-4 (pdf)

OECD Institutional Investors Statistics
ISSN 2225-2061 (print)
ISSN 2225-207X (online)

Corrigenda to publications may be found on line at: *www.oecd.org/about/publishing/corrigenda.htm.*

# Table of contents

# *Conventional signs and abbreviations*

## Signs and abbreviations

| | |
|---|---|
| .. | Not available |
| . | Decimal point |
| 0 | Nil or negligible |

## Concepts and definitions

Metadata (data):

*http://stats.oecd.org/OECDStat_Metadata/ShowMetadata.ashx?Dataset=QASA_7II.*

Metadata (indicators): *http://stats.oecd.org/OECDStat_Metadata/ShowMetadata.ashx?Dataset=QASA_7II_INDIC.*

## Online database

OECD Institutional Investors Statistics (*http://dx.doi.org/10.1787/instinv-data-en*).

## System of National Accounts

Commission of the European Communities, International Monetary Fund, Organisation for Economic Co-operation and Development, United Nations, World Bank, Brussels/Luxembourg, New York, Paris, Washington, DC., 1993, *System of National Accounts 1993, http://unstats.un.org/unsd/nationalaccount/docs/1993sna.pdf.*

European Commission, International Monetary Fund, Organisation for Economic Co-operation and Development, United Nations, World Bank, New York, 2009, *System of National Accounts 2008, http://unstats.un.org/unsd/nationalaccount/docs/SNA2008.pdf.*

## Methodology

Annual data refer to Q4. Quarterly data are available in the database.

# ISO currency abbreviations

| Abbreviation | Country | Currency |
|---|---|---|
| AUD | Australia | dollar |
| EUR | Austria | euro |
| EUR | Belgium | euro |
| CAD | Canada | dollar |
| CLP | Chile | peso |
| CZK | Czech Republic | koruna |
| DKK | Denmark | krone |
| EUR | Estonia | euro |
| EUR | Finland | euro |
| EUR | France | euro |
| EUR | Germany | euro |
| EUR | Greece | euro |
| HUF | Hungary | forint |
| ISK | Iceland | króna |
| EUR | Ireland | euro |
| ILS | Israel | new sheqel |
| EUR | Italy | euro |
| JPY | Japan | yen |
| KRW | Korea | won |
| EUR | Latvia | euro |
| EUR | Lithuania | euro |
| EUR | Luxembourg | euro |
| MXN | Mexico | peso |
| EUR | Netherlands | euro |
| NZD | New Zealand | dollar |
| NOK | Norway | krone |
| PLN | Poland | zloty |
| EUR | Portugal | euro |
| EUR | Slovak Republic | euro |
| EUR | Slovenia | euro |
| EUR | Spain | euro |
| SEK | Sweden | krona |
| CHF | Switzerland | franc |
| TRY | Turkey | lira |
| GBP | United Kingdom | pound |
| USD | United States | dollar |
| RUB | Russian Federation | ruble |

# International comparisons

## Table 1. Financial assets and liabilities of investment funds, as a percentage of GDP

*Per cent*

| | 2012 | 2013 | 2014 | 2015 | 2016 | 2017 | 2018 | 2019 |
|---|---|---|---|---|---|---|---|---|
| **Financial assets** | | | | | | | | |
| Austria | 46.3 | 46.0 | 48.6 | 48.3 | 48.0 | 48.6 | 43.7 | 47.5 |
| Belgium | 22.6 | 26.7 | 31.0 | 35.6 | 34.9 | 40.5 | 36.4 | 38.9 |
| Canada | 63.0 | 72.5 | 80.8 | 90.0 | 98.7 | 103.7 | 100.0 | 107.2 |
| Chile | .. | .. | 18.1 | 20.0 | 22.8 | 23.3 | 25.2 | 29.0 |
| Czech Republic | 4.1 | 4.5 | 5.1 | 5.6 | 6.7 | 8.0 | 7.7 | 8.5 |
| Denmark | 86.8 | 97.4 | 105.5 | 101.8 | 104.2 | 109.3 | 101.4 | 113.5 |
| Estonia | 2.8 | 3.3 | 2.8 | 3.5 | 4.0 | 4.6 | 4.0 | 4.6 |
| Finland | 36.2 | 40.4 | 45.6 | 51.5 | 53.6 | 57.5 | 52.1 | 56.6 |
| France | 67.0 | 66.1 | 67.6 | 70.0 | 74.1 | 77.4 | 70.1 | 72.0 |
| Germany | 46.0 | 48.7 | 53.1 | 57.4 | 60.7 | 62.8 | 60.8 | 68.6 |
| Greece | 2.5 | 2.8 | 2.7 | 2.4 | 2.3 | 2.4 | 2.2 | 2.9 |
| Hungary | 11.4 | 14.8 | 16.6 | 16.3 | 16.0 | 15.9 | 14.1 | 13.8 |
| Iceland | 23.2 | 23.9 | 24.2 | 26.1 | 32.3 | 30.8 | 28.7 | 30.3 |
| Ireland | .. | .. | .. | .. | .. | .. | .. | .. |
| Israel | 17.2 | 21.8 | 23.6 | 19.6 | 17.5 | 19.1 | 23.1 | 25.1 |
| Italy | 9.7 | 12.8 | 14.6 | 15.4 | 15.5 | 16.0 | 15.0 | 15.4 |
| Japan | 20.6 | 26.0 | 29.2 | 32.4 | 34.1 | 38.1 | 38.9 | 43.2 |
| Korea | 22.0 | 22.4 | 24.4 | 25.7 | 28.1 | 29.6 | 31.0 | 37.4 |
| Latvia | 1.2 | 1.3 | 1.1 | .. | .. | .. | .. | .. |
| Lithuania | 0.5 | 0.7 | 0.8 | 0.9 | 1.4 | 1.7 | 1.8 | 2.2 |
| Luxembourg | 6 009.6 | 6 283.5 | 6 773.2 | 7 274.6 | 7 380.6 | 7 871.2 | 7 417.7 | 8 121.9 |
| Netherlands | .. | .. | .. | .. | .. | .. | .. | .. |
| New Zealand | .. | .. | 36.4 | 40.9 | 43.8 | 48.2 | 49.7 | 55.8 |
| Norway | .. | .. | .. | .. | .. | .. | .. | .. |
| Poland | .. | .. | .. | .. | .. | .. | .. | .. |
| Portugal | .. | .. | .. | .. | .. | .. | .. | .. |
| Slovak Republic | .. | .. | .. | .. | .. | .. | .. | .. |
| Slovenia | 5.1 | 5.1 | 5.7 | 6.0 | 6.1 | 6.2 | 5.4 | 6.3 |
| Spain | 14.9 | 18.6 | 23.0 | 24.4 | 25.0 | 26.4 | 24.8 | 25.8 |
| Sweden | 50.7 | 62.0 | 75.5 | 75.1 | 81.6 | 86.8 | 82.2 | 98.5 |
| Switzerland | .. | .. | .. | .. | .. | .. | .. | .. |
| Turkey | .. | .. | 2.2 | 1.7 | 1.8 | 1.8 | 1.3 | 2.7 |
| United Kingdom | .. | .. | .. | .. | .. | .. | .. | .. |
| United States | 94.2 | 105.4 | 107.8 | 102.3 | 105.7 | 118.6 | 107.5 | 125.3 |
| Russian Federation | 1.5 | 1.6 | 1.7 | 1.9 | 2.1 | 2.6 | 2.7 | 3.8 |
| **Financial liabilities** | | | | | | | | |
| Austria | 46.8 | 46.5 | 49.1 | 49.1 | 48.9 | 49.6 | 45.0 | 49.0 |
| Belgium | 22.6 | 26.7 | 31.0 | 35.6 | 34.9 | 40.5 | 36.4 | 38.9 |
| Canada | 63.3 | 72.7 | 81.0 | 90.2 | 99.0 | 103.9 | 100.2 | 107.4 |
| Chile | .. | .. | 0.3 | 0.5 | 0.4 | 0.3 | 0.4 | 0.5 |
| Czech Republic | 5.4 | 6.0 | 6.8 | 7.3 | 8.3 | 9.1 | 9.0 | 10.3 |
| Denmark | 88.5 | 97.0 | 104.9 | 100.2 | 102.3 | 107.4 | 98.1 | 111.2 |
| Estonia | 2.8 | 3.2 | 2.9 | 3.6 | 4.0 | 4.6 | 4.1 | 4.6 |
| Finland | 36.0 | 40.3 | 45.4 | 51.4 | 55.6 | 59.6 | 54.2 | 58.4 |
| France | 68.9 | 68.2 | 70.0 | 72.8 | 76.5 | 80.1 | 73.3 | 75.4 |
| Germany | 49.5 | 52.1 | 56.5 | 62.2 | 65.4 | 67.4 | 65.7 | 73.8 |
| Greece | 3.3 | 3.6 | 3.8 | 3.5 | 3.4 | 3.7 | 3.6 | 3.9 |
| Hungary | 12.5 | 15.9 | 17.6 | 17.2 | 17.1 | 17.4 | 16.6 | 16.8 |
| Iceland | 23.3 | 23.9 | 24.2 | 26.1 | 33.9 | 32.3 | 29.2 | 30.6 |
| Ireland | .. | .. | .. | .. | .. | .. | .. | .. |
| Israel | .. | .. | .. | .. | .. | .. | .. | .. |
| Italy | 11.3 | 12.5 | 15.6 | 17.3 | 17.7 | 18.9 | 18.1 | 19.0 |
| Japan | 20.6 | 26.0 | 29.2 | 32.4 | 34.1 | 38.1 | 38.9 | 43.2 |
| Korea | 22.1 | 22.5 | 24.6 | 25.8 | 28.0 | 29.6 | 31.3 | 38.2 |
| Latvia | 1.6 | 1.7 | 1.2 | .. | .. | .. | .. | .. |
| Lithuania | 0.6 | 0.7 | 0.9 | 1.1 | 2.1 | 2.5 | 2.6 | 2.8 |
| Luxembourg | 6 027.2 | 6 300.9 | 6 794.4 | 7 293.0 | 7 400.0 | 7 892.0 | 7 447.0 | 8 158.0 |
| Netherlands | .. | .. | .. | .. | .. | .. | .. | .. |
| New Zealand | .. | .. | .. | .. | .. | .. | .. | .. |
| Norway | .. | .. | .. | .. | .. | .. | .. | .. |
| Poland | .. | .. | .. | .. | .. | .. | .. | .. |
| Portugal | .. | .. | .. | .. | .. | .. | .. | .. |
| Slovak Republic | .. | .. | .. | .. | .. | .. | .. | .. |
| Slovenia | 5.1 | 5.1 | 5.7 | 6.0 | 6.1 | 6.2 | 5.4 | 6.3 |
| Spain | 15.3 | 19.1 | 23.0 | 24.5 | 25.0 | 26.6 | 25.0 | 25.9 |
| Sweden | 50.7 | 62.0 | 75.5 | 75.1 | 81.6 | 86.8 | 82.2 | 98.5 |
| Switzerland | .. | .. | .. | .. | .. | .. | .. | .. |
| Turkey | .. | .. | .. | .. | .. | .. | .. | .. |
| United Kingdom | .. | .. | .. | .. | .. | .. | .. | .. |
| United States | 95.5 | 106.9 | 109.5 | 104.2 | 107.5 | 120.3 | 109.2 | 127.4 |
| Russian Federation | 2.4 | 2.9 | 3.1 | 3.2 | 3.3 | 3.6 | 3.5 | 4.7 |

Note: Detailed metadata at:

*http://metalinks.oecd.org/instinv/20200916/ba61* (financial assets liabilities)

Information on data for Luxembourg:

*http://metalinks.oecd.org/instinv/20200916/e316* (financial assets) and *http://metalinks.oecd.org/instinv/20200916/6f9d* (financial liabilities).

## Table 2. Financial assets and liabilities of insurance corporations, as a percentage of GDP

*Per cent*

| | 2012 | 2013 | 2014 | 2015 | 2016 | 2017 | 2018 | 2019 |
|---|---|---|---|---|---|---|---|---|
| **Financial assets** | | | | | | | | |
| Austria | 35.5 | 35.2 | 36.1 | 34.9 | 33.6 | 32.0 | 29.8 | 29.7 |
| Belgium | 73.6 | 72.5 | 78.7 | 76.2 | 73.0 | 70.0 | 67.9 | 74.7 |
| Canada | 39.5 | 40.1 | 41.5 | 42.8 | 45.2 | 43.7 | 41.9 | 45.0 |
| Chile | .. | .. | .. | 18.8 | 19.6 | 19.9 | 20.3 | 21.4 |
| Czech Republic | 11.3 | 11.4 | 11.6 | 10.6 | 10.7 | 10.5 | 10.0 | 9.2 |
| Denmark | 98.8 | 97.7 | 107.1 | 104.4 | 113.0 | 113.2 | 108.7 | 123.8 |
| Estonia | 5.5 | 5.2 | 5.0 | 5.2 | 5.7 | 5.6 | 5.7 | 6.5 |
| Finland | 29.0 | 29.9 | 33.0 | 34.0 | 33.8 | 33.5 | 30.9 | 32.3 |
| France | 99.4 | 103.1 | 111.6 | 112.3 | 120.3 | 121.1 | 117.0 | 122.9 |
| Germany | 59.6 | 61.2 | 63.2 | 63.0 | 63.1 | 62.2 | 60.7 | 64.6 |
| Greece | 7.7 | 8.5 | 8.6 | 8.8 | 8.8 | 8.9 | 8.9 | 9.7 |
| Hungary | 8.3 | 8.0 | 8.0 | 7.7 | 7.7 | 7.5 | 6.8 | 6.8 |
| Iceland | 9.7 | 9.9 | 9.7 | 8.2 | 8.2 | 8.4 | 8.2 | 8.6 |
| Ireland | 125.6 | 120.4 | 124.3 | 98.1 | 99.8 | 94.2 | 84.9 | 90.1 |
| Israel | 33.1 | 34.4 | 35.7 | 36.0 | 36.4 | 38.8 | 39.0 | 41.6 |
| Italy | 32.0 | 35.3 | 40.1 | 45.0 | 48.0 | 49.1 | 47.2 | 52.1 |
| Japan | 82.7 | 87.9 | 90.5 | 89.0 | 91.8 | 91.1 | 90.5 | 92.9 |
| Korea | 53.1 | 55.6 | 59.7 | 61.2 | 63.8 | 65.1 | 65.7 | 69.6 |
| Latvia | .. | .. | .. | .. | .. | .. | .. | .. |
| Lithuania | 2.8 | 2.5 | 3.2 | 3.6 | 4.5 | 4.5 | 4.5 | 4.8 |
| Luxembourg | 303.7 | 306.8 | 326.4 | 350.5 | 338.5 | 337.0 | 337.2 | 362.9 |
| Netherlands | 68.6 | 66.8 | 74.6 | 68.6 | 67.3 | 62.1 | 58.3 | 62.6 |
| New Zealand | .. | .. | .. | .. | .. | .. | .. | .. |
| Norway | 40.0 | 42.2 | 45.5 | 48.8 | 52.0 | 52.6 | 50.2 | 54.9 |
| Poland | 10.3 | 10.3 | 10.6 | 10.4 | 9.9 | .. | .. | .. |
| Portugal | .. | .. | .. | .. | .. | .. | .. | .. |
| Slovak Republic | 9.1 | 9.3 | 9.2 | 8.7 | 9.6 | 9.6 | 8.6 | .. |
| Slovenia | 17.1 | 17.8 | 18.7 | 18.0 | 18.4 | 17.9 | 16.8 | 17.5 |
| Spain | 25.6 | 26.0 | 28.8 | 28.5 | 27.3 | 26.4 | 25.8 | 25.8 |
| Sweden | 29.5 | 30.4 | 33.4 | 32.3 | 32.4 | 33.5 | 31.5 | 35.3 |
| Switzerland | 89.3 | 85.7 | 88.4 | 87.3 | 93.2 | 95.6 | 91.9 | .. |
| Turkey | .. | .. | 2.2 | 2.3 | 2.4 | 2.5 | 2.5 | 2.7 |
| United Kingdom | .. | .. | .. | .. | .. | .. | .. | .. |
| United States | 51.3 | 51.3 | 51.7 | 49.6 | 50.5 | 51.9 | 48.4 | 52.1 |
| Russian Federation | 1.6 | 1.7 | 1.8 | 1.8 | 2.1 | 2.4 | 2.5 | 2.7 |
| **Financial liabilities** | | | | | | | | |
| Austria | 36.3 | 36.0 | 35.6 | 34.1 | 32.5 | 29.6 | 27.1 | 27.6 |
| Belgium | 69.0 | 69.4 | 70.5 | 69.4 | 74.3 | 71.1 | 69.5 | 76.2 |
| Canada | 41.1 | 41.7 | 43.3 | 44.1 | 46.8 | 45.4 | 43.3 | 46.8 |
| Chile | .. | .. | .. | 0.6 | 0.4 | 0.3 | 0.4 | 0.6 |
| Czech Republic | 12.7 | 12.9 | 12.6 | 11.8 | 11.5 | 10.8 | 10.5 | 9.6 |
| Denmark | 98.6 | 96.7 | 109.8 | 108.2 | 113.2 | 114.0 | 106.7 | 121.4 |
| Estonia | 5.3 | 4.8 | 4.9 | 5.2 | 5.5 | 5.2 | 5.7 | 6.3 |
| Finland | 27.2 | 28.8 | 31.0 | 32.1 | 31.3 | 31.2 | 29.5 | 31.6 |
| France | 93.6 | 97.0 | 100.8 | 102.4 | 122.1 | 123.0 | 118.9 | 124.7 |
| Germany | 59.4 | 61.5 | 62.0 | 64.4 | 63.6 | 64.0 | 63.0 | 65.5 |
| Greece | 8.1 | 9.0 | 9.1 | 9.4 | 8.8 | 9.0 | 8.9 | 9.7 |
| Hungary | 8.4 | 8.2 | 8.1 | 7.7 | 7.7 | 7.4 | 6.9 | 6.8 |
| Iceland | 10.1 | 10.2 | 10.0 | 8.3 | 8.3 | 8.4 | 8.3 | 8.7 |
| Ireland | 129.5 | 123.4 | 129.3 | 102.0 | 103.1 | 97.3 | 88.0 | 91.8 |
| Israel | .. | .. | .. | .. | .. | .. | .. | .. |
| Italy | 35.0 | 38.2 | 41.9 | 45.3 | 47.9 | 51.1 | 49.9 | 55.0 |
| Japan | 76.9 | 79.1 | 78.7 | 77.1 | 78.5 | 78.0 | 78.2 | 78.4 |
| Korea | 52.9 | 56.0 | 59.3 | 61.2 | 62.7 | 63.6 | 63.3 | 65.4 |
| Latvia | .. | .. | .. | .. | .. | .. | .. | .. |
| Lithuania | 2.8 | 2.7 | 3.2 | 3.4 | 4.6 | 4.5 | 4.6 | 4.9 |
| Luxembourg | 301.6 | 304.9 | 322.2 | 350.8 | 339.0 | 337.4 | 337.7 | 363.5 |
| Netherlands | 69.4 | 66.7 | 74.6 | 72.2 | 71.7 | 67.2 | 62.8 | 67.7 |
| New Zealand | .. | .. | .. | .. | .. | .. | .. | .. |
| Norway | 40.5 | 43.2 | 46.4 | 50.4 | 53.2 | 54.1 | 51.3 | 56.5 |
| Poland | 10.4 | 10.5 | 10.8 | 10.5 | 10.0 | .. | .. | .. |
| Portugal | .. | .. | .. | .. | .. | .. | .. | .. |
| Slovak Republic | 8.0 | 7.9 | 8.3 | 7.2 | 7.8 | 8.2 | 7.8 | .. |
| Slovenia | 16.6 | 17.2 | 18.2 | 17.9 | 18.0 | 17.7 | 16.6 | 17.2 |
| Spain | 26.3 | 28.3 | 30.4 | 29.0 | 29.1 | 27.9 | 27.4 | 27.1 |
| Sweden | 24.3 | 24.3 | 26.8 | 24.4 | 24.5 | 25.5 | 24.0 | 26.8 |
| Switzerland | .. | .. | .. | .. | .. | .. | .. | .. |
| Turkey | .. | .. | 2.2 | 2.3 | 2.4 | 2.5 | 2.4 | 2.7 |
| United Kingdom | .. | .. | .. | .. | .. | .. | .. | .. |
| United States | 46.7 | 48.1 | 48.1 | 46.9 | 48.2 | 49.5 | 46.5 | 48.8 |
| Russian Federation | 1.6 | 1.9 | 2.1 | 2.0 | 2.3 | 2.7 | 2.8 | 2.9 |

Note: Detailed metadata at:

*http://metalinks.oecd.org/instinv/20200916/ba61* (financial assets liabilities)

Information on data for Luxembourg:

*http://metalinks.oecd.org/instinv/20200916/e316* (financial assets) and *http://metalinks.oecd.org/instinv/20200916/6f9d* (financial liabilities).

## Table 3. Financial assets and liabilities of pension funds, as a percentage of GDP

*Per cent*

| | 2012 | 2013 | 2014 | 2015 | 2016 | 2017 | 2018 | 2019 |
|---|---|---|---|---|---|---|---|---|
| **Financial assets** | | | | | | | | |
| Austria | 5.2 | 5.5 | 5.8 | 5.8 | 6.1 | 6.2 | 5.9 | 6.5 |
| Belgium | 4.2 | 5.0 | 5.5 | 5.7 | 6.8 | 7.6 | 7.4 | 8.4 |
| Canada | 75.0 | 78.2 | 83.8 | 91.1 | 91.6 | 91.4 | 88.2 | 94.3 |
| Chile | .. | .. | 67.6 | 68.6 | 68.7 | 72.0 | 70.2 | 80.8 |
| Czech Republic | 7.3 | 7.4 | 7.7 | 7.4 | 8.0 | 8.5 | 8.5 | 8.9 |
| Denmark | 73.9 | 66.5 | 74.2 | 73.5 | 74.9 | 75.3 | 75.5 | 82.9 |
| Estonia | 8.7 | 9.8 | 11.5 | 12.6 | 14.1 | 15.2 | 15.2 | 16.9 |
| Finland | 1.8 | 1.4 | 1.4 | 1.4 | 1.7 | 1.5 | 1.4 | 1.3 |
| France | .. | .. | .. | .. | .. | .. | .. | .. |
| Germany | 15.7 | 14.9 | 17.2 | 17.2 | 18.3 | 19.1 | 19.1 | 21.4 |
| Greece | .. | 0.1 | 0.2 | 0.2 | 0.7 | 0.7 | 0.7 | 0.7 |
| Hungary | 4.0 | 4.1 | 4.2 | 4.1 | 4.3 | 4.4 | 4.0 | 3.9 |
| Iceland | 132.5 | 137.7 | 141.6 | 143.2 | 142.2 | 150.8 | 152.4 | 167.6 |
| Ireland | 43.9 | 48.9 | 51.6 | 42.1 | 44.3 | 40.8 | 36.9 | 38.7 |
| Israel | 68.9 | 71.3 | 74.4 | 75.7 | 77.0 | 82.6 | 81.6 | 90.4 |
| Italy | 3.8 | 4.1 | 4.9 | 5.3 | 4.7 | 5.5 | 5.4 | 6.1 |
| Japan | 29.8 | 30.0 | 31.2 | 30.6 | 29.3 | 28.7 | 28.7 | 28.6 |
| Korea | 4.9 | 5.8 | 7.3 | 8.3 | 9.3 | 10.3 | 11.2 | 12.9 |
| Latvia | 7.6 | 8.4 | 9.8 | 11.0 | 12.4 | 13.9 | 13.8 | 16.2 |
| Lithuania | 4.3 | 4.6 | 5.2 | 5.9 | 6.6 | 7.1 | 7.2 | 8.3 |
| Luxembourg | 2.5 | 2.5 | 3.5 | 3.5 | 3.5 | 3.5 | 3.4 | 3.3 |
| Netherlands | 153.1 | 153.9 | 185.8 | 180.3 | 193.0 | 195.4 | 186.8 | 213.4 |
| New Zealand | .. | .. | 21.5 | 23.1 | 24.4 | 26.6 | 27.2 | 31.3 |
| Norway | 7.8 | 8.7 | 9.8 | 10.9 | 11.7 | 12.1 | 11.2 | 12.1 |
| Poland | 16.8 | 18.3 | 8.8 | 7.9 | 8.4 | 9.1 | 7.5 | 6.9 |
| Portugal | .. | .. | .. | .. | .. | .. | .. | .. |
| Slovak Republic | 8.8 | 9.8 | 10.5 | 9.9 | 10.4 | 11.0 | 10.8 | .. |
| Slovenia | 5.7 | 5.9 | 6.2 | 6.4 | 6.4 | 6.2 | 6.0 | 6.4 |
| Spain | 10.4 | 11.1 | 12.1 | 11.6 | 11.8 | 12.1 | 11.6 | 11.9 |
| Sweden | 73.1 | 80.5 | 90.0 | 89.0 | 93.4 | 97.5 | 92.6 | 107.8 |
| Switzerland | 97.1 | 102.5 | 108.5 | 109.8 | 113.8 | 121.7 | 116.3 | .. |
| Turkey | .. | .. | 2.8 | 2.9 | 3.1 | 3.3 | 3.3 | 3.5 |
| United Kingdom | .. | .. | .. | .. | .. | .. | .. | .. |
| United States | 105.8 | 115.5 | 114.7 | 111.9 | 113.2 | 115.6 | 110.1 | 113.9 |
| Russian Federation | 2.3 | 2.8 | 2.8 | 3.5 | 4.0 | 4.2 | 3.9 | 4.0 |
| **Financial liabilities** | | | | | | | | |
| Austria | 5.0 | 5.3 | 5.6 | 5.5 | 5.6 | 5.6 | 5.6 | 5.9 |
| Belgium | 4.7 | 5.1 | 5.7 | 5.8 | 6.8 | 7.6 | 7.4 | 8.5 |
| Canada | 75.0 | 78.2 | 83.8 | 91.1 | 91.6 | 91.4 | 88.2 | 94.3 |
| Chile | .. | .. | 0.7 | 0.8 | 0.7 | 0.8 | 0.8 | 0.9 |
| Czech Republic | 6.7 | 6.9 | 7.8 | 8.1 | 8.4 | 8.7 | 8.7 | 8.8 |
| Denmark | 71.6 | 64.7 | 72.0 | 70.9 | 74.3 | 74.5 | 72.6 | 82.5 |
| Estonia | 8.7 | 9.9 | 11.5 | 12.6 | 14.1 | 15.3 | 15.2 | 16.9 |
| Finland | 1.8 | 1.9 | 1.8 | 1.7 | 1.6 | 1.6 | 1.5 | 1.3 |
| France | .. | .. | .. | .. | .. | .. | .. | .. |
| Germany | 14.7 | 15.2 | 15.8 | 16.3 | 16.5 | 16.8 | 17.0 | 17.3 |
| Greece | .. | 0.1 | 0.2 | 0.2 | 0.7 | 0.7 | 0.7 | 0.8 |
| Hungary | 4.1 | 4.2 | 4.2 | 4.2 | 4.4 | 4.5 | 4.1 | 4.1 |
| Iceland | 132.7 | 137.9 | 141.8 | 143.4 | 142.3 | 150.9 | 152.4 | 167.7 |
| Ireland | 44.0 | 48.8 | 51.5 | 42.1 | 44.3 | 40.7 | 36.8 | 38.7 |
| Israel | .. | .. | .. | .. | .. | .. | .. | .. |
| Italy | 4.3 | 4.8 | 5.3 | 5.4 | 5.6 | 5.9 | 5.8 | 6.5 |
| Japan | 29.9 | 29.8 | 30.9 | 30.2 | 28.9 | 28.1 | 28.2 | 28.0 |
| Korea | 4.9 | 5.8 | 7.4 | 8.2 | 9.3 | 10.3 | 11.2 | 12.9 |
| Latvia | 7.6 | 8.4 | 9.8 | 10.9 | 12.6 | 14.0 | 13.8 | 16.3 |
| Lithuania | 4.3 | 4.6 | 5.2 | 5.9 | 6.6 | 7.1 | 7.2 | 8.3 |
| Luxembourg | 2.5 | 2.5 | 3.5 | 3.5 | 3.5 | 3.5 | 3.4 | 3.3 |
| Netherlands | 154.1 | 146.9 | 175.8 | 178.4 | 192.2 | 184.2 | 184.5 | 209.7 |
| New Zealand | .. | .. | .. | .. | .. | .. | .. | .. |
| Norway | 8.0 | 8.8 | 9.8 | 10.8 | 11.5 | 11.9 | 11.2 | 11.5 |
| Poland | 16.8 | 18.3 | 8.8 | 7.9 | 8.4 | 9.1 | 7.5 | 6.9 |
| Portugal | .. | .. | .. | .. | .. | .. | .. | .. |
| Slovak Republic | 9.2 | 9.6 | 10.3 | 9.9 | 10.7 | 11.3 | 11.3 | .. |
| Slovenia | 5.8 | 5.9 | 6.2 | 6.4 | 6.4 | 6.3 | 6.2 | 6.6 |
| Spain | 10.6 | 11.4 | 12.2 | 12.1 | 12.0 | 12.4 | 11.7 | 12.3 |
| Sweden | 71.1 | 77.4 | 84.7 | 83.3 | 86.2 | 88.1 | 85.3 | 95.9 |
| Switzerland | 99.6 | 102.2 | 104.7 | 108.3 | 112.4 | 116.0 | 116.3 | .. |
| Turkey | .. | .. | 3.1 | 3.2 | 3.3 | 3.5 | 3.5 | 3.6 |
| United Kingdom | .. | .. | .. | .. | .. | .. | .. | .. |
| United States | 106.8 | 116.6 | 115.8 | 112.9 | 114.0 | 116.3 | 110.6 | 114.4 |
| Russian Federation | 2.2 | 2.7 | 2.7 | 3.4 | 3.8 | 4.1 | 3.8 | 3.9 |

Note: Detailed metadata at:

*http://metalinks.oecd.org/instinv/20200916/ba61* (financial assets liabilities)

Information on data for Luxembourg:

*http://metalinks.oecd.org/instinv/20200916/e316* (financial assets) and *http://metalinks.oecd.org/instinv/20200916/6f9d* (financial liabilities).

# Country tables

# AUSTRIA

## Table 1. Financial assets and liabilities of institutional investors, 2018

*Million EUR (1999 ATS euro)*

| | | Investment funds | | | |
|---|---|---|---|---|---|
| | | Non-money market funds | | | Money market funds |
| | Total | Total | Open-end non-money market funds | Closed-end non-money market funds | Total |
| Financial assets | 168 682 | 168 654 | 168 654 | .. | 28 |
| Currency and deposits | 8 085 | 8 085 | 8 085 | .. | 0 |
| Debt securities | 79 272 | 79 244 | 79 244 | .. | 28 |
| Debt securities, short term | 423 | 423 | 423 | .. | 0 |
| Debt securities, long term | 78 849 | 78 820 | 78 820 | .. | 28 |
| Debt securities issued by residents | 11 313 | 11 313 | 11 313 | .. | 0 |
| Debt securities issued by non-residents | 67 959 | 67 931 | 67 931 | .. | 28 |
| Loans | 191 | 191 | 191 | .. | 0 |
| Loans, short-term | 4 | 4 | 4 | .. | 0 |
| Loans, long-term | 186 | 186 | 186 | .. | 0 |
| Loans granted to residents | 187 | 187 | 187 | .. | 0 |
| Loans granted to non-residents | 4 | 4 | 4 | .. | 0 |
| Equity and investment fund shares/units | 81 130 | 81 130 | 81 130 | .. | 0 |
| Equity and investment fund shares issued/units by residents | 27 894 | 27 894 | 27 894 | .. | 0 |
| Equity and investment fund shares/units issued by non residents | 53 236 | 53 236 | 53 236 | .. | 0 |
| Other accounts receivable | 0 | 0 | 0 | .. | 0 |

| | | Investment funds | | | |
|---|---|---|---|---|---|
| | | Non-money market funds | | | Money market funds |
| | Total | Total | Open-end non-money market funds | Closed-end non-money market funds | Total |
| Financial liabilities | 173 491 | 173 459 | 173 459 | .. | 32 |
| Currency and deposits | 0 | 0 | 0 | .. | 0 |
| Debt securities | 0 | 0 | 0 | .. | 0 |
| Debt securities, short term | 0 | 0 | 0 | .. | 0 |
| Debt securities, long term | 0 | 0 | 0 | .. | 0 |
| Loans | 265 | 265 | 265 | .. | 0 |
| Loans, short-term | 97 | 97 | 97 | .. | 0 |
| Loans, long-term | 168 | 168 | 168 | .. | 0 |
| Equity and investment fund shares/units | 173 226 | 173 194 | 173 194 | .. | 32 |
| Insurance pension and standardised guaratees | 0 | 0 | 0 | .. | 0 |
| Financial derivatives and employee stock options | 0 | 0 | 0 | .. | 0 |
| Other accounts payable | 0 | 0 | 0 | .. | 0 |

| | | Insurance corporations and pension funds | | | |
|---|---|---|---|---|---|
| | | Insurance corporations | | | Pension funds |
| | Total | Total | Life insurance corporations | Non-life insurance corporations | Total |
| Financial assets | 137 770 | 114 922 | .. | .. | 22 848 |
| Currency and deposits | 5 059 | 3 699 | .. | .. | 1 360 |
| Debt securities | 53 470 | 53 046 | .. | .. | 423 |
| Debt securities, short-term | 0 | 0 | .. | .. | 0 |
| Debt securities, long term | 53 470 | 53 046 | .. | .. | 423 |
| Debt securities issued by residents | 15 048 | 14 890 | .. | .. | 158 |
| Debt securities issued by non-residents | 38 421 | 38 156 | .. | .. | 265 |
| Loans | 6 329 | 6 314 | .. | .. | 15 |
| Loans, short-term | 1 003 | 1 003 | .. | .. | 0 |
| Loans, long-term | 5 327 | 5 312 | .. | .. | 15 |
| Loans granted to residents | 4 626 | 4 626 | .. | .. | 0 |
| Loans granted to non-residents | 1 704 | 1 689 | .. | .. | 15 |
| Equity and investment fund shares/units | 67 532 | 46 808 | .. | .. | 20 724 |
| Equity and investment fund shares/units issued by residents | 53 889 | 36 378 | .. | .. | 17 512 |
| Equity and investment fund shares/units issued by non residents | 13 642 | 10 431 | .. | .. | 3 212 |
| Other accounts receivable | 1 362 | 1 036 | .. | .. | 327 |

| | | Insurance corporations and pension funds | | | |
|---|---|---|---|---|---|
| | | Insurance corporations | | | Pension funds |
| | Total | Total | Life insurance corporations | Non-life insurance corporations | Total |
| Financial liabilities | 125 784 | 104 375 | .. | .. | 21 409 |
| Currency and deposits | 0 | 0 | .. | .. | 0 |
| Debt securities | 3 227 | 3 227 | .. | .. | 0 |
| Debt securities, short term | 0 | 0 | .. | .. | 0 |
| Debt securities, long term | 3 227 | 3 227 | .. | .. | 0 |
| Loans | 3 089 | 3 067 | .. | .. | 21 |
| Loans, short-term | 2 385 | 2 383 | .. | .. | 1 |
| Loans, long-term | 704 | 684 | .. | .. | 20 |
| Equity and investment fund shares/units | 11 006 | 10 826 | .. | .. | 180 |
| Insurance pension and standardised guarantees | 107 581 | 86 374 | .. | .. | 21 207 |
| Financial derivatives and employee stock options | 0 | 0 | .. | .. | 0 |
| Other accounts payable | 882 | 882 | .. | .. | 0 |

Note: Detailed metadata at: *http://metalinks.oecd.org/instinv/20200916/f42e*

# AUSTRIA

## Table 2. Financial assets and liabilities of investment funds

*Million EUR*

| | 2012 | 2013 | 2014 | 2015 | 2016 | 2017 | 2018 | 2019 |
|---|---|---|---|---|---|---|---|---|
| **Investment funds** | | | | | | | | |
| Financial net worth | -1 703 | -1 895 | -1 900 | -2 567 | -3 403 | -3 682 | -4 809 | -5 942 |
| Financial assets | 147 507 | 148 852 | 161 753 | 166 444 | 171 384 | 180 099 | 168 682 | 189 290 |
| Currency and deposits | 8 083 | 8 038 | 8 116 | 9 302 | 7 625 | 6 824 | 8 085 | 6 892 |
| Debt securities | 81 185 | 79 164 | 85 113 | 83 937 | 83 180 | 82 226 | 79 272 | 83 710 |
| Loans | 79 | 158 | 143 | 216 | 194 | 201 | 191 | 190 |
| Equity and investment fund shares | 57 950 | 61 455 | 68 350 | 72 941 | 80 376 | 90 837 | 81 130 | 98 495 |
| Equity | 19 207 | 21 330 | 22 904 | 23 576 | 25 742 | 29 412 | 25 835 | 33 734 |
| Investment fund shares | 38 744 | 40 126 | 45 446 | 49 365 | 54 635 | 61 425 | 55 295 | 64 761 |
| Money market fund shares | 123 | 135 | 313 | 304 | 309 | 333 | 786 | 393 |
| Non-Money market fund shares | 38 621 | 39 991 | 45 133 | 49 062 | 54 325 | 61 093 | 54 509 | 64 368 |
| Insurance pension and standardised guarantees | 0 | 0 | 0 | 0 | 0 | 0 | 0 | 0 |
| Financial derivatives and employee stock options | 209 | 38 | 32 | 49 | 8 | 12 | 4 | 4 |
| Other accounts receivable | 0 | 0 | 0 | 0 | 0 | 0 | 0 | 0 |
| Financial liabilities | 149 210 | 150 747 | 163 654 | 169 011 | 174 788 | 183 782 | 173 491 | 195 232 |
| Debt securities | 0 | 0 | 8 | 8 | 0 | 0 | 0 | 0 |
| Short-term debt securities | 0 | 0 | 0 | 0 | 0 | 0 | 0 | 0 |
| Long-term debt securities | 0 | 0 | 8 | 8 | 0 | 0 | 0 | 0 |
| Loans | 1 399 | 1 310 | 946 | 706 | 474 | 451 | 265 | 546 |
| Short-term loans | 1 210 | 1 124 | 786 | 622 | 99 | 219 | 97 | 413 |
| Long-term loans | 190 | 185 | 159 | 85 | 375 | 232 | 168 | 133 |
| Equity and investment fund shares | 147 805 | 149 435 | 162 677 | 168 293 | 174 298 | 183 331 | 173 226 | 194 686 |
| Insurance pension and standardised guarantees | 0 | 0 | 0 | 0 | 0 | 0 | 0 | 0 |
| Financial derivatives and employee stock options | 6 | 3 | 24 | 4 | 16 | 0 | 0 | 0 |
| Other accounts payable | 0 | 0 | 0 | 0 | 0 | 0 | 0 | 0 |
| Non-financial assets | 3 195 | 3 377 | 3 832 | 4 364 | 4 969 | 5 762 | 6 263 | 6 987 |
| **Money market funds** | | | | | | | | |
| Financial net worth | -50 | -28 | -11 | -5 | -3 | -6 | -3 | 0 |
| Financial assets | 400 | 188 | 145 | 80 | 70 | 48 | 28 | 0 |
| Currency and deposits | 0 | 0 | 0 | 8 | 0 | 0 | 0 | 0 |
| Debt securities | 397 | 188 | 145 | 72 | 70 | 48 | 28 | 0 |
| Loans | 0 | 0 | 0 | 0 | 0 | 0 | 0 | 0 |
| Equity and investment fund shares | 3 | 0 | 0 | 0 | 0 | 0 | 0 | 0 |
| Equity | 0 | 0 | 0 | 0 | 0 | 0 | 0 | 0 |
| Investment fund shares | 3 | 0 | 0 | 0 | 0 | 0 | 0 | 0 |
| Money market fund shares | 0 | 0 | 0 | 0 | 0 | 0 | 0 | 0 |
| Non-Money market fund shares | 3 | 0 | 0 | 0 | 0 | 0 | 0 | 0 |
| Insurance pension and standardised guarantees | 0 | 0 | 0 | 0 | 0 | 0 | 0 | 0 |
| Financial derivatives and employee stock options | 0 | 0 | 0 | 0 | 0 | 0 | 0 | 0 |
| Other accounts receivable | 0 | 0 | 0 | 0 | 0 | 0 | 0 | 0 |
| Financial liabilities | 450 | 216 | 156 | 85 | 73 | 54 | 32 | 0 |
| Debt securities | 0 | 0 | 0 | 0 | 0 | 0 | 0 | 0 |
| Short-term debt securities | 0 | 0 | 0 | 0 | 0 | 0 | 0 | 0 |
| Long-term debt securities | 0 | 0 | 0 | 0 | 0 | 0 | 0 | 0 |
| Loans | 0 | 0 | 0 | 0 | 0 | 0 | 0 | 0 |
| Short-term loans | 0 | 0 | 0 | 0 | 0 | 0 | 0 | 0 |
| Long-term loans | 0 | 0 | 0 | 0 | 0 | 0 | 0 | 0 |
| Equity and investment fund shares | 450 | 216 | 156 | 85 | 73 | 54 | 32 | 0 |
| Insurance pension and standardised guarantees | 0 | 0 | 0 | 0 | 0 | 0 | 0 | 0 |
| Financial derivatives and employee stock options | 0 | 0 | 0 | 0 | 0 | 0 | 0 | 0 |
| Other accounts payable | 0 | 0 | 0 | 0 | 0 | 0 | 0 | 0 |
| Non-financial assets | .. | .. | .. | .. | .. | .. | .. | .. |
| **Non-money market funds** | | | | | | | | |
| Financial net worth | -1 653 | -1 867 | -1 890 | -2 562 | -3 400 | -3 677 | -4 805 | -5 942 |
| Financial assets | 147 107 | 148 664 | 161 608 | 166 365 | 171 314 | 180 051 | 168 654 | 189 290 |
| Currency and deposits | 8 083 | 8 038 | 8 116 | 9 294 | 7 625 | 6 824 | 8 085 | 6 892 |
| Debt securities | 80 788 | 78 976 | 84 968 | 83 865 | 83 110 | 82 177 | 79 244 | 83 710 |
| Loans | 79 | 158 | 143 | 216 | 194 | 201 | 191 | 190 |
| Equity and investment fund shares | 57 948 | 61 455 | 68 350 | 72 941 | 80 376 | 90 837 | 81 130 | 98 495 |
| Equity | 19 207 | 21 330 | 22 904 | 23 576 | 25 742 | 29 412 | 25 835 | 33 734 |
| Investment fund shares | 38 741 | 40 126 | 45 446 | 49 365 | 54 635 | 61 425 | 55 295 | 64 761 |
| Money market fund shares | 123 | 135 | 313 | 304 | 309 | 333 | 786 | 393 |
| Non-Money market fund shares | 38 618 | 39 991 | 45 133 | 49 062 | 54 325 | 61 093 | 54 509 | 64 368 |
| Insurance pension and standardised guarantees | 0 | 0 | 0 | 0 | 0 | 0 | 0 | 0 |
| Financial derivatives and employee stock options | 209 | 38 | 32 | 49 | 8 | 12 | 4 | 4 |
| Other accounts receivable | 0 | 0 | 0 | 0 | 0 | 0 | 0 | 0 |
| Financial liabilities | 148 760 | 150 531 | 163 498 | 168 926 | 174 714 | 183 728 | 173 459 | 195 232 |
| Debt securities | 0 | 0 | 8 | 8 | 0 | 0 | 0 | 0 |
| Short-term debt securities | 0 | 0 | 0 | 0 | 0 | 0 | 0 | 0 |
| Long-term debt securities | 0 | 0 | 8 | 8 | 0 | 0 | 0 | 0 |
| Loans | 1 399 | 1 310 | 946 | 706 | 474 | 451 | 265 | 546 |
| Short-term loans | 1 210 | 1 124 | 786 | 622 | 99 | 219 | 97 | 413 |
| Long-term loans | 190 | 185 | 159 | 85 | 375 | 232 | 168 | 133 |
| Equity and investment fund shares | 147 355 | 149 218 | 162 520 | 168 208 | 174 225 | 183 277 | 173 194 | 194 686 |
| Insurance pension and standardised guarantees | 0 | 0 | 0 | 0 | 0 | 0 | 0 | 0 |
| Financial derivatives and employee stock options | 6 | 3 | 24 | 4 | 16 | 0 | 0 | 0 |
| Other accounts payable | 0 | 0 | 0 | 0 | 0 | 0 | 0 | 0 |
| Non-financial assets | .. | .. | .. | .. | .. | .. | .. | .. |
| **Open-end non-money market funds** | | | | | | | | |
| Financial net worth | -1 653 | -1 867 | -1 890 | -2 562 | -3 400 | -3 677 | -4 805 | -5 942 |
| Financial assets | 147 107 | 148 664 | 161 608 | 166 365 | 171 314 | 180 051 | 168 654 | 189 290 |
| Currency and deposits | 8 083 | 8 038 | 8 116 | 9 294 | 7 625 | 6 824 | 8 085 | 6 892 |

# AUSTRIA

## Table 2. Financial assets and liabilities of investment funds *(cont.)*

*Million EUR*

| | 2012 | 2013 | 2014 | 2015 | 2016 | 2017 | 2018 | 2019 |
|---|---|---|---|---|---|---|---|---|
| Debt securities | 80 788 | 78 976 | 84 968 | 83 865 | 83 110 | 82 177 | 79 244 | 83 710 |
| Loans | 79 | 158 | 143 | 216 | 194 | 201 | 191 | 190 |
| Equity and investment fund shares | 57 948 | 61 455 | 68 350 | 72 941 | 80 376 | 90 837 | 81 130 | 98 495 |
| Equity | 19 207 | 21 330 | 22 904 | 23 576 | 25 742 | 29 412 | 25 835 | 33 734 |
| Investment fund shares | 38 741 | 40 126 | 45 446 | 49 365 | 54 635 | 61 425 | 55 295 | 64 761 |
| Money market fund shares | 123 | 135 | 313 | 304 | 309 | 333 | 786 | 393 |
| Non-Money market fund shares | 38 618 | 39 991 | 45 133 | 49 062 | 54 325 | 61 093 | 54 509 | 64 368 |
| Insurance pension and standardised guarantees | 0 | 0 | 0 | 0 | 0 | 0 | 0 | 0 |
| Financial derivatives and employee stock options | 209 | 38 | 32 | 49 | 8 | 12 | 4 | 4 |
| Other accounts receivable | 0 | 0 | 0 | 0 | 0 | 0 | 0 | 0 |
| Financial liabilities | 148 760 | 150 531 | 163 498 | 168 926 | 174 714 | 183 728 | 173 459 | 195 232 |
| Debt securities | 0 | 0 | 8 | 8 | 0 | 0 | 0 | 0 |
| Short-term debt securities | 0 | 0 | 0 | 0 | 0 | 0 | 0 | 0 |
| Long-term debt securities | 0 | 0 | 8 | 8 | 0 | 0 | 0 | 0 |
| Loans | 1 399 | 1 310 | 946 | 706 | 474 | 451 | 265 | 546 |
| Short-term loans | 1 210 | 1 124 | 786 | 622 | 99 | 219 | 97 | 413 |
| Long-term loans | 190 | 185 | 159 | 85 | 375 | 232 | 168 | 133 |
| Equity and investment fund shares | 147 355 | 149 218 | 162 520 | 168 208 | 174 225 | 183 277 | 173 194 | 194 686 |
| Insurance pension and standardised guarantees | 0 | 0 | 0 | 0 | 0 | 0 | 0 | 0 |
| Financial derivatives and employee stock options | 6 | 3 | 24 | 4 | 16 | 0 | 0 | 0 |
| Other accounts payable | 0 | 0 | 0 | 0 | 0 | 0 | 0 | 0 |
| Non-financial assets | 3 195 | 3 377 | 3 832 | 4 364 | 4 969 | 5 762 | 6 263 | 6 987 |
| **Open-end investment funds** | | | | | | | | |
| Financial net worth | -1 703 | -1 895 | -1 901 | -2 567 | -3 403 | -3 683 | -4 808 | -5 942 |
| Financial assets | 147 507 | 148 852 | 161 753 | 166 445 | 171 384 | 180 099 | 168 682 | 189 290 |
| Currency and deposits | 8 083 | 8 038 | 8 116 | 9 302 | 7 625 | 6 824 | 8 085 | 6 892 |
| Debt securities | 81 185 | 79 164 | 85 113 | 83 937 | 83 180 | 82 225 | 79 272 | 83 710 |
| Loans | 79 | 158 | 143 | 216 | 194 | 201 | 191 | 190 |
| Equity and investment fund shares | 57 951 | 61 455 | 68 350 | 72 941 | 80 376 | 90 837 | 81 130 | 98 495 |
| Equity | 19 207 | 21 330 | 22 904 | 23 576 | 25 742 | 29 412 | 25 835 | 33 734 |
| Investment fund shares | 38 744 | 40 126 | 45 446 | 49 365 | 54 635 | 61 425 | 55 295 | 64 761 |
| Money market fund shares | 123 | 135 | 313 | 304 | 309 | 333 | 786 | 393 |
| Non-Money market fund shares | 38 621 | 39 991 | 45 133 | 49 062 | 54 325 | 61 093 | 54 509 | 64 368 |
| Insurance pension and standardised guarantees | 0 | 0 | 0 | 0 | 0 | 0 | 0 | 0 |
| Financial derivatives and employee stock options | 209 | 38 | 32 | 49 | 8 | 12 | 4 | 4 |
| Other accounts receivable | 0 | 0 | 0 | 0 | 0 | 0 | 0 | 0 |
| Financial liabilities | 149 210 | 150 747 | 163 654 | 169 011 | 174 787 | 183 782 | 173 491 | 195 232 |
| Debt securities | 0 | 0 | 8 | 8 | 0 | 0 | 0 | 0 |
| Short-term debt securities | 0 | 0 | 0 | 0 | 0 | 0 | 0 | 0 |
| Long-term debt securities | 0 | 0 | 8 | 8 | 0 | 0 | 0 | 0 |
| Loans | 1 399 | 1 310 | 946 | 706 | 474 | 451 | 265 | 546 |
| Short-term loans | 1 210 | 1 124 | 786 | 622 | 99 | 219 | 97 | 413 |
| Long-term loans | 190 | 185 | 159 | 85 | 375 | 232 | 168 | 133 |
| Equity and investment fund shares | 147 805 | 149 434 | 162 676 | 168 293 | 174 298 | 183 331 | 173 226 | 194 686 |
| Insurance pension and standardised guarantees | 0 | 0 | 0 | 0 | 0 | 0 | 0 | 0 |
| Financial derivatives and employee stock options | 6 | 3 | 24 | 4 | 16 | 0 | 0 | 0 |
| Other accounts payable | 0 | 0 | 0 | 0 | 0 | 0 | 0 | 0 |
| Non-financial assets | .. | .. | .. | .. | .. | .. | .. | .. |

Note: Detailed metadata at: *http://metalinks.oecd.org/instinv/20200916/f42e*

# AUSTRIA

## Table 3. Financial assets and liabilities of insurance corporations and pension funds

*Million EUR*

| | 2012 | 2013 | 2014 | 2015 | 2016 | 2017 | 2018 | 2019 |
|---|---|---|---|---|---|---|---|---|
| **Insurance corporations and pension funds** | | | | | | | | |
| Financial net worth | -2 044 | -1 950 | 2 209 | 3 938 | 5 907 | 10 848 | 11 986 | 10 364 |
| Financial assets | 129 457 | 131 705 | 139 518 | 140 165 | 141 828 | 141 498 | 137 770 | 143 974 |
| Currency and deposits | 4 264 | 5 455 | 4 496 | 5 420 | 4 065 | 3 883 | 5 059 | 4 234 |
| Debt securities | 47 163 | 49 162 | 55 185 | 53 952 | 56 117 | 56 138 | 53 470 | 54 777 |
| Loans | 7 370 | 6 142 | 6 643 | 6 308 | 6 488 | 5 975 | 6 329 | 6 296 |
| Equity and investment fund shares | 62 213 | 63 129 | 65 682 | 67 191 | 68 188 | 70 118 | 67 532 | 73 930 |
| Equity | 14 695 | 14 885 | 14 527 | 14 693 | 13 690 | 13 187 | 13 677 | 13 996 |
| Investment fund shares | 47 518 | 48 243 | 51 155 | 52 498 | 54 498 | 56 931 | 53 855 | 59 934 |
| Money market fund shares | 76 | 44 | 105 | 240 | 133 | 81 | 82 | 77 |
| Non-Money market fund shares | 47 443 | 48 200 | 51 050 | 52 258 | 54 365 | 56 850 | 53 773 | 59 857 |
| Insurance pension and standardised guarantees | 6 997 | 6 283 | 5 683 | 5 535 | 5 409 | 4 227 | 4 018 | 3 318 |
| Financial derivatives and employee stock options | 48 | 13 | 30 | 24 | 0 | 0 | 1 | 0 |
| Other accounts receivable | 1 402 | 1 521 | 1 799 | 1 736 | 1 561 | 1 158 | 1 362 | 1 419 |
| Financial liabilities | 131 501 | 133 655 | 137 309 | 136 227 | 135 921 | 130 650 | 125 784 | 133 609 |
| Debt securities | 2 510 | 3 300 | 3 239 | 4 039 | 3 662 | 4 161 | 3 227 | 3 532 |
| Short-term debt securities | 0 | 0 | 0 | 0 | 0 | 0 | 0 | 0 |
| Long-term debt securities | 2 510 | 3 300 | 3 239 | 4 039 | 3 662 | 4 161 | 3 227 | 3 532 |
| Loans | 4 701 | 3 266 | 2 820 | 2 918 | 3 214 | 2 991 | 3 089 | 2 478 |
| Short-term loans | 3 688 | 2 374 | 1 988 | 1 809 | 1 962 | 1 817 | 2 385 | 1 411 |
| Long-term loans | 1 013 | 892 | 831 | 1 109 | 1 252 | 1 174 | 704 | 1 067 |
| Equity and investment fund shares | 16 125 | 17 645 | 16 426 | 14 813 | 13 236 | 13 266 | 11 006 | 11 953 |
| Insurance pension and standardised guarantees | 107 095 | 108 525 | 113 167 | 112 972 | 114 407 | 109 359 | 107 581 | 114 755 |
| Financial derivatives and employee stock options | 0 | 0 | 0 | 0 | 0 | 0 | 0 | 0 |
| Other accounts payable | 1 070 | 919 | 1 658 | 1 484 | 1 402 | 873 | 882 | 891 |
| Non-financial assets | .. | .. | .. | .. | .. | .. | .. | .. |
| **Insurance corporations** | | | | | | | | |
| Financial net worth | -2 516 | -2 625 | 1 507 | 2 723 | 4 097 | 8 672 | 10 547 | 8 034 |
| Financial assets | 113 045 | 114 005 | 120 103 | 120 137 | 120 185 | 118 425 | 114 922 | 118 210 |
| Currency and deposits | 3 689 | 4 205 | 3 886 | 4 865 | 3 164 | 3 069 | 3 699 | 3 081 |
| Debt securities | 46 787 | 48 707 | 54 735 | 53 516 | 55 710 | 55 746 | 53 046 | 54 289 |
| Loans | 7 339 | 6 098 | 6 643 | 6 300 | 6 488 | 5 960 | 6 314 | 6 276 |
| Equity and investment fund shares | 46 840 | 47 222 | 47 458 | 48 305 | 47 959 | 48 352 | 46 808 | 50 151 |
| Equity | 14 655 | 14 825 | 14 495 | 14 661 | 13 634 | 13 121 | 13 643 | 13 746 |
| Investment fund shares | 32 185 | 32 397 | 32 963 | 33 644 | 34 325 | 35 232 | 33 165 | 36 405 |
| Money market fund shares | 76 | 44 | 105 | 233 | 115 | 64 | 67 | 57 |
| Non-Money market fund shares | 32 109 | 32 353 | 32 858 | 33 411 | 34 209 | 35 167 | 33 099 | 36 348 |
| Insurance pension and standardised guarantees | 6 997 | 6 283 | 5 683 | 5 535 | 5 409 | 4 227 | 4 018 | 3 318 |
| Financial derivatives and employee stock options | 48 | 13 | 30 | 24 | 0 | 0 | 1 | 0 |
| Other accounts receivable | 1 345 | 1 476 | 1 668 | 1 593 | 1 455 | 1 070 | 1 036 | 1 095 |
| Financial liabilities | 115 561 | 116 630 | 118 596 | 117 414 | 116 088 | 109 752 | 104 375 | 110 176 |
| Debt securities | 2 499 | 3 289 | 3 239 | 4 039 | 3 662 | 4 161 | 3 227 | 3 532 |
| Short-term debt securities | 0 | 0 | 0 | 0 | 0 | 0 | 0 | 0 |
| Long-term debt securities | 2 499 | 3 289 | 3 239 | 4 039 | 3 662 | 4 161 | 3 227 | 3 532 |
| Loans | 4 701 | 3 266 | 2 811 | 2 910 | 3 201 | 2 969 | 3 067 | 2 469 |
| Short-term loans | 3 688 | 2 374 | 1 981 | 1 808 | 1 951 | 1 809 | 2 383 | 1 410 |
| Long-term loans | 1 013 | 892 | 830 | 1 102 | 1 250 | 1 159 | 684 | 1 060 |
| Equity and investment fund shares | 15 929 | 17 463 | 16 243 | 14 630 | 13 064 | 13 086 | 10 826 | 11 773 |
| Insurance pension and standardised guarantees | 91 362 | 91 693 | 94 645 | 94 351 | 94 759 | 88 664 | 86 374 | 91 511 |
| Financial derivatives and employee stock options | 0 | 0 | 0 | 0 | 0 | 0 | 0 | 0 |
| Other accounts payable | 1 070 | 919 | 1 658 | 1 484 | 1 402 | 873 | 882 | 891 |
| Non-financial assets | 3 792 | 3 983 | 4 199 | 4 260 | 4 401 | 8 346 | 8 715 | 9 744 |
| **Pension funds** | | | | | | | | |
| Financial net worth | 472 | 675 | 702 | 1 215 | 1 810 | 2 175 | 1 440 | 2 330 |
| Financial assets | 16 412 | 17 700 | 19 415 | 20 028 | 21 643 | 23 073 | 22 848 | 25 763 |
| Currency and deposits | 575 | 1 250 | 610 | 555 | 901 | 814 | 1 360 | 1 153 |
| Debt securities | 375 | 455 | 450 | 435 | 407 | 391 | 423 | 488 |
| Loans | 31 | 44 | 0 | 9 | 0 | 15 | 15 | 19 |
| Equity and investment fund shares | 15 373 | 15 907 | 18 224 | 18 886 | 20 229 | 21 766 | 20 724 | 23 779 |
| Equity | 40 | 60 | 31 | 32 | 56 | 66 | 34 | 250 |
| Investment fund shares | 15 333 | 15 847 | 18 192 | 18 854 | 20 173 | 21 700 | 20 690 | 23 529 |
| Money market fund shares | 0 | 0 | 0 | 7 | 17 | 17 | 15 | 20 |
| Non-Money market fund shares | 15 333 | 15 847 | 18 192 | 18 847 | 20 156 | 21 683 | 20 674 | 23 509 |
| Insurance pension and standardised guarantees | 0 | 0 | 0 | 0 | 0 | 0 | 0 | 0 |
| Financial derivatives and employee stock options | 0 | 0 | 0 | 0 | 0 | 0 | 0 | 0 |
| Other accounts receivable | 58 | 44 | 131 | 143 | 106 | 87 | 327 | 324 |
| Financial liabilities | 15 941 | 17 025 | 18 713 | 18 813 | 19 833 | 20 898 | 21 409 | 23 433 |
| Debt securities | 11 | 11 | 0 | 0 | 0 | 0 | 0 | 0 |
| Short-term debt securities | 0 | 0 | 0 | 0 | 0 | 0 | 0 | 0 |
| Long-term debt securities | 11 | 11 | 0 | 0 | 0 | 0 | 0 | 0 |
| Loans | 0 | 0 | 8 | 9 | 13 | 22 | 21 | 9 |
| Short-term loans | 0 | 0 | 7 | 1 | 11 | 7 | 1 | 1 |
| Long-term loans | 0 | 0 | 1 | 7 | 2 | 15 | 20 | 8 |
| Equity and investment fund shares | 196 | 182 | 183 | 183 | 172 | 180 | 180 | 180 |
| Insurance pension and standardised guarantees | 15 733 | 16 831 | 18 521 | 18 621 | 19 648 | 20 696 | 21 207 | 23 245 |
| Financial derivatives and employee stock options | 0 | 0 | 0 | 0 | 0 | 0 | 0 | 0 |
| Other accounts payable | 0 | 0 | 0 | 0 | 0 | 0 | 0 | 0 |
| Non-financial assets | .. | .. | .. | .. | .. | .. | .. | .. |

Note: Detailed metadata at: *http://metalinks.oecd.org/instinv/20200916/f42e*

# AUSTRIA

## Table 4. Portfolio composition by type of investor
As percentage of financial assets and of financial liabilities

*Per cent*

| | 2012 | 2013 | 2014 | 2015 | 2016 | 2017 | 2018 | 2019 |
|---|---|---|---|---|---|---|---|---|
| **Investment funds** | | | | | | | | |
| Financial assets | 100.0 | 100.0 | 100.0 | 100.0 | 100.0 | 100.0 | 100.0 | 100.0 |
| Currency and deposits | 5.5 | 5.4 | 5.0 | 5.6 | 4.4 | 3.8 | 4.8 | 3.6 |
| Debt securities | 55.0 | 53.2 | 52.6 | 50.4 | 48.5 | 45.7 | 47.0 | 44.2 |
| Loans | 0.1 | 0.1 | 0.1 | 0.1 | 0.1 | 0.1 | 0.1 | 0.1 |
| Equity and investment fund shares | 39.3 | 41.3 | 42.3 | 43.8 | 46.9 | 50.4 | 48.1 | 52.0 |
| Insurance pension and standardised guarantee schemes | 0.0 | 0.0 | 0.0 | 0.0 | 0.0 | 0.0 | 0.0 | 0.0 |
| Financial derivatives and employee stock options | 0.1 | 0.0 | 0.0 | 0.0 | 0.0 | 0.0 | 0.0 | 0.0 |
| Other accounts receivable | 0.0 | 0.0 | 0.0 | 0.0 | 0.0 | 0.0 | 0.0 | 0.0 |
| Financial liabilities | 100.0 | 100.0 | 100.0 | 100.0 | 100.0 | 100.0 | 100.0 | 100.0 |
| Currency and deposits | 0.0 | 0.0 | 0.0 | 0.0 | 0.0 | 0.0 | 0.0 | 0.0 |
| Debt securities | 0.0 | 0.0 | 0.0 | 0.0 | 0.0 | 0.0 | 0.0 | 0.0 |
| Loans | 0.9 | 0.9 | 0.6 | 0.4 | 0.3 | 0.2 | 0.2 | 0.3 |
| Equity and investment fund shares | 99.1 | 99.1 | 99.4 | 99.6 | 99.7 | 99.8 | 99.8 | 99.7 |
| Insurance pension and standardised guarantee schemes | 0.0 | 0.0 | 0.0 | 0.0 | 0.0 | 0.0 | 0.0 | 0.0 |
| Financial derivatives and employee stock options | 0.0 | 0.0 | 0.0 | 0.0 | 0.0 | 0.0 | 0.0 | 0.0 |
| Other accounts receivable | 0.0 | 0.0 | 0.0 | 0.0 | 0.0 | 0.0 | 0.0 | 0.0 |
| **Insurance corporations** | | | | | | | | |
| Financial assets | 100.0 | 100.0 | 100.0 | 100.0 | 100.0 | 100.0 | 100.0 | 100.0 |
| Currency and deposits | 3.3 | 3.7 | 3.2 | 4.0 | 2.6 | 2.6 | 3.2 | 2.6 |
| Debt securities | 41.4 | 42.7 | 45.6 | 44.5 | 46.4 | 47.1 | 46.2 | 45.9 |
| Loans | 6.5 | 5.3 | 5.5 | 5.2 | 5.4 | 5.0 | 5.5 | 5.3 |
| Equity and investment fund shares | 41.4 | 41.4 | 39.5 | 40.2 | 39.9 | 40.8 | 40.7 | 42.4 |
| Insurance pension and standardised guarantee schemes | 6.2 | 5.5 | 4.7 | 4.6 | 4.5 | 3.6 | 3.5 | 2.8 |
| Financial derivatives and employee stock options | 0.0 | 0.0 | 0.0 | 0.0 | 0.0 | 0.0 | 0.0 | 0.0 |
| Other accounts receivable | 1.2 | 1.3 | 1.4 | 1.3 | 1.2 | 0.9 | 0.9 | 0.9 |
| Financial liabilities | 100.0 | 100.0 | 100.0 | 100.0 | 100.0 | 100.0 | 100.0 | 100.0 |
| Currency and deposits | 0.0 | 0.0 | 0.0 | 0.0 | 0.0 | 0.0 | 0.0 | 0.0 |
| Debt securities | 2.2 | 2.8 | 2.7 | 3.4 | 3.2 | 3.8 | 3.1 | 3.2 |
| Loans | 4.1 | 2.8 | 2.4 | 2.5 | 2.8 | 2.7 | 2.9 | 2.2 |
| Equity and investment fund shares | 13.8 | 15.0 | 13.7 | 12.5 | 11.3 | 11.9 | 10.4 | 10.7 |
| Insurance pension and standardised guarantee schemes | 79.1 | 78.6 | 79.8 | 80.4 | 81.6 | 80.8 | 82.8 | 83.1 |
| Financial derivatives and employee stock options | 0.0 | 0.0 | 0.0 | 0.0 | 0.0 | 0.0 | 0.0 | 0.0 |
| Other accounts receivable | 0.9 | 0.8 | 1.4 | 1.3 | 1.2 | 0.8 | 0.8 | 0.8 |
| **Pension funds** | | | | | | | | |
| Financial assets | 100.0 | 100.0 | 100.0 | 100.0 | 100.0 | 100.0 | 100.0 | 100.0 |
| Currency and deposits | 3.5 | 7.1 | 3.1 | 2.8 | 4.2 | 3.5 | 6.0 | 4.5 |
| Debt securities | 2.3 | 2.6 | 2.3 | 2.2 | 1.9 | 1.7 | 1.9 | 1.9 |
| Loans | 0.2 | 0.2 | 0.0 | 0.0 | 0.0 | 0.1 | 0.1 | 0.1 |
| Equity and investment fund shares | 93.7 | 89.9 | 93.9 | 94.3 | 93.5 | 94.3 | 90.7 | 92.3 |
| Insurance pension and standardised guarantee schemes | 0.0 | 0.0 | 0.0 | 0.0 | 0.0 | 0.0 | 0.0 | 0.0 |
| Financial derivatives and employee stock options | 0.0 | 0.0 | 0.0 | 0.0 | 0.0 | 0.0 | 0.0 | 0.0 |
| Other accounts receivable | 0.4 | 0.2 | 0.7 | 0.7 | 0.5 | 0.4 | 1.4 | 1.3 |
| Financial liabilities | 100.0 | 100.0 | 100.0 | 100.0 | 100.0 | 100.0 | 100.0 | 100.0 |
| Currency and deposits | 0.0 | 0.0 | 0.0 | 0.0 | 0.0 | 0.0 | 0.0 | 0.0 |
| Debt securities | 0.1 | 0.1 | 0.0 | 0.0 | 0.0 | 0.0 | 0.0 | 0.0 |
| Loans | 0.0 | 0.0 | 0.0 | 0.0 | 0.1 | 0.1 | 0.1 | 0.0 |
| Equity and investment fund shares | 1.2 | 1.1 | 1.0 | 1.0 | 0.9 | 0.9 | 0.8 | 0.8 |
| Insurance pension and standardised guarantee schemes | 98.7 | 98.9 | 99.0 | 99.0 | 99.1 | 99.0 | 99.1 | 99.2 |
| Financial derivatives and employee stock options | 0.0 | 0.0 | 0.0 | 0.0 | 0.0 | 0.0 | 0.0 | 0.0 |
| Other accounts receivable | 0.0 | 0.0 | 0.0 | 0.0 | 0.0 | 0.0 | 0.0 | 0.0 |

Note: Detailed metadata at: *http://metalinks.oecd.org/instinv/20200916/eb22*

# BELGIUM

## Table 1. Financial assets and liabilities of institutional investors, 2018

*Million EUR (1999 BEF euro)*

| | Total | Investment funds: Non-money market funds: Total | Investment funds: Non-money market funds: Open-end non-money market funds | Investment funds: Non-money market funds: Closed-end non-money market funds | Investment funds: Money market funds: Total |
|---|---|---|---|---|---|
| Financial assets | 167 298 | 155 071 | 155 071 | .. | 12 226 |
| Currency and deposits | 5 209 | 5 202 | 5 202 | .. | 8 |
| Debt securities | 39 674 | 28 191 | 28 191 | .. | 11 483 |
| Debt securities, short term | 11 093 | 1 201 | 1 201 | .. | 9 891 |
| Debt securities, long term | 28 581 | 26 990 | 26 990 | .. | 1 592 |
| Debt securities issued by residents | 5 997 | 1 929 | 1 929 | .. | 4 068 |
| Debt securities issued by non-residents | 33 677 | 26 262 | 26 262 | .. | 7 415 |
| Loans | 0 | 0 | 0 | .. | 0 |
| Loans, short-term | 0 | 0 | 0 | .. | 0 |
| Loans, long-term | 0 | 0 | 0 | .. | 0 |
| Loans granted to residents | 0 | 0 | 0 | .. | 0 |
| Loans granted to non-residents | 0 | 0 | 0 | .. | 0 |
| Equity and investment fund shares/units | 119 035 | 119 035 | 119 035 | .. | 0 |
| Equity and investment fund shares issued/units by residents | 19 581 | 19 581 | 19 581 | .. | 0 |
| Equity and investment fund shares/units issued by non residents | 99 454 | 99 454 | 99 454 | .. | 0 |
| Other accounts receivable | 3 239 | 2 503 | 2 503 | .. | 736 |

| | Total | Investment funds: Non-money market funds: Total | Investment funds: Non-money market funds: Open-end non-money market funds | Investment funds: Non-money market funds: Closed-end non-money market funds | Investment funds: Money market funds: Total |
|---|---|---|---|---|---|
| Financial liabilities | 167 299 | 155 072 | 155 072 | .. | 12 227 |
| Currency and deposits | 0 | 0 | 0 | .. | 0 |
| Debt securities | 0 | 0 | 0 | .. | 0 |
| Debt securities, short term | 0 | 0 | 0 | .. | 0 |
| Debt securities, long term | 0 | 0 | 0 | .. | 0 |
| Loans | 696 | 56 | 56 | .. | 639 |
| Loans, short-term | 0 | 0 | 0 | .. | 0 |
| Loans, long-term | 696 | 56 | 56 | .. | 639 |
| Equity and investment fund shares/units | 163 517 | 151 930 | 151 930 | .. | 11 587 |
| Insurance pension and standardised guaratees | 0 | 0 | 0 | .. | 0 |
| Financial derivatives and employee stock options | 17 | 17 | 17 | .. | 0 |
| Other accounts payable | 3 069 | 3 069 | 3 069 | .. | 0 |

| | Total | Insurance corporations and pension funds: Insurance corporations: Total | Insurance corporations and pension funds: Insurance corporations: Life insurance corporations | Insurance corporations and pension funds: Insurance corporations: Non-life insurance corporations | Insurance corporations and pension funds: Pension funds: Total |
|---|---|---|---|---|---|
| Financial assets | 346 107 | 312 244 | .. | .. | 33 862 |
| Currency and deposits | 10 530 | 9 581 | .. | .. | 949 |
| Debt securities | 197 728 | 193 831 | .. | .. | 3 897 |
| Debt securities, short-term | 835 | 835 | .. | .. | 0 |
| Debt securities, long term | 196 893 | 192 996 | .. | .. | 3 897 |
| Debt securities issued by residents | 78 059 | 77 007 | .. | .. | 1 052 |
| Debt securities issued by non-residents | 119 669 | 116 824 | .. | .. | 2 845 |
| Loans | 31 426 | 30 808 | .. | .. | 618 |
| Loans, short-term | 445 | 445 | .. | .. | 0 |
| Loans, long-term | 30 981 | 30 363 | .. | .. | 618 |
| Loans granted to residents | 21 521 | 20 903 | .. | .. | 618 |
| Loans granted to non-residents | 9 906 | 9 906 | .. | .. | 0 |
| Equity and investment fund shares/units | 90 495 | 62 849 | .. | .. | 27 646 |
| Equity and investment fund shares/units issued by residents | 27 301 | 16 743 | .. | .. | 10 558 |
| Equity and investment fund shares/units issued by non residents | 63 194 | 46 106 | .. | .. | 17 088 |
| Other accounts receivable | 8 463 | 8 244 | .. | .. | 219 |

| | Total | Insurance corporations and pension funds: Insurance corporations: Total | Insurance corporations and pension funds: Insurance corporations: Life insurance corporations | Insurance corporations and pension funds: Insurance corporations: Non-life insurance corporations | Insurance corporations and pension funds: Pension funds: Total |
|---|---|---|---|---|---|
| Financial liabilities | 353 466 | 319 522 | .. | .. | 33 945 |
| Currency and deposits | 0 | 0 | .. | .. | 0 |
| Debt securities | 4 209 | 4 209 | .. | .. | 0 |
| Debt securities, short term | 0 | 0 | .. | .. | 0 |
| Debt securities, long term | 4 209 | 4 209 | .. | .. | 0 |
| Loans | 14 983 | 14 377 | .. | .. | 606 |
| Loans, short-term | 4 866 | 4 260 | .. | .. | 606 |
| Loans, long-term | 10 117 | 10 117 | .. | .. | 0 |
| Equity and investment fund shares/units | 37 636 | 37 636 | .. | .. | 0 |
| Insurance pension and standardised guarantees | 288 332 | 254 993 | .. | .. | 33 339 |
| Financial derivatives and employee stock options | 809 | 809 | .. | .. | 0 |
| Other accounts payable | 7 497 | 7 497 | .. | .. | 0 |

Note: Detailed metadata at: *http://metalinks.oecd.org/instinv/20200916/f42e*

## BELGIUM

## Table 2. Financial assets and liabilities of investment funds

*Million EUR*

| | 2012 | 2013 | 2014 | 2015 | 2016 | 2017 | 2018 | 2019 |
|---|---|---|---|---|---|---|---|---|
| **Investment funds** | | | | | | | | |
| Financial net worth | 0 | -11 | -4 | -4 | -12 | 0 | -1 | 0 |
| Financial assets | 87 177 | 104 725 | 124 874 | 148 182 | 150 143 | 180 541 | 167 298 | 184 037 |
| Currency and deposits | 7 804 | 6 786 | 6 665 | 9 153 | 6 092 | 5 608 | 5 209 | 4 349 |
| Debt securities | 25 492 | 25 895 | 28 318 | 40 030 | 31 036 | 32 443 | 39 674 | 30 449 |
| Loans | 0 | 0 | 0 | 0 | 0 | 0 | 0 | 0 |
| Equity and investment fund shares | 49 400 | 67 503 | 84 440 | 94 423 | 108 861 | 138 618 | 119 035 | 146 973 |
| Equity | 28 073 | 34 483 | 41 536 | 39 006 | 49 661 | 60 937 | 48 258 | 67 686 |
| Investment fund shares | 21 327 | 33 020 | 42 905 | 55 416 | 59 200 | 77 681 | 70 777 | 79 287 |
| Money market fund shares | 312 | 284 | 714 | 10 718 | 3 213 | 4 273 | 10 526 | 3 899 |
| Non-Money market fund shares | 21 015 | 32 735 | 42 191 | 44 699 | 55 987 | 73 408 | 60 251 | 75 388 |
| Insurance pension and standardised guarantees | 0 | 0 | 0 | 0 | 0 | 0 | 0 | 0 |
| Financial derivatives and employee stock options | 2 057 | 1 678 | 1 598 | 1 064 | 957 | 903 | 141 | 433 |
| Other accounts receivable | 2 424 | 2 863 | 3 854 | 3 512 | 3 198 | 2 969 | 3 239 | 1 833 |
| Financial liabilities | 87 177 | 104 736 | 124 878 | 148 186 | 150 155 | 180 541 | 167 299 | 184 037 |
| Debt securities | 0 | 0 | 0 | 0 | 0 | 0 | 0 | 0 |
| Short-term debt securities | 0 | 0 | 0 | 0 | 0 | 0 | 0 | 0 |
| Long-term debt securities | 0 | 0 | 0 | 0 | 0 | 0 | 0 | 0 |
| Loans | 90 | 89 | 149 | 178 | 131 | 60 | 696 | 216 |
| Short-term loans | 0 | 0 | 0 | 0 | 0 | 0 | 0 | 0 |
| Long-term loans | 90 | 89 | 149 | 178 | 131 | 60 | 696 | 216 |
| Equity and investment fund shares | 85 770 | 102 578 | 122 276 | 145 386 | 146 759 | 177 375 | 163 517 | 182 013 |
| Insurance pension and standardised guarantees | 0 | 0 | 0 | 0 | 0 | 0 | 0 | 0 |
| Financial derivatives and employee stock options | 0 | 4 | 14 | 12 | 29 | 2 | 17 | 17 |
| Other accounts payable | 1 317 | 2 065 | 2 440 | 2 611 | 3 236 | 3 104 | 3 069 | 1 791 |
| Non-financial assets | .. | .. | .. | .. | .. | .. | .. | .. |
| **Money market funds** | | | | | | | | |
| Financial net worth | 0 | 0 | 0 | 0 | 0 | 0 | 0 | 0 |
| Financial assets | 996 | 1 016 | 800 | 12 273 | 1 974 | 2 590 | 12 226 | 2 443 |
| Currency and deposits | 147 | 142 | 147 | 2 025 | 229 | 135 | 8 | 394 |
| Debt securities | 829 | 869 | 650 | 10 216 | 1 745 | 2 437 | 11 483 | 2 041 |
| Loans | 0 | 0 | 0 | 0 | 0 | 0 | 0 | 0 |
| Equity and investment fund shares | 5 | 0 | 0 | 0 | 0 | 0 | 0 | 0 |
| Equity | 0 | 0 | 0 | 0 | 0 | 0 | 0 | 0 |
| Investment fund shares | 5 | 0 | 0 | 0 | 0 | 0 | 0 | 0 |
| Money market fund shares | 2 | 0 | 0 | 0 | 0 | 0 | 0 | 0 |
| Non-Money market fund shares | 3 | 0 | 0 | 0 | 0 | 0 | 0 | 0 |
| Insurance pension and standardised guarantees | 0 | 0 | 0 | 0 | 0 | 0 | 0 | 0 |
| Financial derivatives and employee stock options | 0 | 0 | 0 | 0 | 0 | 0 | 0 | 0 |
| Other accounts receivable | 14 | 5 | 3 | 33 | 0 | 17 | 736 | 8 |
| Financial liabilities | 996 | 1 016 | 800 | 12 273 | 1 974 | 2 590 | 12 227 | 2 443 |
| Debt securities | 0 | 0 | 0 | 0 | 0 | 0 | 0 | 0 |
| Short-term debt securities | 0 | 0 | 0 | 0 | 0 | 0 | 0 | 0 |
| Long-term debt securities | 0 | 0 | 0 | 0 | 0 | 0 | 0 | 0 |
| Loans | 0 | 1 | 19 | 0 | 0 | 0 | 639 | 134 |
| Short-term loans | 0 | 0 | 0 | 0 | 0 | 0 | 0 | 0 |
| Long-term loans | 0 | 1 | 19 | 0 | 0 | 0 | 639 | 134 |
| Equity and investment fund shares | 991 | 1 012 | 781 | 12 255 | 1 941 | 2 517 | 11 587 | 2 309 |
| Insurance pension and standardised guarantees | 0 | 0 | 0 | 0 | 0 | 0 | 0 | 0 |
| Financial derivatives and employee stock options | 0 | 2 | 0 | 0 | 0 | 0 | 0 | 0 |
| Other accounts payable | 5 | 1 | 0 | 19 | 33 | 73 | 0 | 0 |
| Non-financial assets | .. | .. | .. | .. | .. | .. | .. | .. |
| **Non-money market funds** | | | | | | | | |
| Financial net worth | 0 | -11 | -4 | -4 | -12 | 0 | -1 | 0 |
| Financial assets | 86 181 | 103 709 | 124 074 | 135 909 | 148 169 | 177 951 | 155 071 | 181 594 |
| Currency and deposits | 7 656 | 6 644 | 6 517 | 7 129 | 5 863 | 5 473 | 5 202 | 3 955 |
| Debt securities | 24 662 | 25 026 | 27 668 | 29 814 | 29 291 | 30 006 | 28 191 | 28 408 |
| Loans | 0 | 0 | 0 | 0 | 0 | 0 | 0 | 0 |
| Equity and investment fund shares | 49 395 | 67 503 | 84 440 | 94 423 | 108 861 | 138 618 | 119 035 | 146 973 |
| Equity | 28 073 | 34 483 | 41 536 | 39 006 | 49 661 | 60 937 | 48 258 | 67 686 |
| Investment fund shares | 21 322 | 33 020 | 42 905 | 55 416 | 59 200 | 77 681 | 70 777 | 79 287 |
| Money market fund shares | 310 | 284 | 714 | 10 718 | 3 213 | 4 273 | 10 526 | 3 899 |
| Non-Money market fund shares | 21 012 | 32 735 | 42 191 | 44 699 | 55 987 | 73 408 | 60 251 | 75 388 |
| Insurance pension and standardised guarantees | 0 | 0 | 0 | 0 | 0 | 0 | 0 | 0 |
| Financial derivatives and employee stock options | 2 057 | 1 678 | 1 598 | 1 064 | 957 | 903 | 141 | 433 |
| Other accounts receivable | 2 410 | 2 858 | 3 851 | 3 479 | 3 198 | 2 952 | 2 503 | 1 825 |
| Financial liabilities | 86 181 | 103 720 | 124 078 | 135 913 | 148 181 | 177 951 | 155 072 | 181 594 |
| Debt securities | 0 | 0 | 0 | 0 | 0 | 0 | 0 | 0 |
| Short-term debt securities | 0 | 0 | 0 | 0 | 0 | 0 | 0 | 0 |
| Long-term debt securities | 0 | 0 | 0 | 0 | 0 | 0 | 0 | 0 |
| Loans | 90 | 89 | 129 | 178 | 131 | 60 | 56 | 83 |
| Short-term loans | 0 | 0 | 0 | 0 | 0 | 0 | 0 | 0 |
| Long-term loans | 90 | 89 | 129 | 178 | 131 | 60 | 56 | 83 |
| Equity and investment fund shares | 84 779 | 101 566 | 121 495 | 133 131 | 144 818 | 174 858 | 151 930 | 179 704 |
| Insurance pension and standardised guarantees | 0 | 0 | 0 | 0 | 0 | 0 | 0 | 0 |
| Financial derivatives and employee stock options | 0 | 2 | 14 | 12 | 29 | 2 | 17 | 17 |
| Other accounts payable | 1 312 | 2 064 | 2 440 | 2 592 | 3 202 | 3 031 | 3 069 | 1 791 |
| Non-financial assets | .. | .. | .. | .. | .. | .. | .. | .. |
| **Open-end non-money market funds** | | | | | | | | |
| Financial net worth | 0 | -11 | -4 | -4 | -12 | 0 | -1 | 0 |
| Financial assets | 86 181 | 103 709 | 124 074 | 135 909 | 148 169 | 177 951 | 155 071 | 181 594 |
| Currency and deposits | 7 656 | 6 644 | 6 517 | 7 129 | 5 863 | 5 473 | 5 202 | 3 955 |

# BELGIUM

## Table 2. Financial assets and liabilities of investment funds *(cont.)*

*Million EUR*

| | 2012 | 2013 | 2014 | 2015 | 2016 | 2017 | 2018 | 2019 |
|---|---|---|---|---|---|---|---|---|
| Debt securities | 24 662 | 25 026 | 27 668 | 29 814 | 29 291 | 30 006 | 28 191 | 28 408 |
| Loans | 0 | 0 | 0 | 0 | 0 | 0 | 0 | 0 |
| Equity and investment fund shares | 49 395 | 67 503 | 84 440 | 94 423 | 108 861 | 138 618 | 119 035 | 146 973 |
| Equity | 28 073 | 34 483 | 41 536 | 39 006 | 49 661 | 60 937 | 48 258 | 67 686 |
| Investment fund shares | 21 322 | 33 020 | 42 905 | 55 416 | 59 200 | 77 681 | 70 777 | 79 287 |
| Money market fund shares | 310 | 284 | 714 | 10 718 | 3 213 | 4 273 | 10 526 | 3 899 |
| Non-Money market fund shares | 21 012 | 32 735 | 42 191 | 44 699 | 55 987 | 73 408 | 60 251 | 75 388 |
| Insurance pension and standardised guarantees | 0 | 0 | 0 | 0 | 0 | 0 | 0 | 0 |
| Financial derivatives and employee stock options | 2 057 | 1 678 | 1 598 | 1 064 | 957 | 903 | 141 | 433 |
| Other accounts receivable | 2 410 | 2 858 | 3 851 | 3 479 | 3 198 | 2 952 | 2 503 | 1 825 |
| Financial liabilities | 86 181 | 103 720 | 124 078 | 135 913 | 148 181 | 177 951 | 155 072 | 181 594 |
| Debt securities | 0 | 0 | 0 | 0 | 0 | 0 | 0 | 0 |
| Short-term debt securities | 0 | 0 | 0 | 0 | 0 | 0 | 0 | 0 |
| Long-term debt securities | 0 | 0 | 0 | 0 | 0 | 0 | 0 | 0 |
| Loans | 90 | 89 | 129 | 178 | 131 | 60 | 56 | 83 |
| Short-term loans | 0 | 0 | 0 | 0 | 0 | 0 | 0 | 0 |
| Long-term loans | 90 | 89 | 129 | 178 | 131 | 60 | 56 | 83 |
| Equity and investment fund shares | 84 779 | 101 566 | 121 495 | 133 131 | 144 818 | 174 858 | 151 930 | 179 704 |
| Insurance pension and standardised guarantees | 0 | 0 | 0 | 0 | 0 | 0 | 0 | 0 |
| Financial derivatives and employee stock options | 0 | 2 | 14 | 12 | 29 | 2 | 17 | 17 |
| Other accounts payable | 1 312 | 2 064 | 2 440 | 2 592 | 3 202 | 3 031 | 3 069 | 1 791 |
| Non-financial assets | .. | .. | .. | .. | .. | .. | .. | .. |
| **Open-end investment funds** | | | | | | | | |
| Financial net worth | 0 | -11 | -4 | -4 | -12 | 0 | -1 | 0 |
| Financial assets | 87 177 | 104 725 | 124 874 | 148 182 | 150 143 | 180 541 | 167 298 | 184 037 |
| Currency and deposits | 7 804 | 6 786 | 6 665 | 9 153 | 6 092 | 5 608 | 5 209 | 4 349 |
| Debt securities | 25 492 | 25 895 | 28 318 | 40 030 | 31 036 | 32 443 | 39 674 | 30 449 |
| Loans | 0 | 0 | 0 | 0 | 0 | 0 | 0 | 0 |
| Equity and investment fund shares | 49 400 | 67 503 | 84 440 | 94 423 | 108 861 | 138 618 | 119 035 | 146 973 |
| Equity | 28 073 | 34 483 | 41 536 | 39 006 | 49 661 | 60 937 | 48 258 | 67 686 |
| Investment fund shares | 21 327 | 33 020 | 42 905 | 55 416 | 59 200 | 77 681 | 70 777 | 79 287 |
| Money market fund shares | 312 | 284 | 714 | 10 718 | 3 213 | 4 273 | 10 526 | 3 899 |
| Non-Money market fund shares | 21 015 | 32 735 | 42 191 | 44 699 | 55 987 | 73 408 | 60 251 | 75 388 |
| Insurance pension and standardised guarantees | 0 | 0 | 0 | 0 | 0 | 0 | 0 | 0 |
| Financial derivatives and employee stock options | 2 057 | 1 678 | 1 598 | 1 064 | 957 | 903 | 141 | 433 |
| Other accounts receivable | 2 424 | 2 863 | 3 854 | 3 512 | 3 198 | 2 969 | 3 239 | 1 833 |
| Financial liabilities | 87 177 | 104 736 | 124 878 | 148 186 | 150 155 | 180 541 | 167 299 | 184 037 |
| Debt securities | 0 | 0 | 0 | 0 | 0 | 0 | 0 | 0 |
| Short-term debt securities | 0 | 0 | 0 | 0 | 0 | 0 | 0 | 0 |
| Long-term debt securities | 0 | 0 | 0 | 0 | 0 | 0 | 0 | 0 |
| Loans | 90 | 89 | 149 | 178 | 131 | 60 | 696 | 216 |
| Short-term loans | 0 | 0 | 0 | 0 | 0 | 0 | 0 | 0 |
| Long-term loans | 90 | 89 | 149 | 178 | 131 | 60 | 696 | 216 |
| Equity and investment fund shares | 85 770 | 102 578 | 122 276 | 145 386 | 146 759 | 177 375 | 163 517 | 182 013 |
| Insurance pension and standardised guarantees | 0 | 0 | 0 | 0 | 0 | 0 | 0 | 0 |
| Financial derivatives and employee stock options | 0 | 4 | 14 | 12 | 29 | 2 | 17 | 17 |
| Other accounts payable | 1 317 | 2 065 | 2 440 | 2 611 | 3 236 | 3 104 | 3 069 | 1 791 |
| Non-financial assets | .. | .. | .. | .. | .. | .. | .. | .. |

Note: Detailed metadata at: *http://metalinks.oecd.org/instinv/20200916/f42e*

# BELGIUM

## Table 3. Financial assets and liabilities of insurance corporations and pension funds

*Million EUR*

| | 2012 | 2013 | 2014 | 2015 | 2016 | 2017 | 2018 | 2019 |
|---|---|---|---|---|---|---|---|---|
| **Insurance corporations and pension funds** | | | | | | | | |
| Financial net worth | 15 634 | 11 668 | 32 516 | 27 928 | -5 462 | -5 201 | -7 360 | -8 018 |
| Financial assets | 300 207 | 304 526 | 339 559 | 341 212 | 343 125 | 345 921 | 346 107 | 392 748 |
| Currency and deposits | 9 569 | 8 660 | 9 899 | 10 067 | 10 573 | 9 710 | 10 530 | 10 963 |
| Debt securities | 203 027 | 196 077 | 217 785 | 210 821 | 208 826 | 203 480 | 197 728 | 210 263 |
| Loans | 18 138 | 22 207 | 26 188 | 28 182 | 28 551 | 27 919 | 31 426 | 37 289 |
| Equity and investment fund shares | 57 657 | 66 223 | 74 009 | 77 547 | 79 504 | 86 504 | 90 495 | 112 332 |
| Equity | 22 945 | 27 403 | 28 736 | 29 572 | 22 167 | 22 190 | 27 952 | 26 993 |
| Investment fund shares | 34 712 | 38 820 | 45 272 | 47 975 | 57 337 | 64 314 | 62 543 | 85 339 |
| Money market fund shares | 373 | 482 | 481 | 985 | 3 481 | 3 683 | 3 058 | 1 683 |
| Non-Money market fund shares | 34 339 | 38 338 | 44 792 | 46 989 | 53 856 | 60 631 | 59 486 | 83 656 |
| Insurance pension and standardised guarantees | 7 368 | 6 465 | 7 241 | 9 911 | 7 171 | 8 431 | 6 058 | 8 481 |
| Financial derivatives and employee stock options | 242 | 157 | 219 | 190 | 1 273 | 1 170 | 1 406 | 1 139 |
| Other accounts receivable | 4 206 | 4 738 | 4 218 | 4 496 | 7 226 | 8 707 | 8 463 | 12 281 |
| Financial liabilities | 284 574 | 292 858 | 307 043 | 313 284 | 348 587 | 351 122 | 353 466 | 400 767 |
| Debt securities | 2 290 | 2 901 | 2 999 | 3 997 | 4 542 | 4 494 | 4 209 | 5 928 |
| Short-term debt securities | 0 | 0 | 0 | 0 | 0 | 0 | 0 | 0 |
| Long-term debt securities | 2 290 | 2 901 | 2 999 | 3 997 | 4 542 | 4 494 | 4 209 | 5 928 |
| Loans | 15 064 | 16 466 | 17 001 | 19 591 | 14 630 | 13 553 | 14 983 | 17 820 |
| Short-term loans | 8 406 | 10 142 | 10 718 | 10 899 | 7 067 | 5 433 | 4 866 | 6 776 |
| Long-term loans | 6 658 | 6 323 | 6 283 | 8 692 | 7 563 | 8 120 | 10 117 | 11 044 |
| Equity and investment fund shares | 17 345 | 15 937 | 17 885 | 16 369 | 29 094 | 31 086 | 37 636 | 43 885 |
| Insurance pension and standardised guarantees | 244 687 | 251 650 | 263 318 | 267 140 | 293 608 | 294 973 | 288 332 | 324 893 |
| Financial derivatives and employee stock options | 0 | 0 | 0 | 0 | 1 072 | 877 | 809 | 817 |
| Other accounts payable | 5 188 | 5 904 | 5 840 | 6 188 | 5 642 | 6 139 | 7 497 | 7 424 |
| Non-financial assets | 3 776 | 3 522 | 3 672 | 3 636 | 8 832 | 8 743 | 8 741 | 9 288 |
| **Insurance corporations** | | | | | | | | |
| Financial net worth | 17 452 | 12 159 | 33 333 | 28 555 | -5 430 | -5 098 | -7 277 | -7 469 |
| Financial assets | 284 053 | 284 920 | 317 294 | 317 562 | 314 058 | 312 190 | 312 244 | 353 176 |
| Currency and deposits | 9 049 | 8 143 | 9 274 | 9 385 | 9 674 | 8 819 | 9 581 | 9 947 |
| Debt securities | 201 043 | 193 863 | 215 202 | 208 174 | 205 192 | 199 671 | 193 831 | 205 881 |
| Loans | 18 016 | 22 046 | 25 981 | 27 927 | 27 904 | 27 302 | 30 808 | 37 056 |
| Equity and investment fund shares | 44 189 | 50 397 | 56 010 | 58 259 | 56 267 | 58 771 | 62 849 | 79 200 |
| Equity | 21 463 | 25 567 | 27 160 | 27 234 | 19 460 | 19 132 | 25 259 | 24 039 |
| Investment fund shares | 22 726 | 24 829 | 28 851 | 31 026 | 36 807 | 39 639 | 37 590 | 55 162 |
| Money market fund shares | 206 | 233 | 217 | 618 | 2 990 | 3 119 | 2 277 | 1 339 |
| Non-Money market fund shares | 22 521 | 24 596 | 28 633 | 30 408 | 33 817 | 36 521 | 35 313 | 53 823 |
| Insurance pension and standardised guarantees | 7 368 | 6 047 | 6 646 | 9 365 | 6 731 | 7 941 | 5 525 | 7 932 |
| Financial derivatives and employee stock options | 242 | 157 | 219 | 190 | 1 273 | 1 170 | 1 406 | 1 081 |
| Other accounts receivable | 4 146 | 4 269 | 3 963 | 4 263 | 7 018 | 8 517 | 8 244 | 12 079 |
| Financial liabilities | 266 601 | 272 762 | 283 961 | 289 007 | 319 488 | 317 288 | 319 522 | 360 646 |
| Debt securities | 2 290 | 2 901 | 2 999 | 3 997 | 4 542 | 4 494 | 4 209 | 5 928 |
| Short-term debt securities | 0 | 0 | 0 | 0 | 0 | 0 | 0 | 0 |
| Long-term debt securities | 2 290 | 2 901 | 2 999 | 3 997 | 4 542 | 4 494 | 4 209 | 5 928 |
| Loans | 15 064 | 16 466 | 17 001 | 19 591 | 14 315 | 12 963 | 14 377 | 17 333 |
| Short-term loans | 8 406 | 10 142 | 10 718 | 10 899 | 6 753 | 4 844 | 4 260 | 6 289 |
| Long-term loans | 6 658 | 6 323 | 6 283 | 8 692 | 7 563 | 8 120 | 10 117 | 11 044 |
| Equity and investment fund shares | 17 345 | 15 937 | 17 885 | 16 369 | 29 094 | 31 086 | 37 636 | 43 885 |
| Insurance pension and standardised guarantees | 226 714 | 231 554 | 240 236 | 242 863 | 264 823 | 261 729 | 254 993 | 285 259 |
| Financial derivatives and employee stock options | 0 | 0 | 0 | 0 | 1 072 | 877 | 809 | 817 |
| Other accounts payable | 5 188 | 5 904 | 5 840 | 6 188 | 5 642 | 6 139 | 7 497 | 7 424 |
| Non-financial assets | 3 715 | 3 461 | 3 598 | 3 559 | 8 761 | 8 609 | 8 741 | 9 288 |
| **Pension funds** | | | | | | | | |
| Financial net worth | -1 819 | -491 | -817 | -627 | -32 | -103 | -83 | -549 |
| Financial assets | 16 154 | 19 606 | 22 265 | 23 650 | 29 067 | 33 731 | 33 862 | 39 572 |
| Currency and deposits | 520 | 517 | 626 | 682 | 899 | 891 | 949 | 1 016 |
| Debt securities | 1 984 | 2 214 | 2 583 | 2 647 | 3 634 | 3 809 | 3 897 | 4 382 |
| Loans | 122 | 161 | 207 | 255 | 647 | 618 | 618 | 233 |
| Equity and investment fund shares | 13 468 | 15 826 | 17 998 | 19 287 | 23 237 | 27 733 | 27 646 | 33 132 |
| Equity | 1 483 | 1 836 | 1 577 | 2 338 | 2 707 | 3 058 | 2 693 | 2 955 |
| Investment fund shares | 11 985 | 13 990 | 16 422 | 16 949 | 20 530 | 24 675 | 24 953 | 30 177 |
| Money market fund shares | 167 | 249 | 264 | 368 | 491 | 564 | 780 | 344 |
| Non-Money market fund shares | 11 818 | 13 742 | 16 158 | 16 581 | 20 039 | 24 110 | 24 173 | 29 833 |
| Insurance pension and standardised guarantees | 0 | 419 | 595 | 545 | 441 | 490 | 533 | 549 |
| Financial derivatives and employee stock options | 0 | 0 | 0 | 0 | 0 | 0 | 0 | 58 |
| Other accounts receivable | 60 | 469 | 255 | 233 | 208 | 190 | 219 | 202 |
| Financial liabilities | 17 972 | 20 096 | 23 082 | 24 277 | 29 099 | 33 834 | 33 945 | 40 121 |
| Debt securities | 0 | 0 | 0 | 0 | 0 | 0 | 0 | 0 |
| Short-term debt securities | 0 | 0 | 0 | 0 | 0 | 0 | 0 | 0 |
| Long-term debt securities | 0 | 0 | 0 | 0 | 0 | 0 | 0 | 0 |
| Loans | 0 | 0 | 0 | 0 | 314 | 589 | 606 | 487 |
| Short-term loans | 0 | 0 | 0 | 0 | 314 | 589 | 606 | 487 |
| Long-term loans | 0 | 0 | 0 | 0 | 0 | 0 | 0 | 0 |
| Equity and investment fund shares | 0 | 0 | 0 | 0 | 0 | 0 | 0 | 0 |
| Insurance pension and standardised guarantees | 17 972 | 20 096 | 23 082 | 24 277 | 28 785 | 33 245 | 33 339 | 39 634 |
| Financial derivatives and employee stock options | 0 | 0 | 0 | 0 | 0 | 0 | 0 | 0 |
| Other accounts payable | 0 | 0 | 0 | 0 | 0 | 0 | 0 | 0 |
| Non-financial assets | 61 | 61 | 74 | 77 | 71 | 134 | 128 | 202 |

Note: Detailed metadata at: *http://metalinks.oecd.org/instinv/20200916/f42e*

## Table 4. Portfolio composition by type of investor

As percentage of financial assets and of financial liabilities

*Per cent*

| | 2012 | 2013 | 2014 | 2015 | 2016 | 2017 | 2018 | 2019 |
|---|---|---|---|---|---|---|---|---|
| **Investment funds** | | | | | | | | |
| Financial assets | 100.0 | 100.0 | 100.0 | 100.0 | 100.0 | 100.0 | 100.0 | 100.0 |
| Currency and deposits | 9.0 | 6.5 | 5.3 | 6.2 | 4.1 | 3.1 | 3.1 | 2.4 |
| Debt securities | 29.2 | 24.7 | 22.7 | 27.0 | 20.7 | 18.0 | 23.7 | 16.5 |
| Loans | 0.0 | 0.0 | 0.0 | 0.0 | 0.0 | 0.0 | 0.0 | 0.0 |
| Equity and investment fund shares | 56.7 | 64.5 | 67.6 | 63.7 | 72.5 | 76.8 | 71.2 | 79.9 |
| Insurance pension and standardised guarantee schemes | 0.0 | 0.0 | 0.0 | 0.0 | 0.0 | 0.0 | 0.0 | 0.0 |
| Financial derivatives and employee stock options | 2.4 | 1.6 | 1.3 | 0.7 | 0.6 | 0.5 | 0.1 | 0.2 |
| Other accounts receivable | 2.8 | 2.7 | 3.1 | 2.4 | 2.1 | 1.6 | 1.9 | 1.0 |
| Financial liabilities | 100.0 | 100.0 | 100.0 | 100.0 | 100.0 | 100.0 | 100.0 | 100.0 |
| Currency and deposits | 0.0 | 0.0 | 0.0 | 0.0 | 0.0 | 0.0 | 0.0 | 0.0 |
| Debt securities | 0.0 | 0.0 | 0.0 | 0.0 | 0.0 | 0.0 | 0.0 | 0.0 |
| Loans | 0.1 | 0.1 | 0.1 | 0.1 | 0.1 | 0.0 | 0.4 | 0.1 |
| Equity and investment fund shares | 98.4 | 97.9 | 97.9 | 98.1 | 97.7 | 98.2 | 97.7 | 98.9 |
| Insurance pension and standardised guarantee schemes | 0.0 | 0.0 | 0.0 | 0.0 | 0.0 | 0.0 | 0.0 | 0.0 |
| Financial derivatives and employee stock options | 0.0 | 0.0 | 0.0 | 0.0 | 0.0 | 0.0 | 0.0 | 0.0 |
| Other accounts receivable | 1.5 | 2.0 | 2.0 | 1.8 | 2.2 | 1.7 | 1.8 | 1.0 |
| **Insurance corporations** | | | | | | | | |
| Financial assets | 100.0 | 100.0 | 100.0 | 100.0 | 100.0 | 100.0 | 100.0 | 100.0 |
| Currency and deposits | 3.2 | 2.9 | 2.9 | 3.0 | 3.1 | 2.8 | 3.1 | 2.8 |
| Debt securities | 70.8 | 68.0 | 67.8 | 65.6 | 65.3 | 64.0 | 62.1 | 58.3 |
| Loans | 6.3 | 7.7 | 8.2 | 8.8 | 8.9 | 8.7 | 9.9 | 10.5 |
| Equity and investment fund shares | 15.6 | 17.7 | 17.7 | 18.3 | 17.9 | 18.8 | 20.1 | 22.4 |
| Insurance pension and standardised guarantee schemes | 2.6 | 2.1 | 2.1 | 2.9 | 2.1 | 2.5 | 1.8 | 2.2 |
| Financial derivatives and employee stock options | 0.1 | 0.1 | 0.1 | 0.1 | 0.4 | 0.4 | 0.5 | 0.3 |
| Other accounts receivable | 1.5 | 1.5 | 1.2 | 1.3 | 2.2 | 2.7 | 2.6 | 3.4 |
| Financial liabilities | 100.0 | 100.0 | 100.0 | 100.0 | 100.0 | 100.0 | 100.0 | 100.0 |
| Currency and deposits | 0.0 | 0.0 | 0.0 | 0.0 | 0.0 | 0.0 | 0.0 | 0.0 |
| Debt securities | 0.9 | 1.1 | 1.1 | 1.4 | 1.4 | 1.4 | 1.3 | 1.6 |
| Loans | 5.7 | 6.0 | 6.0 | 6.8 | 4.5 | 4.1 | 4.5 | 4.8 |
| Equity and investment fund shares | 6.5 | 5.8 | 6.3 | 5.7 | 9.1 | 9.8 | 11.8 | 12.2 |
| Insurance pension and standardised guarantee schemes | 85.0 | 84.9 | 84.6 | 84.0 | 82.9 | 82.5 | 79.8 | 79.1 |
| Financial derivatives and employee stock options | 0.0 | 0.0 | 0.0 | 0.0 | 0.3 | 0.3 | 0.3 | 0.2 |
| Other accounts receivable | 1.9 | 2.2 | 2.1 | 2.1 | 1.8 | 1.9 | 2.3 | 2.1 |
| **Pension funds** | | | | | | | | |
| Financial assets | 100.0 | 100.0 | 100.0 | 100.0 | 100.0 | 100.0 | 100.0 | 100.0 |
| Currency and deposits | 3.2 | 2.6 | 2.8 | 2.9 | 3.1 | 2.6 | 2.8 | 2.6 |
| Debt securities | 12.3 | 11.3 | 11.6 | 11.2 | 12.5 | 11.3 | 11.5 | 11.1 |
| Loans | 0.8 | 0.8 | 0.9 | 1.1 | 2.2 | 1.8 | 1.8 | 0.6 |
| Equity and investment fund shares | 83.4 | 80.7 | 80.8 | 81.6 | 79.9 | 82.2 | 81.6 | 83.7 |
| Insurance pension and standardised guarantee schemes | 0.0 | 2.1 | 2.7 | 2.3 | 1.5 | 1.5 | 1.6 | 1.4 |
| Financial derivatives and employee stock options | 0.0 | 0.0 | 0.0 | 0.0 | 0.0 | 0.0 | 0.0 | 0.1 |
| Other accounts receivable | 0.4 | 2.4 | 1.1 | 1.0 | 0.7 | 0.6 | 0.6 | 0.5 |
| Financial liabilities | 100.0 | 100.0 | 100.0 | 100.0 | 100.0 | 100.0 | 100.0 | 100.0 |
| Currency and deposits | 0.0 | 0.0 | 0.0 | 0.0 | 0.0 | 0.0 | 0.0 | 0.0 |
| Debt securities | 0.0 | 0.0 | 0.0 | 0.0 | 0.0 | 0.0 | 0.0 | 0.0 |
| Loans | 0.0 | 0.0 | 0.0 | 0.0 | 1.1 | 1.7 | 1.8 | 1.2 |
| Equity and investment fund shares | 0.0 | 0.0 | 0.0 | 0.0 | 0.0 | 0.0 | 0.0 | 0.0 |
| Insurance pension and standardised guarantee schemes | 100.0 | 100.0 | 100.0 | 100.0 | 98.9 | 98.3 | 98.2 | 98.8 |
| Financial derivatives and employee stock options | 0.0 | 0.0 | 0.0 | 0.0 | 0.0 | 0.0 | 0.0 | 0.0 |
| Other accounts receivable | 0.0 | 0.0 | 0.0 | 0.0 | 0.0 | 0.0 | 0.0 | 0.0 |

Note: Detailed metadata at: *http://metalinks.oecd.org/instinv/20200916/eb22*

# CANADA

## Table 1. Financial assets and liabilities of institutional investors, 2018

*Million CAD*

| | Total | Investment funds | | | |
|---|---|---|---|---|---|
| | | Non-money market funds | | | Money market funds |
| | | Total | Open-end non-money market funds | Closed-end non-money market funds | Total |
| Financial assets | 2 223 242 | 2 191 022 | .. | .. | 32 220 |
| Currency and deposits | 43 032 | 37 059 | .. | .. | 5 973 |
| Debt securities | 552 886 | 527 826 | .. | .. | 25 060 |
| Debt securities, short term | 35 681 | 17 064 | .. | .. | 18 617 |
| Debt securities, long term | 517 205 | 510 762 | .. | .. | 6 443 |
| Debt securities issued by residents | 347 604 | 323 748 | .. | .. | 23 856 |
| Debt securities issued by non-residents | 205 282 | 204 078 | .. | .. | 1 204 |
| Loans | 5 095 | 5 095 | .. | .. | 0 |
| Loans, short-term | .. | .. | .. | .. | .. |
| Loans, long-term | .. | .. | .. | .. | .. |
| Loans granted to residents | .. | .. | .. | .. | .. |
| Loans granted to non-residents | .. | .. | .. | .. | .. |
| Equity and investment fund shares/units | 1 532 667 | 1 531 576 | .. | .. | 1 091 |
| Equity and investment fund shares issued/units by residents | 965 043 | 963 964 | .. | .. | 1 079 |
| Equity and investment fund shares/units issued by non residents | 567 624 | 567 612 | .. | .. | 12 |
| Other accounts receivable | 89 562 | 89 466 | .. | .. | 96 |

| | Total | Investment funds | | | |
|---|---|---|---|---|---|
| | | Non-money market funds | | | Money market funds |
| | | Total | Open-end non-money market funds | Closed-end non-money market funds | Total |
| Financial liabilities | 2 227 925 | 2 195 705 | .. | .. | 32 220 |
| Currency and deposits | .. | .. | .. | .. | .. |
| Debt securities | 0 | 0 | .. | .. | .. |
| Debt securities, short term | .. | .. | .. | .. | .. |
| Debt securities, long term | .. | .. | .. | .. | .. |
| Loans | 0 | 0 | .. | .. | 0 |
| Loans, short-term | .. | .. | .. | .. | .. |
| Loans, long-term | .. | .. | .. | .. | .. |
| Equity and investment fund shares/units | 2 210 017 | 2 177 979 | .. | .. | 32 038 |
| Insurance pension and standardised guarantees | .. | .. | .. | .. | .. |
| Financial derivatives and employee stock options | .. | .. | .. | .. | .. |
| Other accounts payable | 17 908 | 17 726 | .. | .. | 182 |

| | Total | Insurance corporations and pension funds | | | |
|---|---|---|---|---|---|
| | | Insurance corporations | | | Pension funds |
| | | Total | Life insurance corporations | Non-life insurance corporations | Total |
| Financial assets | 2 894 574 | 932 706 | 766 864 | 165 842 | 1 961 868 |
| Currency and deposits | 34 667 | 10 711 | 5 795 | 4 916 | 23 956 |
| Debt securities | 1 054 741 | 374 333 | 284 729 | 89 604 | 680 408 |
| Debt securities, short-term | 59 376 | 17 701 | 15 414 | 2 287 | 41 675 |
| Debt securities, long term | 995 365 | 356 632 | 269 315 | 87 317 | 638 733 |
| Debt securities issued by residents | 900 284 | 352 244 | 265 220 | 87 024 | 548 040 |
| Debt securities issued by non-residents | 154 457 | 22 089 | 19 509 | 2 580 | 132 368 |
| Loans | 115 118 | 69 072 | 66 983 | 2 089 | 46 046 |
| Loans, short-term | .. | .. | .. | .. | .. |
| Loans, long-term | .. | .. | .. | .. | .. |
| Loans granted to residents | .. | .. | .. | .. | .. |
| Loans granted to non-residents | .. | .. | .. | .. | .. |
| Equity and investment fund shares/units | 1 396 996 | 354 713 | 326 562 | 28 151 | 1 042 283 |
| Equity and investment fund shares/units issued by residents | 884 755 | 329 341 | 304 816 | 24 525 | 555 414 |
| Equity and investment fund shares/units issued by non residents | 512 241 | 25 372 | 21 746 | 3 626 | 486 869 |
| Other accounts receivable | 203 394 | 123 877 | 82 795 | 41 082 | 79 517 |

| | Total | Insurance corporations and pension funds | | | |
|---|---|---|---|---|---|
| | | Insurance corporations | | | Pension funds |
| | | Total | Life insurance corporations | Non-life insurance corporations | Total |
| Financial liabilities | 2 924 150 | 962 282 | 773 034 | 189 248 | 1 961 868 |
| Currency and deposits | .. | .. | .. | .. | .. |
| Debt securities | 12 360 | 12 360 | 12 360 | .. | .. |
| Debt securities, short term | .. | .. | .. | .. | .. |
| Debt securities, long term | 12 360 | 12 360 | 12 360 | .. | .. |
| Loans | 22 712 | 19 553 | 15 686 | 3 867 | 3 159 |
| Loans, short-term | .. | .. | .. | .. | .. |
| Loans, long-term | .. | .. | .. | .. | .. |
| Equity and investment fund shares/units | 296 086 | 296 086 | 219 939 | 76 147 | .. |
| Insurance pension and standardised guarantees | 2 300 600 | 482 325 | 482 325 | .. | 1 818 275 |
| Financial derivatives and employee stock options | .. | .. | .. | .. | .. |
| Other accounts payable | 292 392 | 151 958 | 42 724 | 109 234 | 140 434 |

Note: Detailed metadata at: *http://metalinks.oecd.org/instinv/20200916/f42e*

# CANADA

## Table 2. Financial assets and liabilities of investment funds

*Million CAD*

| | 2012 | 2013 | 2014 | 2015 | 2016 | 2017 | 2018 | 2019 |
|---|---|---|---|---|---|---|---|---|
| **Investment funds** | | | | | | | | |
| Financial net worth | 0 | 0 | 0 | 0 | 0 | 0 | 0 | 0 |
| Financial assets | 1 150 848 | 1 379 299 | 1 612 696 | 1 790 477 | 1 999 171 | 2 219 750 | 2 223 242 | 2 469 208 |
| Currency and deposits | 28 957 | 29 668 | 37 995 | 40 986 | 49 463 | 44 469 | 43 032 | 53 764 |
| Debt securities | 314 319 | 355 338 | 418 768 | 438 990 | 506 186 | 549 090 | 552 886 | 610 159 |
| Loans | 5 337 | 5 186 | 6 034 | 5 845 | 5 837 | 5 799 | 5 095 | 5 312 |
| Equity and investment fund shares | 734 430 | 925 216 | 1 091 687 | 1 214 788 | 1 352 133 | 1 550 524 | 1 532 667 | 1 733 811 |
| Equity | 510 830 | 624 568 | 724 628 | 765 447 | 851 100 | 990 057 | 956 344 | 1 094 217 |
| Investment fund shares | 223 600 | 300 648 | 367 059 | 449 341 | 501 033 | 560 467 | 576 323 | 639 594 |
| Money market fund shares | .. | .. | .. | .. | .. | .. | .. | .. |
| Non-Money market fund shares | .. | .. | .. | .. | .. | .. | .. | .. |
| Insurance pension and standardised guarantees | .. | .. | .. | .. | .. | .. | .. | .. |
| Financial derivatives and employee stock options | .. | .. | .. | .. | .. | .. | .. | .. |
| Other accounts receivable | 67 805 | 63 891 | 58 212 | 89 868 | 85 552 | 69 868 | 89 562 | 66 162 |
| Financial liabilities | 1 156 332 | 1 383 590 | 1 616 805 | 1 795 649 | 2 004 792 | 2 225 577 | 2 227 925 | 2 474 864 |
| Debt securities | 0 | 0 | 0 | 0 | 0 | 0 | 0 | .. |
| Short-term debt securities | .. | .. | .. | .. | .. | .. | .. | .. |
| Long-term debt securities | .. | .. | .. | .. | .. | .. | .. | .. |
| Loans | 0 | 0 | 0 | 0 | 0 | 0 | 0 | 0 |
| Short-term loans | .. | .. | .. | .. | .. | .. | .. | .. |
| Long-term loans | .. | .. | .. | .. | .. | .. | .. | .. |
| Equity and investment fund shares | 1 148 117 | 1 374 017 | 1 605 202 | 1 782 792 | 1 989 909 | 2 209 335 | 2 210 017 | 2 456 898 |
| Insurance pension and standardised guarantees | .. | .. | .. | .. | .. | .. | .. | .. |
| Financial derivatives and employee stock options | .. | .. | .. | .. | .. | .. | .. | .. |
| Other accounts payable | 8 215 | 9 573 | 11 603 | 12 857 | 14 883 | 16 242 | 17 908 | 17 966 |
| Non-financial assets | 5 484 | 4 291 | 4 109 | 5 172 | 5 621 | 5 827 | 4 683 | 5 656 |
| **Money market funds** | | | | | | | | |
| Financial net worth | 0 | 0 | 0 | 0 | 0 | 0 | 0 | 0 |
| Financial assets | 33 331 | 31 746 | 30 271 | 32 272 | 33 542 | 30 187 | 32 220 | 36 570 |
| Currency and deposits | 2 661 | 2 717 | 2 127 | 3 292 | 4 820 | 5 364 | 5 973 | 7 446 |
| Debt securities | 28 485 | 27 601 | 26 449 | 27 401 | 25 045 | 23 926 | 25 060 | 26 853 |
| Loans | 0 | 0 | 0 | 0 | 0 | 0 | 0 | 0 |
| Equity and investment fund shares | 1 225 | 1 141 | 973 | 940 | 865 | 735 | 1 091 | 1 583 |
| Equity | 986 | 899 | 627 | 528 | 537 | 579 | 484 | 817 |
| Investment fund shares | 239 | 242 | 346 | 412 | 328 | 156 | 607 | 766 |
| Money market fund shares | .. | .. | .. | .. | .. | .. | .. | .. |
| Non-Money market fund shares | .. | .. | .. | .. | .. | .. | .. | .. |
| Insurance pension and standardised guarantees | .. | .. | .. | .. | .. | .. | .. | .. |
| Financial derivatives and employee stock options | .. | .. | .. | .. | .. | .. | .. | .. |
| Other accounts receivable | 960 | 287 | 722 | 639 | 2 812 | 162 | 96 | 688 |
| Financial liabilities | 33 331 | 31 746 | 30 271 | 32 272 | 33 542 | 30 187 | 32 220 | 36 570 |
| Debt securities | .. | .. | .. | .. | .. | .. | .. | .. |
| Short-term debt securities | .. | .. | .. | .. | .. | .. | .. | .. |
| Long-term debt securities | .. | .. | .. | .. | .. | .. | .. | .. |
| Loans | 0 | 0 | 0 | 0 | 0 | 0 | 0 | 0 |
| Short-term loans | .. | .. | .. | .. | .. | .. | .. | .. |
| Long-term loans | .. | .. | .. | .. | .. | .. | .. | .. |
| Equity and investment fund shares | 33 124 | 31 545 | 30 088 | 32 081 | 33 354 | 30 022 | 32 038 | 36 363 |
| Insurance pension and standardised guarantees | .. | .. | .. | .. | .. | .. | .. | .. |
| Financial derivatives and employee stock options | .. | .. | .. | .. | .. | .. | .. | .. |
| Other accounts payable | 207 | 201 | 183 | 191 | 188 | 165 | 182 | 207 |
| Non-financial assets | 0 | 0 | 0 | 0 | 0 | 0 | 0 | 0 |
| **Non-money market funds** | | | | | | | | |
| Financial net worth | 0 | 0 | 0 | 0 | 0 | 0 | 0 | 0 |
| Financial assets | 1 117 517 | 1 347 553 | 1 582 425 | 1 758 205 | 1 965 629 | 2 189 563 | 2 191 022 | 2 432 638 |
| Currency and deposits | 26 296 | 26 951 | 35 868 | 37 694 | 44 643 | 39 105 | 37 059 | 46 318 |
| Debt securities | 285 834 | 327 737 | 392 319 | 411 589 | 481 141 | 525 164 | 527 826 | 583 306 |
| Loans | 5 337 | 5 186 | 6 034 | 5 845 | 5 837 | 5 799 | 5 095 | 5 312 |
| Equity and investment fund shares | 733 205 | 924 075 | 1 090 714 | 1 213 848 | 1 351 268 | 1 549 789 | 1 531 576 | 1 732 228 |
| Equity | 509 844 | 623 669 | 724 001 | 764 919 | 850 563 | 989 478 | 955 860 | 1 093 400 |
| Investment fund shares | 223 361 | 300 406 | 366 713 | 448 929 | 500 705 | 560 311 | 575 716 | 638 828 |
| Money market fund shares | .. | .. | .. | .. | .. | .. | .. | .. |
| Non-Money market fund shares | .. | .. | .. | .. | .. | .. | .. | .. |
| Insurance pension and standardised guarantees | .. | .. | .. | .. | .. | .. | .. | .. |
| Financial derivatives and employee stock options | .. | .. | .. | .. | .. | .. | .. | .. |
| Other accounts receivable | 66 845 | 63 604 | 57 490 | 89 229 | 82 740 | 69 706 | 89 466 | 65 474 |
| Financial liabilities | 1 123 001 | 1 351 844 | 1 586 534 | 1 763 377 | 1 971 250 | 2 195 390 | 2 195 705 | 2 438 294 |
| Debt securities | 0 | 0 | 0 | 0 | 0 | 0 | 0 | .. |
| Short-term debt securities | .. | .. | .. | .. | .. | .. | .. | .. |
| Long-term debt securities | .. | .. | .. | .. | .. | .. | .. | .. |
| Loans | 0 | 0 | 0 | 0 | 0 | 0 | 0 | 0 |
| Short-term loans | .. | .. | .. | .. | .. | .. | .. | .. |
| Long-term loans | .. | .. | .. | .. | .. | .. | .. | .. |
| Equity and investment fund shares | 1 114 993 | 1 342 472 | 1 575 114 | 1 750 711 | 1 956 555 | 2 179 313 | 2 177 979 | 2 420 535 |
| Insurance pension and standardised guarantees | .. | .. | .. | .. | .. | .. | .. | .. |
| Financial derivatives and employee stock options | .. | .. | .. | .. | .. | .. | .. | .. |
| Other accounts payable | 8 008 | 9 372 | 11 420 | 12 666 | 14 695 | 16 077 | 17 726 | 17 759 |
| Non-financial assets | 5 484 | 4 291 | 4 109 | 5 172 | 5 621 | 5 827 | 4 683 | 5 656 |
| **Open-end non-money market funds** | | | | | | | | |
| Financial net worth | .. | .. | .. | .. | .. | .. | .. | .. |
| Financial assets | .. | .. | .. | .. | .. | .. | .. | .. |
| Currency and deposits | .. | .. | .. | .. | .. | .. | .. | .. |

# CANADA

## Table 2. Financial assets and liabilities of investment funds *(cont.)*

*Million CAD*

| | 2012 | 2013 | 2014 | 2015 | 2016 | 2017 | 2018 | 2019 |
|---|---|---|---|---|---|---|---|---|
| Debt securities | .. | .. | .. | .. | .. | .. | .. | .. |
| Loans | .. | .. | .. | .. | .. | .. | .. | .. |
| Equity and investment fund shares | .. | .. | .. | .. | .. | .. | .. | .. |
| Equity | .. | .. | .. | .. | .. | .. | .. | .. |
| Investment fund shares | .. | .. | .. | .. | .. | .. | .. | .. |
| Money market fund shares | .. | .. | .. | .. | .. | .. | .. | .. |
| Non-Money market fund shares | .. | .. | .. | .. | .. | .. | .. | .. |
| Insurance pension and standardised guarantees | .. | .. | .. | .. | .. | .. | .. | .. |
| Financial derivatives and employee stock options | .. | .. | .. | .. | .. | .. | .. | .. |
| Other accounts receivable | .. | .. | .. | .. | .. | .. | .. | .. |
| Financial liabilities | .. | .. | .. | .. | .. | .. | .. | .. |
| Debt securities | .. | .. | .. | .. | .. | .. | .. | .. |
| Short-term debt securities | .. | .. | .. | .. | .. | .. | .. | .. |
| Long-term debt securities | .. | .. | .. | .. | .. | .. | .. | .. |
| Loans | .. | .. | .. | .. | .. | .. | .. | .. |
| Short-term loans | .. | .. | .. | .. | .. | .. | .. | .. |
| Long-term loans | .. | .. | .. | .. | .. | .. | .. | .. |
| Equity and investment fund shares | .. | .. | .. | .. | .. | .. | .. | .. |
| Insurance pension and standardised guarantees | .. | .. | .. | .. | .. | .. | .. | .. |
| Financial derivatives and employee stock options | .. | .. | .. | .. | .. | .. | .. | .. |
| Other accounts payable | .. | .. | .. | .. | .. | .. | .. | .. |
| Non-financial assets | .. | .. | .. | .. | .. | .. | .. | .. |
| **Open-end investment funds** | | | | | | | | |
| Financial net worth | .. | .. | .. | .. | .. | .. | .. | .. |
| Financial assets | .. | .. | .. | .. | .. | .. | .. | .. |
| Currency and deposits | .. | .. | .. | .. | .. | .. | .. | .. |
| Debt securities | .. | .. | .. | .. | .. | .. | .. | .. |
| Loans | .. | .. | .. | .. | .. | .. | .. | .. |
| Equity and investment fund shares | .. | .. | .. | .. | .. | .. | .. | .. |
| Equity | .. | .. | .. | .. | .. | .. | .. | .. |
| Investment fund shares | .. | .. | .. | .. | .. | .. | .. | .. |
| Money market fund shares | .. | .. | .. | .. | .. | .. | .. | .. |
| Non-Money market fund shares | .. | .. | .. | .. | .. | .. | .. | .. |
| Insurance pension and standardised guarantees | .. | .. | .. | .. | .. | .. | .. | .. |
| Financial derivatives and employee stock options | .. | .. | .. | .. | .. | .. | .. | .. |
| Other accounts receivable | .. | .. | .. | .. | .. | .. | .. | .. |
| Financial liabilities | .. | .. | .. | .. | .. | .. | .. | .. |
| Debt securities | .. | .. | .. | .. | .. | .. | .. | .. |
| Short-term debt securities | .. | .. | .. | .. | .. | .. | .. | .. |
| Long-term debt securities | .. | .. | .. | .. | .. | .. | .. | .. |
| Loans | .. | .. | .. | .. | .. | .. | .. | .. |
| Short-term loans | .. | .. | .. | .. | .. | .. | .. | .. |
| Long-term loans | .. | .. | .. | .. | .. | .. | .. | .. |
| Equity and investment fund shares | .. | .. | .. | .. | .. | .. | .. | .. |
| Insurance pension and standardised guarantees | .. | .. | .. | .. | .. | .. | .. | .. |
| Financial derivatives and employee stock options | .. | .. | .. | .. | .. | .. | .. | .. |
| Other accounts payable | .. | .. | .. | .. | .. | .. | .. | .. |
| Non-financial assets | .. | .. | .. | .. | .. | .. | .. | .. |

Note: Detailed metadata at: *http://metalinks.oecd.org/instinv/20200916/f42e*

# CANADA

## Table 3. Financial assets and liabilities of insurance corporations and pension funds

*Million CAD*

| | 2012 | 2013 | 2014 | 2015 | 2016 | 2017 | 2018 | 2019 |
|---|---|---|---|---|---|---|---|---|
| **Insurance corporations and pension funds** | | | | | | | | |
| Financial net worth | -22 994 | -22 824 | -27 880 | -18 844 | -24 369 | -27 401 | -21 095 | -33 584 |
| Financial assets | 2 091 287 | 2 249 863 | 2 497 826 | 2 663 576 | 2 771 554 | 2 894 550 | 2 894 574 | 3 209 900 |
| Currency and deposits | 26 929 | 31 983 | 38 904 | 39 803 | 36 834 | 38 890 | 34 667 | 39 350 |
| Debt securities | 837 563 | 855 101 | 941 838 | 970 586 | 1 020 694 | 1 006 739 | 1 054 741 | 1 102 087 |
| Loans | 91 919 | 92 084 | 99 090 | 102 494 | 107 044 | 109 673 | 115 118 | 125 706 |
| Equity and investment fund shares | 835 179 | 988 950 | 1 096 253 | 1 204 221 | 1 313 251 | 1 463 122 | 1 396 996 | 1 643 625 |
| Equity | 694 018 | 822 885 | 906 530 | 1 004 735 | 1 095 118 | 1 226 302 | 1 174 843 | 1 383 266 |
| Investment fund shares | 141 161 | 166 065 | 189 723 | 199 486 | 218 133 | 236 820 | 222 153 | 260 359 |
| Money market fund shares | .. | .. | .. | .. | .. | .. | .. | .. |
| Non-Money market fund shares | .. | .. | .. | .. | .. | .. | .. | .. |
| Insurance pension and standardised guarantees | .. | .. | .. | .. | .. | .. | .. | .. |
| Financial derivatives and employee stock options | .. | .. | .. | .. | .. | .. | .. | .. |
| Other accounts receivable | 126 542 | 134 448 | 173 643 | 185 893 | 157 936 | 166 107 | 203 394 | 210 770 |
| Financial liabilities | 2 122 205 | 2 280 713 | 2 533 649 | 2 690 537 | 2 804 094 | 2 930 197 | 2 924 150 | 3 252 128 |
| Debt securities | 8 229 | 8 570 | 9 821 | 13 576 | 15 296 | 13 569 | 12 360 | 12 161 |
| Short-term debt securities | .. | .. | .. | .. | .. | .. | .. | .. |
| Long-term debt securities | 8 229 | 8 570 | 9 821 | 13 576 | 15 296 | 13 569 | 12 360 | 12 161 |
| Loans | 20 782 | 16 108 | 19 500 | 18 319 | 21 731 | 21 530 | 22 712 | 23 101 |
| Short-term loans | .. | .. | .. | .. | .. | .. | .. | .. |
| Long-term loans | .. | .. | .. | .. | .. | .. | .. | .. |
| Equity and investment fund shares | 237 287 | 256 364 | 278 661 | 252 749 | 310 178 | 326 218 | 296 086 | 345 500 |
| Insurance pension and standardised guarantees | 1 654 648 | 1 792 275 | 1 988 173 | 2 130 313 | 2 181 902 | 2 297 913 | 2 300 600 | 2 540 431 |
| Financial derivatives and employee stock options | .. | .. | .. | .. | .. | .. | .. | .. |
| Other accounts payable | 201 259 | 207 396 | 237 494 | 275 580 | 274 987 | 270 967 | 292 392 | 330 935 |
| Non-financial assets | 7 924 | 8 026 | 7 943 | 8 117 | 8 171 | 8 246 | 8 481 | 8 644 |
| **Insurance corporations** | | | | | | | | |
| Financial net worth | -22 994 | -22 824 | -27 880 | -18 844 | -24 369 | -27 401 | -21 095 | -33 584 |
| Financial assets | 720 842 | 762 326 | 826 972 | 851 267 | 916 233 | 936 691 | 932 706 | 1 036 443 |
| Currency and deposits | 9 478 | 7 889 | 10 126 | 11 388 | 9 231 | 10 886 | 10 711 | 13 248 |
| Debt securities | 339 569 | 340 714 | 369 033 | 374 822 | 397 873 | 381 430 | 374 333 | 398 070 |
| Loans | 71 994 | 68 205 | 73 990 | 70 441 | 69 872 | 70 628 | 69 072 | 71 416 |
| Equity and investment fund shares | 246 484 | 282 724 | 298 654 | 310 326 | 346 366 | 379 528 | 354 713 | 415 585 |
| Equity | 105 323 | 116 659 | 108 931 | 110 840 | 128 233 | 142 708 | 132 560 | 155 226 |
| Investment fund shares | 141 161 | 166 065 | 189 723 | 199 486 | 218 133 | 236 820 | 222 153 | 260 359 |
| Money market fund shares | .. | .. | .. | .. | .. | .. | .. | .. |
| Non-Money market fund shares | .. | .. | .. | .. | .. | .. | .. | .. |
| Insurance pension and standardised guarantees | .. | .. | .. | .. | .. | .. | .. | .. |
| Financial derivatives and employee stock options | .. | .. | .. | .. | .. | .. | .. | .. |
| Other accounts receivable | 53 317 | 62 794 | 75 169 | 84 290 | 92 891 | 94 219 | 123 877 | 138 124 |
| Financial liabilities | 751 760 | 793 176 | 862 795 | 878 228 | 948 773 | 972 338 | 962 282 | 1 078 671 |
| Debt securities | 8 229 | 8 570 | 9 821 | 13 576 | 15 296 | 13 569 | 12 360 | 12 161 |
| Short-term debt securities | .. | .. | .. | .. | .. | .. | .. | .. |
| Long-term debt securities | 8 229 | 8 570 | 9 821 | 13 576 | 15 296 | 13 569 | 12 360 | 12 161 |
| Loans | 20 695 | 16 075 | 18 633 | 17 364 | 19 180 | 19 414 | 19 553 | 20 100 |
| Short-term loans | .. | .. | .. | .. | .. | .. | .. | .. |
| Long-term loans | .. | .. | .. | .. | .. | .. | .. | .. |
| Equity and investment fund shares | 237 287 | 256 364 | 278 661 | 252 749 | 310 178 | 326 218 | 296 086 | 345 500 |
| Insurance pension and standardised guarantees | 377 758 | 397 348 | 432 578 | 464 963 | 468 106 | 479 160 | 482 325 | 532 580 |
| Financial derivatives and employee stock options | .. | .. | .. | .. | .. | .. | .. | .. |
| Other accounts payable | 107 791 | 114 819 | 123 102 | 129 576 | 136 013 | 133 977 | 151 958 | 168 330 |
| Non-financial assets | 7 924 | 8 026 | 7 943 | 8 117 | 8 171 | 8 246 | 8 481 | 8 644 |
| **Pension funds** | | | | | | | | |
| Financial net worth | 0 | 0 | 0 | 0 | 0 | 0 | 0 | 0 |
| Financial assets | 1 370 445 | 1 487 537 | 1 670 854 | 1 812 309 | 1 855 321 | 1 957 859 | 1 961 868 | 2 173 457 |
| Currency and deposits | 17 451 | 24 094 | 28 778 | 28 415 | 27 603 | 28 004 | 23 956 | 26 102 |
| Debt securities | 497 994 | 514 387 | 572 805 | 595 764 | 622 821 | 625 309 | 680 408 | 704 017 |
| Loans | 19 925 | 23 879 | 25 100 | 32 053 | 37 172 | 39 045 | 46 046 | 54 290 |
| Equity and investment fund shares | 588 695 | 706 226 | 797 599 | 893 895 | 966 885 | 1 083 594 | 1 042 283 | 1 228 040 |
| Equity | 588 695 | 706 226 | 797 599 | 893 895 | 966 885 | 1 083 594 | 1 042 283 | 1 228 040 |
| Investment fund shares | .. | .. | .. | .. | .. | .. | .. | .. |
| Money market fund shares | .. | .. | .. | .. | .. | .. | .. | .. |
| Non-Money market fund shares | .. | .. | .. | .. | .. | .. | .. | .. |
| Insurance pension and standardised guarantees | .. | .. | .. | .. | .. | .. | .. | .. |
| Financial derivatives and employee stock options | .. | .. | .. | .. | .. | .. | .. | .. |
| Other accounts receivable | 73 225 | 71 654 | 98 474 | 101 603 | 65 045 | 71 888 | 79 517 | 72 646 |
| Financial liabilities | 1 370 445 | 1 487 537 | 1 670 854 | 1 812 309 | 1 855 321 | 1 957 859 | 1 961 868 | 2 173 457 |
| Debt securities | .. | .. | .. | .. | .. | .. | .. | .. |
| Short-term debt securities | .. | .. | .. | .. | .. | .. | .. | .. |
| Long-term debt securities | .. | .. | .. | .. | .. | .. | .. | .. |
| Loans | 87 | 33 | 867 | 955 | 2 551 | 2 116 | 3 159 | 3 001 |
| Short-term loans | .. | .. | .. | .. | .. | .. | .. | .. |
| Long-term loans | .. | .. | .. | .. | .. | .. | .. | .. |
| Equity and investment fund shares | 0 | .. | .. | .. | .. | .. | .. | .. |
| Insurance pension and standardised guarantees | 1 276 890 | 1 394 927 | 1 555 595 | 1 665 350 | 1 713 796 | 1 818 753 | 1 818 275 | 2 007 851 |
| Financial derivatives and employee stock options | .. | .. | .. | .. | .. | .. | .. | .. |
| Other accounts payable | 93 468 | 92 577 | 114 392 | 146 004 | 138 974 | 136 990 | 140 434 | 162 605 |
| Non-financial assets | 0 | 0 | 0 | 0 | 0 | 0 | 0 | 0 |

Note: Detailed metadata at: *http://metalinks.oecd.org/instinv/20200916/f42e*

# CANADA

## Table 4. Portfolio composition by type of investor

As percentage of financial assets and of financial liabilities

*Per cent*

| | 2012 | 2013 | 2014 | 2015 | 2016 | 2017 | 2018 | 2019 |
|---|---|---|---|---|---|---|---|---|
| **Investment funds** | | | | | | | | |
| Financial assets | 100.0 | 100.0 | 100.0 | 100.0 | 100.0 | 100.0 | 100.0 | 100.0 |
| Currency and deposits | 2.5 | 2.2 | 2.4 | 2.3 | 2.5 | 2.0 | 1.9 | 2.2 |
| Debt securities | 27.3 | 25.8 | 26.0 | 24.5 | 25.3 | 24.7 | 24.9 | 24.7 |
| Loans | 0.5 | 0.4 | 0.4 | 0.3 | 0.3 | 0.3 | 0.2 | 0.2 |
| Equity and investment fund shares | 63.8 | 67.1 | 67.7 | 67.8 | 67.6 | 69.9 | 68.9 | 70.2 |
| Insurance pension and standardised guarantee schemes | 0.0 | 0.0 | 0.0 | 0.0 | 0.0 | 0.0 | 0.0 | 0.0 |
| Financial derivatives and employee stock options | 0.0 | 0.0 | 0.0 | 0.0 | 0.0 | 0.0 | 0.0 | 0.0 |
| Other accounts receivable | 5.9 | 4.6 | 3.6 | 5.0 | 4.3 | 3.1 | 4.0 | 2.7 |
| Financial liabilities | 100.0 | 100.0 | 100.0 | 100.0 | 100.0 | 100.0 | 100.0 | 100.0 |
| Currency and deposits | 0.0 | 0.0 | 0.0 | 0.0 | 0.0 | 0.0 | 0.0 | 0.0 |
| Debt securities | 0.0 | 0.0 | 0.0 | 0.0 | 0.0 | 0.0 | 0.0 | 0.0 |
| Loans | 0.0 | 0.0 | 0.0 | 0.0 | 0.0 | 0.0 | 0.0 | 0.0 |
| Equity and investment fund shares | 99.3 | 99.3 | 99.3 | 99.3 | 99.3 | 99.3 | 99.2 | 99.3 |
| Insurance pension and standardised guarantee schemes | 0.0 | 0.0 | 0.0 | 0.0 | 0.0 | 0.0 | 0.0 | 0.0 |
| Financial derivatives and employee stock options | 0.0 | 0.0 | 0.0 | 0.0 | 0.0 | 0.0 | 0.0 | 0.0 |
| Other accounts receivable | 0.7 | 0.7 | 0.7 | 0.7 | 0.7 | 0.7 | 0.8 | 0.7 |
| **Insurance corporations** | | | | | | | | |
| Financial assets | 100.0 | 100.0 | 100.0 | 100.0 | 100.0 | 100.0 | 100.0 | 100.0 |
| Currency and deposits | 1.3 | 1.0 | 1.2 | 1.3 | 1.0 | 1.2 | 1.1 | 1.3 |
| Debt securities | 47.1 | 44.7 | 44.6 | 44.0 | 43.4 | 40.7 | 40.1 | 38.4 |
| Loans | 10.0 | 8.9 | 8.9 | 8.3 | 7.6 | 7.5 | 7.4 | 6.9 |
| Equity and investment fund shares | 34.2 | 37.1 | 36.1 | 36.5 | 37.8 | 40.5 | 38.0 | 40.1 |
| Insurance pension and standardised guarantee schemes | 0.0 | 0.0 | 0.0 | 0.0 | 0.0 | 0.0 | 0.0 | 0.0 |
| Financial derivatives and employee stock options | 0.0 | 0.0 | 0.0 | 0.0 | 0.0 | 0.0 | 0.0 | 0.0 |
| Other accounts receivable | 7.4 | 8.2 | 9.1 | 9.9 | 10.1 | 10.1 | 13.3 | 13.3 |
| Financial liabilities | 100.0 | 100.0 | 100.0 | 100.0 | 100.0 | 100.0 | 100.0 | 100.0 |
| Currency and deposits | 0.0 | 0.0 | 0.0 | 0.0 | 0.0 | 0.0 | 0.0 | 0.0 |
| Debt securities | 1.1 | 1.1 | 1.1 | 1.5 | 1.6 | 1.4 | 1.3 | 1.1 |
| Loans | 2.8 | 2.0 | 2.2 | 2.0 | 2.0 | 2.0 | 2.0 | 1.9 |
| Equity and investment fund shares | 31.6 | 32.3 | 32.3 | 28.8 | 32.7 | 33.5 | 30.8 | 32.0 |
| Insurance pension and standardised guarantee schemes | 50.2 | 50.1 | 50.1 | 52.9 | 49.3 | 49.3 | 50.1 | 49.4 |
| Financial derivatives and employee stock options | 0.0 | 0.0 | 0.0 | 0.0 | 0.0 | 0.0 | 0.0 | 0.0 |
| Other accounts receivable | 14.3 | 14.5 | 14.3 | 14.8 | 14.3 | 13.8 | 15.8 | 15.6 |
| **Pension funds** | | | | | | | | |
| Financial assets | 100.0 | 100.0 | 100.0 | 100.0 | 100.0 | 100.0 | 100.0 | 100.0 |
| Currency and deposits | 1.3 | 1.6 | 1.7 | 1.6 | 1.5 | 1.4 | 1.2 | 1.2 |
| Debt securities | 36.3 | 34.6 | 34.3 | 32.9 | 33.6 | 31.9 | 34.7 | 32.4 |
| Loans | 1.5 | 1.6 | 1.5 | 1.8 | 2.0 | 2.0 | 2.3 | 2.5 |
| Equity and investment fund shares | 43.0 | 47.5 | 47.7 | 49.3 | 52.1 | 55.3 | 53.1 | 56.5 |
| Insurance pension and standardised guarantee schemes | .. | .. | .. | .. | .. | .. | .. | .. |
| Financial derivatives and employee stock options | .. | .. | .. | .. | .. | .. | .. | .. |
| Other accounts receivable | 5.3 | 4.8 | 5.9 | 5.6 | 3.5 | 3.7 | 4.1 | 3.3 |
| Financial liabilities | 100.0 | 100.0 | 100.0 | 100.0 | 100.0 | 100.0 | 100.0 | 100.0 |
| Currency and deposits | 0.0 | 0.0 | 0.0 | 0.0 | 0.0 | 0.0 | 0.0 | 0.0 |
| Debt securities | 0.0 | 0.0 | 0.0 | 0.0 | 0.0 | 0.0 | 0.0 | 0.0 |
| Loans | 0.0 | 0.0 | 0.1 | 0.1 | 0.1 | 0.1 | 0.2 | 0.1 |
| Equity and investment fund shares | 0.0 | 0.0 | 0.0 | 0.0 | 0.0 | 0.0 | 0.0 | 0.0 |
| Insurance pension and standardised guarantee schemes | 93.2 | 93.8 | 93.1 | 91.9 | 92.4 | 92.9 | 92.7 | 92.4 |
| Financial derivatives and employee stock options | 0.0 | 0.0 | 0.0 | 0.0 | 0.0 | 0.0 | 0.0 | 0.0 |
| Other accounts receivable | 6.8 | 6.2 | 6.8 | 8.1 | 7.5 | 7.0 | 7.2 | 7.5 |

Note: Detailed metadata at: *http://metalinks.oecd.org/instinv/20200916/eb22*

# CHILE

## Table 1. Financial assets and liabilities of institutional investors, 2018

*Million CLP*

| | Total | Investment funds | | | Money market funds |
|---|---|---|---|---|---|
| | | Non-money market funds | | | |
| | | Total | Open-end non-money market funds | Closed-end non-money market funds | Total |
| Financial assets | 48 237 355 | 33 081 977 | 14 835 631 | 18 246 346 | 15 155 379 |
| Currency and deposits | .. | .. | 122 658 | .. | 69 296 |
| Debt securities | .. | .. | 14 712 972 | .. | 15 086 083 |
| Debt securities, short term | .. | .. | 2 408 728 | .. | 13 936 728 |
| Debt securities, long term | .. | .. | 12 304 244 | .. | 1 149 355 |
| Debt securities issued by residents | .. | .. | 14 443 616 | .. | 15 015 794 |
| Debt securities issued by non-residents | .. | .. | 269 356 | .. | 70 289 |
| Loans | .. | .. | .. | .. | .. |
| Loans, short-term | .. | .. | .. | .. | .. |
| Loans, long-term | .. | .. | .. | .. | .. |
| Loans granted to residents | .. | .. | .. | .. | .. |
| Loans granted to non-residents | .. | .. | .. | .. | .. |
| Equity and investment fund shares/units | .. | .. | 6 878 726 | .. | .. |
| Equity and investment fund shares issued/units by residents | .. | .. | 3 829 411 | .. | .. |
| Equity and investment fund shares/units issued by non residents | .. | .. | 3 049 315 | .. | .. |
| Other accounts receivable | .. | .. | .. | .. | .. |

| | Total | Investment funds | | | Money market funds |
|---|---|---|---|---|---|
| | | Non-money market funds | | | |
| | | Total | Open-end non-money market funds | Closed-end non-money market funds | Total |
| Financial liabilities | 771 110 | 770 871 | 36 084 | 734 787 | 240 |
| Currency and deposits | .. | .. | .. | .. | .. |
| Debt securities | .. | .. | .. | .. | .. |
| Debt securities, short term | .. | .. | .. | .. | .. |
| Debt securities, long term | .. | .. | .. | .. | .. |
| Loans | .. | .. | .. | .. | .. |
| Loans, short-term | .. | .. | .. | .. | .. |
| Loans, long-term | .. | .. | .. | .. | .. |
| Equity and investment fund shares/units | .. | .. | .. | .. | .. |
| Insurance pension and standardised guaratees | .. | .. | .. | .. | .. |
| Financial derivatives and employee stock options | .. | .. | .. | .. | .. |
| Other accounts payable | .. | .. | .. | .. | .. |

| | Total | Insurance corporations and pension funds | | | Pension funds |
|---|---|---|---|---|---|
| | | Insurance corporations | | | |
| | | Total | Life insurance corporations | Non-life insurance corporations | Total |
| Financial assets | .. | 38 911 749 | 37 402 402 | 1 509 347 | 134 344 716 |
| Currency and deposits | .. | 372 244 | 222 555 | 149 690 | 7 637 217 |
| Debt securities | .. | 26 348 372 | 25 145 857 | 1 202 515 | 58 243 771 |
| Debt securities, short-term | .. | .. | .. | .. | 962 902 |
| Debt securities, long term | .. | .. | .. | .. | 57 280 869 |
| Debt securities issued by residents | .. | 21 619 673 | 20 427 438 | 1 192 236 | 56 585 815 |
| Debt securities issued by non-residents | .. | 4 728 699 | 4 718 419 | 10 280 | 1 657 956 |
| Loans | .. | 4 437 215 | 4 430 541 | 6 674 | 338 732 |
| Loans, short-term | .. | 534 427 | 534 427 | 0 | 27 107 |
| Loans, long-term | .. | 3 902 788 | 3 896 115 | 6 674 | 311 625 |
| Loans granted to residents | .. | .. | .. | .. | 338 732 |
| Loans granted to non-residents | .. | .. | .. | .. | .. |
| Equity and investment fund shares/units | .. | 5 622 213 | 5 536 844 | 85 370 | 68 452 792 |
| Equity and investment fund shares/units issued by residents | .. | 4 859 490 | 4 774 227 | 85 263 | 18 182 937 |
| Equity and investment fund shares/units issued by non residents | .. | 762 724 | 762 616 | 107 | 50 269 856 |
| Other accounts receivable | .. | 2 122 374 | 2 057 473 | 64 901 | .. |

| | Total | Insurance corporations and pension funds | | | Pension funds |
|---|---|---|---|---|---|
| | | Insurance corporations | | | |
| | | Total | Life insurance corporations | Non-life insurance corporations | Total |
| Financial liabilities | .. | 833 620 | 830 931 | 2 690 | 1 498 939 |
| Currency and deposits | .. | .. | .. | .. | .. |
| Debt securities | .. | .. | .. | .. | .. |
| Debt securities, short term | .. | .. | .. | .. | .. |
| Debt securities, long term | .. | .. | .. | .. | .. |
| Loans | .. | .. | .. | .. | .. |
| Loans, short-term | .. | .. | .. | .. | .. |
| Loans, long-term | .. | .. | .. | .. | .. |
| Equity and investment fund shares/units | .. | .. | .. | .. | .. |
| Insurance pension and standardised guaratees | .. | .. | .. | .. | .. |
| Financial derivatives and employee stock options | .. | .. | .. | .. | .. |
| Other accounts payable | .. | .. | .. | .. | 1 498 939 |

Note: Detailed metadata at: *http://metalinks.oecd.org/instinv/20200916/7496*

# CHILE

## Table 2. Financial assets and liabilities of investment funds

*Million CLP*

| | 2012 | 2013 | 2014 | 2015 | 2016 | 2017 | 2018 | 2019 |
|---|---|---|---|---|---|---|---|---|
| **Investment funds** | | | | | | | | |
| Financial net worth | .. | .. | 26 502 807 | 31 087 279 | 37 914 347 | 41 310 125 | 47 466 245 | 56 636 364 |
| Financial assets | .. | .. | 26 892 918 | 31 840 019 | 38 578 968 | 41 937 414 | 48 237 355 | 57 539 633 |
| Currency and deposits | .. | .. | .. | .. | .. | .. | .. | .. |
| Debt securities | .. | .. | .. | .. | .. | .. | .. | .. |
| Loans | .. | .. | .. | .. | .. | .. | .. | .. |
| Equity and investment fund shares | .. | .. | .. | .. | .. | .. | .. | .. |
| Equity | .. | .. | .. | .. | .. | .. | .. | .. |
| Investment fund shares | .. | .. | .. | .. | .. | .. | .. | .. |
| Money market fund shares | .. | .. | .. | .. | .. | .. | .. | .. |
| Non-Money market fund shares | .. | .. | .. | .. | .. | .. | .. | .. |
| Insurance pension and standardised guarantees | .. | .. | .. | .. | .. | .. | .. | .. |
| Financial derivatives and employee stock options | .. | .. | .. | .. | .. | .. | .. | .. |
| Other accounts receivable | .. | .. | .. | .. | .. | .. | .. | .. |
| Financial liabilities | .. | .. | 390 112 | 752 741 | 664 621 | 627 289 | 771 110 | 903 268 |
| Debt securities | .. | .. | .. | .. | .. | .. | .. | .. |
| Short-term debt securities | .. | .. | .. | .. | .. | .. | .. | .. |
| Long-term debt securities | .. | .. | .. | .. | .. | .. | .. | .. |
| Loans | .. | .. | .. | .. | .. | .. | .. | .. |
| Short-term loans | .. | .. | .. | .. | .. | .. | .. | .. |
| Long-term loans | .. | .. | .. | .. | .. | .. | .. | .. |
| Equity and investment fund shares | .. | .. | .. | .. | .. | .. | .. | .. |
| Insurance pension and standardised guarantees | .. | .. | .. | .. | .. | .. | .. | .. |
| Financial derivatives and employee stock options | .. | .. | .. | .. | .. | .. | .. | .. |
| Other accounts payable | .. | .. | .. | .. | .. | .. | .. | .. |
| Non-financial assets | .. | .. | 724 733 | 930 965 | 964 306 | 926 786 | 1 035 734 | 827 609 |
| **Money market funds** | | | | | | | | |
| Financial net worth | .. | .. | 11 944 590 | 12 463 214 | 13 230 321 | 13 973 008 | 15 155 139 | 21 198 058 |
| Financial assets | .. | .. | 11 997 453 | 12 463 943 | 13 230 348 | 13 974 601 | 15 155 379 | 21 199 167 |
| Currency and deposits | .. | .. | 44 011 | 174 466 | 158 735 | 119 205 | 69 296 | 109 708 |
| Debt securities | .. | .. | 11 953 443 | 12 289 477 | 13 071 613 | 13 855 397 | 15 086 083 | 21 089 459 |
| Loans | .. | .. | .. | .. | .. | .. | .. | .. |
| Equity and investment fund shares | .. | .. | .. | .. | .. | .. | .. | .. |
| Equity | .. | .. | .. | .. | .. | .. | .. | .. |
| Investment fund shares | .. | .. | .. | .. | .. | .. | .. | .. |
| Money market fund shares | .. | .. | .. | .. | .. | .. | .. | .. |
| Non-Money market fund shares | .. | .. | .. | .. | .. | .. | .. | .. |
| Insurance pension and standardised guarantees | .. | .. | .. | .. | .. | .. | .. | .. |
| Financial derivatives and employee stock options | .. | .. | .. | .. | .. | .. | .. | .. |
| Other accounts receivable | .. | .. | .. | .. | .. | .. | .. | .. |
| Financial liabilities | .. | .. | 52 863 | 728 | 27 | 1 594 | 240 | 1 109 |
| Debt securities | .. | .. | .. | .. | .. | .. | .. | .. |
| Short-term debt securities | .. | .. | .. | .. | .. | .. | .. | .. |
| Long-term debt securities | .. | .. | .. | .. | .. | .. | .. | .. |
| Loans | .. | .. | .. | .. | .. | .. | .. | .. |
| Short-term loans | .. | .. | .. | .. | .. | .. | .. | .. |
| Long-term loans | .. | .. | .. | .. | .. | .. | .. | .. |
| Equity and investment fund shares | .. | .. | .. | .. | .. | .. | .. | .. |
| Insurance pension and standardised guarantees | .. | .. | .. | .. | .. | .. | .. | .. |
| Financial derivatives and employee stock options | .. | .. | .. | .. | .. | .. | .. | .. |
| Other accounts payable | .. | .. | .. | .. | .. | .. | .. | .. |
| Non-financial assets | .. | .. | 32 443 | 46 183 | 66 109 | 61 497 | 217 899 | 34 457 |
| **Non-money market funds** | | | | | | | | |
| Financial net worth | .. | .. | 14 558 216 | 18 624 065 | 24 684 026 | 27 337 117 | 32 311 106 | 35 438 306 |
| Financial assets | .. | .. | 14 895 465 | 19 376 077 | 25 348 620 | 27 962 813 | 33 081 977 | 36 340 466 |
| Currency and deposits | .. | .. | .. | .. | .. | .. | .. | .. |
| Debt securities | .. | .. | .. | .. | .. | .. | .. | .. |
| Loans | .. | .. | .. | .. | .. | .. | .. | .. |
| Equity and investment fund shares | .. | .. | .. | .. | .. | .. | .. | .. |
| Equity | .. | .. | .. | .. | .. | .. | .. | .. |
| Investment fund shares | .. | .. | .. | .. | .. | .. | .. | .. |
| Money market fund shares | .. | .. | .. | .. | .. | .. | .. | .. |
| Non-Money market fund shares | .. | .. | .. | .. | .. | .. | .. | .. |
| Insurance pension and standardised guarantees | .. | .. | .. | .. | .. | .. | .. | .. |
| Financial derivatives and employee stock options | .. | .. | .. | .. | .. | .. | .. | .. |
| Other accounts receivable | .. | .. | .. | .. | .. | .. | .. | .. |
| Financial liabilities | .. | .. | 337 249 | 752 012 | 664 594 | 625 695 | 770 871 | 902 159 |
| Debt securities | .. | .. | .. | .. | .. | .. | .. | .. |
| Short-term debt securities | .. | .. | .. | .. | .. | .. | .. | .. |
| Long-term debt securities | .. | .. | .. | .. | .. | .. | .. | .. |
| Loans | .. | .. | .. | .. | .. | .. | .. | .. |
| Short-term loans | .. | .. | .. | .. | .. | .. | .. | .. |
| Long-term loans | .. | .. | .. | .. | .. | .. | .. | .. |
| Equity and investment fund shares | .. | .. | .. | .. | .. | .. | .. | .. |
| Insurance pension and standardised guarantees | .. | .. | .. | .. | .. | .. | .. | .. |
| Financial derivatives and employee stock options | .. | .. | .. | .. | .. | .. | .. | .. |
| Other accounts payable | .. | .. | .. | .. | .. | .. | .. | .. |
| Non-financial assets | .. | .. | 692 290 | 884 781 | 898 197 | 865 289 | 817 835 | 793 152 |
| **Open-end non-money market funds** | | | | | | | | |
| Financial net worth | .. | .. | 11 544 018 | 11 775 448 | 14 383 393 | 13 598 284 | 14 799 547 | 14 202 657 |
| Financial assets | .. | .. | 11 549 981 | 11 783 386 | 14 387 250 | 13 603 859 | 14 835 631 | 14 255 826 |
| Currency and deposits | .. | .. | 110 749 | 141 254 | 123 332 | 135 980 | 122 658 | 174 051 |

# CHILE

## Table 2. Financial assets and liabilities of investment funds *(cont.)*

*Million CLP*

| | 2012 | 2013 | 2014 | 2015 | 2016 | 2017 | 2018 | 2019 |
|---|---|---|---|---|---|---|---|---|
| Debt securities | .. | .. | 11 439 233 | 11 642 132 | 14 263 918 | 13 467 879 | 14 712 972 | 14 081 775 |
| Loans | .. | .. | .. | .. | .. | .. | .. | .. |
| Equity and investment fund shares | .. | .. | 3 171 727 | 4 058 888 | 3 289 661 | 6 662 682 | 6 878 726 | 9 393 263 |
| Equity | .. | .. | 883 211 | 821 190 | 892 043 | 1 950 460 | 2 024 371 | 1 408 450 |
| Investment fund shares | .. | .. | 2 288 515 | 3 237 698 | 2 397 618 | 4 712 221 | 4 854 355 | 7 984 814 |
| Money market fund shares | .. | .. | .. | .. | .. | .. | .. | .. |
| Non-Money market fund shares | .. | .. | .. | .. | .. | .. | .. | .. |
| Insurance pension and standardised guarantees | .. | .. | .. | .. | .. | .. | .. | .. |
| Financial derivatives and employee stock options | .. | .. | .. | .. | .. | .. | .. | .. |
| Other accounts receivable | .. | .. | .. | .. | .. | .. | .. | .. |
| Financial liabilities | .. | .. | 5 963 | 7 938 | 3 857 | 5 575 | 36 084 | 53 169 |
| Debt securities | .. | .. | .. | .. | .. | .. | .. | .. |
| Short-term debt securities | .. | .. | .. | .. | .. | .. | .. | .. |
| Long-term debt securities | .. | .. | .. | .. | .. | .. | .. | .. |
| Loans | .. | .. | .. | .. | .. | .. | .. | .. |
| Short-term loans | .. | .. | .. | .. | .. | .. | .. | .. |
| Long-term loans | .. | .. | .. | .. | .. | .. | .. | .. |
| Equity and investment fund shares | .. | .. | .. | .. | .. | .. | .. | .. |
| Insurance pension and standardised guarantees | .. | .. | .. | .. | .. | .. | .. | .. |
| Financial derivatives and employee stock options | .. | .. | .. | .. | .. | .. | .. | .. |
| Other accounts payable | .. | .. | .. | .. | .. | .. | .. | .. |
| Non-financial assets | .. | .. | 20 814 | 52 619 | 46 863 | 103 504 | 90 509 | 103 219 |
| **Open-end investment funds** | | | | | | | | |
| Financial net worth | .. | .. | 23 488 608 | 24 238 662 | 27 613 714 | 27 571 292 | 29 954 685 | 35 400 715 |
| Financial assets | .. | .. | 23 547 434 | 24 247 328 | 27 617 598 | 27 578 461 | 29 991 009 | 35 454 993 |
| Currency and deposits | .. | .. | .. | .. | .. | .. | .. | .. |
| Debt securities | .. | .. | .. | .. | .. | .. | .. | .. |
| Loans | .. | .. | .. | .. | .. | .. | .. | .. |
| Equity and investment fund shares | .. | .. | .. | .. | .. | .. | .. | .. |
| Equity | .. | .. | .. | .. | .. | .. | .. | .. |
| Investment fund shares | .. | .. | .. | .. | .. | .. | .. | .. |
| Money market fund shares | .. | .. | .. | .. | .. | .. | .. | .. |
| Non-Money market fund shares | .. | .. | .. | .. | .. | .. | .. | .. |
| Insurance pension and standardised guarantees | .. | .. | .. | .. | .. | .. | .. | .. |
| Financial derivatives and employee stock options | .. | .. | .. | .. | .. | .. | .. | .. |
| Other accounts receivable | .. | .. | .. | .. | .. | .. | .. | .. |
| Financial liabilities | .. | .. | 58 826 | 8 666 | 3 884 | 7 169 | 36 324 | 54 278 |
| Debt securities | .. | .. | .. | .. | .. | .. | .. | .. |
| Short-term debt securities | .. | .. | .. | .. | .. | .. | .. | .. |
| Long-term debt securities | .. | .. | .. | .. | .. | .. | .. | .. |
| Loans | .. | .. | .. | .. | .. | .. | .. | .. |
| Short-term loans | .. | .. | .. | .. | .. | .. | .. | .. |
| Long-term loans | .. | .. | .. | .. | .. | .. | .. | .. |
| Equity and investment fund shares | .. | .. | .. | .. | .. | .. | .. | .. |
| Insurance pension and standardised guarantees | .. | .. | .. | .. | .. | .. | .. | .. |
| Financial derivatives and employee stock options | .. | .. | .. | .. | .. | .. | .. | .. |
| Other accounts payable | .. | .. | .. | .. | .. | .. | .. | .. |
| Non-financial assets | .. | .. | 53 257 | 98 802 | 112 972 | 165 001 | 308 408 | 137 676 |

Note: Detailed metadata at: *http://metalinks.oecd.org/instinv/20200916/7496*

# CHILE

## Table 3. Financial assets and liabilities of insurance corporations and pension funds

*Million CLP*

| | 2012 | 2013 | 2014 | 2015 | 2016 | 2017 | 2018 | 2019 |
|---|---|---|---|---|---|---|---|---|
| **Insurance corporations and pension funds** | | | | | | | | |
| Financial net worth | .. | .. | 125 953 303 | 137 263 750 | 147 852 040 | 163 376 156 | .. | .. |
| Financial assets | .. | .. | 127 702 283 | 139 498 064 | 149 722 473 | 165 305 809 | .. | .. |
| Currency and deposits | .. | .. | 7 423 782 | 8 668 098 | 7 571 956 | 8 383 350 | .. | .. |
| Debt securities | .. | .. | 58 422 149 | 66 300 576 | 78 879 795 | 76 318 336 | .. | .. |
| Loans | .. | .. | 3 622 921 | 3 718 752 | 4 064 950 | 4 361 615 | .. | .. |
| Equity and investment fund shares | .. | .. | 56 235 414 | 59 196 576 | 56 770 438 | 73 197 957 | .. | .. |
| Equity | .. | .. | 8 954 179 | 8 399 011 | 9 694 054 | 12 910 163 | .. | .. |
| Investment fund shares | .. | .. | 47 281 235 | 50 797 565 | 47 076 383 | 60 287 794 | .. | .. |
| Money market fund shares | .. | .. | .. | .. | .. | .. | .. | .. |
| Non-Money market fund shares | .. | .. | .. | .. | .. | .. | .. | .. |
| Insurance pension and standardised guarantees | .. | .. | .. | .. | .. | .. | .. | .. |
| Financial derivatives and employee stock options | .. | .. | -195 142 | -407 146 | 86 163 | 741 133 | .. | .. |
| Other accounts receivable | .. | .. | .. | .. | .. | .. | .. | .. |
| Financial liabilities | .. | .. | 1 748 980 | 2 234 314 | 1 870 432 | 1 929 654 | .. | .. |
| Debt securities | .. | .. | .. | .. | .. | .. | .. | .. |
| Short-term debt securities | .. | .. | .. | .. | .. | .. | .. | .. |
| Long-term debt securities | .. | .. | .. | .. | .. | .. | .. | .. |
| Loans | .. | .. | .. | .. | .. | .. | .. | .. |
| Short-term loans | .. | .. | .. | .. | .. | .. | .. | .. |
| Long-term loans | .. | .. | .. | .. | .. | .. | .. | .. |
| Equity and investment fund shares | .. | .. | .. | .. | .. | .. | .. | .. |
| Insurance pension and standardised guarantees | .. | .. | .. | .. | .. | .. | .. | .. |
| Financial derivatives and employee stock options | .. | .. | .. | .. | .. | .. | .. | .. |
| Other accounts payable | .. | .. | .. | .. | .. | .. | .. | .. |
| Non-financial assets | .. | .. | .. | 3 791 125 | .. | .. | .. | .. |
| **Insurance corporations** | | | | | | | | |
| Financial net worth | .. | .. | .. | 29 060 184 | 32 675 179 | 35 267 112 | 38 078 128 | 41 387 393 |
| Financial assets | .. | .. | .. | 30 064 643 | 33 293 844 | 35 794 447 | 38 911 749 | 42 556 625 |
| Currency and deposits | .. | .. | .. | 401 273 | 354 607 | 334 225 | 372 244 | 434 314 |
| Debt securities | .. | .. | .. | 21 727 444 | 23 337 925 | 24 155 623 | 26 348 372 | 27 805 571 |
| Loans | .. | .. | .. | 3 139 873 | 3 574 454 | 3 953 391 | 4 437 215 | 4 859 744 |
| Equity and investment fund shares | .. | .. | .. | 3 261 873 | 3 730 615 | 4 676 310 | 5 622 213 | 7 018 833 |
| Equity | .. | .. | .. | 367 160 | 414 182 | 466 107 | 494 476 | 478 058 |
| Investment fund shares | .. | .. | .. | 2 894 713 | 3 316 432 | 4 210 203 | 5 127 737 | 6 540 775 |
| Money market fund shares | .. | .. | .. | .. | .. | .. | .. | .. |
| Non-Money market fund shares | .. | .. | .. | .. | .. | .. | .. | .. |
| Insurance pension and standardised guarantees | .. | .. | .. | 0 | 0 | .. | .. | .. |
| Financial derivatives and employee stock options | .. | .. | .. | -487 028 | -52 927 | 371 480 | 9 330 | 21 015 |
| Other accounts receivable | .. | .. | .. | 2 021 209 | 2 349 171 | 2 303 419 | 2 122 374 | 2 417 148 |
| Financial liabilities | .. | .. | .. | 1 004 459 | 618 665 | 527 336 | 833 620 | 1 169 233 |
| Debt securities | .. | .. | .. | .. | .. | .. | .. | .. |
| Short-term debt securities | .. | .. | .. | .. | .. | .. | .. | .. |
| Long-term debt securities | .. | .. | .. | .. | .. | .. | .. | .. |
| Loans | .. | .. | .. | .. | .. | .. | .. | .. |
| Short-term loans | .. | .. | .. | .. | .. | .. | .. | .. |
| Long-term loans | .. | .. | .. | .. | .. | .. | .. | .. |
| Equity and investment fund shares | .. | .. | .. | .. | .. | .. | .. | .. |
| Insurance pension and standardised guarantees | .. | .. | .. | .. | .. | .. | .. | .. |
| Financial derivatives and employee stock options | .. | .. | .. | .. | .. | .. | .. | .. |
| Other accounts payable | .. | .. | .. | .. | .. | .. | .. | .. |
| Non-financial assets | .. | .. | .. | 3 791 125 | 4 103 190 | 4 313 131 | 4 993 681 | 6 286 765 |
| **Pension funds** | | | | | | | | |
| Financial net worth | .. | .. | 99 398 595 | 108 203 566 | 115 176 862 | 128 109 044 | 132 845 777 | 158 622 261 |
| Financial assets | .. | .. | 100 479 815 | 109 433 421 | 116 428 629 | 129 511 362 | 134 344 716 | 160 371 375 |
| Currency and deposits | .. | .. | 6 966 076 | 8 266 825 | 7 217 349 | 8 049 125 | 7 637 217 | 7 961 490 |
| Debt securities | .. | .. | 39 455 648 | 44 573 132 | 55 541 871 | 52 162 713 | 58 243 771 | 69 844 006 |
| Loans | .. | .. | 676 402 | 578 879 | 490 496 | 408 224 | 338 732 | 284 128 |
| Equity and investment fund shares | .. | .. | 53 385 885 | 55 934 703 | 53 039 823 | 68 521 647 | 68 452 792 | 82 125 497 |
| Equity | .. | .. | 8 520 602 | 8 031 851 | 9 279 872 | 12 444 056 | 11 925 345 | 11 452 792 |
| Investment fund shares | .. | .. | 44 865 284 | 47 902 852 | 43 759 951 | 56 077 591 | 56 527 448 | 70 672 705 |
| Money market fund shares | .. | .. | .. | .. | .. | .. | .. | .. |
| Non-Money market fund shares | .. | .. | .. | .. | .. | .. | .. | .. |
| Insurance pension and standardised guarantees | .. | .. | .. | .. | .. | .. | .. | .. |
| Financial derivatives and employee stock options | .. | .. | -4 196 | 79 882 | 139 090 | 369 653 | -327 796 | 156 255 |
| Other accounts receivable | .. | .. | .. | .. | .. | .. | .. | .. |
| Financial liabilities | .. | .. | 1 081 220 | 1 229 855 | 1 251 767 | 1 402 318 | 1 498 939 | 1 749 114 |
| Debt securities | .. | .. | .. | .. | .. | .. | .. | .. |
| Short-term debt securities | .. | .. | .. | .. | .. | .. | .. | .. |
| Long-term debt securities | .. | .. | .. | .. | .. | .. | .. | .. |
| Loans | .. | .. | .. | .. | .. | .. | .. | .. |
| Short-term loans | .. | .. | .. | .. | .. | .. | .. | .. |
| Long-term loans | .. | .. | .. | .. | .. | .. | .. | .. |
| Equity and investment fund shares | .. | .. | .. | .. | .. | .. | .. | .. |
| Insurance pension and standardised guarantees | .. | .. | .. | .. | .. | .. | .. | .. |
| Financial derivatives and employee stock options | .. | .. | .. | .. | .. | .. | .. | .. |
| Other accounts payable | .. | .. | 1 081 220 | 1 229 855 | 1 251 767 | 1 402 318 | 1 498 939 | 1 749 114 |
| Non-financial assets | .. | .. | .. | .. | .. | .. | .. | .. |

Note: Detailed metadata at: *http://metalinks.oecd.org/instinv/20200916/7496*

# CHILE

## Table 4. Portfolio composition by type of investor
As percentage of financial assets and of financial liabilities

*Per cent*

| | 2012 | 2013 | 2014 | 2015 | 2016 | 2017 | 2018 | 2019 |
|---|---|---|---|---|---|---|---|---|
| **Investment funds** | | | | | | | | |
| Financial assets | .. | .. | 100.0 | 100.0 | 100.0 | 100.0 | 100.0 | 100.0 |
| Currency and deposits | .. | .. | .. | .. | .. | .. | .. | .. |
| Debt securities | .. | .. | .. | .. | .. | .. | .. | .. |
| Loans | .. | .. | .. | .. | .. | .. | .. | .. |
| Equity and investment fund shares | .. | .. | .. | .. | .. | .. | .. | .. |
| Insurance pension and standardised guarantee schemes | .. | .. | .. | .. | .. | .. | .. | .. |
| Financial derivatives and employee stock options | .. | .. | .. | .. | .. | .. | .. | .. |
| Other accounts receivable | .. | .. | .. | .. | .. | .. | .. | .. |
| Financial liabilities | .. | .. | 100.0 | 100.0 | 100.0 | 100.0 | 100.0 | 100.0 |
| Currency and deposits | .. | .. | .. | .. | .. | .. | .. | .. |
| Debt securities | .. | .. | .. | .. | .. | .. | .. | .. |
| Loans | .. | .. | .. | .. | .. | .. | .. | .. |
| Equity and investment fund shares | .. | .. | .. | .. | .. | .. | .. | .. |
| Insurance pension and standardised guarantee schemes | .. | .. | .. | .. | .. | .. | .. | .. |
| Financial derivatives and employee stock options | .. | .. | .. | .. | .. | .. | .. | .. |
| Other accounts receivable | .. | .. | .. | .. | .. | .. | .. | .. |
| **Insurance corporations** | | | | | | | | |
| Financial assets | .. | .. | .. | 100.0 | 100.0 | 100.0 | 100.0 | 100.0 |
| Currency and deposits | .. | .. | .. | 1.3 | 1.1 | 0.9 | 1.0 | 1.0 |
| Debt securities | .. | .. | .. | 72.3 | 70.1 | 67.5 | 67.7 | 65.3 |
| Loans | .. | .. | .. | 10.4 | 10.7 | 11.0 | 11.4 | 11.4 |
| Equity and investment fund shares | .. | .. | .. | 10.8 | 11.2 | 13.1 | 14.4 | 16.5 |
| Insurance pension and standardised guarantee schemes | .. | .. | .. | 0.0 | 0.0 | 0.0 | 0.0 | 0.0 |
| Financial derivatives and employee stock options | .. | .. | .. | -1.6 | -0.2 | 1.0 | 0.0 | 0.0 |
| Other accounts receivable | .. | .. | .. | 6.7 | 7.1 | 6.4 | 5.5 | 5.7 |
| Financial liabilities | .. | .. | .. | 100.0 | 100.0 | 100.0 | 100.0 | 100.0 |
| Currency and deposits | .. | .. | .. | .. | .. | .. | .. | .. |
| Debt securities | .. | .. | .. | .. | .. | .. | .. | .. |
| Loans | .. | .. | .. | .. | .. | .. | .. | .. |
| Equity and investment fund shares | .. | .. | .. | .. | .. | .. | .. | .. |
| Insurance pension and standardised guarantee schemes | .. | .. | .. | .. | .. | .. | .. | .. |
| Financial derivatives and employee stock options | .. | .. | .. | .. | .. | .. | .. | .. |
| Other accounts receivable | .. | .. | .. | .. | .. | .. | .. | .. |
| **Pension funds** | | | | | | | | |
| Financial assets | .. | .. | 100.0 | 100.0 | 100.0 | 100.0 | 100.0 | 100.0 |
| Currency and deposits | .. | .. | 6.9 | 7.6 | 6.2 | 6.2 | 5.7 | 5.0 |
| Debt securities | .. | .. | 39.3 | 40.7 | 47.7 | 40.3 | 43.4 | 43.6 |
| Loans | .. | .. | 0.7 | 0.5 | 0.4 | 0.3 | 0.3 | 0.2 |
| Equity and investment fund shares | .. | .. | 53.1 | 51.1 | 45.6 | 52.9 | 51.0 | 51.2 |
| Insurance pension and standardised guarantee schemes | .. | .. | 0.0 | 0.0 | 0.0 | 0.0 | 0.0 | 0.0 |
| Financial derivatives and employee stock options | .. | .. | 0.0 | 0.1 | 0.1 | 0.3 | -0.2 | 0.1 |
| Other accounts receivable | .. | .. | 0.0 | 0.0 | 0.0 | 0.0 | 0.0 | 0.0 |
| Financial liabilities | .. | .. | 100.0 | 100.0 | 100.0 | 100.0 | 100.0 | 100.0 |
| Currency and deposits | .. | .. | 0.0 | 0.0 | 0.0 | 0.0 | 0.0 | 0.0 |
| Debt securities | .. | .. | 0.0 | 0.0 | 0.0 | 0.0 | 0.0 | 0.0 |
| Loans | .. | .. | 0.0 | 0.0 | 0.0 | 0.0 | 0.0 | 0.0 |
| Equity and investment fund shares | .. | .. | 0.0 | 0.0 | 0.0 | 0.0 | 0.0 | 0.0 |
| Insurance pension and standardised guarantee schemes | .. | .. | 0.0 | 0.0 | 0.0 | 0.0 | 0.0 | 0.0 |
| Financial derivatives and employee stock options | .. | .. | 0.0 | 0.0 | 0.0 | 0.0 | 0.0 | 0.0 |
| Other accounts receivable | .. | .. | 100.0 | 100.0 | 100.0 | 100.0 | 100.0 | 100.0 |

Note: Detailed metadata at: *http://metalinks.oecd.org/instinv/20200916/eb22*

# CZECH REPUBLIC

## Table 1. Financial assets and liabilities of institutional investors, 2018

*Million CZK*

| | Total | Investment funds | | | |
|---|---|---|---|---|---|
| | | Non-money market funds | | | Money market funds |
| | | Total | Open-end non-money market funds | Closed-end non-money market funds | Total |
| Financial assets | 415 599 | 409 998 | 409 998 | .. | 5 601 |
| Currency and deposits | 60 357 | 56 186 | 56 186 | .. | 4 171 |
| Debt securities | 109 578 | 108 227 | 108 227 | .. | 1 351 |
| Debt securities, short term | 1 866 | 1 866 | 1 866 | .. | 0 |
| Debt securities, long term | 107 712 | 106 361 | 106 361 | .. | 1 351 |
| Debt securities issued by residents | 58 514 | 57 405 | 57 405 | .. | 1 109 |
| Debt securities issued by non-residents | 51 064 | 50 822 | 50 822 | .. | 242 |
| Loans | 46 424 | 46 424 | 46 424 | .. | 0 |
| Loans, short-term | 5 961 | 5 961 | 5 961 | .. | 0 |
| Loans, long-term | 40 463 | 40 463 | 40 463 | .. | 0 |
| Loans granted to residents | 35 509 | 35 509 | 35 509 | .. | 0 |
| Loans granted to non-residents | 10 915 | 10 915 | 10 915 | .. | 0 |
| Equity and investment fund shares/units | 185 252 | 185 181 | 185 181 | .. | 71 |
| Equity and investment fund shares issued/units by residents | 31 423 | 31 418 | 31 418 | .. | 5 |
| Equity and investment fund shares/units issued by non residents | 153 829 | 153 763 | 153 763 | .. | 66 |
| Other accounts receivable | 13 243 | 13 238 | 13 238 | .. | 5 |

| | Total | Investment funds | | | |
|---|---|---|---|---|---|
| | | Non-money market funds | | | Money market funds |
| | | Total | Open-end non-money market funds | Closed-end non-money market funds | Total |
| Financial liabilities | 488 890 | 482 052 | 482 052 | .. | 6 838 |
| Currency and deposits | 0 | 0 | 0 | .. | 0 |
| Debt securities | 1 188 | 1 188 | 1 188 | .. | 0 |
| Debt securities, short term | 0 | 0 | 0 | .. | 0 |
| Debt securities, long term | 1 188 | 1 188 | 1 188 | .. | 0 |
| Loans | 16 750 | 16 750 | 16 750 | .. | 0 |
| Loans, short-term | 2 012 | 2 012 | 2 012 | .. | 0 |
| Loans, long-term | 14 738 | 14 738 | 14 738 | .. | 0 |
| Equity and investment fund shares/units | 452 930 | 446 124 | 446 124 | .. | 6 806 |
| Insurance pension and standardised guaratees | 0 | 0 | 0 | .. | 0 |
| Financial derivatives and employee stock options | 1 245 | 1 245 | 1 245 | .. | 0 |
| Other accounts payable | 16 777 | 16 745 | 16 745 | .. | 32 |

| | Total | Insurance corporations and pension funds | | | |
|---|---|---|---|---|---|
| | | Insurance corporations | | | Pension funds |
| | | Total | Life insurance corporations | Non-life insurance corporations | Total |
| Financial assets | 1 005 112 | 542 748 | .. | .. | 462 364 |
| Currency and deposits | 151 076 | 60 818 | .. | .. | 90 258 |
| Debt securities | 635 439 | 278 423 | .. | .. | 357 016 |
| Debt securities, short-term | 2 427 | 117 | .. | .. | 2 310 |
| Debt securities, long term | 633 012 | 278 306 | .. | .. | 354 706 |
| Debt securities issued by residents | 507 653 | 200 397 | .. | .. | 307 256 |
| Debt securities issued by non-residents | 127 786 | 78 026 | .. | .. | 49 760 |
| Loans | 4 064 | 4 002 | .. | .. | 62 |
| Loans, short-term | 2 255 | 2 255 | .. | .. | 0 |
| Loans, long-term | 1 809 | 1 747 | .. | .. | 62 |
| Loans granted to residents | 3 718 | 3 656 | .. | .. | 62 |
| Loans granted to non-residents | 346 | 346 | .. | .. | 0 |
| Equity and investment fund shares/units | 128 065 | 114 108 | .. | .. | 13 957 |
| Equity and investment fund shares/units issued by residents | 46 105 | 44 861 | .. | .. | 1 244 |
| Equity and investment fund shares/units issued by non residents | 81 960 | 69 247 | .. | .. | 12 713 |
| Other accounts receivable | 43 813 | 43 318 | .. | .. | 495 |

| | Total | Insurance corporations and pension funds | | | |
|---|---|---|---|---|---|
| | | Insurance corporations | | | Pension funds |
| | | Total | Life insurance corporations | Non-life insurance corporations | Total |
| Financial liabilities | 1 037 518 | 566 521 | .. | .. | 470 997 |
| Currency and deposits | 0 | 0 | .. | .. | 0 |
| Debt securities | 0 | 0 | .. | .. | 0 |
| Debt securities, short term | 0 | 0 | .. | .. | 0 |
| Debt securities, long term | 0 | 0 | .. | .. | 0 |
| Loans | 27 603 | 26 932 | .. | .. | 671 |
| Loans, short-term | 27 603 | 26 932 | .. | .. | 671 |
| Loans, long-term | 0 | 0 | .. | .. | 0 |
| Equity and investment fund shares/units | 93 162 | 87 228 | .. | .. | 5 934 |
| Insurance pension and standardised guarantees | 847 621 | 400 239 | .. | .. | 447 382 |
| Financial derivatives and employee stock options | 2 662 | 1 497 | .. | .. | 1 165 |
| Other accounts payable | 66 470 | 50 625 | .. | .. | 15 845 |

Note: Detailed metadata at: *http://metalinks.oecd.org/instinv/20200916/f42e*

## CZECH REPUBLIC

### Table 2. Financial assets and liabilities of investment funds

*Million CZK*

| | 2012 | 2013 | 2014 | 2015 | 2016 | 2017 | 2018 | 2019 |
|---|---|---|---|---|---|---|---|---|
| **Investment funds** | | | | | | | | |
| Financial net worth | -54 283 | -60 621 | -72 525 | -81 239 | -74 760 | -58 984 | -73 291 | -101 585 |
| Financial assets | 168 462 | 187 239 | 220 932 | 257 431 | 322 981 | 406 505 | 415 599 | 488 440 |
| Currency and deposits | 32 135 | 32 867 | 25 835 | 24 122 | 36 543 | 67 951 | 60 357 | 82 106 |
| Debt securities | 77 389 | 80 477 | 90 156 | 96 493 | 109 848 | 112 849 | 109 578 | 128 290 |
| Loans | 7 521 | 11 335 | 17 097 | 21 001 | 30 754 | 36 060 | 46 424 | 51 180 |
| Equity and investment fund shares | 45 541 | 57 856 | 82 265 | 109 039 | 141 096 | 180 236 | 185 252 | 214 249 |
| Equity | 26 741 | 28 626 | 32 333 | 40 887 | 53 310 | 71 284 | 84 996 | 101 363 |
| Investment fund shares | 18 800 | 29 230 | 49 932 | 68 152 | 87 786 | 108 952 | 100 256 | 112 886 |
| Money market fund shares | 362 | 594 | 791 | 246 | 921 | 1 267 | 2 779 | 474 |
| Non-Money market fund shares | 18 438 | 28 636 | 49 141 | 67 906 | 86 865 | 107 685 | 97 477 | 112 412 |
| Insurance pension and standardised guarantees | 14 | 17 | 20 | 16 | 7 | 12 | 5 | 4 |
| Financial derivatives and employee stock options | 513 | 387 | 101 | 496 | 163 | 1 330 | 740 | 2 836 |
| Other accounts receivable | 5 349 | 4 300 | 5 458 | 6 264 | 4 570 | 8 067 | 13 243 | 9 775 |
| Financial liabilities | 222 745 | 247 860 | 293 457 | 338 670 | 397 741 | 465 489 | 488 890 | 590 025 |
| Debt securities | 0 | 0 | 6 | 173 | 213 | 0 | 1 188 | 2 738 |
| Short-term debt securities | 0 | 0 | 0 | 0 | 0 | 0 | 0 | 708 |
| Long-term debt securities | 0 | 0 | 6 | 173 | 213 | 0 | 1 188 | 2 030 |
| Loans | 25 359 | 13 918 | 15 594 | 13 649 | 17 661 | 18 571 | 16 750 | 21 947 |
| Short-term loans | 5 448 | 0 | 1 137 | 791 | 881 | 2 294 | 2 012 | 3 222 |
| Long-term loans | 19 911 | 13 918 | 14 457 | 12 858 | 16 780 | 16 277 | 14 738 | 18 725 |
| Equity and investment fund shares | 182 784 | 220 210 | 261 745 | 307 657 | 355 487 | 426 152 | 452 930 | 545 135 |
| Insurance pension and standardised guarantees | 0 | 0 | 0 | 0 | 0 | 0 | 0 | 0 |
| Financial derivatives and employee stock options | 414 | 1 041 | 1 275 | 528 | 1 268 | 361 | 1 245 | 239 |
| Other accounts payable | 14 188 | 12 691 | 14 837 | 16 663 | 23 112 | 20 405 | 16 777 | 19 966 |
| Non-financial assets | .. | .. | .. | .. | .. | .. | .. | .. |
| **Money market funds** | | | | | | | | |
| Financial net worth | 1 006 | -60 | -103 | 35 | -219 | -89 | -1 237 | 0 |
| Financial assets | 3 794 | 1 779 | 1 226 | 855 | 647 | 1 457 | 5 601 | 0 |
| Currency and deposits | 1 566 | 875 | 495 | 455 | 324 | 965 | 4 171 | 0 |
| Debt securities | 2 226 | 902 | 730 | 399 | 284 | 491 | 1 351 | 0 |
| Loans | 0 | 0 | 0 | 0 | 0 | 0 | 0 | 0 |
| Equity and investment fund shares | 0 | 0 | 0 | 0 | 38 | 0 | 71 | 0 |
| Equity | 0 | 0 | 0 | 0 | 0 | 0 | 5 | 0 |
| Investment fund shares | 0 | 0 | 0 | 0 | 38 | 0 | 66 | 0 |
| Money market fund shares | 0 | 0 | 0 | 0 | 38 | 0 | 66 | 0 |
| Non-Money market fund shares | 0 | 0 | 0 | 0 | 0 | 0 | 0 | 0 |
| Insurance pension and standardised guarantees | 1 | 1 | 1 | 1 | 1 | 1 | 1 | 0 |
| Financial derivatives and employee stock options | 1 | 1 | 0 | 0 | 0 | 0 | 2 | 0 |
| Other accounts receivable | 0 | 0 | 0 | 0 | 0 | 0 | 5 | 0 |
| Financial liabilities | 2 788 | 1 839 | 1 329 | 820 | 866 | 1 546 | 6 838 | 0 |
| Debt securities | 0 | 0 | 0 | 0 | 0 | 0 | 0 | 0 |
| Short-term debt securities | 0 | 0 | 0 | 0 | 0 | 0 | 0 | 0 |
| Long-term debt securities | 0 | 0 | 0 | 0 | 0 | 0 | 0 | 0 |
| Loans | 0 | 0 | 44 | 121 | 158 | 0 | 0 | 0 |
| Short-term loans | 0 | 0 | 31 | 2 | 6 | 0 | 0 | 0 |
| Long-term loans | 0 | 0 | 13 | 119 | 152 | 0 | 0 | 0 |
| Equity and investment fund shares | 2 786 | 1 829 | 1 283 | 699 | 708 | 1 545 | 6 806 | 0 |
| Insurance pension and standardised guarantees | 0 | 0 | 0 | 0 | 0 | 0 | 0 | 0 |
| Financial derivatives and employee stock options | 2 | 10 | 1 | 0 | 0 | 0 | 0 | 0 |
| Other accounts payable | 0 | 0 | 1 | 0 | 0 | 1 | 32 | 0 |
| Non-financial assets | .. | .. | .. | .. | .. | .. | .. | .. |
| **Non-money market funds** | | | | | | | | |
| Financial net worth | -55 289 | -60 561 | -72 422 | -81 274 | -74 541 | -58 895 | -72 054 | -101 585 |
| Financial assets | 164 668 | 185 460 | 219 706 | 256 576 | 322 334 | 405 048 | 409 998 | 488 440 |
| Currency and deposits | 30 569 | 31 992 | 25 340 | 23 667 | 36 219 | 66 986 | 56 186 | 82 106 |
| Debt securities | 75 163 | 79 575 | 89 426 | 96 094 | 109 564 | 112 358 | 108 227 | 128 290 |
| Loans | 7 521 | 11 335 | 17 097 | 21 001 | 30 754 | 36 060 | 46 424 | 51 180 |
| Equity and investment fund shares | 45 541 | 57 856 | 82 265 | 109 039 | 141 058 | 180 236 | 185 181 | 214 249 |
| Equity | 26 741 | 28 626 | 32 333 | 40 887 | 53 310 | 71 284 | 84 991 | 101 363 |
| Investment fund shares | 18 800 | 29 230 | 49 932 | 68 152 | 87 748 | 108 952 | 100 190 | 112 886 |
| Money market fund shares | 362 | 594 | 791 | 246 | 883 | 1 267 | 2 713 | 474 |
| Non-Money market fund shares | 18 438 | 28 636 | 49 141 | 67 906 | 86 865 | 107 685 | 97 477 | 112 412 |
| Insurance pension and standardised guarantees | 13 | 16 | 19 | 15 | 6 | 11 | 4 | 4 |
| Financial derivatives and employee stock options | 512 | 386 | 101 | 496 | 163 | 1 330 | 738 | 2 836 |
| Other accounts receivable | 5 349 | 4 300 | 5 458 | 6 264 | 4 570 | 8 067 | 13 238 | 9 775 |
| Financial liabilities | 219 957 | 246 021 | 292 128 | 337 850 | 396 875 | 463 943 | 482 052 | 590 025 |
| Debt securities | 0 | 0 | 6 | 173 | 213 | 0 | 1 188 | 2 738 |
| Short-term debt securities | 0 | 0 | 0 | 0 | 0 | 0 | 0 | 708 |
| Long-term debt securities | 0 | 0 | 6 | 173 | 213 | 0 | 1 188 | 2 030 |
| Loans | 25 359 | 13 918 | 15 550 | 13 528 | 17 503 | 18 571 | 16 750 | 21 947 |
| Short-term loans | 5 448 | 0 | 1 106 | 789 | 875 | 2 294 | 2 012 | 3 222 |
| Long-term loans | 19 911 | 13 918 | 14 444 | 12 739 | 16 628 | 16 277 | 14 738 | 18 725 |
| Equity and investment fund shares | 179 998 | 218 381 | 260 462 | 306 958 | 354 779 | 424 607 | 446 124 | 545 135 |
| Insurance pension and standardised guarantees | 0 | 0 | 0 | 0 | 0 | 0 | 0 | 0 |
| Financial derivatives and employee stock options | 412 | 1 031 | 1 274 | 528 | 1 268 | 361 | 1 245 | 239 |
| Other accounts payable | 14 188 | 12 691 | 14 836 | 16 663 | 23 112 | 20 404 | 16 745 | 19 966 |
| Non-financial assets | .. | .. | .. | .. | .. | .. | .. | .. |
| **Open-end non-money market funds** | | | | | | | | |
| Financial net worth | -55 289 | -60 561 | -72 422 | -81 274 | -74 541 | -58 895 | -72 054 | -101 585 |
| Financial assets | 164 668 | 185 460 | 219 706 | 256 576 | 322 334 | 405 048 | 409 998 | 488 440 |
| Currency and deposits | 30 569 | 31 992 | 25 340 | 23 667 | 36 219 | 66 986 | 56 186 | 82 106 |

# CZECH REPUBLIC

## Table 2. Financial assets and liabilities of investment funds *(cont.)*

*Million CZK*

| | 2012 | 2013 | 2014 | 2015 | 2016 | 2017 | 2018 | 2019 |
|---|---|---|---|---|---|---|---|---|
| Debt securities | 75 163 | 79 575 | 89 426 | 96 094 | 109 564 | 112 358 | 108 227 | 128 290 |
| Loans | 7 521 | 11 335 | 17 097 | 21 001 | 30 754 | 36 060 | 46 424 | 51 180 |
| Equity and investment fund shares | 45 541 | 57 856 | 82 265 | 109 039 | 141 058 | 180 236 | 185 181 | 214 249 |
| Equity | 26 741 | 28 626 | 32 333 | 40 887 | 53 310 | 71 284 | 84 991 | 101 363 |
| Investment fund shares | 18 800 | 29 230 | 49 932 | 68 152 | 87 748 | 108 952 | 100 190 | 112 886 |
| Money market fund shares | 362 | 594 | 791 | 246 | 883 | 1 267 | 2 713 | 474 |
| Non-Money market fund shares | 18 438 | 28 636 | 49 141 | 67 906 | 86 865 | 107 685 | 97 477 | 112 412 |
| Insurance pension and standardised guarantees | 13 | 16 | 19 | 15 | 6 | 11 | 4 | 4 |
| Financial derivatives and employee stock options | 512 | 386 | 101 | 496 | 163 | 1 330 | 738 | 2 836 |
| Other accounts receivable | 5 349 | 4 300 | 5 458 | 6 264 | 4 570 | 8 067 | 13 238 | 9 775 |
| Financial liabilities | 219 957 | 246 021 | 292 128 | 337 850 | 396 875 | 463 943 | 482 052 | 590 025 |
| Debt securities | 0 | 0 | 6 | 173 | 213 | 0 | 1 188 | 2 738 |
| Short-term debt securities | 0 | 0 | 0 | 0 | 0 | 0 | 0 | 708 |
| Long-term debt securities | 0 | 0 | 6 | 173 | 213 | 0 | 1 188 | 2 030 |
| Loans | 25 359 | 13 918 | 15 550 | 13 528 | 17 503 | 18 571 | 16 750 | 21 947 |
| Short-term loans | 5 448 | 0 | 1 106 | 789 | 875 | 2 294 | 2 012 | 3 222 |
| Long-term loans | 19 911 | 13 918 | 14 444 | 12 739 | 16 628 | 16 277 | 14 738 | 18 725 |
| Equity and investment fund shares | 179 998 | 218 381 | 260 462 | 306 958 | 354 779 | 424 607 | 446 124 | 545 135 |
| Insurance pension and standardised guarantees | 0 | 0 | 0 | 0 | 0 | 0 | 0 | 0 |
| Financial derivatives and employee stock options | 412 | 1 031 | 1 274 | 528 | 1 268 | 361 | 1 245 | 239 |
| Other accounts payable | 14 188 | 12 691 | 14 836 | 16 663 | 23 112 | 20 404 | 16 745 | 19 966 |
| Non-financial assets | .. | .. | .. | .. | .. | .. | .. | .. |
| **Open-end investment funds** | | | | | | | | |
| Financial net worth | -54 283 | -60 621 | -72 525 | -81 239 | -74 760 | -58 984 | -73 291 | -101 585 |
| Financial assets | 168 462 | 187 239 | 220 932 | 257 431 | 322 981 | 406 505 | 415 599 | 488 440 |
| Currency and deposits | 32 135 | 32 867 | 25 835 | 24 122 | 36 543 | 67 951 | 60 357 | 82 106 |
| Debt securities | 77 389 | 80 477 | 90 156 | 96 493 | 109 848 | 112 849 | 109 578 | 128 290 |
| Loans | 7 521 | 11 335 | 17 097 | 21 001 | 30 754 | 36 060 | 46 424 | 51 180 |
| Equity and investment fund shares | 45 541 | 57 856 | 82 265 | 109 039 | 141 096 | 180 236 | 185 252 | 214 249 |
| Equity | 26 741 | 28 626 | 32 333 | 40 887 | 53 310 | 71 284 | 84 996 | 101 363 |
| Investment fund shares | 18 800 | 29 230 | 49 932 | 68 152 | 87 786 | 108 952 | 100 256 | 112 886 |
| Money market fund shares | 362 | 594 | 791 | 246 | 921 | 1 267 | 2 779 | 474 |
| Non-Money market fund shares | 18 438 | 28 636 | 49 141 | 67 906 | 86 865 | 107 685 | 97 477 | 112 412 |
| Insurance pension and standardised guarantees | 14 | 17 | 20 | 16 | 7 | 12 | 5 | 4 |
| Financial derivatives and employee stock options | 513 | 387 | 101 | 496 | 163 | 1 330 | 740 | 2 836 |
| Other accounts receivable | 5 349 | 4 300 | 5 458 | 6 264 | 4 570 | 8 067 | 13 243 | 9 775 |
| Financial liabilities | 222 745 | 247 860 | 293 457 | 338 670 | 397 741 | 465 489 | 488 890 | 590 025 |
| Debt securities | 0 | 0 | 6 | 173 | 213 | 0 | 1 188 | 2 738 |
| Short-term debt securities | 0 | 0 | 0 | 0 | 0 | 0 | 0 | 708 |
| Long-term debt securities | 0 | 0 | 6 | 173 | 213 | 0 | 1 188 | 2 030 |
| Loans | 25 359 | 13 918 | 15 594 | 13 649 | 17 661 | 18 571 | 16 750 | 21 947 |
| Short-term loans | 5 448 | 0 | 1 137 | 791 | 881 | 2 294 | 2 012 | 3 222 |
| Long-term loans | 19 911 | 13 918 | 14 457 | 12 858 | 16 780 | 16 277 | 14 738 | 18 725 |
| Equity and investment fund shares | 182 784 | 220 210 | 261 745 | 307 657 | 355 487 | 426 152 | 452 930 | 545 135 |
| Insurance pension and standardised guarantees | 0 | 0 | 0 | 0 | 0 | 0 | 0 | 0 |
| Financial derivatives and employee stock options | 414 | 1 041 | 1 275 | 528 | 1 268 | 361 | 1 245 | 239 |
| Other accounts payable | 14 188 | 12 691 | 14 837 | 16 663 | 23 112 | 20 405 | 16 777 | 19 966 |
| Non-financial assets | .. | .. | .. | .. | .. | .. | .. | .. |

Note: Detailed metadata at: *http://metalinks.oecd.org/instinv/20200916/f42e*

# CZECH REPUBLIC

## Table 3. Financial assets and liabilities of insurance corporations and pension funds

*Million CZK*

| | 2012 | 2013 | 2014 | 2015 | 2016 | 2017 | 2018 | 2019 |
|---|---|---|---|---|---|---|---|---|
| **Insurance corporations and pension funds** | | | | | | | | |
| Financial net worth | -28 714 | -42 950 | -49 506 | -84 617 | -59 437 | -26 894 | -32 406 | -23 474 |
| Financial assets | 762 623 | 777 883 | 837 710 | 832 615 | 894 284 | 968 949 | 1 005 112 | 1 038 232 |
| Currency and deposits | 60 860 | 67 832 | 54 507 | 55 120 | 65 842 | 133 301 | 151 076 | 158 047 |
| Debt securities | 524 794 | 531 454 | 597 189 | 588 813 | 624 656 | 625 881 | 635 439 | 642 913 |
| Loans | 763 | 644 | 753 | 1 398 | 6 233 | 9 088 | 4 064 | 4 199 |
| Equity and investment fund shares | 107 622 | 106 436 | 108 221 | 110 448 | 117 280 | 118 357 | 128 065 | 149 519 |
| Equity | 31 171 | 20 172 | 23 679 | 19 072 | 22 855 | 20 558 | 31 322 | 36 970 |
| Investment fund shares | 76 451 | 86 264 | 84 542 | 91 376 | 94 425 | 97 799 | 96 743 | 112 549 |
| Money market fund shares | 1 545 | 1 126 | 645 | 1 167 | 452 | 506 | 0 | 0 |
| Non-Money market fund shares | 74 906 | 85 138 | 83 897 | 90 209 | 93 973 | 97 293 | 96 743 | 112 549 |
| Insurance pension and standardised guarantees | 32 037 | 36 797 | 39 137 | 40 828 | 41 732 | 41 881 | 41 570 | 42 687 |
| Financial derivatives and employee stock options | 754 | 636 | 394 | 717 | 492 | 1 910 | 1 085 | 2 296 |
| Other accounts receivable | 35 793 | 34 084 | 37 509 | 35 291 | 38 049 | 38 531 | 43 813 | 38 571 |
| Financial liabilities | 791 337 | 820 833 | 887 216 | 917 232 | 953 721 | 995 843 | 1 037 518 | 1 061 706 |
| Debt securities | 261 | 368 | 521 | 700 | 653 | 0 | 0 | 0 |
| Short-term debt securities | 0 | 0 | 0 | 0 | 0 | 0 | 0 | 0 |
| Long-term debt securities | 261 | 368 | 521 | 700 | 653 | 0 | 0 | 0 |
| Loans | 107 | 1 280 | 575 | 576 | 2 131 | 9 678 | 27 603 | 11 059 |
| Short-term loans | 78 | 972 | 1 | 1 | 1 556 | 9 110 | 27 603 | 11 059 |
| Long-term loans | 29 | 308 | 574 | 575 | 575 | 568 | 0 | 0 |
| Equity and investment fund shares | 111 915 | 86 926 | 101 058 | 105 128 | 101 894 | 92 463 | 93 162 | 105 629 |
| Insurance pension and standardised guarantees | 641 036 | 689 110 | 734 870 | 761 975 | 796 267 | 828 512 | 847 621 | 889 260 |
| Financial derivatives and employee stock options | 3 086 | 3 195 | 8 128 | 6 488 | 7 212 | 1 755 | 2 662 | 2 768 |
| Other accounts payable | 34 932 | 39 954 | 42 064 | 42 365 | 45 564 | 63 435 | 66 470 | 52 990 |
| Non-financial assets | .. | .. | .. | .. | .. | .. | .. | .. |
| **Insurance corporations** | | | | | | | | |
| Financial net worth | -54 277 | -61 904 | -44 603 | -53 688 | -39 998 | -15 062 | -23 773 | -24 199 |
| Financial assets | 463 740 | 471 954 | 504 725 | 490 476 | 511 603 | 534 919 | 542 748 | 529 438 |
| Currency and deposits | 34 198 | 33 234 | 31 098 | 31 237 | 36 738 | 60 327 | 60 818 | 41 686 |
| Debt securities | 259 797 | 267 117 | 295 227 | 279 100 | 281 946 | 277 975 | 278 423 | 270 426 |
| Loans | 763 | 644 | 753 | 1 373 | 6 207 | 9 010 | 4 002 | 4 199 |
| Equity and investment fund shares | 104 343 | 101 526 | 102 406 | 103 204 | 107 096 | 106 901 | 114 108 | 131 697 |
| Equity | 30 584 | 18 703 | 22 489 | 17 703 | 20 833 | 17 859 | 28 215 | 32 030 |
| Investment fund shares | 73 759 | 82 823 | 79 917 | 85 501 | 86 263 | 89 042 | 85 893 | 99 667 |
| Money market fund shares | 1 545 | 1 126 | 640 | 1 165 | 452 | 506 | 0 | 0 |
| Non-Money market fund shares | 72 214 | 81 697 | 79 277 | 84 336 | 85 811 | 88 536 | 85 893 | 99 667 |
| Insurance pension and standardised guarantees | 32 035 | 36 795 | 39 134 | 40 825 | 41 729 | 41 878 | 41 570 | 42 687 |
| Financial derivatives and employee stock options | 541 | 358 | 327 | 565 | 315 | 819 | 509 | 924 |
| Other accounts receivable | 32 063 | 32 280 | 35 780 | 34 172 | 37 572 | 38 009 | 43 318 | 37 819 |
| Financial liabilities | 518 017 | 533 858 | 549 328 | 544 164 | 551 601 | 549 981 | 566 521 | 553 637 |
| Debt securities | 261 | 368 | 521 | 700 | 653 | 0 | 0 | 0 |
| Short-term debt securities | 0 | 0 | 0 | 0 | 0 | 0 | 0 | 0 |
| Long-term debt securities | 261 | 368 | 521 | 700 | 653 | 0 | 0 | 0 |
| Loans | 107 | 1 280 | 575 | 576 | 2 131 | 6 804 | 26 932 | 4 751 |
| Short-term loans | 78 | 972 | 1 | 1 | 1 556 | 6 236 | 26 932 | 4 751 |
| Long-term loans | 29 | 308 | 574 | 575 | 575 | 568 | 0 | 0 |
| Equity and investment fund shares | 88 942 | 86 616 | 85 739 | 87 251 | 86 267 | 81 832 | 87 228 | 93 526 |
| Insurance pension and standardised guarantees | 394 298 | 405 867 | 416 824 | 410 877 | 414 583 | 414 702 | 400 239 | 403 102 |
| Financial derivatives and employee stock options | 1 929 | 1 546 | 5 149 | 3 906 | 4 009 | 980 | 1 497 | 1 711 |
| Other accounts payable | 32 480 | 38 181 | 40 520 | 40 854 | 43 958 | 45 663 | 50 625 | 50 547 |
| Non-financial assets | .. | .. | .. | .. | .. | .. | .. | .. |
| **Pension funds** | | | | | | | | |
| Financial net worth | 25 563 | 18 954 | -4 903 | -30 929 | -19 439 | -11 832 | -8 633 | 725 |
| Financial assets | 298 883 | 305 929 | 332 985 | 342 139 | 382 681 | 434 030 | 462 364 | 508 794 |
| Currency and deposits | 26 662 | 34 598 | 23 409 | 23 883 | 29 104 | 72 974 | 90 258 | 116 361 |
| Debt securities | 264 997 | 264 337 | 301 962 | 309 713 | 342 710 | 347 906 | 357 016 | 372 487 |
| Loans | 0 | 0 | 0 | 25 | 26 | 78 | 62 | 0 |
| Equity and investment fund shares | 3 279 | 4 910 | 5 815 | 7 244 | 10 184 | 11 456 | 13 957 | 17 822 |
| Equity | 587 | 1 469 | 1 190 | 1 369 | 2 022 | 2 699 | 3 107 | 4 940 |
| Investment fund shares | 2 692 | 3 441 | 4 625 | 5 875 | 8 162 | 8 757 | 10 850 | 12 882 |
| Money market fund shares | 0 | 0 | 5 | 2 | 0 | 0 | 0 | 0 |
| Non-Money market fund shares | 2 692 | 3 441 | 4 620 | 5 873 | 8 162 | 8 757 | 10 850 | 12 882 |
| Insurance pension and standardised guarantees | 2 | 2 | 3 | 3 | 3 | 3 | 0 | 0 |
| Financial derivatives and employee stock options | 213 | 278 | 67 | 152 | 177 | 1 091 | 576 | 1 372 |
| Other accounts receivable | 3 730 | 1 804 | 1 729 | 1 119 | 477 | 522 | 495 | 752 |
| Financial liabilities | 273 320 | 286 975 | 337 888 | 373 068 | 402 120 | 445 862 | 470 997 | 508 069 |
| Debt securities | 0 | 0 | 0 | 0 | 0 | 0 | 0 | 0 |
| Short-term debt securities | 0 | 0 | 0 | 0 | 0 | 0 | 0 | 0 |
| Long-term debt securities | 0 | 0 | 0 | 0 | 0 | 0 | 0 | 0 |
| Loans | 0 | 0 | 0 | 0 | 0 | 2 874 | 671 | 6 308 |
| Short-term loans | 0 | 0 | 0 | 0 | 0 | 2 874 | 671 | 6 308 |
| Long-term loans | 0 | 0 | 0 | 0 | 0 | 0 | 0 | 0 |
| Equity and investment fund shares | 22 973 | 310 | 15 319 | 17 877 | 15 627 | 10 631 | 5 934 | 12 103 |
| Insurance pension and standardised guarantees | 246 738 | 283 243 | 318 046 | 351 098 | 381 684 | 413 810 | 447 382 | 486 158 |
| Financial derivatives and employee stock options | 1 157 | 1 649 | 2 979 | 2 582 | 3 203 | 775 | 1 165 | 1 057 |
| Other accounts payable | 2 452 | 1 773 | 1 544 | 1 511 | 1 606 | 17 772 | 15 845 | 2 443 |
| Non-financial assets | .. | .. | .. | .. | .. | .. | .. | .. |

Note: Detailed metadata at: *http://metalinks.oecd.org/instinv/20200916/f42e*

## CZECH REPUBLIC

### Table 4. Portfolio composition by type of investor
As percentage of financial assets and of financial liabilities

*Per cent*

| | 2012 | 2013 | 2014 | 2015 | 2016 | 2017 | 2018 | 2019 |
|---|---|---|---|---|---|---|---|---|
| **Investment funds** | | | | | | | | |
| Financial assets | 100.0 | 100.0 | 100.0 | 100.0 | 100.0 | 100.0 | 100.0 | 100.0 |
| Currency and deposits | 19.1 | 17.6 | 11.7 | 9.4 | 11.3 | 16.7 | 14.5 | 16.8 |
| Debt securities | 45.9 | 43.0 | 40.8 | 37.5 | 34.0 | 27.8 | 26.4 | 26.3 |
| Loans | 4.5 | 6.1 | 7.7 | 8.2 | 9.5 | 8.9 | 11.2 | 10.5 |
| Equity and investment fund shares | 27.0 | 30.9 | 37.2 | 42.4 | 43.7 | 44.3 | 44.6 | 43.9 |
| Insurance pension and standardised guarantee schemes | 0.0 | 0.0 | 0.0 | 0.0 | 0.0 | 0.0 | 0.0 | 0.0 |
| Financial derivatives and employee stock options | 0.3 | 0.2 | 0.0 | 0.2 | 0.1 | 0.3 | 0.2 | 0.6 |
| Other accounts receivable | 3.2 | 2.3 | 2.5 | 2.4 | 1.4 | 2.0 | 3.2 | 2.0 |
| Financial liabilities | 100.0 | 100.0 | 100.0 | 100.0 | 100.0 | 100.0 | 100.0 | 100.0 |
| Currency and deposits | 0.0 | 0.0 | 0.0 | 0.0 | 0.0 | 0.0 | 0.0 | 0.0 |
| Debt securities | 0.0 | 0.0 | 0.0 | 0.1 | 0.1 | 0.0 | 0.2 | 0.5 |
| Loans | 11.4 | 5.6 | 5.3 | 4.0 | 4.4 | 4.0 | 3.4 | 3.7 |
| Equity and investment fund shares | 82.1 | 88.8 | 89.2 | 90.8 | 89.4 | 91.5 | 92.6 | 92.4 |
| Insurance pension and standardised guarantee schemes | 0.0 | 0.0 | 0.0 | 0.0 | 0.0 | 0.0 | 0.0 | 0.0 |
| Financial derivatives and employee stock options | 0.2 | 0.4 | 0.4 | 0.2 | 0.3 | 0.1 | 0.3 | 0.0 |
| Other accounts receivable | 6.4 | 5.1 | 5.1 | 4.9 | 5.8 | 4.4 | 3.4 | 3.4 |
| **Insurance corporations** | | | | | | | | |
| Financial assets | 100.0 | 100.0 | 100.0 | 100.0 | 100.0 | 100.0 | 100.0 | 100.0 |
| Currency and deposits | 7.4 | 7.0 | 6.2 | 6.4 | 7.2 | 11.3 | 11.2 | 7.9 |
| Debt securities | 56.0 | 56.6 | 58.5 | 56.9 | 55.1 | 52.0 | 51.3 | 51.1 |
| Loans | 0.2 | 0.1 | 0.1 | 0.3 | 1.2 | 1.7 | 0.7 | 0.8 |
| Equity and investment fund shares | 22.5 | 21.5 | 20.3 | 21.0 | 20.9 | 20.0 | 21.0 | 24.9 |
| Insurance pension and standardised guarantee schemes | 6.9 | 7.8 | 7.8 | 8.3 | 8.2 | 7.8 | 7.7 | 8.1 |
| Financial derivatives and employee stock options | 0.1 | 0.1 | 0.1 | 0.1 | 0.1 | 0.2 | 0.1 | 0.2 |
| Other accounts receivable | 6.9 | 6.8 | 7.1 | 7.0 | 7.3 | 7.1 | 8.0 | 7.1 |
| Financial liabilities | 100.0 | 100.0 | 100.0 | 100.0 | 100.0 | 100.0 | 100.0 | 100.0 |
| Currency and deposits | 0.0 | 0.0 | 0.0 | 0.0 | 0.0 | 0.0 | 0.0 | 0.0 |
| Debt securities | 0.1 | 0.1 | 0.1 | 0.1 | 0.1 | 0.0 | 0.0 | 0.0 |
| Loans | 0.0 | 0.2 | 0.1 | 0.1 | 0.4 | 1.2 | 4.8 | 0.9 |
| Equity and investment fund shares | 17.2 | 16.2 | 15.6 | 16.0 | 15.6 | 14.9 | 15.4 | 16.9 |
| Insurance pension and standardised guarantee schemes | 76.1 | 76.0 | 75.9 | 75.5 | 75.2 | 75.4 | 70.6 | 72.8 |
| Financial derivatives and employee stock options | 0.4 | 0.3 | 0.9 | 0.7 | 0.7 | 0.2 | 0.3 | 0.3 |
| Other accounts receivable | 6.3 | 7.2 | 7.4 | 7.5 | 8.0 | 8.3 | 8.9 | 9.1 |
| **Pension funds** | | | | | | | | |
| Financial assets | 100.0 | 100.0 | 100.0 | 100.0 | 100.0 | 100.0 | 100.0 | 100.0 |
| Currency and deposits | 8.9 | 11.3 | 7.0 | 7.0 | 7.6 | 16.8 | 19.5 | 22.9 |
| Debt securities | 88.7 | 86.4 | 90.7 | 90.5 | 89.6 | 80.2 | 77.2 | 73.2 |
| Loans | 0.0 | 0.0 | 0.0 | 0.0 | 0.0 | 0.0 | 0.0 | 0.0 |
| Equity and investment fund shares | 1.1 | 1.6 | 1.7 | 2.1 | 2.7 | 2.6 | 3.0 | 3.5 |
| Insurance pension and standardised guarantee schemes | 0.0 | 0.0 | 0.0 | 0.0 | 0.0 | 0.0 | 0.0 | 0.0 |
| Financial derivatives and employee stock options | 0.1 | 0.1 | 0.0 | 0.0 | 0.0 | 0.3 | 0.1 | 0.3 |
| Other accounts receivable | 1.2 | 0.6 | 0.5 | 0.3 | 0.1 | 0.1 | 0.1 | 0.1 |
| Financial liabilities | 100.0 | 100.0 | 100.0 | 100.0 | 100.0 | 100.0 | 100.0 | 100.0 |
| Currency and deposits | 0.0 | 0.0 | 0.0 | 0.0 | 0.0 | 0.0 | 0.0 | 0.0 |
| Debt securities | 0.0 | 0.0 | 0.0 | 0.0 | 0.0 | 0.0 | 0.0 | 0.0 |
| Loans | 0.0 | 0.0 | 0.0 | 0.0 | 0.0 | 0.6 | 0.1 | 1.2 |
| Equity and investment fund shares | 8.4 | 0.1 | 4.5 | 4.8 | 3.9 | 2.4 | 1.3 | 2.4 |
| Insurance pension and standardised guarantee schemes | 90.3 | 98.7 | 94.1 | 94.1 | 94.9 | 92.8 | 95.0 | 95.7 |
| Financial derivatives and employee stock options | 0.4 | 0.6 | 0.9 | 0.7 | 0.8 | 0.2 | 0.2 | 0.2 |
| Other accounts receivable | 0.9 | 0.6 | 0.5 | 0.4 | 0.4 | 4.0 | 3.4 | 0.5 |

Note: Detailed metadata at: *http://metalinks.oecd.org/instinv/20200916/eb22*

# DENMARK

## Table 1. Financial assets and liabilities of institutional investors, 2018

*Million DKK*

| | Total | Investment funds | | | |
|---|---|---|---|---|---|
| | | Non-money market funds | | | Money market funds |
| | | Total | Open-end non-money market funds | Closed-end non-money market funds | Total |
| Financial assets | 2 276 323 | .. | 2 276 323 | .. | .. |
| Currency and deposits | 48 376 | .. | 48 376 | .. | .. |
| Debt securities | 1 106 345 | .. | 1 106 345 | .. | .. |
| Debt securities, short term | 9 586 | .. | 9 586 | .. | .. |
| Debt securities, long term | 1 096 759 | .. | 1 096 759 | .. | .. |
| Debt securities issued by residents | 598 628 | 598 628 | 598 628 | .. | .. |
| Debt securities issued by non-residents | 507 717 | 507 717 | 507 717 | .. | .. |
| Loans | 43 | .. | 43 | .. | .. |
| Loans, short-term | 38 | .. | 38 | .. | .. |
| Loans, long-term | 5 | .. | 5 | .. | .. |
| Loans granted to residents | 0 | 0 | 0 | .. | .. |
| Loans granted to non-residents | 43 | 43 | 43 | .. | .. |
| Equity and investment fund shares/units | 1 082 497 | .. | 1 082 497 | .. | .. |
| Equity and investment fund shares issued/units by residents | 269 148 | .. | 269 148 | .. | .. |
| Equity and investment fund shares/units issued by non residents | 813 349 | .. | 813 349 | .. | .. |
| Other accounts receivable | .. | .. | .. | .. | .. |

| | Total | Investment funds | | | |
|---|---|---|---|---|---|
| | | Non-money market funds | | | Money market funds |
| | | Total | Open-end non-money market funds | Closed-end non-money market funds | Total |
| Financial liabilities | 2 202 354 | .. | 2 202 354 | .. | .. |
| Currency and deposits | .. | .. | .. | .. | .. |
| Debt securities | .. | .. | .. | .. | .. |
| Debt securities, short term | .. | .. | .. | .. | .. |
| Debt securities, long term | .. | .. | .. | .. | .. |
| Loans | 129 974 | .. | 129 974 | .. | .. |
| Loans, short-term | 125 681 | .. | 125 681 | .. | .. |
| Loans, long-term | 4 293 | .. | 4 293 | .. | .. |
| Equity and investment fund shares/units | 2 044 455 | .. | 2 044 455 | .. | .. |
| Insurance pension and standardised guaratees | .. | .. | .. | .. | .. |
| Financial derivatives and employee stock options | 14 712 | .. | 14 712 | .. | .. |
| Other accounts payable | .. | .. | .. | .. | .. |

| | Total | Insurance corporations and pension funds | | | |
|---|---|---|---|---|---|
| | | Insurance corporations | | | Pension funds |
| | | Total | Life insurance corporations | Non-life insurance corporations | Total |
| Financial assets | 4 138 099 | 2 441 450 | .. | .. | 1 696 649 |
| Currency and deposits | 98 371 | 44 644 | .. | .. | 53 727 |
| Debt securities | 1 681 551 | 890 928 | .. | .. | 790 623 |
| Debt securities, short-term | 13 956 | 5 310 | .. | .. | 8 646 |
| Debt securities, long term | 1 667 595 | 885 618 | .. | .. | 781 977 |
| Debt securities issued by residents | 1 115 361 | 636 783 | .. | .. | 478 578 |
| Debt securities issued by non-residents | 566 190 | 254 145 | .. | .. | 312 045 |
| Loans | 64 771 | 52 151 | .. | .. | 12 620 |
| Loans, short-term | 24 077 | 11 468 | .. | .. | 12 609 |
| Loans, long-term | 40 694 | 40 683 | .. | .. | 11 |
| Loans granted to residents | 44 475 | 39 950 | .. | .. | 4 525 |
| Loans granted to non-residents | 20 296 | 12 201 | .. | .. | 8 095 |
| Equity and investment fund shares/units | 2 041 267 | 1 297 209 | .. | .. | 744 058 |
| Equity and investment fund shares/units issued by residents | 1 295 934 | 763 669 | .. | .. | 532 265 |
| Equity and investment fund shares/units issued by non residents | 745 333 | 533 540 | .. | .. | 211 793 |
| Other accounts receivable | 71 139 | 43 861 | .. | .. | 27 278 |

| | Total | Insurance corporations and pension funds | | | |
|---|---|---|---|---|---|
| | | Insurance corporations | | | Pension funds |
| | | Total | Life insurance corporations | Non-life insurance corporations | Total |
| Financial liabilities | 4 027 607 | 2 397 204 | .. | .. | 1 630 403 |
| Currency and deposits | .. | .. | .. | .. | .. |
| Debt securities | 9 904 | 9 904 | .. | .. | 0 |
| Debt securities, short term | .. | .. | .. | .. | .. |
| Debt securities, long term | 9 904 | 9 904 | .. | .. | 0 |
| Loans | 170 103 | 104 537 | .. | .. | 65 566 |
| Loans, short-term | 160 482 | 95 707 | .. | .. | 64 775 |
| Loans, long-term | 9 621 | 8 830 | .. | .. | 791 |
| Equity and investment fund shares/units | 165 246 | 95 312 | .. | .. | 69 934 |
| Insurance pension and standardised guarantees | 3 494 514 | 2 071 102 | .. | .. | 1 423 412 |
| Financial derivatives and employee stock options | 139 604 | 87 116 | .. | .. | 52 488 |
| Other accounts payable | 48 236 | 29 233 | .. | .. | 19 003 |

Note: Detailed metadata at: *http://metalinks.oecd.org/instinv/20200916/f42e*

# DENMARK

## Table 2. Financial assets and liabilities of investment funds

*Million DKK*

| | 2012 | 2013 | 2014 | 2015 | 2016 | 2017 | 2018 | 2019 |
|---|---|---|---|---|---|---|---|---|
| **Investment funds** | | | | | | | | |
| Financial net worth | -32 807 | 7 130 | 10 399 | 34 113 | 39 965 | 41 021 | 73 969 | 53 864 |
| Financial assets | 1 644 023 | 1 878 687 | 2 089 179 | 2 074 003 | 2 195 577 | 2 377 971 | 2 276 323 | 2 627 052 |
| Currency and deposits | 22 945 | 34 293 | 42 277 | 42 569 | 50 027 | 55 535 | 48 376 | 41 603 |
| Debt securities | 907 513 | 1 039 194 | 1 113 348 | 1 048 836 | 1 130 793 | 1 141 373 | 1 106 345 | 1 172 926 |
| Loans | 370 | 598 | 43 | 43 | 43 | 43 | 43 | 43 |
| Equity and investment fund shares | 708 505 | 794 079 | 916 228 | 970 624 | 1 007 418 | 1 174 187 | 1 082 497 | 1 350 449 |
| Equity | 566 675 | 635 187 | 739 165 | 779 215 | 822 763 | 925 002 | 818 803 | 1 026 095 |
| Investment fund shares | 141 830 | 158 892 | 177 063 | 191 409 | 184 655 | 249 185 | 263 694 | 324 354 |
| Money market fund shares | .. | .. | .. | .. | .. | .. | .. | .. |
| Non-Money market fund shares | 141 830 | 158 892 | 177 063 | 191 409 | 184 655 | 249 185 | 263 694 | 324 354 |
| Insurance pension and standardised guarantees | .. | .. | .. | .. | .. | .. | .. | .. |
| Financial derivatives and employee stock options | 4 690 | 10 523 | 17 283 | 11 931 | 7 296 | 6 833 | 14 536 | 8 246 |
| Other accounts receivable | .. | .. | .. | .. | .. | .. | .. | .. |
| Financial liabilities | 1 676 830 | 1 871 557 | 2 078 780 | 2 039 890 | 2 155 612 | 2 336 950 | 2 202 354 | 2 573 188 |
| Debt securities | .. | .. | .. | .. | .. | .. | .. | .. |
| Short-term debt securities | .. | .. | .. | .. | .. | .. | .. | .. |
| Long-term debt securities | .. | .. | .. | .. | .. | .. | .. | .. |
| Loans | 107 373 | 127 320 | 134 208 | 100 458 | 94 042 | 84 852 | 129 974 | 151 632 |
| Short-term loans | 106 921 | 126 754 | 132 919 | 99 389 | 93 009 | 81 743 | 125 681 | 151 337 |
| Long-term loans | 452 | 566 | 1 289 | 1 069 | 1 033 | 3 109 | 4 293 | 295 |
| Equity and investment fund shares | 1 565 247 | 1 737 798 | 1 918 761 | 1 926 171 | 2 050 092 | 2 244 677 | 2 044 455 | 2 381 753 |
| Insurance pension and standardised guarantees | .. | .. | .. | .. | .. | .. | .. | .. |
| Financial derivatives and employee stock options | 4 210 | 6 439 | 25 811 | 13 261 | 11 478 | 7 421 | 14 712 | 8 196 |
| Other accounts payable | .. | .. | .. | .. | .. | .. | .. | .. |
| Non-financial assets | 0 | 0 | 0 | 0 | 0 | 0 | 0 | 0 |
| **Money market funds** | | | | | | | | |
| Financial net worth | .. | .. | .. | .. | .. | .. | .. | .. |
| Financial assets | .. | .. | .. | .. | .. | .. | .. | .. |
| Currency and deposits | .. | .. | .. | .. | .. | .. | .. | .. |
| Debt securities | .. | .. | .. | .. | .. | .. | .. | .. |
| Loans | .. | .. | .. | .. | .. | .. | .. | .. |
| Equity and investment fund shares | .. | .. | .. | .. | .. | .. | .. | .. |
| Equity | .. | .. | .. | .. | .. | .. | .. | .. |
| Investment fund shares | .. | .. | .. | .. | .. | .. | .. | .. |
| Money market fund shares | .. | .. | .. | .. | .. | .. | .. | .. |
| Non-Money market fund shares | .. | .. | .. | .. | .. | .. | .. | .. |
| Insurance pension and standardised guarantees | .. | .. | .. | .. | .. | .. | .. | .. |
| Financial derivatives and employee stock options | .. | .. | .. | .. | .. | .. | .. | .. |
| Other accounts receivable | .. | .. | .. | .. | .. | .. | .. | .. |
| Financial liabilities | .. | .. | .. | .. | .. | .. | .. | .. |
| Debt securities | .. | .. | .. | .. | .. | .. | .. | .. |
| Short-term debt securities | .. | .. | .. | .. | .. | .. | .. | .. |
| Long-term debt securities | .. | .. | .. | .. | .. | .. | .. | .. |
| Loans | .. | .. | .. | .. | .. | .. | .. | .. |
| Short-term loans | .. | .. | .. | .. | .. | .. | .. | .. |
| Long-term loans | .. | .. | .. | .. | .. | .. | .. | .. |
| Equity and investment fund shares | .. | .. | .. | .. | .. | .. | .. | .. |
| Insurance pension and standardised guarantees | .. | .. | .. | .. | .. | .. | .. | .. |
| Financial derivatives and employee stock options | .. | .. | .. | .. | .. | .. | .. | .. |
| Other accounts payable | .. | .. | .. | .. | .. | .. | .. | .. |
| Non-financial assets | .. | .. | .. | .. | .. | .. | .. | .. |
| **Non-money market funds** | | | | | | | | |
| Financial net worth | .. | .. | .. | .. | .. | .. | .. | .. |
| Financial assets | .. | .. | .. | .. | .. | .. | .. | .. |
| Currency and deposits | .. | .. | .. | .. | .. | .. | .. | .. |
| Debt securities | .. | .. | .. | .. | .. | .. | .. | .. |
| Loans | .. | .. | .. | .. | .. | .. | .. | .. |
| Equity and investment fund shares | .. | .. | .. | .. | .. | .. | .. | .. |
| Equity | .. | .. | .. | .. | .. | .. | .. | .. |
| Investment fund shares | .. | .. | .. | .. | .. | .. | .. | .. |
| Money market fund shares | .. | .. | .. | .. | .. | .. | .. | .. |
| Non-Money market fund shares | .. | .. | .. | .. | .. | .. | .. | .. |
| Insurance pension and standardised guarantees | .. | .. | .. | .. | .. | .. | .. | .. |
| Financial derivatives and employee stock options | .. | .. | .. | .. | .. | .. | .. | .. |
| Other accounts receivable | .. | .. | .. | .. | .. | .. | .. | .. |
| Financial liabilities | .. | .. | .. | .. | .. | .. | .. | .. |
| Debt securities | .. | .. | .. | .. | .. | .. | .. | .. |
| Short-term debt securities | .. | .. | .. | .. | .. | .. | .. | .. |
| Long-term debt securities | .. | .. | .. | .. | .. | .. | .. | .. |
| Loans | .. | .. | .. | .. | .. | .. | .. | .. |
| Short-term loans | .. | .. | .. | .. | .. | .. | .. | .. |
| Long-term loans | .. | .. | .. | .. | .. | .. | .. | .. |
| Equity and investment fund shares | .. | .. | .. | .. | .. | .. | .. | .. |
| Insurance pension and standardised guarantees | .. | .. | .. | .. | .. | .. | .. | .. |
| Financial derivatives and employee stock options | .. | .. | .. | .. | .. | .. | .. | .. |
| Other accounts payable | .. | .. | .. | .. | .. | .. | .. | .. |
| Non-financial assets | 0 | 0 | 0 | 0 | 0 | 0 | 0 | .. |
| **Open-end non-money market funds** | | | | | | | | |
| Financial net worth | -32 807 | 7 130 | 10 399 | 34 113 | 39 965 | 41 021 | 73 969 | 53 864 |
| Financial assets | 1 644 023 | 1 878 687 | 2 089 179 | 2 074 003 | 2 195 577 | 2 377 971 | 2 276 323 | 2 627 052 |
| Currency and deposits | 22 945 | 34 293 | 42 277 | 42 569 | 50 027 | 55 535 | 48 376 | 41 603 |

## Table 2. Financial assets and liabilities of investment funds *(cont.)*

*Million DKK*

| | 2012 | 2013 | 2014 | 2015 | 2016 | 2017 | 2018 | 2019 |
|---|---|---|---|---|---|---|---|---|
| Debt securities | 907 513 | 1 039 194 | 1 113 348 | 1 048 836 | 1 130 793 | 1 141 373 | 1 106 345 | 1 172 926 |
| Loans | 370 | 598 | 43 | 43 | 43 | 43 | 43 | 43 |
| Equity and investment fund shares | 708 505 | 794 079 | 916 228 | 970 624 | 1 007 418 | 1 174 187 | 1 082 497 | 1 350 449 |
| Equity | 566 675 | 635 187 | 739 165 | 779 215 | 822 763 | 925 002 | 818 803 | 1 026 095 |
| Investment fund shares | 141 830 | 158 892 | 177 063 | 191 409 | 184 655 | 249 185 | 263 694 | 324 354 |
| Money market fund shares | .. | .. | .. | .. | .. | .. | .. | .. |
| Non-Money market fund shares | 141 830 | 158 892 | 177 063 | 191 409 | 184 655 | 249 185 | 263 694 | 324 354 |
| Insurance pension and standardised guarantees | .. | .. | .. | .. | .. | .. | .. | .. |
| Financial derivatives and employee stock options | 4 690 | 10 523 | 17 283 | 11 931 | 7 296 | 6 833 | 14 536 | 8 246 |
| Other accounts receivable | .. | .. | .. | .. | .. | .. | .. | .. |
| Financial liabilities | 1 676 830 | 1 871 557 | 2 078 780 | 2 039 890 | 2 155 612 | 2 336 950 | 2 202 354 | 2 573 188 |
| Debt securities | .. | .. | .. | .. | .. | .. | .. | .. |
| Short-term debt securities | .. | .. | .. | .. | .. | .. | .. | .. |
| Long-term debt securities | .. | .. | .. | .. | .. | .. | .. | .. |
| Loans | 107 373 | 127 320 | 134 208 | 100 458 | 94 042 | 84 852 | 129 974 | 151 632 |
| Short-term loans | 106 921 | 126 754 | 132 919 | 99 389 | 93 009 | 81 743 | 125 681 | 151 337 |
| Long-term loans | 452 | 566 | 1 289 | 1 069 | 1 033 | 3 109 | 4 293 | 295 |
| Equity and investment fund shares | 1 565 247 | 1 737 798 | 1 918 761 | 1 926 171 | 2 050 092 | 2 244 677 | 2 044 455 | 2 381 753 |
| Insurance pension and standardised guarantees | .. | .. | .. | .. | .. | .. | .. | .. |
| Financial derivatives and employee stock options | 4 210 | 6 439 | 25 811 | 13 261 | 11 478 | 7 421 | 14 712 | 8 196 |
| Other accounts payable | .. | .. | .. | .. | .. | .. | .. | .. |
| Non-financial assets | 0 | 0 | 0 | 0 | 0 | 0 | 0 | 0 |
| **Open-end investment funds** | | | | | | | | |
| Financial net worth | -32 807 | 7 130 | 10 399 | 34 113 | 39 965 | 41 021 | 73 969 | 53 864 |
| Financial assets | 1 644 023 | 1 878 687 | 2 089 179 | 2 074 003 | 2 195 577 | 2 377 971 | 2 276 323 | 2 627 052 |
| Currency and deposits | 22 945 | 34 293 | 42 277 | 42 569 | 50 027 | 55 535 | 48 376 | 41 603 |
| Debt securities | 907 513 | 1 039 194 | 1 113 348 | 1 048 836 | 1 130 793 | 1 141 373 | 1 106 345 | 1 172 926 |
| Loans | 370 | 598 | 43 | 43 | 43 | 43 | 43 | 43 |
| Equity and investment fund shares | 708 505 | 794 079 | 916 228 | 970 624 | 1 007 418 | 1 174 187 | 1 082 497 | 1 350 449 |
| Equity | 566 675 | 635 187 | 739 165 | 779 215 | 822 763 | 925 002 | 818 803 | 1 026 095 |
| Investment fund shares | 141 830 | 158 892 | 177 063 | 191 409 | 184 655 | 249 185 | 263 694 | 324 354 |
| Money market fund shares | .. | .. | .. | .. | .. | .. | .. | .. |
| Non-Money market fund shares | 141 830 | 158 892 | 177 063 | 191 409 | 184 655 | 249 185 | 263 694 | 324 354 |
| Insurance pension and standardised guarantees | .. | .. | .. | .. | .. | .. | .. | .. |
| Financial derivatives and employee stock options | 4 690 | 10 523 | 17 283 | 11 931 | 7 296 | 6 833 | 14 536 | 8 246 |
| Other accounts receivable | .. | .. | .. | .. | .. | .. | .. | .. |
| Financial liabilities | 1 676 830 | 1 871 557 | 2 078 780 | 2 039 890 | 2 155 612 | 2 336 950 | 2 202 354 | 2 573 188 |
| Debt securities | .. | .. | .. | .. | .. | .. | .. | .. |
| Short-term debt securities | .. | .. | .. | .. | .. | .. | .. | .. |
| Long-term debt securities | .. | .. | .. | .. | .. | .. | .. | .. |
| Loans | 107 373 | 127 320 | 134 208 | 100 458 | 94 042 | 84 852 | 129 974 | 151 632 |
| Short-term loans | 106 921 | 126 754 | 132 919 | 99 389 | 93 009 | 81 743 | 125 681 | 151 337 |
| Long-term loans | 452 | 566 | 1 289 | 1 069 | 1 033 | 3 109 | 4 293 | 295 |
| Equity and investment fund shares | 1 565 247 | 1 737 798 | 1 918 761 | 1 926 171 | 2 050 092 | 2 244 677 | 2 044 455 | 2 381 753 |
| Insurance pension and standardised guarantees | .. | .. | .. | .. | .. | .. | .. | .. |
| Financial derivatives and employee stock options | 4 210 | 6 439 | 25 811 | 13 261 | 11 478 | 7 421 | 14 712 | 8 196 |
| Other accounts payable | .. | .. | .. | .. | .. | .. | .. | .. |
| Non-financial assets | 0 | 0 | 0 | 0 | 0 | 0 | 0 | 0 |

Note: Detailed metadata at: *http://metalinks.oecd.org/instinv/20200916/f42e*

# DENMARK

## Table 3. Financial assets and liabilities of insurance corporations and pension funds

*Million DKK*

| | 2012 | 2013 | 2014 | 2015 | 2016 | 2017 | 2018 | 2019 |
|---|---|---|---|---|---|---|---|---|
| **Insurance corporations and pension funds** | | | | | | | | |
| Financial net worth | 46 873 | 54 576 | -11 707 | -25 203 | 8 929 | 1 127 | 110 492 | 63 533 |
| Financial assets | 3 271 573 | 3 168 026 | 3 591 753 | 3 623 599 | 3 960 953 | 4 100 950 | 4 138 099 | 4 783 185 |
| Currency and deposits | 93 246 | 82 199 | 94 078 | 74 149 | 97 125 | 131 527 | 98 371 | 106 932 |
| Debt securities | 1 435 969 | 1 301 076 | 1 426 906 | 1 528 641 | 1 571 119 | 1 572 091 | 1 681 551 | 1 834 399 |
| Loans | 32 861 | 30 041 | 49 012 | 53 191 | 43 542 | 47 319 | 64 771 | 64 723 |
| Equity and investment fund shares | 1 591 070 | 1 635 230 | 1 746 853 | 1 750 173 | 2 007 775 | 2 137 921 | 2 041 267 | 2 358 089 |
| Equity | 672 509 | 604 646 | 622 292 | 642 463 | 811 127 | 905 103 | 985 186 | 1 132 185 |
| Investment fund shares | 917 986 | 1 030 584 | 1 124 561 | 1 107 710 | 1 196 648 | 1 232 818 | 1 056 081 | 1 225 904 |
| Money market fund shares | .. | .. | .. | .. | .. | .. | .. | .. |
| Non-Money market fund shares | 917 986 | 1 030 584 | 1 124 561 | 1 107 710 | 1 196 648 | 1 232 818 | 1 056 081 | 1 225 904 |
| Insurance pension and standardised guarantees | 11 536 | 13 827 | 7 955 | 8 759 | 7 206 | 7 818 | 3 394 | 3 532 |
| Financial derivatives and employee stock options | 51 627 | 35 379 | 200 058 | 149 281 | 160 219 | 126 835 | 177 606 | 308 712 |
| Other accounts receivable | 55 264 | 70 274 | 66 891 | 59 405 | 73 967 | 77 439 | 71 139 | 106 798 |
| Financial liabilities | 3 224 700 | 3 113 450 | 3 603 460 | 3 648 802 | 3 952 024 | 4 099 823 | 4 027 607 | 4 719 652 |
| Debt securities | 47 | 38 | 2 323 | 7 329 | 8 054 | 8 351 | 9 904 | 9 829 |
| Short-term debt securities | .. | .. | .. | .. | .. | .. | .. | .. |
| Long-term debt securities | 47 | 38 | 2 323 | 7 329 | 8 054 | 8 351 | 9 904 | 9 829 |
| Loans | 178 809 | 127 550 | 160 294 | 223 345 | 216 076 | 192 799 | 170 103 | 191 957 |
| Short-term loans | 161 794 | 113 782 | 139 480 | 192 692 | 194 358 | 169 689 | 160 482 | 180 230 |
| Long-term loans | 17 015 | 13 768 | 20 814 | 30 653 | 21 718 | 23 110 | 9 621 | 11 727 |
| Equity and investment fund shares | 215 947 | 214 640 | 257 894 | 279 278 | 271 000 | 277 594 | 165 246 | 221 678 |
| Insurance pension and standardised guarantees | 2 641 379 | 2 616 151 | 2 978 934 | 3 019 432 | 3 289 798 | 3 498 350 | 3 494 514 | 3 949 592 |
| Financial derivatives and employee stock options | 33 003 | 24 616 | 86 861 | 68 180 | 92 286 | 54 893 | 139 604 | 224 710 |
| Other accounts payable | 155 515 | 130 455 | 117 154 | 51 238 | 74 810 | 67 836 | 48 236 | 121 886 |
| Non-financial assets | 0 | 0 | 0 | 0 | 0 | 0 | 0 | 0 |
| **Insurance corporations** | | | | | | | | |
| Financial net worth | 3 683 | 19 571 | -54 086 | -77 794 | -2 974 | -17 092 | 44 246 | 54 947 |
| Financial assets | 1 871 612 | 1 884 633 | 2 121 972 | 2 126 334 | 2 382 239 | 2 462 053 | 2 441 450 | 2 865 406 |
| Currency and deposits | 38 520 | 37 419 | 33 372 | 29 444 | 33 853 | 55 398 | 44 644 | 55 724 |
| Debt securities | 647 316 | 635 349 | 682 009 | 790 962 | 823 366 | 809 213 | 890 928 | 960 310 |
| Loans | 23 560 | 19 945 | 22 522 | 21 450 | 24 866 | 33 841 | 52 151 | 53 305 |
| Equity and investment fund shares | 1 069 237 | 1 111 099 | 1 199 898 | 1 157 400 | 1 352 483 | 1 435 880 | 1 297 209 | 1 518 936 |
| Equity | 426 857 | 370 321 | 394 456 | 422 587 | 576 224 | 603 706 | 648 404 | 760 104 |
| Investment fund shares | 641 805 | 740 778 | 805 442 | 734 813 | 776 259 | 832 174 | 648 805 | 758 832 |
| Money market fund shares | .. | .. | .. | .. | .. | .. | .. | .. |
| Non-Money market fund shares | 641 805 | 740 778 | 805 442 | 734 813 | 776 259 | 832 174 | 648 805 | 758 832 |
| Insurance pension and standardised guarantees | 11 248 | 13 539 | 7 955 | 8 759 | 7 206 | 7 818 | 3 392 | 3 531 |
| Financial derivatives and employee stock options | 47 485 | 32 541 | 136 564 | 82 972 | 88 974 | 71 848 | 109 265 | 195 767 |
| Other accounts receivable | 34 246 | 34 741 | 39 652 | 35 347 | 51 491 | 48 055 | 43 861 | 77 833 |
| Financial liabilities | 1 867 929 | 1 865 062 | 2 176 058 | 2 204 128 | 2 385 213 | 2 479 145 | 2 397 204 | 2 810 459 |
| Debt securities | 47 | 38 | 2 323 | 7 329 | 8 054 | 8 351 | 9 904 | 9 829 |
| Short-term debt securities | .. | .. | .. | .. | .. | .. | .. | .. |
| Long-term debt securities | 47 | 38 | 2 323 | 7 329 | 8 054 | 8 351 | 9 904 | 9 829 |
| Loans | 71 940 | 91 610 | 124 774 | 182 640 | 173 164 | 125 372 | 104 537 | 112 012 |
| Short-term loans | 57 285 | 79 608 | 109 695 | 164 745 | 160 994 | 109 611 | 95 707 | 100 275 |
| Long-term loans | 14 655 | 12 002 | 15 079 | 17 895 | 12 170 | 15 761 | 8 830 | 11 737 |
| Equity and investment fund shares | 136 586 | 132 677 | 176 897 | 195 032 | 164 474 | 171 139 | 95 312 | 118 909 |
| Insurance pension and standardised guarantees | 1 533 703 | 1 537 489 | 1 721 878 | 1 747 265 | 1 941 788 | 2 104 988 | 2 071 102 | 2 342 414 |
| Financial derivatives and employee stock options | 29 384 | 21 916 | 66 698 | 27 255 | 42 651 | 23 887 | 87 116 | 153 194 |
| Other accounts payable | 96 269 | 81 332 | 83 488 | 44 607 | 55 082 | 45 408 | 29 233 | 74 101 |
| Non-financial assets | 0 | 0 | 0 | 0 | 0 | 0 | 0 | 0 |
| **Pension funds** | | | | | | | | |
| Financial net worth | 43 190 | 35 005 | 42 379 | 52 591 | 11 903 | 18 219 | 66 246 | 8 586 |
| Financial assets | 1 399 961 | 1 283 393 | 1 469 781 | 1 497 265 | 1 578 714 | 1 638 897 | 1 696 649 | 1 917 779 |
| Currency and deposits | 54 726 | 44 780 | 60 706 | 44 705 | 63 272 | 76 129 | 53 727 | 51 208 |
| Debt securities | 788 653 | 665 727 | 744 897 | 737 679 | 747 753 | 762 878 | 790 623 | 874 089 |
| Loans | 9 301 | 10 096 | 26 490 | 31 741 | 18 676 | 13 478 | 12 620 | 11 418 |
| Equity and investment fund shares | 521 833 | 524 131 | 546 955 | 592 773 | 655 292 | 702 041 | 744 058 | 839 153 |
| Equity | 245 652 | 234 325 | 227 836 | 219 876 | 234 903 | 301 397 | 336 782 | 372 081 |
| Investment fund shares | 276 181 | 289 806 | 319 119 | 372 897 | 420 389 | 400 644 | 407 276 | 467 072 |
| Money market fund shares | .. | .. | .. | .. | .. | .. | .. | .. |
| Non-Money market fund shares | 276 181 | 289 806 | 319 119 | 372 897 | 420 389 | 400 644 | 407 276 | 467 072 |
| Insurance pension and standardised guarantees | 288 | 288 | 0 | 0 | 0 | 0 | 2 | 1 |
| Financial derivatives and employee stock options | 4 142 | 2 838 | 63 494 | 66 309 | 71 245 | 54 987 | 68 341 | 112 945 |
| Other accounts receivable | 21 018 | 35 533 | 27 239 | 24 058 | 22 476 | 29 384 | 27 278 | 28 965 |
| Financial liabilities | 1 356 771 | 1 248 388 | 1 427 402 | 1 444 674 | 1 566 811 | 1 620 678 | 1 630 403 | 1 909 193 |
| Debt securities | 0 | 0 | 0 | 0 | 0 | 0 | 0 | 0 |
| Short-term debt securities | .. | .. | .. | .. | .. | .. | .. | .. |
| Long-term debt securities | 0 | 0 | 0 | 0 | 0 | 0 | 0 | 0 |
| Loans | 106 869 | 35 940 | 35 520 | 40 705 | 42 912 | 67 427 | 65 566 | 79 945 |
| Short-term loans | 104 509 | 34 174 | 29 785 | 27 947 | 33 364 | 60 078 | 64 775 | 79 955 |
| Long-term loans | 2 360 | 1 766 | 5 735 | 12 758 | 9 548 | 7 349 | 791 | -10 |
| Equity and investment fund shares | 79 361 | 81 963 | 80 997 | 84 246 | 106 526 | 106 455 | 69 934 | 102 769 |
| Insurance pension and standardised guarantees | 1 107 676 | 1 078 662 | 1 257 056 | 1 272 167 | 1 348 010 | 1 393 362 | 1 423 412 | 1 607 178 |
| Financial derivatives and employee stock options | 3 619 | 2 700 | 20 163 | 40 925 | 49 635 | 31 006 | 52 488 | 71 516 |
| Other accounts payable | 59 246 | 49 123 | 33 666 | 6 631 | 19 728 | 22 428 | 19 003 | 47 785 |
| Non-financial assets | 0 | 0 | 0 | 0 | 0 | 0 | 0 | 0 |

Note: Detailed metadata at: *http://metalinks.oecd.org/instinv/20200916/f42e*

# DENMARK

## Table 4. Portfolio composition by type of investor
As percentage of financial assets and of financial liabilities

*Per cent*

| | 2012 | 2013 | 2014 | 2015 | 2016 | 2017 | 2018 | 2019 |
|---|---|---|---|---|---|---|---|---|
| **Investment funds** | | | | | | | | |
| Financial assets | 100.0 | 100.0 | 100.0 | 100.0 | 100.0 | 100.0 | 100.0 | 100.0 |
| Currency and deposits | 1.4 | 1.8 | 2.0 | 2.1 | 2.3 | 2.3 | 2.1 | 1.6 |
| Debt securities | 55.2 | 55.3 | 53.3 | 50.6 | 51.5 | 48.0 | 48.6 | 44.6 |
| Loans | 0.0 | 0.0 | 0.0 | 0.0 | 0.0 | 0.0 | 0.0 | 0.0 |
| Equity and investment fund shares | 43.1 | 42.3 | 43.9 | 46.8 | 45.9 | 49.4 | 47.6 | 51.4 |
| Insurance pension and standardised guarantee schemes | 0.0 | 0.0 | 0.0 | 0.0 | 0.0 | 0.0 | .. | .. |
| Financial derivatives and employee stock options | 0.3 | 0.6 | 0.8 | 0.6 | 0.3 | 0.3 | 0.6 | 0.3 |
| Other accounts receivable | 0.0 | 0.0 | 0.0 | 0.0 | 0.0 | 0.0 | .. | .. |
| Financial liabilities | 100.0 | 100.0 | 100.0 | 100.0 | 100.0 | 100.0 | 100.0 | 100.0 |
| Currency and deposits | 0.0 | 0.0 | 0.0 | 0.0 | 0.0 | 0.0 | .. | .. |
| Debt securities | 0.0 | 0.0 | 0.0 | 0.0 | 0.0 | 0.0 | .. | .. |
| Loans | 6.4 | 6.8 | 6.5 | 4.9 | 4.4 | 3.6 | 5.9 | 5.9 |
| Equity and investment fund shares | 93.3 | 92.9 | 92.3 | 94.4 | 95.1 | 96.1 | 92.8 | 92.6 |
| Insurance pension and standardised guarantee schemes | 0.0 | 0.0 | 0.0 | 0.0 | 0.0 | 0.0 | .. | .. |
| Financial derivatives and employee stock options | 0.3 | 0.3 | 1.2 | 0.7 | 0.5 | 0.3 | 0.7 | 0.3 |
| Other accounts receivable | 0.0 | 0.0 | 0.0 | 0.0 | 0.0 | 0.0 | .. | .. |
| **Insurance corporations** | | | | | | | | |
| Financial assets | 100.0 | 100.0 | 100.0 | 100.0 | 100.0 | 100.0 | 100.0 | 100.0 |
| Currency and deposits | 2.1 | 2.0 | 1.6 | 1.4 | 1.4 | 2.3 | 1.8 | 1.9 |
| Debt securities | 34.6 | 33.7 | 32.1 | 37.2 | 34.6 | 32.9 | 36.5 | 33.5 |
| Loans | 1.3 | 1.1 | 1.1 | 1.0 | 1.0 | 1.4 | 2.1 | 1.9 |
| Equity and investment fund shares | 57.1 | 59.0 | 56.5 | 54.4 | 56.8 | 58.3 | 53.1 | 53.0 |
| Insurance pension and standardised guarantee schemes | 0.6 | 0.7 | 0.4 | 0.4 | 0.3 | 0.3 | 0.1 | 0.1 |
| Financial derivatives and employee stock options | 2.5 | 1.7 | 6.4 | 3.9 | 3.7 | 2.9 | 4.5 | 6.8 |
| Other accounts receivable | 1.8 | 1.8 | 1.9 | 1.7 | 2.2 | 2.0 | 1.8 | 2.7 |
| Financial liabilities | 100.0 | 100.0 | 100.0 | 100.0 | 100.0 | 100.0 | 100.0 | 100.0 |
| Currency and deposits | 0.0 | 0.0 | 0.0 | 0.0 | 0.0 | 0.0 | 0.0 | 0.0 |
| Debt securities | 0.0 | 0.0 | 0.1 | 0.3 | 0.3 | 0.3 | 0.4 | 0.3 |
| Loans | 3.9 | 4.9 | 5.7 | 8.3 | 7.3 | 5.1 | 4.4 | 4.0 |
| Equity and investment fund shares | 7.3 | 7.1 | 8.1 | 8.8 | 6.9 | 6.9 | 4.0 | 4.2 |
| Insurance pension and standardised guarantee schemes | 82.1 | 82.4 | 79.1 | 79.3 | 81.4 | 84.9 | 86.4 | 83.3 |
| Financial derivatives and employee stock options | 1.6 | 1.2 | 3.1 | 1.2 | 1.8 | 1.0 | 3.6 | 5.5 |
| Other accounts receivable | 5.2 | 4.4 | 3.8 | 2.0 | 2.3 | 1.8 | 1.2 | 2.6 |
| **Pension funds** | | | | | | | | |
| Financial assets | 100.0 | 100.0 | 100.0 | 100.0 | 100.0 | 100.0 | 100.0 | 100.0 |
| Currency and deposits | 3.9 | 3.5 | 4.1 | 3.0 | 4.0 | 4.6 | 3.2 | 2.7 |
| Debt securities | 56.3 | 51.9 | 50.7 | 49.3 | 47.4 | 46.5 | 46.6 | 45.6 |
| Loans | 0.7 | 0.8 | 1.8 | 2.1 | 1.2 | 0.8 | 0.7 | 0.6 |
| Equity and investment fund shares | 37.3 | 40.8 | 37.2 | 39.6 | 41.5 | 42.8 | 43.9 | 43.8 |
| Insurance pension and standardised guarantee schemes | 0.0 | 0.0 | 0.0 | 0.0 | 0.0 | 0.0 | 0.0 | 0.0 |
| Financial derivatives and employee stock options | 0.3 | 0.2 | 4.3 | 4.4 | 4.5 | 3.4 | 4.0 | 5.9 |
| Other accounts receivable | 1.5 | 2.8 | 1.9 | 1.6 | 1.4 | 1.8 | 1.6 | 1.5 |
| Financial liabilities | 100.0 | 100.0 | 100.0 | 100.0 | 100.0 | 100.0 | 100.0 | 100.0 |
| Currency and deposits | 0.0 | 0.0 | 0.0 | 0.0 | 0.0 | 0.0 | 0.0 | 0.0 |
| Debt securities | 0.0 | 0.0 | 0.0 | 0.0 | 0.0 | 0.0 | 0.0 | 0.0 |
| Loans | 7.9 | 2.9 | 2.5 | 2.8 | 2.7 | 4.2 | 4.0 | 4.2 |
| Equity and investment fund shares | 5.8 | 6.6 | 5.7 | 5.8 | 6.8 | 6.6 | 4.3 | 5.4 |
| Insurance pension and standardised guarantee schemes | 81.6 | 86.4 | 88.1 | 88.1 | 86.0 | 86.0 | 87.3 | 84.2 |
| Financial derivatives and employee stock options | 0.3 | 0.2 | 1.4 | 2.8 | 3.2 | 1.9 | 3.2 | 3.7 |
| Other accounts receivable | 4.4 | 3.9 | 2.4 | 0.5 | 1.3 | 1.4 | 1.2 | 2.5 |

Note: Detailed metadata at: *http://metalinks.oecd.org/instinv/20200916/eb22*

# ESTONIA

## Table 1. Financial assets and liabilities of institutional investors, 2018

*Million EUR (2011 EEK euro)*

| | Total | Investment funds | | | |
|---|---|---|---|---|---|
| | | Non-money market funds | | | Money market funds |
| | | Total | Open-end non-money market funds | Closed-end non-money market funds | Total |
| Financial assets | 1 048 | 1 048 | 199 | 848 | 0 |
| Currency and deposits | 89 | 89 | 15 | 74 | 0 |
| Debt securities | 36 | 36 | 0 | 36 | 0 |
| Debt securities, short term | 0 | 0 | 0 | 0 | 0 |
| Debt securities, long term | 36 | 36 | 0 | 36 | 0 |
| Debt securities issued by residents | 16 | 16 | 0 | 16 | 0 |
| Debt securities issued by non-residents | 20 | 20 | 0 | 20 | 0 |
| Loans | 148 | 148 | 0 | 148 | 0 |
| Loans, short-term | 18 | 18 | 0 | 18 | 0 |
| Loans, long-term | 130 | 130 | 0 | 130 | 0 |
| Loans granted to residents | 74 | 74 | 0 | 74 | 0 |
| Loans granted to non-residents | 74 | 74 | 0 | 74 | 0 |
| Equity and investment fund shares/units | 744 | 744 | 184 | 561 | 0 |
| Equity and investment fund shares issued/units by residents | 225 | 225 | 3 | 222 | 0 |
| Equity and investment fund shares/units issued by non residents | 519 | 519 | 181 | 338 | 0 |
| Other accounts receivable | 31 | 31 | 0 | 30 | 0 |

| | Total | Investment funds | | | |
|---|---|---|---|---|---|
| | | Non-money market funds | | | Money market funds |
| | | Total | Open-end non-money market funds | Closed-end non-money market funds | Total |
| Financial liabilities | 1 051 | 1 051 | 199 | 852 | 0 |
| Currency and deposits | 0 | 0 | 0 | 0 | 0 |
| Debt securities | 40 | 40 | 0 | 40 | 0 |
| Debt securities, short term | 0 | 0 | .. | .. | 0 |
| Debt securities, long term | 40 | 40 | .. | .. | 0 |
| Loans | 19 | 19 | 0 | 19 | 0 |
| Loans, short-term | 11 | 11 | .. | .. | 0 |
| Loans, long-term | 8 | 8 | .. | .. | 0 |
| Equity and investment fund shares/units | 980 | 980 | 199 | 781 | 0 |
| Insurance pension and standardised guaratees | 0 | 0 | 0 | 0 | 0 |
| Financial derivatives and employee stock options | 0 | 0 | 0 | 0 | 0 |
| Other accounts payable | 12 | 12 | 0 | 12 | 0 |

| | Total | Insurance corporations and pension funds | | | |
|---|---|---|---|---|---|
| | | Insurance corporations | | | Pension funds |
| | | Total | Life insurance corporations | Non-life insurance corporations | Total |
| Financial assets | 5 419 | 1 480 | .. | .. | 3 939 |
| Currency and deposits | 362 | 240 | .. | .. | 122 |
| Debt securities | 2 501 | 559 | .. | .. | 1 942 |
| Debt securities, short-term | 10 | 0 | .. | .. | 10 |
| Debt securities, long term | 2 491 | 559 | .. | .. | 1 932 |
| Debt securities issued by residents | 310 | 14 | .. | .. | 296 |
| Debt securities issued by non-residents | 2 191 | 545 | .. | .. | 1 646 |
| Loans | 5 | 5 | .. | .. | 0 |
| Loans, short-term | 0 | 0 | .. | .. | 0 |
| Loans, long-term | 5 | 5 | .. | .. | 0 |
| Loans granted to residents | 0 | 0 | .. | .. | 0 |
| Loans granted to non-residents | 5 | 5 | .. | .. | 0 |
| Equity and investment fund shares/units | 2 395 | 528 | .. | .. | 1 867 |
| Equity and investment fund shares/units issued by residents | 277 | 52 | .. | .. | 224 |
| Equity and investment fund shares/units issued by non residents | 2 119 | 476 | .. | .. | 1 643 |
| Other accounts receivable | 129 | 121 | .. | .. | 8 |

| | Total | Insurance corporations and pension funds | | | |
|---|---|---|---|---|---|
| | | Insurance corporations | | | Pension funds |
| | | Total | Life insurance corporations | Non-life insurance corporations | Total |
| Financial liabilities | 5 407 | 1 466 | .. | .. | 3 941 |
| Currency and deposits | 0 | 0 | .. | .. | 0 |
| Debt securities | 0 | 0 | .. | .. | 0 |
| Debt securities, short term | 0 | 0 | .. | .. | 0 |
| Debt securities, long term | 0 | 0 | .. | .. | 0 |
| Loans | 24 | 24 | .. | .. | 0 |
| Loans, short-term | 0 | 0 | .. | .. | 0 |
| Loans, long-term | 24 | 24 | .. | .. | 0 |
| Equity and investment fund shares/units | 455 | 455 | .. | .. | 0 |
| Insurance pension and standardised guarantees | 4 737 | 803 | .. | .. | 3 933 |
| Financial derivatives and employee stock options | 0 | 0 | .. | .. | 0 |
| Other accounts payable | 191 | 184 | .. | .. | 7 |

Note: Detailed metadata at: *http://metalinks.oecd.org/instinv/20200916/3d50*

# ESTONIA

## Table 2. Financial assets and liabilities of investment funds

*Million EUR*

| | 2012 | 2013 | 2014 | 2015 | 2016 | 2017 | 2018 | 2019 |
|---|---|---|---|---|---|---|---|---|
| **Investment funds** | | | | | | | | |
| Financial net worth | -1 | 19 | -8 | -13 | -16 | 0 | -4 | -6 |
| Financial assets | 514 | 631 | 568 | 734 | 869 | 1 103 | 1 048 | 1 301 |
| Currency and deposits | 48 | 56 | 53 | 66 | 82 | 99 | 89 | 86 |
| Debt securities | 75 | 70 | 70 | 72 | 26 | 27 | 36 | 65 |
| Loans | 14 | 32 | 20 | 33 | 69 | 80 | 148 | 217 |
| Equity and investment fund shares | 369 | 460 | 408 | 561 | 689 | 871 | 744 | 933 |
| Equity | 224 | 314 | 259 | 328 | 447 | 569 | 475 | 595 |
| Investment fund shares | 144 | 147 | 148 | 233 | 242 | 302 | 270 | 338 |
| Money market fund shares | .. | .. | .. | .. | .. | .. | .. | .. |
| Non-Money market fund shares | .. | .. | .. | .. | .. | .. | .. | .. |
| Insurance pension and standardised guarantees | 0 | 0 | 0 | 0 | 0 | 0 | 0 | 0 |
| Financial derivatives and employee stock options | 1 | 4 | 5 | 0 | 0 | 0 | 0 | 0 |
| Other accounts receivable | 6 | 10 | 11 | 2 | 3 | 27 | 31 | 1 |
| Financial liabilities | 514 | 612 | 575 | 747 | 885 | 1 104 | 1 051 | 1 307 |
| Debt securities | 0 | 0 | 0 | 0 | 0 | 0 | 40 | 53 |
| Short-term debt securities | 0 | 0 | 0 | 0 | 0 | 0 | 0 | 0 |
| Long-term debt securities | 0 | 0 | 0 | 0 | 0 | 0 | 40 | 53 |
| Loans | 26 | 24 | 14 | 35 | 21 | 38 | 19 | 11 |
| Short-term loans | 1 | 0 | 5 | 8 | 8 | 20 | 11 | 3 |
| Long-term loans | 25 | 24 | 9 | 28 | 13 | 19 | 8 | 9 |
| Equity and investment fund shares | 485 | 583 | 556 | 708 | 857 | 1 054 | 980 | 1 240 |
| Insurance pension and standardised guarantees | 0 | 0 | 0 | 0 | 0 | 0 | 0 | 0 |
| Financial derivatives and employee stock options | 0 | 0 | 1 | 0 | 0 | 0 | 0 | 0 |
| Other accounts payable | 3 | 5 | 4 | 3 | 7 | 12 | 12 | 2 |
| Non-financial assets | 14 | 0 | 0 | 0 | 18 | 0 | 0 | 0 |
| **Money market funds** | | | | | | | | |
| Financial net worth | 0 | 0 | 0 | 0 | 0 | 0 | 0 | 0 |
| Financial assets | 0 | 0 | 0 | 0 | 0 | 0 | 0 | 0 |
| Currency and deposits | 0 | 0 | 0 | 0 | 0 | 0 | 0 | 0 |
| Debt securities | 0 | 0 | 0 | 0 | 0 | 0 | 0 | 0 |
| Loans | 0 | 0 | 0 | 0 | 0 | 0 | 0 | 0 |
| Equity and investment fund shares | 0 | 0 | 0 | 0 | 0 | 0 | 0 | 0 |
| Equity | 0 | 0 | 0 | 0 | 0 | 0 | 0 | 0 |
| Investment fund shares | 0 | 0 | 0 | 0 | 0 | 0 | 0 | 0 |
| Money market fund shares | .. | .. | .. | .. | .. | .. | .. | .. |
| Non-Money market fund shares | .. | .. | .. | .. | .. | .. | .. | .. |
| Insurance pension and standardised guarantees | 0 | 0 | 0 | 0 | 0 | 0 | 0 | 0 |
| Financial derivatives and employee stock options | 0 | 0 | 0 | 0 | 0 | 0 | 0 | 0 |
| Other accounts receivable | 0 | 0 | 0 | 0 | 0 | 0 | 0 | 0 |
| Financial liabilities | 0 | 0 | 0 | 0 | 0 | 0 | 0 | 0 |
| Debt securities | 0 | 0 | 0 | 0 | 0 | 0 | 0 | 0 |
| Short-term debt securities | 0 | 0 | 0 | 0 | 0 | 0 | 0 | 0 |
| Long-term debt securities | 0 | 0 | 0 | 0 | 0 | 0 | 0 | 0 |
| Loans | 0 | 0 | 0 | 0 | 0 | 0 | 0 | 0 |
| Short-term loans | 0 | 0 | 0 | 0 | 0 | 0 | 0 | 0 |
| Long-term loans | 0 | 0 | 0 | 0 | 0 | 0 | 0 | 0 |
| Equity and investment fund shares | 0 | 0 | 0 | 0 | 0 | 0 | 0 | 0 |
| Insurance pension and standardised guarantees | 0 | 0 | 0 | 0 | 0 | 0 | 0 | 0 |
| Financial derivatives and employee stock options | 0 | 0 | 0 | 0 | 0 | 0 | 0 | 0 |
| Other accounts payable | 0 | 0 | 0 | 0 | 0 | 0 | 0 | 0 |
| Non-financial assets | 0 | 0 | 0 | 0 | 0 | 0 | 0 | 0 |
| **Non-money market funds** | | | | | | | | |
| Financial net worth | -1 | 19 | -8 | -13 | -16 | 0 | -4 | -6 |
| Financial assets | 514 | 631 | 568 | 734 | 869 | 1 103 | 1 048 | 1 301 |
| Currency and deposits | 48 | 56 | 53 | 66 | 82 | 99 | 89 | 86 |
| Debt securities | 75 | 70 | 70 | 72 | 26 | 27 | 36 | 65 |
| Loans | 14 | 32 | 20 | 33 | 69 | 80 | 148 | 217 |
| Equity and investment fund shares | 369 | 460 | 408 | 561 | 689 | 871 | 744 | 933 |
| Equity | 224 | 314 | 259 | 328 | 447 | 569 | 475 | 595 |
| Investment fund shares | 144 | 147 | 148 | 233 | 242 | 302 | 270 | 338 |
| Money market fund shares | 0 | 0 | 0 | 0 | 0 | 0 | 0 | 0 |
| Non-Money market fund shares | 144 | 147 | 148 | 233 | 242 | 302 | 270 | 338 |
| Insurance pension and standardised guarantees | 0 | 0 | 0 | 0 | 0 | 0 | 0 | 0 |
| Financial derivatives and employee stock options | 1 | 4 | 5 | 0 | 0 | 0 | 0 | 0 |
| Other accounts receivable | 6 | 10 | 11 | 2 | 3 | 27 | 31 | 1 |
| Financial liabilities | 514 | 612 | 575 | 747 | 885 | 1 104 | 1 051 | 1 307 |
| Debt securities | 0 | 0 | 0 | 0 | 0 | 0 | 40 | 53 |
| Short-term debt securities | 0 | 0 | 0 | 0 | 0 | 0 | 0 | 0 |
| Long-term debt securities | 0 | 0 | 0 | 0 | 0 | 0 | 40 | 53 |
| Loans | 26 | 24 | 14 | 35 | 21 | 38 | 19 | 11 |
| Short-term loans | 1 | 0 | 5 | 8 | 8 | 20 | 11 | 3 |
| Long-term loans | 25 | 24 | 9 | 28 | 13 | 19 | 8 | 9 |
| Equity and investment fund shares | 485 | 583 | 556 | 708 | 857 | 1 054 | 980 | 1 240 |
| Insurance pension and standardised guarantees | 0 | 0 | 0 | 0 | 0 | 0 | 0 | 0 |
| Financial derivatives and employee stock options | 0 | 0 | 1 | 0 | 0 | 0 | 0 | 0 |
| Other accounts payable | 3 | 5 | 4 | 3 | 7 | 12 | 12 | 2 |
| Non-financial assets | 14 | 0 | 0 | 0 | 18 | 0 | 0 | 0 |
| **Open-end non-money market funds** | | | | | | | | |
| Financial net worth | -1 | -1 | 2 | 0 | 0 | 0 | 0 | 0 |
| Financial assets | 384 | 438 | 389 | 341 | 336 | 402 | 199 | 210 |
| Currency and deposits | 12 | 21 | 32 | 24 | 33 | 31 | 15 | 11 |

# ESTONIA

## Table 2. Financial assets and liabilities of investment funds *(cont.)*

*Million EUR*

| | 2012 | 2013 | 2014 | 2015 | 2016 | 2017 | 2018 | 2019 |
|---|---|---|---|---|---|---|---|---|
| Debt securities | 72 | 68 | 64 | 54 | 9 | 0 | 0 | 0 |
| Loans | 0 | 0 | 0 | 0 | 0 | 0 | 0 | 0 |
| Equity and investment fund shares | 297 | 344 | 288 | 263 | 292 | 370 | 184 | 199 |
| Equity | 159 | 206 | 151 | 131 | 176 | 234 | 67 | 72 |
| Investment fund shares | 137 | 138 | 138 | 131 | 116 | 137 | 117 | 127 |
| Money market fund shares | .. | .. | .. | .. | .. | .. | .. | .. |
| Non-Money market fund shares | .. | .. | .. | .. | .. | .. | .. | .. |
| Insurance pension and standardised guarantees | 0 | 0 | 0 | 0 | 0 | 0 | 0 | 0 |
| Financial derivatives and employee stock options | 1 | 4 | 4 | 0 | 0 | 0 | 0 | 0 |
| Other accounts receivable | 1 | 1 | 1 | 0 | 2 | 2 | 0 | 0 |
| Financial liabilities | 384 | 439 | 387 | 341 | 336 | 402 | 199 | 210 |
| Debt securities | 0 | 0 | 0 | 0 | 0 | 0 | 0 | 0 |
| Short-term debt securities | .. | .. | .. | .. | .. | .. | .. | .. |
| Long-term debt securities | .. | .. | .. | .. | .. | .. | .. | .. |
| Loans | 0 | 0 | 0 | 0 | 0 | 0 | 0 | 0 |
| Short-term loans | .. | .. | .. | .. | .. | .. | .. | .. |
| Long-term loans | .. | .. | .. | .. | .. | .. | .. | .. |
| Equity and investment fund shares | 383 | 435 | 383 | 339 | 331 | 401 | 199 | 209 |
| Insurance pension and standardised guarantees | 0 | 0 | 0 | 0 | 0 | 0 | 0 | 0 |
| Financial derivatives and employee stock options | 0 | 0 | 0 | 0 | 0 | 0 | 0 | 0 |
| Other accounts payable | 1 | 4 | 4 | 2 | 5 | 2 | 0 | 1 |
| Non-financial assets | 0 | 0 | 0 | 0 | 0 | 0 | 0 | 0 |
| **Open-end investment funds** | | | | | | | | |
| Financial net worth | -1 | -1 | 2 | 0 | 0 | 0 | 0 | 0 |
| Financial assets | 384 | 438 | 389 | 341 | 336 | 402 | 199 | 210 |
| Currency and deposits | 12 | 21 | 32 | 24 | 33 | 31 | 15 | 11 |
| Debt securities | 72 | 68 | 64 | 54 | 9 | 0 | 0 | 0 |
| Loans | 0 | 0 | 0 | 0 | 0 | 0 | 0 | 0 |
| Equity and investment fund shares | 297 | 344 | 288 | 263 | 292 | 370 | 184 | 199 |
| Equity | 159 | 206 | 151 | 131 | 176 | 234 | 67 | 72 |
| Investment fund shares | 137 | 138 | 138 | 131 | 116 | 137 | 117 | 127 |
| Money market fund shares | .. | .. | .. | .. | .. | .. | .. | .. |
| Non-Money market fund shares | .. | .. | .. | .. | .. | .. | .. | .. |
| Insurance pension and standardised guarantees | 0 | 0 | 0 | 0 | 0 | 0 | 0 | 0 |
| Financial derivatives and employee stock options | 1 | 4 | 4 | 0 | 0 | 0 | 0 | 0 |
| Other accounts receivable | 1 | 1 | 1 | 0 | 2 | 2 | 0 | 0 |
| Financial liabilities | 384 | 439 | 387 | 341 | 336 | 402 | 199 | 210 |
| Debt securities | 0 | 0 | 0 | 0 | 0 | 0 | 0 | 0 |
| Short-term debt securities | .. | .. | .. | .. | .. | .. | .. | .. |
| Long-term debt securities | .. | .. | .. | .. | .. | .. | .. | .. |
| Loans | 0 | 0 | 0 | 0 | 0 | 0 | 0 | 0 |
| Short-term loans | .. | .. | .. | .. | .. | .. | .. | .. |
| Long-term loans | .. | .. | .. | .. | .. | .. | .. | .. |
| Equity and investment fund shares | 383 | 435 | 383 | 339 | 331 | 401 | 199 | 209 |
| Insurance pension and standardised guarantees | 0 | 0 | 0 | 0 | 0 | 0 | 0 | 0 |
| Financial derivatives and employee stock options | 0 | 0 | 0 | 0 | 0 | 0 | 0 | 0 |
| Other accounts payable | 1 | 4 | 4 | 2 | 5 | 2 | 0 | 1 |
| Non-financial assets | 0 | 0 | 0 | 0 | 0 | 0 | 0 | 0 |

Note: Detailed metadata at: *http://metalinks.oecd.org/instinv/20200916/3d50*

# ESTONIA

## Table 3. Financial assets and liabilities of insurance corporations and pension funds

*Million EUR*

| | 2012 | 2013 | 2014 | 2015 | 2016 | 2017 | 2018 | 2019 |
|---|---|---|---|---|---|---|---|---|
| **Insurance corporations and pension funds** | | | | | | | | |
| Financial net worth | 43 | 63 | 20 | -8 | 48 | 97 | 12 | 50 |
| Financial assets | 2 564 | 2 855 | 3 337 | 3 688 | 4 360 | 4 978 | 5 419 | 6 589 |
| Currency and deposits | 420 | 475 | 498 | 631 | 885 | 296 | 362 | 381 |
| Debt securities | 690 | 688 | 890 | 1 021 | 1 106 | 2 304 | 2 501 | 2 668 |
| Loans | 1 | 4 | 2 | 3 | 3 | 3 | 5 | 15 |
| Equity and investment fund shares | 1 406 | 1 628 | 1 894 | 1 976 | 2 293 | 2 238 | 2 395 | 3 193 |
| Equity | 324 | 314 | 300 | 283 | 288 | 843 | 878 | 982 |
| Investment fund shares | 1 082 | 1 314 | 1 594 | 1 693 | 2 005 | 1 395 | 1 518 | 2 211 |
| Money market fund shares | 0 | 0 | 0 | 0 | 0 | 0 | 0 | 0 |
| Non-Money market fund shares | 1 082 | 1 314 | 1 594 | 1 693 | 2 005 | 1 395 | 1 518 | 2 211 |
| Insurance pension and standardised guarantees | 16 | 14 | 16 | 20 | 22 | 25 | 27 | 33 |
| Financial derivatives and employee stock options | 0 | 1 | 0 | 1 | 1 | 0 | 0 | 0 |
| Other accounts receivable | 30 | 46 | 35 | 36 | 50 | 113 | 129 | 301 |
| Financial liabilities | 2 521 | 2 792 | 3 316 | 3 696 | 4 313 | 4 881 | 5 407 | 6 539 |
| Debt securities | 0 | 0 | 0 | 0 | 0 | 0 | 0 | 0 |
| Short-term debt securities | 0 | 0 | 0 | 0 | 0 | 0 | 0 | 0 |
| Long-term debt securities | 0 | 0 | 0 | 0 | 0 | 0 | 0 | 0 |
| Loans | 16 | 13 | 4 | 4 | 11 | 29 | 24 | 32 |
| Short-term loans | 0 | 0 | 0 | 0 | 0 | 0 | 0 | 0 |
| Long-term loans | 16 | 13 | 4 | 4 | 11 | 29 | 24 | 32 |
| Equity and investment fund shares | 364 | 286 | 302 | 360 | 408 | 434 | 455 | 502 |
| Insurance pension and standardised guarantees | 2 088 | 2 433 | 2 941 | 3 274 | 3 734 | 4 311 | 4 737 | 5 804 |
| Financial derivatives and employee stock options | 0 | 0 | 1 | 0 | 0 | 0 | 0 | 0 |
| Other accounts payable | 54 | 60 | 69 | 58 | 160 | 107 | 191 | 200 |
| Non-financial assets | 19 | 19 | 13 | 13 | 0 | 0 | 0 | 0 |
| **Insurance corporations** | | | | | | | | |
| Financial net worth | 41 | 65 | 17 | -8 | 43 | 106 | 14 | 51 |
| Financial assets | 998 | 981 | 1 013 | 1 075 | 1 259 | 1 347 | 1 480 | 1 834 |
| Currency and deposits | 178 | 158 | 114 | 102 | 163 | 148 | 240 | 212 |
| Debt securities | 298 | 302 | 392 | 433 | 533 | 558 | 559 | 683 |
| Loans | 1 | 4 | 2 | 3 | 3 | 3 | 5 | 15 |
| Equity and investment fund shares | 476 | 458 | 456 | 483 | 493 | 504 | 528 | 595 |
| Equity | 245 | 193 | 178 | 192 | 193 | 224 | 241 | 263 |
| Investment fund shares | 231 | 265 | 278 | 291 | 300 | 280 | 287 | 332 |
| Money market fund shares | 0 | 0 | 0 | 0 | 0 | 0 | 0 | 0 |
| Non-Money market fund shares | 231 | 265 | 278 | 291 | 300 | 280 | 287 | 332 |
| Insurance pension and standardised guarantees | 16 | 14 | 16 | 20 | 22 | 25 | 27 | 33 |
| Financial derivatives and employee stock options | 0 | 0 | 0 | 0 | 0 | 0 | 0 | 0 |
| Other accounts receivable | 30 | 45 | 33 | 35 | 46 | 110 | 121 | 297 |
| Financial liabilities | 957 | 916 | 996 | 1 083 | 1 216 | 1 241 | 1 466 | 1 784 |
| Debt securities | 0 | 0 | 0 | 0 | 0 | 0 | 0 | 0 |
| Short-term debt securities | 0 | 0 | 0 | 0 | 0 | 0 | 0 | 0 |
| Long-term debt securities | 0 | 0 | 0 | 0 | 0 | 0 | 0 | 0 |
| Loans | 16 | 13 | 4 | 4 | 11 | 29 | 24 | 32 |
| Short-term loans | 0 | 0 | 0 | 0 | 0 | 0 | 0 | 0 |
| Long-term loans | 16 | 13 | 4 | 4 | 11 | 29 | 24 | 32 |
| Equity and investment fund shares | 364 | 286 | 302 | 360 | 408 | 434 | 455 | 502 |
| Insurance pension and standardised guarantees | 526 | 560 | 628 | 665 | 641 | 677 | 803 | 1 052 |
| Financial derivatives and employee stock options | 0 | 0 | 0 | 0 | 0 | 0 | 0 | 0 |
| Other accounts payable | 51 | 57 | 62 | 55 | 157 | 101 | 184 | 197 |
| Non-financial assets | 19 | 19 | 13 | 13 | 0 | 0 | 0 | 0 |
| **Pension funds** | | | | | | | | |
| Financial net worth | 1 | -2 | 4 | 0 | 5 | -9 | -2 | -1 |
| Financial assets | 1 566 | 1 875 | 2 324 | 2 613 | 3 101 | 3 631 | 3 939 | 4 755 |
| Currency and deposits | 242 | 317 | 384 | 529 | 722 | 148 | 122 | 169 |
| Debt securities | 393 | 386 | 499 | 589 | 573 | 1 746 | 1 942 | 1 985 |
| Loans | 0 | 0 | 0 | 0 | 0 | 0 | 0 | 0 |
| Equity and investment fund shares | 931 | 1 170 | 1 438 | 1 493 | 1 800 | 1 734 | 1 867 | 2 597 |
| Equity | 79 | 121 | 122 | 91 | 95 | 619 | 636 | 719 |
| Investment fund shares | 852 | 1 049 | 1 317 | 1 402 | 1 705 | 1 115 | 1 231 | 1 879 |
| Money market fund shares | 0 | 0 | 0 | 0 | 0 | 0 | 0 | 0 |
| Non-Money market fund shares | 852 | 1 049 | 1 317 | 1 402 | 1 705 | 1 115 | 1 231 | 1 879 |
| Insurance pension and standardised guarantees | 0 | 0 | 0 | 0 | 0 | 0 | 0 | 0 |
| Financial derivatives and employee stock options | 0 | 1 | 0 | 0 | 1 | 0 | 0 | 0 |
| Other accounts receivable | 0 | 1 | 3 | 2 | 5 | 2 | 8 | 4 |
| Financial liabilities | 1 564 | 1 876 | 2 321 | 2 613 | 3 096 | 3 640 | 3 941 | 4 756 |
| Debt securities | 0 | 0 | 0 | 0 | 0 | 0 | 0 | 0 |
| Short-term debt securities | 0 | 0 | 0 | 0 | 0 | 0 | 0 | 0 |
| Long-term debt securities | 0 | 0 | 0 | 0 | 0 | 0 | 0 | 0 |
| Loans | 0 | 0 | 0 | 0 | 0 | 0 | 0 | 0 |
| Short-term loans | 0 | 0 | 0 | 0 | 0 | 0 | 0 | 0 |
| Long-term loans | 0 | 0 | 0 | 0 | 0 | 0 | 0 | 0 |
| Equity and investment fund shares | 0 | 0 | 0 | 0 | 0 | 0 | 0 | 0 |
| Insurance pension and standardised guarantees | 1 562 | 1 873 | 2 314 | 2 610 | 3 093 | 3 633 | 3 933 | 4 752 |
| Financial derivatives and employee stock options | 0 | 0 | 1 | 0 | 0 | 0 | 0 | 0 |
| Other accounts payable | 2 | 3 | 6 | 3 | 3 | 6 | 7 | 3 |
| Non-financial assets | 0 | 0 | 0 | 0 | 0 | 0 | 0 | 0 |

Note: Detailed metadata at: *http://metalinks.oecd.org/instinv/20200916/3d50*

# ESTONIA

## Table 4. Portfolio composition by type of investor
As percentage of financial assets and of financial liabilities

*Per cent*

| | 2012 | 2013 | 2014 | 2015 | 2016 | 2017 | 2018 | 2019 |
|---|---|---|---|---|---|---|---|---|
| **Investment funds** | | | | | | | | |
| Financial assets | 100.0 | 100.0 | 100.0 | 100.0 | 100.0 | 100.0 | 100.0 | 100.0 |
| Currency and deposits | 9.4 | 8.8 | 9.4 | 9.0 | 9.5 | 8.9 | 8.5 | 6.6 |
| Debt securities | 14.7 | 11.1 | 12.4 | 9.8 | 3.0 | 2.4 | 3.4 | 5.0 |
| Loans | 2.7 | 5.0 | 3.6 | 4.5 | 7.9 | 7.3 | 14.1 | 16.7 |
| Equity and investment fund shares | 71.8 | 72.9 | 71.8 | 76.4 | 79.3 | 79.0 | 71.0 | 71.7 |
| Insurance pension and standardised guarantee schemes | 0.0 | 0.0 | 0.0 | 0.0 | 0.0 | 0.0 | 0.0 | 0.0 |
| Financial derivatives and employee stock options | 0.2 | 0.6 | 0.9 | 0.0 | 0.0 | 0.0 | 0.0 | 0.0 |
| Other accounts receivable | 1.2 | 1.5 | 2.0 | 0.3 | 0.4 | 2.4 | 2.9 | 0.1 |
| Financial liabilities | 100.0 | 100.0 | 100.0 | 100.0 | 100.0 | 100.0 | 100.0 | 100.0 |
| Currency and deposits | 0.0 | 0.0 | 0.0 | 0.0 | 0.0 | 0.0 | 0.0 | 0.0 |
| Debt securities | 0.0 | 0.0 | 0.0 | 0.0 | 0.0 | 0.0 | 3.8 | 4.1 |
| Loans | 5.1 | 3.9 | 2.4 | 4.7 | 2.4 | 3.5 | 1.8 | 0.8 |
| Equity and investment fund shares | 94.4 | 95.3 | 96.6 | 94.8 | 96.8 | 95.5 | 93.2 | 94.9 |
| Insurance pension and standardised guarantee schemes | 0.0 | 0.0 | 0.0 | 0.0 | 0.0 | 0.0 | 0.0 | 0.0 |
| Financial derivatives and employee stock options | 0.0 | 0.0 | 0.2 | 0.0 | 0.0 | 0.0 | 0.0 | 0.0 |
| Other accounts receivable | 0.5 | 0.8 | 0.7 | 0.5 | 0.8 | 1.0 | 1.2 | 0.2 |
| **Insurance corporations** | | | | | | | | |
| Financial assets | 100.0 | 100.0 | 100.0 | 100.0 | 100.0 | 100.0 | 100.0 | 100.0 |
| Currency and deposits | 17.8 | 16.1 | 11.3 | 9.5 | 12.9 | 11.0 | 16.2 | 11.6 |
| Debt securities | 29.8 | 30.8 | 38.7 | 40.2 | 42.3 | 41.4 | 37.8 | 37.2 |
| Loans | 0.1 | 0.4 | 0.2 | 0.3 | 0.2 | 0.2 | 0.3 | 0.8 |
| Equity and investment fund shares | 47.7 | 46.7 | 45.0 | 44.9 | 39.1 | 37.4 | 35.7 | 32.5 |
| Insurance pension and standardised guarantee schemes | 1.6 | 1.4 | 1.6 | 1.9 | 1.8 | 1.8 | 1.8 | 1.8 |
| Financial derivatives and employee stock options | 0.0 | 0.0 | 0.0 | 0.0 | 0.0 | 0.0 | 0.0 | 0.0 |
| Other accounts receivable | 3.0 | 4.6 | 3.2 | 3.2 | 3.6 | 8.2 | 8.2 | 16.2 |
| Financial liabilities | 100.0 | 100.0 | 100.0 | 100.0 | 100.0 | 100.0 | 100.0 | 100.0 |
| Currency and deposits | 0.0 | 0.0 | 0.0 | 0.0 | 0.0 | 0.0 | 0.0 | 0.0 |
| Debt securities | 0.0 | 0.0 | 0.0 | 0.0 | 0.0 | 0.0 | 0.0 | 0.0 |
| Loans | 1.7 | 1.5 | 0.4 | 0.3 | 0.9 | 2.3 | 1.6 | 1.8 |
| Equity and investment fund shares | 38.0 | 31.2 | 30.3 | 33.2 | 33.6 | 35.0 | 31.0 | 28.2 |
| Insurance pension and standardised guarantee schemes | 54.9 | 61.1 | 63.1 | 61.3 | 52.7 | 54.6 | 54.8 | 59.0 |
| Financial derivatives and employee stock options | 0.0 | 0.0 | 0.0 | 0.0 | 0.0 | 0.0 | 0.0 | 0.0 |
| Other accounts receivable | 5.4 | 6.2 | 6.3 | 5.1 | 12.9 | 8.1 | 12.5 | 11.0 |
| **Pension funds** | | | | | | | | |
| Financial assets | 100.0 | 100.0 | 100.0 | 100.0 | 100.0 | 100.0 | 100.0 | 100.0 |
| Currency and deposits | 15.4 | 16.9 | 16.5 | 20.2 | 23.3 | 4.1 | 3.1 | 3.5 |
| Debt securities | 25.1 | 20.6 | 21.5 | 22.5 | 18.5 | 48.1 | 49.3 | 41.7 |
| Loans | 0.0 | 0.0 | 0.0 | 0.0 | 0.0 | 0.0 | 0.0 | 0.0 |
| Equity and investment fund shares | 59.4 | 62.4 | 61.9 | 57.1 | 58.1 | 47.8 | 47.4 | 54.6 |
| Insurance pension and standardised guarantee schemes | 0.0 | 0.0 | 0.0 | 0.0 | 0.0 | 0.0 | 0.0 | 0.0 |
| Financial derivatives and employee stock options | 0.0 | 0.0 | 0.0 | 0.0 | 0.0 | 0.0 | 0.0 | 0.0 |
| Other accounts receivable | 0.0 | 0.1 | 0.1 | 0.1 | 0.1 | 0.1 | 0.2 | 0.1 |
| Financial liabilities | 100.0 | 100.0 | 100.0 | 100.0 | 100.0 | 100.0 | 100.0 | 100.0 |
| Currency and deposits | 0.0 | 0.0 | 0.0 | 0.0 | 0.0 | 0.0 | 0.0 | 0.0 |
| Debt securities | 0.0 | 0.0 | 0.0 | 0.0 | 0.0 | 0.0 | 0.0 | 0.0 |
| Loans | 0.0 | 0.0 | 0.0 | 0.0 | 0.0 | 0.0 | 0.0 | 0.0 |
| Equity and investment fund shares | 0.0 | 0.0 | 0.0 | 0.0 | 0.0 | 0.0 | 0.0 | 0.0 |
| Insurance pension and standardised guarantee schemes | 99.9 | 99.9 | 99.7 | 99.9 | 99.9 | 99.8 | 99.8 | 99.9 |
| Financial derivatives and employee stock options | 0.0 | 0.0 | 0.0 | 0.0 | 0.0 | 0.0 | 0.0 | 0.0 |
| Other accounts receivable | 0.1 | 0.1 | 0.3 | 0.1 | 0.1 | 0.2 | 0.2 | 0.1 |

Note: Detailed metadata at: *http://metalinks.oecd.org/instinv/20200916/eb22*

# FINLAND

## Table 1. Financial assets and liabilities of institutional investors, 2018

*Million EUR (1999 FIM euro)*

| | Total | Investment funds | | | |
|---|---|---|---|---|---|
| | | Non-money market funds | | | Money market funds |
| | | Total | Open-end non-money market funds | Closed-end non-money market funds | Total |
| Financial assets | 121 823 | 118 811 | .. | .. | 3 012 |
| Currency and deposits | 4 974 | 4 507 | .. | .. | 467 |
| Debt securities | 37 430 | 34 892 | .. | .. | 2 538 |
| Debt securities, short term | 2 639 | 2 252 | .. | .. | 387 |
| Debt securities, long term | 34 791 | 32 640 | .. | .. | 2 151 |
| Debt securities issued by residents | 5 972 | 5 563 | .. | .. | 409 |
| Debt securities issued by non-residents | 31 458 | 29 329 | .. | .. | 2 129 |
| Loans | 2 163 | 2 163 | .. | .. | 0 |
| Loans, short-term | 45 | 45 | .. | .. | 0 |
| Loans, long-term | 2 118 | 2 118 | .. | .. | 0 |
| Loans granted to residents | 1 875 | 1 875 | .. | .. | 0 |
| Loans granted to non-residents | 288 | 288 | .. | .. | 0 |
| Equity and investment fund shares/units | 73 358 | 73 358 | .. | .. | 0 |
| Equity and investment fund shares issued/units by residents | 27 490 | 27 490 | .. | .. | 0 |
| Equity and investment fund shares/units issued by non residents | 45 868 | 45 868 | .. | .. | 0 |
| Other accounts receivable | 1 040 | 1 033 | .. | .. | 7 |

| | Total | Investment funds | | | |
|---|---|---|---|---|---|
| | | Non-money market funds | | | Money market funds |
| | | Total | Open-end non-money market funds | Closed-end non-money market funds | Total |
| Financial liabilities | 126 675 | 123 652 | .. | .. | 3 023 |
| Currency and deposits | .. | .. | .. | .. | .. |
| Debt securities | 274 | 274 | .. | .. | 0 |
| Debt securities, short term | 0 | 0 | .. | .. | .. |
| Debt securities, long term | 274 | 274 | .. | .. | 0 |
| Loans | 3 223 | 3 223 | .. | .. | 0 |
| Loans, short-term | 180 | 180 | .. | .. | 0 |
| Loans, long-term | 3 043 | 3 043 | .. | .. | 0 |
| Equity and investment fund shares/units | 119 217 | 116 225 | .. | .. | 2 992 |
| Insurance pension and standardised guaratees | .. | .. | .. | .. | .. |
| Financial derivatives and employee stock options | 2 788 | 2 788 | .. | .. | 0 |
| Other accounts payable | 1 173 | 1 142 | .. | .. | 31 |

| | Total | Insurance corporations and pension funds | | | |
|---|---|---|---|---|---|
| | | Insurance corporations | | | Pension funds |
| | | Total | Life insurance corporations | Non-life insurance corporations | Total |
| Financial assets | 75 523 | 72 152 | .. | .. | 3 371 |
| Currency and deposits | 3 264 | 3 151 | .. | .. | 113 |
| Debt securities | 18 062 | 17 329 | .. | .. | 733 |
| Debt securities, short-term | 501 | 487 | .. | .. | 14 |
| Debt securities, long term | 17 561 | 16 842 | .. | .. | 719 |
| Debt securities issued by residents | 4 712 | 4 232 | .. | .. | 480 |
| Debt securities issued by non-residents | 13 350 | 13 097 | .. | .. | 253 |
| Loans | 4 879 | 4 704 | .. | .. | 175 |
| Loans, short-term | 12 | 12 | .. | .. | 0 |
| Loans, long-term | 4 867 | 4 692 | .. | .. | 175 |
| Loans granted to residents | 1 473 | 1 298 | .. | .. | 175 |
| Loans granted to non-residents | 3 406 | 3 406 | .. | .. | 0 |
| Equity and investment fund shares/units | 46 429 | 44 167 | .. | .. | 2 262 |
| Equity and investment fund shares/units issued by residents | 33 757 | 32 408 | .. | .. | 1 349 |
| Equity and investment fund shares/units issued by non residents | 12 672 | 11 759 | .. | .. | 913 |
| Other accounts receivable | 2 280 | 2 254 | .. | .. | 26 |

| | Total | Insurance corporations and pension funds | | | |
|---|---|---|---|---|---|
| | | Insurance corporations | | | Pension funds |
| | | Total | Life insurance corporations | Non-life insurance corporations | Total |
| Financial liabilities | 72 311 | 68 904 | .. | .. | 3 407 |
| Currency and deposits | 0 | 0 | .. | .. | .. |
| Debt securities | 417 | 417 | .. | .. | 0 |
| Debt securities, short term | 0 | 0 | .. | .. | 0 |
| Debt securities, long term | 417 | 417 | .. | .. | 0 |
| Loans | 724 | 723 | .. | .. | 1 |
| Loans, short-term | 2 | 2 | .. | .. | 0 |
| Loans, long-term | 722 | 721 | .. | .. | 1 |
| Equity and investment fund shares/units | 6 596 | 6 596 | .. | .. | .. |
| Insurance pension and standardised guarantees | 63 155 | 59 851 | .. | .. | 3 304 |
| Financial derivatives and employee stock options | 93 | 64 | .. | .. | 29 |
| Other accounts payable | 1 326 | 1 253 | .. | .. | 73 |

Note: Detailed metadata at: *http://metalinks.oecd.org/instinv/20200916/f42e*

# FINLAND

## Table 2. Financial assets and liabilities of investment funds

*Million EUR*

| | 2012 | 2013 | 2014 | 2015 | 2016 | 2017 | 2018 | 2019 |
|---|---|---|---|---|---|---|---|---|
| **Investment funds** | | | | | | | | |
| Financial net worth | 413 | 179 | 555 | 297 | -4 295 | -4 817 | -4 852 | -4 115 |
| Financial assets | 72 745 | 82 503 | 94 435 | 108 876 | 116 643 | 129 801 | 121 823 | 136 269 |
| Currency and deposits | 2 905 | 4 544 | 4 003 | 4 135 | 5 049 | 5 650 | 4 974 | 5 542 |
| Debt securities | 28 865 | 30 822 | 34 447 | 35 811 | 37 759 | 39 077 | 37 430 | 40 534 |
| Loans | 1 403 | 1 385 | 1 643 | 1 045 | 1 205 | 1 843 | 2 163 | 2 700 |
| Equity and investment fund shares | 37 988 | 43 956 | 51 962 | 64 623 | 69 385 | 79 475 | 73 358 | 86 010 |
| Equity | 21 864 | 27 083 | 32 155 | 38 499 | 40 343 | 46 062 | 42 781 | 50 534 |
| Investment fund shares | 16 124 | 16 873 | 19 807 | 26 124 | 29 042 | 33 413 | 30 577 | 35 476 |
| Money market fund shares | 577 | 834 | 772 | 657 | 555 | 708 | 634 | 41 |
| Non-Money market fund shares | 15 547 | 16 039 | 19 035 | 25 467 | 28 487 | 32 705 | 29 943 | 35 435 |
| Insurance pension and standardised guarantees | .. | .. | .. | .. | .. | .. | .. | .. |
| Financial derivatives and employee stock options | 1 048 | 1 256 | 1 704 | 2 353 | 2 455 | 2 850 | 2 858 | 153 |
| Other accounts receivable | 536 | 540 | 676 | 909 | 790 | 906 | 1 040 | 1 330 |
| Financial liabilities | 72 332 | 82 324 | 93 880 | 108 579 | 120 938 | 134 618 | 126 675 | 140 384 |
| Debt securities | 0 | 0 | 0 | 0 | 74 | 323 | 274 | 456 |
| Short-term debt securities | 0 | 0 | 0 | 0 | 0 | 0 | 0 | 0 |
| Long-term debt securities | 0 | 0 | 0 | 0 | 74 | 323 | 274 | 456 |
| Loans | 6 | 1 921 | 1 331 | 2 012 | 2 452 | 2 878 | 3 223 | 3 319 |
| Short-term loans | 0 | 0 | 16 | 42 | 69 | 63 | 180 | 111 |
| Long-term loans | 6 | 1 921 | 1 315 | 1 970 | 2 383 | 2 815 | 3 043 | 3 208 |
| Equity and investment fund shares | 70 502 | 79 072 | 90 316 | 104 205 | 115 545 | 127 605 | 119 217 | 134 994 |
| Insurance pension and standardised guarantees | .. | .. | .. | .. | .. | .. | .. | .. |
| Financial derivatives and employee stock options | 1 793 | 1 228 | 1 968 | 2 154 | 2 358 | 2 682 | 2 788 | 136 |
| Other accounts payable | 31 | 103 | 265 | 208 | 509 | 1 130 | 1 173 | 1 479 |
| Non-financial assets | .. | .. | .. | .. | .. | .. | .. | .. |
| **Money market funds** | | | | | | | | |
| Financial net worth | -250 | -564 | 113 | 305 | 220 | 68 | -11 | 3 |
| Financial assets | 3 244 | 3 546 | 3 450 | 3 458 | 3 580 | 3 455 | 3 012 | 244 |
| Currency and deposits | 293 | 335 | 412 | 353 | 454 | 413 | 467 | 195 |
| Debt securities | 2 844 | 3 105 | 3 020 | 3 089 | 3 120 | 3 025 | 2 538 | 49 |
| Loans | 0 | 0 | 0 | 0 | 0 | 0 | 0 | 0 |
| Equity and investment fund shares | 12 | 2 | 2 | 0 | 0 | 0 | 0 | 0 |
| Equity | 0 | 0 | 0 | 0 | 0 | 0 | 0 | 0 |
| Investment fund shares | 12 | 2 | 2 | 0 | 0 | 0 | 0 | 0 |
| Money market fund shares | 12 | 2 | 2 | 0 | 0 | 0 | 0 | 0 |
| Non-Money market fund shares | 0 | 0 | 0 | 0 | 0 | 0 | 0 | 0 |
| Insurance pension and standardised guarantees | .. | .. | .. | .. | .. | .. | .. | .. |
| Financial derivatives and employee stock options | 25 | 0 | 0 | 0 | 0 | 0 | 0 | 0 |
| Other accounts receivable | 70 | 104 | 16 | 16 | 6 | 17 | 7 | 0 |
| Financial liabilities | 3 494 | 4 110 | 3 337 | 3 153 | 3 360 | 3 387 | 3 023 | 241 |
| Debt securities | 0 | 0 | 0 | 0 | 0 | 0 | 0 | 0 |
| Short-term debt securities | .. | .. | .. | .. | .. | .. | .. | .. |
| Long-term debt securities | 0 | 0 | 0 | 0 | 0 | 0 | 0 | 0 |
| Loans | 0 | 136 | 0 | 0 | 0 | 0 | 0 | 0 |
| Short-term loans | 0 | 0 | 0 | 0 | 0 | 0 | 0 | 0 |
| Long-term loans | 0 | 136 | 0 | 0 | 0 | 0 | 0 | 0 |
| Equity and investment fund shares | 3 494 | 3 974 | 3 246 | 3 120 | 3 309 | 3 367 | 2 992 | 241 |
| Insurance pension and standardised guarantees | .. | .. | .. | .. | .. | .. | .. | .. |
| Financial derivatives and employee stock options | 0 | 0 | 0 | 0 | 0 | 0 | 0 | 0 |
| Other accounts payable | 0 | 0 | 91 | 33 | 51 | 20 | 31 | 0 |
| Non-financial assets | .. | .. | .. | .. | .. | .. | .. | .. |
| **Non-money market funds** | | | | | | | | |
| Financial net worth | 663 | 743 | 442 | -8 | -4 515 | -4 885 | -4 841 | -4 118 |
| Financial assets | 69 501 | 78 957 | 90 985 | 105 418 | 113 063 | 126 346 | 118 811 | 136 025 |
| Currency and deposits | 2 612 | 4 209 | 3 591 | 3 782 | 4 595 | 5 237 | 4 507 | 5 347 |
| Debt securities | 26 021 | 27 717 | 31 427 | 32 722 | 34 639 | 36 052 | 34 892 | 40 485 |
| Loans | 1 403 | 1 385 | 1 643 | 1 045 | 1 205 | 1 843 | 2 163 | 2 700 |
| Equity and investment fund shares | 37 976 | 43 954 | 51 960 | 64 623 | 69 385 | 79 475 | 73 358 | 86 010 |
| Equity | 21 864 | 27 083 | 32 155 | 38 499 | 40 343 | 46 062 | 42 781 | 50 534 |
| Investment fund shares | 16 112 | 16 871 | 19 805 | 26 124 | 29 042 | 33 413 | 30 577 | 35 476 |
| Money market fund shares | 565 | 832 | 770 | 657 | 555 | 708 | 634 | 41 |
| Non-Money market fund shares | 15 547 | 16 039 | 19 035 | 25 467 | 28 487 | 32 705 | 29 943 | 35 435 |
| Insurance pension and standardised guarantees | .. | .. | .. | .. | .. | .. | .. | .. |
| Financial derivatives and employee stock options | 1 023 | 1 256 | 1 704 | 2 353 | 2 455 | 2 850 | 2 858 | 153 |
| Other accounts receivable | 466 | 436 | 660 | 893 | 784 | 889 | 1 033 | 1 330 |
| Financial liabilities | 68 838 | 78 214 | 90 543 | 105 426 | 117 578 | 131 231 | 123 652 | 140 143 |
| Debt securities | 0 | .. | 0 | 0 | 74 | 323 | 274 | 456 |
| Short-term debt securities | 0 | .. | 0 | 0 | 0 | 0 | 0 | 0 |
| Long-term debt securities | 0 | .. | .. | .. | 74 | 323 | 274 | 456 |
| Loans | 6 | 1 785 | 1 331 | 2 012 | 2 452 | 2 878 | 3 223 | 3 319 |
| Short-term loans | 0 | 0 | 16 | 42 | 69 | 63 | 180 | 111 |
| Long-term loans | 6 | 1 785 | 1 315 | 1 970 | 2 383 | 2 815 | 3 043 | 3 208 |
| Equity and investment fund shares | 67 008 | 75 098 | 87 070 | 101 085 | 112 236 | 124 238 | 116 225 | 134 753 |
| Insurance pension and standardised guarantees | .. | .. | .. | .. | .. | .. | .. | .. |
| Financial derivatives and employee stock options | 1 793 | 1 228 | 1 968 | 2 154 | 2 358 | 2 682 | 2 788 | 136 |
| Other accounts payable | 31 | 103 | 174 | 175 | 458 | 1 110 | 1 142 | 1 479 |
| Non-financial assets | .. | .. | .. | .. | .. | .. | .. | .. |
| **Open-end non-money market funds** | | | | | | | | |
| Financial net worth | .. | .. | .. | .. | .. | .. | .. | .. |
| Financial assets | .. | .. | .. | .. | .. | .. | .. | .. |
| Currency and deposits | .. | .. | .. | .. | .. | .. | .. | .. |

# FINLAND

## Table 2. Financial assets and liabilities of investment funds *(cont.)*

*Million EUR*

| | 2012 | 2013 | 2014 | 2015 | 2016 | 2017 | 2018 | 2019 |
|---|---|---|---|---|---|---|---|---|
| Debt securities | .. | .. | .. | .. | .. | .. | .. | .. |
| Loans | .. | .. | .. | .. | .. | .. | .. | .. |
| Equity and investment fund shares | .. | .. | .. | .. | .. | .. | .. | .. |
| Equity | .. | .. | .. | .. | .. | .. | .. | .. |
| Investment fund shares | .. | .. | .. | .. | .. | .. | .. | .. |
| Money market fund shares | .. | .. | .. | .. | .. | .. | .. | .. |
| Non-Money market fund shares | .. | .. | .. | .. | .. | .. | .. | .. |
| Insurance pension and standardised guarantees | .. | .. | .. | .. | .. | .. | .. | .. |
| Financial derivatives and employee stock options | .. | .. | .. | .. | .. | .. | .. | .. |
| Other accounts receivable | .. | .. | .. | .. | .. | .. | .. | .. |
| Financial liabilities | .. | .. | .. | .. | .. | .. | .. | .. |
| Debt securities | .. | .. | .. | .. | .. | .. | .. | .. |
| Short-term debt securities | .. | .. | .. | .. | .. | .. | .. | .. |
| Long-term debt securities | .. | .. | .. | .. | .. | .. | .. | .. |
| Loans | .. | .. | .. | .. | .. | .. | .. | .. |
| Short-term loans | .. | .. | .. | .. | .. | .. | .. | .. |
| Long-term loans | .. | .. | .. | .. | .. | .. | .. | .. |
| Equity and investment fund shares | .. | .. | .. | .. | .. | .. | .. | .. |
| Insurance pension and standardised guarantees | .. | .. | .. | .. | .. | .. | .. | .. |
| Financial derivatives and employee stock options | .. | .. | .. | .. | .. | .. | .. | .. |
| Other accounts payable | .. | .. | .. | .. | .. | .. | .. | .. |
| Non-financial assets | .. | .. | .. | .. | .. | .. | .. | .. |
| **Open-end investment funds** | | | | | | | | |
| Financial net worth | .. | .. | .. | .. | .. | .. | .. | .. |
| Financial assets | .. | .. | .. | .. | .. | .. | .. | .. |
| Currency and deposits | .. | .. | .. | .. | .. | .. | .. | .. |
| Debt securities | .. | .. | .. | .. | .. | .. | .. | .. |
| Loans | .. | .. | .. | .. | .. | .. | .. | .. |
| Equity and investment fund shares | .. | .. | .. | .. | .. | .. | .. | .. |
| Equity | .. | .. | .. | .. | .. | .. | .. | .. |
| Investment fund shares | .. | .. | .. | .. | .. | .. | .. | .. |
| Money market fund shares | .. | .. | .. | .. | .. | .. | .. | .. |
| Non-Money market fund shares | .. | .. | .. | .. | .. | .. | .. | .. |
| Insurance pension and standardised guarantees | .. | .. | .. | .. | .. | .. | .. | .. |
| Financial derivatives and employee stock options | .. | .. | .. | .. | .. | .. | .. | .. |
| Other accounts receivable | .. | .. | .. | .. | .. | .. | .. | .. |
| Financial liabilities | .. | .. | .. | .. | .. | .. | .. | .. |
| Debt securities | .. | .. | .. | .. | .. | .. | .. | .. |
| Short-term debt securities | .. | .. | .. | .. | .. | .. | .. | .. |
| Long-term debt securities | .. | .. | .. | .. | .. | .. | .. | .. |
| Loans | .. | .. | .. | .. | .. | .. | .. | .. |
| Short-term loans | .. | .. | .. | .. | .. | .. | .. | .. |
| Long-term loans | .. | .. | .. | .. | .. | .. | .. | .. |
| Equity and investment fund shares | .. | .. | .. | .. | .. | .. | .. | .. |
| Insurance pension and standardised guarantees | .. | .. | .. | .. | .. | .. | .. | .. |
| Financial derivatives and employee stock options | .. | .. | .. | .. | .. | .. | .. | .. |
| Other accounts payable | .. | .. | .. | .. | .. | .. | .. | .. |
| Non-financial assets | .. | .. | .. | .. | .. | .. | .. | .. |

Note: Detailed metadata at: *http://metalinks.oecd.org/instinv/20200916/f42e*

# FINLAND

## Table 3. Financial assets and liabilities of insurance corporations and pension funds

*Million EUR*

| | 2012 | 2013 | 2014 | 2015 | 2016 | 2017 | 2018 | 2019 |
|---|---|---|---|---|---|---|---|---|
| **Insurance corporations and pension funds** | | | | | | | | |
| Financial net worth | 3 415 | 1 553 | 3 148 | 3 387 | 5 611 | 5 036 | 3 212 | 1 838 |
| Financial assets | 61 770 | 64 156 | 71 096 | 74 792 | 77 234 | 79 127 | 75 523 | 80 916 |
| Currency and deposits | 2 497 | 2 818 | 3 498 | 3 524 | 3 142 | 3 921 | 3 264 | 4 672 |
| Debt securities | 23 505 | 24 582 | 24 852 | 24 473 | 23 116 | 17 834 | 18 062 | 16 801 |
| Loans | 1 680 | 1 667 | 1 584 | 1 941 | 2 289 | 5 121 | 4 879 | 4 480 |
| Equity and investment fund shares | 31 919 | 33 479 | 38 641 | 42 527 | 45 700 | 49 474 | 46 429 | 51 427 |
| Equity | 4 877 | 4 870 | 4 945 | 5 386 | 6 882 | 7 051 | 6 710 | 6 874 |
| Investment fund shares | 27 042 | 28 609 | 33 696 | 37 141 | 38 818 | 42 423 | 39 719 | 44 553 |
| Money market fund shares | 966 | 1 188 | 1 511 | 1 521 | 926 | 959 | 1 029 | 322 |
| Non-Money market fund shares | 26 076 | 27 421 | 32 185 | 35 620 | 37 892 | 41 464 | 38 690 | 44 231 |
| Insurance pension and standardised guarantees | 0 | 0 | 0 | 0 | 338 | 344 | 376 | 473 |
| Financial derivatives and employee stock options | 310 | 132 | 145 | 80 | 126 | 181 | 233 | 566 |
| Other accounts receivable | 1 859 | 1 478 | 2 376 | 2 247 | 2 523 | 2 252 | 2 280 | 2 497 |
| Financial liabilities | 58 355 | 62 603 | 67 948 | 71 405 | 71 623 | 74 091 | 72 311 | 79 078 |
| Debt securities | 280 | 210 | 554 | 515 | 510 | 381 | 417 | 468 |
| Short-term debt securities | 13 | 5 | 24 | 19 | 17 | 0 | 0 | 25 |
| Long-term debt securities | 267 | 205 | 530 | 496 | 493 | 381 | 417 | 443 |
| Loans | 182 | 106 | 286 | 124 | 114 | 773 | 724 | 1 751 |
| Short-term loans | 44 | 23 | 65 | 20 | 19 | 16 | 2 | 0 |
| Long-term loans | 138 | 83 | 221 | 104 | 95 | 757 | 722 | 1 751 |
| Equity and investment fund shares | 5 162 | 5 447 | 5 510 | 5 335 | 5 866 | 6 195 | 6 596 | 6 620 |
| Insurance pension and standardised guarantees | 51 347 | 55 448 | 59 665 | 64 244 | 63 851 | 65 405 | 63 155 | 68 607 |
| Financial derivatives and employee stock options | 66 | 91 | 290 | 138 | 62 | 10 | 93 | 63 |
| Other accounts payable | 1 318 | 1 301 | 1 643 | 1 049 | 1 220 | 1 327 | 1 326 | 1 569 |
| Non-financial assets | .. | .. | .. | .. | .. | .. | .. | .. |
| **Insurance corporations** | | | | | | | | |
| Financial net worth | 3 525 | 2 381 | 3 960 | 4 068 | 5 561 | 5 153 | 3 248 | 1 898 |
| Financial assets | 58 247 | 61 194 | 68 175 | 71 832 | 73 623 | 75 730 | 72 152 | 77 814 |
| Currency and deposits | 2 372 | 2 604 | 3 439 | 3 467 | 3 066 | 3 865 | 3 151 | 4 585 |
| Debt securities | 22 707 | 23 720 | 23 971 | 23 743 | 22 354 | 17 127 | 17 329 | 16 074 |
| Loans | 1 428 | 1 502 | 1 426 | 1 769 | 2 106 | 4 926 | 4 704 | 4 480 |
| Equity and investment fund shares | 29 688 | 31 799 | 36 853 | 40 558 | 43 148 | 47 057 | 44 167 | 49 229 |
| Equity | 4 332 | 4 360 | 4 262 | 4 798 | 5 781 | 6 278 | 5 975 | 6 197 |
| Investment fund shares | 25 356 | 27 439 | 32 591 | 35 760 | 37 367 | 40 779 | 38 192 | 43 032 |
| Money market fund shares | 864 | 1 066 | 1 435 | 1 415 | 791 | 824 | 894 | 221 |
| Non-Money market fund shares | 24 492 | 26 373 | 31 156 | 34 345 | 36 576 | 39 955 | 37 298 | 42 811 |
| Insurance pension and standardised guarantees | 0 | 0 | 0 | 0 | 338 | 344 | 376 | 473 |
| Financial derivatives and employee stock options | 308 | 130 | 145 | 80 | 126 | 181 | 171 | 499 |
| Other accounts receivable | 1 744 | 1 439 | 2 341 | 2 215 | 2 485 | 2 230 | 2 254 | 2 474 |
| Financial liabilities | 54 722 | 58 813 | 64 215 | 67 764 | 68 062 | 70 577 | 68 904 | 75 916 |
| Debt securities | 280 | 210 | 554 | 515 | 510 | 381 | 417 | 468 |
| Short-term debt securities | 13 | 5 | 24 | 19 | 17 | 0 | 0 | 25 |
| Long-term debt securities | 267 | 205 | 530 | 496 | 493 | 381 | 417 | 443 |
| Loans | 182 | 106 | 286 | 124 | 114 | 772 | 723 | 1 750 |
| Short-term loans | 44 | 23 | 65 | 20 | 19 | 16 | 2 | 0 |
| Long-term loans | 138 | 83 | 221 | 104 | 95 | 756 | 721 | 1 750 |
| Equity and investment fund shares | 5 162 | 5 447 | 5 510 | 5 335 | 5 866 | 6 195 | 6 596 | 6 620 |
| Insurance pension and standardised guarantees | 47 739 | 51 684 | 55 980 | 60 636 | 60 309 | 61 979 | 59 851 | 65 521 |
| Financial derivatives and employee stock options | 66 | 91 | 290 | 138 | 62 | 10 | 64 | 27 |
| Other accounts payable | 1 293 | 1 275 | 1 595 | 1 016 | 1 201 | 1 240 | 1 253 | 1 530 |
| Non-financial assets | .. | .. | .. | .. | .. | .. | .. | .. |
| **Pension funds** | | | | | | | | |
| Financial net worth | -110 | -828 | -812 | -681 | 50 | -117 | -36 | -60 |
| Financial assets | 3 523 | 2 962 | 2 921 | 2 960 | 3 611 | 3 397 | 3 371 | 3 102 |
| Currency and deposits | 125 | 214 | 59 | 57 | 76 | 56 | 113 | 87 |
| Debt securities | 798 | 862 | 881 | 730 | 762 | 707 | 733 | 727 |
| Loans | 252 | 165 | 158 | 172 | 183 | 195 | 175 | 0 |
| Equity and investment fund shares | 2 231 | 1 680 | 1 788 | 1 969 | 2 552 | 2 417 | 2 262 | 2 198 |
| Equity | 545 | 510 | 683 | 588 | 1 101 | 773 | 735 | 677 |
| Investment fund shares | 1 686 | 1 170 | 1 105 | 1 381 | 1 451 | 1 644 | 1 527 | 1 521 |
| Money market fund shares | 102 | 122 | 76 | 106 | 135 | 135 | 135 | 101 |
| Non-Money market fund shares | 1 584 | 1 048 | 1 029 | 1 275 | 1 316 | 1 509 | 1 392 | 1 420 |
| Insurance pension and standardised guarantees | .. | .. | .. | .. | .. | .. | .. | .. |
| Financial derivatives and employee stock options | 2 | 2 | 0 | 0 | 0 | 0 | 62 | 67 |
| Other accounts receivable | 115 | 39 | 35 | 32 | 38 | 22 | 26 | 23 |
| Financial liabilities | 3 633 | 3 790 | 3 733 | 3 641 | 3 561 | 3 514 | 3 407 | 3 162 |
| Debt securities | 0 | 0 | 0 | 0 | 0 | 0 | 0 | 0 |
| Short-term debt securities | 0 | 0 | 0 | 0 | 0 | 0 | 0 | 0 |
| Long-term debt securities | 0 | 0 | 0 | 0 | 0 | 0 | 0 | 0 |
| Loans | 0 | 0 | 0 | 0 | 0 | 1 | 1 | 1 |
| Short-term loans | 0 | 0 | 0 | 0 | 0 | 0 | 0 | 0 |
| Long-term loans | 0 | 0 | 0 | 0 | 0 | 1 | 1 | 1 |
| Equity and investment fund shares | .. | .. | .. | .. | .. | .. | .. | .. |
| Insurance pension and standardised guarantees | 3 608 | 3 764 | 3 685 | 3 608 | 3 542 | 3 426 | 3 304 | 3 086 |
| Financial derivatives and employee stock options | 0 | 0 | 0 | 0 | 0 | 0 | 29 | 36 |
| Other accounts payable | 25 | 26 | 48 | 33 | 19 | 87 | 73 | 39 |
| Non-financial assets | .. | .. | .. | .. | .. | .. | .. | .. |

Note: Detailed metadata at: *http://metalinks.oecd.org/instinv/20200916/f42e*

## FINLAND

### Table 4. Portfolio composition by type of investor
As percentage of financial assets and of financial liabilities

*Per cent*

| | 2012 | 2013 | 2014 | 2015 | 2016 | 2017 | 2018 | 2019 |
|---|---|---|---|---|---|---|---|---|
| **Investment funds** | | | | | | | | |
| Financial assets | 100.0 | 100.0 | 100.0 | 100.0 | 100.0 | 100.0 | 100.0 | 100.0 |
| Currency and deposits | 4.0 | 5.5 | 4.2 | 3.8 | 4.3 | 4.4 | 4.1 | 4.1 |
| Debt securities | 39.7 | 37.4 | 36.5 | 32.9 | 32.4 | 30.1 | 30.7 | 29.7 |
| Loans | 1.9 | 1.7 | 1.7 | 1.0 | 1.0 | 1.4 | 1.8 | 2.0 |
| Equity and investment fund shares | 52.2 | 53.3 | 55.0 | 59.4 | 59.5 | 61.2 | 60.2 | 63.1 |
| Insurance pension and standardised guarantee schemes | 0.0 | 0.0 | 0.0 | 0.0 | 0.0 | 0.0 | 0.0 | 0.0 |
| Financial derivatives and employee stock options | 1.4 | 1.5 | 1.8 | 2.2 | 2.1 | 2.2 | 2.3 | 0.1 |
| Other accounts receivable | 0.7 | 0.7 | 0.7 | 0.8 | 0.7 | 0.7 | 0.9 | 1.0 |
| Financial liabilities | 100.0 | 100.0 | 100.0 | 100.0 | 100.0 | 100.0 | 100.0 | 100.0 |
| Currency and deposits | 0.0 | 0.0 | 0.0 | 0.0 | 0.0 | 0.0 | 0.0 | 0.0 |
| Debt securities | 0.0 | 0.0 | 0.0 | 0.0 | 0.1 | 0.2 | 0.2 | 0.3 |
| Loans | 0.0 | 2.3 | 1.4 | 1.9 | 2.0 | 2.1 | 2.5 | 2.4 |
| Equity and investment fund shares | 97.5 | 96.0 | 96.2 | 96.0 | 95.5 | 94.8 | 94.1 | 96.2 |
| Insurance pension and standardised guarantee schemes | 0.0 | 0.0 | 0.0 | 0.0 | 0.0 | 0.0 | 0.0 | 0.0 |
| Financial derivatives and employee stock options | 2.5 | 1.5 | 2.1 | 2.0 | 1.9 | 2.0 | 2.2 | 0.1 |
| Other accounts receivable | 0.0 | 0.1 | 0.3 | 0.2 | 0.4 | 0.8 | 0.9 | 1.1 |
| **Insurance corporations** | | | | | | | | |
| Financial assets | 100.0 | 100.0 | 100.0 | 100.0 | 100.0 | 100.0 | 100.0 | 100.0 |
| Currency and deposits | 4.1 | 4.3 | 5.0 | 4.8 | 4.2 | 5.1 | 4.4 | 5.9 |
| Debt securities | 39.0 | 38.8 | 35.2 | 33.1 | 30.4 | 22.6 | 24.0 | 20.7 |
| Loans | 2.5 | 2.5 | 2.1 | 2.5 | 2.9 | 6.5 | 6.5 | 5.8 |
| Equity and investment fund shares | 51.0 | 52.0 | 54.1 | 56.5 | 58.6 | 62.1 | 61.2 | 63.3 |
| Insurance pension and standardised guarantee schemes | 0.0 | 0.0 | 0.0 | 0.0 | 0.5 | 0.5 | 0.5 | 0.6 |
| Financial derivatives and employee stock options | 0.5 | 0.2 | 0.2 | 0.1 | 0.2 | 0.2 | 0.2 | 0.6 |
| Other accounts receivable | 3.0 | 2.4 | 3.4 | 3.1 | 3.4 | 2.9 | 3.1 | 3.2 |
| Financial liabilities | 100.0 | 100.0 | 100.0 | 100.0 | 100.0 | 100.0 | 100.0 | 100.0 |
| Currency and deposits | 0.0 | 0.0 | 0.0 | 0.0 | 0.0 | 0.0 | 0.0 | 0.0 |
| Debt securities | 0.5 | 0.4 | 0.9 | 0.8 | 0.7 | 0.5 | 0.6 | 0.6 |
| Loans | 0.3 | 0.2 | 0.4 | 0.2 | 0.2 | 1.1 | 1.0 | 2.3 |
| Equity and investment fund shares | 9.4 | 9.3 | 8.6 | 7.9 | 8.6 | 8.8 | 9.6 | 8.7 |
| Insurance pension and standardised guarantee schemes | 87.2 | 87.9 | 87.2 | 89.5 | 88.6 | 87.8 | 86.9 | 86.3 |
| Financial derivatives and employee stock options | 0.1 | 0.2 | 0.5 | 0.2 | 0.1 | 0.0 | 0.1 | 0.0 |
| Other accounts receivable | 2.4 | 2.2 | 2.5 | 1.5 | 1.8 | 1.8 | 1.8 | 2.0 |
| **Pension funds** | | | | | | | | |
| Financial assets | 100.0 | 100.0 | 100.0 | 100.0 | 100.0 | 100.0 | 100.0 | 100.0 |
| Currency and deposits | 3.5 | 7.2 | 2.0 | 1.9 | 2.1 | 1.6 | 3.4 | 2.8 |
| Debt securities | 22.7 | 29.1 | 30.2 | 24.7 | 21.1 | 20.8 | 21.7 | 23.4 |
| Loans | 7.2 | 5.6 | 5.4 | 5.8 | 5.1 | 5.7 | 5.2 | 0.0 |
| Equity and investment fund shares | 63.3 | 56.7 | 61.2 | 66.5 | 70.7 | 71.2 | 67.1 | 70.9 |
| Insurance pension and standardised guarantee schemes | 0.0 | 0.0 | 0.0 | 0.0 | 0.0 | 0.0 | 0.0 | 0.0 |
| Financial derivatives and employee stock options | 0.1 | 0.1 | 0.0 | 0.0 | 0.0 | 0.0 | 1.8 | 2.2 |
| Other accounts receivable | 3.3 | 1.3 | 1.2 | 1.1 | 1.1 | 0.6 | 0.8 | 0.7 |
| Financial liabilities | 100.0 | 100.0 | 100.0 | 100.0 | 100.0 | 100.0 | 100.0 | 100.0 |
| Currency and deposits | 0.0 | 0.0 | 0.0 | 0.0 | 0.0 | 0.0 | 0.0 | 0.0 |
| Debt securities | 0.0 | 0.0 | 0.0 | 0.0 | 0.0 | 0.0 | 0.0 | 0.0 |
| Loans | 0.0 | 0.0 | 0.0 | 0.0 | 0.0 | 0.0 | 0.0 | 0.0 |
| Equity and investment fund shares | 0.0 | 0.0 | 0.0 | 0.0 | 0.0 | 0.0 | 0.0 | 0.0 |
| Insurance pension and standardised guarantee schemes | 99.3 | 99.3 | 98.7 | 99.1 | 99.5 | 97.5 | 97.0 | 97.6 |
| Financial derivatives and employee stock options | 0.0 | 0.0 | 0.0 | 0.0 | 0.0 | 0.0 | 0.9 | 1.1 |
| Other accounts receivable | 0.7 | 0.7 | 1.3 | 0.9 | 0.5 | 2.5 | 2.1 | 1.2 |

Note: Detailed metadata at: *http://metalinks.oecd.org/instinv/20200916/eb22*

# FRANCE

## Table 1. Financial assets and liabilities of institutional investors, 2018

*Million EUR (1999 FRF euro)*

| | Investment funds | | | | |
|---|---|---|---|---|---|
| | Total | Non-money market funds | | | Money market funds |
| | | Total | Open-end non-money market funds | Closed-end non-money market funds | Total |
| Financial assets | 1 653 834 | 1 320 595 | 1 320 595 | 0 | 333 239 |
| Currency and deposits | 94 624 | 46 737 | 46 737 | 0 | 47 887 |
| Debt securities | 634 573 | 383 468 | 383 468 | 0 | 251 105 |
| Debt securities, short term | 202 036 | 32 525 | 32 525 | 0 | 169 511 |
| Debt securities, long term | 432 537 | 350 943 | 350 943 | 0 | 81 594 |
| Debt securities issued by residents | 224 756 | 116 681 | 116 681 | 0 | 108 075 |
| Debt securities issued by non-residents | 409 818 | 266 787 | 266 787 | 0 | 143 030 |
| Loans | 4 956 | 4 035 | 4 035 | 0 | 921 |
| Loans, short-term | 4 624 | 3 703 | 3 703 | 0 | 920 |
| Loans, long-term | 332 | 332 | 332 | 0 | 1 |
| Loans granted to residents | 4 742 | 3 822 | 3 822 | 0 | 920 |
| Loans granted to non-residents | 214 | 213 | 213 | 0 | 1 |
| Equity and investment fund shares/units | 739 895 | 710 625 | 710 625 | 0 | 29 270 |
| Equity and investment fund shares issued/units by residents | 447 113 | 419 588 | 419 588 | 0 | 27 525 |
| Equity and investment fund shares/units issued by non residents | 292 782 | 291 037 | 291 037 | 0 | 1 745 |
| Other accounts receivable | 152 949 | 151 425 | 151 425 | 0 | 1 525 |

| | Investment funds | | | | |
|---|---|---|---|---|---|
| | Total | Non-money market funds | | | Money market funds |
| | | Total | Open-end non-money market funds | Closed-end non-money market funds | Total |
| Financial liabilities | 1 729 918 | 1 396 680 | 1 396 680 | 0 | 333 239 |
| Currency and deposits | 14 163 | 13 929 | 13 929 | 0 | 235 |
| Debt securities | 0 | 0 | 0 | 0 | 0 |
| Debt securities, short term | 0 | 0 | 0 | 0 | 0 |
| Debt securities, long term | 0 | 0 | 0 | 0 | 0 |
| Loans | 8 480 | 8 473 | 8 473 | 0 | 8 |
| Loans, short-term | 5 968 | 5 964 | 5 964 | 0 | 4 |
| Loans, long-term | 2 512 | 2 509 | 2 509 | 0 | 3 |
| Equity and investment fund shares/units | 1 526 756 | 1 199 321 | 1 199 321 | 0 | 327 435 |
| Insurance pension and standardised guaratees | 0 | 0 | 0 | 0 | 0 |
| Financial derivatives and employee stock options | 28 860 | 26 411 | 26 411 | 0 | 2 449 |
| Other accounts payable | 151 659 | 148 546 | 148 546 | 0 | 3 113 |

| | Insurance corporations and pension funds | | | | |
|---|---|---|---|---|---|
| | Total | Insurance corporations | | | Pension funds |
| | | Total | Life insurance corporations | Non-life insurance corporations | Total |
| Financial assets | 2 762 788 | 2 762 788 | 2 405 188 | 357 600 | .. |
| Currency and deposits | 41 852 | 41 852 | 29 091 | 12 761 | .. |
| Debt securities | 1 527 397 | 1 527 397 | 1 408 126 | 119 271 | .. |
| Debt securities, short-term | 25 100 | 25 100 | 24 650 | 450 | .. |
| Debt securities, long term | 1 502 297 | 1 502 297 | 1 383 476 | 118 821 | .. |
| Debt securities issued by residents | 820 828 | 820 828 | 758 241 | 62 587 | .. |
| Debt securities issued by non-residents | 706 569 | 706 569 | 649 885 | 56 684 | .. |
| Loans | 63 311 | 63 311 | 42 192 | 21 119 | .. |
| Loans, short-term | 33 217 | 33 217 | 20 135 | 13 082 | .. |
| Loans, long-term | 30 094 | 30 094 | 22 057 | 8 037 | .. |
| Loans granted to residents | 54 297 | 54 297 | 40 156 | 14 141 | .. |
| Loans granted to non-residents | 9 014 | 9 014 | 2 036 | 6 978 | .. |
| Equity and investment fund shares/units | 927 779 | 927 779 | 778 507 | 149 272 | .. |
| Equity and investment fund shares/units issued by residents | 758 506 | 758 506 | 633 031 | 125 475 | .. |
| Equity and investment fund shares/units issued by non residents | 169 273 | 169 273 | 145 476 | 23 797 | .. |
| Other accounts receivable | 84 188 | 84 188 | 56 569 | 27 619 | .. |

| | Insurance corporations and pension funds | | | | |
|---|---|---|---|---|---|
| | Total | Insurance corporations | | | Pension funds |
| | | Total | Life insurance corporations | Non-life insurance corporations | Total |
| Financial liabilities | 2 805 754 | 2 805 754 | 2 437 400 | 368 354 | .. |
| Currency and deposits | .. | .. | .. | .. | .. |
| Debt securities | 67 084 | 67 084 | 56 101 | 10 983 | .. |
| Debt securities, short term | .. | .. | .. | .. | .. |
| Debt securities, long term | .. | .. | .. | .. | .. |
| Loans | 93 179 | 93 179 | 79 084 | 14 095 | .. |
| Loans, short-term | .. | .. | .. | .. | .. |
| Loans, long-term | .. | .. | .. | .. | .. |
| Equity and investment fund shares/units | 319 019 | 319 019 | 166 918 | 152 101 | .. |
| Insurance pension and standardised guaratees | 2 195 265 | 2 195 265 | 2 041 827 | 153 438 | .. |
| Financial derivatives and employee stock options | 2 574 | 2 574 | 2 508 | 66 | .. |
| Other accounts payable | 128 633 | 128 633 | 90 962 | 37 671 | .. |

Note: Detailed metadata at: *http://metalinks.oecd.org/instinv/20200916/f42e*

# FRANCE

## Table 2. Financial assets and liabilities of investment funds

*Million EUR*

| | 2012 | 2013 | 2014 | 2015 | 2016 | 2017 | 2018 | 2019 |
|---|---|---|---|---|---|---|---|---|
| **Investment funds** | | | | | | | | |
| Financial net worth | -38 900 | -43 614 | -51 435 | -60 968 | -55 168 | -63 222 | -76 084 | -81 763 |
| Financial assets | 1 399 454 | 1 399 994 | 1 454 248 | 1 539 889 | 1 654 798 | 1 777 124 | 1 653 834 | 1 746 247 |
| Currency and deposits | 86 872 | 83 589 | 85 309 | 87 221 | 87 825 | 80 917 | 94 624 | 83 542 |
| Debt securities | 590 121 | 552 979 | 575 387 | 601 667 | 638 663 | 676 443 | 634 573 | 658 699 |
| Loans | 1 439 | 2 331 | 2 362 | 2 301 | 4 687 | 4 343 | 4 956 | 5 943 |
| Equity and investment fund shares | 595 237 | 640 391 | 650 694 | 701 899 | 760 199 | 842 015 | 739 895 | 825 331 |
| Equity | 332 447 | 375 711 | 385 051 | 413 225 | 441 745 | 496 129 | 411 838 | 487 123 |
| Investment fund shares | 262 789 | 264 681 | 265 643 | 288 674 | 318 454 | 345 886 | 328 057 | 338 208 |
| Money market fund shares | 98 446 | 87 471 | 75 992 | 84 530 | 100 541 | 99 358 | 95 080 | 84 157 |
| Non-Money market fund shares | 164 343 | 177 210 | 189 651 | 204 144 | 217 914 | 246 528 | 232 976 | 254 050 |
| Insurance pension and standardised guarantees | 0 | 0 | 0 | 0 | 0 | 0 | 0 | 0 |
| Financial derivatives and employee stock options | 25 916 | 26 096 | 27 903 | 26 878 | 36 761 | 42 884 | 26 836 | 23 068 |
| Other accounts receivable | 99 870 | 94 608 | 112 593 | 119 923 | 126 662 | 130 522 | 152 949 | 149 664 |
| Financial liabilities | 1 438 354 | 1 443 608 | 1 505 683 | 1 600 857 | 1 709 965 | 1 840 346 | 1 729 918 | 1 828 011 |
| Debt securities | 0 | 0 | 0 | 0 | 0 | 0 | 0 | 0 |
| Short-term debt securities | 0 | 0 | 0 | 0 | 0 | 0 | 0 | 0 |
| Long-term debt securities | 0 | 0 | 0 | 0 | 0 | 0 | 0 | 0 |
| Loans | 3 912 | 3 020 | 4 050 | 4 190 | 7 784 | 7 249 | 8 480 | 6 674 |
| Short-term loans | 2 300 | 1 466 | 2 491 | 1 930 | 4 844 | 4 505 | 5 968 | 5 027 |
| Long-term loans | 1 612 | 1 555 | 1 559 | 2 260 | 2 940 | 2 744 | 2 512 | 1 648 |
| Equity and investment fund shares | 1 293 864 | 1 307 054 | 1 349 244 | 1 441 675 | 1 523 164 | 1 646 404 | 1 526 756 | 1 629 845 |
| Insurance pension and standardised guarantees | 0 | 0 | 0 | 0 | 0 | 0 | 0 | 0 |
| Financial derivatives and employee stock options | 26 667 | 28 154 | 31 214 | 30 534 | 41 582 | 43 307 | 28 860 | 26 013 |
| Other accounts payable | 101 346 | 96 127 | 113 677 | 118 049 | 125 624 | 131 236 | 151 659 | 151 371 |
| Non-financial assets | 38 903 | 43 614 | 51 435 | 60 970 | 55 168 | 63 222 | 76 084 | 81 763 |
| **Money market funds** | | | | | | | | |
| Financial net worth | 0 | 0 | 0 | 0 | 0 | 0 | 0 | 0 |
| Financial assets | 370 535 | 324 945 | 294 317 | 318 661 | 351 695 | 350 898 | 333 239 | 319 904 |
| Currency and deposits | 40 832 | 46 812 | 43 546 | 43 930 | 44 319 | 35 988 | 47 887 | 37 575 |
| Debt securities | 277 341 | 237 529 | 220 601 | 239 966 | 264 669 | 278 202 | 251 105 | 257 761 |
| Loans | 758 | 795 | 891 | 1 041 | 583 | 150 | 921 | 907 |
| Equity and investment fund shares | 48 547 | 35 595 | 26 317 | 28 004 | 38 365 | 32 862 | 29 270 | 19 279 |
| Equity | 0 | 0 | 0 | 0 | 0 | 0 | 885 | 633 |
| Investment fund shares | 48 547 | 35 595 | 26 317 | 28 004 | 38 365 | 32 862 | 28 385 | 18 645 |
| Money market fund shares | 48 127 | 35 232 | 25 949 | 27 898 | 38 017 | 32 622 | 26 714 | 18 313 |
| Non-Money market fund shares | 420 | 363 | 368 | 106 | 347 | 240 | 1 670 | 332 |
| Insurance pension and standardised guarantees | 0 | 0 | 0 | 0 | 0 | 0 | 0 | 0 |
| Financial derivatives and employee stock options | 729 | 703 | 935 | 2 499 | 1 923 | 1 343 | 2 531 | 2 203 |
| Other accounts receivable | 2 328 | 3 510 | 2 027 | 3 221 | 1 836 | 2 353 | 1 525 | 2 178 |
| Financial liabilities | 370 535 | 324 945 | 294 317 | 318 661 | 351 695 | 350 898 | 333 239 | 319 904 |
| Debt securities | 0 | 0 | 0 | 0 | 0 | 0 | 0 | 0 |
| Short-term debt securities | 0 | 0 | 0 | 0 | 0 | 0 | 0 | 0 |
| Long-term debt securities | 0 | 0 | 0 | 0 | 0 | 0 | 0 | 0 |
| Loans | 140 | 0 | 1 | 0 | 3 | 55 | 8 | 0 |
| Short-term loans | 140 | 0 | 1 | 0 | 0 | 51 | 4 | 0 |
| Long-term loans | 0 | 0 | 0 | 0 | 3 | 3 | 3 | 0 |
| Equity and investment fund shares | 365 755 | 318 228 | 288 903 | 311 674 | 346 276 | 345 271 | 327 435 | 314 736 |
| Insurance pension and standardised guarantees | 0 | 0 | 0 | 0 | 0 | 0 | 0 | 0 |
| Financial derivatives and employee stock options | 515 | 781 | 992 | 2 580 | 2 047 | 1 358 | 2 449 | 1 910 |
| Other accounts payable | 3 213 | 4 897 | 2 704 | 3 673 | 2 704 | 3 543 | 3 113 | 2 364 |
| Non-financial assets | 0 | 0 | 0 | 0 | 0 | 0 | 0 | 0 |
| **Non-money market funds** | | | | | | | | |
| Financial net worth | -38 900 | -43 614 | -51 435 | -60 968 | -55 168 | -63 222 | -76 084 | -81 763 |
| Financial assets | 1 028 920 | 1 075 049 | 1 159 930 | 1 221 229 | 1 303 103 | 1 426 227 | 1 320 595 | 1 426 344 |
| Currency and deposits | 46 040 | 36 777 | 41 764 | 43 291 | 43 506 | 44 929 | 46 737 | 45 967 |
| Debt securities | 312 780 | 315 450 | 354 785 | 361 702 | 373 994 | 398 241 | 383 468 | 400 938 |
| Loans | 681 | 1 536 | 1 471 | 1 261 | 4 104 | 4 193 | 4 035 | 5 036 |
| Equity and investment fund shares | 546 690 | 604 796 | 624 377 | 673 894 | 721 835 | 809 153 | 710 625 | 806 052 |
| Equity | 332 447 | 375 711 | 385 051 | 413 225 | 441 745 | 496 129 | 410 953 | 486 490 |
| Investment fund shares | 214 243 | 229 086 | 239 326 | 260 670 | 280 090 | 313 024 | 299 672 | 319 562 |
| Money market fund shares | 50 319 | 52 239 | 50 043 | 56 632 | 62 523 | 66 736 | 68 366 | 65 844 |
| Non-Money market fund shares | 163 923 | 176 846 | 189 283 | 204 037 | 217 566 | 246 288 | 231 306 | 253 718 |
| Insurance pension and standardised guarantees | 0 | 0 | 0 | 0 | 0 | 0 | 0 | 0 |
| Financial derivatives and employee stock options | 25 187 | 25 392 | 26 968 | 24 379 | 34 838 | 41 541 | 24 305 | 20 865 |
| Other accounts receivable | 97 542 | 91 098 | 110 566 | 116 702 | 124 827 | 128 169 | 151 425 | 147 486 |
| Financial liabilities | 1 067 819 | 1 118 664 | 1 211 365 | 1 282 196 | 1 358 270 | 1 489 448 | 1 396 680 | 1 508 107 |
| Debt securities | 0 | 0 | 0 | 0 | 0 | 0 | 0 | 0 |
| Short-term debt securities | 0 | 0 | 0 | 0 | 0 | 0 | 0 | 0 |
| Long-term debt securities | 0 | 0 | 0 | 0 | 0 | 0 | 0 | 0 |
| Loans | 3 772 | 3 020 | 4 049 | 4 190 | 7 781 | 7 194 | 8 473 | 6 674 |
| Short-term loans | 2 160 | 1 466 | 2 490 | 1 930 | 4 844 | 4 454 | 5 964 | 5 027 |
| Long-term loans | 1 612 | 1 555 | 1 559 | 2 260 | 2 937 | 2 741 | 2 509 | 1 648 |
| Equity and investment fund shares | 928 109 | 988 826 | 1 060 342 | 1 130 001 | 1 176 888 | 1 301 132 | 1 199 321 | 1 315 109 |
| Insurance pension and standardised guarantees | 0 | 0 | 0 | 0 | 0 | 0 | 0 | 0 |
| Financial derivatives and employee stock options | 26 152 | 27 373 | 30 222 | 27 954 | 39 535 | 41 950 | 26 411 | 24 104 |
| Other accounts payable | 98 133 | 91 230 | 110 973 | 114 376 | 122 920 | 127 692 | 148 546 | 149 007 |
| Non-financial assets | 38 903 | 43 614 | 51 435 | 60 970 | 55 168 | 63 222 | 76 084 | 81 763 |
| **Open-end non-money market funds** | | | | | | | | |
| Financial net worth | -38 900 | -43 614 | -51 435 | -60 968 | -55 168 | -63 222 | -76 084 | -81 763 |
| Financial assets | 1 028 920 | 1 075 049 | 1 159 930 | 1 221 229 | 1 303 103 | 1 426 227 | 1 320 595 | 1 426 344 |
| Currency and deposits | 46 040 | 36 777 | 41 764 | 43 291 | 43 506 | 44 929 | 46 737 | 45 967 |

## Table 2. Financial assets and liabilities of investment funds *(cont.)*

*Million EUR*

| | 2012 | 2013 | 2014 | 2015 | 2016 | 2017 | 2018 | 2019 |
|---|---|---|---|---|---|---|---|---|
| Debt securities | 312 780 | 315 450 | 354 785 | 361 702 | 373 994 | 398 241 | 383 468 | 400 938 |
| Loans | 681 | 1 536 | 1 471 | 1 261 | 4 104 | 4 193 | 4 035 | 5 036 |
| Equity and investment fund shares | 546 690 | 604 796 | 624 377 | 673 894 | 721 835 | 809 153 | 710 625 | 806 052 |
| Equity | 332 447 | 375 711 | 385 051 | 413 225 | 441 745 | 496 129 | 410 953 | 486 490 |
| Investment fund shares | 214 243 | 229 086 | 239 326 | 260 670 | 280 090 | 313 024 | 299 672 | 319 562 |
| Money market fund shares | 50 319 | 52 239 | 50 043 | 56 632 | 62 523 | 66 736 | 68 366 | 65 844 |
| Non-Money market fund shares | 163 923 | 176 846 | 189 283 | 204 037 | 217 566 | 246 288 | 231 306 | 253 718 |
| Insurance pension and standardised guarantees | 0 | 0 | 0 | 0 | 0 | 0 | 0 | 0 |
| Financial derivatives and employee stock options | 25 187 | 25 392 | 26 968 | 24 379 | 34 838 | 41 541 | 24 305 | 20 865 |
| Other accounts receivable | 97 542 | 91 098 | 110 566 | 116 702 | 124 827 | 128 169 | 151 425 | 147 486 |
| Financial liabilities | 1 067 819 | 1 118 664 | 1 211 365 | 1 282 196 | 1 358 270 | 1 489 448 | 1 396 680 | 1 508 107 |
| Debt securities | 0 | 0 | 0 | 0 | 0 | 0 | 0 | 0 |
| Short-term debt securities | 0 | 0 | 0 | 0 | 0 | 0 | 0 | 0 |
| Long-term debt securities | 0 | 0 | 0 | 0 | 0 | 0 | 0 | 0 |
| Loans | 3 772 | 3 020 | 4 049 | 4 190 | 7 781 | 7 194 | 8 473 | 6 674 |
| Short-term loans | 2 160 | 1 466 | 2 490 | 1 930 | 4 844 | 4 454 | 5 964 | 5 027 |
| Long-term loans | 1 612 | 1 555 | 1 559 | 2 260 | 2 937 | 2 741 | 2 509 | 1 648 |
| Equity and investment fund shares | 928 109 | 988 826 | 1 060 342 | 1 130 001 | 1 176 888 | 1 301 132 | 1 199 321 | 1 315 109 |
| Insurance pension and standardised guarantees | 0 | 0 | 0 | 0 | 0 | 0 | 0 | 0 |
| Financial derivatives and employee stock options | 26 152 | 27 373 | 30 222 | 27 954 | 39 535 | 41 950 | 26 411 | 24 104 |
| Other accounts payable | 98 133 | 91 230 | 110 973 | 114 376 | 122 920 | 127 692 | 148 546 | 149 007 |
| Non-financial assets | 38 903 | 43 614 | 51 435 | 60 970 | 55 168 | 63 222 | 76 084 | 81 763 |
| **Open-end investment funds** | | | | | | | | |
| Financial net worth | -38 900 | -43 614 | -51 435 | -60 968 | -55 168 | -63 222 | -76 084 | -81 763 |
| Financial assets | 1 399 454 | 1 399 994 | 1 454 248 | 1 539 889 | 1 654 798 | 1 777 124 | 1 653 834 | 1 746 247 |
| Currency and deposits | 86 872 | 83 589 | 85 309 | 87 221 | 87 825 | 80 917 | 94 624 | 83 542 |
| Debt securities | 590 121 | 552 979 | 575 387 | 601 667 | 638 663 | 676 443 | 634 573 | 658 699 |
| Loans | 1 439 | 2 331 | 2 362 | 2 301 | 4 687 | 4 343 | 4 956 | 5 943 |
| Equity and investment fund shares | 595 237 | 640 391 | 650 694 | 701 899 | 760 199 | 842 015 | 739 895 | 825 331 |
| Equity | 332 447 | 375 711 | 385 051 | 413 225 | 441 745 | 496 129 | 411 838 | 487 123 |
| Investment fund shares | 262 789 | 264 681 | 265 643 | 288 674 | 318 454 | 345 886 | 328 057 | 338 208 |
| Money market fund shares | 98 446 | 87 471 | 75 992 | 84 530 | 100 541 | 99 358 | 95 080 | 84 157 |
| Non-Money market fund shares | 164 343 | 177 210 | 189 651 | 204 144 | 217 914 | 246 528 | 232 976 | 254 050 |
| Insurance pension and standardised guarantees | 0 | 0 | 0 | 0 | 0 | 0 | 0 | 0 |
| Financial derivatives and employee stock options | 25 916 | 26 096 | 27 903 | 26 878 | 36 761 | 42 884 | 26 836 | 23 068 |
| Other accounts receivable | 99 870 | 94 608 | 112 593 | 119 923 | 126 662 | 130 522 | 152 949 | 149 664 |
| Financial liabilities | 1 438 354 | 1 443 608 | 1 505 683 | 1 600 857 | 1 709 965 | 1 840 346 | 1 729 918 | 1 828 011 |
| Debt securities | 0 | 0 | 0 | 0 | 0 | 0 | 0 | 0 |
| Short-term debt securities | 0 | 0 | 0 | 0 | 0 | 0 | 0 | 0 |
| Long-term debt securities | 0 | 0 | 0 | 0 | 0 | 0 | 0 | 0 |
| Loans | 3 912 | 3 020 | 4 050 | 4 190 | 7 784 | 7 249 | 8 480 | 6 674 |
| Short-term loans | 2 300 | 1 466 | 2 491 | 1 930 | 4 844 | 4 505 | 5 968 | 5 027 |
| Long-term loans | 1 612 | 1 555 | 1 559 | 2 260 | 2 940 | 2 744 | 2 512 | 1 648 |
| Equity and investment fund shares | 1 293 864 | 1 307 054 | 1 349 244 | 1 441 675 | 1 523 164 | 1 646 404 | 1 526 756 | 1 629 845 |
| Insurance pension and standardised guarantees | 0 | 0 | 0 | 0 | 0 | 0 | 0 | 0 |
| Financial derivatives and employee stock options | 26 667 | 28 154 | 31 214 | 30 534 | 41 582 | 43 307 | 28 860 | 26 013 |
| Other accounts payable | 101 346 | 96 127 | 113 677 | 118 049 | 125 624 | 131 236 | 151 659 | 151 371 |
| Non-financial assets | 38 903 | 43 614 | 51 435 | 60 970 | 55 168 | 63 222 | 76 084 | 81 763 |

Note: Detailed metadata at: *http://metalinks.oecd.org/instinv/20200916/f42e*

# FRANCE

## Table 3. Financial assets and liabilities of insurance corporations and pension funds

*Million EUR*

| | 2012 | 2013 | 2014 | 2015 | 2016 | 2017 | 2018 | 2019 |
|---|---|---|---|---|---|---|---|---|
| **Insurance corporations and pension funds** | | | | | | | | |
| Financial net worth | 120 316 | 128 281 | 231 981 | 218 294 | -41 501 | -43 657 | -42 966 | -44 622 |
| Financial assets | 2 076 202 | 2 182 607 | 2 398 823 | 2 469 679 | 2 687 180 | 2 781 133 | 2 762 788 | 2 980 771 |
| Currency and deposits | 24 992 | 29 306 | 34 040 | 36 879 | 37 878 | 39 323 | 41 852 | 47 807 |
| Debt securities | 1 275 546 | 1 319 433 | 1 461 006 | 1 464 553 | 1 556 526 | 1 539 056 | 1 527 397 | 1 620 337 |
| Loans | 35 278 | 36 170 | 37 266 | 38 632 | 61 646 | 58 878 | 63 311 | 64 017 |
| Equity and investment fund shares | 642 192 | 682 792 | 746 752 | 806 263 | 842 797 | 942 674 | 927 779 | 1 030 202 |
| Equity | 208 717 | 232 519 | 252 642 | 281 492 | 215 350 | 228 783 | 240 186 | 268 726 |
| Investment fund shares | 433 476 | 450 273 | 494 110 | 524 771 | 627 447 | 713 891 | 687 593 | 761 476 |
| Money market fund shares | 84 812 | 61 604 | 66 067 | 65 965 | 74 536 | 91 218 | 82 921 | 85 497 |
| Non-Money market fund shares | 348 664 | 388 669 | 428 043 | 458 806 | 552 911 | 622 673 | 604 672 | 675 979 |
| Insurance pension and standardised guarantees | 92 866 | 111 346 | 115 443 | 119 887 | 102 353 | 112 958 | 113 267 | 124 451 |
| Financial derivatives and employee stock options | 5 276 | 3 507 | 4 263 | 3 412 | 4 977 | 4 367 | 4 994 | 5 063 |
| Other accounts receivable | 53 | 54 | 54 | 54 | 81 003 | 83 877 | 84 188 | 88 894 |
| Financial liabilities | 1 955 886 | 2 054 326 | 2 166 842 | 2 251 385 | 2 728 681 | 2 824 790 | 2 805 754 | 3 025 393 |
| Debt securities | 9 335 | 11 235 | 15 892 | 17 338 | 61 202 | 63 091 | 67 084 | 64 295 |
| Short-term debt securities | 237 | 107 | 107 | 123 | .. | .. | .. | .. |
| Long-term debt securities | 9 098 | 11 128 | 15 785 | 17 215 | .. | .. | .. | .. |
| Loans | 77 126 | 88 206 | 99 616 | 104 029 | 79 900 | 88 034 | 93 179 | 98 108 |
| Short-term loans | 43 042 | 53 029 | 63 907 | 66 477 | .. | .. | .. | .. |
| Long-term loans | 34 084 | 35 177 | 35 709 | 37 552 | .. | .. | .. | .. |
| Equity and investment fund shares | 99 615 | 109 596 | 117 869 | 118 884 | 289 185 | 315 494 | 319 019 | 369 397 |
| Insurance pension and standardised guarantees | 1 735 678 | 1 811 041 | 1 897 780 | 1 976 940 | 2 170 754 | 2 225 950 | 2 195 265 | 2 350 274 |
| Financial derivatives and employee stock options | 138 | 426 | 1 895 | 386 | 2 842 | 2 812 | 2 574 | 2 879 |
| Other accounts payable | 33 995 | 33 822 | 33 790 | 33 809 | 124 798 | 129 409 | 128 633 | 140 440 |
| Non-financial assets | 26 309 | 27 356 | 27 785 | 28 618 | 41 504 | 43 647 | 42 969 | 44 607 |
| **Insurance corporations** | | | | | | | | |
| Financial net worth | 120 316 | 128 281 | 231 981 | 218 294 | -41 501 | -43 657 | -42 966 | -44 622 |
| Financial assets | 2 076 202 | 2 182 607 | 2 398 823 | 2 469 679 | 2 687 180 | 2 781 133 | 2 762 788 | 2 980 771 |
| Currency and deposits | 24 992 | 29 306 | 34 040 | 36 879 | 37 878 | 39 323 | 41 852 | 47 807 |
| Debt securities | 1 275 546 | 1 319 433 | 1 461 006 | 1 464 553 | 1 556 526 | 1 539 056 | 1 527 397 | 1 620 337 |
| Loans | 35 278 | 36 170 | 37 266 | 38 632 | 61 646 | 58 878 | 63 311 | 64 017 |
| Equity and investment fund shares | 642 192 | 682 792 | 746 752 | 806 263 | 842 797 | 942 674 | 927 779 | 1 030 202 |
| Equity | 208 717 | 232 519 | 252 642 | 281 492 | 215 350 | 228 783 | 240 186 | 268 726 |
| Investment fund shares | 433 476 | 450 273 | 494 110 | 524 771 | 627 447 | 713 891 | 687 593 | 761 476 |
| Money market fund shares | 84 812 | 61 604 | 66 067 | 65 965 | 74 536 | 91 218 | 82 921 | 85 497 |
| Non-Money market fund shares | 348 664 | 388 669 | 428 043 | 458 806 | 552 911 | 622 673 | 604 672 | 675 979 |
| Insurance pension and standardised guarantees | 92 866 | 111 346 | 115 443 | 119 887 | 102 353 | 112 958 | 113 267 | 124 451 |
| Financial derivatives and employee stock options | 5 276 | 3 507 | 4 263 | 3 412 | 4 977 | 4 367 | 4 994 | 5 063 |
| Other accounts receivable | 53 | 54 | 54 | 54 | 81 003 | 83 877 | 84 188 | 88 894 |
| Financial liabilities | 1 955 886 | 2 054 326 | 2 166 842 | 2 251 385 | 2 728 681 | 2 824 790 | 2 805 754 | 3 025 393 |
| Debt securities | 9 335 | 11 235 | 15 892 | 17 338 | 61 202 | 63 091 | 67 084 | 64 295 |
| Short-term debt securities | 237 | 107 | 107 | 123 | .. | .. | .. | .. |
| Long-term debt securities | 9 098 | 11 128 | 15 785 | 17 215 | .. | .. | .. | .. |
| Loans | 77 126 | 88 206 | 99 616 | 104 029 | 79 900 | 88 034 | 93 179 | 98 108 |
| Short-term loans | 43 042 | 53 029 | 63 907 | 66 477 | .. | .. | .. | .. |
| Long-term loans | 34 084 | 35 177 | 35 709 | 37 552 | .. | .. | .. | .. |
| Equity and investment fund shares | 99 615 | 109 596 | 117 869 | 118 884 | 289 185 | 315 494 | 319 019 | 369 397 |
| Insurance pension and standardised guarantees | 1 735 678 | 1 811 041 | 1 897 780 | 1 976 940 | 2 170 754 | 2 225 950 | 2 195 265 | 2 350 274 |
| Financial derivatives and employee stock options | 138 | 426 | 1 895 | 386 | 2 842 | 2 812 | 2 574 | 2 879 |
| Other accounts payable | 33 995 | 33 822 | 33 790 | 33 809 | 124 798 | 129 409 | 128 633 | 140 440 |
| Non-financial assets | 26 309 | 27 356 | 27 785 | 28 618 | 41 504 | 43 647 | 42 969 | 44 607 |
| **Pension funds** | | | | | | | | |
| Financial net worth | .. | .. | .. | .. | .. | .. | .. | .. |
| Financial assets | .. | .. | .. | .. | .. | .. | .. | .. |
| Currency and deposits | .. | .. | .. | .. | .. | .. | .. | .. |
| Debt securities | .. | .. | .. | .. | .. | .. | .. | .. |
| Loans | .. | .. | .. | .. | .. | .. | .. | .. |
| Equity and investment fund shares | .. | .. | .. | .. | .. | .. | .. | .. |
| Equity | .. | .. | .. | .. | .. | .. | .. | .. |
| Investment fund shares | .. | .. | .. | .. | .. | .. | .. | .. |
| Money market fund shares | .. | .. | .. | .. | .. | .. | .. | .. |
| Non-Money market fund shares | .. | .. | .. | .. | .. | .. | .. | .. |
| Insurance pension and standardised guarantees | .. | .. | .. | .. | .. | .. | .. | .. |
| Financial derivatives and employee stock options | .. | .. | .. | .. | .. | .. | .. | .. |
| Other accounts receivable | .. | .. | .. | .. | .. | .. | .. | .. |
| Financial liabilities | .. | .. | .. | .. | .. | .. | .. | .. |
| Debt securities | .. | .. | .. | .. | .. | .. | .. | .. |
| Short-term debt securities | .. | .. | .. | .. | .. | .. | .. | .. |
| Long-term debt securities | .. | .. | .. | .. | .. | .. | .. | .. |
| Loans | .. | .. | .. | .. | .. | .. | .. | .. |
| Short-term loans | .. | .. | .. | .. | .. | .. | .. | .. |
| Long-term loans | .. | .. | .. | .. | .. | .. | .. | .. |
| Equity and investment fund shares | .. | .. | .. | .. | .. | .. | .. | .. |
| Insurance pension and standardised guarantees | .. | .. | .. | .. | .. | .. | .. | .. |
| Financial derivatives and employee stock options | .. | .. | .. | .. | .. | .. | .. | .. |
| Other accounts payable | .. | .. | .. | .. | .. | .. | .. | .. |
| Non-financial assets | .. | .. | .. | .. | .. | .. | .. | .. |

Note: Detailed metadata at: *http://metalinks.oecd.org/instinv/20200916/f42e*

# FRANCE

## Table 4. Portfolio composition by type of investor
As percentage of financial assets and of financial liabilities

*Per cent*

| | 2012 | 2013 | 2014 | 2015 | 2016 | 2017 | 2018 | 2019 |
|---|---|---|---|---|---|---|---|---|
| **Investment funds** | | | | | | | | |
| Financial assets | 100.0 | 100.0 | 100.0 | 100.0 | 100.0 | 100.0 | 100.0 | 100.0 |
| Currency and deposits | 6.2 | 6.0 | 5.9 | 5.7 | 5.3 | 4.6 | 5.7 | 4.8 |
| Debt securities | 42.2 | 39.5 | 39.6 | 39.1 | 38.6 | 38.1 | 38.4 | 37.7 |
| Loans | 0.1 | 0.2 | 0.2 | 0.1 | 0.3 | 0.2 | 0.3 | 0.3 |
| Equity and investment fund shares | 42.5 | 45.7 | 44.7 | 45.6 | 45.9 | 47.4 | 44.7 | 47.3 |
| Insurance pension and standardised guarantee schemes | 0.0 | 0.0 | 0.0 | 0.0 | 0.0 | 0.0 | 0.0 | 0.0 |
| Financial derivatives and employee stock options | 1.9 | 1.9 | 1.9 | 1.7 | 2.2 | 2.4 | 1.6 | 1.3 |
| Other accounts receivable | 7.1 | 6.8 | 7.7 | 7.8 | 7.7 | 7.3 | 9.2 | 8.6 |
| Financial liabilities | 100.0 | 100.0 | 100.0 | 100.0 | 100.0 | 100.0 | 100.0 | 100.0 |
| Currency and deposits | 0.9 | 0.6 | 0.5 | 0.4 | 0.7 | 0.7 | 0.8 | 0.8 |
| Debt securities | 0.0 | 0.0 | 0.0 | 0.0 | 0.0 | 0.0 | 0.0 | 0.0 |
| Loans | 0.3 | 0.2 | 0.3 | 0.3 | 0.5 | 0.4 | 0.5 | 0.4 |
| Equity and investment fund shares | 90.0 | 90.5 | 89.6 | 90.1 | 89.1 | 89.5 | 88.3 | 89.2 |
| Insurance pension and standardised guarantee schemes | 0.0 | 0.0 | 0.0 | 0.0 | 0.0 | 0.0 | 0.0 | 0.0 |
| Financial derivatives and employee stock options | 1.9 | 2.0 | 2.1 | 1.9 | 2.4 | 2.4 | 1.7 | 1.4 |
| Other accounts receivable | 7.0 | 6.7 | 7.5 | 7.4 | 7.3 | 7.1 | 8.8 | 8.3 |
| **Insurance corporations** | | | | | | | | |
| Financial assets | 100.0 | 100.0 | 100.0 | 100.0 | 100.0 | 100.0 | 100.0 | 100.0 |
| Currency and deposits | 1.2 | 1.3 | 1.4 | 1.5 | 1.4 | 1.4 | 1.5 | 1.6 |
| Debt securities | 61.4 | 60.5 | 60.9 | 59.3 | 57.9 | 55.3 | 55.3 | 54.4 |
| Loans | 1.7 | 1.7 | 1.6 | 1.6 | 2.3 | 2.1 | 2.3 | 2.1 |
| Equity and investment fund shares | 30.9 | 31.3 | 31.1 | 32.6 | 31.4 | 33.9 | 33.6 | 34.6 |
| Insurance pension and standardised guarantee schemes | 4.5 | 5.1 | 4.8 | 4.9 | 3.8 | 4.1 | 4.1 | 4.2 |
| Financial derivatives and employee stock options | 0.3 | 0.2 | 0.2 | 0.1 | 0.2 | 0.2 | 0.2 | 0.2 |
| Other accounts receivable | 0.0 | 0.0 | 0.0 | 0.0 | 3.0 | 3.0 | 3.0 | 3.0 |
| Financial liabilities | 100.0 | 100.0 | 100.0 | 100.0 | 100.0 | 100.0 | 100.0 | 100.0 |
| Currency and deposits | 0.0 | 0.0 | 0.0 | 0.0 | 0.0 | 0.0 | 0.0 | 0.0 |
| Debt securities | 0.5 | 0.5 | 0.7 | 0.8 | 2.2 | 2.2 | 2.4 | 2.1 |
| Loans | 3.9 | 4.3 | 4.6 | 4.6 | 2.9 | 3.1 | 3.3 | 3.2 |
| Equity and investment fund shares | 5.1 | 5.3 | 5.4 | 5.3 | 10.6 | 11.2 | 11.4 | 12.2 |
| Insurance pension and standardised guarantee schemes | 88.7 | 88.2 | 87.6 | 87.8 | 79.6 | 78.8 | 78.2 | 77.7 |
| Financial derivatives and employee stock options | 0.0 | 0.0 | 0.1 | 0.0 | 0.1 | 0.1 | 0.1 | 0.1 |
| Other accounts receivable | 1.7 | 1.6 | 1.6 | 1.5 | 4.6 | 4.6 | 4.6 | 4.6 |
| **Pension funds** | | | | | | | | |
| Financial assets | .. | .. | .. | .. | .. | .. | .. | .. |
| Currency and deposits | .. | .. | .. | .. | .. | .. | .. | .. |
| Debt securities | .. | .. | .. | .. | .. | .. | .. | .. |
| Loans | .. | .. | .. | .. | .. | .. | .. | .. |
| Equity and investment fund shares | .. | .. | .. | .. | .. | .. | .. | .. |
| Insurance pension and standardised guarantee schemes | .. | .. | .. | .. | .. | .. | .. | .. |
| Financial derivatives and employee stock options | .. | .. | .. | .. | .. | .. | .. | .. |
| Other accounts receivable | .. | .. | .. | .. | .. | .. | .. | .. |
| Financial liabilities | .. | .. | .. | .. | .. | .. | .. | .. |
| Currency and deposits | .. | .. | .. | .. | .. | .. | .. | .. |
| Debt securities | .. | .. | .. | .. | .. | .. | .. | .. |
| Loans | .. | .. | .. | .. | .. | .. | .. | .. |
| Equity and investment fund shares | .. | .. | .. | .. | .. | .. | .. | .. |
| Insurance pension and standardised guarantee schemes | .. | .. | .. | .. | .. | .. | .. | .. |
| Financial derivatives and employee stock options | .. | .. | .. | .. | .. | .. | .. | .. |
| Other accounts receivable | .. | .. | .. | .. | .. | .. | .. | .. |

Note: Detailed metadata at: *http://metalinks.oecd.org/instinv/20200916/eb22*

# GERMANY

## Table 1. Financial assets and liabilities of institutional investors, 2018

*Million EUR (1999 DEM euro)*

| | Total | Investment funds | | | |
|---|---|---|---|---|---|
| | | Non-money market funds | | | Money market funds |
| | | Total | Open-end non-money market funds | Closed-end non-money market funds | Total |
| Financial assets | 2 042 206 | 2 039 552 | .. | .. | 2 654 |
| Currency and deposits | 100 681 | 100 335 | .. | .. | 346 |
| Debt securities | 956 378 | 954 124 | .. | .. | 2 254 |
| Debt securities, short term | 7 241 | 6 980 | .. | .. | 261 |
| Debt securities, long term | 949 137 | 947 144 | .. | .. | 1 993 |
| Debt securities issued by residents | 146 757 | 146 348 | .. | .. | 409 |
| Debt securities issued by non-residents | 809 621 | 807 776 | .. | .. | 1 845 |
| Loans | 32 147 | 32 147 | .. | .. | 0 |
| Loans, short-term | 0 | 0 | .. | .. | 0 |
| Loans, long-term | 32 147 | 32 147 | .. | .. | 0 |
| Loans granted to residents | 7 736 | 7 736 | .. | .. | 0 |
| Loans granted to non-residents | 24 411 | 24 411 | .. | .. | 0 |
| Equity and investment fund shares/units | 894 219 | 894 174 | .. | .. | 45 |
| Equity and investment fund shares issued/units by residents | .. | .. | .. | .. | .. |
| Equity and investment fund shares/units issued by non residents | .. | .. | .. | .. | .. |
| Other accounts receivable | 39 941 | 39 932 | .. | .. | 9 |

| | Total | Investment funds | | | |
|---|---|---|---|---|---|
| | | Non-money market funds | | | Money market funds |
| | | Total | Open-end non-money market funds | Closed-end non-money market funds | Total |
| Financial liabilities | 2 204 397 | 2 201 743 | .. | .. | 2 654 |
| Currency and deposits | .. | .. | .. | .. | .. |
| Debt securities | .. | 0 | .. | .. | 0 |
| Debt securities, short term | .. | 0 | .. | .. | 0 |
| Debt securities, long term | .. | 0 | .. | .. | 0 |
| Loans | 60 771 | 60 771 | .. | .. | .. |
| Loans, short-term | 0 | 0 | .. | .. | .. |
| Loans, long-term | 60 771 | 60 771 | .. | .. | .. |
| Equity and investment fund shares/units | 2 110 690 | 2 108 055 | .. | .. | 2 635 |
| Insurance pension and standardised guaratees | .. | 0 | .. | .. | .. |
| Financial derivatives and employee stock options | 13 288 | 13 288 | .. | .. | 0 |
| Other accounts payable | 19 648 | 19 628 | .. | .. | 20 |

| | Total | Insurance corporations and pension funds | | | |
|---|---|---|---|---|---|
| | | Insurance corporations | | | Pension funds |
| | | Total | Life insurance corporations | Non-life insurance corporations | Total |
| Financial assets | 2 678 564 | 2 036 906 | .. | .. | 641 658 |
| Currency and deposits | 395 066 | 299 580 | .. | .. | 95 486 |
| Debt securities | 467 931 | 419 230 | .. | .. | 48 701 |
| Debt securities, short-term | 3 172 | 3 085 | .. | .. | 87 |
| Debt securities, long term | 464 759 | 416 145 | .. | .. | 48 614 |
| Debt securities issued by residents | 118 598 | 110 083 | .. | .. | 8 515 |
| Debt securities issued by non-residents | 349 334 | 309 147 | .. | .. | 40 187 |
| Loans | 348 625 | 316 977 | .. | .. | 31 648 |
| Loans, short-term | 55 139 | 54 298 | .. | .. | 841 |
| Loans, long-term | 293 486 | 262 679 | .. | .. | 30 807 |
| Loans granted to residents | 292 447 | 263 003 | .. | .. | 29 444 |
| Loans granted to non-residents | 56 178 | 53 974 | .. | .. | 2 204 |
| Equity and investment fund shares/units | 1 306 997 | 867 494 | .. | .. | 439 503 |
| Equity and investment fund shares/units issued by residents | .. | .. | .. | .. | .. |
| Equity and investment fund shares/units issued by non residents | .. | .. | .. | .. | .. |
| Other accounts receivable | 72 175 | 53 979 | .. | .. | 18 196 |

| | Total | Insurance corporations and pension funds | | | |
|---|---|---|---|---|---|
| | | Insurance corporations | | | Pension funds |
| | | Total | Life insurance corporations | Non-life insurance corporations | Total |
| Financial liabilities | 2 686 674 | 2 115 243 | .. | .. | 571 431 |
| Currency and deposits | .. | .. | .. | .. | .. |
| Debt securities | 20 691 | 20 669 | .. | .. | 22 |
| Debt securities, short term | 986 | 986 | .. | .. | 0 |
| Debt securities, long term | 19 705 | 19 683 | .. | .. | 22 |
| Loans | 82 673 | 75 266 | .. | .. | 7 407 |
| Loans, short-term | 45 447 | 39 406 | .. | .. | 6 041 |
| Loans, long-term | 37 226 | 35 860 | .. | .. | 1 366 |
| Equity and investment fund shares/units | 267 123 | 267 123 | .. | .. | 0 |
| Insurance pension and standardised guaratees | 2 204 207 | 1 641 887 | .. | .. | 562 320 |
| Financial derivatives and employee stock options | 2 011 | 2 011 | .. | .. | 0 |
| Other accounts payable | 109 969 | 108 287 | .. | .. | 1 682 |

Note: Detailed metadata at: *http://metalinks.oecd.org/instinv/20200916/0869*

# GERMANY

## Table 2. Financial assets and liabilities of investment funds

*Million EUR*

| | 2012 | 2013 | 2014 | 2015 | 2016 | 2017 | 2018 | 2019 |
|---|---|---|---|---|---|---|---|---|
| **Investment funds** | | | | | | | | |
| Financial net worth | -96 695 | -97 653 | -98 073 | -144 114 | -145 160 | -150 538 | -162 191 | -178 958 |
| Financial assets | 1 261 524 | 1 368 047 | 1 555 370 | 1 737 341 | 1 903 734 | 2 046 734 | 2 042 206 | 2 367 591 |
| Currency and deposits | 68 417 | 70 050 | 70 131 | 87 478 | 82 148 | 93 375 | 100 681 | 91 929 |
| Debt securities | 693 135 | 715 174 | 824 795 | 845 937 | 914 715 | 939 689 | 956 378 | 1 068 409 |
| Loans | 11 773 | 12 082 | 13 905 | 19 599 | 23 361 | 27 872 | 32 147 | 38 321 |
| Equity and investment fund shares | 458 300 | 541 704 | 606 113 | 731 530 | 824 122 | 930 541 | 894 219 | 1 103 755 |
| Equity | 252 403 | 307 204 | 329 351 | 411 289 | 445 938 | 501 481 | 460 074 | 582 443 |
| Investment fund shares | 205 897 | 234 500 | 276 762 | 320 241 | 378 183 | 429 060 | 434 145 | 521 312 |
| Money market fund shares | 2 025 | 1 671 | 1 894 | 3 152 | 4 837 | 8 171 | 9 962 | 10 852 |
| Non-Money market fund shares | 203 872 | 232 830 | 274 867 | 317 088 | 373 347 | 420 889 | 424 183 | 510 460 |
| Insurance pension and standardised guarantees | 0 | 0 | 0 | 0 | 0 | 0 | 0 | 2 |
| Financial derivatives and employee stock options | 10 889 | 9 256 | 14 586 | 15 504 | 19 228 | 18 206 | 18 840 | 22 374 |
| Other accounts receivable | 19 009 | 19 781 | 25 840 | 37 293 | 40 160 | 37 051 | 39 941 | 42 803 |
| Financial liabilities | 1 358 219 | 1 465 700 | 1 653 443 | 1 881 455 | 2 048 894 | 2 197 272 | 2 204 397 | 2 546 549 |
| Debt securities | .. | .. | .. | .. | .. | .. | .. | .. |
| Short-term debt securities | .. | .. | .. | .. | .. | .. | .. | .. |
| Long-term debt securities | .. | .. | .. | .. | .. | .. | .. | .. |
| Loans | 32 143 | 29 222 | 30 753 | 64 062 | 60 806 | 60 693 | 60 771 | 66 303 |
| Short-term loans | 0 | 0 | 0 | 0 | 0 | 0 | 0 | 0 |
| Long-term loans | 32 143 | 29 222 | 30 753 | 64 062 | 60 806 | 60 693 | 60 771 | 66 303 |
| Equity and investment fund shares | 1 309 466 | 1 421 288 | 1 597 283 | 1 787 882 | 1 954 555 | 2 109 812 | 2 110 690 | 2 445 849 |
| Insurance pension and standardised guarantees | .. | .. | .. | .. | .. | .. | .. | .. |
| Financial derivatives and employee stock options | 4 647 | 4 175 | 12 041 | 12 469 | 16 445 | 9 261 | 13 288 | 13 789 |
| Other accounts payable | 11 963 | 11 017 | 13 367 | 17 042 | 17 088 | 17 506 | 19 648 | 20 608 |
| Non-financial assets | .. | .. | .. | .. | .. | .. | .. | .. |
| **Money market funds** | | | | | | | | |
| Financial net worth | 0 | 0 | 0 | 0 | 0 | 0 | 0 | 0 |
| Financial assets | 7 824 | 4 515 | 3 895 | 3 836 | 2 648 | 2 355 | 2 654 | 2 159 |
| Currency and deposits | 322 | 315 | 240 | 355 | 152 | 230 | 346 | 238 |
| Debt securities | 5 414 | 4 129 | 3 633 | 3 462 | 2 410 | 2 052 | 2 254 | 1 890 |
| Loans | 24 | 10 | 0 | 0 | 13 | 15 | 0 | 0 |
| Equity and investment fund shares | 2 025 | 24 | 9 | 7 | 61 | 49 | 45 | 27 |
| Equity | .. | .. | .. | .. | .. | .. | .. | .. |
| Investment fund shares | 2 025 | 24 | 9 | 7 | 61 | 49 | 45 | 27 |
| Money market fund shares | 2 025 | 5 | 9 | 7 | 61 | 49 | 45 | 27 |
| Non-Money market fund shares | 0 | 19 | 0 | 0 | 0 | 0 | 0 | 0 |
| Insurance pension and standardised guarantees | .. | .. | .. | .. | .. | .. | .. | .. |
| Financial derivatives and employee stock options | 1 | 0 | 0 | 0 | 0 | 0 | 0 | 0 |
| Other accounts receivable | 37 | 37 | 13 | 12 | 12 | 9 | 9 | 4 |
| Financial liabilities | 7 824 | 4 515 | 3 895 | 3 836 | 2 648 | 2 355 | 2 654 | 2 159 |
| Debt securities | 0 | 0 | 0 | 0 | 0 | 0 | 0 | 0 |
| Short-term debt securities | 0 | 0 | 0 | 0 | 0 | 0 | 0 | 0 |
| Long-term debt securities | 0 | 0 | 0 | 0 | 0 | 0 | 0 | 0 |
| Loans | .. | .. | .. | .. | .. | .. | .. | .. |
| Short-term loans | .. | .. | .. | .. | .. | .. | .. | .. |
| Long-term loans | .. | .. | .. | .. | .. | .. | .. | .. |
| Equity and investment fund shares | 7 703 | 4 510 | 3 884 | 3 834 | 2 645 | 2 352 | 2 635 | 2 102 |
| Insurance pension and standardised guarantees | .. | .. | .. | .. | .. | .. | .. | .. |
| Financial derivatives and employee stock options | 0 | 0 | 0 | 0 | 0 | 0 | 0 | 0 |
| Other accounts payable | 121 | 6 | 12 | 2 | 3 | 3 | 20 | 57 |
| Non-financial assets | .. | .. | .. | .. | .. | .. | .. | .. |
| **Non-money market funds** | | | | | | | | |
| Financial net worth | -96 695 | -97 653 | -98 073 | -144 114 | -145 160 | -150 538 | -162 191 | -178 958 |
| Financial assets | 1 253 700 | 1 363 532 | 1 551 475 | 1 733 505 | 1 901 086 | 2 044 379 | 2 039 552 | 2 365 432 |
| Currency and deposits | 68 095 | 69 735 | 69 891 | 87 123 | 81 996 | 93 145 | 100 335 | 91 691 |
| Debt securities | 687 721 | 711 045 | 821 162 | 842 475 | 912 305 | 937 637 | 954 124 | 1 066 519 |
| Loans | 11 749 | 12 072 | 13 905 | 19 599 | 23 348 | 27 857 | 32 147 | 38 321 |
| Equity and investment fund shares | 456 275 | 541 680 | 606 104 | 731 523 | 824 061 | 930 492 | 894 174 | 1 103 728 |
| Equity | 252 403 | 307 204 | 329 351 | 411 289 | 445 938 | 501 481 | 460 074 | 582 443 |
| Investment fund shares | 203 872 | 234 476 | 276 753 | 320 234 | 378 122 | 429 011 | 434 100 | 521 285 |
| Money market fund shares | 0 | 1 666 | 1 885 | 3 145 | 4 776 | 8 122 | 9 917 | 10 825 |
| Non-Money market fund shares | 203 872 | 232 811 | 274 867 | 317 088 | 373 347 | 420 889 | 424 183 | 510 460 |
| Insurance pension and standardised guarantees | 0 | 0 | 0 | 0 | 0 | 0 | 0 | 0 |
| Financial derivatives and employee stock options | 10 888 | 9 256 | 14 586 | 15 504 | 19 228 | 18 206 | 18 840 | 22 374 |
| Other accounts receivable | 18 972 | 19 744 | 25 827 | 37 281 | 40 148 | 37 042 | 39 932 | 42 799 |
| Financial liabilities | 1 350 395 | 1 461 185 | 1 649 548 | 1 877 619 | 2 046 246 | 2 194 917 | 2 201 743 | 2 544 390 |
| Debt securities | 0 | 0 | 0 | 0 | 0 | 0 | 0 | 0 |
| Short-term debt securities | 0 | 0 | 0 | 0 | 0 | 0 | 0 | 0 |
| Long-term debt securities | 0 | 0 | 0 | 0 | 0 | 0 | 0 | 0 |
| Loans | 32 143 | 29 222 | 30 753 | 64 062 | 60 806 | 60 693 | 60 771 | 66 303 |
| Short-term loans | 0 | 0 | 0 | 0 | 0 | 0 | 0 | 0 |
| Long-term loans | 32 143 | 29 222 | 30 753 | 64 062 | 60 806 | 60 693 | 60 771 | 66 303 |
| Equity and investment fund shares | 1 301 763 | 1 416 778 | 1 593 399 | 1 784 048 | 1 951 910 | 2 107 460 | 2 108 055 | 2 443 747 |
| Insurance pension and standardised guarantees | 0 | 0 | 0 | 0 | 0 | 0 | 0 | 0 |
| Financial derivatives and employee stock options | 4 647 | 4 175 | 12 041 | 12 469 | 16 445 | 9 261 | 13 288 | 13 789 |
| Other accounts payable | 11 842 | 11 011 | 13 355 | 17 040 | 17 085 | 17 503 | 19 628 | 20 551 |
| Non-financial assets | .. | .. | .. | .. | .. | .. | .. | .. |
| **Open-end non-money market funds** | | | | | | | | |
| Financial net worth | .. | .. | .. | .. | .. | .. | .. | .. |
| Financial assets | .. | .. | .. | .. | .. | .. | .. | .. |
| Currency and deposits | .. | .. | .. | .. | .. | .. | .. | .. |

# GERMANY

## Table 2. Financial assets and liabilities of investment funds *(cont.)*

*Million EUR*

| | 2012 | 2013 | 2014 | 2015 | 2016 | 2017 | 2018 | 2019 |
|---|---|---|---|---|---|---|---|---|
| Debt securities | .. | .. | .. | .. | .. | .. | .. | .. |
| Loans | .. | .. | .. | .. | .. | .. | .. | .. |
| Equity and investment fund shares | .. | .. | .. | .. | .. | .. | .. | .. |
| Equity | .. | .. | .. | .. | .. | .. | .. | .. |
| Investment fund shares | .. | .. | .. | .. | .. | .. | .. | .. |
| Money market fund shares | .. | .. | .. | .. | .. | .. | .. | .. |
| Non-Money market fund shares | .. | .. | .. | .. | .. | .. | .. | .. |
| Insurance pension and standardised guarantees | .. | .. | .. | .. | .. | .. | .. | .. |
| Financial derivatives and employee stock options | .. | .. | .. | .. | .. | .. | .. | .. |
| Other accounts receivable | .. | .. | .. | .. | .. | .. | .. | .. |
| Financial liabilities | .. | .. | .. | .. | .. | .. | .. | .. |
| Debt securities | .. | .. | .. | .. | .. | .. | .. | .. |
| Short-term debt securities | .. | .. | .. | .. | .. | .. | .. | .. |
| Long-term debt securities | .. | .. | .. | .. | .. | .. | .. | .. |
| Loans | .. | .. | .. | .. | .. | .. | .. | .. |
| Short-term loans | .. | .. | .. | .. | .. | .. | .. | .. |
| Long-term loans | .. | .. | .. | .. | .. | .. | .. | .. |
| Equity and investment fund shares | .. | .. | .. | .. | .. | .. | .. | .. |
| Insurance pension and standardised guarantees | .. | .. | .. | .. | .. | .. | .. | .. |
| Financial derivatives and employee stock options | .. | .. | .. | .. | .. | .. | .. | .. |
| Other accounts payable | .. | .. | .. | .. | .. | .. | .. | .. |
| Non-financial assets | .. | .. | .. | .. | .. | .. | .. | .. |
| **Open-end investment funds** | | | | | | | | |
| Financial net worth | .. | .. | .. | .. | .. | .. | .. | .. |
| Financial assets | .. | .. | .. | .. | .. | .. | .. | .. |
| Currency and deposits | .. | .. | .. | .. | .. | .. | .. | .. |
| Debt securities | .. | .. | .. | .. | .. | .. | .. | .. |
| Loans | .. | .. | .. | .. | .. | .. | .. | .. |
| Equity and investment fund shares | .. | .. | .. | .. | .. | .. | .. | .. |
| Equity | .. | .. | .. | .. | .. | .. | .. | .. |
| Investment fund shares | .. | .. | .. | .. | .. | .. | .. | .. |
| Money market fund shares | .. | .. | .. | .. | .. | .. | .. | .. |
| Non-Money market fund shares | .. | .. | .. | .. | .. | .. | .. | .. |
| Insurance pension and standardised guarantees | .. | .. | .. | .. | .. | .. | .. | .. |
| Financial derivatives and employee stock options | .. | .. | .. | .. | .. | .. | .. | .. |
| Other accounts receivable | .. | .. | .. | .. | .. | .. | .. | .. |
| Financial liabilities | .. | .. | .. | .. | .. | .. | .. | .. |
| Debt securities | .. | .. | .. | .. | .. | .. | .. | .. |
| Short-term debt securities | .. | .. | .. | .. | .. | .. | .. | .. |
| Long-term debt securities | .. | .. | .. | .. | .. | .. | .. | .. |
| Loans | .. | .. | .. | .. | .. | .. | .. | .. |
| Short-term loans | .. | .. | .. | .. | .. | .. | .. | .. |
| Long-term loans | .. | .. | .. | .. | .. | .. | .. | .. |
| Equity and investment fund shares | .. | .. | .. | .. | .. | .. | .. | .. |
| Insurance pension and standardised guarantees | .. | .. | .. | .. | .. | .. | .. | .. |
| Financial derivatives and employee stock options | .. | .. | .. | .. | .. | .. | .. | .. |
| Other accounts payable | .. | .. | .. | .. | .. | .. | .. | .. |
| Non-financial assets | .. | .. | .. | .. | .. | .. | .. | .. |

Note: Detailed metadata at: *http://metalinks.oecd.org/instinv/20200916/0869*

# GERMANY

## Table 3. Financial assets and liabilities of insurance corporations and pension funds

*Million EUR*

| | 2012 | 2013 | 2014 | 2015 | 2016 | 2017 | 2018 | 2019 |
|---|---|---|---|---|---|---|---|---|
| **Insurance corporations and pension funds** | | | | | | | | |
| Financial net worth | 32 213 | -15 682 | 75 720 | -12 045 | 40 648 | 16 339 | -8 110 | 110 701 |
| Financial assets | 2 066 211 | 2 138 270 | 2 352 535 | 2 428 724 | 2 553 987 | 2 649 089 | 2 678 564 | 2 967 135 |
| Currency and deposits | 560 467 | 541 268 | 523 866 | 488 666 | 459 566 | 425 658 | 395 066 | 366 920 |
| Debt securities | 281 003 | 303 382 | 372 741 | 382 802 | 424 006 | 451 260 | 467 931 | 530 780 |
| Loans | 288 668 | 294 355 | 310 522 | 322 684 | 325 267 | 328 654 | 348 625 | 355 478 |
| Equity and investment fund shares | 808 639 | 870 966 | 1 007 534 | 1 086 858 | 1 203 949 | 1 292 883 | 1 306 997 | 1 538 037 |
| Equity | 205 401 | 196 039 | 201 675 | 213 146 | 236 501 | 243 655 | 256 330 | 299 593 |
| Investment fund shares | 603 238 | 674 927 | 805 859 | 873 712 | 967 448 | 1 049 228 | 1 050 667 | 1 238 444 |
| Money market fund shares | 1 986 | 614 | 702 | 1 443 | 1 796 | 3 983 | 3 099 | 4 846 |
| Non-Money market fund shares | 601 252 | 674 313 | 805 158 | 872 269 | 965 652 | 1 045 245 | 1 047 568 | 1 233 598 |
| Insurance pension and standardised guarantees | 63 082 | 64 175 | 68 801 | 77 304 | 70 113 | 76 174 | 84 811 | 91 257 |
| Financial derivatives and employee stock options | 3 778 | 4 924 | 4 252 | 2 723 | 2 871 | 3 526 | 2 959 | 3 209 |
| Other accounts receivable | 60 574 | 59 200 | 64 819 | 67 687 | 68 215 | 70 934 | 72 175 | 81 454 |
| Financial liabilities | 2 033 998 | 2 153 952 | 2 276 815 | 2 440 769 | 2 513 339 | 2 632 750 | 2 686 674 | 2 856 434 |
| Debt securities | 24 361 | 17 635 | 18 511 | 20 138 | 20 409 | 19 655 | 20 691 | 26 607 |
| Short-term debt securities | 1 404 | 598 | 686 | 1 558 | 994 | 897 | 986 | 942 |
| Long-term debt securities | 22 957 | 17 037 | 17 825 | 18 580 | 19 415 | 18 758 | 19 705 | 25 665 |
| Loans | 67 923 | 66 031 | 72 228 | 81 105 | 77 382 | 76 166 | 82 673 | 88 198 |
| Short-term loans | 40 862 | 36 487 | 41 117 | 48 017 | 40 404 | 40 286 | 45 447 | 49 269 |
| Long-term loans | 27 061 | 29 544 | 31 111 | 33 088 | 36 978 | 35 880 | 37 226 | 38 929 |
| Equity and investment fund shares | 158 942 | 197 652 | 202 695 | 261 916 | 255 923 | 286 550 | 267 123 | 338 259 |
| Insurance pension and standardised guarantees | 1 688 139 | 1 772 514 | 1 878 828 | 1 969 578 | 2 040 921 | 2 137 877 | 2 204 207 | 2 278 940 |
| Financial derivatives and employee stock options | 1 475 | 1 659 | 2 966 | 3 578 | 2 217 | 1 866 | 2 011 | 2 628 |
| Other accounts payable | 93 158 | 98 461 | 101 587 | 104 454 | 116 487 | 110 636 | 109 969 | 121 802 |
| Non-financial assets | .. | .. | .. | .. | .. | .. | .. | .. |
| **Insurance corporations** | | | | | | | | |
| Financial net worth | 3 812 | -7 130 | 35 256 | -40 965 | -15 864 | -57 636 | -78 337 | -32 867 |
| Financial assets | 1 635 504 | 1 720 730 | 1 849 840 | 1 906 876 | 1 979 157 | 2 028 035 | 2 036 906 | 2 227 415 |
| Currency and deposits | 427 202 | 407 563 | 388 830 | 370 842 | 348 767 | 325 101 | 299 580 | 278 280 |
| Debt securities | 238 228 | 280 251 | 340 530 | 346 906 | 382 160 | 407 366 | 419 230 | 476 079 |
| Loans | 262 728 | 266 264 | 280 663 | 293 243 | 294 880 | 298 304 | 316 977 | 322 806 |
| Equity and investment fund shares | 593 685 | 652 551 | 723 016 | 772 133 | 837 739 | 873 387 | 867 494 | 1 001 865 |
| Equity | 191 386 | 186 376 | 189 863 | 198 704 | 218 296 | 218 556 | 234 413 | 271 116 |
| Investment fund shares | 402 299 | 466 175 | 533 153 | 573 429 | 619 443 | 654 831 | 633 081 | 730 749 |
| Money market fund shares | 0 | 543 | 601 | 1 327 | 1 636 | 2 758 | 2 672 | 3 244 |
| Non-Money market fund shares | 402 299 | 465 632 | 532 552 | 572 102 | 617 807 | 652 073 | 630 409 | 727 505 |
| Insurance pension and standardised guarantees | 58 984 | 59 802 | 63 942 | 71 897 | 63 456 | 69 043 | 76 688 | 82 730 |
| Financial derivatives and employee stock options | 3 778 | 4 922 | 4 252 | 2 714 | 2 869 | 3 526 | 2 958 | 3 209 |
| Other accounts receivable | 50 899 | 49 377 | 48 607 | 49 141 | 49 286 | 51 308 | 53 979 | 62 446 |
| Financial liabilities | 1 631 692 | 1 727 860 | 1 814 584 | 1 947 841 | 1 995 021 | 2 085 671 | 2 115 243 | 2 260 282 |
| Debt securities | 24 361 | 17 635 | 18 490 | 20 116 | 20 384 | 19 631 | 20 669 | 26 590 |
| Short-term debt securities | 1 404 | 598 | 686 | 1 558 | 994 | 897 | 986 | 942 |
| Long-term debt securities | 22 957 | 17 037 | 17 804 | 18 558 | 19 390 | 18 734 | 19 683 | 25 648 |
| Loans | 63 682 | 61 605 | 67 359 | 75 877 | 70 916 | 69 357 | 75 266 | 80 368 |
| Short-term loans | 37 602 | 33 029 | 37 291 | 43 991 | 35 247 | 34 787 | 39 406 | 42 867 |
| Long-term loans | 26 080 | 28 576 | 30 068 | 31 886 | 35 669 | 34 570 | 35 860 | 37 501 |
| Equity and investment fund shares | 158 942 | 197 652 | 202 695 | 261 916 | 255 923 | 286 550 | 267 123 | 338 259 |
| Insurance pension and standardised guarantees | 1 291 220 | 1 352 028 | 1 422 855 | 1 486 078 | 1 530 508 | 1 598 968 | 1 641 887 | 1 692 376 |
| Financial derivatives and employee stock options | 1 475 | 1 659 | 2 953 | 3 519 | 2 197 | 1 865 | 2 011 | 2 628 |
| Other accounts payable | 92 011 | 97 281 | 100 232 | 100 335 | 115 093 | 109 300 | 108 287 | 120 061 |
| Non-financial assets | .. | .. | .. | .. | .. | .. | .. | .. |
| **Pension funds** | | | | | | | | |
| Financial net worth | 28 400 | -8 553 | 40 465 | 28 920 | 56 512 | 73 975 | 70 227 | 143 567 |
| Financial assets | 430 707 | 417 540 | 502 696 | 521 848 | 574 830 | 621 054 | 641 658 | 739 720 |
| Currency and deposits | 133 265 | 133 704 | 135 036 | 117 824 | 110 799 | 100 557 | 95 486 | 88 640 |
| Debt securities | 42 775 | 23 131 | 32 211 | 35 896 | 41 846 | 43 894 | 48 701 | 54 701 |
| Loans | 25 940 | 28 091 | 29 859 | 29 441 | 30 387 | 30 350 | 31 648 | 32 672 |
| Equity and investment fund shares | 214 954 | 218 415 | 284 519 | 314 725 | 366 210 | 419 496 | 439 503 | 536 172 |
| Equity | 14 015 | 9 663 | 11 812 | 14 442 | 18 205 | 25 099 | 21 917 | 28 477 |
| Investment fund shares | 200 939 | 208 752 | 272 707 | 300 283 | 348 005 | 394 397 | 417 586 | 507 695 |
| Money market fund shares | 1 986 | 71 | 100 | 115 | 161 | 1 225 | 427 | 1 601 |
| Non-Money market fund shares | 198 953 | 208 681 | 272 606 | 300 167 | 347 845 | 393 172 | 417 159 | 506 093 |
| Insurance pension and standardised guarantees | 4 098 | 4 374 | 4 859 | 5 407 | 6 657 | 7 131 | 8 123 | 8 527 |
| Financial derivatives and employee stock options | 0 | 2 | 0 | 9 | 2 | 0 | 1 | 0 |
| Other accounts receivable | 9 675 | 9 823 | 16 212 | 18 546 | 18 929 | 19 626 | 18 196 | 19 008 |
| Financial liabilities | 402 307 | 426 093 | 462 231 | 492 928 | 518 318 | 547 079 | 571 431 | 596 153 |
| Debt securities | 0 | 0 | 21 | 22 | 25 | 24 | 22 | 17 |
| Short-term debt securities | 0 | 0 | 0 | 0 | 0 | 0 | 0 | 0 |
| Long-term debt securities | 0 | 0 | 21 | 22 | 25 | 24 | 22 | 17 |
| Loans | 4 241 | 4 427 | 4 869 | 5 228 | 6 466 | 6 809 | 7 407 | 7 830 |
| Short-term loans | 3 260 | 3 459 | 3 827 | 4 026 | 5 157 | 5 498 | 6 041 | 6 402 |
| Long-term loans | 981 | 968 | 1 042 | 1 202 | 1 309 | 1 311 | 1 366 | 1 428 |
| Equity and investment fund shares | 0 | 0 | 0 | 0 | 0 | 0 | 0 | 0 |
| Insurance pension and standardised guarantees | 396 919 | 420 486 | 455 973 | 483 500 | 510 413 | 538 909 | 562 320 | 586 564 |
| Financial derivatives and employee stock options | 0 | 0 | 13 | 59 | 20 | 1 | 0 | 0 |
| Other accounts payable | 1 147 | 1 180 | 1 355 | 4 119 | 1 394 | 1 336 | 1 682 | 1 742 |
| Non-financial assets | .. | .. | .. | .. | .. | .. | .. | .. |

Note: Detailed metadata at: *http://metalinks.oecd.org/instinv/20200916/0869*

# GERMANY

## Table 4. Portfolio composition by type of investor
As percentage of financial assets and of financial liabilities

*Per cent*

| | 2012 | 2013 | 2014 | 2015 | 2016 | 2017 | 2018 | 2019 |
|---|---|---|---|---|---|---|---|---|
| **Investment funds** | | | | | | | | |
| Financial assets | 100.0 | 100.0 | 100.0 | 100.0 | 100.0 | 100.0 | 100.0 | 100.0 |
| Currency and deposits | 5.4 | 5.1 | 4.5 | 5.0 | 4.3 | 4.6 | 4.9 | 3.9 |
| Debt securities | 54.9 | 52.3 | 53.0 | 48.7 | 48.0 | 45.9 | 46.8 | 45.1 |
| Loans | 0.9 | 0.9 | 0.9 | 1.1 | 1.2 | 1.4 | 1.6 | 1.6 |
| Equity and investment fund shares | 36.3 | 39.6 | 39.0 | 42.1 | 43.3 | 45.5 | 43.8 | 46.6 |
| Insurance pension and standardised guarantee schemes | 0.0 | 0.0 | 0.0 | 0.0 | 0.0 | 0.0 | 0.0 | 0.0 |
| Financial derivatives and employee stock options | 0.9 | 0.7 | 0.9 | 0.9 | 1.0 | 0.9 | 0.9 | 0.9 |
| Other accounts receivable | 1.5 | 1.4 | 1.7 | 2.1 | 2.1 | 1.8 | 2.0 | 1.8 |
| Financial liabilities | 100.0 | 100.0 | 100.0 | 100.0 | 100.0 | 100.0 | 100.0 | 100.0 |
| Currency and deposits | 0.0 | 0.0 | 0.0 | 0.0 | 0.0 | 0.0 | 0.0 | 0.0 |
| Debt securities | 0.0 | 0.0 | 0.0 | 0.0 | 0.0 | 0.0 | 0.0 | 0.0 |
| Loans | 2.4 | 2.0 | 1.9 | 3.4 | 3.0 | 2.8 | 2.8 | 2.6 |
| Equity and investment fund shares | 96.4 | 97.0 | 96.6 | 95.0 | 95.4 | 96.0 | 95.7 | 96.0 |
| Insurance pension and standardised guarantee schemes | 0.0 | 0.0 | 0.0 | 0.0 | 0.0 | 0.0 | 0.0 | 0.0 |
| Financial derivatives and employee stock options | 0.3 | 0.3 | 0.7 | 0.7 | 0.8 | 0.4 | 0.6 | 0.5 |
| Other accounts receivable | 0.9 | 0.8 | 0.8 | 0.9 | 0.8 | 0.8 | 0.9 | 0.8 |
| **Insurance corporations** | | | | | | | | |
| Financial assets | 100.0 | 100.0 | 100.0 | 100.0 | 100.0 | 100.0 | 100.0 | 100.0 |
| Currency and deposits | 26.1 | 23.7 | 21.0 | 19.4 | 17.6 | 16.0 | 14.7 | 12.5 |
| Debt securities | 14.6 | 16.3 | 18.4 | 18.2 | 19.3 | 20.1 | 20.6 | 21.4 |
| Loans | 16.1 | 15.5 | 15.2 | 15.4 | 14.9 | 14.7 | 15.6 | 14.5 |
| Equity and investment fund shares | 36.3 | 37.9 | 39.1 | 40.5 | 42.3 | 43.1 | 42.6 | 45.0 |
| Insurance pension and standardised guarantee schemes | 3.6 | 3.5 | 3.5 | 3.8 | 3.2 | 3.4 | 3.8 | 3.7 |
| Financial derivatives and employee stock options | 0.2 | 0.3 | 0.2 | 0.1 | 0.1 | 0.2 | 0.1 | 0.1 |
| Other accounts receivable | 3.1 | 2.9 | 2.6 | 2.6 | 2.5 | 2.5 | 2.7 | 2.8 |
| Financial liabilities | 100.0 | 100.0 | 100.0 | 100.0 | 100.0 | 100.0 | 100.0 | 100.0 |
| Currency and deposits | 0.0 | 0.0 | 0.0 | 0.0 | 0.0 | 0.0 | 0.0 | 0.0 |
| Debt securities | 1.5 | 1.0 | 1.0 | 1.0 | 1.0 | 0.9 | 1.0 | 1.2 |
| Loans | 3.9 | 3.6 | 3.7 | 3.9 | 3.6 | 3.3 | 3.6 | 3.6 |
| Equity and investment fund shares | 9.7 | 11.4 | 11.2 | 13.4 | 12.8 | 13.7 | 12.6 | 15.0 |
| Insurance pension and standardised guarantee schemes | 79.1 | 78.2 | 78.4 | 76.3 | 76.7 | 76.7 | 77.6 | 74.9 |
| Financial derivatives and employee stock options | 0.1 | 0.1 | 0.2 | 0.2 | 0.1 | 0.1 | 0.1 | 0.1 |
| Other accounts receivable | 5.6 | 5.6 | 5.5 | 5.2 | 5.8 | 5.2 | 5.1 | 5.3 |
| **Pension funds** | | | | | | | | |
| Financial assets | 100.0 | 100.0 | 100.0 | 100.0 | 100.0 | 100.0 | 100.0 | 100.0 |
| Currency and deposits | 30.9 | 32.0 | 26.9 | 22.6 | 19.3 | 16.2 | 14.9 | 12.0 |
| Debt securities | 9.9 | 5.5 | 6.4 | 6.9 | 7.3 | 7.1 | 7.6 | 7.4 |
| Loans | 6.0 | 6.7 | 5.9 | 5.6 | 5.3 | 4.9 | 4.9 | 4.4 |
| Equity and investment fund shares | 49.9 | 52.3 | 56.6 | 60.3 | 63.7 | 67.5 | 68.5 | 72.5 |
| Insurance pension and standardised guarantee schemes | 1.0 | 1.0 | 1.0 | 1.0 | 1.2 | 1.1 | 1.3 | 1.2 |
| Financial derivatives and employee stock options | 0.0 | 0.0 | 0.0 | 0.0 | 0.0 | 0.0 | 0.0 | 0.0 |
| Other accounts receivable | 2.2 | 2.4 | 3.2 | 3.6 | 3.3 | 3.2 | 2.8 | 2.6 |
| Financial liabilities | 100.0 | 100.0 | 100.0 | 100.0 | 100.0 | 100.0 | 100.0 | 100.0 |
| Currency and deposits | 0.0 | 0.0 | 0.0 | 0.0 | 0.0 | 0.0 | 0.0 | 0.0 |
| Debt securities | 0.0 | 0.0 | 0.0 | 0.0 | 0.0 | 0.0 | 0.0 | 0.0 |
| Loans | 1.1 | 1.0 | 1.1 | 1.1 | 1.2 | 1.2 | 1.3 | 1.3 |
| Equity and investment fund shares | 0.0 | 0.0 | 0.0 | 0.0 | 0.0 | 0.0 | 0.0 | 0.0 |
| Insurance pension and standardised guarantee schemes | 98.7 | 98.7 | 98.6 | 98.1 | 98.5 | 98.5 | 98.4 | 98.4 |
| Financial derivatives and employee stock options | 0.0 | 0.0 | 0.0 | 0.0 | 0.0 | 0.0 | 0.0 | 0.0 |
| Other accounts receivable | 0.3 | 0.3 | 0.3 | 0.8 | 0.3 | 0.2 | 0.3 | 0.3 |

Note: Detailed metadata at: *http://metalinks.oecd.org/instinv/20200916/eb22*

# GREECE

## Table 1. Financial assets and liabilities of institutional investors, 2018

*Million EUR (2001 GRD euro)*

| | Investment funds | | | | |
|---|---|---|---|---|---|
| | Total | Non-money market funds | | | Money market funds |
| | | Total | Open-end non-money market funds | Closed-end non-money market funds | Total |
| Financial assets | 4 082 | 3 553 | 2 952 | 601 | 529 |
| Currency and deposits | 401 | 256 | 157 | 99 | 145 |
| Debt securities | 1 810 | 1 428 | 1 428 | 0 | 382 |
| Debt securities, short term | 447 | 97 | 97 | 0 | 350 |
| Debt securities, long term | 1 363 | 1 331 | 1 331 | 0 | 32 |
| Debt securities issued by residents | 1 213 | 852 | 852 | 0 | 361 |
| Debt securities issued by non-residents | 597 | 576 | 576 | 0 | 21 |
| Loans | .. | .. | .. | .. | .. |
| Loans, short-term | .. | .. | .. | .. | .. |
| Loans, long-term | .. | .. | .. | .. | .. |
| Loans granted to residents | .. | .. | .. | .. | .. |
| Loans granted to non-residents | .. | .. | .. | .. | .. |
| Equity and investment fund shares/units | 1 715 | 1 715 | 1 328 | 387 | 0 |
| Equity and investment fund shares issued/units by residents | 767 | 767 | 686 | 81 | 0 |
| Equity and investment fund shares/units issued by non residents | 950 | 950 | 643 | 307 | 0 |
| Other accounts receivable | .. | .. | .. | .. | 2 |

| | Investment funds | | | | |
|---|---|---|---|---|---|
| | Total | Non-money market funds | | | Money market funds |
| | | Total | Open-end non-money market funds | Closed-end non-money market funds | Total |
| Financial liabilities | 6 599 | 6 071 | 2 954 | 3 117 | 528 |
| Currency and deposits | .. | .. | .. | .. | .. |
| Debt securities | .. | .. | .. | .. | .. |
| Debt securities, short term | .. | .. | .. | .. | .. |
| Debt securities, long term | .. | .. | .. | .. | .. |
| Loans | .. | .. | .. | .. | .. |
| Loans, short-term | .. | .. | .. | .. | .. |
| Loans, long-term | .. | .. | .. | .. | .. |
| Equity and investment fund shares/units | .. | .. | .. | .. | 527 |
| Insurance pension and standardised guarantees | .. | .. | .. | .. | .. |
| Financial derivatives and employee stock options | .. | .. | .. | .. | 0 |
| Other accounts payable | .. | .. | .. | .. | 1 |

| | Insurance corporations and pension funds | | | | |
|---|---|---|---|---|---|
| | Total | Insurance corporations | | | Pension funds |
| | | Total | Life insurance corporations | Non-life insurance corporations | Total |
| Financial assets | 17 704 | 16 411 | 13 672 | 2 739 | 1 293 |
| Currency and deposits | 1 535 | 1 365 | 1 137 | 228 | 171 |
| Debt securities | 11 133 | 10 380 | 8 647 | 1 732 | 753 |
| Debt securities, short-term | 2 098 | 2 026 | 1 688 | 338 | 72 |
| Debt securities, long term | 9 035 | 8 354 | 6 960 | 1 394 | 681 |
| Debt securities issued by residents | 4 428 | 4 138 | 3 447 | 691 | 290 |
| Debt securities issued by non-residents | 6 705 | 6 242 | 5 200 | 1 042 | 463 |
| Loans | 175 | 175 | 146 | 29 | 0 |
| Loans, short-term | 7 | 7 | 6 | 1 | 0 |
| Loans, long-term | 168 | 168 | 140 | 28 | 0 |
| Loans granted to residents | 121 | 121 | 100 | 20 | 0 |
| Loans granted to non-residents | 55 | 55 | 45 | 9 | 0 |
| Equity and investment fund shares/units | 3 334 | 3 001 | 2 500 | 501 | 333 |
| Equity and investment fund shares/units issued by residents | 1 282 | 1 168 | 973 | 195 | 114 |
| Equity and investment fund shares/units issued by non residents | 2 052 | 1 833 | 1 527 | 306 | 219 |
| Other accounts receivable | 1 053 | 1 017 | 847 | 170 | 36 |

| | Insurance corporations and pension funds | | | | |
|---|---|---|---|---|---|
| | Total | Insurance corporations | | | Pension funds |
| | | Total | Life insurance corporations | Non-life insurance corporations | Total |
| Financial liabilities | 17 753 | 16 408 | 13 669 | 2 738 | 1 345 |
| Currency and deposits | .. | .. | .. | .. | .. |
| Debt securities | 2 | 2 | 1 | 0 | .. |
| Debt securities, short term | 0 | 0 | 0 | 0 | .. |
| Debt securities, long term | 2 | 2 | 1 | 0 | .. |
| Loans | 116 | 116 | 97 | 19 | .. |
| Loans, short-term | 31 | 31 | 26 | 5 | .. |
| Loans, long-term | 85 | 85 | 71 | 14 | .. |
| Equity and investment fund shares/units | 2 675 | 2 675 | 2 228 | 446 | .. |
| Insurance pension and standardised guarantees | 13 817 | 12 546 | 10 452 | 2 094 | 1 270 |
| Financial derivatives and employee stock options | 1 | 1 | 1 | 0 | .. |
| Other accounts payable | 1 143 | 1 068 | 890 | 178 | 75 |

Note: Detailed metadata at: *http://metalinks.oecd.org/instinv/20200916/910d*

# GREECE

## Table 2. Financial assets and liabilities of investment funds

*Million EUR*

| | 2012 | 2013 | 2014 | 2015 | 2016 | 2017 | 2018 | 2019 |
|---|---|---|---|---|---|---|---|---|
| **Investment funds** | | | | | | | | |
| Financial net worth | -1 399 | -1 325 | -1 849 | -1 906 | -2 081 | -2 336 | -2 517 | -1 827 |
| Financial assets | 4 866 | 5 129 | 4 868 | 4 235 | 3 983 | 4 317 | 4 082 | 5 526 |
| Currency and deposits | 1 534 | 1 099 | 1 332 | 595 | 446 | 357 | 401 | 635 |
| Debt securities | 1 465 | 1 768 | 1 382 | 1 671 | 1 752 | 1 988 | 1 810 | 2 245 |
| Loans | .. | .. | .. | .. | .. | .. | .. | .. |
| Equity and investment fund shares | 1 695 | 2 097 | 1 827 | 1 821 | 1 641 | 1 859 | 1 715 | 2 420 |
| Equity | 1 322 | 1 748 | 1 328 | 1 288 | 1 129 | 1 348 | 1 230 | 1 764 |
| Investment fund shares | 373 | 349 | 499 | 533 | 512 | 511 | 485 | 656 |
| Money market fund shares | 21 | 16 | 15 | 10 | 13 | 21 | 16 | 3 |
| Non-Money market fund shares | 352 | 333 | 484 | 523 | 499 | 490 | 469 | 653 |
| Insurance pension and standardised guarantees | .. | .. | .. | .. | .. | .. | .. | .. |
| Financial derivatives and employee stock options | 78 | 75 | 69 | .. | .. | .. | .. | .. |
| Other accounts receivable | 94 | 90 | 258 | .. | .. | .. | .. | .. |
| Financial liabilities | 6 265 | 6 454 | 6 717 | 6 141 | 6 064 | 6 653 | 6 599 | 7 353 |
| Debt securities | .. | .. | .. | .. | .. | .. | .. | .. |
| Short-term debt securities | .. | .. | .. | .. | .. | .. | .. | .. |
| Long-term debt securities | .. | .. | .. | .. | .. | .. | .. | .. |
| Loans | 86 | 81 | 312 | .. | .. | .. | .. | .. |
| Short-term loans | 0 | 0 | 2 | .. | .. | .. | .. | .. |
| Long-term loans | 86 | 81 | 310 | .. | .. | .. | .. | .. |
| Equity and investment fund shares | 5 641 | 6 234 | 6 261 | .. | .. | .. | .. | .. |
| Insurance pension and standardised guarantees | .. | .. | .. | .. | .. | .. | .. | .. |
| Financial derivatives and employee stock options | 0 | 0 | 0 | .. | .. | .. | .. | .. |
| Other accounts payable | 538 | 139 | 144 | .. | .. | .. | .. | .. |
| Non-financial assets | 1 397 | 1 322 | 1 845 | 1 905 | 2 081 | 2 337 | 2 517 | 1 825 |
| **Money market funds** | | | | | | | | |
| Financial net worth | 0 | 0 | -1 | -1 | 2 | 0 | 1 | 1 |
| Financial assets | 840 | 719 | 773 | 512 | 543 | 606 | 529 | 418 |
| Currency and deposits | 772 | 365 | 539 | 161 | 119 | 97 | 145 | 164 |
| Debt securities | 61 | 346 | 228 | 351 | 423 | 509 | 382 | 253 |
| Loans | .. | .. | .. | .. | .. | .. | .. | .. |
| Equity and investment fund shares | 2 | 2 | 2 | 0 | 0 | 0 | 0 | 0 |
| Equity | 0 | 0 | 0 | 0 | 0 | 0 | 0 | 0 |
| Investment fund shares | 2 | 2 | 2 | 0 | 0 | 0 | 0 | 0 |
| Money market fund shares | 2 | 2 | 2 | 0 | 0 | 0 | 0 | 0 |
| Non-Money market fund shares | 0 | 0 | 0 | 0 | 0 | 0 | 0 | 0 |
| Insurance pension and standardised guarantees | .. | .. | .. | .. | .. | .. | .. | .. |
| Financial derivatives and employee stock options | 0 | 0 | 0 | 0 | 0 | 0 | 0 | 0 |
| Other accounts receivable | 5 | 6 | 4 | 0 | 1 | 0 | 2 | 1 |
| Financial liabilities | 840 | 719 | 774 | 513 | 541 | 606 | 528 | 417 |
| Debt securities | .. | .. | .. | .. | .. | .. | .. | .. |
| Short-term debt securities | .. | .. | .. | .. | .. | .. | .. | .. |
| Long-term debt securities | .. | .. | .. | .. | .. | .. | .. | .. |
| Loans | .. | .. | .. | .. | .. | .. | .. | .. |
| Short-term loans | .. | .. | .. | .. | .. | .. | .. | .. |
| Long-term loans | .. | .. | .. | .. | .. | .. | .. | .. |
| Equity and investment fund shares | 835 | 711 | 762 | 513 | 540 | 603 | 527 | 416 |
| Insurance pension and standardised guarantees | .. | .. | .. | .. | .. | .. | .. | .. |
| Financial derivatives and employee stock options | 0 | 0 | 0 | 0 | 0 | 0 | 0 | 0 |
| Other accounts payable | 5 | 8 | 12 | 0 | 1 | 3 | 1 | 1 |
| Non-financial assets | .. | .. | .. | .. | .. | .. | .. | .. |
| **Non-money market funds** | | | | | | | | |
| Financial net worth | -1 399 | -1 325 | -1 848 | -1 905 | -2 083 | -2 336 | -2 518 | -1 828 |
| Financial assets | 4 026 | 4 410 | 4 095 | 3 723 | 3 440 | 3 711 | 3 553 | 5 108 |
| Currency and deposits | 762 | 734 | 793 | 434 | 327 | 260 | 256 | 471 |
| Debt securities | 1 404 | 1 422 | 1 154 | 1 320 | 1 329 | 1 479 | 1 428 | 1 992 |
| Loans | .. | .. | .. | .. | .. | .. | .. | .. |
| Equity and investment fund shares | 1 693 | 2 095 | 1 825 | 1 821 | 1 641 | 1 859 | 1 715 | 2 420 |
| Equity | 1 322 | 1 748 | 1 328 | 1 288 | 1 129 | 1 348 | 1 230 | 1 764 |
| Investment fund shares | 371 | 347 | 497 | 533 | 512 | 511 | 485 | 656 |
| Money market fund shares | 19 | 14 | 13 | 10 | 13 | 21 | 16 | 3 |
| Non-Money market fund shares | 352 | 333 | 484 | 523 | 499 | 490 | 469 | 653 |
| Insurance pension and standardised guarantees | .. | .. | .. | .. | .. | .. | .. | .. |
| Financial derivatives and employee stock options | 78 | 75 | 69 | .. | .. | .. | .. | .. |
| Other accounts receivable | 89 | 84 | 254 | .. | .. | .. | .. | .. |
| Financial liabilities | 5 425 | 5 735 | 5 943 | 5 628 | 5 523 | 6 047 | 6 071 | 6 936 |
| Debt securities | .. | .. | .. | .. | .. | .. | .. | .. |
| Short-term debt securities | .. | .. | .. | .. | .. | .. | .. | .. |
| Long-term debt securities | .. | .. | .. | .. | .. | .. | .. | .. |
| Loans | 86 | 81 | 312 | .. | .. | .. | .. | .. |
| Short-term loans | 0 | 0 | 2 | .. | .. | .. | .. | .. |
| Long-term loans | 86 | 81 | 310 | .. | .. | .. | .. | .. |
| Equity and investment fund shares | 4 806 | 5 523 | 5 499 | .. | .. | .. | .. | .. |
| Insurance pension and standardised guarantees | .. | .. | .. | .. | .. | .. | .. | .. |
| Financial derivatives and employee stock options | 0 | 0 | 0 | .. | .. | .. | .. | .. |
| Other accounts payable | 533 | 131 | 132 | .. | .. | .. | .. | .. |
| Non-financial assets | 1 397 | 1 322 | 1 845 | 1 905 | 2 081 | 2 337 | 2 517 | 1 825 |
| **Open-end non-money market funds** | | | | | | | | |
| Financial net worth | -2 | -2 | -2 | -1 | -2 | 0 | -2 | -2 |
| Financial assets | 3 572 | 3 797 | 3 344 | 3 138 | 2 931 | 3 188 | 2 952 | 4 294 |
| Currency and deposits | 405 | 363 | 580 | 254 | 187 | 158 | 157 | 327 |

# GREECE

## Table 2. Financial assets and liabilities of investment funds *(cont.)*

*Million EUR*

| | 2012 | 2013 | 2014 | 2015 | 2016 | 2017 | 2018 | 2019 |
|---|---|---|---|---|---|---|---|---|
| Debt securities | 1 404 | 1 420 | 1 151 | 1 319 | 1 323 | 1 469 | 1 428 | 1 992 |
| Loans | .. | .. | .. | .. | .. | .. | .. | .. |
| Equity and investment fund shares | 1 635 | 1 890 | 1 499 | 1 486 | 1 375 | 1 540 | 1 328 | 1 930 |
| Equity | 1 264 | 1 544 | 1 083 | 1 033 | 944 | 1 110 | 925 | 1 495 |
| Investment fund shares | 371 | 346 | 416 | 453 | 431 | 430 | 403 | 435 |
| Money market fund shares | 19 | 14 | 13 | 10 | 13 | 21 | 16 | 3 |
| Non-Money market fund shares | 352 | 332 | 403 | 443 | 418 | 409 | 387 | 432 |
| Insurance pension and standardised guarantees | .. | .. | .. | .. | .. | .. | .. | .. |
| Financial derivatives and employee stock options | .. | .. | .. | .. | .. | .. | .. | .. |
| Other accounts receivable | .. | .. | .. | .. | .. | .. | .. | .. |
| Financial liabilities | 3 574 | 3 799 | 3 346 | 3 139 | 2 933 | 3 188 | 2 954 | 4 296 |
| Debt securities | .. | .. | .. | .. | .. | .. | .. | .. |
| Short-term debt securities | .. | .. | .. | .. | .. | .. | .. | .. |
| Long-term debt securities | .. | .. | .. | .. | .. | .. | .. | .. |
| Loans | 0 | 0 | 0 | .. | .. | .. | .. | .. |
| Short-term loans | 0 | 0 | 0 | .. | .. | .. | .. | .. |
| Long-term loans | 0 | 0 | 0 | .. | .. | .. | .. | .. |
| Equity and investment fund shares | 3 467 | 3 696 | 3 254 | .. | .. | .. | .. | .. |
| Insurance pension and standardised guarantees | .. | .. | .. | .. | .. | .. | .. | .. |
| Financial derivatives and employee stock options | .. | .. | .. | .. | .. | .. | .. | .. |
| Other accounts payable | .. | .. | .. | .. | .. | .. | .. | .. |
| Non-financial assets | 0 | 0 | 0 | 0 | 0 | 0 | 0 | 0 |
| **Open-end investment funds** | | | | | | | | |
| Financial net worth | -2 | -2 | -3 | -2 | 0 | 0 | -1 | -1 |
| Financial assets | 4 412 | 4 516 | 4 117 | 3 650 | 3 474 | 3 794 | 3 481 | 4 712 |
| Currency and deposits | 1 177 | 728 | 1 119 | 415 | 306 | 255 | 302 | 491 |
| Debt securities | 1 465 | 1 766 | 1 379 | 1 670 | 1 746 | 1 978 | 1 810 | 2 245 |
| Loans | .. | .. | .. | .. | .. | .. | .. | .. |
| Equity and investment fund shares | 1 637 | 1 892 | 1 501 | 1 486 | 1 375 | 1 540 | 1 328 | 1 930 |
| Equity | 1 264 | 1 544 | 1 083 | 1 033 | 944 | 1 110 | 925 | 1 495 |
| Investment fund shares | 373 | 348 | 418 | 453 | 431 | 430 | 403 | 435 |
| Money market fund shares | 21 | 16 | 15 | 10 | 13 | 21 | 16 | 3 |
| Non-Money market fund shares | 352 | 332 | 403 | 443 | 418 | 409 | 387 | 432 |
| Insurance pension and standardised guarantees | .. | .. | .. | .. | .. | .. | .. | .. |
| Financial derivatives and employee stock options | .. | .. | .. | .. | .. | .. | .. | .. |
| Other accounts receivable | .. | .. | .. | .. | .. | .. | .. | .. |
| Financial liabilities | 4 414 | 4 518 | 4 120 | 3 652 | 3 474 | 3 794 | 3 482 | 4 713 |
| Debt securities | .. | .. | .. | .. | .. | .. | .. | .. |
| Short-term debt securities | .. | .. | .. | .. | .. | .. | .. | .. |
| Long-term debt securities | .. | .. | .. | .. | .. | .. | .. | .. |
| Loans | 0 | 0 | 0 | .. | .. | .. | .. | .. |
| Short-term loans | 0 | 0 | 0 | .. | .. | .. | .. | .. |
| Long-term loans | 0 | 0 | 0 | .. | .. | .. | .. | .. |
| Equity and investment fund shares | 4 302 | 4 407 | 4 016 | .. | .. | .. | .. | .. |
| Insurance pension and standardised guarantees | .. | .. | .. | .. | .. | .. | .. | .. |
| Financial derivatives and employee stock options | .. | .. | .. | .. | .. | .. | .. | .. |
| Other accounts payable | .. | .. | .. | .. | .. | .. | .. | .. |
| Non-financial assets | 0 | 0 | 0 | 0 | 0 | 0 | 0 | 0 |

Note: Detailed metadata at: *http://metalinks.oecd.org/instinv/20200916/910d*

## Table 3. Financial assets and liabilities of insurance corporations and pension funds

*Million EUR*

| | 2012 | 2013 | 2014 | 2015 | 2016 | 2017 | 2018 | 2019 |
|---|---|---|---|---|---|---|---|---|
| **Insurance corporations and pension funds** | | | | | | | | |
| Financial net worth | .. | -921 | -879 | -1 002 | -43 | -180 | -48 | -57 |
| Financial assets | .. | 15 509 | 15 893 | 15 969 | 16 677 | 17 378 | 17 704 | 19 630 |
| Currency and deposits | .. | 3 772 | 2 575 | 1 943 | 1 648 | 1 293 | 1 535 | 1 421 |
| Debt securities | .. | 6 713 | 8 243 | 8 323 | 9 838 | 10 911 | 11 133 | 12 615 |
| Loans | .. | 132 | 140 | 160 | 150 | 137 | 175 | 164 |
| Equity and investment fund shares | .. | 2 628 | 2 880 | 3 321 | 3 384 | 3 531 | 3 334 | 3 978 |
| Equity | .. | 365 | 404 | 545 | 464 | 550 | 543 | 735 |
| Investment fund shares | .. | 2 264 | 2 476 | 2 776 | 2 920 | 2 981 | 2 791 | 3 243 |
| Money market fund shares | .. | 367 | 416 | 509 | 626 | 477 | 435 | 325 |
| Non-Money market fund shares | .. | 1 896 | 2 060 | 2 267 | 2 294 | 2 503 | 2 356 | 2 919 |
| Insurance pension and standardised guarantees | .. | 390 | 375 | 471 | 465 | 408 | 469 | 454 |
| Financial derivatives and employee stock options | .. | 8 | 4 | 4 | 2 | 3 | 5 | 3 |
| Other accounts receivable | .. | 1 866 | 1 676 | 1 747 | 1 191 | 1 096 | 1 053 | 994 |
| Financial liabilities | .. | 16 430 | 16 772 | 16 971 | 16 720 | 17 558 | 17 753 | 19 687 |
| Debt securities | .. | 29 | 29 | 29 | 2 | 2 | 2 | 2 |
| Short-term debt securities | .. | 0 | 0 | 0 | 0 | 0 | 0 | 0 |
| Long-term debt securities | .. | 29 | 29 | 29 | 2 | 2 | 2 | 2 |
| Loans | .. | 482 | 127 | 165 | 240 | 143 | 116 | 134 |
| Short-term loans | .. | 435 | 65 | 57 | 68 | 28 | 31 | 47 |
| Long-term loans | .. | 47 | 62 | 109 | 172 | 116 | 85 | 86 |
| Equity and investment fund shares | .. | 2 796 | 3 206 | 3 451 | 2 523 | 2 875 | 2 675 | 3 098 |
| Insurance pension and standardised guarantees | .. | 12 146 | 12 213 | 12 524 | 12 934 | 13 412 | 13 817 | 15 342 |
| Financial derivatives and employee stock options | .. | 0 | 0 | 0 | 0 | 6 | 1 | 17 |
| Other accounts payable | .. | 977 | 1 198 | 802 | 1 021 | 1 121 | 1 143 | 1 095 |
| Non-financial assets | .. | 921 | 879 | 1 002 | 43 | 180 | 48 | 57 |
| **Insurance corporations** | | | | | | | | |
| Financial net worth | -865 | -921 | -879 | -1 002 | -27 | -164 | 3 | 6 |
| Financial assets | 14 689 | 15 284 | 15 453 | 15 647 | 15 504 | 16 078 | 16 411 | 18 240 |
| Currency and deposits | 2 800 | 3 547 | 2 439 | 1 836 | 1 591 | 1 190 | 1 365 | 1 231 |
| Debt securities | 6 589 | 6 713 | 7 985 | 8 176 | 9 095 | 10 125 | 10 380 | 11 824 |
| Loans | 145 | 132 | 132 | 154 | 146 | 137 | 175 | 164 |
| Equity and investment fund shares | 2 632 | 2 628 | 2 842 | 3 260 | 3 071 | 3 160 | 3 001 | 3 597 |
| Equity | 341 | 365 | 399 | 533 | 432 | 487 | 482 | 627 |
| Investment fund shares | 2 291 | 2 264 | 2 444 | 2 728 | 2 640 | 2 673 | 2 518 | 2 970 |
| Money market fund shares | 468 | 367 | 416 | 509 | 528 | 382 | 358 | 307 |
| Non-Money market fund shares | 1 823 | 1 896 | 2 028 | 2 218 | 2 112 | 2 291 | 2 161 | 2 663 |
| Insurance pension and standardised guarantees | 427 | 390 | 375 | 471 | 465 | 408 | 469 | 454 |
| Financial derivatives and employee stock options | 6 | 8 | 4 | 4 | 2 | 3 | 5 | 3 |
| Other accounts receivable | 2 092 | 1 866 | 1 675 | 1 746 | 1 134 | 1 056 | 1 017 | 967 |
| Financial liabilities | 15 554 | 16 205 | 16 332 | 16 649 | 15 531 | 16 243 | 16 408 | 18 233 |
| Debt securities | 15 | 29 | 29 | 29 | 2 | 2 | 2 | 2 |
| Short-term debt securities | 0 | 0 | 0 | 0 | 0 | 0 | 0 | 0 |
| Long-term debt securities | 15 | 29 | 29 | 29 | 2 | 2 | 2 | 2 |
| Loans | 332 | 482 | 127 | 165 | 240 | 143 | 116 | 134 |
| Short-term loans | 275 | 435 | 65 | 57 | 68 | 28 | 31 | 47 |
| Long-term loans | 57 | 47 | 62 | 109 | 172 | 116 | 85 | 86 |
| Equity and investment fund shares | 1 956 | 2 796 | 3 206 | 3 451 | 2 523 | 2 875 | 2 675 | 3 098 |
| Insurance pension and standardised guarantees | 12 256 | 11 921 | 11 773 | 12 202 | 11 811 | 12 171 | 12 546 | 13 974 |
| Financial derivatives and employee stock options | 1 | 0 | 0 | 0 | 0 | 6 | 1 | 17 |
| Other accounts payable | 995 | 977 | 1 198 | 802 | 955 | 1 047 | 1 068 | 1 009 |
| Non-financial assets | 866 | 921 | 879 | 1 002 | 27 | 165 | -3 | -6 |
| **Pension funds** | | | | | | | | |
| Financial net worth | .. | 0 | 0 | 0 | -16 | -15 | -52 | -63 |
| Financial assets | .. | 225 | 440 | 322 | 1 173 | 1 300 | 1 293 | 1 390 |
| Currency and deposits | .. | 225 | 136 | 107 | 56 | 103 | 171 | 191 |
| Debt securities | .. | 0 | 258 | 146 | 743 | 786 | 753 | 791 |
| Loans | .. | 0 | 8 | 6 | 4 | 0 | 0 | 0 |
| Equity and investment fund shares | .. | 0 | 38 | 61 | 313 | 371 | 333 | 382 |
| Equity | .. | 0 | 6 | 12 | 32 | 64 | 61 | 108 |
| Investment fund shares | .. | 0 | 32 | 49 | 280 | 308 | 273 | 273 |
| Money market fund shares | .. | 0 | 0 | 0 | 99 | 96 | 77 | 18 |
| Non-Money market fund shares | .. | 0 | 32 | 49 | 182 | 212 | 195 | 256 |
| Insurance pension and standardised guarantees | .. | 0 | 0 | 0 | 0 | 0 | 0 | 0 |
| Financial derivatives and employee stock options | .. | 0 | 0 | 0 | 0 | 0 | 0 | 0 |
| Other accounts receivable | .. | 0 | 1 | 1 | 58 | 40 | 36 | 27 |
| Financial liabilities | .. | 225 | 440 | 322 | 1 189 | 1 315 | 1 345 | 1 454 |
| Debt securities | .. | .. | .. | .. | .. | .. | .. | .. |
| Short-term debt securities | .. | .. | .. | .. | .. | .. | .. | .. |
| Long-term debt securities | .. | .. | .. | .. | .. | .. | .. | .. |
| Loans | .. | .. | .. | .. | .. | .. | .. | .. |
| Short-term loans | .. | .. | .. | .. | .. | .. | .. | .. |
| Long-term loans | .. | .. | .. | .. | .. | .. | .. | .. |
| Equity and investment fund shares | .. | .. | .. | .. | .. | .. | .. | .. |
| Insurance pension and standardised guarantees | .. | 225 | 440 | 322 | 1 123 | 1 241 | 1 270 | 1 368 |
| Financial derivatives and employee stock options | .. | .. | .. | .. | .. | .. | .. | .. |
| Other accounts payable | .. | .. | .. | .. | 66 | 74 | 75 | 86 |
| Non-financial assets | .. | 0 | 0 | 0 | 16 | 15 | 52 | 63 |

Note: Detailed metadata at: *http://metalinks.oecd.org/instinv/20200916/910d*

## Table 4. Portfolio composition by type of investor
As percentage of financial assets and of financial liabilities

*Per cent*

| | 2012 | 2013 | 2014 | 2015 | 2016 | 2017 | 2018 | 2019 |
|---|---|---|---|---|---|---|---|---|
| **Investment funds** | | | | | | | | |
| Financial assets | 100.0 | 100.0 | 100.0 | 100.0 | 100.0 | 100.0 | 100.0 | 100.0 |
| Currency and deposits | 31.5 | 21.4 | 27.4 | 14.0 | 11.2 | 8.3 | 9.8 | 11.5 |
| Debt securities | 30.1 | 34.5 | 28.4 | 39.5 | 44.0 | 46.1 | 44.3 | 40.6 |
| Loans | 0.0 | 0.0 | 0.0 | .. | .. | .. | .. | .. |
| Equity and investment fund shares | 34.8 | 40.9 | 37.5 | 43.0 | 41.2 | 43.1 | 42.0 | 43.8 |
| Insurance pension and standardised guarantee schemes | 0.0 | 0.0 | 0.0 | .. | .. | .. | .. | .. |
| Financial derivatives and employee stock options | 1.6 | 1.5 | 1.4 | .. | .. | .. | .. | .. |
| Other accounts receivable | 1.9 | 1.8 | 5.3 | .. | .. | .. | .. | .. |
| Financial liabilities | 100.0 | 100.0 | 100.0 | 100.0 | 100.0 | 100.0 | 100.0 | 100.0 |
| Currency and deposits | 0.0 | 0.0 | 0.0 | .. | .. | .. | .. | .. |
| Debt securities | 0.0 | 0.0 | 0.0 | .. | .. | .. | .. | .. |
| Loans | 1.4 | 1.3 | 4.6 | .. | .. | .. | .. | .. |
| Equity and investment fund shares | 90.0 | 96.6 | 93.2 | .. | .. | .. | .. | .. |
| Insurance pension and standardised guarantee schemes | 0.0 | 0.0 | 0.0 | .. | .. | .. | .. | .. |
| Financial derivatives and employee stock options | 0.0 | 0.0 | 0.0 | .. | .. | .. | .. | .. |
| Other accounts receivable | 8.6 | 2.2 | 2.1 | .. | .. | .. | .. | .. |
| **Insurance corporations** | | | | | | | | |
| Financial assets | 100.0 | 100.0 | 100.0 | 100.0 | 100.0 | 100.0 | 100.0 | 100.0 |
| Currency and deposits | 19.1 | 23.2 | 15.8 | 11.7 | 10.3 | 7.4 | 8.3 | 6.7 |
| Debt securities | 44.9 | 43.9 | 51.7 | 52.3 | 58.7 | 63.0 | 63.2 | 64.8 |
| Loans | 1.0 | 0.9 | 0.9 | 1.0 | 0.9 | 0.9 | 1.1 | 0.9 |
| Equity and investment fund shares | 17.9 | 17.2 | 18.4 | 20.8 | 19.8 | 19.7 | 18.3 | 19.7 |
| Insurance pension and standardised guarantee schemes | 2.9 | 2.6 | 2.4 | 3.0 | 3.0 | 2.5 | 2.9 | 2.5 |
| Financial derivatives and employee stock options | 0.0 | 0.1 | 0.0 | 0.0 | 0.0 | 0.0 | 0.0 | 0.0 |
| Other accounts receivable | 14.2 | 12.2 | 10.8 | 11.2 | 7.3 | 6.6 | 6.2 | 5.3 |
| Financial liabilities | 100.0 | 100.0 | 100.0 | 100.0 | 100.0 | 100.0 | 100.0 | 100.0 |
| Currency and deposits | 0.0 | 0.0 | 0.0 | 0.0 | 0.0 | 0.0 | 0.0 | 0.0 |
| Debt securities | 0.1 | 0.2 | 0.2 | 0.2 | 0.0 | 0.0 | 0.0 | 0.0 |
| Loans | 2.1 | 3.0 | 0.8 | 1.0 | 1.5 | 0.9 | 0.7 | 0.7 |
| Equity and investment fund shares | 12.6 | 17.3 | 19.6 | 20.7 | 16.2 | 17.7 | 16.3 | 17.0 |
| Insurance pension and standardised guarantee schemes | 78.8 | 73.6 | 72.1 | 73.3 | 76.0 | 74.9 | 76.5 | 76.6 |
| Financial derivatives and employee stock options | 0.0 | 0.0 | 0.0 | 0.0 | 0.0 | 0.0 | 0.0 | 0.1 |
| Other accounts receivable | 6.4 | 6.0 | 7.3 | 4.8 | 6.1 | 6.4 | 6.5 | 5.5 |
| **Pension funds** | | | | | | | | |
| Financial assets | .. | 100.0 | 100.0 | 100.0 | 100.0 | 100.0 | 100.0 | 100.0 |
| Currency and deposits | .. | 100.0 | 30.8 | 33.4 | 4.8 | 7.9 | 13.2 | 13.7 |
| Debt securities | .. | 0.0 | 58.5 | 45.5 | 63.3 | 60.5 | 58.2 | 56.9 |
| Loans | .. | 0.0 | 1.8 | 2.0 | 0.3 | 0.0 | 0.0 | 0.0 |
| Equity and investment fund shares | .. | 0.0 | 8.6 | 19.0 | 26.7 | 28.5 | 25.8 | 27.4 |
| Insurance pension and standardised guarantee schemes | .. | 0.0 | 0.0 | 0.0 | 0.0 | 0.0 | 0.0 | 0.0 |
| Financial derivatives and employee stock options | .. | 0.0 | 0.0 | 0.0 | 0.0 | 0.0 | 0.0 | 0.0 |
| Other accounts receivable | .. | 0.0 | 0.3 | 0.2 | 4.9 | 3.1 | 2.8 | 2.0 |
| Financial liabilities | .. | 100.0 | 100.0 | 100.0 | 100.0 | 100.0 | 100.0 | 100.0 |
| Currency and deposits | .. | 0.0 | 0.0 | 0.0 | 0.0 | 0.0 | 0.0 | 0.0 |
| Debt securities | .. | 0.0 | 0.0 | 0.0 | 0.0 | 0.0 | 0.0 | 0.0 |
| Loans | .. | 0.0 | 0.0 | 0.0 | 0.0 | 0.0 | 0.0 | 0.0 |
| Equity and investment fund shares | .. | 0.0 | 0.0 | 0.0 | 0.0 | 0.0 | 0.0 | 0.0 |
| Insurance pension and standardised guarantee schemes | .. | 100.0 | 100.0 | 100.0 | 94.4 | 94.4 | 94.4 | 94.1 |
| Financial derivatives and employee stock options | .. | 0.0 | 0.0 | 0.0 | 0.0 | 0.0 | 0.0 | 0.0 |
| Other accounts receivable | .. | 0.0 | 0.0 | 0.0 | 5.6 | 5.6 | 5.6 | 5.9 |

Note: Detailed metadata at: *http://metalinks.oecd.org/instinv/20200916/eb22*

# HUNGARY

## Table 1. Financial assets and liabilities of institutional investors, 2018

*Million HUF*

| | Investment funds | | | | |
|---|---|---|---|---|---|
| | Total | Non-money market funds | | | Money market funds |
| | | Total | Open-end non-money market funds | Closed-end non-money market funds | Total |
| Financial assets | 6 017 058 | 5 668 185 | .. | .. | 348 873 |
| Currency and deposits | 1 497 943 | 1 259 598 | .. | .. | 238 345 |
| Debt securities | 2 068 850 | 1 958 461 | .. | .. | 110 389 |
| Debt securities, short term | 449 874 | 398 433 | .. | .. | 51 441 |
| Debt securities, long term | 1 618 976 | 1 560 028 | .. | .. | 58 948 |
| Debt securities issued by residents | 1 619 015 | 1 513 098 | .. | .. | 105 917 |
| Debt securities issued by non-residents | 449 835 | 445 363 | .. | .. | 4 472 |
| Loans | 33 467 | 33 467 | .. | .. | 0 |
| Loans, short-term | 12 860 | 12 860 | .. | .. | 0 |
| Loans, long-term | 20 607 | 20 607 | .. | .. | 0 |
| Loans granted to residents | 33 467 | 33 467 | .. | .. | 0 |
| Loans granted to non-residents | 0 | 0 | .. | .. | 0 |
| Equity and investment fund shares/units | 2 267 863 | 2 267 857 | .. | .. | 6 |
| Equity and investment fund shares issued/units by residents | 1 437 563 | 1 437 557 | .. | .. | 6 |
| Equity and investment fund shares/units issued by non residents | 830 300 | 830 300 | .. | .. | 0 |
| Other accounts receivable | 123 379 | 123 376 | .. | .. | 3 |

| | Investment funds | | | | |
|---|---|---|---|---|---|
| | Total | Non-money market funds | | | Money market funds |
| | | Total | Open-end non-money market funds | Closed-end non-money market funds | Total |
| Financial liabilities | 7 100 782 | 6 724 331 | .. | .. | 376 451 |
| Currency and deposits | 0 | 0 | .. | .. | 0 |
| Debt securities | 0 | 0 | .. | .. | 0 |
| Debt securities, short term | 0 | 0 | .. | .. | 0 |
| Debt securities, long term | 0 | 0 | .. | .. | 0 |
| Loans | 127 955 | 127 479 | .. | .. | 476 |
| Loans, short-term | 20 447 | 19 971 | .. | .. | 476 |
| Loans, long-term | 107 508 | 107 508 | .. | .. | 0 |
| Equity and investment fund shares/units | 6 952 025 | 6 576 668 | .. | .. | 375 357 |
| Insurance pension and standardised guaratees | 0 | 0 | .. | .. | 0 |
| Financial derivatives and employee stock options | 17 002 | 16 812 | .. | .. | 190 |
| Other accounts payable | 3 800 | 3 372 | .. | .. | 428 |

| | Insurance corporations and pension funds | | | | |
|---|---|---|---|---|---|
| | Total | Insurance corporations | | | Pension funds |
| | | Total | Life insurance corporations | Non-life insurance corporations | Total |
| Financial assets | 4 607 709 | 2 912 146 | .. | .. | 1 695 563 |
| Currency and deposits | 235 980 | 165 956 | .. | .. | 70 024 |
| Debt securities | 2 636 807 | 1 539 680 | .. | .. | 1 097 127 |
| Debt securities, short-term | 161 218 | 62 945 | .. | .. | 98 273 |
| Debt securities, long term | 2 475 589 | 1 476 735 | .. | .. | 998 854 |
| Debt securities issued by residents | 2 547 803 | 1 468 080 | .. | .. | 1 079 723 |
| Debt securities issued by non-residents | 89 004 | 71 600 | .. | .. | 17 404 |
| Loans | 12 030 | 10 622 | .. | .. | 1 408 |
| Loans, short-term | 7 541 | 7 541 | .. | .. | 0 |
| Loans, long-term | 4 489 | 3 081 | .. | .. | 1 408 |
| Loans granted to residents | 4 313 | 2 905 | .. | .. | 1 408 |
| Loans granted to non-residents | 7 717 | 7 717 | .. | .. | 0 |
| Equity and investment fund shares/units | 1 538 716 | 1 012 192 | .. | .. | 526 524 |
| Equity and investment fund shares/units issued by residents | 764 215 | 441 524 | .. | .. | 322 691 |
| Equity and investment fund shares/units issued by non residents | 774 501 | 570 668 | .. | .. | 203 833 |
| Other accounts receivable | 69 687 | 69 405 | .. | .. | 282 |

| | Insurance corporations and pension funds | | | | |
|---|---|---|---|---|---|
| | Total | Insurance corporations | | | Pension funds |
| | | Total | Life insurance corporations | Non-life insurance corporations | Total |
| Financial liabilities | 4 706 946 | 2 948 830 | .. | .. | 1 758 116 |
| Currency and deposits | 0 | 0 | .. | .. | 0 |
| Debt securities | 0 | 0 | .. | .. | 0 |
| Debt securities, short term | 0 | 0 | .. | .. | 0 |
| Debt securities, long term | 0 | 0 | .. | .. | 0 |
| Loans | 2 611 | 2 600 | .. | .. | 11 |
| Loans, short-term | 11 | 3 | .. | .. | 8 |
| Loans, long-term | 2 600 | 2 597 | .. | .. | 3 |
| Equity and investment fund shares/units | 398 432 | 357 700 | .. | .. | 40 732 |
| Insurance pension and standardised guaratees | 4 215 493 | 2 498 871 | .. | .. | 1 716 622 |
| Financial derivatives and employee stock options | 1 401 | 1 163 | .. | .. | 238 |
| Other accounts payable | 89 009 | 88 496 | .. | .. | 513 |

Note: Detailed metadata at: *http://metalinks.oecd.org/instinv/20200916/f42e*

# HUNGARY

## Table 2. Financial assets and liabilities of investment funds

*Million HUF*

| | 2012 | 2013 | 2014 | 2015 | 2016 | 2017 | 2018 | 2019 |
|---|---|---|---|---|---|---|---|---|
| **Investment funds** | | | | | | | | |
| Financial net worth | -319 083 | -326 780 | -315 603 | -308 787 | -401 015 | -602 812 | -1 083 724 | -1 419 140 |
| Financial assets | 3 283 329 | 4 493 133 | 5 438 669 | 5 665 109 | 5 749 275 | 6 173 542 | 6 017 058 | 6 447 245 |
| Currency and deposits | 1 745 945 | 2 046 619 | 2 392 275 | 2 300 990 | 2 143 298 | 1 801 055 | 1 497 943 | 1 601 577 |
| Debt securities | 823 020 | 1 438 362 | 1 754 128 | 1 919 808 | 1 954 598 | 2 105 434 | 2 068 850 | 1 767 086 |
| Loans | 0 | 2 490 | 4 570 | 6 070 | 13 673 | 16 607 | 33 467 | 47 007 |
| Equity and investment fund shares | 612 122 | 809 651 | 1 162 655 | 1 326 421 | 1 505 897 | 2 088 341 | 2 267 863 | 2 841 333 |
| Equity | 197 861 | 202 295 | 269 403 | 342 780 | 486 544 | 710 052 | 778 999 | 1 018 457 |
| Investment fund shares | 414 261 | 607 356 | 893 252 | 983 641 | 1 019 353 | 1 378 289 | 1 488 864 | 1 822 876 |
| Money market fund shares | 27 455 | 47 197 | 59 753 | 130 626 | 36 887 | 33 060 | 134 567 | 20 617 |
| Non-Money market fund shares | 386 806 | 560 159 | 833 499 | 853 015 | 982 466 | 1 345 229 | 1 354 297 | 1 802 259 |
| Insurance pension and standardised guarantees | 0 | 0 | 0 | 0 | 0 | 0 | 0 | 0 |
| Financial derivatives and employee stock options | 41 238 | 55 009 | 45 041 | 31 810 | 33 794 | 40 711 | 25 556 | 33 414 |
| Other accounts receivable | 61 004 | 141 002 | 80 000 | 80 010 | 98 015 | 121 394 | 123 379 | 156 828 |
| Financial liabilities | 3 602 412 | 4 819 913 | 5 754 272 | 5 973 896 | 6 150 290 | 6 776 354 | 7 100 782 | 7 866 385 |
| Debt securities | 0 | 0 | 0 | 0 | 0 | 0 | 0 | 0 |
| Short-term debt securities | 0 | 0 | 0 | 0 | 0 | 0 | 0 | 0 |
| Long-term debt securities | 0 | 0 | 0 | 0 | 0 | 0 | 0 | 0 |
| Loans | 71 011 | 66 700 | 81 145 | 50 867 | 84 459 | 68 865 | 127 955 | 264 519 |
| Short-term loans | 25 836 | 23 824 | 45 686 | 33 031 | 53 260 | 21 112 | 20 447 | 10 148 |
| Long-term loans | 45 175 | 42 876 | 35 459 | 17 836 | 31 199 | 47 753 | 107 508 | 254 371 |
| Equity and investment fund shares | 3 463 811 | 4 745 008 | 5 635 909 | 5 907 027 | 6 050 435 | 6 692 853 | 6 952 025 | 7 575 214 |
| Insurance pension and standardised guarantees | 0 | 0 | 0 | 0 | 0 | 0 | 0 | 0 |
| Financial derivatives and employee stock options | 9 006 | 3 269 | 33 897 | 10 961 | 13 639 | 13 597 | 17 002 | 25 856 |
| Other accounts payable | 58 584 | 4 936 | 3 321 | 5 041 | 1 757 | 1 039 | 3 800 | 796 |
| Non-financial assets | .. | .. | .. | .. | .. | .. | .. | .. |
| **Money market funds** | | | | | | | | |
| Financial net worth | 43 912 | 20 044 | -21 629 | 5 738 | 904 | -30 964 | -27 578 | -7 187 |
| Financial assets | 1 270 751 | 1 455 722 | 1 224 273 | 1 173 427 | 795 314 | 463 649 | 348 873 | 70 277 |
| Currency and deposits | 1 004 275 | 1 037 929 | 981 956 | 982 384 | 646 582 | 357 643 | 238 345 | 37 318 |
| Debt securities | 201 169 | 353 790 | 241 201 | 187 867 | 134 517 | 104 851 | 110 389 | 32 927 |
| Loans | 0 | 0 | 0 | 0 | 0 | 0 | 0 | 0 |
| Equity and investment fund shares | 4 303 | 3 001 | 1 116 | 3 166 | 1 786 | 317 | 6 | 6 |
| Equity | 0 | 0 | 0 | 0 | 0 | 0 | 0 | 0 |
| Investment fund shares | 4 303 | 3 001 | 1 116 | 3 166 | 1 786 | 317 | 6 | 6 |
| Money market fund shares | 4 303 | 3 001 | 1 116 | 3 166 | 1 786 | 311 | 0 | 0 |
| Non-Money market fund shares | 0 | 0 | 0 | 0 | 0 | 6 | 6 | 6 |
| Insurance pension and standardised guarantees | 0 | 0 | 0 | 0 | 0 | 0 | 0 | 0 |
| Financial derivatives and employee stock options | 0 | 0 | 0 | 0 | 400 | 255 | 130 | 26 |
| Other accounts receivable | 61 004 | 61 002 | 0 | 10 | 12 029 | 583 | 3 | 0 |
| Financial liabilities | 1 226 839 | 1 435 678 | 1 245 902 | 1 167 689 | 794 410 | 494 613 | 376 451 | 77 464 |
| Debt securities | 0 | 0 | 0 | 0 | 0 | 0 | 0 | 0 |
| Short-term debt securities | 0 | 0 | 0 | 0 | 0 | 0 | 0 | 0 |
| Long-term debt securities | 0 | 0 | 0 | 0 | 0 | 0 | 0 | 0 |
| Loans | 33 | 42 | 59 | 67 | 79 | 1 388 | 476 | 0 |
| Short-term loans | 33 | 42 | 59 | 67 | 79 | 1 388 | 476 | 0 |
| Long-term loans | 0 | 0 | 0 | 0 | 0 | 0 | 0 | 0 |
| Equity and investment fund shares | 1 226 331 | 1 435 555 | 1 245 738 | 1 167 563 | 793 687 | 492 538 | 375 357 | 77 371 |
| Insurance pension and standardised guarantees | 0 | 0 | 0 | 0 | 0 | 0 | 0 | 0 |
| Financial derivatives and employee stock options | 0 | 0 | 0 | 0 | 190 | 183 | 190 | 86 |
| Other accounts payable | 475 | 81 | 105 | 59 | 454 | 504 | 428 | 7 |
| Non-financial assets | .. | .. | .. | .. | .. | .. | .. | .. |
| **Non-money market funds** | | | | | | | | |
| Financial net worth | -362 995 | -346 824 | -293 974 | -314 525 | -401 919 | -571 848 | -1 056 146 | -1 411 953 |
| Financial assets | 2 012 578 | 3 037 411 | 4 214 396 | 4 491 682 | 4 953 961 | 5 709 893 | 5 668 185 | 6 376 968 |
| Currency and deposits | 741 670 | 1 008 690 | 1 410 319 | 1 318 606 | 1 496 716 | 1 443 412 | 1 259 598 | 1 564 259 |
| Debt securities | 621 851 | 1 084 572 | 1 512 927 | 1 731 941 | 1 820 081 | 2 000 583 | 1 958 461 | 1 734 159 |
| Loans | 0 | 2 490 | 4 570 | 6 070 | 13 673 | 16 607 | 33 467 | 47 007 |
| Equity and investment fund shares | 607 819 | 806 650 | 1 161 539 | 1 323 255 | 1 504 111 | 2 088 024 | 2 267 857 | 2 841 327 |
| Equity | 197 861 | 202 295 | 269 403 | 342 780 | 486 544 | 710 052 | 778 999 | 1 018 457 |
| Investment fund shares | 409 958 | 604 355 | 892 136 | 980 475 | 1 017 567 | 1 377 972 | 1 488 858 | 1 822 870 |
| Money market fund shares | 23 152 | 44 196 | 58 637 | 127 460 | 35 101 | 32 749 | 134 567 | 20 617 |
| Non-Money market fund shares | 386 806 | 560 159 | 833 499 | 853 015 | 982 466 | 1 345 223 | 1 354 291 | 1 802 253 |
| Insurance pension and standardised guarantees | 0 | 0 | 0 | 0 | 0 | 0 | 0 | 0 |
| Financial derivatives and employee stock options | 41 238 | 55 009 | 45 041 | 31 810 | 33 394 | 40 456 | 25 426 | 33 388 |
| Other accounts receivable | 0 | 80 000 | 80 000 | 80 000 | 85 986 | 120 811 | 123 376 | 156 828 |
| Financial liabilities | 2 375 573 | 3 384 235 | 4 508 370 | 4 806 207 | 5 355 880 | 6 281 741 | 6 724 331 | 7 788 921 |
| Debt securities | 0 | 0 | 0 | 0 | 0 | 0 | 0 | 0 |
| Short-term debt securities | 0 | 0 | 0 | 0 | 0 | 0 | 0 | 0 |
| Long-term debt securities | 0 | 0 | 0 | 0 | 0 | 0 | 0 | 0 |
| Loans | 70 978 | 66 658 | 81 086 | 50 800 | 84 380 | 67 477 | 127 479 | 264 519 |
| Short-term loans | 25 803 | 23 782 | 45 627 | 32 964 | 53 181 | 19 724 | 19 971 | 10 148 |
| Long-term loans | 45 175 | 42 876 | 35 459 | 17 836 | 31 199 | 47 753 | 107 508 | 254 371 |
| Equity and investment fund shares | 2 237 480 | 3 309 453 | 4 390 171 | 4 739 464 | 5 256 748 | 6 200 315 | 6 576 668 | 7 497 843 |
| Insurance pension and standardised guarantees | 0 | 0 | 0 | 0 | 0 | 0 | 0 | 0 |
| Financial derivatives and employee stock options | 9 006 | 3 269 | 33 897 | 10 961 | 13 449 | 13 414 | 16 812 | 25 770 |
| Other accounts payable | 58 109 | 4 855 | 3 216 | 4 982 | 1 303 | 535 | 3 372 | 789 |
| Non-financial assets | .. | .. | .. | .. | .. | .. | .. | .. |
| **Open-end non-money market funds** | | | | | | | | |
| Financial net worth | .. | .. | .. | .. | .. | .. | .. | .. |
| Financial assets | .. | .. | .. | .. | .. | .. | .. | .. |
| Currency and deposits | .. | .. | .. | .. | .. | .. | .. | .. |

# HUNGARY

## Table 2. Financial assets and liabilities of investment funds *(cont.)*

*Million HUF*

| | 2012 | 2013 | 2014 | 2015 | 2016 | 2017 | 2018 | 2019 |
|---|---|---|---|---|---|---|---|---|
| Debt securities | .. | .. | .. | .. | .. | .. | .. | .. |
| Loans | .. | .. | .. | .. | .. | .. | .. | .. |
| Equity and investment fund shares | .. | .. | .. | .. | .. | .. | .. | .. |
| Equity | .. | .. | .. | .. | .. | .. | .. | .. |
| Investment fund shares | .. | .. | .. | .. | .. | .. | .. | .. |
| Money market fund shares | .. | .. | .. | .. | .. | .. | .. | .. |
| Non-Money market fund shares | .. | .. | .. | .. | .. | .. | .. | .. |
| Insurance pension and standardised guarantees | .. | .. | .. | .. | .. | .. | .. | .. |
| Financial derivatives and employee stock options | .. | .. | .. | .. | .. | .. | .. | .. |
| Other accounts receivable | .. | .. | .. | .. | .. | .. | .. | .. |
| Financial liabilities | .. | .. | .. | .. | .. | .. | .. | .. |
| Debt securities | .. | .. | .. | .. | .. | .. | .. | .. |
| Short-term debt securities | .. | .. | .. | .. | .. | .. | .. | .. |
| Long-term debt securities | .. | .. | .. | .. | .. | .. | .. | .. |
| Loans | .. | .. | .. | .. | .. | .. | .. | .. |
| Short-term loans | .. | .. | .. | .. | .. | .. | .. | .. |
| Long-term loans | .. | .. | .. | .. | .. | .. | .. | .. |
| Equity and investment fund shares | .. | .. | .. | .. | .. | .. | .. | .. |
| Insurance pension and standardised guarantees | .. | .. | .. | .. | .. | .. | .. | .. |
| Financial derivatives and employee stock options | .. | .. | .. | .. | .. | .. | .. | .. |
| Other accounts payable | .. | .. | .. | .. | .. | .. | .. | .. |
| Non-financial assets | .. | .. | .. | .. | .. | .. | .. | .. |
| **Open-end investment funds** | | | | | | | | |
| Financial net worth | .. | .. | .. | .. | .. | .. | .. | .. |
| Financial assets | .. | .. | .. | .. | .. | .. | .. | .. |
| Currency and deposits | .. | .. | .. | .. | .. | .. | .. | .. |
| Debt securities | .. | .. | .. | .. | .. | .. | .. | .. |
| Loans | .. | .. | .. | .. | .. | .. | .. | .. |
| Equity and investment fund shares | .. | .. | .. | .. | .. | .. | .. | .. |
| Equity | .. | .. | .. | .. | .. | .. | .. | .. |
| Investment fund shares | .. | .. | .. | .. | .. | .. | .. | .. |
| Money market fund shares | .. | .. | .. | .. | .. | .. | .. | .. |
| Non-Money market fund shares | .. | .. | .. | .. | .. | .. | .. | .. |
| Insurance pension and standardised guarantees | .. | .. | .. | .. | .. | .. | .. | .. |
| Financial derivatives and employee stock options | .. | .. | .. | .. | .. | .. | .. | .. |
| Other accounts receivable | .. | .. | .. | .. | .. | .. | .. | .. |
| Financial liabilities | .. | .. | .. | .. | .. | .. | .. | .. |
| Debt securities | .. | .. | .. | .. | .. | .. | .. | .. |
| Short-term debt securities | .. | .. | .. | .. | .. | .. | .. | .. |
| Long-term debt securities | .. | .. | .. | .. | .. | .. | .. | .. |
| Loans | .. | .. | .. | .. | .. | .. | .. | .. |
| Short-term loans | .. | .. | .. | .. | .. | .. | .. | .. |
| Long-term loans | .. | .. | .. | .. | .. | .. | .. | .. |
| Equity and investment fund shares | .. | .. | .. | .. | .. | .. | .. | .. |
| Insurance pension and standardised guarantees | .. | .. | .. | .. | .. | .. | .. | .. |
| Financial derivatives and employee stock options | .. | .. | .. | .. | .. | .. | .. | .. |
| Other accounts payable | .. | .. | .. | .. | .. | .. | .. | .. |
| Non-financial assets | .. | .. | .. | .. | .. | .. | .. | .. |

Note: Detailed metadata at: *http://metalinks.oecd.org/instinv/20200916/f42e*

# HUNGARY

## Table 3. Financial assets and liabilities of insurance corporations and pension funds

*Million HUF*

| | 2012 | 2013 | 2014 | 2015 | 2016 | 2017 | 2018 | 2019 |
|---|---|---|---|---|---|---|---|---|
| **Insurance corporations and pension funds** | | | | | | | | |
| Financial net worth | -67 565 | -77 866 | -42 771 | -19 137 | -30 696 | -27 993 | -99 237 | -56 273 |
| Financial assets | 3 545 240 | 3 665 965 | 3 978 385 | 4 125 489 | 4 335 213 | 4 602 812 | 4 607 709 | 5 033 562 |
| Currency and deposits | 172 142 | 212 288 | 252 487 | 265 046 | 199 583 | 210 233 | 235 980 | 270 970 |
| Debt securities | 2 174 370 | 2 238 054 | 2 386 935 | 2 385 013 | 2 495 597 | 2 608 516 | 2 636 807 | 2 741 185 |
| Loans | 10 449 | 7 755 | 7 992 | 8 072 | 8 063 | 9 985 | 12 030 | 11 975 |
| Equity and investment fund shares | 1 027 638 | 1 055 761 | 1 178 022 | 1 305 486 | 1 466 962 | 1 604 097 | 1 538 716 | 1 799 051 |
| Equity | 120 920 | 112 582 | 125 369 | 140 939 | 181 655 | 196 660 | 196 412 | 225 901 |
| Investment fund shares | 906 718 | 943 179 | 1 052 653 | 1 164 547 | 1 285 307 | 1 407 437 | 1 342 304 | 1 573 150 |
| Money market fund shares | 72 978 | 77 076 | 54 223 | 68 926 | 52 862 | 42 552 | 32 562 | 13 184 |
| Non-Money market fund shares | 833 740 | 866 103 | 998 430 | 1 095 621 | 1 232 445 | 1 364 885 | 1 309 742 | 1 559 966 |
| Insurance pension and standardised guarantees | 95 897 | 88 982 | 92 294 | 100 164 | 104 736 | 107 693 | 114 121 | 113 983 |
| Financial derivatives and employee stock options | 2 | 218 | 4 226 | 3 743 | 1 272 | 1 531 | 368 | 1 073 |
| Other accounts receivable | 64 742 | 62 907 | 56 429 | 57 965 | 59 000 | 60 757 | 69 687 | 95 325 |
| Financial liabilities | 3 612 805 | 3 743 831 | 4 021 156 | 4 144 626 | 4 365 909 | 4 630 805 | 4 706 946 | 5 089 835 |
| Debt securities | 0 | 26 | 25 | 0 | 0 | 0 | 0 | 0 |
| Short-term debt securities | 0 | 0 | 0 | 0 | 0 | 0 | 0 | 0 |
| Long-term debt securities | 0 | 26 | 25 | 0 | 0 | 0 | 0 | 0 |
| Loans | 6 577 | 5 832 | 8 111 | 20 002 | 5 135 | 1 641 | 2 611 | 6 084 |
| Short-term loans | 3 341 | 1 239 | 1 818 | 14 836 | 7 | 16 | 11 | 11 |
| Long-term loans | 3 236 | 4 593 | 6 293 | 5 166 | 5 128 | 1 625 | 2 600 | 6 073 |
| Equity and investment fund shares | 300 311 | 307 168 | 307 765 | 304 616 | 340 156 | 372 384 | 398 432 | 421 377 |
| Insurance pension and standardised guarantees | 3 217 327 | 3 339 065 | 3 608 519 | 3 725 694 | 3 941 358 | 4 176 640 | 4 215 493 | 4 559 264 |
| Financial derivatives and employee stock options | 336 | 56 | 4 955 | 3 684 | 2 282 | 371 | 1 401 | 772 |
| Other accounts payable | 88 254 | 91 684 | 91 781 | 90 630 | 76 978 | 79 769 | 89 009 | 102 338 |
| Non-financial assets | .. | .. | .. | .. | .. | .. | .. | .. |
| **Insurance corporations** | | | | | | | | |
| Financial net worth | -31 068 | -38 362 | -14 623 | 9 461 | 5 416 | 19 252 | -36 684 | 12 237 |
| Financial assets | 2 388 138 | 2 437 065 | 2 618 814 | 2 692 778 | 2 775 136 | 2 898 628 | 2 912 146 | 3 193 755 |
| Currency and deposits | 109 486 | 123 434 | 160 378 | 181 477 | 125 541 | 141 961 | 165 956 | 162 651 |
| Debt securities | 1 426 933 | 1 442 501 | 1 498 223 | 1 443 686 | 1 505 111 | 1 536 132 | 1 539 680 | 1 633 582 |
| Loans | 8 873 | 6 150 | 6 337 | 6 383 | 6 446 | 8 433 | 10 622 | 10 647 |
| Equity and investment fund shares | 682 243 | 712 903 | 800 962 | 899 395 | 973 648 | 1 043 358 | 1 012 192 | 1 177 480 |
| Equity | 57 800 | 55 435 | 58 561 | 51 177 | 64 369 | 70 071 | 77 635 | 88 785 |
| Investment fund shares | 624 443 | 657 468 | 742 401 | 848 218 | 909 279 | 973 287 | 934 557 | 1 088 695 |
| Money market fund shares | 70 532 | 74 389 | 51 016 | 67 718 | 50 009 | 40 996 | 31 738 | 13 001 |
| Non-Money market fund shares | 553 911 | 583 079 | 691 385 | 780 500 | 859 270 | 932 291 | 902 819 | 1 075 694 |
| Insurance pension and standardised guarantees | 95 897 | 88 982 | 92 294 | 100 164 | 104 736 | 107 693 | 114 121 | 113 983 |
| Financial derivatives and employee stock options | 2 | 218 | 4 226 | 3 743 | 884 | 520 | 170 | 449 |
| Other accounts receivable | 64 704 | 62 877 | 56 394 | 57 930 | 58 770 | 60 531 | 69 405 | 94 963 |
| Financial liabilities | 2 419 206 | 2 475 427 | 2 633 437 | 2 683 317 | 2 769 720 | 2 879 376 | 2 948 830 | 3 181 518 |
| Debt securities | 0 | 26 | 25 | 0 | 0 | 0 | 0 | 0 |
| Short-term debt securities | 0 | 0 | 0 | 0 | 0 | 0 | 0 | 0 |
| Long-term debt securities | 0 | 26 | 25 | 0 | 0 | 0 | 0 | 0 |
| Loans | 6 577 | 5 832 | 8 111 | 20 002 | 5 131 | 1 631 | 2 600 | 6 080 |
| Short-term loans | 3 341 | 1 239 | 1 818 | 14 836 | 3 | 12 | 3 | 7 |
| Long-term loans | 3 236 | 4 593 | 6 293 | 5 166 | 5 128 | 1 619 | 2 597 | 6 073 |
| Equity and investment fund shares | 283 978 | 290 538 | 290 102 | 285 000 | 311 377 | 335 954 | 357 700 | 376 345 |
| Insurance pension and standardised guarantees | 2 042 932 | 2 088 549 | 2 238 849 | 2 284 451 | 2 378 120 | 2 467 690 | 2 498 871 | 2 696 679 |
| Financial derivatives and employee stock options | 336 | 56 | 4 955 | 3 684 | 1 032 | 245 | 1 163 | 374 |
| Other accounts payable | 85 383 | 90 426 | 91 395 | 90 180 | 74 060 | 73 856 | 88 496 | 102 040 |
| Non-financial assets | .. | .. | .. | .. | .. | .. | .. | .. |
| **Pension funds** | | | | | | | | |
| Financial net worth | -36 497 | -39 504 | -28 148 | -28 598 | -36 112 | -47 245 | -62 553 | -68 510 |
| Financial assets | 1 157 102 | 1 228 900 | 1 359 571 | 1 432 711 | 1 560 077 | 1 704 184 | 1 695 563 | 1 839 807 |
| Currency and deposits | 62 656 | 88 854 | 92 109 | 83 569 | 74 042 | 68 272 | 70 024 | 108 319 |
| Debt securities | 747 437 | 795 553 | 888 712 | 941 327 | 990 486 | 1 072 384 | 1 097 127 | 1 107 603 |
| Loans | 1 576 | 1 605 | 1 655 | 1 689 | 1 617 | 1 552 | 1 408 | 1 328 |
| Equity and investment fund shares | 345 395 | 342 858 | 377 060 | 406 091 | 493 314 | 560 739 | 526 524 | 621 571 |
| Equity | 63 120 | 57 147 | 66 808 | 89 762 | 117 286 | 126 589 | 118 777 | 137 116 |
| Investment fund shares | 282 275 | 285 711 | 310 252 | 316 329 | 376 028 | 434 150 | 407 747 | 484 455 |
| Money market fund shares | 2 446 | 2 687 | 3 207 | 1 208 | 2 853 | 1 556 | 824 | 183 |
| Non-Money market fund shares | 279 829 | 283 024 | 307 045 | 315 121 | 373 175 | 432 594 | 406 923 | 484 272 |
| Insurance pension and standardised guarantees | 0 | 0 | 0 | 0 | 0 | 0 | 0 | 0 |
| Financial derivatives and employee stock options | 0 | 0 | 0 | 0 | 388 | 1 011 | 198 | 624 |
| Other accounts receivable | 38 | 30 | 35 | 35 | 230 | 226 | 282 | 362 |
| Financial liabilities | 1 193 599 | 1 268 404 | 1 387 719 | 1 461 309 | 1 596 189 | 1 751 429 | 1 758 116 | 1 908 317 |
| Debt securities | 0 | 0 | 0 | 0 | 0 | 0 | 0 | 0 |
| Short-term debt securities | 0 | 0 | 0 | 0 | 0 | 0 | 0 | 0 |
| Long-term debt securities | 0 | 0 | 0 | 0 | 0 | 0 | 0 | 0 |
| Loans | 0 | 0 | 0 | 0 | 4 | 10 | 11 | 4 |
| Short-term loans | 0 | 0 | 0 | 0 | 4 | 4 | 8 | 4 |
| Long-term loans | 0 | 0 | 0 | 0 | 0 | 6 | 3 | 0 |
| Equity and investment fund shares | 16 333 | 16 630 | 17 663 | 19 616 | 28 779 | 36 430 | 40 732 | 45 032 |
| Insurance pension and standardised guarantees | 1 174 395 | 1 250 516 | 1 369 670 | 1 441 243 | 1 563 238 | 1 708 950 | 1 716 622 | 1 862 585 |
| Financial derivatives and employee stock options | 0 | 0 | 0 | 0 | 1 250 | 126 | 238 | 398 |
| Other accounts payable | 2 871 | 1 258 | 386 | 450 | 2 918 | 5 913 | 513 | 298 |
| Non-financial assets | .. | .. | .. | .. | .. | .. | .. | .. |

Note: Detailed metadata at: *http://metalinks.oecd.org/instinv/20200916/f42e*

# HUNGARY

## Table 4. Portfolio composition by type of investor
As percentage of financial assets and of financial liabilities

*Per cent*

| | 2012 | 2013 | 2014 | 2015 | 2016 | 2017 | 2018 | 2019 |
|---|---|---|---|---|---|---|---|---|
| **Investment funds** | | | | | | | | |
| Financial assets | 100.0 | 100.0 | 100.0 | 100.0 | 100.0 | 100.0 | 100.0 | 100.0 |
| Currency and deposits | 53.2 | 45.5 | 44.0 | 40.6 | 37.3 | 29.2 | 24.9 | 24.8 |
| Debt securities | 25.1 | 32.0 | 32.3 | 33.9 | 34.0 | 34.1 | 34.4 | 27.4 |
| Loans | 0.0 | 0.1 | 0.1 | 0.1 | 0.2 | 0.3 | 0.6 | 0.7 |
| Equity and investment fund shares | 18.6 | 18.0 | 21.4 | 23.4 | 26.2 | 33.8 | 37.7 | 44.1 |
| Insurance pension and standardised guarantee schemes | 0.0 | 0.0 | 0.0 | 0.0 | 0.0 | 0.0 | 0.0 | 0.0 |
| Financial derivatives and employee stock options | 1.3 | 1.2 | 0.8 | 0.6 | 0.6 | 0.7 | 0.4 | 0.5 |
| Other accounts receivable | 1.9 | 3.1 | 1.5 | 1.4 | 1.7 | 2.0 | 2.1 | 2.4 |
| Financial liabilities | 100.0 | 100.0 | 100.0 | 100.0 | 100.0 | 100.0 | 100.0 | 100.0 |
| Currency and deposits | 0.0 | 0.0 | 0.0 | 0.0 | 0.0 | 0.0 | 0.0 | 0.0 |
| Debt securities | 0.0 | 0.0 | 0.0 | 0.0 | 0.0 | 0.0 | 0.0 | 0.0 |
| Loans | 2.0 | 1.4 | 1.4 | 0.9 | 1.4 | 1.0 | 1.8 | 3.4 |
| Equity and investment fund shares | 96.2 | 98.4 | 97.9 | 98.9 | 98.4 | 98.8 | 97.9 | 96.3 |
| Insurance pension and standardised guarantee schemes | 0.0 | 0.0 | 0.0 | 0.0 | 0.0 | 0.0 | 0.0 | 0.0 |
| Financial derivatives and employee stock options | 0.2 | 0.1 | 0.6 | 0.2 | 0.2 | 0.2 | 0.2 | 0.3 |
| Other accounts receivable | 1.6 | 0.1 | 0.1 | 0.1 | 0.0 | 0.0 | 0.1 | 0.0 |
| **Insurance corporations** | | | | | | | | |
| Financial assets | 100.0 | 100.0 | 100.0 | 100.0 | 100.0 | 100.0 | 100.0 | 100.0 |
| Currency and deposits | 4.6 | 5.1 | 6.1 | 6.7 | 4.5 | 4.9 | 5.7 | 5.1 |
| Debt securities | 59.8 | 59.2 | 57.2 | 53.6 | 54.2 | 53.0 | 52.9 | 51.1 |
| Loans | 0.4 | 0.3 | 0.2 | 0.2 | 0.2 | 0.3 | 0.4 | 0.3 |
| Equity and investment fund shares | 28.6 | 29.3 | 30.6 | 33.4 | 35.1 | 36.0 | 34.8 | 36.9 |
| Insurance pension and standardised guarantee schemes | 4.0 | 3.7 | 3.5 | 3.7 | 3.8 | 3.7 | 3.9 | 3.6 |
| Financial derivatives and employee stock options | 0.0 | 0.0 | 0.2 | 0.1 | 0.0 | 0.0 | 0.0 | 0.0 |
| Other accounts receivable | 2.7 | 2.6 | 2.2 | 2.2 | 2.1 | 2.1 | 2.4 | 3.0 |
| Financial liabilities | 100.0 | 100.0 | 100.0 | 100.0 | 100.0 | 100.0 | 100.0 | 100.0 |
| Currency and deposits | 0.0 | 0.0 | 0.0 | 0.0 | 0.0 | 0.0 | 0.0 | 0.0 |
| Debt securities | 0.0 | 0.0 | 0.0 | 0.0 | 0.0 | 0.0 | 0.0 | 0.0 |
| Loans | 0.3 | 0.2 | 0.3 | 0.7 | 0.2 | 0.1 | 0.1 | 0.2 |
| Equity and investment fund shares | 11.7 | 11.7 | 11.0 | 10.6 | 11.2 | 11.7 | 12.1 | 11.8 |
| Insurance pension and standardised guarantee schemes | 84.4 | 84.4 | 85.0 | 85.1 | 85.9 | 85.7 | 84.7 | 84.8 |
| Financial derivatives and employee stock options | 0.0 | 0.0 | 0.2 | 0.1 | 0.0 | 0.0 | 0.0 | 0.0 |
| Other accounts receivable | 3.5 | 3.7 | 3.5 | 3.4 | 2.7 | 2.6 | 3.0 | 3.2 |
| **Pension funds** | | | | | | | | |
| Financial assets | 100.0 | 100.0 | 100.0 | 100.0 | 100.0 | 100.0 | 100.0 | 100.0 |
| Currency and deposits | 5.4 | 7.2 | 6.8 | 5.8 | 4.7 | 4.0 | 4.1 | 5.9 |
| Debt securities | 64.6 | 64.7 | 65.4 | 65.7 | 63.5 | 62.9 | 64.7 | 60.2 |
| Loans | 0.1 | 0.1 | 0.1 | 0.1 | 0.1 | 0.1 | 0.1 | 0.1 |
| Equity and investment fund shares | 29.9 | 27.9 | 27.7 | 28.3 | 31.6 | 32.9 | 31.1 | 33.8 |
| Insurance pension and standardised guarantee schemes | 0.0 | 0.0 | 0.0 | 0.0 | 0.0 | 0.0 | 0.0 | 0.0 |
| Financial derivatives and employee stock options | 0.0 | 0.0 | 0.0 | 0.0 | 0.0 | 0.1 | 0.0 | 0.0 |
| Other accounts receivable | 0.0 | 0.0 | 0.0 | 0.0 | 0.0 | 0.0 | 0.0 | 0.0 |
| Financial liabilities | 100.0 | 100.0 | 100.0 | 100.0 | 100.0 | 100.0 | 100.0 | 100.0 |
| Currency and deposits | 0.0 | 0.0 | 0.0 | 0.0 | 0.0 | 0.0 | 0.0 | 0.0 |
| Debt securities | 0.0 | 0.0 | 0.0 | 0.0 | 0.0 | 0.0 | 0.0 | 0.0 |
| Loans | 0.0 | 0.0 | 0.0 | 0.0 | 0.0 | 0.0 | 0.0 | 0.0 |
| Equity and investment fund shares | 1.4 | 1.3 | 1.3 | 1.3 | 1.8 | 2.1 | 2.3 | 2.4 |
| Insurance pension and standardised guarantee schemes | 98.4 | 98.6 | 98.7 | 98.6 | 97.9 | 97.6 | 97.6 | 97.6 |
| Financial derivatives and employee stock options | 0.0 | 0.0 | 0.0 | 0.0 | 0.1 | 0.0 | 0.0 | 0.0 |
| Other accounts receivable | 0.2 | 0.1 | 0.0 | 0.0 | 0.2 | 0.3 | 0.0 | 0.0 |

Note: Detailed metadata at: *http://metalinks.oecd.org/instinv/20200916/eb22*

# ICELAND

## Table 1. Financial assets and liabilities of institutional investors, 2018

*Million ISK*

| | Investment funds | | | | |
|---|---|---|---|---|---|
| | | Non-money market funds | | | Money market funds |
| | Total | Total | Open-end non-money market funds | Closed-end non-money market funds | Total |
| Financial assets | 799 877 | 653 055 | 327 630 | 325 425 | 146 822 |
| Currency and deposits | 123 003 | 18 149 | 9 878 | 8 270 | 104 854 |
| Debt securities | 326 252 | 284 348 | 211 142 | 73 207 | 41 904 |
| Debt securities, short term | 24 251 | 8 340 | 3 580 | 4 760 | 15 911 |
| Debt securities, long term | 302 001 | 276 009 | 207 562 | 68 447 | 25 993 |
| Debt securities issued by residents | 326 252 | 284 348 | 211 142 | 73 207 | 41 904 |
| Debt securities issued by non-residents | 0 | 0 | 0 | 0 | 0 |
| Loans | 63 689 | 63 689 | 0 | 63 689 | 0 |
| Loans, short-term | .. | .. | .. | .. | .. |
| Loans, long-term | .. | .. | .. | .. | .. |
| Loans granted to residents | 63 689 | 63 689 | 0 | 63 689 | 0 |
| Loans granted to non-residents | 0 | 0 | 0 | 0 | 0 |
| Equity and investment fund shares/units | 266 273 | 266 273 | 105 618 | 160 655 | 0 |
| Equity and investment fund shares issued/units by residents | 248 726 | 248 726 | 92 004 | 156 722 | 0 |
| Equity and investment fund shares/units issued by non residents | 17 547 | 17 547 | 13 614 | 3 933 | 0 |
| Other accounts receivable | 16 553 | 16 490 | 770 | 15 720 | 63 |

| | Investment funds | | | | |
|---|---|---|---|---|---|
| | | Non-money market funds | | | Money market funds |
| | Total | Total | Open-end non-money market funds | Closed-end non-money market funds | Total |
| Financial liabilities | 814 454 | 667 632 | 327 630 | 340 002 | 146 822 |
| Currency and deposits | .. | .. | .. | .. | .. |
| Debt securities | 101 196 | 101 196 | 0 | 101 196 | 0 |
| Debt securities, short term | 127 | 127 | 0 | 127 | 0 |
| Debt securities, long term | 101 069 | 101 069 | 0 | 101 069 | 0 |
| Loans | 9 238 | 9 238 | 77 | 9 161 | 0 |
| Loans, short-term | 4 827 | 4 827 | 44 | 4 783 | 0 |
| Loans, long-term | 4 411 | 4 411 | 33 | 4 378 | 0 |
| Equity and investment fund shares/units | 688 786 | 546 089 | 326 839 | 219 249 | 142 698 |
| Insurance pension and standardised guaratees | .. | .. | .. | .. | .. |
| Financial derivatives and employee stock options | 551 | 551 | 3 | 548 | 0 |
| Other accounts payable | 14 682 | 10 558 | 711 | 9 848 | 4 124 |

| | Insurance corporations and pension funds | | | | |
|---|---|---|---|---|---|
| | | Insurance corporations | | | Pension funds |
| | Total | Total | Life insurance corporations | Non-life insurance corporations | Total |
| Financial assets | 4 477 186 | 229 925 | 18 583 | 211 342 | 4 247 262 |
| Currency and deposits | 164 875 | 8 226 | 667 | 7 560 | 156 648 |
| Debt securities | 2 029 267 | 115 429 | 7 653 | 107 776 | 1 913 838 |
| Debt securities, short-term | 6 188 | 1 250 | 278 | 972 | 4 938 |
| Debt securities, long term | 2 023 079 | 114 179 | 7 375 | 106 805 | 1 908 900 |
| Debt securities issued by residents | 2 008 486 | 98 628 | 7 651 | 90 977 | 1 909 858 |
| Debt securities issued by non-residents | 20 782 | 16 801 | 2 | 16 799 | 3 980 |
| Loans | 437 024 | 3 731 | 0 | 3 731 | 433 293 |
| Loans, short-term | 6 | .. | .. | .. | 6 |
| Loans, long-term | 437 018 | 3 731 | 0 | 3 731 | 433 287 |
| Loans granted to residents | 436 715 | 3 731 | 0 | 3 731 | 432 984 |
| Loans granted to non-residents | 309 | 0 | 0 | 0 | 309 |
| Equity and investment fund shares/units | 1 789 227 | 69 980 | 1 868 | 68 112 | 1 719 247 |
| Equity and investment fund shares/units issued by residents | 708 994 | 61 159 | 1 815 | 59 344 | 647 835 |
| Equity and investment fund shares/units issued by non residents | 1 080 234 | 8 821 | 53 | 8 768 | 1 071 412 |
| Other accounts receivable | 6 713 | 3 637 | 45 | 3 592 | 3 076 |

| | Insurance corporations and pension funds | | | | |
|---|---|---|---|---|---|
| | | Insurance corporations | | | Pension funds |
| | Total | Total | Life insurance corporations | Non-life insurance corporations | Total |
| Financial liabilities | 4 481 824 | 232 643 | 18 669 | 213 974 | 4 249 181 |
| Currency and deposits | .. | .. | .. | .. | .. |
| Debt securities | 2 173 | 2 173 | 0 | 2 173 | .. |
| Debt securities, short term | 0 | 0 | 0 | 0 | .. |
| Debt securities, long term | 2 173 | 2 173 | 0 | 2 173 | .. |
| Loans | 2 715 | 2 715 | 0 | 2 715 | 0 |
| Loans, short-term | .. | 0 | 0 | 0 | 0 |
| Loans, long-term | 0 | 2 715 | 0 | 2 715 | 0 |
| Equity and investment fund shares/units | 131 778 | 131 778 | 6 536 | 125 243 | .. |
| Insurance pension and standardised guarantees | 4 328 533 | 89 510 | 11 100 | 78 411 | 4 239 023 |
| Financial derivatives and employee stock options | 0 | 0 | .. | .. | 0 |
| Other accounts payable | 16 625 | 6 467 | 1 034 | 5 434 | 10 158 |

Note: Detailed metadata at: *http://metalinks.oecd.org/instinv/20200916/f42e*

# ICELAND

## Table 2. Financial assets and liabilities of investment funds

*Million ISK*

| | 2012 | 2013 | 2014 | 2015 | 2016 | 2017 | 2018 | 2019 |
|---|---|---|---|---|---|---|---|---|
| **Investment funds** | | | | | | | | |
| Financial net worth | -1 510 | -714 | -124 | -172 | -39 176 | -38 378 | -14 577 | -11 502 |
| Financial assets | 427 809 | 468 126 | 502 500 | 598 476 | 805 605 | 805 901 | 799 877 | 898 782 |
| Currency and deposits | 35 503 | 51 558 | 78 987 | 107 853 | 168 655 | 138 410 | 123 003 | 140 966 |
| Debt securities | 305 041 | 285 132 | 262 187 | 249 777 | 283 783 | 298 624 | 326 252 | 338 170 |
| Loans | 0 | 0 | 0 | 18 199 | 38 602 | 50 153 | 63 689 | 87 458 |
| Equity and investment fund shares | 85 288 | 129 033 | 158 331 | 213 701 | 301 718 | 299 783 | 266 273 | 323 712 |
| Equity | 62 713 | 100 696 | 125 198 | 167 164 | 251 282 | 242 042 | 204 531 | 254 026 |
| Investment fund shares | 22 575 | 28 338 | 33 134 | 46 538 | 50 436 | 57 741 | 61 742 | 69 686 |
| Money market fund shares | .. | .. | .. | 4 922 | 4 265 | 8 110 | 9 073 | 9 933 |
| Non-Money market fund shares | .. | .. | .. | 41 616 | 46 172 | 49 631 | 52 669 | 59 753 |
| Insurance pension and standardised guarantees | .. | .. | .. | .. | .. | .. | .. | .. |
| Financial derivatives and employee stock options | 1 455 | 2 016 | 2 138 | 4 529 | 3 263 | 3 449 | 4 107 | 3 454 |
| Other accounts receivable | 523 | 387 | 857 | 4 418 | 9 583 | 15 482 | 16 553 | 5 023 |
| Financial liabilities | 429 319 | 468 840 | 502 624 | 598 648 | 844 781 | 844 279 | 814 454 | 910 284 |
| Debt securities | 26 608 | 32 451 | 56 263 | 57 924 | 99 738 | 107 742 | 101 196 | 115 843 |
| Short-term debt securities | .. | .. | .. | 0 | 0 | 76 | 127 | 140 |
| Long-term debt securities | .. | .. | .. | 57 924 | 99 738 | 107 666 | 101 069 | 115 704 |
| Loans | 3 115 | 3 655 | 4 416 | 6 082 | 6 736 | 7 500 | 9 238 | 12 590 |
| Short-term loans | .. | .. | .. | 5 230 | 5 660 | 5 382 | 4 827 | 4 953 |
| Long-term loans | .. | .. | .. | 852 | 1 076 | 2 118 | 4 411 | 7 637 |
| Equity and investment fund shares | 378 034 | 414 467 | 422 661 | 530 398 | 725 369 | 708 109 | 688 786 | 774 348 |
| Insurance pension and standardised guarantees | .. | .. | .. | .. | .. | .. | .. | .. |
| Financial derivatives and employee stock options | 96 | 190 | 224 | 753 | 752 | 912 | 551 | 363 |
| Other accounts payable | 21 466 | 18 077 | 19 061 | 3 491 | 12 187 | 20 016 | 14 682 | 7 139 |
| Non-financial assets | 1 510 | 714 | 124 | 172 | 39 176 | 38 378 | 14 577 | 11 503 |
| **Money market funds** | | | | | | | | |
| Financial net worth | 0 | 0 | 0 | 0 | 0 | 0 | 0 | 0 |
| Financial assets | 19 624 | 26 449 | 50 837 | 92 534 | 177 249 | 158 294 | 146 822 | 143 987 |
| Currency and deposits | 14 872 | 22 584 | 47 838 | 86 303 | 141 507 | 120 927 | 104 854 | 113 706 |
| Debt securities | 4 715 | 3 799 | 2 890 | 6 060 | 35 074 | 36 448 | 41 904 | 30 155 |
| Loans | 0 | 0 | 0 | 0 | 0 | 0 | 0 | 0 |
| Equity and investment fund shares | 0 | 0 | 0 | 0 | 0 | 0 | 0 | 0 |
| Equity | 0 | 0 | 0 | 0 | 0 | 0 | 0 | 0 |
| Investment fund shares | 0 | 0 | 0 | 0 | 0 | 0 | 0 | 0 |
| Money market fund shares | .. | .. | .. | 0 | 0 | 0 | 0 | 0 |
| Non-Money market fund shares | .. | .. | .. | 0 | 0 | 0 | 0 | 0 |
| Insurance pension and standardised guarantees | .. | .. | .. | .. | .. | .. | .. | .. |
| Financial derivatives and employee stock options | 0 | 0 | 0 | 0 | 0 | 0 | 1 | 0 |
| Other accounts receivable | 37 | 67 | 110 | 170 | 668 | 919 | 63 | 126 |
| Financial liabilities | 19 624 | 26 449 | 50 837 | 92 534 | 177 249 | 158 294 | 146 822 | 143 987 |
| Debt securities | 0 | 0 | 0 | 0 | 0 | 0 | 0 | 0 |
| Short-term debt securities | .. | .. | .. | 0 | 0 | 0 | 0 | 0 |
| Long-term debt securities | .. | .. | .. | 0 | 0 | 0 | 0 | 0 |
| Loans | 93 | 0 | 0 | 0 | 0 | 0 | 0 | 0 |
| Short-term loans | .. | .. | .. | 0 | 0 | 0 | 0 | 0 |
| Long-term loans | .. | .. | .. | 0 | 0 | 0 | 0 | 0 |
| Equity and investment fund shares | 19 497 | 26 422 | 50 784 | 92 211 | 172 000 | 152 603 | 142 698 | 143 871 |
| Insurance pension and standardised guarantees | .. | .. | .. | .. | .. | .. | .. | .. |
| Financial derivatives and employee stock options | 0 | 0 | 0 | 0 | 0 | 0 | 0 | 0 |
| Other accounts payable | 34 | 27 | 53 | 323 | 5 249 | 5 691 | 4 124 | 116 |
| Non-financial assets | 0 | 0 | 0 | 0 | 0 | 0 | 0 | 0 |
| **Non-money market funds** | | | | | | | | |
| Financial net worth | -1 510 | -714 | -124 | -172 | -39 176 | -38 378 | -14 577 | -11 502 |
| Financial assets | 408 185 | 441 677 | 451 663 | 505 943 | 628 356 | 647 607 | 653 055 | 754 795 |
| Currency and deposits | 20 631 | 28 975 | 31 149 | 21 550 | 27 148 | 17 483 | 18 149 | 27 260 |
| Debt securities | 300 325 | 281 333 | 259 297 | 243 717 | 248 709 | 262 176 | 284 348 | 308 014 |
| Loans | 0 | 0 | 0 | 18 199 | 38 602 | 50 153 | 63 689 | 87 458 |
| Equity and investment fund shares | 85 288 | 129 033 | 158 331 | 213 701 | 301 718 | 299 783 | 266 273 | 323 712 |
| Equity | 62 713 | 100 696 | 125 198 | 167 164 | 251 282 | 242 042 | 204 531 | 254 026 |
| Investment fund shares | 22 575 | 28 338 | 33 134 | 46 538 | 50 436 | 57 741 | 61 742 | 69 686 |
| Money market fund shares | .. | .. | .. | 4 922 | 4 265 | 8 110 | 9 073 | 9 933 |
| Non-Money market fund shares | .. | .. | .. | 41 616 | 46 172 | 49 631 | 52 669 | 59 753 |
| Insurance pension and standardised guarantees | .. | .. | .. | .. | .. | .. | .. | .. |
| Financial derivatives and employee stock options | 1 455 | 2 016 | 2 138 | 4 529 | 3 263 | 3 449 | 4 106 | 3 454 |
| Other accounts receivable | 485 | 320 | 747 | 4 247 | 8 915 | 14 563 | 16 490 | 4 897 |
| Financial liabilities | 409 695 | 442 391 | 451 787 | 506 115 | 667 532 | 685 985 | 667 632 | 766 297 |
| Debt securities | 26 608 | 32 451 | 56 263 | 57 924 | 99 738 | 107 742 | 101 196 | 115 843 |
| Short-term debt securities | .. | .. | .. | 0 | 0 | 76 | 127 | 140 |
| Long-term debt securities | .. | .. | .. | 57 924 | 99 738 | 107 666 | 101 069 | 115 704 |
| Loans | 3 022 | 3 655 | 4 416 | 6 082 | 6 736 | 7 500 | 9 238 | 12 590 |
| Short-term loans | .. | .. | .. | 5 230 | 5 660 | 5 382 | 4 827 | 4 953 |
| Long-term loans | .. | .. | .. | 852 | 1 076 | 2 118 | 4 411 | 7 637 |
| Equity and investment fund shares | 358 537 | 388 044 | 371 876 | 438 187 | 553 369 | 555 506 | 546 089 | 630 477 |
| Insurance pension and standardised guarantees | .. | .. | .. | .. | .. | .. | .. | .. |
| Financial derivatives and employee stock options | 96 | 190 | 224 | 753 | 752 | 912 | 551 | 363 |
| Other accounts payable | 21 431 | 18 051 | 19 008 | 3 168 | 6 938 | 14 325 | 10 558 | 7 023 |
| Non-financial assets | 1 510 | 714 | 124 | 172 | 39 176 | 38 378 | 14 577 | 11 503 |
| **Open-end non-money market funds** | | | | | | | | |
| Financial net worth | -447 | -110 | -20 | -77 | -1 | 0 | 0 | 0 |
| Financial assets | 319 872 | 340 054 | 323 701 | 368 304 | 340 782 | 330 947 | 327 630 | 371 622 |
| Currency and deposits | 14 152 | 22 560 | 15 162 | 16 667 | 14 620 | 10 533 | 9 878 | 9 739 |

# ICELAND

## Table 2. Financial assets and liabilities of investment funds *(cont.)*

*Million ISK*

| | 2012 | 2013 | 2014 | 2015 | 2016 | 2017 | 2018 | 2019 |
|---|---|---|---|---|---|---|---|---|
| Debt securities | 252 615 | 225 847 | 199 817 | 197 031 | 185 619 | 193 747 | 211 142 | 229 602 |
| Loans | 0 | 0 | 0 | 0 | 0 | 0 | 0 | 594 |
| Equity and investment fund shares | 52 696 | 91 383 | 108 011 | 153 403 | 139 925 | 125 719 | 105 618 | 131 236 |
| Equity | 32 383 | 65 273 | 80 398 | 116 835 | 104 131 | 87 232 | 64 087 | 80 503 |
| Investment fund shares | 20 313 | 26 110 | 27 613 | 36 568 | 35 794 | 38 487 | 41 531 | 50 733 |
| Money market fund shares | .. | .. | .. | 1 838 | 1 011 | 876 | 482 | 316 |
| Non-Money market fund shares | .. | .. | .. | 34 730 | 34 783 | 37 611 | 41 049 | 50 417 |
| Insurance pension and standardised guarantees | .. | .. | .. | .. | .. | .. | .. | .. |
| Financial derivatives and employee stock options | 0 | 12 | 13 | 50 | 81 | 226 | 222 | 99 |
| Other accounts receivable | 409 | 252 | 698 | 1 153 | 538 | 722 | 770 | 353 |
| Financial liabilities | 320 319 | 340 164 | 323 721 | 368 381 | 340 783 | 330 947 | 327 630 | 371 622 |
| Debt securities | 0 | 0 | 0 | 0 | 0 | 0 | 0 | 0 |
| Short-term debt securities | .. | .. | .. | 0 | 0 | 0 | 0 | 0 |
| Long-term debt securities | .. | .. | .. | 0 | 0 | 0 | 0 | 0 |
| Loans | 669 | 1 | 161 | 0 | 0 | 0 | 77 | 0 |
| Short-term loans | .. | .. | .. | 0 | 0 | 0 | 44 | 0 |
| Long-term loans | .. | .. | .. | 0 | 0 | 0 | 33 | 0 |
| Equity and investment fund shares | 307 669 | 330 434 | 315 716 | 366 534 | 339 854 | 329 458 | 326 839 | 370 943 |
| Insurance pension and standardised guarantees | .. | .. | .. | .. | .. | .. | .. | .. |
| Financial derivatives and employee stock options | 0 | 0 | 9 | 13 | 2 | 128 | 3 | 6 |
| Other accounts payable | 11 980 | 9 729 | 7 836 | 1 834 | 927 | 1 361 | 711 | 673 |
| Non-financial assets | 447 | 110 | 20 | 77 | 1 | 0 | 0 | 0 |
| **Open-end investment funds** | | | | | | | | |
| Financial net worth | -447 | -110 | -20 | -77 | -1 | 0 | 0 | 0 |
| Financial assets | 339 496 | 366 503 | 374 538 | 460 837 | 518 031 | 489 240 | 474 452 | 515 609 |
| Currency and deposits | 29 024 | 45 143 | 63 000 | 102 970 | 156 127 | 131 459 | 114 733 | 123 445 |
| Debt securities | 257 330 | 229 645 | 202 706 | 203 091 | 220 692 | 230 195 | 253 045 | 259 757 |
| Loans | 0 | 0 | 0 | 0 | 0 | 0 | 0 | 594 |
| Equity and investment fund shares | 52 696 | 91 383 | 108 011 | 153 403 | 139 925 | 125 719 | 105 618 | 131 236 |
| Equity | 32 383 | 65 273 | 80 398 | 116 835 | 104 131 | 87 232 | 64 087 | 80 503 |
| Investment fund shares | 20 313 | 26 110 | 27 613 | 36 568 | 35 794 | 38 487 | 41 531 | 50 733 |
| Money market fund shares | .. | .. | .. | 1 838 | 1 011 | 876 | 482 | 316 |
| Non-Money market fund shares | .. | .. | .. | 34 730 | 34 783 | 37 611 | 41 049 | 50 417 |
| Insurance pension and standardised guarantees | .. | .. | .. | .. | .. | .. | .. | .. |
| Financial derivatives and employee stock options | 0 | 12 | 13 | 50 | 81 | 226 | 223 | 99 |
| Other accounts receivable | 446 | 319 | 808 | 1 323 | 1 206 | 1 641 | 833 | 478 |
| Financial liabilities | 339 943 | 366 613 | 374 558 | 460 914 | 518 032 | 489 240 | 474 452 | 515 609 |
| Debt securities | 0 | 0 | 0 | 0 | 0 | 0 | 0 | 0 |
| Short-term debt securities | 0 | 0 | 0 | 0 | 0 | 0 | 0 | 0 |
| Long-term debt securities | 0 | 0 | 0 | 0 | 0 | 0 | 0 | 0 |
| Loans | 762 | 1 | 161 | 0 | 0 | 0 | 77 | 0 |
| Short-term loans | 0 | 0 | 0 | 0 | 0 | 0 | 44 | 0 |
| Long-term loans | 0 | 0 | 0 | 0 | 0 | 0 | 33 | 0 |
| Equity and investment fund shares | 327 166 | 356 856 | 366 500 | 458 745 | 511 853 | 482 061 | 469 537 | 514 814 |
| Insurance pension and standardised guarantees | .. | .. | .. | .. | .. | .. | .. | .. |
| Financial derivatives and employee stock options | 0 | 0 | 9 | 13 | 2 | 128 | 3 | 6 |
| Other accounts payable | 12 015 | 9 756 | 7 888 | 2 156 | 6 176 | 7 052 | 4 835 | 789 |
| Non-financial assets | 447 | 110 | 20 | 77 | 1 | 0 | 0 | 0 |

Note: Detailed metadata at: *http://metalinks.oecd.org/instinv/20200916/f42e*

# ICELAND

## Table 3. Financial assets and liabilities of insurance corporations and pension funds

*Million ISK*

| | 2012 | 2013 | 2014 | 2015 | 2016 | 2017 | 2018 | 2019 |
|---|---|---|---|---|---|---|---|---|
| **Insurance corporations and pension funds** | | | | | | | | |
| Financial net worth | -11 693 | -10 335 | -10 336 | -5 042 | -4 266 | -5 140 | -4 638 | -5 002 |
| Financial assets | 2 618 942 | 2 889 892 | 3 137 113 | 3 473 482 | 3 746 573 | 4 163 150 | 4 477 186 | 5 235 480 |
| Currency and deposits | 213 699 | 203 535 | 168 345 | 175 160 | 147 205 | 181 825 | 164 875 | 186 941 |
| Debt securities | 1 305 933 | 1 411 596 | 1 500 539 | 1 595 089 | 1 815 213 | 1 907 995 | 2 029 267 | 2 108 591 |
| Loans | 184 357 | 184 620 | 178 808 | 180 881 | 244 127 | 340 211 | 437 024 | 530 776 |
| Equity and investment fund shares | 877 334 | 1 048 642 | 1 247 478 | 1 476 685 | 1 486 804 | 1 656 377 | 1 789 227 | 2 347 364 |
| Equity | 264 612 | 378 316 | 506 991 | 685 575 | 659 480 | 677 911 | 674 374 | 865 167 |
| Investment fund shares | 612 722 | 670 326 | 740 486 | 791 110 | 827 324 | 978 466 | 1 114 854 | 1 482 197 |
| Money market fund shares | .. | .. | .. | .. | .. | .. | .. | .. |
| Non-Money market fund shares | .. | .. | .. | .. | .. | .. | .. | .. |
| Insurance pension and standardised guarantees | 32 606 | 35 779 | 36 827 | 39 790 | 42 742 | 45 929 | 49 993 | 56 423 |
| Financial derivatives and employee stock options | 0 | 0 | 0 | 0 | 0 | 0 | 87 | 0 |
| Other accounts receivable | 5 013 | 5 720 | 5 117 | 5 878 | 10 482 | 30 813 | 6 713 | 5 386 |
| Financial liabilities | 2 630 635 | 2 900 227 | 3 147 449 | 3 478 524 | 3 750 839 | 4 168 290 | 4 481 824 | 5 240 483 |
| Debt securities | 0 | 0 | 0 | 2 026 | 2 070 | 2 110 | 2 173 | 2 231 |
| Short-term debt securities | 0 | 0 | 0 | 0 | 0 | 0 | 0 | 0 |
| Long-term debt securities | 0 | 0 | 0 | 2 026 | 2 070 | 2 110 | 2 173 | 2 231 |
| Loans | 516 | 152 | 118 | 0 | 2 574 | 2 624 | 2 715 | 2 788 |
| Short-term loans | .. | .. | .. | .. | .. | .. | .. | .. |
| Long-term loans | 82 | 70 | 95 | 0 | 2 574 | 2 624 | 0 | 0 |
| Equity and investment fund shares | 103 423 | 114 363 | 123 438 | 105 901 | 117 579 | 126 682 | 131 778 | 144 850 |
| Insurance pension and standardised guarantees | 2 469 525 | 2 740 835 | 3 003 095 | 3 351 115 | 3 612 003 | 4 017 986 | 4 328 533 | 5 067 338 |
| Financial derivatives and employee stock options | 31 941 | 21 575 | 2 171 | 13 | 13 | 0 | 0 | 16 |
| Other accounts payable | 25 229 | 23 302 | 18 627 | 19 470 | 16 600 | 18 889 | 16 625 | 23 259 |
| Non-financial assets | 11 693 | 10 335 | 10 336 | 5 042 | 4 267 | 5 140 | 4 638 | 5 003 |
| **Insurance corporations** | | | | | | | | |
| Financial net worth | -6 691 | -6 083 | -6 615 | -2 018 | -1 909 | -1 939 | -2 719 | -3 082 |
| Financial assets | 179 198 | 193 154 | 200 899 | 188 113 | 204 749 | 218 771 | 229 925 | 256 365 |
| Currency and deposits | 45 811 | 38 771 | 32 797 | 14 829 | 12 148 | 12 021 | 8 226 | 10 659 |
| Debt securities | 65 643 | 81 832 | 88 865 | 83 883 | 93 729 | 98 645 | 115 429 | 129 539 |
| Loans | 3 418 | 3 078 | 2 881 | 1 485 | 1 742 | 3 794 | 3 731 | 2 735 |
| Equity and investment fund shares | 41 358 | 44 514 | 50 677 | 59 878 | 66 609 | 73 878 | 69 980 | 75 989 |
| Equity | 22 153 | 25 514 | 35 394 | 46 244 | 51 800 | 57 495 | 51 918 | 55 536 |
| Investment fund shares | 19 205 | 18 999 | 15 283 | 13 634 | 14 810 | 16 384 | 18 062 | 20 453 |
| Money market fund shares | .. | .. | .. | .. | .. | .. | .. | .. |
| Non-Money market fund shares | .. | .. | .. | .. | .. | .. | .. | .. |
| Insurance pension and standardised guarantees | 20 653 | 22 565 | 23 537 | 25 473 | 25 542 | 26 639 | 28 921 | 34 230 |
| Financial derivatives and employee stock options | .. | .. | .. | .. | .. | .. | .. | .. |
| Other accounts receivable | 2 315 | 2 394 | 2 143 | 2 564 | 4 979 | 3 794 | 3 637 | 3 213 |
| Financial liabilities | 185 889 | 199 236 | 207 514 | 190 131 | 206 658 | 220 710 | 232 643 | 259 447 |
| Debt securities | 0 | 0 | 0 | 2 026 | 2 070 | 2 110 | 2 173 | 2 231 |
| Short-term debt securities | 0 | 0 | 0 | 0 | 0 | 0 | 0 | 0 |
| Long-term debt securities | 0 | 0 | 0 | 2 026 | 2 070 | 2 110 | 2 173 | 2 231 |
| Loans | 82 | 70 | 95 | 0 | 2 574 | 2 624 | 2 715 | 2 788 |
| Short-term loans | 0 | 0 | 0 | 0 | 0 | 0 | 0 | 0 |
| Long-term loans | 82 | 70 | 95 | 0 | 2 574 | 2 624 | 2 715 | 2 788 |
| Equity and investment fund shares | 103 423 | 114 363 | 123 438 | 105 901 | 117 579 | 126 682 | 131 778 | 144 850 |
| Insurance pension and standardised guarantees | 77 383 | 80 216 | 78 703 | 75 215 | 78 715 | 83 431 | 89 510 | 98 137 |
| Financial derivatives and employee stock options | 0 | 0 | 0 | 0 | 0 | 0 | 0 | 16 |
| Other accounts payable | 5 001 | 4 586 | 5 277 | 6 990 | 5 720 | 5 864 | 6 467 | 11 424 |
| Non-financial assets | 6 691 | 6 083 | 6 615 | 2 018 | 1 909 | 1 939 | 2 719 | 3 082 |
| **Pension funds** | | | | | | | | |
| Financial net worth | -5 002 | -4 253 | -3 721 | -3 024 | -2 357 | -3 201 | -1 919 | -1 921 |
| Financial assets | 2 439 744 | 2 696 738 | 2 936 214 | 3 285 369 | 3 541 824 | 3 944 379 | 4 247 262 | 4 979 116 |
| Currency and deposits | 167 887 | 164 764 | 135 548 | 160 331 | 135 057 | 169 805 | 156 648 | 176 282 |
| Debt securities | 1 240 290 | 1 329 764 | 1 411 674 | 1 511 206 | 1 721 483 | 1 809 351 | 1 913 838 | 1 979 052 |
| Loans | 180 939 | 181 543 | 175 927 | 179 396 | 242 386 | 336 417 | 433 293 | 528 041 |
| Equity and investment fund shares | 835 977 | 1 004 128 | 1 196 801 | 1 416 807 | 1 420 194 | 1 582 498 | 1 719 247 | 2 271 375 |
| Equity | 242 459 | 352 802 | 471 597 | 639 331 | 607 680 | 620 416 | 622 456 | 809 631 |
| Investment fund shares | 593 517 | 651 326 | 725 204 | 777 476 | 812 514 | 962 082 | 1 096 791 | 1 461 744 |
| Money market fund shares | .. | .. | .. | .. | .. | .. | .. | .. |
| Non-Money market fund shares | .. | .. | .. | .. | .. | .. | .. | .. |
| Insurance pension and standardised guarantees | 11 953 | 13 214 | 13 291 | 14 316 | 17 200 | 19 290 | 21 072 | 22 193 |
| Financial derivatives and employee stock options | 0 | 0 | 0 | 0 | 0 | 0 | 87 | 0 |
| Other accounts receivable | 2 698 | 3 326 | 2 974 | 3 314 | 5 503 | 27 019 | 3 076 | 2 172 |
| Financial liabilities | 2 444 746 | 2 700 991 | 2 939 935 | 3 288 393 | 3 544 181 | 3 947 580 | 4 249 181 | 4 981 036 |
| Debt securities | .. | .. | .. | .. | .. | .. | .. | .. |
| Short-term debt securities | .. | .. | .. | .. | .. | .. | .. | .. |
| Long-term debt securities | .. | .. | .. | .. | .. | .. | .. | .. |
| Loans | 435 | 81 | 23 | 0 | 0 | 0 | 0 | 0 |
| Short-term loans | 435 | 81 | 23 | 0 | 0 | 0 | 0 | 0 |
| Long-term loans | 0 | 0 | 0 | 0 | 0 | 0 | 0 | 0 |
| Equity and investment fund shares | .. | .. | .. | .. | .. | .. | .. | .. |
| Insurance pension and standardised guarantees | 2 392 142 | 2 660 618 | 2 924 392 | 3 275 901 | 3 533 289 | 3 934 555 | 4 239 023 | 4 969 201 |
| Financial derivatives and employee stock options | 31 941 | 21 575 | 2 171 | 13 | 13 | 0 | 0 | 0 |
| Other accounts payable | 20 228 | 18 716 | 13 350 | 12 480 | 10 880 | 13 025 | 10 158 | 11 835 |
| Non-financial assets | 5 002 | 4 253 | 3 721 | 3 024 | 2 357 | 3 201 | 1 919 | 1 921 |

Note: Detailed metadata at: *http://metalinks.oecd.org/instinv/20200916/f42e*

## Table 4. Portfolio composition by type of investor
As percentage of financial assets and of financial liabilities

*Per cent*

| | 2012 | 2013 | 2014 | 2015 | 2016 | 2017 | 2018 | 2019 |
|---|---|---|---|---|---|---|---|---|
| **Investment funds** | | | | | | | | |
| Financial assets | 100.0 | 100.0 | 100.0 | 100.0 | 100.0 | 100.0 | 100.0 | 100.0 |
| Currency and deposits | 8.3 | 11.0 | 15.7 | 18.0 | 20.9 | 17.2 | 15.4 | 15.7 |
| Debt securities | 71.3 | 60.9 | 52.2 | 41.7 | 35.2 | 37.1 | 40.8 | 37.6 |
| Loans | 0.0 | 0.0 | 0.0 | 3.0 | 4.8 | 6.2 | 8.0 | 9.7 |
| Equity and investment fund shares | 19.9 | 27.6 | 31.5 | 35.7 | 37.5 | 37.2 | 33.3 | 36.0 |
| Insurance pension and standardised guarantee schemes | 0.0 | 0.0 | 0.0 | 0.0 | 0.0 | 0.0 | 0.0 | 0.0 |
| Financial derivatives and employee stock options | 0.3 | 0.4 | 0.4 | 0.8 | 0.4 | 0.4 | 0.5 | 0.4 |
| Other accounts receivable | 0.1 | 0.1 | 0.2 | 0.7 | 1.2 | 1.9 | 2.1 | 0.6 |
| Financial liabilities | 100.0 | 100.0 | 100.0 | 100.0 | 100.0 | 100.0 | 100.0 | 100.0 |
| Currency and deposits | 0.0 | 0.0 | 0.0 | 0.0 | 0.0 | 0.0 | 0.0 | 0.0 |
| Debt securities | 6.2 | 6.9 | 11.2 | 9.7 | 11.8 | 12.8 | 12.4 | 12.7 |
| Loans | 0.7 | 0.8 | 0.9 | 1.0 | 0.8 | 0.9 | 1.1 | 1.4 |
| Equity and investment fund shares | 88.1 | 88.4 | 84.1 | 88.6 | 85.9 | 83.9 | 84.6 | 85.1 |
| Insurance pension and standardised guarantee schemes | 0.0 | 0.0 | 0.0 | 0.0 | 0.0 | 0.0 | 0.0 | 0.0 |
| Financial derivatives and employee stock options | 0.0 | 0.0 | 0.0 | 0.1 | 0.1 | 0.1 | 0.1 | 0.0 |
| Other accounts receivable | 5.0 | 3.9 | 3.8 | 0.6 | 1.4 | 2.4 | 1.8 | 0.8 |
| **Insurance corporations** | | | | | | | | |
| Financial assets | 100.0 | 100.0 | 100.0 | 100.0 | 100.0 | 100.0 | 100.0 | 100.0 |
| Currency and deposits | 25.6 | 20.1 | 16.3 | 7.9 | 5.9 | 5.5 | 3.6 | 4.2 |
| Debt securities | 36.6 | 42.4 | 44.2 | 44.6 | 45.8 | 45.1 | 50.2 | 50.5 |
| Loans | 1.9 | 1.6 | 1.4 | 0.8 | 0.9 | 1.7 | 1.6 | 1.1 |
| Equity and investment fund shares | 23.1 | 23.0 | 25.2 | 31.8 | 32.5 | 33.8 | 30.4 | 29.6 |
| Insurance pension and standardised guarantee schemes | 11.5 | 11.7 | 11.7 | 13.5 | 12.5 | 12.2 | 12.6 | 13.4 |
| Financial derivatives and employee stock options | 0.0 | 0.0 | 0.0 | 0.0 | 0.0 | 0.0 | 0.0 | 0.0 |
| Other accounts receivable | 1.3 | 1.2 | 1.1 | 1.4 | 2.4 | 1.7 | 1.6 | 1.3 |
| Financial liabilities | 100.0 | 100.0 | 100.0 | 100.0 | 100.0 | 100.0 | 100.0 | 100.0 |
| Currency and deposits | 0.0 | 0.0 | 0.0 | 0.0 | 0.0 | 0.0 | 0.0 | 0.0 |
| Debt securities | 0.0 | 0.0 | 0.0 | 1.1 | 1.0 | 1.0 | 0.9 | 0.9 |
| Loans | 0.0 | 0.0 | 0.0 | 0.0 | 1.2 | 1.2 | 1.2 | 1.1 |
| Equity and investment fund shares | 55.6 | 57.4 | 59.5 | 55.7 | 56.9 | 57.4 | 56.6 | 55.8 |
| Insurance pension and standardised guarantee schemes | 41.6 | 40.3 | 37.9 | 39.6 | 38.1 | 37.8 | 38.5 | 37.8 |
| Financial derivatives and employee stock options | 0.0 | 0.0 | 0.0 | 0.0 | 0.0 | 0.0 | 0.0 | 0.0 |
| Other accounts receivable | 2.7 | 2.3 | 2.5 | 3.7 | 2.8 | 2.7 | 2.8 | 4.4 |
| **Pension funds** | | | | | | | | |
| Financial assets | 100.0 | 100.0 | 100.0 | 100.0 | 100.0 | 100.0 | 100.0 | 100.0 |
| Currency and deposits | 6.9 | 6.1 | 4.6 | 4.9 | 3.8 | 4.3 | 3.7 | 3.5 |
| Debt securities | 50.8 | 49.3 | 48.1 | 46.0 | 48.6 | 45.9 | 45.1 | 39.7 |
| Loans | 7.4 | 6.7 | 6.0 | 5.5 | 6.8 | 8.5 | 10.2 | 10.6 |
| Equity and investment fund shares | 34.3 | 37.2 | 40.8 | 43.1 | 40.1 | 40.1 | 40.5 | 45.6 |
| Insurance pension and standardised guarantee schemes | 0.5 | 0.5 | 0.5 | 0.4 | 0.5 | 0.5 | 0.5 | 0.4 |
| Financial derivatives and employee stock options | 0.0 | 0.0 | 0.0 | 0.0 | 0.0 | 0.0 | 0.0 | 0.0 |
| Other accounts receivable | 0.1 | 0.1 | 0.1 | 0.1 | 0.2 | 0.7 | 0.1 | 0.0 |
| Financial liabilities | 100.0 | 100.0 | 100.0 | 100.0 | 100.0 | 100.0 | 100.0 | 100.0 |
| Currency and deposits | 0.0 | 0.0 | 0.0 | 0.0 | 0.0 | 0.0 | 0.0 | 0.0 |
| Debt securities | 0.0 | 0.0 | 0.0 | 0.0 | 0.0 | 0.0 | 0.0 | 0.0 |
| Loans | 0.0 | 0.0 | 0.0 | 0.0 | 0.0 | 0.0 | 0.0 | 0.0 |
| Equity and investment fund shares | 0.0 | 0.0 | 0.0 | 0.0 | 0.0 | 0.0 | 0.0 | 0.0 |
| Insurance pension and standardised guarantee schemes | 97.8 | 98.5 | 99.5 | 99.6 | 99.7 | 99.7 | 99.8 | 99.8 |
| Financial derivatives and employee stock options | 1.3 | 0.8 | 0.1 | 0.0 | 0.0 | 0.0 | 0.0 | 0.0 |
| Other accounts receivable | 0.8 | 0.7 | 0.5 | 0.4 | 0.3 | 0.3 | 0.2 | 0.2 |

Note: Detailed metadata at: *http://metalinks.oecd.org/instinv/20200916/eb22*

# IRELAND

## Table 1. Financial assets and liabilities of institutional investors, 2018

*Million EUR (1999 IEP euro)*

| | Total | Investment funds | | | |
|---|---|---|---|---|---|
| | | Non-money market funds | | | Money market funds |
| | | Total | Open-end non-money market funds | Closed-end non-money market funds | Total |
| Financial assets | .. | 2 313 437 e | .. | .. | .. |
| Currency and deposits | .. | 152 472 e | .. | .. | .. |
| Debt securities | .. | 896 002 e | .. | .. | .. |
| Debt securities, short term | .. | 47 615 e | .. | .. | .. |
| Debt securities, long term | .. | 848 386 e | .. | .. | .. |
| Debt securities issued by residents | .. | .. | .. | .. | .. |
| Debt securities issued by non-residents | .. | .. | .. | .. | .. |
| Loans | .. | 86 836 e | .. | .. | .. |
| Loans, short-term | .. | 14 e | .. | .. | .. |
| Loans, long-term | .. | 86 822 e | .. | .. | .. |
| Loans granted to residents | .. | .. | .. | .. | .. |
| Loans granted to non-residents | .. | .. | .. | .. | .. |
| Equity and investment fund shares/units | .. | 999 799 e | .. | .. | .. |
| Equity and investment fund shares issued/units by residents | .. | .. | .. | .. | .. |
| Equity and investment fund shares/units issued by non residents | .. | .. | .. | .. | .. |
| Other accounts receivable | .. | 83 565 e | .. | .. | .. |

| | Total | Investment funds | | | |
|---|---|---|---|---|---|
| | | Non-money market funds | | | Money market funds |
| | | Total | Open-end non-money market funds | Closed-end non-money market funds | Total |
| Financial liabilities | .. | 2 292 497 e | .. | .. | .. |
| Currency and deposits | .. | 0 e | .. | .. | .. |
| Debt securities | .. | 0 e | .. | .. | .. |
| Debt securities, short term | .. | 0 e | .. | .. | .. |
| Debt securities, long term | .. | 0 e | .. | .. | .. |
| Loans | .. | 229 808 e | .. | .. | .. |
| Loans, short-term | .. | 211 237 e | .. | .. | .. |
| Loans, long-term | .. | 18 571 e | .. | .. | .. |
| Equity and investment fund shares/units | .. | 1 904 681 e | .. | .. | .. |
| Insurance pension and standardised guaratees | .. | 0 e | .. | .. | .. |
| Financial derivatives and employee stock options | .. | 90 766 e | .. | .. | .. |
| Other accounts payable | .. | 67 243 e | .. | .. | .. |

| | Total | Insurance corporations and pension funds | | | |
|---|---|---|---|---|---|
| | | Insurance corporations | | | Pension funds |
| | | Total | Life insurance corporations | Non-life insurance corporations | Total |
| Financial assets | 398 251 e | 277 690 e | .. | .. | 120 561 e |
| Currency and deposits | 28 760 e | 23 160 e | .. | .. | 5 600 e |
| Debt securities | 92 590 e | 49 356 e | .. | .. | 43 233 e |
| Debt securities, short-term | 10 784 e | 5 977 e | .. | .. | 4 808 e |
| Debt securities, long term | 81 805 e | 43 379 e | .. | .. | 38 426 e |
| Debt securities issued by residents | .. | .. | .. | .. | .. |
| Debt securities issued by non-residents | .. | .. | .. | .. | .. |
| Loans | 2 487 e | 2 487 e | .. | .. | 0 e |
| Loans, short-term | 1 378 e | 1 378 e | .. | .. | 0 e |
| Loans, long-term | 1 110 e | 1 110 e | .. | .. | 0 e |
| Loans granted to residents | .. | .. | .. | .. | .. |
| Loans granted to non-residents | .. | .. | .. | .. | .. |
| Equity and investment fund shares/units | 216 011 e | 146 980 e | .. | .. | 69 030 e |
| Equity and investment fund shares/units issued by residents | .. | .. | .. | .. | .. |
| Equity and investment fund shares/units issued by non residents | .. | .. | .. | .. | .. |
| Other accounts receivable | 25 438 e | 22 912 e | .. | .. | 2 525 e |

| | Total | Insurance corporations and pension funds | | | |
|---|---|---|---|---|---|
| | | Insurance corporations | | | Pension funds |
| | | Total | Life insurance corporations | Non-life insurance corporations | Total |
| Financial liabilities | 408 298 e | 287 853 e | .. | .. | 120 445 e |
| Currency and deposits | 0 e | 0 e | .. | .. | 0 e |
| Debt securities | 1 670 e | 1 670 e | .. | .. | 0 e |
| Debt securities, short term | 0 e | 0 e | .. | .. | 0 e |
| Debt securities, long term | 1 670 e | 1 670 e | .. | .. | 0 e |
| Loans | 2 932 e | 2 924 e | .. | .. | 8 e |
| Loans, short-term | 278 e | 277 e | .. | .. | 1 e |
| Loans, long-term | 2 653 e | 2 646 e | .. | .. | 7 e |
| Equity and investment fund shares/units | 35 240 e | 35 236 e | .. | .. | 4 e |
| Insurance pension and standardised guarantees | 349 183 e | 228 751 e | .. | .. | 120 433 e |
| Financial derivatives and employee stock options | 0 e | 0 e | .. | .. | 0 e |
| Other accounts payable | 19 273 e | 19 273 e | .. | .. | 0 e |

Note: Detailed metadata at: *http://metalinks.oecd.org/instinv/20200916/f42e*

# IRELAND

## Table 2. Financial assets and liabilities of investment funds

*Million EUR*

| | 2012 | 2013 | 2014 | 2015 | 2016 | 2017 | 2018 | 2019 |
|---|---|---|---|---|---|---|---|---|
| **Investment funds** | | | | | | | | |
| Financial net worth | .. | .. | .. | .. | .. | .. | .. | .. |
| Financial assets | .. | .. | .. | .. | .. | .. | .. | .. |
| Currency and deposits | .. | .. | .. | .. | .. | .. | .. | .. |
| Debt securities | .. | .. | .. | .. | .. | .. | .. | .. |
| Loans | .. | .. | .. | .. | .. | .. | .. | .. |
| Equity and investment fund shares | .. | .. | .. | .. | .. | .. | .. | .. |
| Equity | .. | .. | .. | .. | .. | .. | .. | .. |
| Investment fund shares | .. | .. | .. | .. | .. | .. | .. | .. |
| Money market fund shares | .. | .. | .. | .. | .. | .. | .. | .. |
| Non-Money market fund shares | .. | .. | .. | .. | .. | .. | .. | .. |
| Insurance pension and standardised guarantees | .. | .. | .. | .. | .. | .. | .. | .. |
| Financial derivatives and employee stock options | .. | .. | .. | .. | .. | .. | .. | .. |
| Other accounts receivable | .. | .. | .. | .. | .. | .. | .. | .. |
| Financial liabilities | .. | .. | .. | .. | .. | .. | .. | .. |
| Debt securities | .. | .. | .. | .. | .. | .. | .. | .. |
| Short-term debt securities | .. | .. | .. | .. | .. | .. | .. | .. |
| Long-term debt securities | .. | .. | .. | .. | .. | .. | .. | .. |
| Loans | .. | .. | .. | .. | .. | .. | .. | .. |
| Short-term loans | .. | .. | .. | .. | .. | .. | .. | .. |
| Long-term loans | .. | .. | .. | .. | .. | .. | .. | .. |
| Equity and investment fund shares | .. | .. | .. | .. | .. | .. | .. | .. |
| Insurance pension and standardised guarantees | .. | .. | .. | .. | .. | .. | .. | .. |
| Financial derivatives and employee stock options | .. | .. | .. | .. | .. | .. | .. | .. |
| Other accounts payable | .. | .. | .. | .. | .. | .. | .. | .. |
| Non-financial assets | .. | .. | .. | .. | .. | .. | .. | .. |
| **Money market funds** | | | | | | | | |
| Financial net worth | .. | .. | .. | .. | .. | .. | .. | .. |
| Financial assets | .. | .. | .. | .. | .. | .. | .. | .. |
| Currency and deposits | .. | .. | .. | .. | .. | .. | .. | .. |
| Debt securities | .. | .. | .. | .. | .. | .. | .. | .. |
| Loans | .. | .. | .. | .. | .. | .. | .. | .. |
| Equity and investment fund shares | .. | .. | .. | .. | .. | .. | .. | .. |
| Equity | .. | .. | .. | .. | .. | .. | .. | .. |
| Investment fund shares | .. | .. | .. | .. | .. | .. | .. | .. |
| Money market fund shares | .. | .. | .. | .. | .. | .. | .. | .. |
| Non-Money market fund shares | .. | .. | .. | .. | .. | .. | .. | .. |
| Insurance pension and standardised guarantees | .. | .. | .. | .. | .. | .. | .. | .. |
| Financial derivatives and employee stock options | .. | .. | .. | .. | .. | .. | .. | .. |
| Other accounts receivable | .. | .. | .. | .. | .. | .. | .. | .. |
| Financial liabilities | .. | .. | .. | .. | .. | .. | .. | .. |
| Debt securities | .. | .. | .. | .. | .. | .. | .. | .. |
| Short-term debt securities | .. | .. | .. | .. | .. | .. | .. | .. |
| Long-term debt securities | .. | .. | .. | .. | .. | .. | .. | .. |
| Loans | .. | .. | .. | .. | .. | .. | .. | .. |
| Short-term loans | .. | .. | .. | .. | .. | .. | .. | .. |
| Long-term loans | .. | .. | .. | .. | .. | .. | .. | .. |
| Equity and investment fund shares | .. | .. | .. | .. | .. | .. | .. | .. |
| Insurance pension and standardised guarantees | .. | .. | .. | .. | .. | .. | .. | .. |
| Financial derivatives and employee stock options | .. | .. | .. | .. | .. | .. | .. | .. |
| Other accounts payable | .. | .. | .. | .. | .. | .. | .. | .. |
| Non-financial assets | .. | .. | .. | .. | .. | .. | .. | .. |
| **Non-money market funds** | | | | | | | | |
| Financial net worth | .. | .. | .. | .. | .. | .. | .. | .. |
| Financial assets | 1 031 187 e | 1 205 013 e | 1 525 918 e | 1 803 597 e | 1 920 081 e | 2 217 432 e | 2 313 437 e | 2 915 263 e |
| Currency and deposits | 49 293 e | 52 075 e | 55 251 e | 70 416 e | 67 518 e | 137 394 e | 152 472 e | 154 975 e |
| Debt securities | 459 271 e | 519 352 e | 554 030 e | 616 171 e | 745 370 e | 846 578 e | 896 002 e | 1 195 117 e |
| Loans | 31 131 e | 23 290 e | 15 179 e | 31 364 e | 33 796 e | 82 150 e | 86 836 e | 101 288 e |
| Equity and investment fund shares | 421 448 e | 523 179 e | 688 070 e | 810 231 e | 848 789 e | 988 854 e | 999 799 e | 1 311 532 e |
| Equity | 330 951 e | 401 400 e | 502 401 e | 591 845 e | 619 973 e | 736 843 e | 717 694 e | 960 779 e |
| Investment fund shares | 90 497 e | 121 779 e | 185 669 e | 218 386 e | 228 817 e | 252 011 e | 282 105 e | 350 753 e |
| Money market fund shares | 5 087 e | 12 945 e | 17 786 e | 27 097 e | 30 000 e | 24 346 e | 34 388 e | 40 162 e |
| Non-Money market fund shares | 85 410 e | 108 834 e | 167 883 e | 191 289 e | 198 817 e | 227 665 e | 247 717 e | 310 591 e |
| Insurance pension and standardised guarantees | 0 e | 0 e | 0 e | 0 e | 0 e | 0 e | 0 e | 0 e |
| Financial derivatives and employee stock options | 32 231 e | 39 759 e | 139 229 e | 168 378 e | 161 027 e | 89 748 e | 94 764 e | 64 527 e |
| Other accounts receivable | 37 813 e | 47 357 e | 74 159 e | 107 037 e | 63 580 e | 72 709 e | 83 565 e | 87 824 e |
| Financial liabilities | 1 019 098 e | 1 194 785 e | 1 552 485 e | 1 779 119 e | 1 919 920 e | 2 198 979 e | 2 292 497 e | 2 868 756 e |
| Debt securities | 0 e | 0 e | 0 e | 0 e | 0 e | 0 e | 0 e | 0 e |
| Short-term debt securities | 0 e | 0 e | 0 e | 0 e | 0 e | 0 e | 0 e | 0 e |
| Long-term debt securities | 0 e | 0 e | 0 e | 0 e | 0 e | 0 e | 0 e | 0 e |
| Loans | 22 179 e | 36 093 e | 57 624 e | 95 654 e | 119 940 e | 190 169 e | 229 808 e | 266 661 e |
| Short-term loans | 21 744 e | 33 183 e | 52 446 e | 86 342 e | 109 345 e | 172 546 e | 211 237 e | 246 333 e |
| Long-term loans | 435 e | 2 911 e | 5 178 e | 9 312 e | 10 596 e | 17 622 e | 18 571 e | 20 328 e |
| Equity and investment fund shares | 924 227 e | 1 065 863 e | 1 285 089 e | 1 420 331 e | 1 590 808 e | 1 873 674 e | 1 904 681 e | 2 434 912 e |
| Insurance pension and standardised guarantees | 0 e | 0 e | 0 e | 0 e | 0 e | 0 e | 0 e | 0 e |
| Financial derivatives and employee stock options | 34 873 e | 40 270 e | 131 161 e | 161 926 e | 153 591 e | 80 962 e | 90 766 e | 56 651 e |
| Other accounts payable | 37 819 e | 52 559 e | 78 612 e | 101 209 e | 55 581 e | 54 175 e | 67 243 e | 110 532 e |
| Non-financial assets | .. | .. | .. | .. | .. | .. | .. | .. |
| **Open-end non-money market funds** | | | | | | | | |
| Financial net worth | .. | .. | .. | .. | .. | .. | .. | .. |
| Financial assets | .. | .. | .. | .. | .. | .. | .. | .. |
| Currency and deposits | .. | .. | .. | .. | .. | .. | .. | .. |

# IRELAND

## Table 2. Financial assets and liabilities of investment funds *(cont.)*

*Million EUR*

| | 2012 | 2013 | 2014 | 2015 | 2016 | 2017 | 2018 | 2019 |
|---|---|---|---|---|---|---|---|---|
| Debt securities | .. | .. | .. | .. | .. | .. | .. | .. |
| Loans | .. | .. | .. | .. | .. | .. | .. | .. |
| Equity and investment fund shares | .. | .. | .. | .. | .. | .. | .. | .. |
| Equity | .. | .. | .. | .. | .. | .. | .. | .. |
| Investment fund shares | .. | .. | .. | .. | .. | .. | .. | .. |
| Money market fund shares | .. | .. | .. | .. | .. | .. | .. | .. |
| Non-Money market fund shares | .. | .. | .. | .. | .. | .. | .. | .. |
| Insurance pension and standardised guarantees | .. | .. | .. | .. | .. | .. | .. | .. |
| Financial derivatives and employee stock options | .. | .. | .. | .. | .. | .. | .. | .. |
| Other accounts receivable | .. | .. | .. | .. | .. | .. | .. | .. |
| Financial liabilities | .. | .. | .. | .. | .. | .. | .. | .. |
| Debt securities | .. | .. | .. | .. | .. | .. | .. | .. |
| Short-term debt securities | .. | .. | .. | .. | .. | .. | .. | .. |
| Long-term debt securities | .. | .. | .. | .. | .. | .. | .. | .. |
| Loans | .. | .. | .. | .. | .. | .. | .. | .. |
| Short-term loans | .. | .. | .. | .. | .. | .. | .. | .. |
| Long-term loans | .. | .. | .. | .. | .. | .. | .. | .. |
| Equity and investment fund shares | .. | .. | .. | .. | .. | .. | .. | .. |
| Insurance pension and standardised guarantees | .. | .. | .. | .. | .. | .. | .. | .. |
| Financial derivatives and employee stock options | .. | .. | .. | .. | .. | .. | .. | .. |
| Other accounts payable | .. | .. | .. | .. | .. | .. | .. | .. |
| Non-financial assets | .. | .. | .. | .. | .. | .. | .. | .. |
| **Open-end investment funds** | | | | | | | | |
| Financial net worth | .. | .. | .. | .. | .. | .. | .. | .. |
| Financial assets | .. | .. | .. | .. | .. | .. | .. | .. |
| Currency and deposits | .. | .. | .. | .. | .. | .. | .. | .. |
| Debt securities | .. | .. | .. | .. | .. | .. | .. | .. |
| Loans | .. | .. | .. | .. | .. | .. | .. | .. |
| Equity and investment fund shares | .. | .. | .. | .. | .. | .. | .. | .. |
| Equity | .. | .. | .. | .. | .. | .. | .. | .. |
| Investment fund shares | .. | .. | .. | .. | .. | .. | .. | .. |
| Money market fund shares | .. | .. | .. | .. | .. | .. | .. | .. |
| Non-Money market fund shares | .. | .. | .. | .. | .. | .. | .. | .. |
| Insurance pension and standardised guarantees | .. | .. | .. | .. | .. | .. | .. | .. |
| Financial derivatives and employee stock options | .. | .. | .. | .. | .. | .. | .. | .. |
| Other accounts receivable | .. | .. | .. | .. | .. | .. | .. | .. |
| Financial liabilities | .. | .. | .. | .. | .. | .. | .. | .. |
| Debt securities | .. | .. | .. | .. | .. | .. | .. | .. |
| Short-term debt securities | .. | .. | .. | .. | .. | .. | .. | .. |
| Long-term debt securities | .. | .. | .. | .. | .. | .. | .. | .. |
| Loans | .. | .. | .. | .. | .. | .. | .. | .. |
| Short-term loans | .. | .. | .. | .. | .. | .. | .. | .. |
| Long-term loans | .. | .. | .. | .. | .. | .. | .. | .. |
| Equity and investment fund shares | .. | .. | .. | .. | .. | .. | .. | .. |
| Insurance pension and standardised guarantees | .. | .. | .. | .. | .. | .. | .. | .. |
| Financial derivatives and employee stock options | .. | .. | .. | .. | .. | .. | .. | .. |
| Other accounts payable | .. | .. | .. | .. | .. | .. | .. | .. |
| Non-financial assets | .. | .. | .. | .. | .. | .. | .. | .. |

Note: Detailed metadata at: *http://metalinks.oecd.org/instinv/20200916/f42e*

# IRELAND

## Table 3. Financial assets and liabilities of insurance corporations and pension funds

*Million EUR*

| | 2012 | 2013 | 2014 | 2015 | 2016 | 2017 | 2018 | 2019 |
|---|---|---|---|---|---|---|---|---|
| **Insurance corporations and pension funds** | | | | | | | | |
| Financial net worth | .. | .. | .. | .. | .. | .. | .. | .. |
| Financial assets | 296 717 e | 304 198 e | 343 198 e | 368 600 e | 390 324 e | 405 482 e | 398 251 e | 458 545 e |
| Currency and deposits | 25 444 e | 24 061 e | 24 091 e | 27 197 e | 27 752 e | 29 411 e | 28 760 e | 28 255 e |
| Debt securities | 83 276 e | 79 530 e | 88 796 e | 91 888 e | 91 861 e | 91 183 e | 92 590 e | 100 016 e |
| Loans | 2 785 e | 1 290 e | 1 516 e | 1 341 e | 2 054 e | 2 065 e | 2 487 e | 3 667 e |
| Equity and investment fund shares | 138 203 e | 150 756 e | 176 130 e | 190 148 e | 207 256 e | 226 305 e | 216 011 e | 256 527 e |
| Equity | 67 597 e | 68 797 e | 76 673 e | 75 041 e | 79 939 e | 83 428 e | 76 499 e | 94 068 e |
| Investment fund shares | 70 606 e | 81 959 e | 99 457 e | 115 107 e | 127 318 e | 142 877 e | 139 512 e | 162 459 e |
| Money market fund shares | 4 305 e | 3 211 e | 1 550 e | 1 468 e | 1 453 e | 1 603 e | 1 688 e | 2 134 e |
| Non-Money market fund shares | 66 301 e | 78 748 e | 97 907 e | 113 639 e | 125 864 e | 141 274 e | 137 824 e | 160 325 e |
| Insurance pension and standardised guarantees | 28 352 e | 26 698 e | 31 991 e | 33 733 e | 35 037 e | 31 919 e | 31 390 e | 34 464 e |
| Financial derivatives and employee stock options | 2 461 e | 1 768 e | 2 443 e | 1 758 e | 1 814 e | 1 639 e | 1 577 e | 2 212 e |
| Other accounts receivable | 16 196 e | 20 094 e | 18 232 e | 22 536 e | 24 548 e | 22 962 e | 25 438 e | 33 404 e |
| Financial liabilities | 303 791 e | 309 340 e | 352 933 e | 378 663 e | 399 088 e | 414 565 e | 408 298 e | 464 516 e |
| Debt securities | 1 152 e | 879 e | 1 127 e | 1 710 e | 1 933 e | 1 566 e | 1 670 e | 1 770 e |
| Short-term debt securities | 0 e | 0 e | 0 e | 0 e | 0 e | 0 e | 0 e | 2 e |
| Long-term debt securities | 1 152 e | 879 e | 1 127 e | 1 710 e | 1 933 e | 1 566 e | 1 670 e | 1 770 e |
| Loans | 4 236 e | 3 163 e | 3 204 e | 3 395 e | 3 509 e | 2 871 e | 2 932 e | 1 521 e |
| Short-term loans | 887 e | 207 e | 143 e | 197 e | 190 e | 271 e | 278 e | 271 e |
| Long-term loans | 3 348 e | 2 956 e | 3 061 e | 3 198 e | 3 319 e | 2 600 e | 2 653 e | 1 250 e |
| Equity and investment fund shares | 27 241 e | 24 892 e | 26 930 e | 29 200 e | 32 346 e | 33 301 e | 35 240 e | 40 542 e |
| Insurance pension and standardised guarantees | 257 654 e | 265 223 e | 305 925 e | 326 319 e | 342 454 e | 359 502 e | 349 183 e | 398 089 e |
| Financial derivatives and employee stock options | 0 e | 0 e | 0 e | 0 e | 0 e | 0 e | 0 e | 0 e |
| Other accounts payable | 13 508 e | 15 184 e | 15 748 e | 18 039 e | 18 846 e | 17 324 e | 19 273 e | 22 595 e |
| Non-financial assets | .. | .. | .. | .. | .. | .. | .. | .. |
| **Insurance corporations** | | | | | | | | |
| Financial net worth | .. | .. | .. | .. | .. | .. | .. | .. |
| Financial assets | 219 876 e | 216 334 e | 242 516 e | 257 870 e | 270 354 e | 283 036 e | 277 690 e | 320 641 e |
| Currency and deposits | 22 139 e | 20 735 e | 19 872 e | 22 465 e | 22 636 e | 24 147 e | 23 160 e | 21 317 e |
| Debt securities | 55 247 e | 47 534 e | 48 649 e | 49 977 e | 50 745 e | 49 341 e | 49 356 e | 52 620 e |
| Loans | 2 785 e | 1 290 e | 1 516 e | 1 341 e | 2 054 e | 2 065 e | 2 487 e | 3 667 e |
| Equity and investment fund shares | 93 656 e | 99 195 e | 121 172 e | 128 349 e | 135 692 e | 153 435 e | 146 980 e | 176 036 e |
| Equity | 30 185 e | 23 496 e | 27 598 e | 18 333 e | 13 688 e | 15 932 e | 12 546 e | 19 714 e |
| Investment fund shares | 63 471 e | 75 700 e | 93 574 e | 110 015 e | 122 005 e | 137 503 e | 134 435 e | 156 322 e |
| Money market fund shares | 4 198 e | 3 131 e | 1 216 e | 1 174 e | 1 215 e | 1 356 e | 1 427 e | 1 825 e |
| Non-Money market fund shares | 59 273 e | 72 568 e | 92 358 e | 108 842 e | 120 790 e | 136 147 e | 133 008 e | 154 497 e |
| Insurance pension and standardised guarantees | 28 352 e | 26 698 e | 31 991 e | 33 733 e | 35 037 e | 31 919 e | 31 390 e | 34 464 e |
| Financial derivatives and employee stock options | 2 235 e | 1 619 e | 2 316 e | 1 649 e | 1 670 e | 1 452 e | 1 404 e | 2 078 e |
| Other accounts receivable | 15 462 e | 19 262 e | 17 001 e | 20 357 e | 22 520 e | 20 679 e | 22 912 e | 30 460 e |
| Financial liabilities | 226 701 e | 221 685 e | 252 371 e | 268 044 e | 279 146 e | 292 229 e | 287 853 e | 326 737 e |
| Debt securities | 1 152 e | 879 e | 1 127 e | 1 710 e | 1 933 e | 1 566 e | 1 670 e | 1 770 e |
| Short-term debt securities | 0 e | 0 e | 0 e | 0 e | 0 e | 0 e | 0 e | 0 e |
| Long-term debt securities | 1 152 e | 879 e | 1 127 e | 1 710 e | 1 933 e | 1 566 e | 1 670 e | 1 770 e |
| Loans | 3 987 e | 3 017 e | 3 184 e | 3 364 e | 3 475 e | 2 859 e | 2 924 e | 1 511 e |
| Short-term loans | 887 e | 207 e | 123 e | 184 e | 181 e | 265 e | 277 e | 263 e |
| Long-term loans | 3 099 e | 2 810 e | 3 061 e | 3 180 e | 3 294 e | 2 594 e | 2 646 e | 1 248 e |
| Equity and investment fund shares | 27 241 e | 24 892 e | 26 930 e | 29 200 e | 32 286 e | 33 277 e | 35 236 e | 40 542 e |
| Insurance pension and standardised guarantees | 180 813 e | 177 714 e | 205 382 e | 215 732 e | 222 606 e | 237 202 e | 228 751 e | 260 320 e |
| Financial derivatives and employee stock options | 0 e | 0 e | 0 e | 0 e | 0 e | 0 e | 0 e | 0 e |
| Other accounts payable | 13 508 e | 15 184 e | 15 748 e | 18 039 e | 18 846 e | 17 324 e | 19 273 e | 22 595 e |
| Non-financial assets | .. | .. | .. | .. | .. | .. | .. | .. |
| **Pension funds** | | | | | | | | |
| Financial net worth | .. | .. | .. | .. | .. | .. | .. | .. |
| Financial assets | 76 841 e | 87 864 e | 100 682 e | 110 730 e | 119 970 e | 122 446 e | 120 561 e | 137 904 e |
| Currency and deposits | 3 305 e | 3 326 e | 4 219 e | 4 732 e | 5 116 e | 5 264 e | 5 600 e | 6 938 e |
| Debt securities | 28 029 e | 31 996 e | 40 147 e | 41 910 e | 41 117 e | 41 842 e | 43 233 e | 47 396 e |
| Loans | 0 e | 0 e | 0 e | 0 e | 0 e | 0 e | 0 e | 0 e |
| Equity and investment fund shares | 44 548 e | 51 561 e | 54 958 e | 61 800 e | 71 564 e | 72 870 e | 69 030 e | 80 491 e |
| Equity | 37 413 e | 45 301 e | 49 075 e | 56 708 e | 66 251 e | 67 496 e | 63 953 e | 74 354 e |
| Investment fund shares | 7 135 e | 6 260 e | 5 884 e | 5 092 e | 5 313 e | 5 374 e | 5 077 e | 6 137 e |
| Money market fund shares | 107 e | 80 e | 334 e | 294 e | 238 e | 247 e | 261 e | 309 e |
| Non-Money market fund shares | 7 028 e | 6 180 e | 5 550 e | 4 798 e | 5 075 e | 5 127 e | 4 816 e | 5 828 e |
| Insurance pension and standardised guarantees | 0 e | 0 e | 0 e | 0 e | 0 e | 0 e | 0 e | 0 e |
| Financial derivatives and employee stock options | 226 e | 150 e | 127 e | 109 e | 145 e | 188 e | 172 e | 134 e |
| Other accounts receivable | 734 e | 832 e | 1 231 e | 2 179 e | 2 029 e | 2 283 e | 2 525 e | 2 945 e |
| Financial liabilities | 77 090 e | 87 655 e | 100 562 e | 110 619 e | 119 943 e | 122 336 e | 120 445 e | 137 779 e |
| Debt securities | 0 e | 0 e | 0 e | 0 e | 0 e | 0 e | 0 e | 0 e |
| Short-term debt securities | 0 e | 0 e | 0 e | 0 e | 0 e | 0 e | 0 e | 2 e |
| Long-term debt securities | 0 e | 0 e | 0 e | 0 e | 0 e | 0 e | 0 e | 0 e |
| Loans | 249 e | 146 e | 20 e | 31 e | 34 e | 12 e | 8 e | 10 e |
| Short-term loans | 0 e | 0 e | 20 e | 13 e | 9 e | 6 e | 1 e | 8 e |
| Long-term loans | 249 e | 146 e | 0 e | 18 e | 25 e | 6 e | 7 e | 2 e |
| Equity and investment fund shares | 0 e | 0 e | 0 e | 0 e | 60 e | 24 e | 4 e | 0 e |
| Insurance pension and standardised guarantees | 76 841 e | 87 509 e | 100 542 e | 110 588 e | 119 849 e | 122 300 e | 120 433 e | 137 769 e |
| Financial derivatives and employee stock options | 0 e | 0 e | 0 e | 0 e | 0 e | 0 e | 0 e | 0 e |
| Other accounts payable | 0 e | 0 e | 0 e | 0 e | 0 e | 0 e | 0 e | 0 e |
| Non-financial assets | .. | .. | .. | .. | .. | .. | .. | .. |

Note: Detailed metadata at: *http://metalinks.oecd.org/instinv/20200916/f42e*

## Table 4. Portfolio composition by type of investor
As percentage of financial assets and of financial liabilities

*Per cent*

| | 2012 | 2013 | 2014 | 2015 | 2016 | 2017 | 2018 | 2019 |
|---|---|---|---|---|---|---|---|---|
| **Investment funds** | | | | | | | | |
| Financial assets | .. | .. | .. | .. | .. | .. | .. | .. |
| Currency and deposits | .. | .. | .. | .. | .. | .. | .. | .. |
| Debt securities | .. | .. | .. | .. | .. | .. | .. | .. |
| Loans | .. | .. | .. | .. | .. | .. | .. | .. |
| Equity and investment fund shares | .. | .. | .. | .. | .. | .. | .. | .. |
| Insurance pension and standardised guarantee schemes | .. | .. | .. | .. | .. | .. | .. | .. |
| Financial derivatives and employee stock options | .. | .. | .. | .. | .. | .. | .. | .. |
| Other accounts receivable | .. | .. | .. | .. | .. | .. | .. | .. |
| Financial liabilities | .. | .. | .. | .. | .. | .. | .. | .. |
| Currency and deposits | .. | .. | .. | .. | .. | .. | .. | .. |
| Debt securities | .. | .. | .. | .. | .. | .. | .. | .. |
| Loans | .. | .. | .. | .. | .. | .. | .. | .. |
| Equity and investment fund shares | .. | .. | .. | .. | .. | .. | .. | .. |
| Insurance pension and standardised guarantee schemes | .. | .. | .. | .. | .. | .. | .. | .. |
| Financial derivatives and employee stock options | .. | .. | .. | .. | .. | .. | .. | .. |
| Other accounts receivable | .. | .. | .. | .. | .. | .. | .. | .. |
| **Insurance corporations** | | | | | | | | |
| Financial assets | 100.0 | 100.0 | 100.0 | 100.0 | 100.0 | 100.0 | 100.0 | 100.0 |
| Currency and deposits | 10.1 | 9.6 | 8.2 | 8.7 | 8.4 | 8.5 | 8.3 | 6.6 |
| Debt securities | 25.1 | 22.0 | 20.1 | 19.4 | 18.8 | 17.4 | 17.8 | 16.4 |
| Loans | 1.3 | 0.6 | 0.6 | 0.5 | 0.8 | 0.7 | 0.9 | 1.1 |
| Equity and investment fund shares | 42.6 | 45.9 | 50.0 | 49.8 | 50.2 | 54.2 | 52.9 | 54.9 |
| Insurance pension and standardised guarantee schemes | 12.9 | 12.3 | 13.2 | 13.1 | 13.0 | 11.3 | 11.3 | 10.7 |
| Financial derivatives and employee stock options | 1.0 | 0.7 | 1.0 | 0.6 | 0.6 | 0.5 | 0.5 | 0.6 |
| Other accounts receivable | 7.0 | 8.9 | 7.0 | 7.9 | 8.3 | 7.3 | 8.3 | 9.5 |
| Financial liabilities | 100.0 | 100.0 | 100.0 | 100.0 | 100.0 | 100.0 | 100.0 | 100.0 |
| Currency and deposits | 0.0 | 0.0 | 0.0 | 0.0 | 0.0 | 0.0 | 0.0 | 0.0 |
| Debt securities | 0.5 | 0.4 | 0.4 | 0.6 | 0.7 | 0.5 | 0.6 | 0.5 |
| Loans | 1.8 | 1.4 | 1.3 | 1.3 | 1.2 | 1.0 | 1.0 | 0.5 |
| Equity and investment fund shares | 12.0 | 11.2 | 10.7 | 10.9 | 11.6 | 11.4 | 12.2 | 12.4 |
| Insurance pension and standardised guarantee schemes | 79.8 | 80.2 | 81.4 | 80.5 | 79.7 | 81.2 | 79.5 | 79.7 |
| Financial derivatives and employee stock options | 0.0 | 0.0 | 0.0 | 0.0 | 0.0 | 0.0 | 0.0 | 0.0 |
| Other accounts receivable | 6.0 | 6.8 | 6.2 | 6.7 | 6.8 | 5.9 | 6.7 | 6.9 |
| **Pension funds** | | | | | | | | |
| Financial assets | 100.0 | 100.0 | 100.0 | 100.0 | 100.0 | 100.0 | 100.0 | 100.0 |
| Currency and deposits | 4.3 | 3.8 | 4.2 | 4.3 | 4.3 | 4.3 | 4.6 | 5.0 |
| Debt securities | 36.5 | 36.4 | 39.9 | 37.8 | 34.3 | 34.2 | 35.9 | 34.4 |
| Loans | 0.0 | 0.0 | 0.0 | 0.0 | 0.0 | 0.0 | 0.0 | 0.0 |
| Equity and investment fund shares | 58.0 | 58.7 | 54.6 | 55.8 | 59.7 | 59.5 | 57.3 | 58.4 |
| Insurance pension and standardised guarantee schemes | 0.0 | 0.0 | 0.0 | 0.0 | 0.0 | 0.0 | 0.0 | 0.0 |
| Financial derivatives and employee stock options | 0.3 | 0.2 | 0.1 | 0.1 | 0.1 | 0.2 | 0.1 | 0.1 |
| Other accounts receivable | 1.0 | 0.9 | 1.2 | 2.0 | 1.7 | 1.9 | 2.1 | 2.1 |
| Financial liabilities | 100.0 | 100.0 | 100.0 | 100.0 | 100.0 | 100.0 | 100.0 | 100.0 |
| Currency and deposits | 0.0 | 0.0 | 0.0 | 0.0 | 0.0 | 0.0 | 0.0 | 0.0 |
| Debt securities | 0.0 | 0.0 | 0.0 | 0.0 | 0.0 | 0.0 | 0.0 | 0.0 |
| Loans | 0.3 | 0.2 | 0.0 | 0.0 | 0.0 | 0.0 | 0.0 | 0.0 |
| Equity and investment fund shares | 0.0 | 0.0 | 0.0 | 0.0 | 0.1 | 0.0 | 0.0 | 0.0 |
| Insurance pension and standardised guarantee schemes | 99.7 | 99.8 | 100.0 | 100.0 | 99.9 | 100.0 | 100.0 | 100.0 |
| Financial derivatives and employee stock options | 0.0 | 0.0 | 0.0 | 0.0 | 0.0 | 0.0 | 0.0 | 0.0 |
| Other accounts receivable | 0.0 | 0.0 | 0.0 | 0.0 | 0.0 | 0.0 | 0.0 | 0.0 |

Note: Detailed metadata at: *http://metalinks.oecd.org/instinv/20200916/eb22*

# ISRAEL

## Table 1. Financial assets and liabilities of institutional investors, 2018

*Million ILS*

| | Investment funds | | | | |
|---|---|---|---|---|---|
| | Total | Non-money market funds | | | Money market funds |
| | | Total | Open-end non-money market funds | Closed-end non-money market funds | Total |
| Financial assets | 307 180 | 284 185 | 284 185 | .. | 22 995 |
| Currency and deposits | 35 476 | 25 261 | 25 261 | .. | 10 215 |
| Debt securities | 217 601 | 204 822 | 204 822 | .. | 12 779 |
| Debt securities, short term | 37 251 | 32 262 | 32 262 | .. | 4 989 |
| Debt securities, long term | 180 351 | 172 561 | 172 561 | .. | 7 790 |
| Debt securities issued by residents | 201 437 | 192 767 | 192 767 | .. | 8 670 |
| Debt securities issued by non-residents | 16 164 | 12 055 | 12 055 | .. | 4 109 |
| Loans | 0 | 0 | 0 | .. | 0 |
| Loans, short-term | 0 | 0 | 0 | .. | 0 |
| Loans, long-term | 0 | 0 | 0 | .. | 0 |
| Loans granted to residents | 0 | 0 | 0 | .. | 0 |
| Loans granted to non-residents | 0 | 0 | 0 | .. | 0 |
| Equity and investment fund shares/units | 55 582 | 55 582 | 55 582 | .. | 0 |
| Equity and investment fund shares issued/units by residents | 43 007 | 43 007 | 43 007 | .. | 0 |
| Equity and investment fund shares/units issued by non residents | 12 576 | 12 576 | 12 576 | .. | 0 |
| Other accounts receivable | .. | .. | .. | .. | .. |

| | Investment funds | | | | |
|---|---|---|---|---|---|
| | Total | Non-money market funds | | | Money market funds |
| | | Total | Open-end non-money market funds | Closed-end non-money market funds | Total |
| Financial liabilities | .. | .. | .. | .. | .. |
| Currency and deposits | .. | .. | .. | .. | .. |
| Debt securities | .. | .. | .. | .. | .. |
| Debt securities, short term | .. | .. | .. | .. | .. |
| Debt securities, long term | .. | .. | .. | .. | .. |
| Loans | .. | .. | .. | .. | .. |
| Loans, short-term | .. | .. | .. | .. | .. |
| Loans, long-term | .. | .. | .. | .. | .. |
| Equity and investment fund shares/units | .. | .. | .. | .. | .. |
| Insurance pension and standardised guaratees | .. | .. | .. | .. | .. |
| Financial derivatives and employee stock options | .. | .. | .. | .. | .. |
| Other accounts payable | .. | .. | .. | .. | .. |

| | Insurance corporations and pension funds | | | | |
|---|---|---|---|---|---|
| | Total | Insurance corporations | | | Pension funds |
| | | Total | Life insurance corporations | Non-life insurance corporations | Total |
| Financial assets | 1 604 586 | 518 737 | .. | .. | 1 085 848 |
| Currency and deposits | 119 852 | 40 156 | .. | .. | 79 696 |
| Debt securities | 824 870 | 234 492 | .. | .. | 590 379 |
| Debt securities, short-term | 22 900 | 3 270 | .. | .. | 19 630 |
| Debt securities, long term | 801 970 | 231 222 | .. | .. | 570 749 |
| Debt securities issued by residents | 751 219 | 207 869 | .. | .. | 543 350 |
| Debt securities issued by non-residents | 73 651 | 26 622 | .. | .. | 47 029 |
| Loans | 122 374 | 51 484 | .. | .. | 70 889 |
| Loans, short-term | .. | .. | .. | .. | .. |
| Loans, long-term | .. | .. | .. | .. | .. |
| Loans granted to residents | 108 944 | 45 053 | .. | .. | 63 891 |
| Loans granted to non-residents | 13 430 | 6 432 | .. | .. | 6 999 |
| Equity and investment fund shares/units | 482 094 | 144 241 | .. | .. | 337 853 |
| Equity and investment fund shares/units issued by residents | 207 919 | 63 018 | .. | .. | 144 901 |
| Equity and investment fund shares/units issued by non residents | 274 175 | 81 223 | .. | .. | 192 952 |
| Other accounts receivable | 35 613 | 26 601 | .. | .. | 9 012 |

| | Insurance corporations and pension funds | | | | |
|---|---|---|---|---|---|
| | Total | Insurance corporations | | | Pension funds |
| | | Total | Life insurance corporations | Non-life insurance corporations | Total |
| Financial liabilities | .. | .. | .. | .. | .. |
| Currency and deposits | .. | .. | .. | .. | .. |
| Debt securities | .. | .. | .. | .. | .. |
| Debt securities, short term | .. | .. | .. | .. | .. |
| Debt securities, long term | .. | .. | .. | .. | .. |
| Loans | .. | .. | .. | .. | .. |
| Loans, short-term | .. | .. | .. | .. | .. |
| Loans, long-term | .. | .. | .. | .. | .. |
| Equity and investment fund shares/units | .. | .. | .. | .. | .. |
| Insurance pension and standardised guarantees | .. | .. | .. | .. | .. |
| Financial derivatives and employee stock options | .. | .. | .. | .. | .. |
| Other accounts payable | .. | .. | .. | .. | .. |

Note: Detailed metadata at: *http://metalinks.oecd.org/instinv/20200916/383d*

# ISRAEL

## Table 2. Financial assets and liabilities of investment funds

*Million ILS*

| | 2012 | 2013 | 2014 | 2015 | 2016 | 2017 | 2018 | 2019 |
|---|---|---|---|---|---|---|---|---|
| **Investment funds** | | | | | | | | |
| Financial net worth | .. | .. | .. | .. | .. | .. | .. | .. |
| Financial assets | 170 099 | 230 785 | 261 522 | 229 155 | 214 081 | 243 099 | 307 180 | 352 534 |
| Currency and deposits | 23 524 | 42 730 | 42 192 | 28 026 | 20 568 | 24 306 | 35 476 | 42 454 |
| Debt securities | 133 810 | 167 843 | 194 131 | 174 598 | 165 512 | 180 368 | 217 601 | 237 116 |
| Loans | 0 | 0 | 0 | 0 | 0 | 0 | 0 | 0 |
| Equity and investment fund shares | 12 863 | 20 295 | 25 218 | 26 690 | 28 060 | 38 369 | 55 582 | 72 944 |
| Equity | 12 028 | 19 845 | 24 395 | 26 130 | 26 978 | 37 844 | 54 296 | 71 444 |
| Investment fund shares | 835 | 450 | 822 | 560 | 1 081 | 525 | 1 286 | 1 500 |
| Money market fund shares | .. | .. | .. | .. | .. | .. | .. | .. |
| Non-Money market fund shares | .. | .. | .. | .. | .. | .. | .. | .. |
| Insurance pension and standardised guarantees | .. | .. | .. | .. | .. | .. | .. | .. |
| Financial derivatives and employee stock options | -97 | -83 | -17 | -160 | -58 | 56 | -1 481 | 20 |
| Other accounts receivable | .. | .. | .. | .. | .. | .. | .. | .. |
| Financial liabilities | .. | .. | .. | .. | .. | .. | .. | .. |
| Debt securities | .. | .. | .. | .. | .. | .. | .. | .. |
| Short-term debt securities | .. | .. | .. | .. | .. | .. | .. | .. |
| Long-term debt securities | .. | .. | .. | .. | .. | .. | .. | .. |
| Loans | .. | .. | .. | .. | .. | .. | .. | .. |
| Short-term loans | .. | .. | .. | .. | .. | .. | .. | .. |
| Long-term loans | .. | .. | .. | .. | .. | .. | .. | .. |
| Equity and investment fund shares | .. | .. | .. | .. | .. | .. | .. | .. |
| Insurance pension and standardised guarantees | .. | .. | .. | .. | .. | .. | .. | .. |
| Financial derivatives and employee stock options | .. | .. | .. | .. | .. | .. | .. | .. |
| Other accounts payable | .. | .. | .. | .. | .. | .. | .. | .. |
| Non-financial assets | 0 | 0 | 0 | 0 | 0 | 0 | 0 | 0 |
| **Money market funds** | | | | | | | | |
| Financial net worth | .. | .. | .. | .. | .. | .. | .. | .. |
| Financial assets | 35 688 | 61 079 | 54 035 | 27 383 | 18 884 | 15 420 | 22 995 | 29 754 |
| Currency and deposits | 16 635 | 31 060 | 28 957 | 14 830 | 6 805 | 5 321 | 10 215 | 12 238 |
| Debt securities | 19 053 | 30 020 | 25 078 | 12 553 | 12 079 | 10 099 | 12 779 | 17 517 |
| Loans | 0 | 0 | 0 | 0 | 0 | 0 | 0 | 0 |
| Equity and investment fund shares | 0 | 0 | 0 | 0 | 0 | 0 | 0 | 0 |
| Equity | 0 | 0 | 0 | 0 | 0 | 0 | 0 | 0 |
| Investment fund shares | 0 | 0 | 0 | 0 | 0 | 0 | 0 | 0 |
| Money market fund shares | .. | .. | .. | .. | .. | .. | .. | .. |
| Non-Money market fund shares | .. | .. | .. | .. | .. | .. | .. | .. |
| Insurance pension and standardised guarantees | .. | .. | .. | .. | .. | .. | .. | .. |
| Financial derivatives and employee stock options | 0 | 0 | 0 | 0 | 0 | 0 | 0 | 0 |
| Other accounts receivable | .. | .. | .. | .. | .. | .. | .. | .. |
| Financial liabilities | .. | .. | .. | .. | .. | .. | .. | .. |
| Debt securities | .. | .. | .. | .. | .. | .. | .. | .. |
| Short-term debt securities | .. | .. | .. | .. | .. | .. | .. | .. |
| Long-term debt securities | .. | .. | .. | .. | .. | .. | .. | .. |
| Loans | .. | .. | .. | .. | .. | .. | .. | .. |
| Short-term loans | .. | .. | .. | .. | .. | .. | .. | .. |
| Long-term loans | .. | .. | .. | .. | .. | .. | .. | .. |
| Equity and investment fund shares | .. | .. | .. | .. | .. | .. | .. | .. |
| Insurance pension and standardised guarantees | .. | .. | .. | .. | .. | .. | .. | .. |
| Financial derivatives and employee stock options | .. | .. | .. | .. | .. | .. | .. | .. |
| Other accounts payable | .. | .. | .. | .. | .. | .. | .. | .. |
| Non-financial assets | 0 | 0 | 0 | 0 | 0 | 0 | 0 | 0 |
| **Non-money market funds** | | | | | | | | |
| Financial net worth | .. | .. | .. | .. | .. | .. | .. | .. |
| Financial assets | 134 411 | 169 705 | 207 488 | 201 771 | 195 197 | 227 679 | 284 185 | 322 780 |
| Currency and deposits | 6 889 | 11 670 | 13 235 | 13 197 | 13 762 | 18 985 | 25 261 | 30 216 |
| Debt securities | 114 757 | 137 824 | 169 053 | 162 045 | 153 433 | 170 270 | 204 822 | 219 599 |
| Loans | 0 | 0 | 0 | 0 | 0 | 0 | 0 | 0 |
| Equity and investment fund shares | 12 863 | 20 295 | 25 218 | 26 690 | 28 060 | 38 369 | 55 582 | 72 944 |
| Equity | 12 028 | 19 845 | 24 395 | 26 130 | 26 978 | 37 844 | 54 296 | 71 444 |
| Investment fund shares | 835 | 450 | 822 | 560 | 1 081 | 525 | 1 286 | 1 500 |
| Money market fund shares | .. | .. | .. | .. | .. | .. | .. | .. |
| Non-Money market fund shares | .. | .. | .. | .. | .. | .. | .. | .. |
| Insurance pension and standardised guarantees | .. | .. | .. | .. | .. | .. | .. | .. |
| Financial derivatives and employee stock options | -97 | -83 | -17 | -160 | -58 | 56 | -1 481 | 20 |
| Other accounts receivable | .. | .. | .. | .. | .. | .. | .. | .. |
| Financial liabilities | .. | .. | .. | .. | .. | .. | .. | .. |
| Debt securities | .. | .. | .. | .. | .. | .. | .. | .. |
| Short-term debt securities | .. | .. | .. | .. | .. | .. | .. | .. |
| Long-term debt securities | .. | .. | .. | .. | .. | .. | .. | .. |
| Loans | .. | .. | .. | .. | .. | .. | .. | .. |
| Short-term loans | .. | .. | .. | .. | .. | .. | .. | .. |
| Long-term loans | .. | .. | .. | .. | .. | .. | .. | .. |
| Equity and investment fund shares | .. | .. | .. | .. | .. | .. | .. | .. |
| Insurance pension and standardised guarantees | .. | .. | .. | .. | .. | .. | .. | .. |
| Financial derivatives and employee stock options | .. | .. | .. | .. | .. | .. | .. | .. |
| Other accounts payable | .. | .. | .. | .. | .. | .. | .. | .. |
| Non-financial assets | 0 | 0 | 0 | 0 | 0 | 0 | 0 | 0 |
| **Open-end non-money market funds** | | | | | | | | |
| Financial net worth | .. | .. | .. | .. | .. | .. | .. | .. |
| Financial assets | 134 411 | 169 705 | 207 488 | 201 771 | 195 197 | 227 679 | 284 185 | 322 780 |
| Currency and deposits | 6 889 | 11 670 | 13 235 | 13 197 | 13 762 | 18 985 | 25 261 | 30 216 |

## Table 2. Financial assets and liabilities of investment funds *(cont.)*

*Million ILS*

| | 2012 | 2013 | 2014 | 2015 | 2016 | 2017 | 2018 | 2019 |
|---|---|---|---|---|---|---|---|---|
| Debt securities | 114 757 | 137 824 | 169 053 | 162 045 | 153 433 | 170 270 | 204 822 | 219 599 |
| Loans | 0 | 0 | 0 | 0 | 0 | 0 | 0 | 0 |
| Equity and investment fund shares | 12 863 | 20 295 | 25 218 | 26 690 | 28 060 | 38 369 | 55 582 | 72 944 |
| Equity | 12 028 | 19 845 | 24 395 | 26 130 | 26 978 | 37 844 | 54 296 | 71 444 |
| Investment fund shares | 835 | 450 | 822 | 560 | 1 081 | 525 | 1 286 | 1 500 |
| Money market fund shares | .. | .. | .. | .. | .. | .. | .. | .. |
| Non-Money market fund shares | .. | .. | .. | .. | .. | .. | .. | .. |
| Insurance pension and standardised guarantees | .. | .. | .. | .. | .. | .. | .. | .. |
| Financial derivatives and employee stock options | -97 | -83 | -17 | -160 | -58 | 56 | -1 481 | 20 |
| Other accounts receivable | .. | .. | .. | .. | .. | .. | .. | .. |
| Financial liabilities | .. | .. | .. | .. | .. | .. | .. | .. |
| Debt securities | .. | .. | .. | .. | .. | .. | .. | .. |
| Short-term debt securities | .. | .. | .. | .. | .. | .. | .. | .. |
| Long-term debt securities | .. | .. | .. | .. | .. | .. | .. | .. |
| Loans | .. | .. | .. | .. | .. | .. | .. | .. |
| Short-term loans | .. | .. | .. | .. | .. | .. | .. | .. |
| Long-term loans | .. | .. | .. | .. | .. | .. | .. | .. |
| Equity and investment fund shares | .. | .. | .. | .. | .. | .. | .. | .. |
| Insurance pension and standardised guarantees | .. | .. | .. | .. | .. | .. | .. | .. |
| Financial derivatives and employee stock options | .. | .. | .. | .. | .. | .. | .. | .. |
| Other accounts payable | .. | .. | .. | .. | .. | .. | .. | .. |
| Non-financial assets | 0 | 0 | 0 | 0 | 0 | 0 | 0 | 0 |
| **Open-end investment funds** | | | | | | | | |
| Financial net worth | .. | .. | .. | .. | .. | .. | .. | .. |
| Financial assets | 170 099 | 230 785 | 261 522 | 229 155 | 214 081 | 243 099 | 307 180 | 352 534 |
| Currency and deposits | 23 524 | 42 730 | 42 192 | 28 026 | 20 568 | 24 306 | 35 476 | 42 454 |
| Debt securities | 133 810 | 167 843 | 194 131 | 174 598 | 165 512 | 180 368 | 217 601 | 237 116 |
| Loans | 0 | 0 | 0 | 0 | 0 | 0 | 0 | 0 |
| Equity and investment fund shares | 12 863 | 20 295 | 25 218 | 26 690 | 28 060 | 38 369 | 55 582 | 72 944 |
| Equity | 12 028 | 19 845 | 24 395 | 26 130 | 26 978 | 37 844 | 54 296 | 71 444 |
| Investment fund shares | 835 | 450 | 822 | 560 | 1 081 | 525 | 1 286 | 1 500 |
| Money market fund shares | .. | .. | .. | .. | .. | .. | .. | .. |
| Non-Money market fund shares | .. | .. | .. | .. | .. | .. | .. | .. |
| Insurance pension and standardised guarantees | .. | .. | .. | .. | .. | .. | .. | .. |
| Financial derivatives and employee stock options | -97 | -83 | -17 | -160 | -58 | 56 | -1 481 | 20 |
| Other accounts receivable | .. | .. | .. | .. | .. | .. | .. | .. |
| Financial liabilities | .. | .. | .. | .. | .. | .. | .. | .. |
| Debt securities | .. | .. | .. | .. | .. | .. | .. | .. |
| Short-term debt securities | .. | .. | .. | .. | .. | .. | .. | .. |
| Long-term debt securities | .. | .. | .. | .. | .. | .. | .. | .. |
| Loans | .. | .. | .. | .. | .. | .. | .. | .. |
| Short-term loans | .. | .. | .. | .. | .. | .. | .. | .. |
| Long-term loans | .. | .. | .. | .. | .. | .. | .. | .. |
| Equity and investment fund shares | .. | .. | .. | .. | .. | .. | .. | .. |
| Insurance pension and standardised guarantees | .. | .. | .. | .. | .. | .. | .. | .. |
| Financial derivatives and employee stock options | .. | .. | .. | .. | .. | .. | .. | .. |
| Other accounts payable | .. | .. | .. | .. | .. | .. | .. | .. |
| Non-financial assets | 0 | 0 | 0 | 0 | 0 | 0 | 0 | 0 |

Note: Detailed metadata at: *http://metalinks.oecd.org/instinv/20200916/383d*

# ISRAEL

## Table 3. Financial assets and liabilities of insurance corporations and pension funds

*Million ILS*

| | 2012 | 2013 | 2014 | 2015 | 2016 | 2017 | 2018 | 2019 |
|---|---|---|---|---|---|---|---|---|
| **Insurance corporations and pension funds** | | | | | | | | |
| Financial net worth | .. | .. | .. | .. | .. | .. | .. | .. |
| Financial assets | 1 011 560 | 1 117 101 | 1 221 043 | 1 302 591 | 1 386 621 | 1 540 793 | 1 604 586 | 1 857 862 |
| Currency and deposits | 73 576 | 78 134 | 82 003 | 100 245 | 107 142 | 132 405 | 119 852 | 138 179 |
| Debt securities | 607 790 | 642 423 | 690 205 | 722 299 | 749 440 | 799 797 | 824 870 | 930 592 |
| Loans | 41 079 | 51 951 | 60 459 | 73 731 | 92 274 | 110 398 | 122 374 | 139 637 |
| Equity and investment fund shares | 247 784 | 300 937 | 343 806 | 360 762 | 385 783 | 443 849 | 482 094 | 583 734 |
| Equity | 181 334 | 221 469 | 250 003 | 259 311 | 277 446 | 315 480 | 340 138 | 423 579 |
| Investment fund shares | 66 450 | 79 468 | 93 803 | 101 451 | 108 337 | 128 369 | 141 956 | 160 155 |
| Money market fund shares | .. | .. | .. | .. | .. | .. | .. | .. |
| Non-Money market fund shares | .. | .. | .. | .. | .. | .. | .. | .. |
| Insurance pension and standardised guarantees | 14 639 | 14 997 | 14 819 | 14 015 | 16 375 | 18 631 | 20 367 | 22 526 |
| Financial derivatives and employee stock options | 2 358 | 4 691 | 2 155 | 1 857 | 4 730 | 4 873 | -585 | 6 794 |
| Other accounts receivable | 24 334 | 23 968 | 27 598 | 29 682 | 30 877 | 30 840 | 35 613 | 36 402 |
| Financial liabilities | .. | .. | .. | .. | .. | .. | .. | .. |
| Debt securities | .. | .. | .. | .. | .. | .. | .. | .. |
| Short-term debt securities | .. | .. | .. | .. | .. | .. | .. | .. |
| Long-term debt securities | .. | .. | .. | .. | .. | .. | .. | .. |
| Loans | .. | .. | .. | .. | .. | .. | .. | .. |
| Short-term loans | .. | .. | .. | .. | .. | .. | .. | .. |
| Long-term loans | .. | .. | .. | .. | .. | .. | .. | .. |
| Equity and investment fund shares | .. | .. | .. | .. | .. | .. | .. | .. |
| Insurance pension and standardised guarantees | .. | .. | .. | .. | .. | .. | .. | .. |
| Financial derivatives and employee stock options | .. | .. | .. | .. | .. | .. | .. | .. |
| Other accounts payable | .. | .. | .. | .. | .. | .. | .. | .. |
| Non-financial assets | 17 111 | 19 996 | 22 771 | 24 408 | 25 535 | 27 105 | 28 371 | 33 597 |
| **Insurance corporations** | | | | | | | | |
| Financial net worth | .. | .. | .. | .. | .. | .. | .. | .. |
| Financial assets | 328 405 | 363 866 | 395 785 | 419 748 | 444 817 | 492 509 | 518 737 | 585 840 |
| Currency and deposits | 25 111 | 26 780 | 25 346 | 34 952 | 37 845 | 44 274 | 40 156 | 49 607 |
| Debt securities | 167 129 | 180 900 | 194 668 | 200 576 | 207 021 | 221 970 | 234 492 | 257 033 |
| Loans | 19 832 | 23 579 | 25 704 | 30 733 | 39 316 | 46 956 | 51 484 | 57 641 |
| Equity and investment fund shares | 82 930 | 97 804 | 113 666 | 116 783 | 119 747 | 135 440 | 144 241 | 170 308 |
| Equity | 61 276 | 71 969 | 83 614 | 83 647 | 83 323 | 91 876 | 97 978 | 119 073 |
| Investment fund shares | 21 654 | 25 835 | 30 052 | 33 136 | 36 423 | 43 564 | 46 263 | 51 236 |
| Money market fund shares | .. | .. | .. | .. | .. | .. | .. | .. |
| Non-Money market fund shares | .. | .. | .. | .. | .. | .. | .. | .. |
| Insurance pension and standardised guarantees | 14 639 | 14 997 | 14 819 | 14 015 | 16 375 | 18 631 | 20 367 | 22 526 |
| Financial derivatives and employee stock options | 1 407 | 1 664 | 1 486 | 1 060 | 1 814 | 2 013 | 1 396 | 2 617 |
| Other accounts receivable | 17 358 | 18 142 | 20 097 | 21 628 | 22 701 | 23 226 | 26 601 | 26 108 |
| Financial liabilities | .. | .. | .. | .. | .. | .. | .. | .. |
| Debt securities | .. | .. | .. | .. | .. | .. | .. | .. |
| Short-term debt securities | .. | .. | .. | .. | .. | .. | .. | .. |
| Long-term debt securities | .. | .. | .. | .. | .. | .. | .. | .. |
| Loans | .. | .. | .. | .. | .. | .. | .. | .. |
| Short-term loans | .. | .. | .. | .. | .. | .. | .. | .. |
| Long-term loans | .. | .. | .. | .. | .. | .. | .. | .. |
| Equity and investment fund shares | .. | .. | .. | .. | .. | .. | .. | .. |
| Insurance pension and standardised guarantees | .. | .. | .. | .. | .. | .. | .. | .. |
| Financial derivatives and employee stock options | .. | .. | .. | .. | .. | .. | .. | .. |
| Other accounts payable | .. | .. | .. | .. | .. | .. | .. | .. |
| Non-financial assets | 13 654 | 15 955 | 18 156 | 19 581 | 20 729 | 22 037 | 22 943 | 27 401 |
| **Pension funds** | | | | | | | | |
| Financial net worth | .. | .. | .. | .. | .. | .. | .. | .. |
| Financial assets | 683 155 | 753 235 | 825 258 | 882 843 | 941 804 | 1 048 284 | 1 085 848 | 1 272 023 |
| Currency and deposits | 48 465 | 51 354 | 56 657 | 65 293 | 69 297 | 88 130 | 79 696 | 88 572 |
| Debt securities | 440 662 | 461 523 | 495 537 | 521 723 | 542 420 | 577 827 | 590 379 | 673 559 |
| Loans | 21 247 | 28 372 | 34 755 | 42 998 | 52 958 | 63 443 | 70 889 | 81 995 |
| Equity and investment fund shares | 164 854 | 203 134 | 230 140 | 243 979 | 266 036 | 308 409 | 337 853 | 413 426 |
| Equity | 120 058 | 149 501 | 166 389 | 175 664 | 194 123 | 223 604 | 242 161 | 304 506 |
| Investment fund shares | 44 796 | 53 633 | 63 751 | 68 315 | 71 914 | 84 805 | 95 693 | 108 920 |
| Money market fund shares | .. | .. | .. | .. | .. | .. | .. | .. |
| Non-Money market fund shares | .. | .. | .. | .. | .. | .. | .. | .. |
| Insurance pension and standardised guarantees | 0 | 0 | 0 | 0 | 0 | 0 | 0 | 0 |
| Financial derivatives and employee stock options | 951 | 3 027 | 668 | 797 | 2 916 | 2 860 | -1 981 | 4 177 |
| Other accounts receivable | 6 977 | 5 826 | 7 500 | 8 053 | 8 177 | 7 614 | 9 012 | 10 294 |
| Financial liabilities | .. | .. | .. | .. | .. | .. | .. | .. |
| Debt securities | .. | .. | .. | .. | .. | .. | .. | .. |
| Short-term debt securities | .. | .. | .. | .. | .. | .. | .. | .. |
| Long-term debt securities | .. | .. | .. | .. | .. | .. | .. | .. |
| Loans | .. | .. | .. | .. | .. | .. | .. | .. |
| Short-term loans | .. | .. | .. | .. | .. | .. | .. | .. |
| Long-term loans | .. | .. | .. | .. | .. | .. | .. | .. |
| Equity and investment fund shares | .. | .. | .. | .. | .. | .. | .. | .. |
| Insurance pension and standardised guarantees | .. | .. | .. | .. | .. | .. | .. | .. |
| Financial derivatives and employee stock options | .. | .. | .. | .. | .. | .. | .. | .. |
| Other accounts payable | .. | .. | .. | .. | .. | .. | .. | .. |
| Non-financial assets | 3 457 | 4 041 | 4 616 | 4 828 | 4 806 | 5 068 | 5 428 | 6 196 |

Note: Detailed metadata at: *http://metalinks.oecd.org/instinv/20200916/383d*

# ISRAEL

## Table 4. Portfolio composition by type of investor

As percentage of financial assets and of financial liabilities

*Per cent*

| | 2012 | 2013 | 2014 | 2015 | 2016 | 2017 | 2018 | 2019 |
|---|---|---|---|---|---|---|---|---|
| **Investment funds** | | | | | | | | |
| Financial assets | 100.0 | 100.0 | 100.0 | 100.0 | 100.0 | 100.0 | 100.0 | 100.0 |
| Currency and deposits | 13.8 | 18.5 | 16.1 | 12.2 | 9.6 | 10.0 | 11.5 | 12.0 |
| Debt securities | 78.7 | 72.7 | 74.2 | 76.2 | 77.3 | 74.2 | 70.8 | 67.3 |
| Loans | 0.0 | 0.0 | 0.0 | 0.0 | 0.0 | 0.0 | 0.0 | 0.0 |
| Equity and investment fund shares | 7.6 | 8.8 | 9.6 | 11.6 | 13.1 | 15.8 | 18.1 | 20.7 |
| Insurance pension and standardised guarantee schemes | 0.0 | 0.0 | 0.0 | 0.0 | 0.0 | 0.0 | 0.0 | 0.0 |
| Financial derivatives and employee stock options | -0.1 | 0.0 | 0.0 | -0.1 | 0.0 | 0.0 | -0.5 | 0.0 |
| Other accounts receivable | 0.0 | 0.0 | 0.0 | 0.0 | 0.0 | 0.0 | 0.0 | 0.0 |
| Financial liabilities | .. | .. | .. | .. | .. | .. | .. | .. |
| Currency and deposits | .. | .. | .. | .. | .. | .. | .. | .. |
| Debt securities | .. | .. | .. | .. | .. | .. | .. | .. |
| Loans | .. | .. | .. | .. | .. | .. | .. | .. |
| Equity and investment fund shares | .. | .. | .. | .. | .. | .. | .. | .. |
| Insurance pension and standardised guarantee schemes | .. | .. | .. | .. | .. | .. | .. | .. |
| Financial derivatives and employee stock options | .. | .. | .. | .. | .. | .. | .. | .. |
| Other accounts receivable | .. | .. | .. | .. | .. | .. | .. | .. |
| **Insurance corporations** | | | | | | | | |
| Financial assets | 100.0 | 100.0 | 100.0 | 100.0 | 100.0 | 100.0 | 100.0 | 100.0 |
| Currency and deposits | 7.6 | 7.4 | 6.4 | 8.3 | 8.5 | 9.0 | 7.7 | 8.5 |
| Debt securities | 50.9 | 49.7 | 49.2 | 47.8 | 46.5 | 45.1 | 45.2 | 43.9 |
| Loans | 6.0 | 6.5 | 6.5 | 7.3 | 8.8 | 9.5 | 9.9 | 9.8 |
| Equity and investment fund shares | 25.3 | 26.9 | 28.7 | 27.8 | 26.9 | 27.5 | 27.8 | 29.1 |
| Insurance pension and standardised guarantee schemes | 4.5 | 4.1 | 3.7 | 3.3 | 3.7 | 3.8 | 3.9 | 3.8 |
| Financial derivatives and employee stock options | 0.4 | 0.5 | 0.4 | 0.3 | 0.4 | 0.4 | 0.3 | 0.4 |
| Other accounts receivable | 5.3 | 5.0 | 5.1 | 5.2 | 5.1 | 4.7 | 5.1 | 4.5 |
| Financial liabilities | .. | .. | .. | .. | .. | .. | .. | .. |
| Currency and deposits | .. | .. | .. | .. | .. | .. | .. | .. |
| Debt securities | .. | .. | .. | .. | .. | .. | .. | .. |
| Loans | .. | .. | .. | .. | .. | .. | .. | .. |
| Equity and investment fund shares | .. | .. | .. | .. | .. | .. | .. | .. |
| Insurance pension and standardised guarantee schemes | .. | .. | .. | .. | .. | .. | .. | .. |
| Financial derivatives and employee stock options | .. | .. | .. | .. | .. | .. | .. | .. |
| Other accounts receivable | .. | .. | .. | .. | .. | .. | .. | .. |
| **Pension funds** | | | | | | | | |
| Financial assets | 100.0 | 100.0 | 100.0 | 100.0 | 100.0 | 100.0 | 100.0 | 100.0 |
| Currency and deposits | 7.1 | 6.8 | 6.9 | 7.4 | 7.4 | 8.4 | 7.3 | 7.0 |
| Debt securities | 64.5 | 61.3 | 60.0 | 59.1 | 57.6 | 55.1 | 54.4 | 53.0 |
| Loans | 3.1 | 3.8 | 4.2 | 4.9 | 5.6 | 6.1 | 6.5 | 6.4 |
| Equity and investment fund shares | 24.1 | 27.0 | 27.9 | 27.6 | 28.2 | 29.4 | 31.1 | 32.5 |
| Insurance pension and standardised guarantee schemes | 0.0 | 0.0 | 0.0 | 0.0 | 0.0 | 0.0 | 0.0 | 0.0 |
| Financial derivatives and employee stock options | 0.1 | 0.4 | 0.1 | 0.1 | 0.3 | 0.3 | -0.2 | 0.3 |
| Other accounts receivable | 1.0 | 0.8 | 0.9 | 0.9 | 0.9 | 0.7 | 0.8 | 0.8 |
| Financial liabilities | .. | .. | .. | .. | .. | .. | .. | .. |
| Currency and deposits | .. | .. | .. | .. | .. | .. | .. | .. |
| Debt securities | .. | .. | .. | .. | .. | .. | .. | .. |
| Loans | .. | .. | .. | .. | .. | .. | .. | .. |
| Equity and investment fund shares | .. | .. | .. | .. | .. | .. | .. | .. |
| Insurance pension and standardised guarantee schemes | .. | .. | .. | .. | .. | .. | .. | .. |
| Financial derivatives and employee stock options | .. | .. | .. | .. | .. | .. | .. | .. |
| Other accounts receivable | .. | .. | .. | .. | .. | .. | .. | .. |

Note: Detailed metadata at: *http://metalinks.oecd.org/instinv/20200916/eb22*

# ITALY

## Table 1. Financial assets and liabilities of institutional investors, 2018

*Million EUR (1999 ITL euro)*

| | Investment funds | | | | |
|---|---|---|---|---|---|
| | Total | Non-money market funds | | | Money market funds |
| | | Total | Open-end non-money market funds | Closed-end non-money market funds | Total |
| Financial assets | 264 629 | 261 358 | 233 901 | 27 457 | 3 271 |
| Currency and deposits | .. | 28 220 | 22 172 | 6 048 | .. |
| Debt securities | 130 930 | 128 074 | 124 296 | 3 778 | 2 855 |
| Debt securities, short term | 8 545 | 8 515 | 8 459 | 56 | 30 |
| Debt securities, long term | 122 385 | 119 560 | 115 837 | 3 722 | 2 825 |
| Debt securities issued by residents | 72 374 | 72 315 | 68 595 | 3 720 | 59 |
| Debt securities issued by non-residents | 58 555 | 55 759 | 55 701 | 58 | 2 796 |
| Loans | 416 | 0 | 0 | 0 | 416 |
| Loans, short-term | 416 | 0 | 0 | 0 | 416 |
| Loans, long-term | 0 | 0 | 0 | 0 | 0 |
| Loans granted to residents | 416 | 0 | 0 | 0 | 416 |
| Loans granted to non-residents | 0 | 0 | 0 | 0 | 0 |
| Equity and investment fund shares/units | 103 715 | 103 715 | 86 084 | 17 631 | 0 |
| Equity and investment fund shares issued/units by residents | 19 801 | 19 801 | 4 743 | 15 058 | 0 |
| Equity and investment fund shares/units issued by non residents | 83 914 | 83 914 | 81 341 | 2 572 | 0 |
| Other accounts receivable | 0 | 0 | 0 | 0 | 0 |

| | Investment funds | | | | |
|---|---|---|---|---|---|
| | Total | Non-money market funds | | | Money market funds |
| | | Total | Open-end non-money market funds | Closed-end non-money market funds | Total |
| Financial liabilities | 320 476 | 317 315 | 270 580 | 46 735 | 3 161 |
| Currency and deposits | 0 | 0 | 0 | 0 | 0 |
| Debt securities | 0 | 0 | 0 | 0 | 0 |
| Debt securities, short term | 0 | 0 | 0 | 0 | 0 |
| Debt securities, long term | 0 | 0 | 0 | 0 | 0 |
| Loans | 0 | 0 | 0 | 0 | 0 |
| Loans, short-term | 0 | 0 | 0 | 0 | 0 |
| Loans, long-term | 0 | 0 | 0 | 0 | 0 |
| Equity and investment fund shares/units | 320 078 | 316 917 | 270 183 | 46 735 | 3 161 |
| Insurance pension and standardised guaratees | 0 | 0 | 0 | 0 | 0 |
| Financial derivatives and employee stock options | 398 | 398 | 398 | 0 | 0 |
| Other accounts payable | 0 | 0 | 0 | 0 | 0 |

| | Insurance corporations and pension funds | | | | |
|---|---|---|---|---|---|
| | Total | Insurance corporations | | | Pension funds |
| | | Total | Life insurance corporations | Non-life insurance corporations | Total |
| Financial assets | 929 416 | 834 513 | 776 243 | 58 270 | 94 903 |
| Currency and deposits | 21 122 | 14 715 | 13 687 | 1 027 | 6 407 |
| Debt securities | 581 568 | 527 273 | 490 456 | 36 817 | 54 295 |
| Debt securities, short-term | 8 148 | 7 348 | 6 835 | 513 | 800 |
| Debt securities, long term | 573 420 | 519 925 | 483 621 | 36 304 | 53 495 |
| Debt securities issued by residents | 360 996 | 342 995 | 319 045 | 23 950 | 18 001 |
| Debt securities issued by non-residents | 220 572 | 184 278 | 171 411 | 12 867 | 36 294 |
| Loans | 3 411 | 3 411 | 3 173 | 238 | 0 |
| Loans, short-term | 5 | 5 | 4 | 0 | 0 |
| Loans, long-term | 3 407 | 3 407 | 3 169 | 238 | 0 |
| Loans granted to residents | 1 006 | 1 006 | 936 | 70 | 0 |
| Loans granted to non-residents | 2 405 | 2 405 | 2 237 | 168 | 0 |
| Equity and investment fund shares/units | 313 692 | 279 491 | 259 976 | 19 516 | 34 201 |
| Equity and investment fund shares/units issued by residents | 59 389 | 40 130 | 37 328 | 2 802 | 19 259 |
| Equity and investment fund shares/units issued by non residents | .. | .. | .. | .. | .. |
| Other accounts receivable | 4 884 | 4 884 | 4 543 | 341 | 0 |

| | Insurance corporations and pension funds | | | | |
|---|---|---|---|---|---|
| | Total | Insurance corporations | | | Pension funds |
| | | Total | Life insurance corporations | Non-life insurance corporations | Total |
| Financial liabilities | 983 910 | 880 883 | 819 375 | 61 508 | 103 027 |
| Currency and deposits | 0 | 0 | 0 | 0 | 0 |
| Debt securities | 16 478 | 16 478 | 15 327 | 1 151 | 0 |
| Debt securities, short term | 0 | 0 | 0 | 0 | 0 |
| Debt securities, long term | 16 478 | 16 478 | 15 327 | 1 151 | 0 |
| Loans | 11 800 | 11 607 | 10 796 | 810 | 193 |
| Loans, short-term | 1 779 | 1 587 | 1 476 | 111 | 193 |
| Loans, long-term | 10 021 | 10 020 | 9 320 | 700 | 1 |
| Equity and investment fund shares/units | 105 951 | 105 951 | 98 553 | 7 398 | 0 |
| Insurance pension and standardised guarantees | 843 024 | 740 190 | 688 506 | 51 684 | 102 834 |
| Financial derivatives and employee stock options | 786 | 786 | 731 | 55 | 0 |
| Other accounts payable | 5 870 | 5 870 | 5 460 | 410 | 0 |

Note: Detailed metadata at: *http://metalinks.oecd.org/instinv/20200916/f42e*

# ITALY

## Table 2. Financial assets and liabilities of investment funds

*Million EUR*

| | 2012 | 2013 | 2014 | 2015 | 2016 | 2017 | 2018 | 2019 |
|---|---|---|---|---|---|---|---|---|
| **Investment funds** | | | | | | | | |
| Financial net worth | -25 169 | 3 731 | -16 420 | -32 014 | -38 538 | -50 550 | -55 847 | -64 843 |
| Financial assets | 157 958 | 205 795 | 237 225 | 254 204 | 262 260 | 277 558 | 264 629 | 275 060 |
| Currency and deposits | .. | .. | .. | .. | .. | .. | .. | .. |
| Debt securities | 94 549 | 124 844 | 140 337 | 137 777 | 138 850 | 142 331 | 130 930 | 131 676 |
| Loans | 1 347 | 749 | 232 | 168 | 442 | 508 | 416 | 250 |
| Equity and investment fund shares | 45 797 | 61 121 | 77 473 | 92 568 | 99 522 | 109 247 | 103 715 | 113 090 |
| Equity | 22 629 | 27 225 | 31 380 | 37 686 | 39 329 | 46 225 | 47 824 | 53 780 |
| Investment fund shares | 23 167 | 33 896 | 46 094 | 54 883 | 60 194 | 63 022 | 55 891 | 59 309 |
| Money market fund shares | .. | .. | .. | .. | .. | .. | .. | .. |
| Non-Money market fund shares | .. | .. | .. | .. | .. | .. | .. | .. |
| Insurance pension and standardised guarantees | 0 | 0 | 0 | 0 | 0 | 0 | 0 | 0 |
| Financial derivatives and employee stock options | 449 | 884 | 1 266 | 1 385 | 1 606 | 1 309 | 1 348 | 1 274 |
| Other accounts receivable | 0 | 0 | 0 | 0 | 0 | 0 | 0 | 0 |
| Financial liabilities | 183 127 | 202 064 | 253 645 | 286 218 | 300 798 | 328 108 | 320 476 | 339 903 |
| Debt securities | 0 | 0 | 0 | 0 | 0 | 0 | 0 | 0 |
| Short-term debt securities | 0 | 0 | 0 | 0 | 0 | 0 | 0 | 0 |
| Long-term debt securities | 0 | 0 | 0 | 0 | 0 | 0 | 0 | 0 |
| Loans | 0 | 0 | 0 | 0 | 0 | 0 | 0 | 0 |
| Short-term loans | 0 | 0 | 0 | 0 | 0 | 0 | 0 | 0 |
| Long-term loans | 0 | 0 | 0 | 0 | 0 | 0 | 0 | 0 |
| Equity and investment fund shares | 183 127 | 202 064 | 253 645 | 286 218 | 300 798 | 327 715 | 320 078 | 339 308 |
| Insurance pension and standardised guarantees | 0 | 0 | 0 | 0 | 0 | 0 | 0 | 0 |
| Financial derivatives and employee stock options | 0 | 0 | 0 | 0 | 0 | 394 | 398 | 595 |
| Other accounts payable | 0 | 0 | 0 | 0 | 0 | 0 | 0 | 0 |
| Non-financial assets | .. | .. | .. | .. | .. | .. | .. | .. |
| **Money market funds** | | | | | | | | |
| Financial net worth | 67 | 151 | 84 | 137 | 224 | 181 | 110 | 81 |
| Financial assets | 9 190 | 9 673 | 7 387 | 6 071 | 4 980 | 4 228 | 3 271 | 1 607 |
| Currency and deposits | .. | .. | .. | .. | .. | .. | .. | .. |
| Debt securities | 7 770 | 8 775 | 7 093 | 5 826 | 4 472 | 3 720 | 2 855 | 1 357 |
| Loans | 1 347 | 749 | 232 | 168 | 442 | 508 | 416 | 250 |
| Equity and investment fund shares | 72 | 149 | 62 | 76 | 66 | 0 | 0 | 0 |
| Equity | 36 | 37 | 0 | 38 | 33 | 0 | 0 | 0 |
| Investment fund shares | 36 | 112 | 62 | 38 | 33 | 0 | 0 | 0 |
| Money market fund shares | .. | .. | .. | .. | .. | .. | .. | .. |
| Non-Money market fund shares | .. | .. | .. | .. | .. | .. | .. | .. |
| Insurance pension and standardised guarantees | 0 | 0 | 0 | 0 | 0 | 0 | 0 | 0 |
| Financial derivatives and employee stock options | 0 | 0 | 0 | 0 | 0 | 0 | 0 | 0 |
| Other accounts receivable | 0 | 0 | 0 | 0 | 0 | 0 | 0 | 0 |
| Financial liabilities | 9 123 | 9 522 | 7 303 | 5 933 | 4 756 | 4 047 | 3 161 | 1 526 |
| Debt securities | 0 | 0 | 0 | 0 | 0 | 0 | 0 | 0 |
| Short-term debt securities | 0 | 0 | 0 | 0 | 0 | 0 | 0 | 0 |
| Long-term debt securities | 0 | 0 | 0 | 0 | 0 | 0 | 0 | 0 |
| Loans | 0 | 0 | 0 | 0 | 0 | 0 | 0 | 0 |
| Short-term loans | 0 | 0 | 0 | 0 | 0 | 0 | 0 | 0 |
| Long-term loans | 0 | 0 | 0 | 0 | 0 | 0 | 0 | 0 |
| Equity and investment fund shares | 9 123 | 9 522 | 7 303 | 5 933 | 4 756 | 4 047 | 3 161 | 1 526 |
| Insurance pension and standardised guarantees | 0 | 0 | 0 | 0 | 0 | 0 | 0 | 0 |
| Financial derivatives and employee stock options | 0 | 0 | 0 | 0 | 0 | 0 | 0 | 0 |
| Other accounts payable | 0 | 0 | 0 | 0 | 0 | 0 | 0 | 0 |
| Non-financial assets | .. | .. | .. | .. | .. | .. | .. | .. |
| **Non-money market funds** | | | | | | | | |
| Financial net worth | -25 236 | 3 580 | -16 503 | -32 151 | -38 762 | -50 731 | -55 957 | -64 924 |
| Financial assets | 148 768 | 196 123 | 229 838 | 248 134 | 257 280 | 273 330 | 261 358 | 273 453 |
| Currency and deposits | 15 815 | 18 198 | 17 917 | 22 305 | 21 839 | 24 163 | 28 220 | 28 771 |
| Debt securities | 86 779 | 116 069 | 133 244 | 131 951 | 134 378 | 138 611 | 128 074 | 130 319 |
| Loans | 0 | 0 | 0 | 0 | 0 | 0 | 0 | 0 |
| Equity and investment fund shares | 45 724 | 60 972 | 77 412 | 92 493 | 99 457 | 109 247 | 103 715 | 113 090 |
| Equity | 22 593 | 27 188 | 31 380 | 37 648 | 39 296 | 46 225 | 47 824 | 53 780 |
| Investment fund shares | 23 131 | 33 784 | 46 032 | 54 845 | 60 161 | 63 022 | 55 891 | 59 309 |
| Money market fund shares | .. | .. | .. | .. | .. | .. | .. | .. |
| Non-Money market fund shares | .. | .. | .. | .. | .. | .. | .. | .. |
| Insurance pension and standardised guarantees | 0 | 0 | 0 | 0 | 0 | 0 | 0 | 0 |
| Financial derivatives and employee stock options | 449 | 884 | 1 266 | 1 385 | 1 606 | 1 309 | 1 348 | 1 274 |
| Other accounts receivable | 0 | 0 | 0 | 0 | 0 | 0 | 0 | 0 |
| Financial liabilities | 174 004 | 192 543 | 246 342 | 280 285 | 296 042 | 324 061 | 317 315 | 338 377 |
| Debt securities | 0 | 0 | 0 | 0 | 0 | 0 | 0 | 0 |
| Short-term debt securities | 0 | 0 | 0 | 0 | 0 | 0 | 0 | 0 |
| Long-term debt securities | 0 | 0 | 0 | 0 | 0 | 0 | 0 | 0 |
| Loans | 0 | 0 | 0 | 0 | 0 | 0 | 0 | 0 |
| Short-term loans | 0 | 0 | 0 | 0 | 0 | 0 | 0 | 0 |
| Long-term loans | 0 | 0 | 0 | 0 | 0 | 0 | 0 | 0 |
| Equity and investment fund shares | 174 004 | 192 543 | 246 342 | 280 285 | 296 042 | 323 668 | 316 917 | 337 782 |
| Insurance pension and standardised guarantees | 0 | 0 | 0 | 0 | 0 | 0 | 0 | 0 |
| Financial derivatives and employee stock options | 0 | 0 | 0 | 0 | 0 | 394 | 398 | 595 |
| Other accounts payable | 0 | 0 | 0 | 0 | 0 | 0 | 0 | 0 |
| Non-financial assets | .. | .. | .. | .. | .. | .. | .. | .. |
| **Open-end non-money market funds** | | | | | | | | |
| Financial net worth | -8 379 | 18 961 | -222 | -16 572 | -23 537 | -33 400 | -36 679 | -40 837 |
| Financial assets | 146 783 | 194 279 | 215 382 | 231 980 | 237 012 | 252 289 | 233 901 | 240 752 |
| Currency and deposits | 15 815 | 18 198 | 14 232 | 18 131 | 16 550 | 18 792 | 22 172 | 21 086 |

## Table 2. Financial assets and liabilities of investment funds *(cont.)*

*Million EUR*

| | 2012 | 2013 | 2014 | 2015 | 2016 | 2017 | 2018 | 2019 |
|---|---|---|---|---|---|---|---|---|
| Debt securities | 86 407 | 115 766 | 132 454 | 131 098 | 133 399 | 136 208 | 124 296 | 126 223 |
| Loans | 0 | 0 | 0 | 0 | 0 | 0 | 0 | 0 |
| Equity and investment fund shares | 44 111 | 59 431 | 67 430 | 81 365 | 85 457 | 95 981 | 86 084 | 92 170 |
| Equity | 22 593 | 27 188 | 24 701 | 30 304 | 29 845 | 38 216 | 36 424 | 41 365 |
| Investment fund shares | 21 519 | 32 243 | 42 729 | 51 062 | 55 612 | 57 765 | 49 661 | 50 805 |
| Money market fund shares | .. | .. | .. | .. | .. | .. | .. | .. |
| Non-Money market fund shares | .. | .. | .. | .. | .. | .. | .. | .. |
| Insurance pension and standardised guarantees | 0 | 0 | 0 | 0 | 0 | 0 | 0 | 0 |
| Financial derivatives and employee stock options | 449 | 884 | 1 266 | 1 385 | 1 606 | 1 309 | 1 348 | 1 274 |
| Other accounts receivable | 0 | 0 | 0 | 0 | 0 | 0 | 0 | 0 |
| Financial liabilities | 155 162 | 175 318 | 215 604 | 248 552 | 260 549 | 285 689 | 270 580 | 281 589 |
| Debt securities | 0 | 0 | 0 | 0 | 0 | 0 | 0 | 0 |
| Short-term debt securities | 0 | 0 | 0 | 0 | 0 | 0 | 0 | 0 |
| Long-term debt securities | 0 | 0 | 0 | 0 | 0 | 0 | 0 | 0 |
| Loans | 0 | 0 | 0 | 0 | 0 | 0 | 0 | 0 |
| Short-term loans | 0 | 0 | 0 | 0 | 0 | 0 | 0 | 0 |
| Long-term loans | 0 | 0 | 0 | 0 | 0 | 0 | 0 | 0 |
| Equity and investment fund shares | 155 162 | 175 318 | 215 604 | 248 552 | 260 549 | 285 295 | 270 183 | 280 995 |
| Insurance pension and standardised guarantees | 0 | 0 | 0 | 0 | 0 | 0 | 0 | 0 |
| Financial derivatives and employee stock options | 0 | 0 | 0 | 0 | 0 | 394 | 398 | 595 |
| Other accounts payable | 0 | 0 | 0 | 0 | 0 | 0 | 0 | 0 |
| Non-financial assets | .. | .. | .. | .. | .. | .. | .. | .. |
| **Open-end investment funds** | | | | | | | | |
| Financial net worth | -8 312 | 19 112 | -138 | -16 435 | -23 313 | -33 219 | -36 569 | -40 756 |
| Financial assets | 155 974 | 203 952 | 222 769 | 238 050 | 241 993 | 256 517 | 237 172 | 242 359 |
| Currency and deposits | 15 815 | 18 198 | 14 232 | 18 131 | 16 550 | 18 792 | 22 172 | 21 086 |
| Debt securities | 94 178 | 124 541 | 139 547 | 136 924 | 137 871 | 139 928 | 127 152 | 127 580 |
| Loans | 1 347 | 749 | 232 | 168 | 442 | 508 | 416 | 250 |
| Equity and investment fund shares | 44 184 | 59 579 | 67 492 | 81 441 | 85 523 | 95 981 | 86 084 | 92 170 |
| Equity | 22 629 | 27 225 | 24 701 | 30 341 | 29 878 | 38 216 | 36 424 | 41 365 |
| Investment fund shares | 21 555 | 32 355 | 42 791 | 51 100 | 55 645 | 57 765 | 49 661 | 50 805 |
| Money market fund shares | .. | .. | .. | .. | .. | .. | .. | .. |
| Non-Money market fund shares | .. | .. | .. | .. | .. | .. | .. | .. |
| Insurance pension and standardised guarantees | 0 | 0 | 0 | 0 | 0 | 0 | 0 | 0 |
| Financial derivatives and employee stock options | 449 | 884 | 1 266 | 1 385 | 1 606 | 1 309 | 1 348 | 1 274 |
| Other accounts receivable | 0 | 0 | 0 | 0 | 0 | 0 | 0 | 0 |
| Financial liabilities | 164 285 | 184 840 | 222 907 | 254 485 | 265 306 | 289 736 | 273 741 | 283 115 |
| Debt securities | 0 | 0 | 0 | 0 | 0 | 0 | 0 | 0 |
| Short-term debt securities | 0 | 0 | 0 | 0 | 0 | 0 | 0 | 0 |
| Long-term debt securities | 0 | 0 | 0 | 0 | 0 | 0 | 0 | 0 |
| Loans | 0 | 0 | 0 | 0 | 0 | 0 | 0 | 0 |
| Short-term loans | 0 | 0 | 0 | 0 | 0 | 0 | 0 | 0 |
| Long-term loans | 0 | 0 | 0 | 0 | 0 | 0 | 0 | 0 |
| Equity and investment fund shares | 164 285 | 184 840 | 222 907 | 254 485 | 265 306 | 289 343 | 273 344 | 282 520 |
| Insurance pension and standardised guarantees | 0 | 0 | 0 | 0 | 0 | 0 | 0 | 0 |
| Financial derivatives and employee stock options | 0 | 0 | 0 | 0 | 0 | 394 | 398 | 595 |
| Other accounts payable | 0 | 0 | 0 | 0 | 0 | 0 | 0 | 0 |
| Non-financial assets | .. | .. | .. | .. | .. | .. | .. | .. |

Note: Detailed metadata at: *http://metalinks.oecd.org/instinv/20200916/f42e*

# ITALY

## Table 3. Financial assets and liabilities of insurance corporations and pension funds

*Million EUR*

| | 2012 | 2013 | 2014 | 2015 | 2016 | 2017 | 2018 | 2019 |
|---|---|---|---|---|---|---|---|---|
| **Insurance corporations and pension funds** | | | | | | | | |
| Financial net worth | -57 558 | -57 413 | -34 484 | -7 361 | -13 490 | -41 091 | -54 493 | -56 215 |
| Financial assets | 581 457 | 635 759 | 732 677 | 832 193 | 893 996 | 948 784 | 929 416 | 1 041 697 |
| Currency and deposits | 27 781 | 25 655 | 22 987 | 29 038 | 26 930 | 25 887 | 21 122 | 18 789 |
| Debt securities | 392 257 | 430 440 | 500 448 | 553 408 | 574 595 | 593 998 | 581 568 | 640 419 |
| Loans | 3 777 | 1 960 | 1 705 | 1 382 | 2 046 | 1 906 | 3 411 | 3 810 |
| Equity and investment fund shares | 153 467 | 173 493 | 203 291 | 243 322 | 284 778 | 316 544 | 313 692 | 368 139 |
| Equity | 65 095 | 75 028 | 77 653 | 81 956 | 101 460 | 116 700 | 113 094 | 126 563 |
| Investment fund shares | 88 372 | 98 465 | 125 638 | 161 366 | 183 318 | 199 844 | 200 598 | 241 576 |
| Money market fund shares | 133 | 191 | 165 | 335 | 179 | 197 | 221 | 150 |
| Non-Money market fund shares | 88 239 | 98 274 | 125 473 | 161 031 | 183 139 | 199 647 | 200 377 | 241 426 |
| Insurance pension and standardised guarantees | 2 122 | 1 973 | 1 533 | 2 555 | 1 768 | 4 491 | 4 319 | 4 651 |
| Financial derivatives and employee stock options | 1 391 | 1 321 | 653 | 477 | 742 | 463 | 420 | 382 |
| Other accounts receivable | 662 | 916 | 2 060 | 2 011 | 3 137 | 5 495 | 4 884 | 5 507 |
| Financial liabilities | 639 015 | 693 171 | 767 161 | 839 554 | 907 486 | 989 874 | 983 910 | 1 097 913 |
| Debt securities | 9 380 | 9 203 | 14 118 | 15 045 | 16 068 | 16 323 | 16 478 | 15 643 |
| Short-term debt securities | 0 | 0 | 0 | 0 | 0 | 0 | 0 | 0 |
| Long-term debt securities | 9 380 | 9 203 | 14 118 | 15 045 | 16 068 | 16 323 | 16 478 | 15 643 |
| Loans | 13 502 | 12 686 | 10 564 | 11 200 | 11 510 | 11 510 | 11 800 | 13 254 |
| Short-term loans | 154 | 5 648 | 634 | 521 | 1 521 | 2 402 | 1 779 | 1 831 |
| Long-term loans | 13 349 | 7 037 | 9 929 | 10 679 | 9 989 | 9 108 | 10 021 | 11 423 |
| Equity and investment fund shares | 41 082 | 60 330 | 60 520 | 69 827 | 80 920 | 114 570 | 105 951 | 119 414 |
| Insurance pension and standardised guarantees | 571 749 | 607 211 | 677 939 | 740 432 | 795 090 | 842 403 | 843 024 | 942 721 |
| Financial derivatives and employee stock options | 1 803 | 1 350 | 1 514 | 645 | 855 | 800 | 786 | 782 |
| Other accounts payable | 1 498 | 2 391 | 2 506 | 2 405 | 3 043 | 4 268 | 5 870 | 6 098 |
| Non-financial assets | .. | .. | .. | .. | .. | .. | .. | .. |
| **Insurance corporations** | | | | | | | | |
| Financial net worth | -49 885 | -46 582 | -28 220 | -4 905 | 2 907 | -35 085 | -46 369 | -50 222 |
| Financial assets | 519 453 | 569 766 | 652 960 | 744 597 | 814 588 | 852 710 | 834 513 | 932 229 |
| Currency and deposits | 24 126 | 22 254 | 19 099 | 24 750 | 21 304 | 19 562 | 14 715 | 11 721 |
| Debt securities | 352 787 | 387 718 | 450 226 | 499 336 | 531 189 | 540 076 | 527 273 | 579 974 |
| Loans | 3 777 | 1 960 | 1 705 | 1 382 | 2 046 | 1 906 | 3 411 | 3 810 |
| Equity and investment fund shares | 134 588 | 153 624 | 177 684 | 214 086 | 254 402 | 280 718 | 279 491 | 326 183 |
| Equity | 55 217 | 64 907 | 63 077 | 66 235 | 84 822 | 96 738 | 93 835 | 101 881 |
| Investment fund shares | 79 371 | 88 717 | 114 607 | 147 851 | 169 580 | 183 980 | 185 656 | 224 302 |
| Money market fund shares | 122 | 174 | 151 | 307 | 166 | 182 | 204 | 139 |
| Non-Money market fund shares | 79 249 | 88 543 | 114 456 | 147 544 | 169 414 | 183 798 | 185 452 | 224 163 |
| Insurance pension and standardised guarantees | 2 122 | 1 973 | 1 533 | 2 555 | 1 768 | 4 491 | 4 319 | 4 651 |
| Financial derivatives and employee stock options | 1 391 | 1 321 | 653 | 477 | 742 | 463 | 420 | 382 |
| Other accounts receivable | 662 | 916 | 2 060 | 2 011 | 3 137 | 5 495 | 4 884 | 5 507 |
| Financial liabilities | 569 337 | 616 348 | 681 180 | 749 503 | 811 681 | 887 795 | 880 883 | 982 450 |
| Debt securities | 9 380 | 9 203 | 14 118 | 15 045 | 16 068 | 16 323 | 16 478 | 15 643 |
| Short-term debt securities | 0 | 0 | 0 | 0 | 0 | 0 | 0 | 0 |
| Long-term debt securities | 9 380 | 9 203 | 14 118 | 15 045 | 16 068 | 16 323 | 16 478 | 15 643 |
| Loans | 13 477 | 12 683 | 10 560 | 11 197 | 11 493 | 11 313 | 11 607 | 13 188 |
| Short-term loans | 129 | 5 647 | 631 | 519 | 1 505 | 2 206 | 1 587 | 1 766 |
| Long-term loans | 13 348 | 7 037 | 9 929 | 10 678 | 9 988 | 9 107 | 10 020 | 11 423 |
| Equity and investment fund shares | 41 082 | 60 330 | 60 520 | 69 827 | 80 920 | 114 570 | 105 951 | 119 414 |
| Insurance pension and standardised guarantees | 502 096 | 530 390 | 591 962 | 650 383 | 699 302 | 740 521 | 740 190 | 827 324 |
| Financial derivatives and employee stock options | 1 803 | 1 350 | 1 514 | 645 | 855 | 800 | 786 | 782 |
| Other accounts payable | 1 498 | 2 391 | 2 506 | 2 405 | 3 043 | 4 268 | 5 870 | 6 098 |
| Non-financial assets | .. | .. | .. | .. | .. | .. | .. | .. |
| **Pension funds** | | | | | | | | |
| Financial net worth | -7 673 | -10 831 | -6 264 | -2 456 | -16 397 | -6 006 | -8 124 | -5 994 |
| Financial assets | 62 005 | 65 993 | 79 717 | 87 595 | 79 408 | 96 073 | 94 903 | 109 469 |
| Currency and deposits | 3 655 | 3 401 | 3 888 | 4 287 | 5 626 | 6 325 | 6 407 | 7 068 |
| Debt securities | 39 470 | 42 722 | 50 222 | 54 072 | 43 406 | 53 922 | 54 295 | 60 444 |
| Loans | 0 | 0 | 0 | 0 | 0 | 0 | 0 | 0 |
| Equity and investment fund shares | 18 879 | 19 869 | 25 607 | 29 236 | 30 376 | 35 826 | 34 201 | 41 956 |
| Equity | 9 878 | 10 121 | 14 576 | 15 721 | 16 638 | 19 962 | 19 259 | 24 682 |
| Investment fund shares | 9 001 | 9 748 | 11 031 | 13 515 | 13 738 | 15 864 | 14 942 | 17 274 |
| Money market fund shares | 11 | 17 | 14 | 28 | 13 | 15 | 16 | 11 |
| Non-Money market fund shares | 8 990 | 9 731 | 11 017 | 13 487 | 13 725 | 15 849 | 14 926 | 17 263 |
| Insurance pension and standardised guarantees | 0 | 0 | 0 | 0 | 0 | 0 | 0 | 0 |
| Financial derivatives and employee stock options | 0 | 0 | 0 | 0 | 0 | 0 | 0 | 0 |
| Other accounts receivable | 0 | 0 | 0 | 0 | 0 | 0 | 0 | 0 |
| Financial liabilities | 69 678 | 76 823 | 85 981 | 90 051 | 95 805 | 102 079 | 103 027 | 115 463 |
| Debt securities | 0 | 0 | 0 | 0 | 0 | 0 | 0 | 0 |
| Short-term debt securities | 0 | 0 | 0 | 0 | 0 | 0 | 0 | 0 |
| Long-term debt securities | 0 | 0 | 0 | 0 | 0 | 0 | 0 | 0 |
| Loans | 25 | 2 | 4 | 2 | 17 | 197 | 193 | 66 |
| Short-term loans | 24 | 2 | 3 | 2 | 16 | 197 | 193 | 65 |
| Long-term loans | 0 | 1 | 0 | 1 | 1 | 1 | 1 | 1 |
| Equity and investment fund shares | 0 | 0 | 0 | 0 | 0 | 0 | 0 | 0 |
| Insurance pension and standardised guarantees | 69 653 | 76 821 | 85 977 | 90 049 | 95 788 | 101 882 | 102 834 | 115 397 |
| Financial derivatives and employee stock options | 0 | 0 | 0 | 0 | 0 | 0 | 0 | 0 |
| Other accounts payable | 0 | 0 | 0 | 0 | 0 | 0 | 0 | 0 |
| Non-financial assets | .. | .. | .. | .. | .. | .. | .. | .. |

Note: Detailed metadata at: *http://metalinks.oecd.org/instinv/20200916/f42e*

# ITALY

## Table 4. Portfolio composition by type of investor
As percentage of financial assets and of financial liabilities

*Per cent*

| | 2012 | 2013 | 2014 | 2015 | 2016 | 2017 | 2018 | 2019 |
|---|---|---|---|---|---|---|---|---|
| **Investment funds** | | | | | | | | |
| Financial assets | 100.0 | 100.0 | 100.0 | 100.0 | 100.0 | 100.0 | 100.0 | 100.0 |
| Currency and deposits | .. | .. | .. | .. | .. | .. | .. | .. |
| Debt securities | 59.9 | 60.7 | 59.2 | 54.2 | 52.9 | 51.3 | 49.5 | 47.9 |
| Loans | 0.9 | 0.4 | 0.1 | 0.1 | 0.2 | 0.2 | 0.2 | 0.1 |
| Equity and investment fund shares | 29.0 | 29.7 | 32.7 | 36.4 | 37.9 | 39.4 | 39.2 | 41.1 |
| Insurance pension and standardised guarantee schemes | 0.0 | 0.0 | 0.0 | 0.0 | 0.0 | 0.0 | 0.0 | 0.0 |
| Financial derivatives and employee stock options | 0.3 | 0.4 | 0.5 | 0.5 | 0.6 | 0.5 | 0.5 | 0.5 |
| Other accounts receivable | 0.0 | 0.0 | 0.0 | 0.0 | 0.0 | 0.0 | 0.0 | 0.0 |
| Financial liabilities | 100.0 | 100.0 | 100.0 | 100.0 | 100.0 | 100.0 | 100.0 | 100.0 |
| Currency and deposits | 0.0 | 0.0 | 0.0 | 0.0 | 0.0 | 0.0 | 0.0 | 0.0 |
| Debt securities | 0.0 | 0.0 | 0.0 | 0.0 | 0.0 | 0.0 | 0.0 | 0.0 |
| Loans | 0.0 | 0.0 | 0.0 | 0.0 | 0.0 | 0.0 | 0.0 | 0.0 |
| Equity and investment fund shares | 100.0 | 100.0 | 100.0 | 100.0 | 100.0 | 99.9 | 99.9 | 99.8 |
| Insurance pension and standardised guarantee schemes | 0.0 | 0.0 | 0.0 | 0.0 | 0.0 | 0.0 | 0.0 | 0.0 |
| Financial derivatives and employee stock options | 0.0 | 0.0 | 0.0 | 0.0 | 0.0 | 0.1 | 0.1 | 0.2 |
| Other accounts receivable | 0.0 | 0.0 | 0.0 | 0.0 | 0.0 | 0.0 | 0.0 | 0.0 |
| **Insurance corporations** | | | | | | | | |
| Financial assets | 100.0 | 100.0 | 100.0 | 100.0 | 100.0 | 100.0 | 100.0 | 100.0 |
| Currency and deposits | 4.6 | 3.9 | 2.9 | 3.3 | 2.6 | 2.3 | 1.8 | 1.3 |
| Debt securities | 67.9 | 68.0 | 69.0 | 67.1 | 65.2 | 63.3 | 63.2 | 62.2 |
| Loans | 0.7 | 0.3 | 0.3 | 0.2 | 0.3 | 0.2 | 0.4 | 0.4 |
| Equity and investment fund shares | 25.9 | 27.0 | 27.2 | 28.8 | 31.2 | 32.9 | 33.5 | 35.0 |
| Insurance pension and standardised guarantee schemes | 0.4 | 0.3 | 0.2 | 0.3 | 0.2 | 0.5 | 0.5 | 0.5 |
| Financial derivatives and employee stock options | 0.3 | 0.2 | 0.1 | 0.1 | 0.1 | 0.1 | 0.1 | 0.0 |
| Other accounts receivable | 0.1 | 0.2 | 0.3 | 0.3 | 0.4 | 0.6 | 0.6 | 0.6 |
| Financial liabilities | 100.0 | 100.0 | 100.0 | 100.0 | 100.0 | 100.0 | 100.0 | 100.0 |
| Currency and deposits | 0.0 | 0.0 | 0.0 | 0.0 | 0.0 | 0.0 | 0.0 | 0.0 |
| Debt securities | 1.6 | 1.5 | 2.1 | 2.0 | 2.0 | 1.8 | 1.9 | 1.6 |
| Loans | 2.4 | 2.1 | 1.6 | 1.5 | 1.4 | 1.3 | 1.3 | 1.3 |
| Equity and investment fund shares | 7.2 | 9.8 | 8.9 | 9.3 | 10.0 | 12.9 | 12.0 | 12.2 |
| Insurance pension and standardised guarantee schemes | 88.2 | 86.1 | 86.9 | 86.8 | 86.2 | 83.4 | 84.0 | 84.2 |
| Financial derivatives and employee stock options | 0.3 | 0.2 | 0.2 | 0.1 | 0.1 | 0.1 | 0.1 | 0.1 |
| Other accounts receivable | 0.3 | 0.4 | 0.4 | 0.3 | 0.4 | 0.5 | 0.7 | 0.6 |
| **Pension funds** | | | | | | | | |
| Financial assets | 100.0 | 100.0 | 100.0 | 100.0 | 100.0 | 100.0 | 100.0 | 100.0 |
| Currency and deposits | 5.9 | 5.2 | 4.9 | 4.9 | 7.1 | 6.6 | 6.8 | 6.5 |
| Debt securities | 63.7 | 64.7 | 63.0 | 61.7 | 54.7 | 56.1 | 57.2 | 55.2 |
| Loans | 0.0 | 0.0 | 0.0 | 0.0 | 0.0 | 0.0 | 0.0 | 0.0 |
| Equity and investment fund shares | 30.4 | 30.1 | 32.1 | 33.4 | 38.3 | 37.3 | 36.0 | 38.3 |
| Insurance pension and standardised guarantee schemes | 0.0 | 0.0 | 0.0 | 0.0 | 0.0 | 0.0 | 0.0 | 0.0 |
| Financial derivatives and employee stock options | 0.0 | 0.0 | 0.0 | 0.0 | 0.0 | 0.0 | 0.0 | 0.0 |
| Other accounts receivable | 0.0 | 0.0 | 0.0 | 0.0 | 0.0 | 0.0 | 0.0 | 0.0 |
| Financial liabilities | 100.0 | 100.0 | 100.0 | 100.0 | 100.0 | 100.0 | 100.0 | 100.0 |
| Currency and deposits | 0.0 | 0.0 | 0.0 | 0.0 | 0.0 | 0.0 | 0.0 | 0.0 |
| Debt securities | 0.0 | 0.0 | 0.0 | 0.0 | 0.0 | 0.0 | 0.0 | 0.0 |
| Loans | 0.0 | 0.0 | 0.0 | 0.0 | 0.0 | 0.2 | 0.2 | 0.1 |
| Equity and investment fund shares | 0.0 | 0.0 | 0.0 | 0.0 | 0.0 | 0.0 | 0.0 | 0.0 |
| Insurance pension and standardised guarantee schemes | 100.0 | 100.0 | 100.0 | 100.0 | 100.0 | 99.8 | 99.8 | 99.9 |
| Financial derivatives and employee stock options | 0.0 | 0.0 | 0.0 | 0.0 | 0.0 | 0.0 | 0.0 | 0.0 |
| Other accounts receivable | 0.0 | 0.0 | 0.0 | 0.0 | 0.0 | 0.0 | 0.0 | 0.0 |

Note: Detailed metadata at: *http://metalinks.oecd.org/instinv/20200916/eb22*

# JAPAN

## Table 1. Financial assets and liabilities of institutional investors, 2018

*Billion JPY*

| | Investment funds | | | | |
|---|---|---|---|---|---|
| | Total | Non-money market funds | | | Money market funds |
| | | Total | Open-end non-money market funds | Closed-end non-money market funds | Total |
| Financial assets | 212 641 | 201 345 | .. | .. | 11 297 |
| Currency and deposits | 8 718 | 3 705 | .. | .. | 5 013 |
| Debt securities | 26 719 | 20 765 | .. | .. | 5 954 |
| Debt securities, short term | .. | .. | .. | .. | .. |
| Debt securities, long term | .. | .. | .. | .. | .. |
| Debt securities issued by residents | 26 719 | 20 765 | .. | .. | 5 954 |
| Debt securities issued by non-residents | .. | .. | .. | .. | .. |
| Loans | 12 260 | 11 930 | .. | .. | 330 |
| Loans, short-term | .. | .. | .. | .. | .. |
| Loans, long-term | .. | .. | .. | .. | .. |
| Loans granted to residents | .. | .. | .. | .. | .. |
| Loans granted to non-residents | .. | .. | .. | .. | .. |
| Equity and investment fund shares/units | 58 745 | 58 745 | .. | .. | 0 |
| Equity and investment fund shares issued/units by residents | 58 745 | 58 745 | .. | .. | 0 |
| Equity and investment fund shares/units issued by non residents | .. | .. | .. | .. | .. |
| Other accounts receivable | 105 944 | 105 944 | .. | .. | 0 |

| | Investment funds | | | | |
|---|---|---|---|---|---|
| | Total | Non-money market funds | | | Money market funds |
| | | Total | Open-end non-money market funds | Closed-end non-money market funds | Total |
| Financial liabilities | 212 641 | 201 345 | .. | .. | 11 297 |
| Currency and deposits | 0 | 0 | .. | .. | 0 |
| Debt securities | 0 | 0 | .. | .. | 0 |
| Debt securities, short term | .. | .. | .. | .. | .. |
| Debt securities, long term | .. | .. | .. | .. | .. |
| Loans | 1 349 | 1 349 | .. | .. | 0 |
| Loans, short-term | .. | .. | .. | .. | .. |
| Loans, long-term | .. | .. | .. | .. | .. |
| Equity and investment fund shares/units | 194 724 | 183 816 | .. | .. | 10 909 |
| Insurance pension and standardised guaratees | 0 | 0 | .. | .. | 0 |
| Financial derivatives and employee stock options | 618 | 618 | .. | .. | 0 |
| Other accounts payable | 15 950 | 15 562 | .. | .. | 388 |

| | Insurance corporations and pension funds | | | | |
|---|---|---|---|---|---|
| | Total | Insurance corporations | | | Pension funds |
| | | Total | Life insurance corporations | Non-life insurance corporations | Total |
| Financial assets | 651 734 | 494 886 | 447 098 | 47 788 | 156 848 |
| Currency and deposits | 29 995 | 20 088 | 8 325 | 11 763 | 9 906 |
| Debt securities | 312 738 | 271 327 | 259 624 | 11 703 | 41 411 |
| Debt securities, short-term | .. | .. | .. | .. | .. |
| Debt securities, long term | .. | .. | .. | .. | .. |
| Debt securities issued by residents | 312 738 | 271 327 | 259 624 | 11 703 | 41 411 |
| Debt securities issued by non-residents | .. | .. | .. | .. | .. |
| Loans | 48 032 | 41 090 | 39 192 | 1 898 | 6 942 |
| Loans, short-term | .. | .. | .. | .. | .. |
| Loans, long-term | .. | .. | .. | .. | .. |
| Loans granted to residents | .. | .. | .. | .. | .. |
| Loans granted to non-residents | .. | .. | .. | .. | .. |
| Equity and investment fund shares/units | 68 092 | 43 997 | 37 214 | 6 783 | 24 094 |
| Equity and investment fund shares/units issued by residents | 68 092 | 43 997 | 37 214 | 6 783 | 24 094 |
| Equity and investment fund shares/units issued by non residents | .. | .. | .. | .. | .. |
| Other accounts receivable | 163 698 | 116 692 | 102 298 | 14 394 | 47 006 |

| | Insurance corporations and pension funds | | | | |
|---|---|---|---|---|---|
| | Total | Insurance corporations | | | Pension funds |
| | | Total | Life insurance corporations | Non-life insurance corporations | Total |
| Financial liabilities | 581 558 | 427 397 | 392 773 | 34 624 | 154 162 |
| Currency and deposits | 0 | 0 | 0 | 0 | 0 |
| Debt securities | 4 378 | 4 034 | 3 090 | 944 | 343 |
| Debt securities, short term | .. | .. | .. | .. | .. |
| Debt securities, long term | .. | .. | .. | .. | .. |
| Loans | 18 499 | 16 811 | 14 860 | 1 950 | 1 688 |
| Loans, short-term | .. | .. | .. | .. | .. |
| Loans, long-term | .. | .. | .. | .. | .. |
| Equity and investment fund shares/units | 20 408 | 20 392 | 8 673 | 11 719 | 16 |
| Insurance pension and standardised guarantees | 528 925 | 377 989 | 360 605 | 17 384 | 150 937 |
| Financial derivatives and employee stock options | 2 921 | 1 860 | 1 738 | 122 | 1 061 |
| Other accounts payable | 6 428 | 6 311 | 3 807 | 2 504 | 117 |

Note: Detailed metadata at: *http://metalinks.oecd.org/instinv/20200916/f42e*

# JAPAN

## Table 2. Financial assets and liabilities of investment funds

*Billion JPY*

| | 2012 | 2013 | 2014 | 2015 | 2016 | 2017 | 2018 | 2019 |
|---|---|---|---|---|---|---|---|---|
| **Investment funds** | | | | | | | | |
| Financial net worth | 0 | 0 | 0 | 0 | 0 | 0 | 0 | 0 |
| Financial assets | 101 921 | 130 850 | 150 119 | 172 367 | 182 511 | 207 983 | 212 641 | 239 169 |
| Currency and deposits | 630 | 694 | 924 | 749 | 8 468 | 7 367 | 8 718 | 8 659 |
| Debt securities | 14 843 | 18 943 | 22 101 | 23 149 | 21 274 | 22 293 | 26 719 | 28 004 |
| Loans | 5 450 | 7 653 | 8 506 | 12 713 | 8 539 | 10 753 | 12 260 | 13 770 |
| Equity and investment fund shares | 19 063 | 29 839 | 32 588 | 42 322 | 44 592 | 58 194 | 58 745 | 71 250 |
| Equity | 15 103 | 24 124 | 24 849 | 33 409 | 35 271 | 48 025 | 48 353 | 58 962 |
| Investment fund shares | 3 959 | 5 715 | 7 739 | 8 913 | 9 321 | 10 169 | 10 392 | 12 288 |
| Money market fund shares | .. | .. | .. | .. | .. | .. | .. | .. |
| Non-Money market fund shares | .. | .. | .. | .. | .. | .. | .. | .. |
| Insurance pension and standardised guarantees | 0 | 0 | 0 | 0 | 0 | 0 | 0 | 0 |
| Financial derivatives and employee stock options | 240 | 287 | 390 | 454 | 408 | 266 | 256 | 278 |
| Other accounts receivable | 61 696 | 73 434 | 85 611 | 92 979 | 99 232 | 109 110 | 105 944 | 117 208 |
| Financial liabilities | 101 921 | 130 850 | 150 119 | 172 367 | 182 511 | 207 983 | 212 641 | 239 169 |
| Debt securities | 0 | 0 | 0 | 0 | 0 | 0 | 0 | 0 |
| Short-term debt securities | .. | .. | .. | .. | .. | .. | .. | .. |
| Long-term debt securities | .. | .. | .. | .. | .. | .. | .. | .. |
| Loans | 0 | 0 | 0 | 0 | 0 | 0 | 1 349 | 0 |
| Short-term loans | .. | .. | .. | .. | .. | .. | .. | .. |
| Long-term loans | .. | .. | .. | .. | .. | .. | .. | .. |
| Equity and investment fund shares | 95 944 | 122 003 | 140 435 | 159 772 | 170 738 | 196 760 | 194 724 | 222 107 |
| Insurance pension and standardised guarantees | 0 | 0 | 0 | 0 | 0 | 0 | 0 | 0 |
| Financial derivatives and employee stock options | 588 | 529 | 636 | 674 | 855 | 640 | 618 | 775 |
| Other accounts payable | 5 390 | 8 319 | 9 048 | 11 921 | 10 919 | 10 583 | 15 950 | 16 288 |
| Non-financial assets | .. | .. | .. | .. | .. | .. | .. | .. |
| **Money market funds** | | | | | | | | |
| Financial net worth | 0 | 0 | 0 | 0 | 0 | 0 | 0 | 0 |
| Financial assets | 8 539 | 14 390 | 13 915 | 13 653 | 12 898 | 13 139 | 11 297 | 12 912 |
| Currency and deposits | 11 | 0 | 0 | 0 | 6 722 | 4 946 | 5 013 | 5 563 |
| Debt securities | 7 185 | 10 177 | 11 035 | 9 578 | 6 176 | 6 903 | 5 954 | 7 139 |
| Loans | 889 | 1 922 | 1 434 | 2 662 | 0 | 1 290 | 330 | 210 |
| Equity and investment fund shares | 0 | 0 | 0 | 0 | 0 | 0 | 0 | 0 |
| Equity | 0 | 0 | 0 | 0 | 0 | 0 | 0 | 0 |
| Investment fund shares | 0 | 0 | 0 | 0 | 0 | 0 | 0 | 0 |
| Money market fund shares | .. | .. | .. | .. | .. | .. | .. | .. |
| Non-Money market fund shares | .. | .. | .. | .. | .. | .. | .. | .. |
| Insurance pension and standardised guarantees | 0 | 0 | 0 | 0 | 0 | 0 | 0 | 0 |
| Financial derivatives and employee stock options | 0 | 0 | 0 | 0 | 0 | 0 | 0 | 0 |
| Other accounts receivable | 454 | 2 292 | 1 446 | 1 414 | 0 | 0 | 0 | 0 |
| Financial liabilities | 8 539 | 14 390 | 13 915 | 13 653 | 12 898 | 13 139 | 11 297 | 12 912 |
| Debt securities | 0 | 0 | 0 | 0 | 0 | 0 | 0 | 0 |
| Short-term debt securities | .. | .. | .. | .. | .. | .. | .. | .. |
| Long-term debt securities | .. | .. | .. | .. | .. | .. | .. | .. |
| Loans | 0 | 0 | 0 | 0 | 0 | 0 | 0 | 0 |
| Short-term loans | .. | .. | .. | .. | .. | .. | .. | .. |
| Long-term loans | .. | .. | .. | .. | .. | .. | .. | .. |
| Equity and investment fund shares | 8 254 | 13 105 | 13 100 | 12 838 | 12 763 | 12 994 | 10 909 | 12 624 |
| Insurance pension and standardised guarantees | 0 | 0 | 0 | 0 | 0 | 0 | 0 | 0 |
| Financial derivatives and employee stock options | 0 | 0 | 0 | 0 | 0 | 0 | 0 | 0 |
| Other accounts payable | 285 | 1 285 | 814 | 816 | 135 | 145 | 388 | 288 |
| Non-financial assets | .. | .. | .. | .. | .. | .. | .. | .. |
| **Non-money market funds** | | | | | | | | |
| Financial net worth | 0 | 0 | 0 | 0 | 0 | 0 | 0 | 0 |
| Financial assets | 93 382 | 116 460 | 136 205 | 158 713 | 169 613 | 194 844 | 201 345 | 226 257 |
| Currency and deposits | 619 | 694 | 924 | 749 | 1 747 | 2 421 | 3 705 | 3 096 |
| Debt securities | 7 658 | 8 766 | 11 066 | 13 572 | 15 098 | 15 390 | 20 765 | 20 865 |
| Loans | 4 560 | 5 731 | 7 072 | 10 051 | 8 539 | 9 463 | 11 930 | 13 560 |
| Equity and investment fund shares | 19 063 | 29 839 | 32 588 | 42 322 | 44 592 | 58 194 | 58 745 | 71 250 |
| Equity | 15 103 | 24 124 | 24 849 | 33 409 | 35 271 | 48 025 | 48 353 | 58 962 |
| Investment fund shares | 3 959 | 5 715 | 7 739 | 8 913 | 9 321 | 10 169 | 10 392 | 12 288 |
| Money market fund shares | .. | .. | .. | .. | .. | .. | .. | .. |
| Non-Money market fund shares | .. | .. | .. | .. | .. | .. | .. | .. |
| Insurance pension and standardised guarantees | 0 | 0 | 0 | 0 | 0 | 0 | 0 | 0 |
| Financial derivatives and employee stock options | 240 | 287 | 390 | 454 | 408 | 266 | 256 | 278 |
| Other accounts receivable | 61 242 | 71 143 | 84 165 | 91 566 | 99 232 | 109 110 | 105 944 | 117 208 |
| Financial liabilities | 93 382 | 116 460 | 136 205 | 158 713 | 169 613 | 194 844 | 201 345 | 226 257 |
| Debt securities | 0 | 0 | 0 | 0 | 0 | 0 | 0 | 0 |
| Short-term debt securities | .. | .. | .. | .. | .. | .. | .. | .. |
| Long-term debt securities | .. | .. | .. | .. | .. | .. | .. | .. |
| Loans | 0 | 0 | 0 | 0 | 0 | 0 | 1 349 | 0 |
| Short-term loans | .. | .. | .. | .. | .. | .. | .. | .. |
| Long-term loans | .. | .. | .. | .. | .. | .. | .. | .. |
| Equity and investment fund shares | 87 690 | 108 898 | 127 335 | 146 934 | 157 975 | 183 766 | 183 816 | 209 483 |
| Insurance pension and standardised guarantees | 0 | 0 | 0 | 0 | 0 | 0 | 0 | 0 |
| Financial derivatives and employee stock options | 588 | 529 | 636 | 674 | 855 | 640 | 618 | 775 |
| Other accounts payable | 5 104 | 7 033 | 8 234 | 11 106 | 10 784 | 10 438 | 15 562 | 16 000 |
| Non-financial assets | .. | .. | .. | .. | .. | .. | .. | .. |
| **Open-end non-money market funds** | | | | | | | | |
| Financial net worth | .. | .. | .. | .. | .. | .. | .. | .. |
| Financial assets | .. | .. | .. | .. | .. | .. | .. | .. |
| Currency and deposits | .. | .. | .. | .. | .. | .. | .. | .. |

## JAPAN

### Table 2. Financial assets and liabilities of investment funds *(cont.)*

*Billion JPY*

| | 2012 | 2013 | 2014 | 2015 | 2016 | 2017 | 2018 | 2019 |
|---|---|---|---|---|---|---|---|---|
| Debt securities | .. | .. | .. | .. | .. | .. | .. | .. |
| Loans | .. | .. | .. | .. | .. | .. | .. | .. |
| Equity and investment fund shares | .. | .. | .. | .. | .. | .. | .. | .. |
| Equity | .. | .. | .. | .. | .. | .. | .. | .. |
| Investment fund shares | .. | .. | .. | .. | .. | .. | .. | .. |
| Money market fund shares | .. | .. | .. | .. | .. | .. | .. | .. |
| Non-Money market fund shares | .. | .. | .. | .. | .. | .. | .. | .. |
| Insurance pension and standardised guarantees | .. | .. | .. | .. | .. | .. | .. | .. |
| Financial derivatives and employee stock options | .. | .. | .. | .. | .. | .. | .. | .. |
| Other accounts receivable | .. | .. | .. | .. | .. | .. | .. | .. |
| Financial liabilities | .. | .. | .. | .. | .. | .. | .. | .. |
| Debt securities | .. | .. | .. | .. | .. | .. | .. | .. |
| Short-term debt securities | .. | .. | .. | .. | .. | .. | .. | .. |
| Long-term debt securities | .. | .. | .. | .. | .. | .. | .. | .. |
| Loans | .. | .. | .. | .. | .. | .. | .. | .. |
| Short-term loans | .. | .. | .. | .. | .. | .. | .. | .. |
| Long-term loans | .. | .. | .. | .. | .. | .. | .. | .. |
| Equity and investment fund shares | .. | .. | .. | .. | .. | .. | .. | .. |
| Insurance pension and standardised guarantees | .. | .. | .. | .. | .. | .. | .. | .. |
| Financial derivatives and employee stock options | .. | .. | .. | .. | .. | .. | .. | .. |
| Other accounts payable | .. | .. | .. | .. | .. | .. | .. | .. |
| Non-financial assets | .. | .. | .. | .. | .. | .. | .. | .. |
| **Open-end investment funds** | | | | | | | | |
| Financial net worth | .. | .. | .. | .. | .. | .. | .. | .. |
| Financial assets | .. | .. | .. | .. | .. | .. | .. | .. |
| Currency and deposits | .. | .. | .. | .. | .. | .. | .. | .. |
| Debt securities | .. | .. | .. | .. | .. | .. | .. | .. |
| Loans | .. | .. | .. | .. | .. | .. | .. | .. |
| Equity and investment fund shares | .. | .. | .. | .. | .. | .. | .. | .. |
| Equity | .. | .. | .. | .. | .. | .. | .. | .. |
| Investment fund shares | .. | .. | .. | .. | .. | .. | .. | .. |
| Money market fund shares | .. | .. | .. | .. | .. | .. | .. | .. |
| Non-Money market fund shares | .. | .. | .. | .. | .. | .. | .. | .. |
| Insurance pension and standardised guarantees | .. | .. | .. | .. | .. | .. | .. | .. |
| Financial derivatives and employee stock options | .. | .. | .. | .. | .. | .. | .. | .. |
| Other accounts receivable | .. | .. | .. | .. | .. | .. | .. | .. |
| Financial liabilities | .. | .. | .. | .. | .. | .. | .. | .. |
| Debt securities | .. | .. | .. | .. | .. | .. | .. | .. |
| Short-term debt securities | .. | .. | .. | .. | .. | .. | .. | .. |
| Long-term debt securities | .. | .. | .. | .. | .. | .. | .. | .. |
| Loans | .. | .. | .. | .. | .. | .. | .. | .. |
| Short-term loans | .. | .. | .. | .. | .. | .. | .. | .. |
| Long-term loans | .. | .. | .. | .. | .. | .. | .. | .. |
| Equity and investment fund shares | .. | .. | .. | .. | .. | .. | .. | .. |
| Insurance pension and standardised guarantees | .. | .. | .. | .. | .. | .. | .. | .. |
| Financial derivatives and employee stock options | .. | .. | .. | .. | .. | .. | .. | .. |
| Other accounts payable | .. | .. | .. | .. | .. | .. | .. | .. |
| Non-financial assets | .. | .. | .. | .. | .. | .. | .. | .. |

Note: Detailed metadata at: *http://metalinks.oecd.org/instinv/20200916/f42e*

# JAPAN

## Table 3. Financial assets and liabilities of insurance corporations and pension funds

*Billion JPY*

| | 2012 | 2013 | 2014 | 2015 | 2016 | 2017 | 2018 | 2019 |
|---|---|---|---|---|---|---|---|---|
| **Insurance corporations and pension funds** | | | | | | | | |
| Financial net worth | 28 289 | 45 746 | 62 160 | 65 145 | 73 470 | 74 484 | 70 176 | 83 576 |
| Financial assets | 556 904 | 593 729 | 625 449 | 635 665 | 648 496 | 654 208 | 651 734 | 672 885 |
| Currency and deposits | 17 865 | 21 943 | 23 790 | 24 852 | 28 265 | 29 111 | 29 995 | 30 859 |
| Debt securities | 285 049 | 297 964 | 309 967 | 308 427 | 317 086 | 311 901 | 312 738 | 319 171 |
| Loans | 53 476 | 52 779 | 53 728 | 54 626 | 48 846 | 47 829 | 48 032 | 46 117 |
| Equity and investment fund shares | 55 522 | 69 906 | 69 448 | 71 676 | 68 590 | 75 784 | 68 092 | 75 160 |
| Equity | 31 406 | 42 451 | 42 807 | 45 095 | 41 301 | 47 060 | 39 031 | 43 219 |
| Investment fund shares | 24 116 | 27 455 | 26 641 | 26 581 | 27 289 | 28 724 | 29 060 | 31 941 |
| Money market fund shares | .. | .. | .. | .. | .. | .. | .. | .. |
| Non-Money market fund shares | .. | .. | .. | .. | .. | .. | .. | .. |
| Insurance pension and standardised guarantees | 42 545 | 26 845 | 27 886 | 30 545 | 29 530 | 23 731 | 27 698 | 21 533 |
| Financial derivatives and employee stock options | 2 068 | 1 124 | 1 602 | 1 952 | 3 516 | 1 474 | 1 482 | 2 419 |
| Other accounts receivable | 100 380 | 123 169 | 139 028 | 143 586 | 152 663 | 164 378 | 163 698 | 177 627 |
| Financial liabilities | 528 615 | 547 982 | 563 289 | 570 520 | 575 026 | 579 725 | 581 558 | 589 309 |
| Debt securities | 1 650 | 1 993 | 2 163 | 2 400 | 3 742 | 4 327 | 4 378 | 4 952 |
| Short-term debt securities | .. | .. | .. | .. | .. | .. | .. | .. |
| Long-term debt securities | .. | .. | .. | .. | .. | .. | .. | .. |
| Loans | 13 857 | 16 114 | 15 785 | 14 962 | 17 373 | 15 981 | 18 499 | 20 361 |
| Short-term loans | .. | .. | .. | .. | .. | .. | .. | .. |
| Long-term loans | .. | .. | .. | .. | .. | .. | .. | .. |
| Equity and investment fund shares | 13 659 | 17 631 | 18 554 | 21 127 | 20 636 | 22 254 | 20 408 | 21 533 |
| Insurance pension and standardised guarantees | 491 534 | 502 515 | 515 647 | 522 317 | 523 958 | 527 582 | 528 925 | 533 363 |
| Financial derivatives and employee stock options | 1 404 | 1 757 | 3 365 | 2 277 | 1 978 | 3 074 | 2 921 | 2 068 |
| Other accounts payable | 6 511 | 7 973 | 7 775 | 7 437 | 7 339 | 6 508 | 6 428 | 7 032 |
| Non-financial assets | .. | .. | .. | .. | .. | .. | .. | .. |
| **Insurance corporations** | | | | | | | | |
| Financial net worth | 28 791 | 44 423 | 60 537 | 63 167 | 71 287 | 71 330 | 67 489 | 80 239 |
| Financial assets | 409 342 | 442 539 | 465 147 | 473 003 | 491 579 | 497 397 | 494 886 | 514 371 |
| Currency and deposits | 10 962 | 13 885 | 14 969 | 15 330 | 18 699 | 19 309 | 20 088 | 20 726 |
| Debt securities | 245 951 | 254 513 | 265 098 | 264 801 | 275 049 | 270 720 | 271 327 | 277 295 |
| Loans | 49 566 | 48 033 | 48 328 | 48 414 | 42 865 | 41 352 | 41 090 | 39 430 |
| Equity and investment fund shares | 35 033 | 43 614 | 44 171 | 45 310 | 44 253 | 49 006 | 43 997 | 48 313 |
| Equity | 19 342 | 26 490 | 28 550 | 30 700 | 29 031 | 33 204 | 28 339 | 30 798 |
| Investment fund shares | 15 692 | 17 124 | 15 621 | 14 610 | 15 222 | 15 802 | 15 659 | 17 515 |
| Money market fund shares | .. | .. | .. | .. | .. | .. | .. | .. |
| Non-Money market fund shares | .. | .. | .. | .. | .. | .. | .. | .. |
| Insurance pension and standardised guarantees | 2 015 | 1 868 | 1 591 | 1 715 | 1 598 | 1 304 | 1 116 | 952 |
| Financial derivatives and employee stock options | 1 462 | 544 | 540 | 1 029 | 2 603 | 724 | 576 | 1 398 |
| Other accounts receivable | 64 352 | 80 082 | 90 450 | 96 405 | 106 513 | 114 983 | 116 692 | 126 258 |
| Financial liabilities | 380 551 | 398 117 | 404 610 | 409 837 | 420 292 | 426 067 | 427 397 | 434 132 |
| Debt securities | 980 | 1 386 | 1 614 | 1 915 | 3 311 | 3 948 | 4 034 | 4 639 |
| Short-term debt securities | .. | .. | .. | .. | .. | .. | .. | .. |
| Long-term debt securities | .. | .. | .. | .. | .. | .. | .. | .. |
| Loans | 12 561 | 14 732 | 14 826 | 13 475 | 15 926 | 14 648 | 16 811 | 19 021 |
| Short-term loans | .. | .. | .. | .. | .. | .. | .. | .. |
| Long-term loans | .. | .. | .. | .. | .. | .. | .. | .. |
| Equity and investment fund shares | 13 643 | 17 615 | 18 539 | 21 112 | 20 621 | 22 238 | 20 392 | 21 518 |
| Insurance pension and standardised guarantees | 346 209 | 355 413 | 359 814 | 364 790 | 372 286 | 376 623 | 377 989 | 381 024 |
| Financial derivatives and employee stock options | 721 | 1 080 | 2 131 | 1 198 | 917 | 2 211 | 1 860 | 1 022 |
| Other accounts payable | 6 439 | 7 891 | 7 687 | 7 347 | 7 231 | 6 399 | 6 311 | 6 909 |
| Non-financial assets | .. | .. | .. | .. | .. | .. | .. | .. |
| **Pension funds** | | | | | | | | |
| Financial net worth | -502 | 1 324 | 1 623 | 1 979 | 2 183 | 3 153 | 2 687 | 3 337 |
| Financial assets | 147 561 | 151 190 | 160 302 | 162 662 | 156 918 | 156 811 | 156 848 | 158 514 |
| Currency and deposits | 6 903 | 8 058 | 8 821 | 9 523 | 9 566 | 9 802 | 9 906 | 10 133 |
| Debt securities | 39 097 | 43 451 | 44 869 | 43 626 | 42 037 | 41 181 | 41 411 | 41 875 |
| Loans | 3 909 | 4 746 | 5 401 | 6 212 | 5 982 | 6 477 | 6 942 | 6 687 |
| Equity and investment fund shares | 20 489 | 26 292 | 25 277 | 26 367 | 24 338 | 26 778 | 24 094 | 26 847 |
| Equity | 12 065 | 15 961 | 14 257 | 14 395 | 12 270 | 13 856 | 10 693 | 12 421 |
| Investment fund shares | 8 424 | 10 331 | 11 020 | 11 972 | 12 067 | 12 922 | 13 401 | 14 426 |
| Money market fund shares | .. | .. | .. | .. | .. | .. | .. | .. |
| Non-Money market fund shares | .. | .. | .. | .. | .. | .. | .. | .. |
| Insurance pension and standardised guarantees | 40 530 | 24 977 | 26 294 | 28 830 | 27 932 | 22 428 | 26 582 | 20 582 |
| Financial derivatives and employee stock options | 606 | 579 | 1 061 | 923 | 913 | 750 | 907 | 1 021 |
| Other accounts receivable | 36 028 | 43 087 | 48 578 | 47 181 | 46 150 | 49 395 | 47 006 | 51 369 |
| Financial liabilities | 148 064 | 149 866 | 158 679 | 160 683 | 154 734 | 153 657 | 154 162 | 155 177 |
| Debt securities | 671 | 607 | 549 | 485 | 431 | 378 | 343 | 313 |
| Short-term debt securities | .. | .. | .. | .. | .. | .. | .. | .. |
| Long-term debt securities | .. | .. | .. | .. | .. | .. | .. | .. |
| Loans | 1 297 | 1 382 | 959 | 1 487 | 1 448 | 1 333 | 1 688 | 1 340 |
| Short-term loans | .. | .. | .. | .. | .. | .. | .. | .. |
| Long-term loans | .. | .. | .. | .. | .. | .. | .. | .. |
| Equity and investment fund shares | 16 | 16 | 16 | 16 | 16 | 16 | 16 | 16 |
| Insurance pension and standardised guarantees | 145 325 | 147 103 | 155 833 | 157 527 | 151 672 | 150 959 | 150 937 | 152 339 |
| Financial derivatives and employee stock options | 684 | 676 | 1 234 | 1 079 | 1 061 | 863 | 1 061 | 1 046 |
| Other accounts payable | 72 | 82 | 88 | 90 | 108 | 109 | 117 | 124 |
| Non-financial assets | .. | .. | .. | .. | .. | .. | .. | .. |

Note: Detailed metadata at: *http://metalinks.oecd.org/instinv/20200916/f42e*

## Table 4. Portfolio composition by type of investor
As percentage of financial assets and of financial liabilities

*Per cent*

| | 2012 | 2013 | 2014 | 2015 | 2016 | 2017 | 2018 | 2019 |
|---|---|---|---|---|---|---|---|---|
| **Investment funds** | | | | | | | | |
| Financial assets | 100.0 | 100.0 | 100.0 | 100.0 | 100.0 | 100.0 | 100.0 | 100.0 |
| Currency and deposits | 0.6 | 0.5 | 0.6 | 0.4 | 4.6 | 3.5 | 4.1 | 3.6 |
| Debt securities | 14.6 | 14.5 | 14.7 | 13.4 | 11.7 | 10.7 | 12.6 | 11.7 |
| Loans | 5.3 | 5.8 | 5.7 | 7.4 | 4.7 | 5.2 | 5.8 | 5.8 |
| Equity and investment fund shares | 18.7 | 22.8 | 21.7 | 24.6 | 24.4 | 28.0 | 27.6 | 29.8 |
| Insurance pension and standardised guarantee schemes | 0.0 | 0.0 | 0.0 | 0.0 | 0.0 | 0.0 | 0.0 | 0.0 |
| Financial derivatives and employee stock options | 0.2 | 0.2 | 0.3 | 0.3 | 0.2 | 0.1 | 0.1 | 0.1 |
| Other accounts receivable | 60.5 | 56.1 | 57.0 | 53.9 | 54.4 | 52.5 | 49.8 | 49.0 |
| Financial liabilities | 100.0 | 100.0 | 100.0 | 100.0 | 100.0 | 100.0 | 100.0 | 100.0 |
| Currency and deposits | 0.0 | 0.0 | 0.0 | 0.0 | 0.0 | 0.0 | 0.0 | 0.0 |
| Debt securities | 0.0 | 0.0 | 0.0 | 0.0 | 0.0 | 0.0 | 0.0 | 0.0 |
| Loans | 0.0 | 0.0 | 0.0 | 0.0 | 0.0 | 0.0 | 0.6 | 0.0 |
| Equity and investment fund shares | 94.1 | 93.2 | 93.5 | 92.7 | 93.5 | 94.6 | 91.6 | 92.9 |
| Insurance pension and standardised guarantee schemes | 0.0 | 0.0 | 0.0 | 0.0 | 0.0 | 0.0 | 0.0 | 0.0 |
| Financial derivatives and employee stock options | 0.6 | 0.4 | 0.4 | 0.4 | 0.5 | 0.3 | 0.3 | 0.3 |
| Other accounts receivable | 5.3 | 6.4 | 6.0 | 6.9 | 6.0 | 5.1 | 7.5 | 6.8 |
| **Insurance corporations** | | | | | | | | |
| Financial assets | 100.0 | 100.0 | 100.0 | 100.0 | 100.0 | 100.0 | 100.0 | 100.0 |
| Currency and deposits | 2.7 | 3.1 | 3.2 | 3.2 | 3.8 | 3.9 | 4.1 | 4.0 |
| Debt securities | 60.1 | 57.5 | 57.0 | 56.0 | 56.0 | 54.4 | 54.8 | 53.9 |
| Loans | 12.1 | 10.9 | 10.4 | 10.2 | 8.7 | 8.3 | 8.3 | 7.7 |
| Equity and investment fund shares | 8.6 | 9.9 | 9.5 | 9.6 | 9.0 | 9.9 | 8.9 | 9.4 |
| Insurance pension and standardised guarantee schemes | 0.5 | 0.4 | 0.3 | 0.4 | 0.3 | 0.3 | 0.2 | 0.2 |
| Financial derivatives and employee stock options | 0.4 | 0.1 | 0.1 | 0.2 | 0.5 | 0.1 | 0.1 | 0.3 |
| Other accounts receivable | 15.7 | 18.1 | 19.4 | 20.4 | 21.7 | 23.1 | 23.6 | 24.5 |
| Financial liabilities | 100.0 | 100.0 | 100.0 | 100.0 | 100.0 | 100.0 | 100.0 | 100.0 |
| Currency and deposits | 0.0 | 0.0 | 0.0 | 0.0 | 0.0 | 0.0 | 0.0 | 0.0 |
| Debt securities | 0.3 | 0.3 | 0.4 | 0.5 | 0.8 | 0.9 | 0.9 | 1.1 |
| Loans | 3.3 | 3.7 | 3.7 | 3.3 | 3.8 | 3.4 | 3.9 | 4.4 |
| Equity and investment fund shares | 3.6 | 4.4 | 4.6 | 5.2 | 4.9 | 5.2 | 4.8 | 5.0 |
| Insurance pension and standardised guarantee schemes | 91.0 | 89.3 | 88.9 | 89.0 | 88.6 | 88.4 | 88.4 | 87.8 |
| Financial derivatives and employee stock options | 0.2 | 0.3 | 0.5 | 0.3 | 0.2 | 0.5 | 0.4 | 0.2 |
| Other accounts receivable | 1.7 | 2.0 | 1.9 | 1.8 | 1.7 | 1.5 | 1.5 | 1.6 |
| **Pension funds** | | | | | | | | |
| Financial assets | 100.0 | 100.0 | 100.0 | 100.0 | 100.0 | 100.0 | 100.0 | 100.0 |
| Currency and deposits | 4.7 | 5.3 | 5.5 | 5.9 | 6.1 | 6.3 | 6.3 | 6.4 |
| Debt securities | 26.5 | 28.7 | 28.0 | 26.8 | 26.8 | 26.3 | 26.4 | 26.4 |
| Loans | 2.6 | 3.1 | 3.4 | 3.8 | 3.8 | 4.1 | 4.4 | 4.2 |
| Equity and investment fund shares | 13.9 | 17.4 | 15.8 | 16.2 | 15.5 | 17.1 | 15.4 | 16.9 |
| Insurance pension and standardised guarantee schemes | 27.5 | 16.5 | 16.4 | 17.7 | 17.8 | 14.3 | 16.9 | 13.0 |
| Financial derivatives and employee stock options | 0.4 | 0.4 | 0.7 | 0.6 | 0.6 | 0.5 | 0.6 | 0.6 |
| Other accounts receivable | 24.4 | 28.5 | 30.3 | 29.0 | 29.4 | 31.5 | 30.0 | 32.4 |
| Financial liabilities | 100.0 | 100.0 | 100.0 | 100.0 | 100.0 | 100.0 | 100.0 | 100.0 |
| Currency and deposits | 0.0 | 0.0 | 0.0 | 0.0 | 0.0 | 0.0 | 0.0 | 0.0 |
| Debt securities | 0.5 | 0.4 | 0.3 | 0.3 | 0.3 | 0.2 | 0.2 | 0.2 |
| Loans | 0.9 | 0.9 | 0.6 | 0.9 | 0.9 | 0.9 | 1.1 | 0.9 |
| Equity and investment fund shares | 0.0 | 0.0 | 0.0 | 0.0 | 0.0 | 0.0 | 0.0 | 0.0 |
| Insurance pension and standardised guarantee schemes | 98.2 | 98.2 | 98.2 | 98.0 | 98.0 | 98.2 | 97.9 | 98.2 |
| Financial derivatives and employee stock options | 0.5 | 0.5 | 0.8 | 0.7 | 0.7 | 0.6 | 0.7 | 0.7 |
| Other accounts receivable | 0.0 | 0.1 | 0.1 | 0.1 | 0.1 | 0.1 | 0.1 | 0.1 |

Note: Detailed metadata at: *http://metalinks.oecd.org/instinv/20200916/eb22*

# KOREA

## Table 1. Financial assets and liabilities of institutional investors, 2018

*Billion KRW*

| | | Investment funds | | | |
|---|---|---|---|---|---|
| | | Non-money market funds | | | Money market funds |
| | Total | Total | Open-end non-money market funds | Closed-end non-money market funds | Total |
| Financial assets | 588 104 | 497 620 | .. | .. | 90 484 |
| Currency and deposits | 53 329 | 24 445 | .. | .. | 28 884 |
| Debt securities | 247 303 | 192 051 | .. | .. | 55 252 |
| Debt securities, short term | 80 079 | 32 815 | .. | .. | 47 264 |
| Debt securities, long term | 167 223 | 159 236 | .. | .. | 7 987 |
| Debt securities issued by residents | 209 738 | 154 487 | .. | .. | 55 252 |
| Debt securities issued by non-residents | 37 564 | 37 564 | .. | .. | 0 |
| Loans | 18 705 | 17 727 | .. | .. | 978 |
| Loans, short-term | 2 383 | 1 405 | .. | .. | 978 |
| Loans, long-term | 16 322 | 16 322 | .. | .. | 0 |
| Loans granted to residents | .. | .. | .. | .. | .. |
| Loans granted to non-residents | .. | .. | .. | .. | .. |
| Equity and investment fund shares/units | 173 254 | 168 670 | .. | .. | 4 584 |
| Equity and investment fund shares issued/units by residents | 101 776 | 97 192 | .. | .. | 4 584 |
| Equity and investment fund shares/units issued by non residents | 71 478 | 71 478 | .. | .. | 0 |
| Other accounts receivable | 81 267 | 80 480 | .. | .. | 787 |

| | | Investment funds | | | |
|---|---|---|---|---|---|
| | | Non-money market funds | | | Money market funds |
| | Total | Total | Open-end non-money market funds | Closed-end non-money market funds | Total |
| Financial liabilities | 594 190 | 503 714 | .. | .. | 90 476 |
| Currency and deposits | 26 356 | 26 287 | .. | .. | 69 |
| Debt securities | 207 | 207 | .. | .. | 0 |
| Debt securities, short term | 0 | 0 | .. | .. | 0 |
| Debt securities, long term | 207 | 207 | .. | .. | 0 |
| Loans | 1 140 | 1 140 | .. | .. | 0 |
| Loans, short-term | 31 | 31 | .. | .. | 0 |
| Loans, long-term | 1 109 | 1 109 | .. | .. | 0 |
| Equity and investment fund shares/units | 540 299 | 450 024 | .. | .. | 90 275 |
| Insurance pension and standardised guaratees | 0 | 0 | .. | .. | 0 |
| Financial derivatives and employee stock options | 262 | 262 | .. | .. | 0 |
| Other accounts payable | 25 927 | 25 794 | .. | .. | 133 |

| | | Insurance corporations and pension funds | | | |
|---|---|---|---|---|---|
| | | Insurance corporations | | | Pension funds |
| | Total | Total | Life insurance corporations | Non-life insurance corporations | Total |
| Financial assets | 1 460 069 | 1 246 925 | 887 258 | 359 667 | 213 144 |
| Currency and deposits | 134 566 | 49 492 | 23 456 | 26 035 | 85 075 |
| Debt securities | 706 966 | 662 376 | 534 596 | 127 780 | 44 590 |
| Debt securities, short-term | 6 585 | 4 932 | 3 681 | 1 252 | 1 653 |
| Debt securities, long term | 700 381 | 657 444 | 530 915 | 126 529 | 42 937 |
| Debt securities issued by residents | 598 724 | 556 211 | 447 577 | 108 634 | 42 513 |
| Debt securities issued by non-residents | 108 242 | 106 165 | 87 019 | 19 146 | 2 077 |
| Loans | 238 967 | 223 461 | 142 362 | 81 099 | 15 505 |
| Loans, short-term | 21 184 | 16 362 | 12 433 | 3 929 | 4 822 |
| Loans, long-term | 217 783 | 207 100 | 129 930 | 77 170 | 10 684 |
| Loans granted to residents | .. | .. | .. | .. | .. |
| Loans granted to non-residents | .. | .. | .. | .. | .. |
| Equity and investment fund shares/units | 251 084 | 228 303 | 146 844 | 81 459 | 22 781 |
| Equity and investment fund shares/units issued by residents | 234 821 | 212 095 | 132 997 | 79 098 | 22 726 |
| Equity and investment fund shares/units issued by non residents | 16 263 | 16 208 | 13 847 | 2 361 | 55 |
| Other accounts receivable | 99 347 | 72 904 | 37 772 | 35 132 | 26 443 |

| | | Insurance corporations and pension funds | | | |
|---|---|---|---|---|---|
| | | Insurance corporations | | | Pension funds |
| | Total | Total | Life insurance corporations | Non-life insurance corporations | Total |
| Financial liabilities | 1 414 928 | 1 201 700 | 849 162 | 352 650 | 213 228 |
| Currency and deposits | 0 | 0 | 0 | 0 | 0 |
| Debt securities | 8 374 | 8 374 | 4 586 | 3 788 | 0 |
| Debt securities, short term | 60 | 60 | 0 | 60 | 0 |
| Debt securities, long term | 8 314 | 8 314 | 4 586 | 3 728 | 0 |
| Loans | 216 | 216 | 103 | 113 | 0 |
| Loans, short-term | 0 | 0 | 0 | 0 | 0 |
| Loans, long-term | 215 | 215 | 103 | 113 | 0 |
| Equity and investment fund shares/units | 66 843 | 66 843 | 30 923 | 35 920 | 0 |
| Insurance pension and standardised guarantees | 1 279 458 | 1 072 857 | 781 455 | 291 401 | 206 601 |
| Financial derivatives and employee stock options | 1 931 | 1 858 | 1 442 | 416 | 73 |
| Other accounts payable | 58 107 | 51 553 | 30 654 | 21 011 | 6 554 |

Note: Detailed metadata at: *http://metalinks.oecd.org/instinv/20200916/f42e*

# KOREA

## Table 2. Financial assets and liabilities of investment funds

*Billion KRW*

| | 2012 | 2013 | 2014 | 2015 | 2016 | 2017 | 2018 | 2019 |
|---|---|---|---|---|---|---|---|---|
| **Investment funds** | | | | | | | | |
| Financial net worth | -1 723 | -1 715 | -2 711 | -2 007 | 1 876 | -565 | -6 086 | -13 770 |
| Financial assets | 316 742 | 336 290 | 381 924 | 426 176 | 489 782 | 542 564 | 588 104 | 718 657 |
| Currency and deposits | 24 937 | 22 391 | 30 627 | 38 934 | 40 877 | 49 362 | 53 329 | 69 541 |
| Debt securities | 113 715 | 130 179 | 156 593 | 182 011 | 229 099 | 228 402 | 247 303 | 301 512 |
| Loans | 23 138 | 21 280 | 15 997 | 17 059 | 18 571 | 18 426 | 18 705 | 20 588 |
| Equity and investment fund shares | 114 341 | 118 247 | 116 741 | 119 276 | 124 091 | 162 157 | 173 254 | 212 738 |
| Equity | 112 499 | 115 279 | 114 730 | 117 865 | 121 598 | 159 263 | 166 617 | 204 287 |
| Investment fund shares | 1 842 | 2 968 | 2 012 | 1 411 | 2 493 | 2 894 | 6 637 | 8 451 |
| Money market fund shares | .. | .. | .. | .. | .. | .. | .. | .. |
| Non-Money market fund shares | .. | .. | .. | .. | .. | .. | .. | .. |
| Insurance pension and standardised guarantees | 0 | 0 | 0 | 0 | 0 | 0 | 0 | 0 |
| Financial derivatives and employee stock options | 10 774 | 11 302 | 11 428 | 11 426 | 12 314 | 16 065 | 14 247 | 14 520 |
| Other accounts receivable | 29 838 | 32 892 | 50 537 | 57 470 | 64 831 | 68 152 | 81 267 | 99 758 |
| Financial liabilities | 318 465 | 338 005 | 384 635 | 428 184 | 487 906 | 543 129 | 594 190 | 732 427 |
| Debt securities | 282 | 343 | 258 | 257 | 242 | 230 | 207 | 226 |
| Short-term debt securities | 0 | 0 | 0 | 0 | 0 | 55 | 0 | 0 |
| Long-term debt securities | 282 | 343 | 258 | 257 | 242 | 175 | 207 | 226 |
| Loans | 729 | 549 | 470 | 346 | 493 | 341 | 1 140 | 1 415 |
| Short-term loans | 214 | 276 | 291 | 216 | 31 | 31 | 31 | 31 |
| Long-term loans | 515 | 274 | 179 | 130 | 462 | 309 | 1 109 | 1 384 |
| Equity and investment fund shares | 308 632 | 329 843 | 372 366 | 412 763 | 460 356 | 503 571 | 540 299 | 654 160 |
| Insurance pension and standardised guarantees | 0 | 0 | 0 | 0 | 0 | 0 | 0 | 0 |
| Financial derivatives and employee stock options | 0 | 0 | 0 | 0 | 260 | 20 | 262 | 541 |
| Other accounts payable | 8 163 | 5 401 | 7 385 | 8 876 | 8 467 | 17 962 | 25 927 | 36 281 |
| Non-financial assets | .. | .. | .. | .. | .. | .. | .. | .. |
| **Money market funds** | | | | | | | | |
| Financial net worth | -240 | -707 | -1 091 | -334 | -512 | -3 | 8 | -144 |
| Financial assets | 64 183 | 66 742 | 82 422 | 94 080 | 104 777 | 98 286 | 90 484 | 105 947 |
| Currency and deposits | 17 059 | 14 159 | 20 087 | 24 654 | 23 812 | 28 289 | 28 884 | 37 624 |
| Debt securities | 42 570 | 48 285 | 59 874 | 66 617 | 78 215 | 66 727 | 55 252 | 61 522 |
| Loans | 3 732 | 2 118 | 966 | 2 256 | 945 | 857 | 978 | 807 |
| Equity and investment fund shares | 252 | 1 430 | 568 | 343 | 1 449 | 1 593 | 4 584 | 5 400 |
| Equity | 0 | 0 | 0 | 0 | 0 | 0 | 0 | 0 |
| Investment fund shares | 252 | 1 430 | 568 | 343 | 1 449 | 1 593 | 4 584 | 5 400 |
| Money market fund shares | .. | .. | .. | .. | .. | .. | .. | .. |
| Non-Money market fund shares | .. | .. | .. | .. | .. | .. | .. | .. |
| Insurance pension and standardised guarantees | 0 | 0 | 0 | 0 | 0 | 0 | 0 | 0 |
| Financial derivatives and employee stock options | 0 | 0 | 0 | 0 | 0 | 0 | 0 | 0 |
| Other accounts receivable | 570 | 750 | 929 | 209 | 355 | 820 | 787 | 594 |
| Financial liabilities | 64 424 | 67 448 | 83 514 | 94 414 | 105 288 | 98 289 | 90 476 | 106 091 |
| Debt securities | 0 | 0 | 0 | 0 | 0 | 0 | 0 | 0 |
| Short-term debt securities | 0 | 0 | 0 | 0 | 0 | 0 | 0 | 0 |
| Long-term debt securities | 0 | 0 | 0 | 0 | 0 | 0 | 0 | 0 |
| Loans | 0 | 0 | 0 | 0 | 0 | 0 | 0 | 0 |
| Short-term loans | 0 | 0 | 0 | 0 | 0 | 0 | 0 | 0 |
| Long-term loans | 0 | 0 | 0 | 0 | 0 | 0 | 0 | 0 |
| Equity and investment fund shares | 63 985 | 67 089 | 83 234 | 94 073 | 104 996 | 97 963 | 90 275 | 105 588 |
| Insurance pension and standardised guarantees | 0 | 0 | 0 | 0 | 0 | 0 | 0 | 0 |
| Financial derivatives and employee stock options | 0 | 0 | 0 | 0 | 0 | 0 | 0 | 0 |
| Other accounts payable | 439 | 359 | 280 | 283 | 62 | 262 | 133 | 386 |
| Non-financial assets | .. | .. | .. | .. | .. | .. | .. | .. |
| **Non-money market funds** | | | | | | | | |
| Financial net worth | -1 482 | -1 008 | -1 620 | -1 673 | 2 388 | -561 | -6 094 | -13 627 |
| Financial assets | 252 559 | 269 548 | 299 501 | 332 096 | 385 006 | 444 279 | 497 620 | 612 710 |
| Currency and deposits | 7 877 | 8 231 | 10 541 | 14 280 | 17 064 | 21 073 | 24 445 | 31 917 |
| Debt securities | 71 145 | 81 895 | 96 720 | 115 394 | 150 884 | 161 675 | 192 051 | 239 990 |
| Loans | 19 406 | 19 162 | 15 031 | 14 803 | 17 626 | 17 570 | 17 727 | 19 781 |
| Equity and investment fund shares | 114 089 | 116 816 | 116 174 | 118 933 | 122 642 | 160 564 | 168 670 | 207 338 |
| Equity | 112 499 | 115 279 | 114 730 | 117 865 | 121 598 | 159 263 | 166 617 | 204 287 |
| Investment fund shares | 1 591 | 1 537 | 1 444 | 1 068 | 1 043 | 1 301 | 2 053 | 3 051 |
| Money market fund shares | .. | .. | .. | .. | .. | .. | .. | .. |
| Non-Money market fund shares | .. | .. | .. | .. | .. | .. | .. | .. |
| Insurance pension and standardised guarantees | 0 | 0 | 0 | 0 | 0 | 0 | 0 | 0 |
| Financial derivatives and employee stock options | 10 774 | 11 302 | 11 428 | 11 426 | 12 314 | 16 065 | 14 247 | 14 520 |
| Other accounts receivable | 29 268 | 32 143 | 49 608 | 57 261 | 64 476 | 67 332 | 80 480 | 99 164 |
| Financial liabilities | 254 041 | 270 556 | 301 121 | 333 769 | 382 618 | 444 840 | 503 714 | 626 336 |
| Debt securities | 282 | 343 | 258 | 257 | 242 | 230 | 207 | 226 |
| Short-term debt securities | 0 | 0 | 0 | 0 | 0 | 55 | 0 | 0 |
| Long-term debt securities | 282 | 343 | 258 | 257 | 242 | 175 | 207 | 226 |
| Loans | 729 | 549 | 470 | 346 | 493 | 341 | 1 140 | 1 415 |
| Short-term loans | 214 | 276 | 291 | 216 | 31 | 31 | 31 | 31 |
| Long-term loans | 515 | 274 | 179 | 130 | 462 | 309 | 1 109 | 1 384 |
| Equity and investment fund shares | 244 647 | 262 754 | 289 132 | 318 691 | 355 361 | 405 609 | 450 024 | 548 572 |
| Insurance pension and standardised guarantees | 0 | 0 | 0 | 0 | 0 | 0 | 0 | 0 |
| Financial derivatives and employee stock options | 0 | 0 | 0 | 0 | 260 | 20 | 262 | 541 |
| Other accounts payable | 7 724 | 5 042 | 7 105 | 8 594 | 8 405 | 17 700 | 25 794 | 35 895 |
| Non-financial assets | .. | .. | .. | .. | .. | .. | .. | .. |
| **Open-end non-money market funds** | | | | | | | | |
| Financial net worth | .. | .. | .. | .. | .. | .. | .. | .. |
| Financial assets | .. | .. | .. | .. | .. | .. | .. | .. |
| Currency and deposits | .. | .. | .. | .. | .. | .. | .. | .. |

## KOREA

### Table 2. Financial assets and liabilities of investment funds *(cont.)*

*Billion KRW*

| | 2012 | 2013 | 2014 | 2015 | 2016 | 2017 | 2018 | 2019 |
|---|---|---|---|---|---|---|---|---|
| Debt securities | .. | .. | .. | .. | .. | .. | .. | .. |
| Loans | .. | .. | .. | .. | .. | .. | .. | .. |
| Equity and investment fund shares | .. | .. | .. | .. | .. | .. | .. | .. |
| Equity | .. | .. | .. | .. | .. | .. | .. | .. |
| Investment fund shares | .. | .. | .. | .. | .. | .. | .. | .. |
| Money market fund shares | .. | .. | .. | .. | .. | .. | .. | .. |
| Non-Money market fund shares | .. | .. | .. | .. | .. | .. | .. | .. |
| Insurance pension and standardised guarantees | .. | .. | .. | .. | .. | .. | .. | .. |
| Financial derivatives and employee stock options | .. | .. | .. | .. | .. | .. | .. | .. |
| Other accounts receivable | .. | .. | .. | .. | .. | .. | .. | .. |
| Financial liabilities | .. | .. | .. | .. | .. | .. | .. | .. |
| Debt securities | .. | .. | .. | .. | .. | .. | .. | .. |
| Short-term debt securities | .. | .. | .. | .. | .. | .. | .. | .. |
| Long-term debt securities | .. | .. | .. | .. | .. | .. | .. | .. |
| Loans | .. | .. | .. | .. | .. | .. | .. | .. |
| Short-term loans | .. | .. | .. | .. | .. | .. | .. | .. |
| Long-term loans | .. | .. | .. | .. | .. | .. | .. | .. |
| Equity and investment fund shares | .. | .. | .. | .. | .. | .. | .. | .. |
| Insurance pension and standardised guarantees | .. | .. | .. | .. | .. | .. | .. | .. |
| Financial derivatives and employee stock options | .. | .. | .. | .. | .. | .. | .. | .. |
| Other accounts payable | .. | .. | .. | .. | .. | .. | .. | .. |
| Non-financial assets | .. | .. | .. | .. | .. | .. | .. | .. |
| **Open-end investment funds** | | | | | | | | |
| Financial net worth | .. | .. | .. | .. | .. | .. | .. | .. |
| Financial assets | .. | .. | .. | .. | .. | .. | .. | .. |
| Currency and deposits | .. | .. | .. | .. | .. | .. | .. | .. |
| Debt securities | .. | .. | .. | .. | .. | .. | .. | .. |
| Loans | .. | .. | .. | .. | .. | .. | .. | .. |
| Equity and investment fund shares | .. | .. | .. | .. | .. | .. | .. | .. |
| Equity | .. | .. | .. | .. | .. | .. | .. | .. |
| Investment fund shares | .. | .. | .. | .. | .. | .. | .. | .. |
| Money market fund shares | .. | .. | .. | .. | .. | .. | .. | .. |
| Non-Money market fund shares | .. | .. | .. | .. | .. | .. | .. | .. |
| Insurance pension and standardised guarantees | .. | .. | .. | .. | .. | .. | .. | .. |
| Financial derivatives and employee stock options | .. | .. | .. | .. | .. | .. | .. | .. |
| Other accounts receivable | .. | .. | .. | .. | .. | .. | .. | .. |
| Financial liabilities | .. | .. | .. | .. | .. | .. | .. | .. |
| Debt securities | .. | .. | .. | .. | .. | .. | .. | .. |
| Short-term debt securities | .. | .. | .. | .. | .. | .. | .. | .. |
| Long-term debt securities | .. | .. | .. | .. | .. | .. | .. | .. |
| Loans | .. | .. | .. | .. | .. | .. | .. | .. |
| Short-term loans | .. | .. | .. | .. | .. | .. | .. | .. |
| Long-term loans | .. | .. | .. | .. | .. | .. | .. | .. |
| Equity and investment fund shares | .. | .. | .. | .. | .. | .. | .. | .. |
| Insurance pension and standardised guarantees | .. | .. | .. | .. | .. | .. | .. | .. |
| Financial derivatives and employee stock options | .. | .. | .. | .. | .. | .. | .. | .. |
| Other accounts payable | .. | .. | .. | .. | .. | .. | .. | .. |
| Non-financial assets | .. | .. | .. | .. | .. | .. | .. | .. |

Note: Detailed metadata at: *http://metalinks.oecd.org/instinv/20200916/f42e*

# KOREA

## Table 3. Financial assets and liabilities of insurance corporations and pension funds

*Billion KRW*

| | 2012 | 2013 | 2014 | 2015 | 2016 | 2017 | 2018 | 2019 |
|---|---|---|---|---|---|---|---|---|
| **Insurance corporations and pension funds** | | | | | | | | |
| Financial net worth | 2 281 | -7 160 | 6 039 | 200 | 17 782 | 28 118 | 42 944 | 81 617 |
| Financial assets | 834 819 | 920 938 | 1 047 690 | 1 151 196 | 1 271 900 | 1 384 134 | 1 460 069 | 1 583 238 |
| Currency and deposits | 88 807 | 87 363 | 106 019 | 109 622 | 114 762 | 122 039 | 134 566 | 147 254 |
| Debt securities | 397 271 | 450 172 | 513 051 | 578 196 | 637 316 | 669 642 | 706 966 | 736 920 |
| Loans | 129 919 | 144 703 | 161 657 | 181 328 | 205 064 | 223 340 | 238 967 | 250 826 |
| Equity and investment fund shares | 140 967 | 156 595 | 172 577 | 180 170 | 200 872 | 239 595 | 251 084 | 303 742 |
| Equity | 67 072 | 73 378 | 79 874 | 80 409 | 93 850 | 110 397 | 97 537 | 119 614 |
| Investment fund shares | 73 895 | 83 217 | 92 703 | 99 762 | 107 023 | 129 198 | 153 547 | 184 128 |
| Money market fund shares | .. | .. | .. | .. | .. | .. | .. | .. |
| Non-Money market fund shares | .. | .. | .. | .. | .. | .. | .. | .. |
| Insurance pension and standardised guarantees | 5 739 | 7 015 | 11 261 | 14 449 | 18 337 | 23 989 | 26 861 | 31 829 |
| Financial derivatives and employee stock options | 1 844 | 2 326 | 808 | 666 | 567 | 7 318 | 2 596 | 2 895 |
| Other accounts receivable | 70 272 | 72 764 | 82 317 | 86 765 | 94 982 | 98 212 | 99 347 | 109 774 |
| Financial liabilities | 832 538 | 928 097 | 1 041 650 | 1 150 996 | 1 254 118 | 1 356 016 | 1 414 928 | 1 503 395 |
| Debt securities | 1 660 | 2 124 | 2 107 | 2 730 | 3 301 | 6 289 | 8 374 | 11 749 |
| Short-term debt securities | 611 | 296 | 386 | 370 | 700 | 360 | 60 | 226 |
| Long-term debt securities | 1 049 | 1 828 | 1 721 | 2 360 | 2 601 | 5 929 | 8 314 | 11 523 |
| Loans | 1 345 | 805 | 857 | 792 | 206 | 333 | 216 | 11 |
| Short-term loans | 343 | 63 | 9 | 16 | 0 | 112 | 0 | 0 |
| Long-term loans | 1 003 | 742 | 849 | 776 | 206 | 221 | 215 | 11 |
| Equity and investment fund shares | 62 221 | 65 835 | 69 200 | 71 722 | 69 159 | 80 383 | 66 843 | 57 907 |
| Insurance pension and standardised guarantees | 725 519 | 820 437 | 920 289 | 1 020 415 | 1 118 216 | 1 211 152 | 1 279 458 | 1 364 148 |
| Financial derivatives and employee stock options | 1 348 | 1 215 | 2 405 | 4 042 | 6 787 | 432 | 1 931 | 2 364 |
| Other accounts payable | 40 140 | 37 662 | 46 792 | 51 234 | 56 450 | 57 427 | 58 107 | 67 186 |
| Non-financial assets | .. | .. | .. | .. | .. | .. | .. | .. |
| **Insurance corporations** | | | | | | | | |
| Financial net worth | 2 618 | -6 590 | 6 459 | -21 | 18 456 | 28 395 | 43 028 | 81 328 |
| Financial assets | 764 577 | 834 616 | 932 883 | 1 014 221 | 1 110 612 | 1 195 353 | 1 246 925 | 1 334 724 |
| Currency and deposits | 47 676 | 40 385 | 49 670 | 47 315 | 46 134 | 46 734 | 49 492 | 51 497 |
| Debt securities | 383 966 | 432 224 | 490 346 | 550 551 | 603 958 | 628 939 | 662 376 | 688 346 |
| Loans | 128 313 | 142 015 | 156 647 | 171 971 | 192 533 | 209 521 | 223 461 | 230 897 |
| Equity and investment fund shares | 136 005 | 150 112 | 164 439 | 167 336 | 187 150 | 221 933 | 228 303 | 275 025 |
| Equity | 66 909 | 73 301 | 79 755 | 80 219 | 93 381 | 110 137 | 97 304 | 119 176 |
| Investment fund shares | 69 096 | 76 811 | 84 684 | 87 117 | 93 769 | 111 796 | 130 999 | 155 849 |
| Money market fund shares | .. | .. | .. | .. | .. | .. | .. | .. |
| Non-Money market fund shares | .. | .. | .. | .. | .. | .. | .. | .. |
| Insurance pension and standardised guarantees | 5 429 | 5 831 | 6 527 | 6 878 | 7 342 | 7 556 | 8 206 | 8 714 |
| Financial derivatives and employee stock options | 1 811 | 2 288 | 787 | 654 | 551 | 6 961 | 2 501 | 2 824 |
| Other accounts receivable | 61 378 | 61 762 | 64 467 | 69 517 | 72 944 | 73 710 | 72 904 | 77 423 |
| Financial liabilities | 761 959 | 841 206 | 926 424 | 1 014 242 | 1 092 155 | 1 166 959 | 1 201 700 | 1 255 170 |
| Debt securities | 1 660 | 2 124 | 2 107 | 2 730 | 3 301 | 6 289 | 8 374 | 11 749 |
| Short-term debt securities | 611 | 296 | 386 | 370 | 700 | 360 | 60 | 226 |
| Long-term debt securities | 1 049 | 1 828 | 1 721 | 2 360 | 2 601 | 5 929 | 8 314 | 11 523 |
| Loans | 1 342 | 805 | 857 | 792 | 206 | 333 | 216 | 11 |
| Short-term loans | 343 | 63 | 9 | 16 | 0 | 112 | 0 | 0 |
| Long-term loans | 999 | 742 | 849 | 776 | 206 | 221 | 215 | 11 |
| Equity and investment fund shares | 62 221 | 65 835 | 69 200 | 71 722 | 69 159 | 80 383 | 66 843 | 57 907 |
| Insurance pension and standardised guarantees | 656 952 | 735 656 | 809 993 | 887 130 | 961 026 | 1 027 653 | 1 072 857 | 1 123 399 |
| Financial derivatives and employee stock options | 1 348 | 1 210 | 2 351 | 3 902 | 6 546 | 430 | 1 858 | 2 258 |
| Other accounts payable | 38 131 | 35 556 | 41 917 | 47 907 | 51 918 | 51 872 | 51 553 | 59 816 |
| Non-financial assets | .. | .. | .. | .. | .. | .. | .. | .. |
| **Pension funds** | | | | | | | | |
| Financial net worth | -337 | -570 | -419 | 221 | -674 | -276 | -83 | 289 |
| Financial assets | 70 242 | 86 322 | 114 807 | 136 974 | 161 289 | 188 781 | 213 144 | 248 515 |
| Currency and deposits | 41 131 | 46 978 | 56 349 | 62 307 | 68 627 | 75 305 | 85 075 | 95 757 |
| Debt securities | 13 305 | 17 949 | 22 706 | 27 645 | 33 359 | 40 703 | 44 590 | 48 574 |
| Loans | 1 606 | 2 688 | 5 011 | 9 357 | 12 531 | 13 819 | 15 505 | 19 930 |
| Equity and investment fund shares | 4 962 | 6 483 | 8 138 | 12 835 | 13 722 | 17 662 | 22 781 | 28 717 |
| Equity | 163 | 77 | 119 | 190 | 469 | 261 | 233 | 438 |
| Investment fund shares | 4 799 | 6 407 | 8 019 | 12 645 | 13 253 | 17 402 | 22 548 | 28 279 |
| Money market fund shares | .. | .. | .. | .. | .. | .. | .. | .. |
| Non-Money market fund shares | .. | .. | .. | .. | .. | .. | .. | .. |
| Insurance pension and standardised guarantees | 310 | 1 184 | 4 734 | 7 571 | 10 995 | 16 433 | 18 655 | 23 115 |
| Financial derivatives and employee stock options | 33 | 38 | 21 | 11 | 16 | 357 | 95 | 71 |
| Other accounts receivable | 8 894 | 11 002 | 17 849 | 17 249 | 22 039 | 24 502 | 26 443 | 32 351 |
| Financial liabilities | 70 579 | 86 892 | 115 226 | 136 753 | 161 963 | 189 057 | 213 228 | 248 226 |
| Debt securities | 0 | 0 | 0 | 0 | 0 | 0 | 0 | 0 |
| Short-term debt securities | 0 | 0 | 0 | 0 | 0 | 0 | 0 | 0 |
| Long-term debt securities | 0 | 0 | 0 | 0 | 0 | 0 | 0 | 0 |
| Loans | 4 | 0 | 0 | 0 | 0 | 0 | 0 | 0 |
| Short-term loans | 0 | 0 | 0 | 0 | 0 | 0 | 0 | 0 |
| Long-term loans | 4 | 0 | 0 | 0 | 0 | 0 | 0 | 0 |
| Equity and investment fund shares | 0 | 0 | 0 | 0 | 0 | 0 | 0 | 0 |
| Insurance pension and standardised guarantees | 68 567 | 84 781 | 110 296 | 133 286 | 157 189 | 183 500 | 206 601 | 240 750 |
| Financial derivatives and employee stock options | 0 | 5 | 55 | 140 | 241 | 2 | 73 | 106 |
| Other accounts payable | 2 009 | 2 106 | 4 875 | 3 327 | 4 533 | 5 555 | 6 554 | 7 370 |
| Non-financial assets | .. | .. | .. | .. | .. | .. | .. | .. |

Note: Detailed metadata at: *http://metalinks.oecd.org/instinv/20200916/f42e*

## Table 4. Portfolio composition by type of investor
As percentage of financial assets and of financial liabilities

*Per cent*

| | 2012 | 2013 | 2014 | 2015 | 2016 | 2017 | 2018 | 2019 |
|---|---|---|---|---|---|---|---|---|
| **Investment funds** | | | | | | | | |
| Financial assets | 100.0 | 100.0 | 100.0 | 100.0 | 100.0 | 100.0 | 100.0 | 100.0 |
| Currency and deposits | 7.9 | 6.7 | 8.0 | 9.1 | 8.3 | 9.1 | 9.1 | 9.7 |
| Debt securities | 35.9 | 38.7 | 41.0 | 42.7 | 46.8 | 42.1 | 42.1 | 42.0 |
| Loans | 7.3 | 6.3 | 4.2 | 4.0 | 3.8 | 3.4 | 3.2 | 2.9 |
| Equity and investment fund shares | 36.1 | 35.2 | 30.6 | 28.0 | 25.3 | 29.9 | 29.5 | 29.6 |
| Insurance pension and standardised guarantee schemes | 0.0 | 0.0 | 0.0 | 0.0 | 0.0 | 0.0 | 0.0 | 0.0 |
| Financial derivatives and employee stock options | 3.4 | 3.4 | 3.0 | 2.7 | 2.5 | 3.0 | 2.4 | 2.0 |
| Other accounts receivable | 9.4 | 9.8 | 13.2 | 13.5 | 13.2 | 12.6 | 13.8 | 13.9 |
| Financial liabilities | 100.0 | 100.0 | 100.0 | 100.0 | 100.0 | 100.0 | 100.0 | 100.0 |
| Currency and deposits | 0.2 | 0.6 | 1.1 | 1.4 | 3.7 | 3.9 | 4.4 | 5.4 |
| Debt securities | 0.1 | 0.1 | 0.1 | 0.1 | 0.0 | 0.0 | 0.0 | 0.0 |
| Loans | 0.2 | 0.2 | 0.1 | 0.1 | 0.1 | 0.1 | 0.2 | 0.2 |
| Equity and investment fund shares | 96.9 | 97.6 | 96.8 | 96.4 | 94.4 | 92.7 | 90.9 | 89.3 |
| Insurance pension and standardised guarantee schemes | 0.0 | 0.0 | 0.0 | 0.0 | 0.0 | 0.0 | 0.0 | 0.0 |
| Financial derivatives and employee stock options | 0.0 | 0.0 | 0.0 | 0.0 | 0.1 | 0.0 | 0.0 | 0.1 |
| Other accounts receivable | 2.6 | 1.6 | 1.9 | 2.1 | 1.7 | 3.3 | 4.4 | 5.0 |
| **Insurance corporations** | | | | | | | | |
| Financial assets | 100.0 | 100.0 | 100.0 | 100.0 | 100.0 | 100.0 | 100.0 | 100.0 |
| Currency and deposits | 6.2 | 4.8 | 5.3 | 4.7 | 4.2 | 3.9 | 4.0 | 3.9 |
| Debt securities | 50.2 | 51.8 | 52.6 | 54.3 | 54.4 | 52.6 | 53.1 | 51.6 |
| Loans | 16.8 | 17.0 | 16.8 | 17.0 | 17.3 | 17.5 | 17.9 | 17.3 |
| Equity and investment fund shares | 17.8 | 18.0 | 17.6 | 16.5 | 16.9 | 18.6 | 18.3 | 20.6 |
| Insurance pension and standardised guarantee schemes | 0.7 | 0.7 | 0.7 | 0.7 | 0.7 | 0.6 | 0.7 | 0.7 |
| Financial derivatives and employee stock options | 0.2 | 0.3 | 0.1 | 0.1 | 0.0 | 0.6 | 0.2 | 0.2 |
| Other accounts receivable | 8.0 | 7.4 | 6.9 | 6.9 | 6.6 | 6.2 | 5.8 | 5.8 |
| Financial liabilities | 100.0 | 100.0 | 100.0 | 100.0 | 100.0 | 100.0 | 100.0 | 100.0 |
| Currency and deposits | 0.0 | 0.0 | 0.0 | 0.0 | 0.0 | 0.0 | 0.0 | 0.0 |
| Debt securities | 0.2 | 0.3 | 0.2 | 0.3 | 0.3 | 0.5 | 0.7 | 0.9 |
| Loans | 0.2 | 0.1 | 0.1 | 0.1 | 0.0 | 0.0 | 0.0 | 0.0 |
| Equity and investment fund shares | 8.2 | 7.8 | 7.5 | 7.1 | 6.3 | 6.9 | 5.6 | 4.6 |
| Insurance pension and standardised guarantee schemes | 86.2 | 87.5 | 87.4 | 87.5 | 88.0 | 88.1 | 89.3 | 89.5 |
| Financial derivatives and employee stock options | 0.2 | 0.1 | 0.3 | 0.4 | 0.6 | 0.0 | 0.2 | 0.2 |
| Other accounts receivable | 5.0 | 4.2 | 4.5 | 4.7 | 4.8 | 4.4 | 4.3 | 4.8 |
| **Pension funds** | | | | | | | | |
| Financial assets | 100.0 | 100.0 | 100.0 | 100.0 | 100.0 | 100.0 | 100.0 | 100.0 |
| Currency and deposits | 58.6 | 54.4 | 49.1 | 45.5 | 42.5 | 39.9 | 39.9 | 38.5 |
| Debt securities | 18.9 | 20.8 | 19.8 | 20.2 | 20.7 | 21.6 | 20.9 | 19.5 |
| Loans | 2.3 | 3.1 | 4.4 | 6.8 | 7.8 | 7.3 | 7.3 | 8.0 |
| Equity and investment fund shares | 7.1 | 7.5 | 7.1 | 9.4 | 8.5 | 9.4 | 10.7 | 11.6 |
| Insurance pension and standardised guarantee schemes | 0.4 | 1.4 | 4.1 | 5.5 | 6.8 | 8.7 | 8.8 | 9.3 |
| Financial derivatives and employee stock options | 0.0 | 0.0 | 0.0 | 0.0 | 0.0 | 0.2 | 0.0 | 0.0 |
| Other accounts receivable | 12.7 | 12.7 | 15.5 | 12.6 | 13.7 | 13.0 | 12.4 | 13.0 |
| Financial liabilities | 100.0 | 100.0 | 100.0 | 100.0 | 100.0 | 100.0 | 100.0 | 100.0 |
| Currency and deposits | 0.0 | 0.0 | 0.0 | 0.0 | 0.0 | 0.0 | 0.0 | 0.0 |
| Debt securities | 0.0 | 0.0 | 0.0 | 0.0 | 0.0 | 0.0 | 0.0 | 0.0 |
| Loans | 0.0 | 0.0 | 0.0 | 0.0 | 0.0 | 0.0 | 0.0 | 0.0 |
| Equity and investment fund shares | 0.0 | 0.0 | 0.0 | 0.0 | 0.0 | 0.0 | 0.0 | 0.0 |
| Insurance pension and standardised guarantee schemes | 97.1 | 97.6 | 95.7 | 97.5 | 97.1 | 97.1 | 96.9 | 97.0 |
| Financial derivatives and employee stock options | 0.0 | 0.0 | 0.0 | 0.1 | 0.1 | 0.0 | 0.0 | 0.0 |
| Other accounts receivable | 2.8 | 2.4 | 4.2 | 2.4 | 2.8 | 2.9 | 3.1 | 3.0 |

Note: Detailed metadata at: *http://metalinks.oecd.org/instinv/20200916/eb22*

# LATVIA

## Table 1. Financial assets and liabilities of institutional investors, 2018

*Million EUR (2014 LVL euro)*

| | Investment funds | | | | |
|---|---|---|---|---|---|
| | Total | Non-money market funds | | | Money market funds |
| | | Total | Open-end non-money market funds | Closed-end non-money market funds | Total |
| Financial assets | .. | .. | .. | .. | .. |
| Currency and deposits | .. | .. | .. | .. | .. |
| Debt securities | .. | .. | .. | .. | .. |
| Debt securities, short term | .. | .. | .. | .. | .. |
| Debt securities, long term | .. | .. | .. | .. | .. |
| Debt securities issued by residents | .. | .. | .. | .. | .. |
| Debt securities issued by non-residents | .. | .. | .. | .. | .. |
| Loans | .. | .. | .. | .. | .. |
| Loans, short-term | .. | .. | .. | .. | .. |
| Loans, long-term | .. | .. | .. | .. | .. |
| Loans granted to residents | .. | .. | .. | .. | .. |
| Loans granted to non-residents | .. | .. | .. | .. | .. |
| Equity and investment fund shares/units | .. | .. | .. | .. | .. |
| Equity and investment fund shares issued/units by residents | .. | .. | .. | .. | .. |
| Equity and investment fund shares/units issued by non residents | .. | .. | .. | .. | .. |
| Other accounts receivable | .. | .. | .. | .. | .. |

| | Investment funds | | | | |
|---|---|---|---|---|---|
| | Total | Non-money market funds | | | Money market funds |
| | | Total | Open-end non-money market funds | Closed-end non-money market funds | Total |
| Financial liabilities | .. | .. | .. | .. | .. |
| Currency and deposits | .. | .. | .. | .. | .. |
| Debt securities | .. | .. | .. | .. | .. |
| Debt securities, short term | .. | .. | .. | .. | .. |
| Debt securities, long term | .. | .. | .. | .. | .. |
| Loans | .. | .. | .. | .. | .. |
| Loans, short-term | .. | .. | .. | .. | .. |
| Loans, long-term | .. | .. | .. | .. | .. |
| Equity and investment fund shares/units | .. | .. | .. | .. | .. |
| Insurance pension and standardised guaratees | .. | .. | .. | .. | .. |
| Financial derivatives and employee stock options | .. | .. | .. | .. | .. |
| Other accounts payable | .. | .. | .. | .. | .. |

| | Insurance corporations and pension funds | | | | |
|---|---|---|---|---|---|
| | Total | Insurance corporations | | | Pension funds |
| | | Total | Life insurance corporations | Non-life insurance corporations | Total |
| Financial assets | .. | .. | .. | .. | 4 000 |
| Currency and deposits | .. | .. | .. | .. | 236 |
| Debt securities | .. | .. | .. | .. | 1 693 |
| Debt securities, short-term | .. | .. | .. | .. | 0 |
| Debt securities, long term | .. | .. | .. | .. | 1 693 |
| Debt securities issued by residents | .. | .. | .. | .. | 471 |
| Debt securities issued by non-residents | .. | .. | .. | .. | 1 222 |
| Loans | .. | .. | .. | .. | 0 |
| Loans, short-term | .. | .. | .. | .. | 0 |
| Loans, long-term | .. | .. | .. | .. | 0 |
| Loans granted to residents | .. | .. | .. | .. | 0 |
| Loans granted to non-residents | .. | .. | .. | .. | 0 |
| Equity and investment fund shares/units | .. | .. | .. | .. | 2 069 |
| Equity and investment fund shares/units issued by residents | .. | .. | .. | .. | 47 |
| Equity and investment fund shares/units issued by non residents | .. | .. | .. | .. | 2 022 |
| Other accounts receivable | .. | .. | .. | .. | 1 |

| | Insurance corporations and pension funds | | | | |
|---|---|---|---|---|---|
| | Total | Insurance corporations | | | Pension funds |
| | | Total | Life insurance corporations | Non-life insurance corporations | Total |
| Financial liabilities | .. | .. | .. | .. | 4 012 |
| Currency and deposits | .. | .. | .. | .. | 0 |
| Debt securities | .. | .. | .. | .. | 0 |
| Debt securities, short term | .. | .. | .. | .. | 0 |
| Debt securities, long term | .. | .. | .. | .. | 0 |
| Loans | .. | .. | .. | .. | 0 |
| Loans, short-term | .. | .. | .. | .. | 0 |
| Loans, long-term | .. | .. | .. | .. | 0 |
| Equity and investment fund shares/units | .. | .. | .. | .. | 5 |
| Insurance pension and standardised guarantees | .. | .. | .. | .. | 3 992 |
| Financial derivatives and employee stock options | .. | .. | .. | .. | 0 |
| Other accounts payable | .. | .. | .. | .. | 14 |

Note: Detailed metadata at: *http://metalinks.oecd.org/instinv/20200916/aa0d*

# LATVIA

## Table 3. Financial assets and liabilities of insurance corporations and pension funds

*Million EUR*

| | 2012 | 2013 | 2014 | 2015 | 2016 | 2017 | 2018 | 2019 |
|---|---|---|---|---|---|---|---|---|
| **Insurance corporations and pension funds** | | | | | | | | |
| Financial net worth | -33 | -30 | -31 | -65 | -49 | -82 | -52 | .. |
| Financial assets | .. | .. | .. | .. | .. | .. | .. | .. |
| Currency and deposits | .. | .. | .. | .. | .. | .. | .. | .. |
| Debt securities | .. | .. | .. | .. | .. | .. | .. | .. |
| Loans | .. | .. | .. | .. | .. | .. | .. | .. |
| Equity and investment fund shares | .. | .. | .. | .. | .. | .. | .. | .. |
| Equity | .. | .. | .. | .. | .. | .. | .. | .. |
| Investment fund shares | .. | .. | .. | .. | .. | .. | .. | .. |
| Money market fund shares | .. | .. | .. | .. | .. | .. | .. | .. |
| Non-Money market fund shares | .. | .. | .. | .. | .. | .. | .. | .. |
| Insurance pension and standardised guarantees | .. | .. | .. | .. | .. | .. | .. | .. |
| Financial derivatives and employee stock options | .. | .. | .. | .. | .. | .. | .. | .. |
| Other accounts receivable | .. | .. | .. | .. | .. | .. | .. | .. |
| Financial liabilities | .. | .. | .. | .. | .. | .. | .. | .. |
| Debt securities | .. | .. | .. | .. | .. | .. | .. | .. |
| Short-term debt securities | .. | .. | .. | .. | .. | .. | .. | .. |
| Long-term debt securities | .. | .. | .. | .. | .. | .. | .. | .. |
| Loans | .. | .. | .. | .. | .. | .. | .. | .. |
| Short-term loans | .. | .. | .. | .. | .. | .. | .. | .. |
| Long-term loans | .. | .. | .. | .. | .. | .. | .. | .. |
| Equity and investment fund shares | .. | .. | .. | .. | .. | .. | .. | .. |
| Insurance pension and standardised guarantees | .. | .. | .. | .. | .. | .. | .. | .. |
| Financial derivatives and employee stock options | .. | .. | .. | .. | .. | .. | .. | .. |
| Other accounts payable | .. | .. | .. | .. | .. | .. | .. | .. |
| Non-financial assets | .. | .. | .. | .. | .. | .. | .. | .. |
| **Insurance corporations** | | | | | | | | |
| Financial net worth | -33 | -30 | -31 | -70 | 4 | -33 | -40 | .. |
| Financial assets | .. | .. | .. | .. | .. | .. | .. | .. |
| Currency and deposits | .. | .. | .. | .. | .. | .. | .. | .. |
| Debt securities | .. | .. | .. | .. | .. | .. | .. | .. |
| Loans | .. | .. | .. | .. | .. | .. | .. | .. |
| Equity and investment fund shares | .. | .. | .. | .. | .. | .. | .. | .. |
| Equity | .. | .. | .. | .. | .. | .. | .. | .. |
| Investment fund shares | .. | .. | .. | .. | .. | .. | .. | .. |
| Money market fund shares | .. | .. | .. | .. | .. | .. | .. | .. |
| Non-Money market fund shares | .. | .. | .. | .. | .. | .. | .. | .. |
| Insurance pension and standardised guarantees | .. | .. | .. | .. | .. | .. | .. | .. |
| Financial derivatives and employee stock options | .. | .. | .. | .. | .. | .. | .. | .. |
| Other accounts receivable | .. | .. | .. | .. | .. | .. | .. | .. |
| Financial liabilities | .. | .. | .. | .. | .. | .. | .. | .. |
| Debt securities | .. | .. | .. | .. | .. | .. | .. | .. |
| Short-term debt securities | .. | .. | .. | .. | .. | .. | .. | .. |
| Long-term debt securities | .. | .. | .. | .. | .. | .. | .. | .. |
| Loans | .. | .. | .. | .. | .. | .. | .. | .. |
| Short-term loans | .. | .. | .. | .. | .. | .. | .. | .. |
| Long-term loans | .. | .. | .. | .. | .. | .. | .. | .. |
| Equity and investment fund shares | .. | .. | .. | .. | .. | .. | .. | .. |
| Insurance pension and standardised guarantees | .. | .. | .. | .. | .. | .. | .. | .. |
| Financial derivatives and employee stock options | .. | .. | .. | .. | .. | .. | .. | .. |
| Other accounts payable | .. | .. | .. | .. | .. | .. | .. | .. |
| Non-financial assets | .. | .. | .. | .. | .. | .. | .. | .. |
| **Pension funds** | | | | | | | | |
| Financial net worth | 0 | 0 | 0 | 5 | -53 | -49 | -12 | -21 |
| Financial assets | 1 670 | 1 925 | 2 323 | 2 679 | 3 109 | 3 712 | 4 000 | 4 941 |
| Currency and deposits | 332 | 300 | 315 | 517 | 353 | 211 | 236 | 325 |
| Debt securities | 685 | 887 | 1 090 | 1 229 | 1 499 | 1 600 | 1 693 | 1 835 |
| Loans | 0 | 0 | 0 | 0 | 0 | 0 | 0 | 0 |
| Equity and investment fund shares | 649 | 736 | 916 | 932 | 1 254 | 1 859 | 2 069 | 2 779 |
| Equity | 12 | 18 | 25 | 44 | 45 | 73 | 79 | 95 |
| Investment fund shares | 637 | 719 | 891 | 888 | 1 209 | 1 786 | 1 990 | 2 684 |
| Money market fund shares | 2 | 2 | 6 | 0 | 0 | 0 | 0 | 0 |
| Non-Money market fund shares | 635 | 717 | 885 | 888 | 1 209 | 1 786 | 1 990 | 2 684 |
| Insurance pension and standardised guarantees | 0 | 0 | 0 | 0 | 0 | 0 | 0 | 0 |
| Financial derivatives and employee stock options | 1 | 0 | 0 | 0 | 2 | 1 | 1 | 2 |
| Other accounts receivable | 3 | 1 | 1 | 1 | 1 | 42 | 1 | 1 |
| Financial liabilities | 1 671 | 1 926 | 2 323 | 2 674 | 3 162 | 3 762 | 4 012 | 4 962 |
| Debt securities | 0 | 0 | 0 | 0 | 0 | 0 | 0 | 0 |
| Short-term debt securities | 0 | 0 | 0 | 0 | 0 | 0 | 0 | 0 |
| Long-term debt securities | 0 | 0 | 0 | 0 | 0 | 0 | 0 | 0 |
| Loans | 0 | 0 | 0 | 0 | 0 | 0 | 0 | 0 |
| Short-term loans | 0 | 0 | 0 | 0 | 0 | 0 | 0 | 0 |
| Long-term loans | 0 | 0 | 0 | 0 | 0 | 0 | 0 | 0 |
| Equity and investment fund shares | 3 | 2 | 3 | 5 | 5 | 5 | 5 | 3 |
| Insurance pension and standardised guarantees | 1 664 | 1 917 | 2 292 | 2 656 | 3 133 | 3 719 | 3 992 | 4 954 |
| Financial derivatives and employee stock options | 0 | 0 | 1 | 0 | 0 | 0 | 0 | 0 |
| Other accounts payable | 4 | 6 | 27 | 13 | 24 | 38 | 14 | 5 |
| Non-financial assets | .. | .. | .. | .. | .. | .. | .. | .. |

Note: Detailed metadata at: *http://metalinks.oecd.org/instinv/20200916/aa0d*

## Table 4. Portfolio composition by type of investor
As percentage of financial assets and of financial liabilities

*Per cent*

| | 2012 | 2013 | 2014 | 2015 | 2016 | 2017 | 2018 | 2019 |
|---|---|---|---|---|---|---|---|---|
| **Investment funds** | | | | | | | | |
| Financial assets | 100.0 | 100.0 | 100.0 | .. | .. | .. | .. | .. |
| Currency and deposits | 28.8 | 25.6 | 25.0 | .. | .. | .. | .. | .. |
| Debt securities | 39.4 | 42.2 | 46.3 | .. | .. | .. | .. | .. |
| Loans | 0.0 | 0.0 | 0.0 | .. | .. | .. | .. | .. |
| Equity and investment fund shares | 22.4 | 20.2 | 20.2 | .. | .. | .. | .. | .. |
| Insurance pension and standardised guarantee schemes | 0.0 | 0.0 | 0.0 | .. | .. | .. | .. | .. |
| Financial derivatives and employee stock options | 0.1 | 0.1 | 0.0 | .. | .. | .. | .. | .. |
| Other accounts receivable | 9.4 | 11.8 | 8.4 | .. | .. | .. | .. | .. |
| Financial liabilities | 100.0 | 100.0 | 100.0 | .. | .. | .. | .. | .. |
| Currency and deposits | 0.0 | 0.0 | 0.0 | .. | .. | .. | .. | .. |
| Debt securities | 0.0 | 0.0 | 0.0 | .. | .. | .. | .. | .. |
| Loans | 1.4 | 0.0 | 0.0 | .. | .. | .. | .. | .. |
| Equity and investment fund shares | 98.2 | 93.5 | 96.7 | .. | .. | .. | .. | .. |
| Insurance pension and standardised guarantee schemes | 0.0 | 0.0 | 0.0 | .. | .. | .. | .. | .. |
| Financial derivatives and employee stock options | 0.0 | 0.0 | 0.3 | .. | .. | .. | .. | .. |
| Other accounts receivable | 0.3 | 6.5 | 3.0 | .. | .. | .. | .. | .. |
| **Insurance corporations** | | | | | | | | |
| Financial assets | .. | .. | .. | .. | .. | .. | .. | .. |
| Currency and deposits | .. | .. | .. | .. | .. | .. | .. | .. |
| Debt securities | .. | .. | .. | .. | .. | .. | .. | .. |
| Loans | .. | .. | .. | .. | .. | .. | .. | .. |
| Equity and investment fund shares | .. | .. | .. | .. | .. | .. | .. | .. |
| Insurance pension and standardised guarantee schemes | .. | .. | .. | .. | .. | .. | .. | .. |
| Financial derivatives and employee stock options | .. | .. | .. | .. | .. | .. | .. | .. |
| Other accounts receivable | .. | .. | .. | .. | .. | .. | .. | .. |
| Financial liabilities | .. | .. | .. | .. | .. | .. | .. | .. |
| Currency and deposits | .. | .. | .. | .. | .. | .. | .. | .. |
| Debt securities | .. | .. | .. | .. | .. | .. | .. | .. |
| Loans | .. | .. | .. | .. | .. | .. | .. | .. |
| Equity and investment fund shares | .. | .. | .. | .. | .. | .. | .. | .. |
| Insurance pension and standardised guarantee schemes | .. | .. | .. | .. | .. | .. | .. | .. |
| Financial derivatives and employee stock options | .. | .. | .. | .. | .. | .. | .. | .. |
| Other accounts receivable | .. | .. | .. | .. | .. | .. | .. | .. |
| **Pension funds** | | | | | | | | |
| Financial assets | 100.0 | 100.0 | 100.0 | 100.0 | 100.0 | 100.0 | 100.0 | 100.0 |
| Currency and deposits | 19.9 | 15.6 | 13.6 | 19.3 | 11.4 | 5.7 | 5.9 | 6.6 |
| Debt securities | 41.0 | 46.1 | 46.9 | 45.9 | 48.2 | 43.1 | 42.3 | 37.1 |
| Loans | 0.0 | 0.0 | 0.0 | 0.0 | 0.0 | 0.0 | 0.0 | 0.0 |
| Equity and investment fund shares | 38.9 | 38.3 | 39.4 | 34.8 | 40.3 | 50.1 | 51.7 | 56.2 |
| Insurance pension and standardised guarantee schemes | 0.0 | 0.0 | 0.0 | 0.0 | 0.0 | 0.0 | 0.0 | 0.0 |
| Financial derivatives and employee stock options | 0.0 | 0.0 | 0.0 | 0.0 | 0.1 | 0.0 | 0.0 | 0.0 |
| Other accounts receivable | 0.2 | 0.1 | 0.1 | 0.0 | 0.0 | 1.1 | 0.0 | 0.0 |
| Financial liabilities | 100.0 | 100.0 | 100.0 | 100.0 | 100.0 | 100.0 | 100.0 | 100.0 |
| Currency and deposits | 0.0 | 0.0 | 0.0 | 0.0 | 0.0 | 0.0 | 0.0 | 0.0 |
| Debt securities | 0.0 | 0.0 | 0.0 | 0.0 | 0.0 | 0.0 | 0.0 | 0.0 |
| Loans | 0.0 | 0.0 | 0.0 | 0.0 | 0.0 | 0.0 | 0.0 | 0.0 |
| Equity and investment fund shares | 0.1 | 0.1 | 0.1 | 0.2 | 0.2 | 0.1 | 0.1 | 0.1 |
| Insurance pension and standardised guarantee schemes | 99.6 | 99.6 | 98.7 | 99.3 | 99.1 | 98.9 | 99.5 | 99.8 |
| Financial derivatives and employee stock options | 0.0 | 0.0 | 0.0 | 0.0 | 0.0 | 0.0 | 0.0 | 0.0 |
| Other accounts receivable | 0.2 | 0.3 | 1.2 | 0.5 | 0.7 | 1.0 | 0.4 | 0.1 |

Note: Detailed metadata at: *http://metalinks.oecd.org/instinv/20200916/eb22*

# LITHUANIA

## Table 1. Financial assets and liabilities of institutional investors, 2018

*Million EUR (2015 LTL euro)*

| | Total | Investment funds | | | |
|---|---|---|---|---|---|
| | | Non-money market funds | | | Money market funds |
| | | Total | Open-end non-money market funds | Closed-end non-money market funds | Total |
| Financial assets | 837 | 837 | 213 | 624 | 0 |
| Currency and deposits | 71 | 71 | 27 | 45 | 0 |
| Debt securities | 234 | 234 | 67 | 168 | 0 |
| Debt securities, short term | 11 | 11 | 3 | 8 | 0 |
| Debt securities, long term | 223 | 223 | 63 | 160 | 0 |
| Debt securities issued by residents | 186 | 186 | 53 | 133 | 0 |
| Debt securities issued by non-residents | 49 | 49 | 14 | 35 | 0 |
| Loans | 122 | 122 | 26 | 96 | 0 |
| Loans, short-term | 28 | 28 | 6 | 22 | 0 |
| Loans, long-term | 95 | 95 | 20 | 75 | 0 |
| Loans granted to residents | 25 | 25 | 5 | 19 | 0 |
| Loans granted to non-residents | 98 | 98 | 21 | 77 | 0 |
| Equity and investment fund shares/units | 384 | 384 | 91 | 293 | 0 |
| Equity and investment fund shares issued/units by residents | 253 | 253 | 60 | 193 | 0 |
| Equity and investment fund shares/units issued by non residents | 132 | 132 | 31 | 101 | 0 |
| Other accounts receivable | 23 | 23 | 3 | 20 | 0 |

| | Total | Investment funds | | | |
|---|---|---|---|---|---|
| | | Non-money market funds | | | Money market funds |
| | | Total | Open-end non-money market funds | Closed-end non-money market funds | Total |
| Financial liabilities | 1 164 | 1 164 | 307 | 857 | 0 |
| Currency and deposits | 0 | 0 | .. | .. | 0 |
| Debt securities | 2 | 2 | 0 | 2 | 0 |
| Debt securities, short term | 0 | 0 | .. | .. | 0 |
| Debt securities, long term | 2 | 2 | .. | .. | 0 |
| Loans | 201 | 201 | 38 | 163 | 0 |
| Loans, short-term | 10 | 10 | 2 | 8 | 0 |
| Loans, long-term | 191 | 191 | 36 | 155 | 0 |
| Equity and investment fund shares/units | 913 | 913 | 248 | 666 | 0 |
| Insurance pension and standardised guaratees | 0 | 0 | .. | .. | 0 |
| Financial derivatives and employee stock options | 3 | 3 | 1 | 3 | 0 |
| Other accounts payable | 45 | 45 | 21 | 24 | 0 |

| | Total | Insurance corporations and pension funds | | | |
|---|---|---|---|---|---|
| | | Insurance corporations | | | Pension funds |
| | | Total | Life insurance corporations | Non-life insurance corporations | Total |
| Financial assets | 5 313 | 2 039 | 1 225 | 814 | 3 274 |
| Currency and deposits | 340 | 103 | 43 | 60 | 236 |
| Debt securities | 2 229 | 999 | 454 | 546 | 1 230 |
| Debt securities, short-term | 0 | 0 | 0 | 0 | 0 |
| Debt securities, long term | 2 229 | 999 | 454 | 546 | 1 230 |
| Debt securities issued by residents | 774 | 262 | 91 | 171 | 512 |
| Debt securities issued by non-residents | 1 455 | 738 | 363 | 374 | 718 |
| Loans | 10 | 10 | 6 | 4 | 0 |
| Loans, short-term | 0 | 0 | 0 | 0 | 0 |
| Loans, long-term | 10 | 10 | 6 | 4 | 0 |
| Loans granted to residents | 1 | 1 | 0 | 1 | 0 |
| Loans granted to non-residents | 9 | 9 | 6 | 4 | 0 |
| Equity and investment fund shares/units | 2 564 | 765 | 705 | 60 | 1 800 |
| Equity and investment fund shares/units issued by residents | 74 | 21 | 18 | 4 | 53 |
| Equity and investment fund shares/units issued by non residents | 2 490 | 743 | 687 | 56 | 1 747 |
| Other accounts receivable | 117 | 109 | 17 | 92 | 8 |

| | Total | Insurance corporations and pension funds | | | |
|---|---|---|---|---|---|
| | | Insurance corporations | | | Pension funds |
| | | Total | Life insurance corporations | Non-life insurance corporations | Total |
| Financial liabilities | 5 352 | 2 078 | 1 221 | 857 | 3 274 |
| Currency and deposits | 0 | 0 | 0 | 0 | 0 |
| Debt securities | 0 | 0 | 0 | 0 | 0 |
| Debt securities, short term | 0 | 0 | 0 | 0 | 0 |
| Debt securities, long term | 0 | 0 | 0 | 0 | 0 |
| Loans | 26 | 26 | 2 | 24 | 0 |
| Loans, short-term | 5 | 5 | 0 | 5 | 0 |
| Loans, long-term | 21 | 21 | 2 | 19 | 0 |
| Equity and investment fund shares/units | 616 | 616 | 347 | 269 | 0 |
| Insurance pension and standardised guarantees | 4 489 | 1 267 | 813 | 454 | 3 222 |
| Financial derivatives and employee stock options | 0 | 0 | 0 | 0 | 0 |
| Other accounts payable | 221 | 169 | 59 | 110 | 52 |

Note: Detailed metadata at: *http://metalinks.oecd.org/instinv/20200916/aaa4*

# LITHUANIA

## Table 2. Financial assets and liabilities of investment funds

*Million EUR*

| | 2012 | 2013 | 2014 | 2015 | 2016 | 2017 | 2018 | 2019 |
|---|---|---|---|---|---|---|---|---|
| **Investment funds** | | | | | | | | |
| Financial net worth | -4 | -4 | -18 | -47 | -289 | -319 | -327 | -277 |
| Financial assets | 182 | 240 | 295 | 354 | 530 | 720 | 837 | 1 055 |
| Currency and deposits | 11 | 27 | 39 | 45 | 87 | 71 | 71 | 79 |
| Debt securities | 43 | 81 | 98 | 113 | 160 | 200 | 234 | 295 |
| Loans | 1 | 4 | 11 | 11 | 11 | 105 | 122 | 171 |
| Equity and investment fund shares | 126 | 129 | 143 | 178 | 233 | 328 | 384 | 476 |
| Equity | 47 | 52 | 61 | 86 | 200 | 277 | 322 | 371 |
| Investment fund shares | 80 | 77 | 82 | 92 | 33 | 51 | 62 | 105 |
| Money market fund shares | 0 | 0 | 1 | 0 | 0 | 0 | 0 | 0 |
| Non-Money market fund shares | 80 | 77 | 81 | 92 | 33 | 51 | 62 | 105 |
| Insurance pension and standardised guarantees | 0 | 0 | 0 | 0 | 0 | 0 | 0 | 0 |
| Financial derivatives and employee stock options | 0 | 0 | 0 | 1 | 1 | 5 | 2 | 9 |
| Other accounts receivable | 1 | 0 | 4 | 6 | 37 | 12 | 23 | 26 |
| Financial liabilities | 186 | 244 | 313 | 401 | 819 | 1 039 | 1 164 | 1 333 |
| Debt securities | 0 | 0 | 0 | 0 | 2 | 2 | 2 | 5 |
| Short-term debt securities | 0 | 0 | 0 | 0 | 0 | 0 | 0 | 0 |
| Long-term debt securities | 0 | 0 | 0 | 0 | 2 | 2 | 2 | 5 |
| Loans | 1 | 5 | 17 | 5 | 158 | 205 | 201 | 184 |
| Short-term loans | 0 | 5 | 0 | 0 | 28 | 13 | 10 | 17 |
| Long-term loans | 0 | 0 | 16 | 5 | 130 | 192 | 191 | 167 |
| Equity and investment fund shares | 184 | 237 | 288 | 390 | 621 | 803 | 913 | 1 099 |
| Insurance pension and standardised guarantees | 0 | 0 | 0 | 0 | 0 | 0 | 0 | 0 |
| Financial derivatives and employee stock options | 0 | 0 | 0 | 0 | 1 | 3 | 3 | 5 |
| Other accounts payable | 2 | 2 | 9 | 5 | 36 | 26 | 45 | 40 |
| Non-financial assets | .. | 4 | 19 | 47 | 290 | 319 | 327 | 278 |
| **Money market funds** | | | | | | | | |
| Financial net worth | 0 | 0 | 0 | 0 | 0 | 0 | 0 | 0 |
| Financial assets | 12 | 0 | 0 | 0 | 0 | 0 | 0 | 0 |
| Currency and deposits | 4 | 0 | 0 | 0 | 0 | 0 | 0 | 0 |
| Debt securities | 7 | 0 | 0 | 0 | 0 | 0 | 0 | 0 |
| Loans | 0 | 0 | 0 | 0 | 0 | 0 | 0 | 0 |
| Equity and investment fund shares | 0 | 0 | 0 | 0 | 0 | 0 | 0 | 0 |
| Equity | 0 | 0 | 0 | 0 | 0 | 0 | 0 | 0 |
| Investment fund shares | 0 | 0 | 0 | 0 | 0 | 0 | 0 | 0 |
| Money market fund shares | 0 | 0 | 0 | 0 | 0 | 0 | 0 | 0 |
| Non-Money market fund shares | 0 | 0 | 0 | 0 | 0 | 0 | 0 | 0 |
| Insurance pension and standardised guarantees | 0 | 0 | 0 | 0 | 0 | 0 | 0 | 0 |
| Financial derivatives and employee stock options | 0 | 0 | 0 | 0 | 0 | 0 | 0 | 0 |
| Other accounts receivable | 0 | 0 | 0 | 0 | 0 | 0 | 0 | 0 |
| Financial liabilities | 12 | 0 | 0 | 0 | 0 | 0 | 0 | 0 |
| Debt securities | 0 | 0 | 0 | 0 | 0 | 0 | 0 | 0 |
| Short-term debt securities | 0 | 0 | 0 | 0 | 0 | 0 | 0 | 0 |
| Long-term debt securities | 0 | 0 | 0 | 0 | 0 | 0 | 0 | 0 |
| Loans | 0 | 0 | 0 | 0 | 0 | 0 | 0 | 0 |
| Short-term loans | 0 | 0 | 0 | 0 | 0 | 0 | 0 | 0 |
| Long-term loans | 0 | 0 | 0 | 0 | 0 | 0 | 0 | 0 |
| Equity and investment fund shares | 12 | 0 | 0 | 0 | 0 | 0 | 0 | 0 |
| Insurance pension and standardised guarantees | 0 | 0 | 0 | 0 | 0 | 0 | 0 | 0 |
| Financial derivatives and employee stock options | 0 | 0 | 0 | 0 | 0 | 0 | 0 | 0 |
| Other accounts payable | 0 | 0 | 0 | 0 | 0 | 0 | 0 | 0 |
| Non-financial assets | .. | .. | .. | .. | .. | .. | .. | .. |
| **Non-money market funds** | | | | | | | | |
| Financial net worth | -4 | -4 | -18 | -47 | -289 | -319 | -327 | -277 |
| Financial assets | 170 | 240 | 295 | 354 | 530 | 720 | 837 | 1 055 |
| Currency and deposits | 7 | 27 | 39 | 45 | 87 | 71 | 71 | 79 |
| Debt securities | 35 | 81 | 98 | 113 | 160 | 200 | 234 | 295 |
| Loans | 1 | 4 | 11 | 11 | 11 | 105 | 122 | 171 |
| Equity and investment fund shares | 126 | 129 | 143 | 178 | 233 | 328 | 384 | 476 |
| Equity | 47 | 52 | 61 | 86 | 200 | 277 | 322 | 371 |
| Investment fund shares | 80 | 77 | 82 | 92 | 33 | 51 | 62 | 105 |
| Money market fund shares | 0 | 0 | 1 | 0 | 0 | 0 | 0 | 0 |
| Non-Money market fund shares | 80 | 77 | 81 | 92 | 33 | 51 | 62 | 105 |
| Insurance pension and standardised guarantees | 0 | 0 | 0 | 0 | 0 | 0 | 0 | 0 |
| Financial derivatives and employee stock options | 0 | 0 | 0 | 1 | 1 | 5 | 2 | 9 |
| Other accounts receivable | 1 | 0 | 4 | 6 | 37 | 12 | 23 | 26 |
| Financial liabilities | 174 | 244 | 313 | 401 | 819 | 1 039 | 1 164 | 1 333 |
| Debt securities | 0 | 0 | 0 | 0 | 2 | 2 | 2 | 5 |
| Short-term debt securities | 0 | 0 | 0 | 0 | 0 | 0 | 0 | 0 |
| Long-term debt securities | 0 | 0 | 0 | 0 | 2 | 2 | 2 | 5 |
| Loans | 1 | 5 | 17 | 5 | 158 | 205 | 201 | 184 |
| Short-term loans | 0 | 5 | 0 | 0 | 28 | 13 | 10 | 17 |
| Long-term loans | 0 | 0 | 16 | 5 | 130 | 192 | 191 | 167 |
| Equity and investment fund shares | 172 | 237 | 288 | 390 | 621 | 803 | 913 | 1 099 |
| Insurance pension and standardised guarantees | 0 | 0 | 0 | 0 | 0 | 0 | 0 | 0 |
| Financial derivatives and employee stock options | 0 | 0 | 0 | 0 | 1 | 3 | 3 | 5 |
| Other accounts payable | 2 | 2 | 9 | 5 | 36 | 26 | 45 | 40 |
| Non-financial assets | 4 | 4 | 19 | 47 | 290 | 319 | 327 | 278 |
| **Open-end non-money market funds** | | | | | | | | |
| Financial net worth | 0 | 0 | 0 | -3 | -89 | -97 | -94 | -12 |
| Financial assets | 128 | 155 | 160 | 180 | 176 | 242 | 213 | 288 |
| Currency and deposits | 4 | 22 | 26 | 31 | 36 | 42 | 27 | 26 |

## LITHUANIA

### Table 2. Financial assets and liabilities of investment funds *(cont.)*

*Million EUR*

| | 2012 | 2013 | 2014 | 2015 | 2016 | 2017 | 2018 | 2019 |
|---|---|---|---|---|---|---|---|---|
| Debt securities | 16 | 24 | 24 | 21 | 34 | 62 | 67 | 92 |
| Loans | 0 | 0 | 0 | 0 | 0 | 14 | 26 | 36 |
| Equity and investment fund shares | 108 | 109 | 110 | 126 | 99 | 118 | 91 | 124 |
| Equity | 40 | 44 | 47 | 61 | 85 | 99 | 76 | 97 |
| Investment fund shares | 68 | 65 | 63 | 65 | 14 | 18 | 15 | 27 |
| Money market fund shares | 0 | 0 | 1 | 0 | 0 | 0 | 0 | 0 |
| Non-Money market fund shares | 68 | 65 | 62 | 65 | 14 | 18 | 15 | 27 |
| Insurance pension and standardised guarantees | .. | .. | .. | .. | .. | .. | .. | .. |
| Financial derivatives and employee stock options | 0 | 0 | 0 | 0 | 0 | 2 | 0 | 8 |
| Other accounts receivable | 0 | 0 | 1 | 2 | 6 | 5 | 3 | 3 |
| Financial liabilities | 128 | 155 | 160 | 183 | 265 | 339 | 307 | 300 |
| Debt securities | 0 | 0 | 0 | 0 | 0 | 0 | 0 | 0 |
| Short-term debt securities | .. | .. | .. | .. | .. | .. | .. | .. |
| Long-term debt securities | .. | .. | .. | .. | .. | .. | .. | .. |
| Loans | 0 | 0 | 0 | 0 | 42 | 43 | 38 | 1 |
| Short-term loans | 0 | 0 | 0 | 0 | 7 | 3 | 2 | 0 |
| Long-term loans | 0 | 0 | 0 | 0 | 35 | 40 | 36 | 1 |
| Equity and investment fund shares | 127 | 154 | 160 | 181 | 211 | 277 | 248 | 286 |
| Insurance pension and standardised guarantees | .. | .. | .. | .. | .. | .. | .. | .. |
| Financial derivatives and employee stock options | 0 | 0 | 0 | 0 | 1 | 0 | 1 | 2 |
| Other accounts payable | 2 | 1 | 0 | 2 | 10 | 19 | 21 | 10 |
| Non-financial assets | 0 | 0 | 0 | 3 | 89 | 98 | 95 | 13 |
| **Open-end investment funds** | | | | | | | | |
| Financial net worth | .. | 0 | 0 | -3 | -89 | -97 | -94 | -12 |
| Financial assets | .. | 155 | 160 | 180 | 176 | 242 | 213 | 288 |
| Currency and deposits | .. | 22 | 26 | 31 | 36 | 42 | 27 | 26 |
| Debt securities | .. | 24 | 24 | 21 | 34 | 62 | 67 | 92 |
| Loans | .. | 0 | 0 | 0 | 0 | 14 | 26 | 36 |
| Equity and investment fund shares | .. | 109 | 110 | 126 | 99 | 118 | 91 | 124 |
| Equity | .. | 44 | 47 | 61 | 85 | 99 | 76 | 97 |
| Investment fund shares | .. | 65 | 63 | 65 | 14 | 18 | 15 | 27 |
| Money market fund shares | .. | 0 | 1 | 0 | 0 | 0 | 0 | 0 |
| Non-Money market fund shares | .. | 65 | 62 | 65 | 14 | 18 | 15 | 27 |
| Insurance pension and standardised guarantees | .. | .. | .. | .. | .. | .. | .. | .. |
| Financial derivatives and employee stock options | .. | 0 | 0 | 0 | 0 | 2 | 0 | 8 |
| Other accounts receivable | .. | 0 | 1 | 2 | 6 | 5 | 3 | 3 |
| Financial liabilities | .. | 155 | 160 | 183 | 265 | 339 | 307 | 300 |
| Debt securities | .. | 0 | 0 | 0 | 0 | 0 | 0 | 0 |
| Short-term debt securities | .. | .. | .. | .. | .. | .. | .. | .. |
| Long-term debt securities | .. | .. | .. | .. | .. | .. | .. | .. |
| Loans | .. | 0 | 0 | 0 | 42 | 43 | 38 | 1 |
| Short-term loans | .. | 0 | 0 | 0 | 7 | 3 | 2 | 0 |
| Long-term loans | .. | 0 | 0 | 0 | 35 | 40 | 36 | 1 |
| Equity and investment fund shares | .. | 154 | 160 | 181 | 211 | 277 | 248 | 286 |
| Insurance pension and standardised guarantees | .. | .. | .. | .. | .. | .. | .. | .. |
| Financial derivatives and employee stock options | .. | 0 | 0 | 0 | 1 | 0 | 1 | 2 |
| Other accounts payable | .. | 1 | 0 | 2 | 10 | 19 | 21 | 10 |
| Non-financial assets | .. | 0 | 0 | 3 | 89 | 98 | 95 | 13 |

Note: Detailed metadata at: *http://metalinks.oecd.org/instinv/20200916/aaa4*

# LITHUANIA

## Table 3. Financial assets and liabilities of insurance corporations and pension funds

*Million EUR*

| | 2012 | 2013 | 2014 | 2015 | 2016 | 2017 | 2018 | 2019 |
|---|---|---|---|---|---|---|---|---|
| **Insurance corporations and pension funds** | | | | | | | | |
| Financial net worth | -12 | -52 | 13 | 72 | -49 | -36 | -39 | -60 |
| Financial assets | 2 343 | 2 507 | 3 089 | 3 513 | 4 312 | 4 899 | 5 313 | 6 355 |
| Currency and deposits | 139 | 107 | 206 | 293 | 339 | 241 | 340 | 192 |
| Debt securities | 1 015 | 1 079 | 1 277 | 1 480 | 1 771 | 2 001 | 2 229 | 1 697 |
| Loans | 2 | 3 | 4 | 1 | 6 | 6 | 10 | 13 |
| Equity and investment fund shares | 1 067 | 1 203 | 1 476 | 1 601 | 2 078 | 2 514 | 2 564 | 4 278 |
| Equity | 19 | 27 | 25 | 24 | 38 | 53 | 55 | 73 |
| Investment fund shares | 1 048 | 1 176 | 1 451 | 1 577 | 2 040 | 2 461 | 2 509 | 4 205 |
| Money market fund shares | 2 | 1 | 5 | 1 | 8 | 5 | 2 | 3 |
| Non-Money market fund shares | 1 046 | 1 175 | 1 446 | 1 577 | 2 032 | 2 455 | 2 506 | 4 202 |
| Insurance pension and standardised guarantees | 16 | 16 | 16 | 18 | 29 | 44 | 53 | 64 |
| Financial derivatives and employee stock options | 0 | 0 | 0 | 0 | 0 | 1 | 1 | 0 |
| Other accounts receivable | 103 | 98 | 109 | 120 | 89 | 93 | 117 | 110 |
| Financial liabilities | 2 355 | 2 559 | 3 076 | 3 441 | 4 361 | 4 935 | 5 352 | 6 414 |
| Debt securities | 0 | 0 | 0 | 0 | 0 | 0 | 0 | 0 |
| Short-term debt securities | 0 | 0 | 0 | 0 | 0 | 0 | 0 | 0 |
| Long-term debt securities | 0 | 0 | 0 | 0 | 0 | 0 | 0 | 0 |
| Loans | 9 | 14 | 62 | 37 | 45 | 23 | 26 | 37 |
| Short-term loans | 0 | 0 | 0 | 13 | 6 | 5 | 5 | 5 |
| Long-term loans | 9 | 14 | 62 | 24 | 38 | 18 | 21 | 31 |
| Equity and investment fund shares | 192 | 175 | 210 | 197 | 502 | 565 | 616 | 682 |
| Insurance pension and standardised guarantees | 2 094 | 2 303 | 2 732 | 3 121 | 3 697 | 4 219 | 4 489 | 5 511 |
| Financial derivatives and employee stock options | 0 | 0 | 2 | 1 | 5 | 0 | 0 | 0 |
| Other accounts payable | 59 | 68 | 71 | 85 | 113 | 128 | 221 | 184 |
| Non-financial assets | .. | .. | .. | .. | .. | .. | .. | .. |
| **Insurance corporations** | | | | | | | | |
| Financial net worth | -12 | -52 | 13 | 72 | -49 | -36 | -39 | -60 |
| Financial assets | 919 | 890 | 1 170 | 1 327 | 1 736 | 1 885 | 2 039 | 2 325 |
| Currency and deposits | 85 | 56 | 88 | 89 | 107 | 94 | 103 | 104 |
| Debt securities | 463 | 439 | 547 | 601 | 813 | 858 | 999 | 1 105 |
| Loans | 2 | 3 | 4 | 1 | 6 | 6 | 10 | 13 |
| Equity and investment fund shares | 251 | 279 | 410 | 499 | 695 | 792 | 765 | 938 |
| Equity | 7 | 9 | 10 | 9 | 26 | 32 | 28 | 44 |
| Investment fund shares | 244 | 270 | 400 | 490 | 668 | 761 | 736 | 893 |
| Money market fund shares | 2 | 1 | 1 | 1 | 8 | 5 | 2 | 3 |
| Non-Money market fund shares | 243 | 269 | 398 | 489 | 661 | 755 | 734 | 891 |
| Insurance pension and standardised guarantees | 16 | 16 | 16 | 18 | 29 | 44 | 53 | 64 |
| Financial derivatives and employee stock options | 0 | 0 | 0 | 0 | 0 | 0 | 0 | 0 |
| Other accounts receivable | 101 | 96 | 105 | 119 | 87 | 92 | 109 | 101 |
| Financial liabilities | 930 | 942 | 1 157 | 1 255 | 1 785 | 1 921 | 2 078 | 2 384 |
| Debt securities | 0 | 0 | 0 | 0 | 0 | 0 | 0 | 0 |
| Short-term debt securities | 0 | 0 | 0 | 0 | 0 | 0 | 0 | 0 |
| Long-term debt securities | 0 | 0 | 0 | 0 | 0 | 0 | 0 | 0 |
| Loans | 9 | 14 | 62 | 37 | 45 | 23 | 26 | 37 |
| Short-term loans | 0 | 0 | 0 | 13 | 6 | 5 | 5 | 5 |
| Long-term loans | 9 | 14 | 62 | 24 | 38 | 18 | 21 | 31 |
| Equity and investment fund shares | 192 | 175 | 210 | 197 | 502 | 565 | 616 | 682 |
| Insurance pension and standardised guarantees | 672 | 693 | 818 | 942 | 1 130 | 1 211 | 1 267 | 1 488 |
| Financial derivatives and employee stock options | 0 | 0 | 1 | 1 | 2 | 0 | 0 | 0 |
| Other accounts payable | 56 | 60 | 67 | 78 | 107 | 121 | 169 | 177 |
| Non-financial assets | .. | .. | .. | .. | .. | .. | .. | .. |
| **Pension funds** | | | | | | | | |
| Financial net worth | 0 | 0 | 0 | 0 | 0 | 0 | 0 | 0 |
| Financial assets | 1 424 | 1 617 | 1 919 | 2 186 | 2 576 | 3 014 | 3 274 | 4 030 |
| Currency and deposits | 55 | 51 | 118 | 204 | 233 | 148 | 236 | 89 |
| Debt securities | 552 | 641 | 730 | 879 | 958 | 1 143 | 1 230 | 592 |
| Loans | 0 | 0 | 0 | 0 | 0 | 0 | 0 | 0 |
| Equity and investment fund shares | 816 | 923 | 1 066 | 1 101 | 1 384 | 1 722 | 1 800 | 3 341 |
| Equity | 12 | 18 | 15 | 14 | 12 | 21 | 27 | 29 |
| Investment fund shares | 804 | 906 | 1 051 | 1 087 | 1 372 | 1 700 | 1 772 | 3 312 |
| Money market fund shares | 0 | 0 | 4 | 0 | 0 | 0 | 0 | 0 |
| Non-Money market fund shares | 804 | 906 | 1 047 | 1 087 | 1 372 | 1 700 | 1 772 | 3 312 |
| Insurance pension and standardised guarantees | 0 | 0 | 0 | 0 | 0 | 0 | 0 | 0 |
| Financial derivatives and employee stock options | 0 | 0 | 0 | 0 | 0 | 1 | 1 | 0 |
| Other accounts receivable | 2 | 2 | 4 | 2 | 2 | 1 | 8 | 9 |
| Financial liabilities | 1 424 | 1 617 | 1 919 | 2 186 | 2 576 | 3 014 | 3 274 | 4 030 |
| Debt securities | 0 | 0 | 0 | 0 | 0 | 0 | 0 | 0 |
| Short-term debt securities | 0 | 0 | 0 | 0 | 0 | 0 | 0 | 0 |
| Long-term debt securities | 0 | 0 | 0 | 0 | 0 | 0 | 0 | 0 |
| Loans | 0 | 0 | 0 | 0 | 0 | 0 | 0 | 0 |
| Short-term loans | 0 | 0 | 0 | 0 | 0 | 0 | 0 | 0 |
| Long-term loans | 0 | 0 | 0 | 0 | 0 | 0 | 0 | 0 |
| Equity and investment fund shares | 0 | 0 | 0 | 0 | 0 | 0 | 0 | 0 |
| Insurance pension and standardised guarantees | 1 422 | 1 609 | 1 914 | 2 179 | 2 567 | 3 008 | 3 222 | 4 023 |
| Financial derivatives and employee stock options | 0 | 0 | 1 | 0 | 3 | 0 | 0 | 0 |
| Other accounts payable | 2 | 8 | 3 | 6 | 6 | 6 | 52 | 7 |
| Non-financial assets | .. | .. | .. | .. | .. | .. | .. | .. |

Note: Detailed metadata at: *http://metalinks.oecd.org/instinv/20200916/aaa4*

# LITHUANIA

## Table 4. Portfolio composition by type of investor

As percentage of financial assets and of financial liabilities

*Per cent*

| | 2012 | 2013 | 2014 | 2015 | 2016 | 2017 | 2018 | 2019 |
|---|---|---|---|---|---|---|---|---|
| **Investment funds** | | | | | | | | |
| Financial assets | 100.0 | 100.0 | 100.0 | 100.0 | 100.0 | 100.0 | 100.0 | 100.0 |
| Currency and deposits | 6.1 | 11.1 | 13.2 | 12.6 | 16.5 | 9.9 | 8.5 | 7.5 |
| Debt securities | 23.3 | 33.5 | 33.4 | 32.0 | 30.2 | 27.7 | 28.0 | 27.9 |
| Loans | 0.7 | 1.7 | 3.7 | 3.2 | 2.1 | 14.5 | 14.6 | 16.2 |
| Equity and investment fund shares | 69.4 | 53.5 | 48.5 | 50.3 | 44.0 | 45.5 | 45.9 | 45.1 |
| Insurance pension and standardised guarantee schemes | 0.0 | 0.0 | 0.0 | 0.0 | 0.0 | 0.0 | 0.0 | 0.0 |
| Financial derivatives and employee stock options | 0.2 | 0.1 | 0.0 | 0.3 | 0.2 | 0.7 | 0.2 | 0.9 |
| Other accounts receivable | 0.3 | 0.1 | 1.4 | 1.7 | 7.1 | 1.7 | 2.7 | 2.5 |
| Financial liabilities | 100.0 | 100.0 | 100.0 | 100.0 | 100.0 | 100.0 | 100.0 | 100.0 |
| Currency and deposits | 0.0 | 0.0 | 0.0 | 0.0 | 0.0 | 0.0 | 0.0 | 0.0 |
| Debt securities | 0.0 | 0.0 | 0.0 | 0.0 | 0.3 | 0.2 | 0.2 | 0.4 |
| Loans | 0.3 | 2.0 | 5.3 | 1.3 | 19.3 | 19.7 | 17.3 | 13.8 |
| Equity and investment fund shares | 98.6 | 97.1 | 91.9 | 97.3 | 75.9 | 77.3 | 78.4 | 82.4 |
| Insurance pension and standardised guarantee schemes | 0.0 | 0.0 | 0.0 | 0.0 | 0.0 | 0.0 | 0.0 | 0.0 |
| Financial derivatives and employee stock options | 0.0 | 0.0 | 0.1 | 0.1 | 0.1 | 0.3 | 0.3 | 0.4 |
| Other accounts receivable | 1.1 | 0.9 | 2.7 | 1.2 | 4.4 | 2.5 | 3.8 | 3.0 |
| **Insurance corporations** | | | | | | | | |
| Financial assets | 100.0 | 100.0 | 100.0 | 100.0 | 100.0 | 100.0 | 100.0 | 100.0 |
| Currency and deposits | 9.2 | 6.3 | 7.5 | 6.7 | 6.1 | 5.0 | 5.1 | 4.5 |
| Debt securities | 50.4 | 49.3 | 46.7 | 45.3 | 46.8 | 45.5 | 49.0 | 47.5 |
| Loans | 0.2 | 0.3 | 0.3 | 0.1 | 0.3 | 0.3 | 0.5 | 0.6 |
| Equity and investment fund shares | 27.3 | 31.4 | 35.0 | 37.6 | 40.0 | 42.0 | 37.5 | 40.3 |
| Insurance pension and standardised guarantee schemes | 1.8 | 1.8 | 1.4 | 1.4 | 1.6 | 2.3 | 2.6 | 2.8 |
| Financial derivatives and employee stock options | 0.0 | 0.0 | 0.0 | 0.0 | 0.0 | 0.0 | 0.0 | 0.0 |
| Other accounts receivable | 11.0 | 10.8 | 9.0 | 8.9 | 5.0 | 4.9 | 5.3 | 4.3 |
| Financial liabilities | 100.0 | 100.0 | 100.0 | 100.0 | 100.0 | 100.0 | 100.0 | 100.0 |
| Currency and deposits | 0.0 | 0.0 | 0.0 | 0.0 | 0.0 | 0.0 | 0.0 | 0.0 |
| Debt securities | 0.0 | 0.0 | 0.0 | 0.0 | 0.0 | 0.0 | 0.0 | 0.0 |
| Loans | 1.0 | 1.5 | 5.4 | 2.9 | 2.5 | 1.2 | 1.3 | 1.5 |
| Equity and investment fund shares | 20.7 | 18.6 | 18.1 | 15.7 | 28.1 | 29.4 | 29.6 | 28.6 |
| Insurance pension and standardised guarantee schemes | 72.3 | 73.6 | 70.7 | 75.1 | 63.3 | 63.1 | 61.0 | 62.4 |
| Financial derivatives and employee stock options | 0.0 | 0.0 | 0.1 | 0.0 | 0.1 | 0.0 | 0.0 | 0.0 |
| Other accounts receivable | 6.1 | 6.3 | 5.8 | 6.2 | 6.0 | 6.3 | 8.1 | 7.4 |
| **Pension funds** | | | | | | | | |
| Financial assets | 100.0 | 100.0 | 100.0 | 100.0 | 100.0 | 100.0 | 100.0 | 100.0 |
| Currency and deposits | 3.8 | 3.2 | 6.2 | 9.3 | 9.0 | 4.9 | 7.2 | 2.2 |
| Debt securities | 38.8 | 39.6 | 38.0 | 40.2 | 37.2 | 37.9 | 37.6 | 14.7 |
| Loans | 0.0 | 0.0 | 0.0 | 0.0 | 0.0 | 0.0 | 0.0 | 0.0 |
| Equity and investment fund shares | 57.3 | 57.1 | 55.6 | 50.4 | 53.7 | 57.1 | 55.0 | 82.9 |
| Insurance pension and standardised guarantee schemes | 0.0 | 0.0 | 0.0 | 0.0 | 0.0 | 0.0 | 0.0 | 0.0 |
| Financial derivatives and employee stock options | 0.0 | 0.0 | 0.0 | 0.0 | 0.0 | 0.0 | 0.0 | 0.0 |
| Other accounts receivable | 0.1 | 0.1 | 0.2 | 0.1 | 0.1 | 0.0 | 0.2 | 0.2 |
| Financial liabilities | 100.0 | 100.0 | 100.0 | 100.0 | 100.0 | 100.0 | 100.0 | 100.0 |
| Currency and deposits | 0.0 | 0.0 | 0.0 | 0.0 | 0.0 | 0.0 | 0.0 | 0.0 |
| Debt securities | 0.0 | 0.0 | 0.0 | 0.0 | 0.0 | 0.0 | 0.0 | 0.0 |
| Loans | 0.0 | 0.0 | 0.0 | 0.0 | 0.0 | 0.0 | 0.0 | 0.0 |
| Equity and investment fund shares | 0.0 | 0.0 | 0.0 | 0.0 | 0.0 | 0.0 | 0.0 | 0.0 |
| Insurance pension and standardised guarantee schemes | 99.8 | 99.5 | 99.8 | 99.7 | 99.6 | 99.8 | 98.4 | 99.8 |
| Financial derivatives and employee stock options | 0.0 | 0.0 | 0.0 | 0.0 | 0.1 | 0.0 | 0.0 | 0.0 |
| Other accounts receivable | 0.2 | 0.5 | 0.2 | 0.3 | 0.2 | 0.2 | 1.6 | 0.2 |

Note: Detailed metadata at: *http://metalinks.oecd.org/instinv/20200916/eb22*

## Table 1. Financial assets and liabilities of institutional investors, 2018

*Million EUR (1999 LUF euro)*

| | Investment funds | | | | |
|---|---|---|---|---|---|
| | | Non-money market funds | | | Money market funds |
| | Total | Total | Open-end non-money market funds | Closed-end non-money market funds | Total |
| Financial assets | 4 454 548 | 4 145 879 | 4 019 848 | 126 031 | 308 669 |
| Currency and deposits | 361 409 | 276 007 | 259 858 | 16 149 | 85 402 |
| Debt securities | 1 879 961 | 1 661 341 | 1 642 864 | 18 478 | 218 620 |
| Debt securities, short term | 280 699 | 128 487 | 128 373 | 114 | 152 212 |
| Debt securities, long term | 1 599 262 | 1 532 854 | 1 514 491 | 18 363 | 66 408 |
| Debt securities issued by residents | 81 751 | 76 239 | 64 177 | 12 062 | 5 512 |
| Debt securities issued by non-residents | 1 798 210 | 1 585 102 | 1 578 687 | 6 415 | 213 108 |
| Loans | 0 | 0 | 0 | 0 | 0 |
| Loans, short-term | 0 | 0 | 0 | 0 | 0 |
| Loans, long-term | 0 | 0 | 0 | 0 | 0 |
| Loans granted to residents | 0 | 0 | 0 | 0 | 0 |
| Loans granted to non-residents | 0 | 0 | 0 | 0 | 0 |
| Equity and investment fund shares/units | 1 988 571 | 1 987 218 | 1 903 082 | 84 136 | 1 353 |
| Equity and investment fund shares issued/units by residents | 349 676 | 349 413 | 314 913 | 34 500 | 263 |
| Equity and investment fund shares/units issued by non residents | 1 638 895 | 1 637 804 | 1 588 169 | 49 635 | 1 090 |
| Other accounts receivable | 117 802 | 114 888 | 108 748 | 6 140 | 2 914 |

| | Investment funds | | | | |
|---|---|---|---|---|---|
| | | Non-money market funds | | | Money market funds |
| | Total | Total | Open-end non-money market funds | Closed-end non-money market funds | Total |
| Financial liabilities | 4 472 175 | 4 163 506 | 4 037 184 | 126 322 | 308 669 |
| Currency and deposits | 0 | 0 | 0 | 0 | 0 |
| Debt securities | 1 145 | 1 145 | 1 145 | 0 | 0 |
| Debt securities, short term | 0 | 0 | 0 | 0 | 0 |
| Debt securities, long term | 1 145 | 1 145 | 1 145 | 0 | 0 |
| Loans | 84 447 | 84 162 | 71 667 | 12 496 | 285 |
| Loans, short-term | 71 978 | 71 693 | 62 413 | 9 280 | 285 |
| Loans, long-term | 12 469 | 12 469 | 9 253 | 3 216 | 0 |
| Equity and investment fund shares/units | 4 166 668 | 3 865 286 | 3 755 901 | 109 385 | 301 382 |
| Insurance pension and standardised guaratees | 0 | 0 | 0 | 0 | 0 |
| Financial derivatives and employee stock options | 93 362 | 92 996 | 92 923 | 73 | 367 |
| Other accounts payable | 126 553 | 119 917 | 115 549 | 4 368 | 6 636 |

| | Insurance corporations and pension funds | | | | |
|---|---|---|---|---|---|
| | | Insurance corporations | | | Pension funds |
| | Total | Total | Life insurance corporations | Non-life insurance corporations | Total |
| Financial assets | 204 544 | 202 476 | 174 080 | 28 397 | 2 068 |
| Currency and deposits | 19 515 | 19 419 | 16 275 | 3 144 | 96 |
| Debt securities | 44 317 | 43 590 | 35 316 | 8 274 | 727 |
| Debt securities, short-term | 664 | 664 | 366 | 298 | 0 |
| Debt securities, long term | 43 653 | 42 925 | 34 950 | 7 976 | 727 |
| Debt securities issued by residents | 3 610 | 3 291 | 2 856 | 436 | 318 |
| Debt securities issued by non-residents | 40 707 | 40 298 | 32 461 | 7 838 | 409 |
| Loans | 4 790 | 4 789 | 369 | 4 420 | 1 |
| Loans, short-term | 3 913 | 3 912 | 2 | 3 911 | 1 |
| Loans, long-term | 877 | 877 | 367 | 510 | 0 |
| Loans granted to residents | 1 739 | 1 738 | 116 | 1 622 | 1 |
| Loans granted to non-residents | 3 050 | 3 050 | 252 | 2 798 | 0 |
| Equity and investment fund shares/units | 103 037 | 101 844 | 94 713 | 7 130 | 1 193 |
| Equity and investment fund shares/units issued by residents | 45 409 | 44 452 | 39 914 | 4 538 | 957 |
| Equity and investment fund shares/units issued by non residents | 57 628 | 57 392 | 54 799 | 2 593 | 236 |
| Other accounts receivable | 9 942 | 9 892 | 6 544 | 3 348 | 50 |

| | Insurance corporations and pension funds | | | | |
|---|---|---|---|---|---|
| | | Insurance corporations | | | Pension funds |
| | Total | Total | Life insurance corporations | Non-life insurance corporations | Total |
| Financial liabilities | 204 870 | 202 802 | 174 188 | 28 614 | 2 068 |
| Currency and deposits | 0 | 0 | 0 | 0 | 0 |
| Debt securities | 408 | 408 | 405 | 3 | 0 |
| Debt securities, short term | 0 | 0 | 0 | 0 | 0 |
| Debt securities, long term | 408 | 408 | 405 | 3 | 0 |
| Loans | 887 | 887 | 481 | 406 | 0 |
| Loans, short-term | 887 | 887 | 481 | 406 | 0 |
| Loans, long-term | 0 | 0 | 0 | 0 | 0 |
| Equity and investment fund shares/units | 5 205 | 5 205 | 2 071 | 3 134 | 0 |
| Insurance pension and standardised guarantees | 181 864 | 179 820 | 165 534 | 14 286 | 2 044 |
| Financial derivatives and employee stock options | 465 | 465 | 465 | 0 | 0 |
| Other accounts payable | 16 042 | 16 018 | 5 233 | 10 785 | 24 |

Note: Detailed metadata at: *http://metalinks.oecd.org/instinv/20200916/eefc*

# LUXEMBOURG

## Table 2. Financial assets and liabilities of investment funds

*Million EUR*

| | 2012 | 2013 | 2014 | 2015 | 2016 | 2017 | 2018 | 2019 |
|---|---|---|---|---|---|---|---|---|
| **Investment funds** | | | | | | | | |
| Financial net worth | -7 776 | -8 065 | -10 597 | -9 575 | -10 652 | -11 809 | -17 628 | -22 950 |
| Financial assets | 2 650 942 | 2 921 807 | 3 374 689 | 3 787 575 | 4 049 541 | 4 471 987 | 4 454 548 | 5 158 707 |
| Currency and deposits | 204 793 | 230 406 | 271 231 | 268 529 | 319 519 | 338 232 | 361 409 | 376 610 |
| Debt securities | 1 175 833 | 1 206 105 | 1 456 508 | 1 606 962 | 1 740 031 | 1 864 010 | 1 879 961 | 2 158 299 |
| Loans | 0 | 0 | 0 | 0 | 0 | 0 | 0 | 0 |
| Equity and investment fund shares | 993 919 | 1 196 586 | 1 457 501 | 1 702 708 | 1 775 210 | 2 040 650 | 1 988 571 | 2 403 456 |
| Equity | 724 696 | 876 831 | 1 061 281 | 1 237 861 | 1 282 200 | 1 499 961 | 1 460 380 | 1 807 970 |
| Investment fund shares | 269 223 | 319 755 | 396 220 | 464 847 | 493 010 | 540 689 | 528 190 | 595 486 |
| Money market fund shares | 11 651 | 17 142 | 22 090 | 35 935 | 36 228 | 39 676 | 47 085 | 43 818 |
| Non-Money market fund shares | 257 572 | 302 614 | 374 130 | 428 912 | 456 782 | 501 013 | 481 105 | 551 668 |
| Insurance pension and standardised guarantees | 0 | 0 | 0 | 0 | 0 | 0 | 0 | 0 |
| Financial derivatives and employee stock options | 190 826 | 203 777 | 96 428 | 109 814 | 122 713 | 134 045 | 106 805 | 124 560 |
| Other accounts receivable | 85 572 | 84 933 | 93 022 | 99 562 | 92 068 | 95 050 | 117 802 | 95 782 |
| Financial liabilities | 2 658 718 | 2 929 872 | 3 385 286 | 3 797 150 | 4 060 193 | 4 483 796 | 4 472 175 | 5 181 657 |
| Debt securities | 1 583 | 2 449 | 3 307 | 3 440 | 3 417 | 1 115 | 1 145 | 1 297 |
| Short-term debt securities | 0 | 0 | 0 | 0 | 0 | 0 | 0 | 0 |
| Long-term debt securities | 1 583 | 2 449 | 3 307 | 3 440 | 3 417 | 1 115 | 1 145 | 1 297 |
| Loans | 30 116 | 48 442 | 63 561 | 52 155 | 70 245 | 67 575 | 84 447 | 107 822 |
| Short-term loans | 27 255 | 45 167 | 60 606 | 45 512 | 63 731 | 60 052 | 71 978 | 84 196 |
| Long-term loans | 2 861 | 3 275 | 2 955 | 6 643 | 6 514 | 7 522 | 12 469 | 23 625 |
| Equity and investment fund shares | 2 397 513 | 2 627 253 | 3 139 240 | 3 551 171 | 3 769 070 | 4 192 680 | 4 166 668 | 4 865 122 |
| Insurance pension and standardised guarantees | 0 | 0 | 0 | 0 | 0 | 0 | 0 | 0 |
| Financial derivatives and employee stock options | 142 402 | 161 744 | 61 803 | 90 203 | 103 540 | 107 363 | 93 362 | 107 834 |
| Other accounts payable | 87 103 | 89 984 | 117 375 | 100 182 | 113 922 | 115 064 | 126 553 | 99 584 |
| Non-financial assets | 7 776 | 8 065 | 10 597 | 9 575 | 10 652 | 11 809 | 17 628 | 22 951 |
| **Money market funds** | | | | | | | | |
| Financial net worth | 0 | 0 | 0 | 0 | 0 | 0 | 0 | 0 |
| Financial assets | 224 286 | 198 793 | 223 845 | 255 755 | 292 699 | 291 760 | 308 669 | 345 519 |
| Currency and deposits | 52 086 | 43 604 | 34 814 | 41 611 | 60 581 | 65 670 | 85 402 | 79 920 |
| Debt securities | 167 631 | 149 345 | 182 117 | 206 411 | 222 976 | 217 831 | 218 620 | 259 789 |
| Loans | 0 | 0 | 0 | 0 | 0 | 0 | 0 | 0 |
| Equity and investment fund shares | 647 | 3 555 | 4 152 | 5 156 | 6 486 | 5 482 | 1 353 | 2 028 |
| Equity | 0 | 5 | 0 | 0 | 0 | 0 | 0 | 0 |
| Investment fund shares | 647 | 3 550 | 4 152 | 5 156 | 6 486 | 5 482 | 1 353 | 2 028 |
| Money market fund shares | 549 | 3 547 | 4 152 | 5 156 | 6 478 | 5 475 | 1 353 | 1 995 |
| Non-Money market fund shares | 98 | 3 | 0 | 0 | 7 | 7 | 0 | 33 |
| Insurance pension and standardised guarantees | 0 | 0 | 0 | 0 | 0 | 0 | 0 | 0 |
| Financial derivatives and employee stock options | 28 | 25 | 48 | 114 | 467 | 482 | 380 | 1 454 |
| Other accounts receivable | 3 894 | 2 264 | 2 714 | 2 462 | 2 190 | 2 295 | 2 914 | 2 329 |
| Financial liabilities | 224 286 | 198 793 | 223 845 | 255 755 | 292 699 | 291 760 | 308 669 | 345 519 |
| Debt securities | 0 | 0 | 0 | 0 | 0 | 0 | 0 | 0 |
| Short-term debt securities | 0 | 0 | 0 | 0 | 0 | 0 | 0 | 0 |
| Long-term debt securities | 0 | 0 | 0 | 0 | 0 | 0 | 0 | 0 |
| Loans | 67 | 594 | 586 | 522 | 682 | 1 474 | 285 | 77 |
| Short-term loans | 67 | 594 | 586 | 522 | 682 | 1 474 | 285 | 77 |
| Long-term loans | 0 | 0 | 0 | 0 | 0 | 0 | 0 | 0 |
| Equity and investment fund shares | 220 251 | 194 787 | 213 678 | 251 429 | 288 049 | 284 913 | 301 382 | 340 563 |
| Insurance pension and standardised guarantees | 0 | 0 | 0 | 0 | 0 | 0 | 0 | 0 |
| Financial derivatives and employee stock options | 32 | 5 | 7 | 98 | 316 | 504 | 367 | 1 465 |
| Other accounts payable | 3 937 | 3 407 | 9 575 | 3 706 | 3 652 | 4 868 | 6 636 | 3 415 |
| Non-financial assets | 0 | 0 | 0 | 0 | 0 | 0 | 0 | 0 |
| **Non-money market funds** | | | | | | | | |
| Financial net worth | -7 776 | -8 065 | -10 597 | -9 575 | -10 652 | -11 809 | -17 628 | -22 950 |
| Financial assets | 2 426 656 | 2 723 014 | 3 150 845 | 3 531 820 | 3 756 842 | 4 180 227 | 4 145 879 | 4 813 187 |
| Currency and deposits | 152 707 | 186 802 | 236 417 | 226 918 | 258 938 | 272 563 | 276 007 | 296 690 |
| Debt securities | 1 008 202 | 1 056 761 | 1 274 391 | 1 400 551 | 1 517 055 | 1 646 179 | 1 661 341 | 1 898 510 |
| Loans | 0 | 0 | 0 | 0 | 0 | 0 | 0 | 0 |
| Equity and investment fund shares | 993 272 | 1 193 031 | 1 453 348 | 1 697 551 | 1 768 724 | 2 035 168 | 1 987 218 | 2 401 428 |
| Equity | 724 696 | 876 826 | 1 061 281 | 1 237 861 | 1 282 200 | 1 499 961 | 1 460 380 | 1 807 970 |
| Investment fund shares | 268 576 | 316 205 | 392 067 | 459 691 | 486 524 | 535 207 | 526 837 | 593 458 |
| Money market fund shares | 11 101 | 13 595 | 17 938 | 30 779 | 29 749 | 34 201 | 45 733 | 41 823 |
| Non-Money market fund shares | 257 474 | 302 610 | 374 130 | 428 912 | 456 775 | 501 005 | 481 105 | 551 635 |
| Insurance pension and standardised guarantees | 0 | 0 | 0 | 0 | 0 | 0 | 0 | 0 |
| Financial derivatives and employee stock options | 190 798 | 203 752 | 96 381 | 109 700 | 122 247 | 133 563 | 106 425 | 123 106 |
| Other accounts receivable | 81 678 | 82 669 | 90 308 | 97 100 | 89 878 | 92 755 | 114 888 | 93 453 |
| Financial liabilities | 2 434 432 | 2 731 079 | 3 161 442 | 3 541 395 | 3 767 494 | 4 192 036 | 4 163 506 | 4 836 138 |
| Debt securities | 1 583 | 2 449 | 3 307 | 3 440 | 3 417 | 1 115 | 1 145 | 1 297 |
| Short-term debt securities | 0 | 0 | 0 | 0 | 0 | 0 | 0 | 0 |
| Long-term debt securities | 1 583 | 2 449 | 3 307 | 3 440 | 3 417 | 1 115 | 1 145 | 1 297 |
| Loans | 30 050 | 47 848 | 62 976 | 51 633 | 69 563 | 66 100 | 84 162 | 107 744 |
| Short-term loans | 27 188 | 44 573 | 60 021 | 44 990 | 63 049 | 58 578 | 71 693 | 84 119 |
| Long-term loans | 2 861 | 3 275 | 2 955 | 6 643 | 6 514 | 7 522 | 12 469 | 23 625 |
| Equity and investment fund shares | 2 177 262 | 2 432 465 | 2 925 562 | 3 299 743 | 3 481 021 | 3 907 768 | 3 865 286 | 4 524 559 |
| Insurance pension and standardised guarantees | 0 | 0 | 0 | 0 | 0 | 0 | 0 | 0 |
| Financial derivatives and employee stock options | 142 371 | 161 739 | 61 796 | 90 105 | 103 223 | 106 858 | 92 996 | 106 369 |
| Other accounts payable | 83 167 | 86 577 | 107 800 | 96 475 | 110 270 | 110 195 | 119 917 | 96 169 |
| Non-financial assets | 7 776 | 8 065 | 10 597 | 9 575 | 10 652 | 11 809 | 17 628 | 22 951 |
| **Open-end non-money market funds** | | | | | | | | |
| Financial net worth | -7 754 | -8 037 | -9 418 | -9 058 | -10 371 | -11 604 | -17 336 | -20 338 |
| Financial assets | 2 412 370 | 2 706 977 | 3 094 833 | 3 465 218 | 3 681 591 | 4 095 473 | 4 019 848 | 4 671 830 |
| Currency and deposits | 149 686 | 184 463 | 228 649 | 219 181 | 248 316 | 260 721 | 259 858 | 279 232 |

## Table 2. Financial assets and liabilities of investment funds *(cont.)*

*Million EUR*

| | 2012 | 2013 | 2014 | 2015 | 2016 | 2017 | 2018 | 2019 |
|---|---|---|---|---|---|---|---|---|
| Debt securities | 1 005 479 | 1 054 245 | 1 267 711 | 1 392 026 | 1 507 933 | 1 636 511 | 1 642 864 | 1 876 257 |
| Loans | 0 | 0 | 0 | 0 | 0 | 0 | 0 | 0 |
| Equity and investment fund shares | 985 877 | 1 183 724 | 1 415 839 | 1 652 163 | 1 718 340 | 1 976 857 | 1 903 082 | 2 307 113 |
| Equity | 719 214 | 870 545 | 1 038 749 | 1 211 450 | 1 250 169 | 1 462 045 | 1 402 360 | 1 741 557 |
| Investment fund shares | 266 663 | 313 179 | 377 090 | 440 713 | 468 171 | 514 812 | 500 723 | 565 556 |
| Money market fund shares | 11 032 | 13 594 | 17 931 | 30 766 | 29 699 | 34 076 | 45 572 | 41 605 |
| Non-Money market fund shares | 255 631 | 299 585 | 359 159 | 409 947 | 438 472 | 480 736 | 455 151 | 523 951 |
| Insurance pension and standardised guarantees | 0 | 0 | 0 | 0 | 0 | 0 | 0 | 0 |
| Financial derivatives and employee stock options | 190 796 | 203 752 | 96 094 | 109 030 | 121 728 | 133 029 | 105 296 | 122 076 |
| Other accounts receivable | 80 531 | 80 794 | 86 541 | 92 818 | 85 275 | 88 355 | 108 748 | 87 152 |
| Financial liabilities | 2 420 124 | 2 715 015 | 3 104 251 | 3 474 277 | 3 691 963 | 4 107 077 | 4 037 184 | 4 692 168 |
| Debt securities | 1 583 | 2 449 | 3 277 | 3 257 | 3 333 | 1 115 | 1 145 | 1 297 |
| Short-term debt securities | 0 | 0 | 0 | 0 | 0 | 0 | 0 | 0 |
| Long-term debt securities | 1 583 | 2 449 | 3 277 | 3 257 | 3 333 | 1 115 | 1 145 | 1 297 |
| Loans | 29 135 | 47 282 | 60 977 | 48 137 | 65 895 | 60 775 | 71 667 | 95 496 |
| Short-term loans | 27 129 | 44 535 | 59 179 | 43 310 | 61 192 | 55 270 | 62 413 | 75 213 |
| Long-term loans | 2 006 | 2 747 | 1 798 | 4 827 | 4 703 | 5 505 | 9 253 | 20 283 |
| Equity and investment fund shares | 2 164 687 | 2 417 568 | 2 872 857 | 3 239 299 | 3 413 083 | 3 832 004 | 3 755 901 | 4 398 255 |
| Insurance pension and standardised guarantees | 0 | 0 | 0 | 0 | 0 | 0 | 0 | 0 |
| Financial derivatives and employee stock options | 142 352 | 161 739 | 61 764 | 90 085 | 103 110 | 106 808 | 92 923 | 106 288 |
| Other accounts payable | 82 368 | 85 976 | 105 376 | 93 498 | 106 542 | 106 375 | 115 549 | 90 834 |
| Non-financial assets | 7 755 | 8 037 | 9 418 | 9 059 | 10 372 | 11 604 | 17 336 | 20 338 |
| **Open-end investment funds** | | | | | | | | |
| Financial net worth | -7 754 | -8 037 | -9 418 | -9 058 | -10 371 | -11 604 | -17 336 | -20 338 |
| Financial assets | 2 636 655 | 2 905 770 | 3 318 678 | 3 720 973 | 3 974 291 | 4 387 232 | 4 328 517 | 5 017 349 |
| Currency and deposits | 201 772 | 228 067 | 263 463 | 260 792 | 308 897 | 326 391 | 345 260 | 359 152 |
| Debt securities | 1 173 110 | 1 203 590 | 1 449 827 | 1 598 437 | 1 730 909 | 1 854 343 | 1 861 483 | 2 136 046 |
| Loans | 0 | 0 | 0 | 0 | 0 | 0 | 0 | 0 |
| Equity and investment fund shares | 986 525 | 1 187 279 | 1 419 991 | 1 657 319 | 1 724 826 | 1 982 339 | 1 904 435 | 2 309 141 |
| Equity | 719 214 | 870 550 | 1 038 749 | 1 211 450 | 1 250 169 | 1 462 045 | 1 402 360 | 1 741 557 |
| Investment fund shares | 267 310 | 316 729 | 381 243 | 445 869 | 474 657 | 520 294 | 502 076 | 567 584 |
| Money market fund shares | 11 581 | 17 141 | 22 084 | 35 923 | 36 178 | 39 551 | 46 924 | 43 600 |
| Non-Money market fund shares | 255 729 | 299 589 | 359 159 | 409 947 | 438 479 | 480 743 | 455 151 | 523 984 |
| Insurance pension and standardised guarantees | 0 | 0 | 0 | 0 | 0 | 0 | 0 | 0 |
| Financial derivatives and employee stock options | 190 824 | 203 777 | 96 141 | 109 145 | 122 195 | 133 510 | 105 676 | 123 530 |
| Other accounts receivable | 84 425 | 83 058 | 89 255 | 95 280 | 87 465 | 90 650 | 111 662 | 89 481 |
| Financial liabilities | 2 644 410 | 2 913 807 | 3 328 096 | 3 730 031 | 3 984 662 | 4 398 837 | 4 345 853 | 5 037 687 |
| Debt securities | 1 583 | 2 449 | 3 277 | 3 257 | 3 333 | 1 115 | 1 145 | 1 297 |
| Short-term debt securities | 0 | 0 | 0 | 0 | 0 | 0 | 0 | 0 |
| Long-term debt securities | 1 583 | 2 449 | 3 277 | 3 257 | 3 333 | 1 115 | 1 145 | 1 297 |
| Loans | 29 202 | 47 876 | 61 563 | 48 659 | 66 577 | 62 249 | 71 952 | 95 573 |
| Short-term loans | 27 196 | 45 129 | 59 765 | 43 832 | 61 874 | 56 744 | 62 698 | 75 290 |
| Long-term loans | 2 006 | 2 747 | 1 798 | 4 827 | 4 703 | 5 505 | 9 253 | 20 283 |
| Equity and investment fund shares | 2 384 938 | 2 612 355 | 3 086 535 | 3 490 728 | 3 701 132 | 4 116 917 | 4 057 283 | 4 738 817 |
| Insurance pension and standardised guarantees | 0 | 0 | 0 | 0 | 0 | 0 | 0 | 0 |
| Financial derivatives and employee stock options | 142 384 | 161 744 | 61 770 | 90 183 | 103 427 | 107 312 | 93 289 | 107 753 |
| Other accounts payable | 86 305 | 89 383 | 114 951 | 97 204 | 110 194 | 111 244 | 122 185 | 94 249 |
| Non-financial assets | 7 755 | 8 037 | 9 418 | 9 059 | 10 372 | 11 604 | 17 336 | 20 338 |

Note: Detailed metadata at: *http://metalinks.oecd.org/instinv/20200916/eefc*

# LUXEMBOURG

## Table 3. Financial assets and liabilities of insurance corporations and pension funds

*Million EUR*

| | 2012 | 2013 | 2014 | 2015 | 2016 | 2017 | 2018 | 2019 |
|---|---|---|---|---|---|---|---|---|
| **Insurance corporations and pension funds** | | | | | | | | |
| Financial net worth | 913 | 880 | 2 094 | -178 | -241 | -254 | -326 | -389 |
| Financial assets | 135 052 | 143 835 | 164 411 | 184 315 | 187 673 | 193 478 | 204 544 | 232 642 |
| Currency and deposits | 11 748 | 12 210 | 12 993 | 15 974 | 15 398 | 15 472 | 19 515 | 18 742 |
| Debt securities | 40 096 | 39 994 | 44 641 | 41 990 | 42 279 | 41 691 | 44 317 | 49 199 |
| Loans | 2 076 | 1 739 | 1 982 | 9 791 | 11 010 | 4 788 | 4 790 | 5 817 |
| Equity and investment fund shares | 62 269 | 67 364 | 77 162 | 91 820 | 93 387 | 103 202 | 103 037 | 118 130 |
| Equity | 12 925 | 14 308 | 13 820 | 17 662 | 18 316 | 18 339 | 19 014 | 22 102 |
| Investment fund shares | 49 343 | 53 056 | 63 343 | 74 158 | 75 071 | 84 864 | 84 023 | 96 028 |
| Money market fund shares | 3 968 | 3 087 | 3 602 | 4 011 | 4 194 | 4 091 | 5 198 | 5 935 |
| Non-Money market fund shares | 45 375 | 49 969 | 59 740 | 70 147 | 70 877 | 80 773 | 78 825 | 90 093 |
| Insurance pension and standardised guarantees | 17 514 | 21 250 | 26 212 | 18 998 | 18 546 | 20 246 | 22 192 | 27 703 |
| Financial derivatives and employee stock options | 0 | 0 | 0 | 348 | 281 | 498 | 751 | 517 |
| Other accounts receivable | 1 350 | 1 279 | 1 421 | 5 396 | 6 773 | 7 581 | 9 942 | 12 534 |
| Financial liabilities | 134 139 | 142 955 | 162 317 | 184 493 | 187 914 | 193 732 | 204 870 | 233 031 |
| Debt securities | 6 | 3 | 3 | 327 | 387 | 356 | 408 | 535 |
| Short-term debt securities | 0 | 0 | 0 | 0 | 0 | 0 | 0 | 0 |
| Long-term debt securities | 6 | 3 | 3 | 327 | 387 | 356 | 408 | 535 |
| Loans | 6 204 | 6 284 | 7 764 | 7 772 | 8 261 | 889 | 887 | 914 |
| Short-term loans | 6 152 | 6 232 | 7 702 | 7 772 | 8 261 | 889 | 887 | 914 |
| Long-term loans | 52 | 53 | 62 | 0 | 0 | 0 | 0 | 0 |
| Equity and investment fund shares | 10 635 | 9 507 | 10 170 | 5 461 | 5 191 | 5 042 | 5 205 | 5 649 |
| Insurance pension and standardised guarantees | 116 546 | 126 414 | 143 409 | 155 018 | 158 297 | 171 480 | 181 864 | 205 508 |
| Financial derivatives and employee stock options | 0 | 0 | 0 | 57 | 107 | 244 | 465 | 150 |
| Other accounts payable | 748 | 747 | 971 | 15 858 | 15 670 | 15 720 | 16 042 | 20 275 |
| Non-financial assets | 230 | 236 | 335 | 183 | 241 | 255 | 326 | 389 |
| **Insurance corporations** | | | | | | | | |
| Financial net worth | 913 | 880 | 2 093 | -183 | -241 | -255 | -326 | -389 |
| Financial assets | 133 963 | 142 654 | 162 648 | 182 478 | 185 735 | 191 463 | 202 476 | 230 522 |
| Currency and deposits | 11 707 | 12 164 | 12 909 | 15 904 | 15 360 | 15 405 | 19 419 | 18 617 |
| Debt securities | 39 554 | 39 419 | 43 868 | 41 233 | 41 515 | 40 945 | 43 590 | 48 490 |
| Loans | 2 075 | 1 737 | 1 981 | 9 790 | 11 009 | 4 787 | 4 789 | 5 816 |
| Equity and investment fund shares | 61 776 | 66 820 | 76 274 | 90 852 | 92 287 | 102 051 | 101 844 | 116 895 |
| Equity | 12 924 | 14 260 | 13 820 | 17 662 | 18 303 | 18 317 | 18 992 | 22 080 |
| Investment fund shares | 48 852 | 52 560 | 62 454 | 73 190 | 73 983 | 83 734 | 82 851 | 94 814 |
| Money market fund shares | 3 929 | 3 058 | 3 552 | 3 950 | 4 176 | 4 063 | 5 071 | 5 856 |
| Non-Money market fund shares | 44 923 | 49 502 | 58 902 | 69 240 | 69 808 | 79 672 | 77 780 | 88 958 |
| Insurance pension and standardised guarantees | 17 514 | 21 250 | 26 212 | 18 998 | 18 546 | 20 246 | 22 192 | 27 703 |
| Financial derivatives and employee stock options | 0 | 0 | 0 | 348 | 281 | 498 | 751 | 517 |
| Other accounts receivable | 1 338 | 1 264 | 1 405 | 5 354 | 6 739 | 7 531 | 9 892 | 12 484 |
| Financial liabilities | 133 050 | 141 775 | 160 554 | 182 661 | 185 976 | 191 717 | 202 802 | 230 911 |
| Debt securities | 6 | 3 | 3 | 327 | 387 | 356 | 408 | 535 |
| Short-term debt securities | 0 | 0 | 0 | 0 | 0 | 0 | 0 | 0 |
| Long-term debt securities | 6 | 3 | 3 | 327 | 387 | 356 | 408 | 535 |
| Loans | 6 204 | 6 284 | 7 764 | 7 772 | 8 261 | 889 | 887 | 914 |
| Short-term loans | 6 152 | 6 232 | 7 702 | 7 772 | 8 261 | 889 | 887 | 914 |
| Long-term loans | 52 | 53 | 62 | 0 | 0 | 0 | 0 | 0 |
| Equity and investment fund shares | 10 635 | 9 507 | 10 170 | 5 461 | 5 191 | 5 042 | 5 205 | 5 649 |
| Insurance pension and standardised guarantees | 115 462 | 125 241 | 141 689 | 153 215 | 156 384 | 169 489 | 179 820 | 203 412 |
| Financial derivatives and employee stock options | 0 | 0 | 0 | 57 | 107 | 244 | 465 | 150 |
| Other accounts payable | 743 | 740 | 928 | 15 829 | 15 645 | 15 697 | 16 018 | 20 251 |
| Non-financial assets | 230 | 236 | 335 | 183 | 241 | 255 | 326 | 389 |
| **Pension funds** | | | | | | | | |
| Financial net worth | 0 | 0 | 0 | 5 | 1 | 0 | 0 | 0 |
| Financial assets | 1 089 | 1 181 | 1 763 | 1 837 | 1 939 | 2 015 | 2 068 | 2 120 |
| Currency and deposits | 41 | 46 | 84 | 70 | 38 | 67 | 96 | 125 |
| Debt securities | 542 | 575 | 773 | 757 | 764 | 746 | 727 | 709 |
| Loans | 1 | 2 | 1 | 1 | 1 | 1 | 1 | 1 |
| Equity and investment fund shares | 493 | 544 | 889 | 968 | 1 101 | 1 151 | 1 193 | 1 235 |
| Equity | 2 | 48 | 0 | 0 | 13 | 22 | 22 | 22 |
| Investment fund shares | 491 | 496 | 889 | 968 | 1 088 | 1 130 | 1 172 | 1 214 |
| Money market fund shares | 40 | 29 | 51 | 61 | 18 | 28 | 127 | 79 |
| Non-Money market fund shares | 452 | 467 | 838 | 907 | 1 070 | 1 101 | 1 045 | 1 135 |
| Insurance pension and standardised guarantees | 0 | 0 | 0 | 0 | 0 | 0 | 0 | 0 |
| Financial derivatives and employee stock options | 0 | 0 | 0 | 0 | 0 | 0 | 0 | 0 |
| Other accounts receivable | 12 | 15 | 17 | 42 | 34 | 50 | 50 | 50 |
| Financial liabilities | 1 089 | 1 180 | 1 763 | 1 832 | 1 938 | 2 015 | 2 068 | 2 120 |
| Debt securities | 0 | 0 | 0 | 0 | 0 | 0 | 0 | 0 |
| Short-term debt securities | 0 | 0 | 0 | 0 | 0 | 0 | 0 | 0 |
| Long-term debt securities | 0 | 0 | 0 | 0 | 0 | 0 | 0 | 0 |
| Loans | 0 | 0 | 0 | 0 | 0 | 0 | 0 | 0 |
| Short-term loans | 0 | 0 | 0 | 0 | 0 | 0 | 0 | 0 |
| Long-term loans | 0 | 0 | 0 | 0 | 0 | 0 | 0 | 0 |
| Equity and investment fund shares | 0 | 0 | 0 | 0 | 0 | 0 | 0 | 0 |
| Insurance pension and standardised guarantees | 1 084 | 1 173 | 1 720 | 1 803 | 1 913 | 1 991 | 2 044 | 2 096 |
| Financial derivatives and employee stock options | 0 | 0 | 0 | 0 | 0 | 0 | 0 | 0 |
| Other accounts payable | 5 | 7 | 43 | 29 | 25 | 24 | 24 | 24 |
| Non-financial assets | 0 | 0 | 0 | 0 | 0 | 0 | 0 | 0 |

Note: Detailed metadata at: *http://metalinks.oecd.org/instinv/20200916/eefc*

## LUXEMBOURG

### Table 4. Portfolio composition by type of investor
As percentage of financial assets and of financial liabilities

*Per cent*

| | 2012 | 2013 | 2014 | 2015 | 2016 | 2017 | 2018 | 2019 |
|---|---|---|---|---|---|---|---|---|
| **Investment funds** | | | | | | | | |
| Financial assets | 100.0 | 100.0 | 100.0 | 100.0 | 100.0 | 100.0 | 100.0 | 100.0 |
| Currency and deposits | 7.7 | 7.9 | 8.0 | 7.1 | 7.9 | 7.6 | 8.1 | 7.3 |
| Debt securities | 44.4 | 41.3 | 43.2 | 42.4 | 43.0 | 41.7 | 42.2 | 41.8 |
| Loans | 0.0 | 0.0 | 0.0 | 0.0 | 0.0 | 0.0 | 0.0 | 0.0 |
| Equity and investment fund shares | 37.5 | 41.0 | 43.2 | 45.0 | 43.8 | 45.6 | 44.6 | 46.6 |
| Insurance pension and standardised guarantee schemes | 0.0 | 0.0 | 0.0 | 0.0 | 0.0 | 0.0 | 0.0 | 0.0 |
| Financial derivatives and employee stock options | 7.2 | 7.0 | 2.9 | 2.9 | 3.0 | 3.0 | 2.4 | 2.4 |
| Other accounts receivable | 3.2 | 2.9 | 2.8 | 2.6 | 2.3 | 2.1 | 2.6 | 1.9 |
| Financial liabilities | 100.0 | 100.0 | 100.0 | 100.0 | 100.0 | 100.0 | 100.0 | 100.0 |
| Currency and deposits | 0.0 | 0.0 | 0.0 | 0.0 | 0.0 | 0.0 | 0.0 | 0.0 |
| Debt securities | 0.1 | 0.1 | 0.1 | 0.1 | 0.1 | 0.0 | 0.0 | 0.0 |
| Loans | 1.1 | 1.7 | 1.9 | 1.4 | 1.7 | 1.5 | 1.9 | 2.1 |
| Equity and investment fund shares | 90.2 | 89.7 | 92.7 | 93.5 | 92.8 | 93.5 | 93.2 | 93.9 |
| Insurance pension and standardised guarantee schemes | 0.0 | 0.0 | 0.0 | 0.0 | 0.0 | 0.0 | 0.0 | 0.0 |
| Financial derivatives and employee stock options | 5.4 | 5.5 | 1.8 | 2.4 | 2.6 | 2.4 | 2.1 | 2.1 |
| Other accounts receivable | 3.3 | 3.1 | 3.5 | 2.6 | 2.8 | 2.6 | 2.8 | 1.9 |
| **Insurance corporations** | | | | | | | | |
| Financial assets | 100.0 | 100.0 | 100.0 | 100.0 | 100.0 | 100.0 | 100.0 | 100.0 |
| Currency and deposits | 8.7 | 8.5 | 7.9 | 8.7 | 8.3 | 8.0 | 9.6 | 8.1 |
| Debt securities | 29.5 | 27.6 | 27.0 | 22.6 | 22.4 | 21.4 | 21.5 | 21.0 |
| Loans | 1.5 | 1.2 | 1.2 | 5.4 | 5.9 | 2.5 | 2.4 | 2.5 |
| Equity and investment fund shares | 46.1 | 46.8 | 46.9 | 49.8 | 49.7 | 53.3 | 50.3 | 50.7 |
| Insurance pension and standardised guarantee schemes | 13.1 | 14.9 | 16.1 | 10.4 | 10.0 | 10.6 | 11.0 | 12.0 |
| Financial derivatives and employee stock options | 0.0 | 0.0 | 0.0 | 0.2 | 0.2 | 0.3 | 0.4 | 0.2 |
| Other accounts receivable | 1.0 | 0.9 | 0.9 | 2.9 | 3.6 | 3.9 | 4.9 | 5.4 |
| Financial liabilities | 100.0 | 100.0 | 100.0 | 100.0 | 100.0 | 100.0 | 100.0 | 100.0 |
| Currency and deposits | 0.0 | 0.0 | 0.0 | 0.0 | 0.0 | 0.0 | 0.0 | 0.0 |
| Debt securities | 0.0 | 0.0 | 0.0 | 0.2 | 0.2 | 0.2 | 0.2 | 0.2 |
| Loans | 4.7 | 4.4 | 4.8 | 4.3 | 4.4 | 0.5 | 0.4 | 0.4 |
| Equity and investment fund shares | 8.0 | 6.7 | 6.3 | 3.0 | 2.8 | 2.6 | 2.6 | 2.4 |
| Insurance pension and standardised guarantee schemes | 86.8 | 88.3 | 88.2 | 83.9 | 84.1 | 88.4 | 88.7 | 88.1 |
| Financial derivatives and employee stock options | 0.0 | 0.0 | 0.0 | 0.0 | 0.1 | 0.1 | 0.2 | 0.1 |
| Other accounts receivable | 0.6 | 0.5 | 0.6 | 8.7 | 8.4 | 8.2 | 7.9 | 8.8 |
| **Pension funds** | | | | | | | | |
| Financial assets | 100.0 | 100.0 | 100.0 | 100.0 | 100.0 | 100.0 | 100.0 | 100.0 |
| Currency and deposits | 3.8 | 3.9 | 4.8 | 3.8 | 2.0 | 3.3 | 4.6 | 5.9 |
| Debt securities | 49.8 | 48.7 | 43.8 | 41.2 | 39.4 | 37.0 | 35.2 | 33.4 |
| Loans | 0.1 | 0.1 | 0.1 | 0.1 | 0.1 | 0.0 | 0.0 | 0.0 |
| Equity and investment fund shares | 45.3 | 46.1 | 50.4 | 52.7 | 56.8 | 57.1 | 57.7 | 58.3 |
| Insurance pension and standardised guarantee schemes | 0.0 | 0.0 | 0.0 | 0.0 | 0.0 | 0.0 | 0.0 | 0.0 |
| Financial derivatives and employee stock options | 0.0 | 0.0 | 0.0 | 0.0 | 0.0 | 0.0 | 0.0 | 0.0 |
| Other accounts receivable | 1.1 | 1.3 | 0.9 | 2.3 | 1.8 | 2.5 | 2.4 | 2.3 |
| Financial liabilities | 100.0 | 100.0 | 100.0 | 100.0 | 100.0 | 100.0 | 100.0 | 100.0 |
| Currency and deposits | 0.0 | 0.0 | 0.0 | 0.0 | 0.0 | 0.0 | 0.0 | 0.0 |
| Debt securities | 0.0 | 0.0 | 0.0 | 0.0 | 0.0 | 0.0 | 0.0 | 0.0 |
| Loans | 0.0 | 0.0 | 0.0 | 0.0 | 0.0 | 0.0 | 0.0 | 0.0 |
| Equity and investment fund shares | 0.0 | 0.0 | 0.0 | 0.0 | 0.0 | 0.0 | 0.0 | 0.0 |
| Insurance pension and standardised guarantee schemes | 99.5 | 99.4 | 97.6 | 98.4 | 98.7 | 98.8 | 98.9 | 98.9 |
| Financial derivatives and employee stock options | 0.0 | 0.0 | 0.0 | 0.0 | 0.0 | 0.0 | 0.0 | 0.0 |
| Other accounts receivable | 0.5 | 0.6 | 2.4 | 1.6 | 1.3 | 1.2 | 1.1 | 1.1 |

Note: Detailed metadata at: *http://metalinks.oecd.org/instinv/20200916/eb22*

# NETHERLANDS

## Table 1. Financial assets and liabilities of institutional investors, 2018

*Million EUR (1999 NLD euro)*

| | Total | Investment funds | | | |
|---|---|---|---|---|---|
| | | Non-money market funds | | | Money market funds |
| | | Total | Open-end non-money market funds | Closed-end non-money market funds | Total |
| Financial assets | .. | 821 648 | .. | .. | .. |
| Currency and deposits | .. | 10 426 | .. | .. | .. |
| Debt securities | .. | 211 560 | .. | .. | .. |
| Debt securities, short term | .. | 2 837 | .. | .. | .. |
| Debt securities, long term | .. | 208 723 | .. | .. | .. |
| Debt securities issued by residents | .. | 17 078 | .. | .. | .. |
| Debt securities issued by non-residents | .. | 194 482 | .. | .. | .. |
| Loans | .. | 81 182 | .. | .. | .. |
| Loans, short-term | .. | 29 592 | .. | .. | .. |
| Loans, long-term | .. | 51 590 | .. | .. | .. |
| Loans granted to residents | .. | 71 055 | .. | .. | .. |
| Loans granted to non-residents | .. | 10 127 | .. | .. | .. |
| Equity and investment fund shares/units | .. | 510 358 | .. | .. | .. |
| Equity and investment fund shares issued/units by residents | .. | 69 179 | .. | .. | .. |
| Equity and investment fund shares/units issued by non residents | .. | 441 179 | .. | .. | .. |
| Other accounts receivable | .. | 6 205 | .. | .. | .. |

| | Total | Investment funds | | | |
|---|---|---|---|---|---|
| | | Non-money market funds | | | Money market funds |
| | | Total | Open-end non-money market funds | Closed-end non-money market funds | Total |
| Financial liabilities | .. | 861 051 | .. | .. | .. |
| Currency and deposits | .. | .. | .. | .. | .. |
| Debt securities | .. | 626 | .. | .. | .. |
| Debt securities, short term | .. | 0 | .. | .. | .. |
| Debt securities, long term | .. | 626 | .. | .. | .. |
| Loans | .. | 17 981 | .. | .. | .. |
| Loans, short-term | .. | 8 030 | .. | .. | .. |
| Loans, long-term | .. | 9 951 | .. | .. | .. |
| Equity and investment fund shares/units | .. | 835 223 | .. | .. | .. |
| Insurance pension and standardised guaratees | .. | .. | .. | .. | .. |
| Financial derivatives and employee stock options | .. | 1 665 | .. | .. | .. |
| Other accounts payable | .. | 5 556 | .. | .. | .. |

| | Total | Insurance corporations and pension funds | | | |
|---|---|---|---|---|---|
| | | Insurance corporations | | | Pension funds |
| | | Total | Life insurance corporations | Non-life insurance corporations | Total |
| Financial assets | 1 897 356 | 451 338 | .. | .. | 1 446 018 |
| Currency and deposits | 25 032 | 10 403 | .. | .. | 14 629 |
| Debt securities | 594 926 | 183 728 | .. | .. | 411 198 |
| Debt securities, short-term | 12 920 | 4 695 | .. | .. | 8 225 |
| Debt securities, long term | 582 006 | 179 033 | .. | .. | 402 973 |
| Debt securities issued by residents | 111 623 | 42 598 | .. | .. | 69 025 |
| Debt securities issued by non-residents | 483 303 | 141 130 | .. | .. | 342 173 |
| Loans | 126 030 | 97 005 | .. | .. | 29 025 |
| Loans, short-term | 22 076 | 4 802 | .. | .. | 17 274 |
| Loans, long-term | 103 954 | 92 203 | .. | .. | 11 751 |
| Loans granted to residents | 117 839 | 91 192 | .. | .. | 26 647 |
| Loans granted to non-residents | 8 191 | 5 813 | .. | .. | 2 378 |
| Equity and investment fund shares/units | 997 525 | 113 887 | .. | .. | 883 638 |
| Equity and investment fund shares/units issued by residents | 729 609 | 85 150 | .. | .. | 644 459 |
| Equity and investment fund shares/units issued by non residents | 267 916 | 28 737 | .. | .. | 239 179 |
| Other accounts receivable | 36 416 | 26 657 | .. | .. | 9 759 |

| | Total | Insurance corporations and pension funds | | | |
|---|---|---|---|---|---|
| | | Insurance corporations | | | Pension funds |
| | | Total | Life insurance corporations | Non-life insurance corporations | Total |
| Financial liabilities | 1 913 840 | 485 707 | .. | .. | 1 428 133 |
| Currency and deposits | .. | .. | .. | .. | .. |
| Debt securities | 962 | 962 | .. | .. | 0 |
| Debt securities, short term | 0 | 0 | .. | .. | 0 |
| Debt securities, long term | 962 | 962 | .. | .. | 0 |
| Loans | 48 133 | 15 504 | .. | .. | 32 629 |
| Loans, short-term | 38 929 | 7 021 | .. | .. | 31 908 |
| Loans, long-term | 9 204 | 8 483 | .. | .. | 721 |
| Equity and investment fund shares/units | 60 219 | 60 219 | .. | .. | 0 |
| Insurance pension and standardised guarantees | 1 681 490 | 370 525 | .. | .. | 1 310 965 |
| Financial derivatives and employee stock options | 59 822 | 5 702 | .. | .. | 54 120 |
| Other accounts payable | 63 214 | 32 795 | .. | .. | 30 419 |

Note: Detailed metadata at: *http://metalinks.oecd.org/instinv/20200916/f42e*

## Table 2. Financial assets and liabilities of investment funds

*Million EUR*

| | 2012 | 2013 | 2014 | 2015 | 2016 | 2017 | 2018 | 2019 |
|---|---|---|---|---|---|---|---|---|
| **Investment funds** | | | | | | | | |
| Financial net worth | .. | .. | .. | .. | .. | .. | .. | .. |
| Financial assets | .. | .. | .. | .. | .. | .. | .. | .. |
| Currency and deposits | .. | .. | .. | .. | .. | .. | .. | .. |
| Debt securities | .. | .. | .. | .. | .. | .. | .. | .. |
| Loans | .. | .. | .. | .. | .. | .. | .. | .. |
| Equity and investment fund shares | .. | .. | .. | .. | .. | .. | .. | .. |
| Equity | .. | .. | .. | .. | .. | .. | .. | .. |
| Investment fund shares | .. | .. | .. | .. | .. | .. | .. | .. |
| Money market fund shares | .. | .. | .. | .. | .. | .. | .. | .. |
| Non-Money market fund shares | .. | .. | .. | .. | .. | .. | .. | .. |
| Insurance pension and standardised guarantees | .. | .. | .. | .. | .. | .. | .. | .. |
| Financial derivatives and employee stock options | .. | .. | .. | .. | .. | .. | .. | .. |
| Other accounts receivable | .. | .. | .. | .. | .. | .. | .. | .. |
| Financial liabilities | .. | .. | .. | .. | .. | .. | .. | .. |
| Debt securities | .. | .. | .. | .. | .. | .. | .. | .. |
| Short-term debt securities | .. | .. | .. | .. | .. | .. | .. | .. |
| Long-term debt securities | .. | .. | .. | .. | .. | .. | .. | .. |
| Loans | .. | .. | .. | .. | .. | .. | .. | .. |
| Short-term loans | .. | .. | .. | .. | .. | .. | .. | .. |
| Long-term loans | .. | .. | .. | .. | .. | .. | .. | .. |
| Equity and investment fund shares | .. | .. | .. | .. | .. | .. | .. | .. |
| Insurance pension and standardised guarantees | .. | .. | .. | .. | .. | .. | .. | .. |
| Financial derivatives and employee stock options | .. | .. | .. | .. | .. | .. | .. | .. |
| Other accounts payable | .. | .. | .. | .. | .. | .. | .. | .. |
| Non-financial assets | .. | .. | .. | .. | .. | .. | .. | .. |
| **Money market funds** | | | | | | | | |
| Financial net worth | .. | .. | .. | .. | .. | .. | .. | .. |
| Financial assets | .. | .. | .. | .. | .. | .. | .. | .. |
| Currency and deposits | .. | .. | .. | .. | .. | .. | .. | .. |
| Debt securities | .. | .. | .. | .. | .. | .. | .. | .. |
| Loans | .. | .. | .. | .. | .. | .. | .. | .. |
| Equity and investment fund shares | .. | .. | .. | .. | .. | .. | .. | .. |
| Equity | .. | .. | .. | .. | .. | .. | .. | .. |
| Investment fund shares | .. | .. | .. | .. | .. | .. | .. | .. |
| Money market fund shares | .. | .. | .. | .. | .. | .. | .. | .. |
| Non-Money market fund shares | .. | .. | .. | .. | .. | .. | .. | .. |
| Insurance pension and standardised guarantees | .. | .. | .. | .. | .. | .. | .. | .. |
| Financial derivatives and employee stock options | .. | .. | .. | .. | .. | .. | .. | .. |
| Other accounts receivable | .. | .. | .. | .. | .. | .. | .. | .. |
| Financial liabilities | .. | .. | .. | .. | .. | .. | .. | .. |
| Debt securities | .. | .. | .. | .. | .. | .. | .. | .. |
| Short-term debt securities | .. | .. | .. | .. | .. | .. | .. | .. |
| Long-term debt securities | .. | .. | .. | .. | .. | .. | .. | .. |
| Loans | .. | .. | .. | .. | .. | .. | .. | .. |
| Short-term loans | .. | .. | .. | .. | .. | .. | .. | .. |
| Long-term loans | .. | .. | .. | .. | .. | .. | .. | .. |
| Equity and investment fund shares | .. | .. | .. | .. | .. | .. | .. | .. |
| Insurance pension and standardised guarantees | .. | .. | .. | .. | .. | .. | .. | .. |
| Financial derivatives and employee stock options | .. | .. | .. | .. | .. | .. | .. | .. |
| Other accounts payable | .. | .. | .. | .. | .. | .. | .. | .. |
| Non-financial assets | .. | .. | .. | .. | .. | .. | .. | .. |
| **Non-money market funds** | | | | | | | | |
| Financial net worth | -31 253 | -30 317 | -29 011 | -31 844 | -32 072 | -34 733 | -39 403 | -42 913 |
| Financial assets | 569 052 | 629 342 | 745 859 | 747 324 | 814 017 | 858 883 | 821 648 | 933 594 |
| Currency and deposits | 11 714 | 12 008 | 16 342 | 12 613 | 10 407 | 11 677 | 10 426 | 12 287 |
| Debt securities | 198 060 | 210 846 | 233 436 | 245 004 | 249 216 | 220 522 | 211 560 | 184 186 |
| Loans | 40 844 | 47 501 | 48 869 | 54 668 | 64 674 | 78 204 | 81 182 | 92 871 |
| Equity and investment fund shares | 308 736 | 340 407 | 431 502 | 426 420 | 479 251 | 541 446 | 510 358 | 632 255 |
| Equity | 231 335 | 256 661 | 313 498 | 299 915 | 338 917 | 377 963 | 345 583 | 436 346 |
| Investment fund shares | 77 401 | 83 746 | 118 004 | 126 505 | 140 334 | 163 483 | 164 775 | 195 909 |
| Money market fund shares | 1 651 | 1 823 | 6 047 | 6 994 | 5 971 | 6 279 | 6 999 | 6 425 |
| Non-Money market fund shares | 75 750 | 81 923 | 111 957 | 119 511 | 134 363 | 157 204 | 157 776 | 189 484 |
| Insurance pension and standardised guarantees | 0 | 0 | 0 | 0 | 0 | 0 | 0 | 0 |
| Financial derivatives and employee stock options | 4 805 | 2 511 | 4 256 | 3 530 | 2 423 | 2 080 | 1 917 | 3 115 |
| Other accounts receivable | 4 893 | 16 069 | 11 454 | 5 089 | 8 046 | 4 954 | 6 205 | 8 880 |
| Financial liabilities | 600 305 | 659 659 | 774 870 | 779 168 | 846 089 | 893 616 | 861 051 | 976 507 |
| Debt securities | 1 612 | 2 215 | 3 051 | 686 | 670 | 650 | 626 | 273 |
| Short-term debt securities | 0 | 128 | 413 | 0 | 0 | 0 | 0 | 0 |
| Long-term debt securities | 1 612 | 2 087 | 2 638 | 686 | 670 | 650 | 626 | 273 |
| Loans | 19 334 | 15 315 | 20 686 | 19 428 | 16 110 | 15 034 | 17 981 | 16 668 |
| Short-term loans | 8 922 | 4 647 | 11 445 | 9 046 | 6 057 | 5 048 | 8 030 | 6 645 |
| Long-term loans | 10 412 | 10 668 | 9 241 | 10 382 | 10 053 | 9 986 | 9 951 | 10 023 |
| Equity and investment fund shares | 570 143 | 623 704 | 734 385 | 747 997 | 818 966 | 870 962 | 835 223 | 949 487 |
| Insurance pension and standardised guarantees | .. | .. | .. | .. | .. | .. | .. | .. |
| Financial derivatives and employee stock options | 2 746 | 2 100 | 4 445 | 2 790 | 3 597 | 1 539 | 1 665 | 3 025 |
| Other accounts payable | 6 470 | 16 325 | 12 303 | 8 267 | 6 746 | 5 431 | 5 556 | 7 054 |
| Non-financial assets | 30 676 | 29 574 | 28 353 | 30 387 | 31 717 | 34 810 | 39 595 | 43 433 |
| **Open-end non-money market funds** | | | | | | | | |
| Financial net worth | .. | .. | .. | .. | .. | .. | .. | .. |
| Financial assets | .. | .. | .. | .. | .. | .. | .. | .. |
| Currency and deposits | .. | .. | .. | .. | .. | .. | .. | .. |

## NETHERLANDS

### Table 2. Financial assets and liabilities of investment funds *(cont.)*

*Million EUR*

| | 2012 | 2013 | 2014 | 2015 | 2016 | 2017 | 2018 | 2019 |
|---|---|---|---|---|---|---|---|---|
| Debt securities | .. | .. | .. | .. | .. | .. | .. | .. |
| Loans | .. | .. | .. | .. | .. | .. | .. | .. |
| Equity and investment fund shares | .. | .. | .. | .. | .. | .. | .. | .. |
| Equity | .. | .. | .. | .. | .. | .. | .. | .. |
| Investment fund shares | .. | .. | .. | .. | .. | .. | .. | .. |
| Money market fund shares | .. | .. | .. | .. | .. | .. | .. | .. |
| Non-Money market fund shares | .. | .. | .. | .. | .. | .. | .. | .. |
| Insurance pension and standardised guarantees | .. | .. | .. | .. | .. | .. | .. | .. |
| Financial derivatives and employee stock options | .. | .. | .. | .. | .. | .. | .. | .. |
| Other accounts receivable | .. | .. | .. | .. | .. | .. | .. | .. |
| Financial liabilities | .. | .. | .. | .. | .. | .. | .. | .. |
| Debt securities | .. | .. | .. | .. | .. | .. | .. | .. |
| Short-term debt securities | .. | .. | .. | .. | .. | .. | .. | .. |
| Long-term debt securities | .. | .. | .. | .. | .. | .. | .. | .. |
| Loans | .. | .. | .. | .. | .. | .. | .. | .. |
| Short-term loans | .. | .. | .. | .. | .. | .. | .. | .. |
| Long-term loans | .. | .. | .. | .. | .. | .. | .. | .. |
| Equity and investment fund shares | .. | .. | .. | .. | .. | .. | .. | .. |
| Insurance pension and standardised guarantees | .. | .. | .. | .. | .. | .. | .. | .. |
| Financial derivatives and employee stock options | .. | .. | .. | .. | .. | .. | .. | .. |
| Other accounts payable | .. | .. | .. | .. | .. | .. | .. | .. |
| Non-financial assets | .. | .. | .. | .. | .. | .. | .. | .. |
| **Open-end investment funds** | | | | | | | | |
| Financial net worth | .. | .. | .. | .. | .. | .. | .. | .. |
| Financial assets | .. | .. | .. | .. | .. | .. | .. | .. |
| Currency and deposits | .. | .. | .. | .. | .. | .. | .. | .. |
| Debt securities | .. | .. | .. | .. | .. | .. | .. | .. |
| Loans | .. | .. | .. | .. | .. | .. | .. | .. |
| Equity and investment fund shares | .. | .. | .. | .. | .. | .. | .. | .. |
| Equity | .. | .. | .. | .. | .. | .. | .. | .. |
| Investment fund shares | .. | .. | .. | .. | .. | .. | .. | .. |
| Money market fund shares | .. | .. | .. | .. | .. | .. | .. | .. |
| Non-Money market fund shares | .. | .. | .. | .. | .. | .. | .. | .. |
| Insurance pension and standardised guarantees | .. | .. | .. | .. | .. | .. | .. | .. |
| Financial derivatives and employee stock options | .. | .. | .. | .. | .. | .. | .. | .. |
| Other accounts receivable | .. | .. | .. | .. | .. | .. | .. | .. |
| Financial liabilities | .. | .. | .. | .. | .. | .. | .. | .. |
| Debt securities | .. | .. | .. | .. | .. | .. | .. | .. |
| Short-term debt securities | .. | .. | .. | .. | .. | .. | .. | .. |
| Long-term debt securities | .. | .. | .. | .. | .. | .. | .. | .. |
| Loans | .. | .. | .. | .. | .. | .. | .. | .. |
| Short-term loans | .. | .. | .. | .. | .. | .. | .. | .. |
| Long-term loans | .. | .. | .. | .. | .. | .. | .. | .. |
| Equity and investment fund shares | .. | .. | .. | .. | .. | .. | .. | .. |
| Insurance pension and standardised guarantees | .. | .. | .. | .. | .. | .. | .. | .. |
| Financial derivatives and employee stock options | .. | .. | .. | .. | .. | .. | .. | .. |
| Other accounts payable | .. | .. | .. | .. | .. | .. | .. | .. |
| Non-financial assets | .. | .. | .. | .. | .. | .. | .. | .. |

Note: Detailed metadata at: *http://metalinks.oecd.org/instinv/20200916/f42e*

# NETHERLANDS

## Table 3. Financial assets and liabilities of insurance corporations and pension funds

*Million EUR*

| | 2012 | 2013 | 2014 | 2015 | 2016 | 2017 | 2018 | 2019 |
|---|---|---|---|---|---|---|---|---|
| **Insurance corporations and pension funds** | | | | | | | | |
| Financial net worth | -11 695 | 46 512 | 66 521 | -11 759 | -25 701 | 44 207 | -16 484 | -12 149 |
| Financial assets | 1 447 441 | 1 457 461 | 1 748 460 | 1 717 400 | 1 843 323 | 1 900 242 | 1 897 356 | 2 236 066 |
| Currency and deposits | 31 509 | 19 829 | 26 770 | 22 630 | 24 483 | 24 227 | 25 032 | 28 786 |
| Debt securities | 432 810 | 419 558 | 503 130 | 509 109 | 534 800 | 564 046 | 594 926 | 697 413 |
| Loans | 107 114 | 106 358 | 114 413 | 112 070 | 119 016 | 137 848 | 126 030 | 134 814 |
| Equity and investment fund shares | 723 287 | 789 743 | 898 696 | 919 395 | 1 009 934 | 1 044 254 | 997 525 | 1 146 517 |
| Equity | 149 423 | 159 258 | 179 213 | 193 657 | 212 040 | 213 269 | 193 301 | 243 079 |
| Investment fund shares | 573 864 | 630 485 | 719 483 | 725 738 | 797 894 | 830 985 | 804 224 | 903 438 |
| Money market fund shares | 11 199 | 10 532 | 12 080 | 11 166 | 12 491 | 22 276 | 25 809 | 29 212 |
| Non-Money market fund shares | 562 665 | 619 953 | 707 403 | 714 572 | 785 403 | 808 709 | 778 415 | 874 226 |
| Insurance pension and standardised guarantees | 22 852 | 25 781 | 23 022 | 20 922 | 14 828 | 11 298 | 9 282 | 9 173 |
| Financial derivatives and employee stock options | 93 820 | 62 696 | 146 506 | 94 429 | 102 116 | 84 762 | 108 145 | 178 904 |
| Other accounts receivable | 36 049 | 33 496 | 35 923 | 38 845 | 38 146 | 33 807 | 36 416 | 40 459 |
| Financial liabilities | 1 459 136 | 1 410 949 | 1 681 939 | 1 729 159 | 1 869 024 | 1 856 035 | 1 913 840 | 2 248 215 |
| Debt securities | 809 | 1 088 | 1 359 | 1 113 | 1 167 | 1 233 | 962 | 968 |
| Short-term debt securities | 0 | 0 | 0 | 0 | 0 | 0 | 0 | 0 |
| Long-term debt securities | 809 | 1 088 | 1 359 | 1 113 | 1 167 | 1 233 | 962 | 968 |
| Loans | 46 867 | 32 451 | 42 181 | 34 479 | 39 301 | 45 569 | 48 133 | 79 273 |
| Short-term loans | 25 791 | 16 340 | 25 189 | 21 073 | 29 389 | 37 805 | 38 929 | 67 888 |
| Long-term loans | 21 076 | 16 111 | 16 992 | 13 406 | 9 912 | 7 764 | 9 204 | 11 385 |
| Equity and investment fund shares | 47 331 | 44 895 | 52 355 | 56 203 | 58 242 | 59 476 | 60 219 | 61 205 |
| Insurance pension and standardised guarantees | 1 268 472 | 1 246 622 | 1 446 920 | 1 530 221 | 1 661 292 | 1 642 890 | 1 681 490 | 1 940 307 |
| Financial derivatives and employee stock options | 27 344 | 32 298 | 68 413 | 43 805 | 48 239 | 36 207 | 59 822 | 83 000 |
| Other accounts payable | 68 313 | 53 595 | 70 711 | 63 338 | 60 783 | 70 660 | 63 214 | 83 462 |
| Non-financial assets | 16 016 | 14 032 | 13 007 | 12 284 | 13 162 | 15 128 | 15 437 | 16 007 |
| **Insurance corporations** | | | | | | | | |
| Financial net worth | -5 216 | 764 | 30 | -25 044 | -31 249 | -38 047 | -34 369 | -41 614 |
| Financial assets | 447 694 | 441 296 | 501 036 | 473 097 | 476 439 | 458 038 | 451 338 | 507 250 |
| Currency and deposits | 18 386 | 9 173 | 14 468 | 12 196 | 13 772 | 13 150 | 10 403 | 11 826 |
| Debt securities | 201 579 | 182 020 | 206 233 | 198 448 | 202 357 | 186 314 | 183 728 | 199 194 |
| Loans | 71 032 | 75 843 | 79 040 | 84 533 | 90 700 | 93 977 | 97 005 | 102 245 |
| Equity and investment fund shares | 101 147 | 118 133 | 121 286 | 116 875 | 114 297 | 116 076 | 113 887 | 128 505 |
| Equity | 32 330 | 28 997 | 23 077 | 24 450 | 24 841 | 23 378 | 22 157 | 26 370 |
| Investment fund shares | 68 817 | 89 136 | 98 209 | 92 425 | 89 456 | 92 698 | 91 730 | 102 135 |
| Money market fund shares | 3 562 | 3 646 | 2 984 | 2 694 | 2 604 | 4 270 | 6 416 | 3 782 |
| Non-Money market fund shares | 65 255 | 85 490 | 95 225 | 89 731 | 86 852 | 88 428 | 85 314 | 98 353 |
| Insurance pension and standardised guarantees | 7 539 | 9 713 | 9 785 | 8 047 | 4 495 | 4 328 | 2 622 | 2 629 |
| Financial derivatives and employee stock options | 17 809 | 18 850 | 40 590 | 19 446 | 19 519 | 15 423 | 17 036 | 33 520 |
| Other accounts receivable | 30 202 | 27 564 | 29 634 | 33 552 | 31 299 | 28 770 | 26 657 | 29 331 |
| Financial liabilities | 452 910 | 440 532 | 501 006 | 498 141 | 507 688 | 496 085 | 485 707 | 548 864 |
| Debt securities | 809 | 1 088 | 1 359 | 1 113 | 1 167 | 1 233 | 962 | 968 |
| Short-term debt securities | 0 | 0 | 0 | 0 | 0 | 0 | 0 | 0 |
| Long-term debt securities | 809 | 1 088 | 1 359 | 1 113 | 1 167 | 1 233 | 962 | 968 |
| Loans | 28 352 | 20 841 | 23 181 | 19 562 | 17 503 | 13 183 | 15 504 | 23 553 |
| Short-term loans | 9 166 | 6 568 | 7 832 | 7 075 | 8 466 | 6 274 | 7 021 | 12 809 |
| Long-term loans | 19 186 | 14 273 | 15 349 | 12 487 | 9 037 | 6 909 | 8 483 | 10 744 |
| Equity and investment fund shares | 47 331 | 44 895 | 52 355 | 56 203 | 58 242 | 59 476 | 60 219 | 61 205 |
| Insurance pension and standardised guarantees | 333 199 | 324 485 | 362 086 | 377 305 | 389 612 | 381 046 | 370 525 | 409 031 |
| Financial derivatives and employee stock options | 4 857 | 12 575 | 24 219 | 9 411 | 7 453 | 6 413 | 5 702 | 10 594 |
| Other accounts payable | 38 362 | 36 648 | 37 806 | 34 547 | 33 711 | 34 734 | 32 795 | 43 513 |
| Non-financial assets | 7 372 | 5 609 | 5 364 | 4 840 | 5 367 | 6 527 | 6 047 | 6 290 |
| **Pension funds** | | | | | | | | |
| Financial net worth | -6 479 | 45 748 | 66 491 | 13 285 | 5 548 | 82 254 | 17 885 | 29 465 |
| Financial assets | 999 747 | 1 016 165 | 1 247 424 | 1 244 303 | 1 366 884 | 1 442 204 | 1 446 018 | 1 728 816 |
| Currency and deposits | 13 123 | 10 656 | 12 302 | 10 434 | 10 711 | 11 077 | 14 629 | 16 960 |
| Debt securities | 231 231 | 237 538 | 296 897 | 310 661 | 332 443 | 377 732 | 411 198 | 498 219 |
| Loans | 36 082 | 30 515 | 35 373 | 27 537 | 28 316 | 43 871 | 29 025 | 32 569 |
| Equity and investment fund shares | 622 140 | 671 610 | 777 410 | 802 520 | 895 637 | 928 178 | 883 638 | 1 018 012 |
| Equity | 117 093 | 130 261 | 156 136 | 169 207 | 187 199 | 189 891 | 171 144 | 216 709 |
| Investment fund shares | 505 047 | 541 349 | 621 274 | 633 313 | 708 438 | 738 287 | 712 494 | 801 303 |
| Money market fund shares | 7 637 | 6 886 | 9 096 | 8 472 | 9 887 | 18 006 | 19 393 | 25 430 |
| Non-Money market fund shares | 497 410 | 534 463 | 612 178 | 624 841 | 698 551 | 720 281 | 693 101 | 775 873 |
| Insurance pension and standardised guarantees | 15 313 | 16 068 | 13 237 | 12 875 | 10 333 | 6 970 | 6 660 | 6 544 |
| Financial derivatives and employee stock options | 76 011 | 43 846 | 105 916 | 74 983 | 82 597 | 69 339 | 91 109 | 145 384 |
| Other accounts receivable | 5 847 | 5 932 | 6 289 | 5 293 | 6 847 | 5 037 | 9 759 | 11 128 |
| Financial liabilities | 1 006 226 | 970 417 | 1 180 933 | 1 231 018 | 1 361 336 | 1 359 950 | 1 428 133 | 1 699 351 |
| Debt securities | 0 | 0 | 0 | 0 | 0 | 0 | 0 | 0 |
| Short-term debt securities | 0 | 0 | 0 | 0 | 0 | 0 | 0 | 0 |
| Long-term debt securities | 0 | 0 | 0 | 0 | 0 | 0 | 0 | 0 |
| Loans | 18 515 | 11 610 | 19 000 | 14 917 | 21 798 | 32 386 | 32 629 | 55 720 |
| Short-term loans | 16 625 | 9 772 | 17 357 | 13 998 | 20 923 | 31 531 | 31 908 | 55 079 |
| Long-term loans | 1 890 | 1 838 | 1 643 | 919 | 875 | 855 | 721 | 641 |
| Equity and investment fund shares | 0 | 0 | 0 | 0 | 0 | 0 | 0 | 0 |
| Insurance pension and standardised guarantees | 935 273 | 922 137 | 1 084 834 | 1 152 916 | 1 271 680 | 1 261 844 | 1 310 965 | 1 531 276 |
| Financial derivatives and employee stock options | 22 487 | 19 723 | 44 194 | 34 394 | 40 786 | 29 794 | 54 120 | 72 406 |
| Other accounts payable | 29 951 | 16 947 | 32 905 | 28 791 | 27 072 | 35 926 | 30 419 | 39 949 |
| Non-financial assets | 8 644 | 8 423 | 7 643 | 7 444 | 7 795 | 8 601 | 9 390 | 9 717 |

Note: Detailed metadata at: *http://metalinks.oecd.org/instinv/20200916/f42e*

## Table 4. Portfolio composition by type of investor
As percentage of financial assets and of financial liabilities

*Per cent*

| | 2012 | 2013 | 2014 | 2015 | 2016 | 2017 | 2018 | 2019 |
|---|---|---|---|---|---|---|---|---|
| **Investment funds** | | | | | | | | |
| Financial assets | .. | .. | .. | .. | .. | .. | .. | .. |
| Currency and deposits | .. | .. | .. | .. | .. | .. | .. | .. |
| Debt securities | .. | .. | .. | .. | .. | .. | .. | .. |
| Loans | .. | .. | .. | .. | .. | .. | .. | .. |
| Equity and investment fund shares | .. | .. | .. | .. | .. | .. | .. | .. |
| Insurance pension and standardised guarantee schemes | .. | .. | .. | .. | .. | .. | .. | .. |
| Financial derivatives and employee stock options | .. | .. | .. | .. | .. | .. | .. | .. |
| Other accounts receivable | .. | .. | .. | .. | .. | .. | .. | .. |
| Financial liabilities | .. | .. | .. | .. | .. | .. | .. | .. |
| Currency and deposits | .. | .. | .. | .. | .. | .. | .. | .. |
| Debt securities | .. | .. | .. | .. | .. | .. | .. | .. |
| Loans | .. | .. | .. | .. | .. | .. | .. | .. |
| Equity and investment fund shares | .. | .. | .. | .. | .. | .. | .. | .. |
| Insurance pension and standardised guarantee schemes | .. | .. | .. | .. | .. | .. | .. | .. |
| Financial derivatives and employee stock options | .. | .. | .. | .. | .. | .. | .. | .. |
| Other accounts receivable | .. | .. | .. | .. | .. | .. | .. | .. |
| **Insurance corporations** | | | | | | | | |
| Financial assets | 100.0 | 100.0 | 100.0 | 100.0 | 100.0 | 100.0 | 100.0 | 100.0 |
| Currency and deposits | 4.1 | 2.1 | 2.9 | 2.6 | 2.9 | 2.9 | 2.3 | 2.3 |
| Debt securities | 45.0 | 41.2 | 41.2 | 41.9 | 42.5 | 40.7 | 40.7 | 39.3 |
| Loans | 15.9 | 17.2 | 15.8 | 17.9 | 19.0 | 20.5 | 21.5 | 20.2 |
| Equity and investment fund shares | 22.6 | 26.8 | 24.2 | 24.7 | 24.0 | 25.3 | 25.2 | 25.3 |
| Insurance pension and standardised guarantee schemes | 1.7 | 2.2 | 2.0 | 1.7 | 0.9 | 0.9 | 0.6 | 0.5 |
| Financial derivatives and employee stock options | 4.0 | 4.3 | 8.1 | 4.1 | 4.1 | 3.4 | 3.8 | 6.6 |
| Other accounts receivable | 6.7 | 6.2 | 5.9 | 7.1 | 6.6 | 6.3 | 5.9 | 5.8 |
| Financial liabilities | 100.0 | 100.0 | 100.0 | 100.0 | 100.0 | 100.0 | 100.0 | 100.0 |
| Currency and deposits | 0.0 | 0.0 | 0.0 | 0.0 | 0.0 | 0.0 | 0.0 | 0.0 |
| Debt securities | 0.2 | 0.2 | 0.3 | 0.2 | 0.2 | 0.2 | 0.2 | 0.2 |
| Loans | 6.3 | 4.7 | 4.6 | 3.9 | 3.4 | 2.7 | 3.2 | 4.3 |
| Equity and investment fund shares | 10.5 | 10.2 | 10.4 | 11.3 | 11.5 | 12.0 | 12.4 | 11.2 |
| Insurance pension and standardised guarantee schemes | 73.6 | 73.7 | 72.3 | 75.7 | 76.7 | 76.8 | 76.3 | 74.5 |
| Financial derivatives and employee stock options | 1.1 | 2.9 | 4.8 | 1.9 | 1.5 | 1.3 | 1.2 | 1.9 |
| Other accounts receivable | 8.5 | 8.3 | 7.5 | 6.9 | 6.6 | 7.0 | 6.8 | 7.9 |
| **Pension funds** | | | | | | | | |
| Financial assets | 100.0 | 100.0 | 100.0 | 100.0 | 100.0 | 100.0 | 100.0 | 100.0 |
| Currency and deposits | 1.3 | 1.0 | 1.0 | 0.8 | 0.8 | 0.8 | 1.0 | 1.0 |
| Debt securities | 23.1 | 23.4 | 23.8 | 25.0 | 24.3 | 26.2 | 28.4 | 28.8 |
| Loans | 3.6 | 3.0 | 2.8 | 2.2 | 2.1 | 3.0 | 2.0 | 1.9 |
| Equity and investment fund shares | 62.2 | 66.1 | 62.3 | 64.5 | 65.5 | 64.4 | 61.1 | 58.9 |
| Insurance pension and standardised guarantee schemes | 1.5 | 1.6 | 1.1 | 1.0 | 0.8 | 0.5 | 0.5 | 0.4 |
| Financial derivatives and employee stock options | 7.6 | 4.3 | 8.5 | 6.0 | 6.0 | 4.8 | 6.3 | 8.4 |
| Other accounts receivable | 0.6 | 0.6 | 0.5 | 0.4 | 0.5 | 0.3 | 0.7 | 0.6 |
| Financial liabilities | 100.0 | 100.0 | 100.0 | 100.0 | 100.0 | 100.0 | 100.0 | 100.0 |
| Currency and deposits | 0.0 | 0.0 | 0.0 | 0.0 | 0.0 | 0.0 | 0.0 | 0.0 |
| Debt securities | 0.0 | 0.0 | 0.0 | 0.0 | 0.0 | 0.0 | 0.0 | 0.0 |
| Loans | 1.8 | 1.2 | 1.6 | 1.2 | 1.6 | 2.4 | 2.3 | 3.3 |
| Equity and investment fund shares | 0.0 | 0.0 | 0.0 | 0.0 | 0.0 | 0.0 | 0.0 | 0.0 |
| Insurance pension and standardised guarantee schemes | 92.9 | 95.0 | 91.9 | 93.7 | 93.4 | 92.8 | 91.8 | 90.1 |
| Financial derivatives and employee stock options | 2.2 | 2.0 | 3.7 | 2.8 | 3.0 | 2.2 | 3.8 | 4.3 |
| Other accounts receivable | 3.0 | 1.7 | 2.8 | 2.3 | 2.0 | 2.6 | 2.1 | 2.4 |

Note: Detailed metadata at: *http://metalinks.oecd.org/instinv/20200916/eb22*

# NEW ZEALAND

## Table 1. Financial assets and liabilities of institutional investors, 2018

*Million NZD*

| | Investment funds | | | | |
|---|---|---|---|---|---|
| | Total | Non-money market funds | | | Money market funds |
| | | Total | Open-end non-money market funds | Closed-end non-money market funds | Total |
| Financial assets | 147 869 | 132 767 | .. | .. | 15 102 |
| Currency and deposits | 29 275 | 19 683 | .. | .. | 9 593 |
| Debt securities | 48 339 | 42 829 | .. | .. | 5 509 |
| Debt securities, short term | 8 644 | 4 039 | .. | .. | 4 605 |
| Debt securities, long term | 39 695 | 38 790 | .. | .. | 904 |
| Debt securities issued by residents | 27 142 | 21 633 | .. | .. | 5 509 |
| Debt securities issued by non-residents | 21 196 | 21 196 | .. | .. | 0 |
| Loans | 10 | 10 | .. | .. | 0 |
| Loans, short-term | .. | .. | .. | .. | .. |
| Loans, long-term | .. | .. | .. | .. | .. |
| Loans granted to residents | 10 | 10 | .. | .. | 0 |
| Loans granted to non-residents | 0 | 0 | .. | .. | 0 |
| Equity and investment fund shares/units | 69 309 | 69 309 | .. | .. | 0 |
| Equity and investment fund shares issued/units by residents | 25 198 | 25 198 | .. | .. | 0 |
| Equity and investment fund shares/units issued by non residents | 44 111 | 44 111 | .. | .. | 0 |
| Other accounts receivable | 731 | 731 | .. | .. | 0 |

| | Investment funds | | | | |
|---|---|---|---|---|---|
| | Total | Non-money market funds | | | Money market funds |
| | | Total | Open-end non-money market funds | Closed-end non-money market funds | Total |
| Financial liabilities | .. | .. | .. | .. | .. |
| Currency and deposits | .. | .. | .. | .. | .. |
| Debt securities | .. | .. | .. | .. | .. |
| Debt securities, short term | .. | .. | .. | .. | .. |
| Debt securities, long term | .. | .. | .. | .. | .. |
| Loans | .. | .. | .. | .. | .. |
| Loans, short-term | .. | .. | .. | .. | .. |
| Loans, long-term | .. | .. | .. | .. | .. |
| Equity and investment fund shares/units | .. | .. | .. | .. | .. |
| Insurance pension and standardised guaratees | .. | .. | .. | .. | .. |
| Financial derivatives and employee stock options | .. | .. | .. | .. | .. |
| Other accounts payable | .. | .. | .. | .. | .. |

| | Insurance corporations and pension funds | | | | |
|---|---|---|---|---|---|
| | Total | Insurance corporations | | | Pension funds |
| | | Total | Life insurance corporations | Non-life insurance corporations | Total |
| Financial assets | .. | .. | .. | .. | 80 819 |
| Currency and deposits | .. | .. | .. | .. | 6 370 |
| Debt securities | .. | .. | .. | .. | 19 603 |
| Debt securities, short-term | .. | .. | .. | .. | 1 344 |
| Debt securities, long term | .. | .. | .. | .. | 18 259 |
| Debt securities issued by residents | .. | .. | .. | .. | 8 039 |
| Debt securities issued by non-residents | .. | .. | .. | .. | 11 564 |
| Loans | .. | .. | .. | .. | 10 |
| Loans, short-term | .. | .. | .. | .. | .. |
| Loans, long-term | .. | .. | .. | .. | .. |
| Loans granted to residents | .. | .. | .. | .. | 10 |
| Loans granted to non-residents | .. | .. | .. | .. | 0 |
| Equity and investment fund shares/units | .. | .. | .. | .. | 54 015 |
| Equity and investment fund shares/units issued by residents | .. | .. | .. | .. | 26 182 |
| Equity and investment fund shares/units issued by non residents | .. | .. | .. | .. | 27 833 |
| Other accounts receivable | .. | .. | .. | .. | 646 |

| | Insurance corporations and pension funds | | | | |
|---|---|---|---|---|---|
| | Total | Insurance corporations | | | Pension funds |
| | | Total | Life insurance corporations | Non-life insurance corporations | Total |
| Financial liabilities | .. | .. | .. | .. | .. |
| Currency and deposits | .. | .. | .. | .. | .. |
| Debt securities | .. | .. | .. | .. | .. |
| Debt securities, short term | .. | .. | .. | .. | .. |
| Debt securities, long term | .. | .. | .. | .. | .. |
| Loans | .. | .. | .. | .. | .. |
| Loans, short-term | .. | .. | .. | .. | .. |
| Loans, long-term | .. | .. | .. | .. | .. |
| Equity and investment fund shares/units | .. | .. | .. | .. | .. |
| Insurance pension and standardised guarantees | .. | .. | .. | .. | .. |
| Financial derivatives and employee stock options | .. | .. | .. | .. | .. |
| Other accounts payable | .. | .. | .. | .. | .. |

Note: Detailed metadata at: *http://metalinks.oecd.org/instinv/20200916/f42e*

# NEW ZEALAND

## Table 2. Financial assets and liabilities of investment funds

*Million NZD*

| | 2012 | 2013 | 2014 | 2015 | 2016 | 2017 | 2018 | 2019 |
|---|---|---|---|---|---|---|---|---|
| **Investment funds** | | | | | | | | |
| Financial net worth | .. | .. | .. | .. | .. | .. | .. | .. |
| Financial assets | .. | .. | 87 587 | 102 519 | 116 476 | 137 445 | 147 869 | 173 708 |
| Currency and deposits | .. | .. | 20 404 | 21 957 | 24 382 | 26 765 | 29 275 | 31 086 |
| Debt securities | .. | .. | 25 325 | 31 180 | 37 041 | 43 795 | 48 339 | 54 124 |
| Loans | .. | .. | 75 | 47 | 4 | 8 | 10 | 31 |
| Equity and investment fund shares | .. | .. | 40 943 | 48 286 | 54 049 | 65 544 | 69 309 | 86 174 |
| Equity | .. | .. | 22 431 | 26 452 | 32 818 | 44 223 | 46 019 | 60 779 |
| Investment fund shares | .. | .. | 18 512 | 21 834 | 21 231 | 21 321 | 23 289 | 25 395 |
| Money market fund shares | .. | .. | .. | .. | .. | .. | .. | .. |
| Non-Money market fund shares | .. | .. | .. | .. | .. | .. | .. | .. |
| Insurance pension and standardised guarantees | .. | .. | .. | .. | .. | .. | .. | .. |
| Financial derivatives and employee stock options | .. | .. | 296 | 448 | 378 | 567 | 205 | 1 172 |
| Other accounts receivable | .. | .. | 545 | 601 | 623 | 767 | 731 | 1 121 |
| Financial liabilities | .. | .. | .. | .. | .. | .. | .. | .. |
| Debt securities | .. | .. | .. | .. | .. | .. | .. | .. |
| Short-term debt securities | .. | .. | .. | .. | .. | .. | .. | .. |
| Long-term debt securities | .. | .. | .. | .. | .. | .. | .. | .. |
| Loans | .. | .. | .. | .. | .. | .. | .. | .. |
| Short-term loans | .. | .. | .. | .. | .. | .. | .. | .. |
| Long-term loans | .. | .. | .. | .. | .. | .. | .. | .. |
| Equity and investment fund shares | .. | .. | .. | .. | .. | .. | .. | .. |
| Insurance pension and standardised guarantees | .. | .. | .. | .. | .. | .. | .. | .. |
| Financial derivatives and employee stock options | .. | .. | .. | .. | .. | .. | .. | .. |
| Other accounts payable | .. | .. | .. | .. | .. | .. | .. | .. |
| Non-financial assets | .. | .. | 1 | 1 | 1 | 2 | 5 | 5 |
| **Money market funds** | | | | | | | | |
| Financial net worth | .. | .. | .. | .. | .. | .. | .. | .. |
| Financial assets | .. | .. | 10 038 | 11 815 | 13 006 | 13 753 | 15 102 | 16 427 |
| Currency and deposits | .. | .. | 7 816 | 8 168 | 8 157 | 8 752 | 9 593 | 10 754 |
| Debt securities | .. | .. | 2 222 | 3 647 | 4 849 | 5 001 | 5 509 | 5 672 |
| Loans | .. | .. | 0 | 0 | 0 | 0 | 0 | 0 |
| Equity and investment fund shares | .. | .. | 0 | 0 | 0 | 0 | 0 | 0 |
| Equity | .. | .. | 0 | 0 | 0 | 0 | 0 | 0 |
| Investment fund shares | .. | .. | 0 | 0 | 0 | 0 | 0 | 0 |
| Money market fund shares | .. | .. | .. | .. | .. | .. | .. | .. |
| Non-Money market fund shares | .. | .. | .. | .. | .. | .. | .. | .. |
| Insurance pension and standardised guarantees | .. | .. | .. | .. | .. | .. | .. | .. |
| Financial derivatives and employee stock options | .. | .. | 0 | 0 | 0 | 0 | 0 | 0 |
| Other accounts receivable | .. | .. | 0 | 0 | 0 | 0 | 0 | 0 |
| Financial liabilities | .. | .. | .. | .. | .. | .. | .. | .. |
| Debt securities | .. | .. | .. | .. | .. | .. | .. | .. |
| Short-term debt securities | .. | .. | .. | .. | .. | .. | .. | .. |
| Long-term debt securities | .. | .. | .. | .. | .. | .. | .. | .. |
| Loans | .. | .. | .. | .. | .. | .. | .. | .. |
| Short-term loans | .. | .. | .. | .. | .. | .. | .. | .. |
| Long-term loans | .. | .. | .. | .. | .. | .. | .. | .. |
| Equity and investment fund shares | .. | .. | .. | .. | .. | .. | .. | .. |
| Insurance pension and standardised guarantees | .. | .. | .. | .. | .. | .. | .. | .. |
| Financial derivatives and employee stock options | .. | .. | .. | .. | .. | .. | .. | .. |
| Other accounts payable | .. | .. | .. | .. | .. | .. | .. | .. |
| Non-financial assets | .. | .. | 0 | 0 | 0 | 0 | 0 | 0 |
| **Non-money market funds** | | | | | | | | |
| Financial net worth | .. | .. | .. | .. | .. | .. | .. | .. |
| Financial assets | .. | .. | 77 549 | 90 704 | 103 471 | 123 692 | 132 767 | 157 281 |
| Currency and deposits | .. | .. | 12 588 | 13 788 | 16 225 | 18 013 | 19 683 | 20 332 |
| Debt securities | .. | .. | 23 103 | 27 534 | 32 192 | 38 794 | 42 829 | 48 451 |
| Loans | .. | .. | 75 | 47 | 4 | 8 | 10 | 31 |
| Equity and investment fund shares | .. | .. | 40 943 | 48 286 | 54 049 | 65 544 | 69 309 | 86 174 |
| Equity | .. | .. | 22 431 | 26 452 | 32 818 | 44 223 | 46 019 | 60 779 |
| Investment fund shares | .. | .. | 18 512 | 21 834 | 21 231 | 21 321 | 23 289 | 25 395 |
| Money market fund shares | .. | .. | .. | .. | .. | .. | .. | .. |
| Non-Money market fund shares | .. | .. | .. | .. | .. | .. | .. | .. |
| Insurance pension and standardised guarantees | .. | .. | .. | .. | .. | .. | .. | .. |
| Financial derivatives and employee stock options | .. | .. | 296 | 448 | 378 | 567 | 205 | 1 172 |
| Other accounts receivable | .. | .. | 545 | 601 | 623 | 767 | 731 | 1 121 |
| Financial liabilities | .. | .. | .. | .. | .. | .. | .. | .. |
| Debt securities | .. | .. | .. | .. | .. | .. | .. | .. |
| Short-term debt securities | .. | .. | .. | .. | .. | .. | .. | .. |
| Long-term debt securities | .. | .. | .. | .. | .. | .. | .. | .. |
| Loans | .. | .. | .. | .. | .. | .. | .. | .. |
| Short-term loans | .. | .. | .. | .. | .. | .. | .. | .. |
| Long-term loans | .. | .. | .. | .. | .. | .. | .. | .. |
| Equity and investment fund shares | .. | .. | .. | .. | .. | .. | .. | .. |
| Insurance pension and standardised guarantees | .. | .. | .. | .. | .. | .. | .. | .. |
| Financial derivatives and employee stock options | .. | .. | .. | .. | .. | .. | .. | .. |
| Other accounts payable | .. | .. | .. | .. | .. | .. | .. | .. |
| Non-financial assets | .. | .. | 1 | 1 | 1 | 2 | 5 | 5 |
| **Open-end non-money market funds** | | | | | | | | |
| Financial net worth | .. | .. | .. | .. | .. | .. | .. | .. |
| Financial assets | .. | .. | .. | .. | .. | .. | .. | .. |
| Currency and deposits | .. | .. | .. | .. | .. | .. | .. | .. |

# NEW ZEALAND

## Table 2. Financial assets and liabilities of investment funds *(cont.)*

*Million NZD*

| | 2012 | 2013 | 2014 | 2015 | 2016 | 2017 | 2018 | 2019 |
|---|---|---|---|---|---|---|---|---|
| Debt securities | .. | .. | .. | .. | .. | .. | .. | .. |
| Loans | .. | .. | .. | .. | .. | .. | .. | .. |
| Equity and investment fund shares | .. | .. | .. | .. | .. | .. | .. | .. |
| Equity | .. | .. | .. | .. | .. | .. | .. | .. |
| Investment fund shares | .. | .. | .. | .. | .. | .. | .. | .. |
| Money market fund shares | .. | .. | .. | .. | .. | .. | .. | .. |
| Non-Money market fund shares | .. | .. | .. | .. | .. | .. | .. | .. |
| Insurance pension and standardised guarantees | .. | .. | .. | .. | .. | .. | .. | .. |
| Financial derivatives and employee stock options | .. | .. | .. | .. | .. | .. | .. | .. |
| Other accounts receivable | .. | .. | .. | .. | .. | .. | .. | .. |
| Financial liabilities | .. | .. | .. | .. | .. | .. | .. | .. |
| Debt securities | .. | .. | .. | .. | .. | .. | .. | .. |
| Short-term debt securities | .. | .. | .. | .. | .. | .. | .. | .. |
| Long-term debt securities | .. | .. | .. | .. | .. | .. | .. | .. |
| Loans | .. | .. | .. | .. | .. | .. | .. | .. |
| Short-term loans | .. | .. | .. | .. | .. | .. | .. | .. |
| Long-term loans | .. | .. | .. | .. | .. | .. | .. | .. |
| Equity and investment fund shares | .. | .. | .. | .. | .. | .. | .. | .. |
| Insurance pension and standardised guarantees | .. | .. | .. | .. | .. | .. | .. | .. |
| Financial derivatives and employee stock options | .. | .. | .. | .. | .. | .. | .. | .. |
| Other accounts payable | .. | .. | .. | .. | .. | .. | .. | .. |
| Non-financial assets | .. | .. | .. | .. | .. | .. | .. | .. |
| **Open-end investment funds** | | | | | | | | |
| Financial net worth | .. | .. | .. | .. | .. | .. | .. | .. |
| Financial assets | .. | .. | .. | .. | .. | .. | .. | .. |
| Currency and deposits | .. | .. | .. | .. | .. | .. | .. | .. |
| Debt securities | .. | .. | .. | .. | .. | .. | .. | .. |
| Loans | .. | .. | .. | .. | .. | .. | .. | .. |
| Equity and investment fund shares | .. | .. | .. | .. | .. | .. | .. | .. |
| Equity | .. | .. | .. | .. | .. | .. | .. | .. |
| Investment fund shares | .. | .. | .. | .. | .. | .. | .. | .. |
| Money market fund shares | .. | .. | .. | .. | .. | .. | .. | .. |
| Non-Money market fund shares | .. | .. | .. | .. | .. | .. | .. | .. |
| Insurance pension and standardised guarantees | .. | .. | .. | .. | .. | .. | .. | .. |
| Financial derivatives and employee stock options | .. | .. | .. | .. | .. | .. | .. | .. |
| Other accounts receivable | .. | .. | .. | .. | .. | .. | .. | .. |
| Financial liabilities | .. | .. | .. | .. | .. | .. | .. | .. |
| Debt securities | .. | .. | .. | .. | .. | .. | .. | .. |
| Short-term debt securities | .. | .. | .. | .. | .. | .. | .. | .. |
| Long-term debt securities | .. | .. | .. | .. | .. | .. | .. | .. |
| Loans | .. | .. | .. | .. | .. | .. | .. | .. |
| Short-term loans | .. | .. | .. | .. | .. | .. | .. | .. |
| Long-term loans | .. | .. | .. | .. | .. | .. | .. | .. |
| Equity and investment fund shares | .. | .. | .. | .. | .. | .. | .. | .. |
| Insurance pension and standardised guarantees | .. | .. | .. | .. | .. | .. | .. | .. |
| Financial derivatives and employee stock options | .. | .. | .. | .. | .. | .. | .. | .. |
| Other accounts payable | .. | .. | .. | .. | .. | .. | .. | .. |
| Non-financial assets | .. | .. | .. | .. | .. | .. | .. | .. |

Note: Detailed metadata at: *http://metalinks.oecd.org/instinv/20200916/f42e*

# NEW ZEALAND

## Table 3. Financial assets and liabilities of insurance corporations and pension funds

*Million NZD*

| | 2012 | 2013 | 2014 | 2015 | 2016 | 2017 | 2018 | 2019 |
|---|---|---|---|---|---|---|---|---|
| **Insurance corporations and pension funds** | | | | | | | | |
| Financial net worth | .. | .. | .. | .. | .. | .. | .. | .. |
| Financial assets | .. | .. | .. | .. | .. | .. | .. | .. |
| Currency and deposits | .. | .. | .. | .. | .. | .. | .. | .. |
| Debt securities | .. | .. | .. | .. | .. | .. | .. | .. |
| Loans | .. | .. | .. | .. | .. | .. | .. | .. |
| Equity and investment fund shares | .. | .. | .. | .. | .. | .. | .. | .. |
| Equity | .. | .. | .. | .. | .. | .. | .. | .. |
| Investment fund shares | .. | .. | .. | .. | .. | .. | .. | .. |
| Money market fund shares | .. | .. | .. | .. | .. | .. | .. | .. |
| Non-Money market fund shares | .. | .. | .. | .. | .. | .. | .. | .. |
| Insurance pension and standardised guarantees | .. | .. | .. | .. | .. | .. | .. | .. |
| Financial derivatives and employee stock options | .. | .. | .. | .. | .. | .. | .. | .. |
| Other accounts receivable | .. | .. | .. | .. | .. | .. | .. | .. |
| Financial liabilities | .. | .. | .. | .. | .. | .. | .. | .. |
| Debt securities | .. | .. | .. | .. | .. | .. | .. | .. |
| Short-term debt securities | .. | .. | .. | .. | .. | .. | .. | .. |
| Long-term debt securities | .. | .. | .. | .. | .. | .. | .. | .. |
| Loans | .. | .. | .. | .. | .. | .. | .. | .. |
| Short-term loans | .. | .. | .. | .. | .. | .. | .. | .. |
| Long-term loans | .. | .. | .. | .. | .. | .. | .. | .. |
| Equity and investment fund shares | .. | .. | .. | .. | .. | .. | .. | .. |
| Insurance pension and standardised guarantees | .. | .. | .. | .. | .. | .. | .. | .. |
| Financial derivatives and employee stock options | .. | .. | .. | .. | .. | .. | .. | .. |
| Other accounts payable | .. | .. | .. | .. | .. | .. | .. | .. |
| Non-financial assets | .. | .. | .. | .. | .. | .. | .. | .. |
| **Insurance corporations** | | | | | | | | |
| Financial net worth | .. | .. | .. | .. | .. | .. | .. | .. |
| Financial assets | .. | .. | .. | .. | .. | .. | .. | .. |
| Currency and deposits | .. | .. | .. | .. | .. | .. | .. | .. |
| Debt securities | .. | .. | .. | .. | .. | .. | .. | .. |
| Loans | .. | .. | .. | .. | .. | .. | .. | .. |
| Equity and investment fund shares | .. | .. | .. | .. | .. | .. | .. | .. |
| Equity | .. | .. | .. | .. | .. | .. | .. | .. |
| Investment fund shares | .. | .. | .. | .. | .. | .. | .. | .. |
| Money market fund shares | .. | .. | .. | .. | .. | .. | .. | .. |
| Non-Money market fund shares | .. | .. | .. | .. | .. | .. | .. | .. |
| Insurance pension and standardised guarantees | .. | .. | .. | .. | .. | .. | .. | .. |
| Financial derivatives and employee stock options | .. | .. | .. | .. | .. | .. | .. | .. |
| Other accounts receivable | .. | .. | .. | .. | .. | .. | .. | .. |
| Financial liabilities | .. | .. | .. | .. | .. | .. | .. | .. |
| Debt securities | .. | .. | .. | .. | .. | .. | .. | .. |
| Short-term debt securities | .. | .. | .. | .. | .. | .. | .. | .. |
| Long-term debt securities | .. | .. | .. | .. | .. | .. | .. | .. |
| Loans | .. | .. | .. | .. | .. | .. | .. | .. |
| Short-term loans | .. | .. | .. | .. | .. | .. | .. | .. |
| Long-term loans | .. | .. | .. | .. | .. | .. | .. | .. |
| Equity and investment fund shares | .. | .. | .. | .. | .. | .. | .. | .. |
| Insurance pension and standardised guarantees | .. | .. | .. | .. | .. | .. | .. | .. |
| Financial derivatives and employee stock options | .. | .. | .. | .. | .. | .. | .. | .. |
| Other accounts payable | .. | .. | .. | .. | .. | .. | .. | .. |
| Non-financial assets | .. | .. | .. | .. | .. | .. | .. | .. |
| **Pension funds** | | | | | | | | |
| Financial net worth | .. | .. | .. | .. | .. | .. | .. | .. |
| Financial assets | .. | .. | 51 611 | 57 904 | 64 994 | 75 932 | 80 819 | 97 552 |
| Currency and deposits | .. | .. | 3 775 | 3 957 | 4 556 | 5 125 | 6 370 | 7 098 |
| Debt securities | .. | .. | 11 474 | 12 789 | 14 515 | 17 757 | 19 603 | 23 042 |
| Loans | .. | .. | 22 | 10 | 7 | 12 | 10 | 25 |
| Equity and investment fund shares | .. | .. | 35 790 | 40 296 | 45 157 | 51 977 | 54 015 | 65 605 |
| Equity | .. | .. | 14 121 | 15 399 | 18 979 | 24 881 | 25 710 | 35 300 |
| Investment fund shares | .. | .. | 21 669 | 24 897 | 26 179 | 27 096 | 28 306 | 30 305 |
| Money market fund shares | .. | .. | .. | .. | .. | .. | .. | .. |
| Non-Money market fund shares | .. | .. | .. | .. | .. | .. | .. | .. |
| Insurance pension and standardised guarantees | .. | .. | .. | .. | .. | .. | .. | .. |
| Financial derivatives and employee stock options | .. | .. | 305 | 585 | 333 | 688 | 174 | 1 060 |
| Other accounts receivable | .. | .. | 246 | 268 | 427 | 373 | 646 | 723 |
| Financial liabilities | .. | .. | .. | .. | .. | .. | .. | .. |
| Debt securities | .. | .. | .. | .. | .. | .. | .. | .. |
| Short-term debt securities | .. | .. | .. | .. | .. | .. | .. | .. |
| Long-term debt securities | .. | .. | .. | .. | .. | .. | .. | .. |
| Loans | .. | .. | .. | .. | .. | .. | .. | .. |
| Short-term loans | .. | .. | .. | .. | .. | .. | .. | .. |
| Long-term loans | .. | .. | .. | .. | .. | .. | .. | .. |
| Equity and investment fund shares | .. | .. | .. | .. | .. | .. | .. | .. |
| Insurance pension and standardised guarantees | .. | .. | .. | .. | .. | .. | .. | .. |
| Financial derivatives and employee stock options | .. | .. | .. | .. | .. | .. | .. | .. |
| Other accounts payable | .. | .. | .. | .. | .. | .. | .. | .. |
| Non-financial assets | .. | .. | 114 | 111 | 117 | 119 | 108 | 102 |

Note: Detailed metadata at: *http://metalinks.oecd.org/instinv/20200916/f42e*

# NEW ZEALAND

## Table 4. Portfolio composition by type of investor

As percentage of financial assets and of financial liabilities

*Per cent*

| | 2012 | 2013 | 2014 | 2015 | 2016 | 2017 | 2018 | 2019 |
|---|---|---|---|---|---|---|---|---|
| **Investment funds** | | | | | | | | |
| Financial assets | .. | .. | 100.0 | 100.0 | 100.0 | 100.0 | 100.0 | 100.0 |
| Currency and deposits | .. | .. | 23.3 | 21.4 | 20.9 | 19.5 | 19.8 | 17.9 |
| Debt securities | .. | .. | 28.9 | 30.4 | 31.8 | 31.9 | 32.7 | 31.2 |
| Loans | .. | .. | 0.1 | 0.0 | 0.0 | 0.0 | 0.0 | 0.0 |
| Equity and investment fund shares | .. | .. | 46.7 | 47.1 | 46.4 | 47.7 | 46.9 | 49.6 |
| Insurance pension and standardised guarantee schemes | .. | .. | 0.0 | 0.0 | 0.0 | 0.0 | 0.0 | 0.0 |
| Financial derivatives and employee stock options | .. | .. | 0.3 | 0.4 | 0.3 | 0.4 | 0.1 | 0.7 |
| Other accounts receivable | .. | .. | 0.6 | 0.6 | 0.5 | 0.6 | 0.5 | 0.6 |
| Financial liabilities | .. | .. | .. | .. | .. | .. | .. | .. |
| Currency and deposits | .. | .. | .. | .. | .. | .. | .. | .. |
| Debt securities | .. | .. | .. | .. | .. | .. | .. | .. |
| Loans | .. | .. | .. | .. | .. | .. | .. | .. |
| Equity and investment fund shares | .. | .. | .. | .. | .. | .. | .. | .. |
| Insurance pension and standardised guarantee schemes | .. | .. | .. | .. | .. | .. | .. | .. |
| Financial derivatives and employee stock options | .. | .. | .. | .. | .. | .. | .. | .. |
| Other accounts receivable | .. | .. | .. | .. | .. | .. | .. | .. |
| **Insurance corporations** | | | | | | | | |
| Financial assets | .. | .. | .. | .. | .. | .. | .. | .. |
| Currency and deposits | .. | .. | .. | .. | .. | .. | .. | .. |
| Debt securities | .. | .. | .. | .. | .. | .. | .. | .. |
| Loans | .. | .. | .. | .. | .. | .. | .. | .. |
| Equity and investment fund shares | .. | .. | .. | .. | .. | .. | .. | .. |
| Insurance pension and standardised guarantee schemes | .. | .. | .. | .. | .. | .. | .. | .. |
| Financial derivatives and employee stock options | .. | .. | .. | .. | .. | .. | .. | .. |
| Other accounts receivable | .. | .. | .. | .. | .. | .. | .. | .. |
| Financial liabilities | .. | .. | .. | .. | .. | .. | .. | .. |
| Currency and deposits | .. | .. | .. | .. | .. | .. | .. | .. |
| Debt securities | .. | .. | .. | .. | .. | .. | .. | .. |
| Loans | .. | .. | .. | .. | .. | .. | .. | .. |
| Equity and investment fund shares | .. | .. | .. | .. | .. | .. | .. | .. |
| Insurance pension and standardised guarantee schemes | .. | .. | .. | .. | .. | .. | .. | .. |
| Financial derivatives and employee stock options | .. | .. | .. | .. | .. | .. | .. | .. |
| Other accounts receivable | .. | .. | .. | .. | .. | .. | .. | .. |
| **Pension funds** | | | | | | | | |
| Financial assets | .. | .. | 100.0 | 100.0 | 100.0 | 100.0 | 100.0 | 100.0 |
| Currency and deposits | .. | .. | 7.3 | 6.8 | 7.0 | 6.7 | 7.9 | 7.3 |
| Debt securities | .. | .. | 22.2 | 22.1 | 22.3 | 23.4 | 24.3 | 23.6 |
| Loans | .. | .. | 0.0 | 0.0 | 0.0 | 0.0 | 0.0 | 0.0 |
| Equity and investment fund shares | .. | .. | 69.3 | 69.6 | 69.5 | 68.5 | 66.8 | 67.3 |
| Insurance pension and standardised guarantee schemes | .. | .. | 0.0 | 0.0 | 0.0 | 0.0 | 0.0 | 0.0 |
| Financial derivatives and employee stock options | .. | .. | 0.6 | 1.0 | 0.5 | 0.9 | 0.2 | 1.1 |
| Other accounts receivable | .. | .. | 0.5 | 0.5 | 0.7 | 0.5 | 0.8 | 0.7 |
| Financial liabilities | .. | .. | .. | .. | .. | .. | .. | .. |
| Currency and deposits | .. | .. | .. | .. | .. | .. | .. | .. |
| Debt securities | .. | .. | .. | .. | .. | .. | .. | .. |
| Loans | .. | .. | .. | .. | .. | .. | .. | .. |
| Equity and investment fund shares | .. | .. | .. | .. | .. | .. | .. | .. |
| Insurance pension and standardised guarantee schemes | .. | .. | .. | .. | .. | .. | .. | .. |
| Financial derivatives and employee stock options | .. | .. | .. | .. | .. | .. | .. | .. |
| Other accounts receivable | .. | .. | .. | .. | .. | .. | .. | .. |

Note: Detailed metadata at: *http://metalinks.oecd.org/instinv/20200916/eb22*

# NORWAY

## Table 1. Financial assets and liabilities of institutional investors, 2018

*Million NOK*

| | Total | Investment funds | | | |
|---|---|---|---|---|---|
| | | Non-money market funds | | | Money market funds |
| | | Total | Open-end non-money market funds | Closed-end non-money market funds | Total |
| Financial assets | .. | .. | 1 063 627 | .. | 111 316 |
| Currency and deposits | .. | .. | 25 226 | .. | 13 152 |
| Debt securities | .. | .. | 353 832 | .. | 91 143 |
| Debt securities, short term | .. | .. | 13 142 | .. | 10 573 |
| Debt securities, long term | .. | .. | 340 690 | .. | 80 570 |
| Debt securities issued by residents | .. | .. | 212 521 | .. | 85 065 |
| Debt securities issued by non-residents | .. | .. | 141 311 | .. | 6 078 |
| Loans | .. | .. | 0 | .. | .. |
| Loans, short-term | .. | .. | .. | .. | .. |
| Loans, long-term | .. | .. | 0 | .. | .. |
| Loans granted to residents | .. | .. | 0 | .. | .. |
| Loans granted to non-residents | .. | .. | .. | .. | .. |
| Equity and investment fund shares/units | .. | .. | 670 843 | .. | 6 604 |
| Equity and investment fund shares issued/units by residents | .. | .. | 269 573 | .. | 6 595 |
| Equity and investment fund shares/units issued by non residents | .. | .. | 401 270 | .. | .. |
| Other accounts receivable | .. | .. | 19 805 | .. | 417 |

| | Total | Investment funds | | | |
|---|---|---|---|---|---|
| | | Non-money market funds | | | Money market funds |
| | | Total | Open-end non-money market funds | Closed-end non-money market funds | Total |
| Financial liabilities | .. | .. | 1 063 220 | .. | 111 248 |
| Currency and deposits | .. | .. | .. | .. | .. |
| Debt securities | .. | .. | .. | .. | .. |
| Debt securities, short term | .. | .. | .. | .. | .. |
| Debt securities, long term | .. | .. | .. | .. | .. |
| Loans | .. | .. | 2 962 | .. | .. |
| Loans, short-term | .. | .. | 2 962 | .. | .. |
| Loans, long-term | .. | .. | .. | .. | .. |
| Equity and investment fund shares/units | .. | .. | 1 054 058 | .. | 110 789 |
| Insurance pension and standardised guaratees | .. | .. | .. | .. | .. |
| Financial derivatives and employee stock options | .. | .. | .. | .. | .. |
| Other accounts payable | .. | .. | 6 200 | .. | 459 |

| | Total | Insurance corporations and pension funds | | | |
|---|---|---|---|---|---|
| | | Insurance corporations | | | Pension funds |
| | | Total | Life insurance corporations | Non-life insurance corporations | Total |
| Financial assets | 2 167 327 | 1 772 193 | 1 536 160 | 236 033 | 395 134 |
| Currency and deposits | 42 805 | 34 643 | 24 882 | 9 761 | 8 162 |
| Debt securities | 814 438 | 673 307 | 579 536 | 93 771 | 141 131 |
| Debt securities, short-term | 27 392 | 21 986 | 13 928 | 8 058 | 5 406 |
| Debt securities, long term | 787 046 | 651 321 | 565 608 | 85 713 | 135 725 |
| Debt securities issued by residents | 433 287 | 315 875 | 251 568 | 64 307 | 117 412 |
| Debt securities issued by non-residents | 381 151 | 357 432 | 327 968 | 29 464 | 23 719 |
| Loans | 155 576 | 145 822 | 142 575 | 3 247 | 9 754 |
| Loans, short-term | 0 | 0 | 0 | 0 | .. |
| Loans, long-term | 155 576 | 145 822 | 142 575 | 3 247 | 9 754 |
| Loans granted to residents | 144 733 | 135 095 | 131 848 | 3 247 | 9 638 |
| Loans granted to non-residents | 10 843 | 10 727 | 10 727 | 0 | 116 |
| Equity and investment fund shares/units | 1 060 127 | 827 357 | 775 355 | 52 002 | 232 770 |
| Equity and investment fund shares/units issued by residents | 766 906 | 611 353 | 582 451 | 28 902 | 155 553 |
| Equity and investment fund shares/units issued by non residents | 293 221 | 216 004 | 192 904 | 23 100 | 77 217 |
| Other accounts receivable | 68 169 | 64 920 | 9 281 | 55 639 | 3 249 |

| | Total | Insurance corporations and pension funds | | | |
|---|---|---|---|---|---|
| | | Insurance corporations | | | Pension funds |
| | | Total | Life insurance corporations | Non-life insurance corporations | Total |
| Financial liabilities | 2 208 899 | 1 812 560 | 1 538 357 | 274 203 | 396 339 |
| Currency and deposits | .. | .. | .. | .. | .. |
| Debt securities | 21 123 | 21 123 | 17 368 | 3 755 | 0 |
| Debt securities, short term | .. | .. | .. | .. | .. |
| Debt securities, long term | 21 123 | 21 123 | 17 368 | 3 755 | 0 |
| Loans | 12 488 | 12 013 | 11 734 | 279 | 475 |
| Loans, short-term | 3 | 3 | 3 | 0 | .. |
| Loans, long-term | 12 485 | 12 010 | 11 731 | 279 | 475 |
| Equity and investment fund shares/units | 279 644 | 236 687 | 105 454 | 131 233 | 42 957 |
| Insurance pension and standardised guarantees | 1 850 347 | 1 499 227 | 1 378 403 | 120 824 | 351 120 |
| Financial derivatives and employee stock options | 11 959 | 10 944 | 10 147 | 797 | 1 015 |
| Other accounts payable | 33 338 | 32 566 | 15 251 | 17 315 | 772 |

Note: Detailed metadata at: *http://metalinks.oecd.org/instinv/20200916/f42e*

# NORWAY

## Table 2. Financial assets and liabilities of investment funds

*Million NOK*

| | 2012 | 2013 | 2014 | 2015 | 2016 | 2017 | 2018 | 2019 |
|---|---|---|---|---|---|---|---|---|
| **Investment funds** | | | | | | | | |
| Financial net worth | .. | .. | .. | .. | .. | .. | .. | .. |
| Financial assets | .. | .. | .. | .. | .. | .. | .. | .. |
| Currency and deposits | .. | .. | .. | .. | .. | .. | .. | .. |
| Debt securities | .. | .. | .. | .. | .. | .. | .. | .. |
| Loans | .. | .. | .. | .. | .. | .. | .. | .. |
| Equity and investment fund shares | .. | .. | .. | .. | .. | .. | .. | .. |
| Equity | .. | .. | .. | .. | .. | .. | .. | .. |
| Investment fund shares | .. | .. | .. | .. | .. | .. | .. | .. |
| Money market fund shares | .. | .. | .. | .. | .. | .. | .. | .. |
| Non-Money market fund shares | .. | .. | .. | .. | .. | .. | .. | .. |
| Insurance pension and standardised guarantees | .. | .. | .. | .. | .. | .. | .. | .. |
| Financial derivatives and employee stock options | .. | .. | .. | .. | .. | .. | .. | .. |
| Other accounts receivable | .. | .. | .. | .. | .. | .. | .. | .. |
| Financial liabilities | .. | .. | .. | .. | .. | .. | .. | .. |
| Debt securities | .. | .. | .. | .. | .. | .. | .. | .. |
| Short-term debt securities | .. | .. | .. | .. | .. | .. | .. | .. |
| Long-term debt securities | .. | .. | .. | .. | .. | .. | .. | .. |
| Loans | .. | .. | .. | .. | .. | .. | .. | .. |
| Short-term loans | .. | .. | .. | .. | .. | .. | .. | .. |
| Long-term loans | .. | .. | .. | .. | .. | .. | .. | .. |
| Equity and investment fund shares | .. | .. | .. | .. | .. | .. | .. | .. |
| Insurance pension and standardised guarantees | .. | .. | .. | .. | .. | .. | .. | .. |
| Financial derivatives and employee stock options | .. | .. | .. | .. | .. | .. | .. | .. |
| Other accounts payable | .. | .. | .. | .. | .. | .. | .. | .. |
| Non-financial assets | .. | .. | .. | .. | .. | .. | .. | .. |
| **Money market funds** | | | | | | | | |
| Financial net worth | 573 | 745 | 48 | 58 | 61 | -208 | 68 | 107 |
| Financial assets | 96 333 | 91 353 | 86 717 | 82 313 | 95 875 | 105 955 | 111 316 | 108 428 |
| Currency and deposits | 10 993 | 12 715 | 13 422 | 10 216 | 10 187 | 12 125 | 13 152 | 11 851 |
| Debt securities | 77 127 | 68 707 | 66 345 | 65 384 | 77 984 | 86 545 | 91 143 | 93 314 |
| Loans | .. | .. | .. | .. | .. | .. | .. | .. |
| Equity and investment fund shares | 7 605 | 8 614 | 6 505 | 6 377 | 7 288 | 6 939 | 6 604 | 2 848 |
| Equity | .. | .. | .. | .. | .. | .. | .. | .. |
| Investment fund shares | 7 605 | 8 614 | 6 505 | 6 377 | 7 288 | 6 939 | 6 604 | 2 848 |
| Money market fund shares | 7 592 | 8 560 | 6 468 | 6 364 | 7 282 | 6 923 | 6 595 | 2 839 |
| Non-Money market fund shares | 13 | 54 | 37 | 13 | 6 | 16 | 9 | 9 |
| Insurance pension and standardised guarantees | .. | .. | .. | .. | .. | .. | .. | .. |
| Financial derivatives and employee stock options | .. | .. | .. | .. | .. | .. | .. | .. |
| Other accounts receivable | 608 | 1 317 | 445 | 336 | 416 | 346 | 417 | 415 |
| Financial liabilities | 95 760 | 90 608 | 86 669 | 82 255 | 95 814 | 106 163 | 111 248 | 108 321 |
| Debt securities | .. | .. | .. | .. | .. | .. | .. | .. |
| Short-term debt securities | .. | .. | .. | .. | .. | .. | .. | .. |
| Long-term debt securities | .. | .. | .. | .. | .. | .. | .. | .. |
| Loans | .. | .. | .. | .. | .. | .. | .. | .. |
| Short-term loans | .. | .. | .. | .. | .. | .. | .. | .. |
| Long-term loans | .. | .. | .. | .. | .. | .. | .. | .. |
| Equity and investment fund shares | 95 520 | 89 545 | 86 236 | 81 929 | 95 450 | 105 831 | 110 789 | 107 864 |
| Insurance pension and standardised guarantees | .. | .. | .. | .. | .. | .. | .. | .. |
| Financial derivatives and employee stock options | .. | .. | .. | .. | .. | .. | .. | .. |
| Other accounts payable | 240 | 1 063 | 433 | 326 | 364 | 332 | 459 | 457 |
| Non-financial assets | .. | .. | .. | .. | .. | .. | .. | .. |
| **Non-money market funds** | | | | | | | | |
| Financial net worth | .. | .. | .. | .. | .. | .. | .. | .. |
| Financial assets | .. | .. | .. | .. | .. | .. | .. | .. |
| Currency and deposits | .. | .. | .. | .. | .. | .. | .. | .. |
| Debt securities | .. | .. | .. | .. | .. | .. | .. | .. |
| Loans | .. | .. | .. | .. | .. | .. | .. | .. |
| Equity and investment fund shares | .. | .. | .. | .. | .. | .. | .. | .. |
| Equity | .. | .. | .. | .. | .. | .. | .. | .. |
| Investment fund shares | .. | .. | .. | .. | .. | .. | .. | .. |
| Money market fund shares | .. | .. | .. | .. | .. | .. | .. | .. |
| Non-Money market fund shares | .. | .. | .. | .. | .. | .. | .. | .. |
| Insurance pension and standardised guarantees | .. | .. | .. | .. | .. | .. | .. | .. |
| Financial derivatives and employee stock options | .. | .. | .. | .. | .. | .. | .. | .. |
| Other accounts receivable | .. | .. | .. | .. | .. | .. | .. | .. |
| Financial liabilities | .. | .. | .. | .. | .. | .. | .. | .. |
| Debt securities | .. | .. | .. | .. | .. | .. | .. | .. |
| Short-term debt securities | .. | .. | .. | .. | .. | .. | .. | .. |
| Long-term debt securities | .. | .. | .. | .. | .. | .. | .. | .. |
| Loans | .. | .. | .. | .. | .. | .. | .. | .. |
| Short-term loans | .. | .. | .. | .. | .. | .. | .. | .. |
| Long-term loans | .. | .. | .. | .. | .. | .. | .. | .. |
| Equity and investment fund shares | .. | .. | .. | .. | .. | .. | .. | .. |
| Insurance pension and standardised guarantees | .. | .. | .. | .. | .. | .. | .. | .. |
| Financial derivatives and employee stock options | .. | .. | .. | .. | .. | .. | .. | .. |
| Other accounts payable | .. | .. | .. | .. | .. | .. | .. | .. |
| Non-financial assets | .. | .. | .. | .. | .. | .. | .. | .. |
| **Open-end non-money market funds** | | | | | | | | |
| Financial net worth | -319 | -821 | -444 | 748 | 4 148 | 1 110 | 407 | 426 |
| Financial assets | 517 233 | 639 820 | 824 220 | 890 760 | 959 881 | 1 085 378 | 1 063 627 | 1 260 703 |
| Currency and deposits | 16 293 | 18 721 | 26 214 | 32 916 | 25 724 | 29 550 | 25 226 | 31 989 |

## Table 2. Financial assets and liabilities of investment funds *(cont.)*

*Million NOK*

| | 2012 | 2013 | 2014 | 2015 | 2016 | 2017 | 2018 | 2019 |
|---|---|---|---|---|---|---|---|---|
| Debt securities | 158 212 | 178 034 | 293 703 | 314 868 | 329 071 | 344 596 | 353 832 | 391 625 |
| Loans | 0 | 0 | 0 | 0 | 0 | 0 | 0 | 0 |
| Equity and investment fund shares | 330 059 | 437 547 | 498 160 | 536 473 | 596 411 | 697 020 | 670 843 | 808 533 |
| Equity | 259 667 | 341 971 | 378 923 | 398 798 | 436 979 | 524 363 | 502 145 | 623 029 |
| Investment fund shares | 70 392 | 95 576 | 119 237 | 137 675 | 159 432 | 172 657 | 168 698 | 185 504 |
| Money market fund shares | 6 274 | 4 895 | 5 977 | 6 372 | 6 816 | 3 742 | 2 902 | 3 479 |
| Non-Money market fund shares | 64 118 | 90 681 | 113 260 | 131 303 | 152 616 | 168 915 | 165 796 | 182 025 |
| Insurance pension and standardised guarantees | .. | .. | .. | .. | .. | .. | .. | .. |
| Financial derivatives and employee stock options | 705 | -190 | -5 349 | -5 523 | -3 261 | -1 971 | -6 079 | -6 079 |
| Other accounts receivable | 11 964 | 5 708 | 11 492 | 12 026 | 11 936 | 16 183 | 19 805 | 34 635 |
| Financial liabilities | 517 552 | 640 641 | 824 664 | 890 012 | 955 733 | 1 084 268 | 1 063 220 | 1 260 277 |
| Debt securities | .. | .. | .. | .. | .. | .. | .. | .. |
| Short-term debt securities | .. | .. | .. | .. | .. | .. | .. | .. |
| Long-term debt securities | .. | .. | .. | .. | .. | .. | .. | .. |
| Loans | 1 109 | 645 | 1 960 | 9 849 | 435 | 1 427 | 2 962 | 1 975 |
| Short-term loans | 1 109 | 645 | 1 960 | 9 849 | 435 | 1 427 | 2 962 | 1 975 |
| Long-term loans | .. | .. | .. | .. | .. | .. | .. | .. |
| Equity and investment fund shares | 513 910 | 636 305 | 818 518 | 876 168 | 950 878 | 1 077 483 | 1 054 058 | 1 252 103 |
| Insurance pension and standardised guarantees | .. | .. | .. | .. | .. | .. | .. | .. |
| Financial derivatives and employee stock options | .. | .. | .. | .. | .. | .. | .. | .. |
| Other accounts payable | 2 533 | 3 691 | 4 186 | 3 995 | 4 420 | 5 358 | 6 200 | 6 199 |
| Non-financial assets | .. | .. | .. | .. | .. | .. | .. | .. |
| **Open-end investment funds** | | | | | | | | |
| Financial net worth | 254 | -76 | -396 | 806 | 4 209 | 902 | 475 | 533 |
| Financial assets | 613 566 | 731 173 | 910 937 | 973 073 | 1 055 756 | 1 191 333 | 1 174 943 | 1 369 131 |
| Currency and deposits | 27 286 | 31 436 | 39 636 | 43 132 | 35 911 | 41 675 | 38 378 | 43 840 |
| Debt securities | 235 339 | 246 741 | 360 048 | 380 252 | 407 055 | 431 141 | 444 975 | 484 939 |
| Loans | 0 | 0 | 0 | 0 | 0 | 0 | 0 | 0 |
| Equity and investment fund shares | 337 664 | 446 161 | 504 665 | 542 850 | 603 699 | 703 959 | 677 447 | 811 381 |
| Equity | 259 667 | 341 971 | 378 923 | 398 798 | 436 979 | 524 363 | 502 145 | 623 029 |
| Investment fund shares | 77 997 | 104 190 | 125 742 | 144 052 | 166 720 | 179 596 | 175 302 | 188 352 |
| Money market fund shares | 13 866 | 13 455 | 12 445 | 12 736 | 14 098 | 10 665 | 9 497 | 6 318 |
| Non-Money market fund shares | 64 131 | 90 735 | 113 297 | 131 316 | 152 622 | 168 931 | 165 805 | 182 034 |
| Insurance pension and standardised guarantees | .. | .. | .. | .. | .. | .. | .. | .. |
| Financial derivatives and employee stock options | 705 | -190 | -5 349 | -5 523 | -3 261 | -1 971 | -6 079 | -6 079 |
| Other accounts receivable | 12 572 | 7 025 | 11 937 | 12 362 | 12 352 | 16 529 | 20 222 | 35 050 |
| Financial liabilities | 613 312 | 731 249 | 911 333 | 972 267 | 1 051 547 | 1 190 431 | 1 174 468 | 1 368 598 |
| Debt securities | .. | .. | .. | .. | .. | .. | .. | .. |
| Short-term debt securities | .. | .. | .. | .. | .. | .. | .. | .. |
| Long-term debt securities | .. | .. | .. | .. | .. | .. | .. | .. |
| Loans | 1 109 | 645 | 1 960 | 9 849 | 435 | 1 427 | 2 962 | 1 975 |
| Short-term loans | 1 109 | 645 | 1 960 | 9 849 | 435 | 1 427 | 2 962 | 1 975 |
| Long-term loans | .. | .. | .. | .. | .. | .. | .. | .. |
| Equity and investment fund shares | 609 430 | 725 850 | 904 754 | 958 097 | 1 046 328 | 1 183 314 | 1 164 847 | 1 359 967 |
| Insurance pension and standardised guarantees | .. | .. | .. | .. | .. | .. | .. | .. |
| Financial derivatives and employee stock options | .. | .. | .. | .. | .. | .. | .. | .. |
| Other accounts payable | 2 773 | 4 754 | 4 619 | 4 321 | 4 784 | 5 690 | 6 659 | 6 656 |
| Non-financial assets | .. | .. | .. | .. | .. | .. | .. | .. |

Note: Detailed metadata at: *http://metalinks.oecd.org/instinv/20200916/f42e*

# NORWAY

## Table 3. Financial assets and liabilities of insurance corporations and pension funds

*Million NOK*

| | 2012 | 2013 | 2014 | 2015 | 2016 | 2017 | 2018 | 2019 |
|---|---|---|---|---|---|---|---|---|
| **Insurance corporations and pension funds** | | | | | | | | |
| Financial net worth | -20 605 | -34 299 | -29 980 | -48 582 | -33 689 | -45 990 | -41 572 | -39 299 |
| Financial assets | 1 417 236 | 1 564 542 | 1 735 099 | 1 856 121 | 1 971 983 | 2 129 269 | 2 167 327 | 2 376 788 |
| Currency and deposits | 45 463 | 56 016 | 46 243 | 49 170 | 43 437 | 43 749 | 42 805 | 54 962 |
| Debt securities | 670 429 | 730 812 | 703 311 | 732 815 | 766 703 | 803 251 | 814 438 | 825 131 |
| Loans | 55 997 | 67 407 | 88 072 | 98 399 | 115 107 | 126 641 | 155 576 | 160 200 |
| Equity and investment fund shares | 569 317 | 631 939 | 813 141 | 887 265 | 960 598 | 1 070 506 | 1 060 127 | 1 239 619 |
| Equity | 244 114 | 252 345 | 281 429 | 305 739 | 325 557 | 348 443 | 330 907 | 379 827 |
| Investment fund shares | 325 203 | 379 594 | 531 712 | 581 526 | 635 041 | 722 063 | 729 220 | 859 792 |
| Money market fund shares | 36 833 | 32 472 | 30 393 | 26 770 | 27 492 | 26 221 | 29 572 | 28 964 |
| Non-Money market fund shares | 288 370 | 347 122 | 501 319 | 554 756 | 607 549 | 695 842 | 699 648 | 830 828 |
| Insurance pension and standardised guarantees | 14 209 | 15 624 | 16 147 | 19 446 | 18 157 | 21 125 | 22 836 | 22 486 |
| Financial derivatives and employee stock options | 5 568 | 3 294 | 4 951 | 3 936 | 5 465 | 3 119 | 3 376 | 11 311 |
| Other accounts receivable | 56 253 | 59 450 | 63 234 | 65 090 | 62 516 | 60 878 | 68 169 | 63 079 |
| Financial liabilities | 1 437 841 | 1 598 841 | 1 765 079 | 1 904 703 | 2 005 672 | 2 175 259 | 2 208 899 | 2 416 087 |
| Debt securities | 11 016 | 11 381 | 13 162 | 20 190 | 20 022 | 21 980 | 21 123 | 22 707 |
| Short-term debt securities | .. | .. | .. | .. | .. | .. | .. | .. |
| Long-term debt securities | 11 016 | 11 381 | 13 162 | 20 190 | 20 022 | 21 980 | 21 123 | 22 707 |
| Loans | 4 775 | 3 859 | 4 578 | 11 237 | 12 392 | 12 216 | 12 488 | 15 856 |
| Short-term loans | 37 | 25 | 31 | 375 | 1 099 | 1 149 | 3 | 4 |
| Long-term loans | 4 738 | 3 834 | 4 547 | 10 862 | 11 293 | 11 067 | 12 485 | 15 852 |
| Equity and investment fund shares | 175 434 | 209 020 | 227 487 | 261 368 | 262 897 | 289 132 | 279 644 | 316 964 |
| Insurance pension and standardised guarantees | 1 220 427 | 1 345 483 | 1 476 032 | 1 574 557 | 1 677 594 | 1 818 445 | 1 850 347 | 2 026 162 |
| Financial derivatives and employee stock options | 2 392 | 4 153 | 18 398 | 12 398 | 7 658 | 6 708 | 11 959 | 2 446 |
| Other accounts payable | 23 797 | 24 945 | 25 422 | 24 953 | 25 109 | 26 778 | 33 338 | 31 952 |
| Non-financial assets | .. | .. | .. | .. | .. | .. | .. | .. |
| **Insurance corporations** | | | | | | | | |
| Financial net worth | -14 330 | -30 743 | -30 469 | -52 220 | -37 942 | -50 301 | -40 367 | -58 379 |
| Financial assets | 1 186 091 | 1 296 668 | 1 428 226 | 1 517 267 | 1 609 934 | 1 731 868 | 1 772 193 | 1 948 548 |
| Currency and deposits | 38 011 | 48 573 | 38 262 | 41 539 | 35 839 | 34 686 | 34 643 | 46 800 |
| Debt securities | 555 667 | 607 376 | 571 529 | 595 015 | 628 548 | 660 010 | 673 307 | 683 184 |
| Loans | 51 131 | 61 934 | 81 978 | 92 879 | 109 210 | 118 870 | 145 822 | 150 417 |
| Equity and investment fund shares | 469 458 | 503 627 | 655 835 | 703 009 | 754 275 | 836 506 | 827 357 | 974 588 |
| Equity | 208 111 | 206 420 | 227 377 | 242 187 | 252 264 | 266 123 | 248 519 | 297 346 |
| Investment fund shares | 261 347 | 297 207 | 428 458 | 460 822 | 502 011 | 570 383 | 578 838 | 677 242 |
| Money market fund shares | 32 278 | 26 499 | 23 474 | 18 930 | 19 482 | 18 719 | 21 724 | 21 223 |
| Non-Money market fund shares | 229 069 | 270 708 | 404 984 | 441 892 | 482 529 | 551 664 | 557 114 | 656 019 |
| Insurance pension and standardised guarantees | 14 209 | 15 624 | 16 147 | 19 446 | 18 157 | 21 125 | 22 836 | 22 486 |
| Financial derivatives and employee stock options | 4 996 | 3 050 | 4 612 | 3 660 | 5 169 | 2 957 | 3 308 | 11 243 |
| Other accounts receivable | 52 619 | 56 484 | 59 863 | 61 719 | 58 736 | 57 714 | 64 920 | 59 830 |
| Financial liabilities | 1 200 421 | 1 327 411 | 1 458 695 | 1 569 487 | 1 647 876 | 1 782 169 | 1 812 560 | 2 006 927 |
| Debt securities | 10 779 | 11 034 | 13 161 | 20 190 | 20 022 | 21 950 | 21 123 | 22 581 |
| Short-term debt securities | .. | .. | .. | .. | .. | .. | .. | .. |
| Long-term debt securities | 10 779 | 11 034 | 13 161 | 20 190 | 20 022 | 21 950 | 21 123 | 22 581 |
| Loans | 4 280 | 3 347 | 4 118 | 10 813 | 11 957 | 11 781 | 12 013 | 15 381 |
| Short-term loans | 37 | 25 | 31 | 375 | 1 099 | 1 149 | 3 | 4 |
| Long-term loans | 4 243 | 3 322 | 4 087 | 10 438 | 10 858 | 10 632 | 12 010 | 15 377 |
| Equity and investment fund shares | 153 763 | 184 586 | 200 521 | 230 210 | 227 378 | 248 395 | 236 687 | 274 007 |
| Insurance pension and standardised guarantees | 1 006 622 | 1 100 470 | 1 200 506 | 1 273 072 | 1 357 195 | 1 468 469 | 1 499 227 | 1 662 312 |
| Financial derivatives and employee stock options | 2 169 | 3 810 | 15 939 | 11 051 | 7 090 | 6 038 | 10 944 | 1 466 |
| Other accounts payable | 22 808 | 24 164 | 24 450 | 24 151 | 24 234 | 25 536 | 32 566 | 31 180 |
| Non-financial assets | .. | .. | .. | .. | .. | .. | .. | .. |
| **Pension funds** | | | | | | | | |
| Financial net worth | -6 275 | -3 556 | 489 | 3 638 | 4 253 | 4 311 | -1 205 | 19 080 |
| Financial assets | 231 145 | 267 874 | 306 873 | 338 854 | 362 049 | 397 401 | 395 134 | 428 240 |
| Currency and deposits | 7 452 | 7 443 | 7 981 | 7 631 | 7 598 | 9 063 | 8 162 | 8 162 |
| Debt securities | 114 762 | 123 436 | 131 782 | 137 800 | 138 155 | 143 241 | 141 131 | 141 947 |
| Loans | 4 866 | 5 473 | 6 094 | 5 520 | 5 897 | 7 771 | 9 754 | 9 783 |
| Equity and investment fund shares | 99 859 | 128 312 | 157 306 | 184 256 | 206 323 | 234 000 | 232 770 | 265 031 |
| Equity | 36 003 | 45 925 | 54 052 | 63 552 | 73 293 | 82 320 | 82 388 | 82 481 |
| Investment fund shares | 63 856 | 82 387 | 103 254 | 120 704 | 133 030 | 151 680 | 150 382 | 182 550 |
| Money market fund shares | 4 555 | 5 973 | 6 919 | 7 840 | 8 010 | 7 502 | 7 848 | 7 741 |
| Non-Money market fund shares | 59 301 | 76 414 | 96 335 | 112 864 | 125 020 | 144 178 | 142 534 | 174 809 |
| Insurance pension and standardised guarantees | .. | .. | .. | .. | .. | .. | .. | .. |
| Financial derivatives and employee stock options | 572 | 244 | 339 | 276 | 296 | 162 | 68 | 68 |
| Other accounts receivable | 3 634 | 2 966 | 3 371 | 3 371 | 3 780 | 3 164 | 3 249 | 3 249 |
| Financial liabilities | 237 420 | 271 430 | 306 384 | 335 216 | 357 796 | 393 090 | 396 339 | 409 160 |
| Debt securities | 237 | 347 | 1 | 0 | 0 | 30 | 0 | 126 |
| Short-term debt securities | .. | .. | .. | .. | .. | .. | .. | .. |
| Long-term debt securities | 237 | 347 | 1 | 0 | 0 | 30 | 0 | 126 |
| Loans | 495 | 512 | 460 | 424 | 435 | 435 | 475 | 475 |
| Short-term loans | .. | .. | .. | .. | .. | .. | .. | .. |
| Long-term loans | 495 | 512 | 460 | 424 | 435 | 435 | 475 | 475 |
| Equity and investment fund shares | 21 671 | 24 434 | 26 966 | 31 158 | 35 519 | 40 737 | 42 957 | 42 957 |
| Insurance pension and standardised guarantees | 213 805 | 245 013 | 275 526 | 301 485 | 320 399 | 349 976 | 351 120 | 363 850 |
| Financial derivatives and employee stock options | 223 | 343 | 2 459 | 1 347 | 568 | 670 | 1 015 | 980 |
| Other accounts payable | 989 | 781 | 972 | 802 | 875 | 1 242 | 772 | 772 |
| Non-financial assets | .. | .. | .. | .. | .. | .. | .. | .. |

Note: Detailed metadata at: *http://metalinks.oecd.org/instinv/20200916/f42e*

# NORWAY

## Table 4. Portfolio composition by type of investor
As percentage of financial assets and of financial liabilities

*Per cent*

| | 2012 | 2013 | 2014 | 2015 | 2016 | 2017 | 2018 | 2019 |
|---|---|---|---|---|---|---|---|---|
| **Investment funds** | | | | | | | | |
| Financial assets | .. | .. | .. | .. | .. | .. | .. | .. |
| Currency and deposits | .. | .. | .. | .. | .. | .. | .. | .. |
| Debt securities | .. | .. | .. | .. | .. | .. | .. | .. |
| Loans | .. | .. | .. | .. | .. | .. | .. | .. |
| Equity and investment fund shares | .. | .. | .. | .. | .. | .. | .. | .. |
| Insurance pension and standardised guarantee schemes | .. | .. | .. | .. | .. | .. | .. | .. |
| Financial derivatives and employee stock options | .. | .. | .. | .. | .. | .. | .. | .. |
| Other accounts receivable | .. | .. | .. | .. | .. | .. | .. | .. |
| Financial liabilities | .. | .. | .. | .. | .. | .. | .. | .. |
| Currency and deposits | .. | .. | .. | .. | .. | .. | .. | .. |
| Debt securities | .. | .. | .. | .. | .. | .. | .. | .. |
| Loans | .. | .. | .. | .. | .. | .. | .. | .. |
| Equity and investment fund shares | .. | .. | .. | .. | .. | .. | .. | .. |
| Insurance pension and standardised guarantee schemes | .. | .. | .. | .. | .. | .. | .. | .. |
| Financial derivatives and employee stock options | .. | .. | .. | .. | .. | .. | .. | .. |
| Other accounts receivable | .. | .. | .. | .. | .. | .. | .. | .. |
| **Insurance corporations** | | | | | | | | |
| Financial assets | 100.0 | 100.0 | 100.0 | 100.0 | 100.0 | 100.0 | 100.0 | 100.0 |
| Currency and deposits | 3.2 | 3.7 | 2.7 | 2.7 | 2.2 | 2.0 | 2.0 | 2.4 |
| Debt securities | 46.8 | 46.8 | 40.0 | 39.2 | 39.0 | 38.1 | 38.0 | 35.1 |
| Loans | 4.3 | 4.8 | 5.7 | 6.1 | 6.8 | 6.9 | 8.2 | 7.7 |
| Equity and investment fund shares | 39.6 | 38.8 | 45.9 | 46.3 | 46.9 | 48.3 | 46.7 | 50.0 |
| Insurance pension and standardised guarantee schemes | 1.2 | 1.2 | 1.1 | 1.3 | 1.1 | 1.2 | 1.3 | 1.2 |
| Financial derivatives and employee stock options | 0.4 | 0.2 | 0.3 | 0.2 | 0.3 | 0.2 | 0.2 | 0.6 |
| Other accounts receivable | 4.4 | 4.4 | 4.2 | 4.1 | 3.6 | 3.3 | 3.7 | 3.1 |
| Financial liabilities | 100.0 | 100.0 | 100.0 | 100.0 | 100.0 | 100.0 | 100.0 | 100.0 |
| Currency and deposits | 0.0 | 0.0 | 0.0 | 0.0 | 0.0 | 0.0 | 0.0 | 0.0 |
| Debt securities | 0.9 | 0.8 | 0.9 | 1.3 | 1.2 | 1.2 | 1.2 | 1.1 |
| Loans | 0.4 | 0.3 | 0.3 | 0.7 | 0.7 | 0.7 | 0.7 | 0.8 |
| Equity and investment fund shares | 12.8 | 13.9 | 13.7 | 14.7 | 13.8 | 13.9 | 13.1 | 13.7 |
| Insurance pension and standardised guarantee schemes | 83.9 | 82.9 | 82.3 | 81.1 | 82.4 | 82.4 | 82.7 | 82.8 |
| Financial derivatives and employee stock options | 0.2 | 0.3 | 1.1 | 0.7 | 0.4 | 0.3 | 0.6 | 0.1 |
| Other accounts receivable | 1.9 | 1.8 | 1.7 | 1.5 | 1.5 | 1.4 | 1.8 | 1.6 |
| **Pension funds** | | | | | | | | |
| Financial assets | 100.0 | 100.0 | 100.0 | 100.0 | 100.0 | 100.0 | 100.0 | 100.0 |
| Currency and deposits | 3.2 | 2.8 | 2.6 | 2.3 | 2.1 | 2.3 | 2.1 | 1.9 |
| Debt securities | 49.6 | 46.1 | 42.9 | 40.7 | 38.2 | 36.0 | 35.7 | 33.1 |
| Loans | 2.1 | 2.0 | 2.0 | 1.6 | 1.6 | 2.0 | 2.5 | 2.3 |
| Equity and investment fund shares | 43.2 | 47.9 | 51.3 | 54.4 | 57.0 | 58.9 | 58.9 | 61.9 |
| Insurance pension and standardised guarantee schemes | 0.0 | 0.0 | 0.0 | 0.0 | 0.0 | 0.0 | 0.0 | 0.0 |
| Financial derivatives and employee stock options | 0.2 | 0.1 | 0.1 | 0.1 | 0.1 | 0.0 | 0.0 | 0.0 |
| Other accounts receivable | 1.6 | 1.1 | 1.1 | 1.0 | 1.0 | 0.8 | 0.8 | 0.8 |
| Financial liabilities | 100.0 | 100.0 | 100.0 | 100.0 | 100.0 | 100.0 | 100.0 | 100.0 |
| Currency and deposits | 0.0 | 0.0 | 0.0 | 0.0 | 0.0 | 0.0 | 0.0 | 0.0 |
| Debt securities | 0.1 | 0.1 | 0.0 | 0.0 | 0.0 | 0.0 | 0.0 | 0.0 |
| Loans | 0.2 | 0.2 | 0.2 | 0.1 | 0.1 | 0.1 | 0.1 | 0.1 |
| Equity and investment fund shares | 9.1 | 9.0 | 8.8 | 9.3 | 9.9 | 10.4 | 10.8 | 10.5 |
| Insurance pension and standardised guarantee schemes | 90.1 | 90.3 | 89.9 | 89.9 | 89.5 | 89.0 | 88.6 | 88.9 |
| Financial derivatives and employee stock options | 0.1 | 0.1 | 0.8 | 0.4 | 0.2 | 0.2 | 0.3 | 0.2 |
| Other accounts receivable | 0.4 | 0.3 | 0.3 | 0.2 | 0.2 | 0.3 | 0.2 | 0.2 |

Note: Detailed metadata at: *http://metalinks.oecd.org/instinv/20200916/eb22*

# POLAND

## Table 1. Financial assets and liabilities of institutional investors, 2018

*Million PLN*

| | Total | Investment funds | | | |
|---|---|---|---|---|---|
| | | Non-money market funds | | | Money market funds |
| | | Total | Open-end non-money market funds | Closed-end non-money market funds | Total |
| Financial assets | .. | 311 168 | 164 204 | 146 964 | .. |
| Currency and deposits | .. | 29 692 | 15 758 | 13 934 | .. |
| Debt securities | .. | 142 306 | 106 676 | 35 630 | .. |
| Debt securities, short term | .. | 5 499 | 3 657 | 1 842 | .. |
| Debt securities, long term | .. | 136 807 | 103 019 | 33 788 | .. |
| Debt securities issued by residents | .. | 118 172 | 93 367 | 24 805 | .. |
| Debt securities issued by non-residents | .. | 24 133 | 13 308 | 10 825 | .. |
| Loans | .. | 9 622 | .. | 8 422 | .. |
| Loans, short-term | .. | .. | .. | 754 | .. |
| Loans, long-term | .. | .. | .. | 7 668 | .. |
| Loans granted to residents | .. | .. | .. | 6 936 | .. |
| Loans granted to non-residents | .. | .. | .. | 1 487 | .. |
| Equity and investment fund shares/units | .. | .. | 39 339 | 65 537 | .. |
| Equity and investment fund shares issued/units by residents | .. | 49 204 | 22 765 | 26 439 | .. |
| Equity and investment fund shares/units issued by non residents | .. | .. | 16 574 | .. | .. |
| Other accounts receivable | .. | 24 437 | 1 123 | 23 314 | .. |

| | Total | Investment funds | | | |
|---|---|---|---|---|---|
| | | Non-money market funds | | | Money market funds |
| | | Total | Open-end non-money market funds | Closed-end non-money market funds | Total |
| Financial liabilities | .. | .. | 164 203 | 148 357 | .. |
| Currency and deposits | .. | .. | .. | .. | .. |
| Debt securities | .. | .. | .. | .. | .. |
| Debt securities, short term | .. | .. | .. | .. | .. |
| Debt securities, long term | .. | .. | .. | .. | .. |
| Loans | .. | 3 776 | 3 193 | 583 | .. |
| Loans, short-term | .. | 3 405 | 3 193 | 212 | .. |
| Loans, long-term | .. | 371 | 0 | 371 | .. |
| Equity and investment fund shares/units | .. | 291 038 | 151 819 | 139 219 | .. |
| Insurance pension and standardised guarantees | .. | .. | .. | .. | .. |
| Financial derivatives and employee stock options | .. | 286 | 208 | 78 | .. |
| Other accounts payable | .. | 17 460 | 8 983 | 8 477 | .. |

| | Total | Insurance corporations and pension funds | | | |
|---|---|---|---|---|---|
| | | Insurance corporations | | | Pension funds |
| | | Total | Life insurance corporations | Non-life insurance corporations | Total |
| Financial assets | .. | .. | .. | .. | 159 322 |
| Currency and deposits | .. | .. | .. | .. | 9 774 |
| Debt securities | .. | .. | .. | .. | 14 719 |
| Debt securities, short-term | .. | .. | .. | .. | 290 |
| Debt securities, long term | .. | .. | .. | .. | 14 429 |
| Debt securities issued by residents | .. | .. | .. | .. | 13 087 e |
| Debt securities issued by non-residents | .. | .. | .. | .. | 1 632 e |
| Loans | .. | .. | .. | .. | 0 |
| Loans, short-term | .. | .. | .. | .. | 0 |
| Loans, long-term | .. | .. | .. | .. | 0 |
| Loans granted to residents | .. | .. | .. | .. | 0 |
| Loans granted to non-residents | .. | .. | .. | .. | 0 |
| Equity and investment fund shares/units | .. | .. | .. | .. | 134 600 |
| Equity and investment fund shares/units issued by residents | .. | .. | .. | .. | 121 834 e |
| Equity and investment fund shares/units issued by non residents | .. | .. | .. | .. | 12 766 e |
| Other accounts receivable | .. | .. | .. | .. | 230 |

| | Total | Insurance corporations and pension funds | | | |
|---|---|---|---|---|---|
| | | Insurance corporations | | | Pension funds |
| | | Total | Life insurance corporations | Non-life insurance corporations | Total |
| Financial liabilities | .. | .. | .. | .. | 159 322 |
| Currency and deposits | .. | .. | .. | .. | 0 |
| Debt securities | .. | .. | .. | .. | 0 |
| Debt securities, short term | .. | .. | .. | .. | 0 |
| Debt securities, long term | .. | .. | .. | .. | 0 |
| Loans | .. | .. | .. | .. | 0 |
| Loans, short-term | .. | .. | .. | .. | 0 |
| Loans, long-term | .. | .. | .. | .. | 0 |
| Equity and investment fund shares/units | .. | .. | .. | .. | 0 |
| Insurance pension and standardised guarantees | .. | .. | .. | .. | 159 134 |
| Financial derivatives and employee stock options | .. | .. | .. | .. | 0 |
| Other accounts payable | .. | .. | .. | .. | 188 |

Note: Detailed metadata at: *http://metalinks.oecd.org/instinv/20200916/dcb3*

## Table 2. Financial assets and liabilities of investment funds

*Million PLN*

| | 2012 | 2013 | 2014 | 2015 | 2016 | 2017 | 2018 | 2019 |
|---|---|---|---|---|---|---|---|---|
| **Investment funds** | | | | | | | | |
| Financial net worth | .. | .. | .. | .. | .. | .. | .. | .. |
| Financial assets | .. | .. | .. | .. | .. | .. | .. | .. |
| Currency and deposits | .. | .. | .. | .. | .. | .. | .. | .. |
| Debt securities | .. | .. | .. | .. | .. | .. | .. | .. |
| Loans | .. | .. | .. | .. | .. | .. | .. | .. |
| Equity and investment fund shares | .. | .. | .. | .. | .. | .. | .. | .. |
| Equity | .. | .. | .. | .. | .. | .. | .. | .. |
| Investment fund shares | .. | .. | .. | .. | .. | .. | .. | .. |
| Money market fund shares | .. | .. | .. | .. | .. | .. | .. | .. |
| Non-Money market fund shares | .. | .. | .. | .. | .. | .. | .. | .. |
| Insurance pension and standardised guarantees | .. | .. | .. | .. | .. | .. | .. | .. |
| Financial derivatives and employee stock options | .. | .. | .. | .. | .. | .. | .. | .. |
| Other accounts receivable | .. | .. | .. | .. | .. | .. | .. | .. |
| Financial liabilities | .. | .. | .. | .. | .. | .. | .. | .. |
| Debt securities | .. | .. | .. | .. | .. | .. | .. | .. |
| Short-term debt securities | .. | .. | .. | .. | .. | .. | .. | .. |
| Long-term debt securities | .. | .. | .. | .. | .. | .. | .. | .. |
| Loans | .. | .. | .. | .. | .. | .. | .. | .. |
| Short-term loans | .. | .. | .. | .. | .. | .. | .. | .. |
| Long-term loans | .. | .. | .. | .. | .. | .. | .. | .. |
| Equity and investment fund shares | .. | .. | .. | .. | .. | .. | .. | .. |
| Insurance pension and standardised guarantees | .. | .. | .. | .. | .. | .. | .. | .. |
| Financial derivatives and employee stock options | .. | .. | .. | .. | .. | .. | .. | .. |
| Other accounts payable | .. | .. | .. | .. | .. | .. | .. | .. |
| Non-financial assets | .. | .. | .. | .. | .. | .. | .. | .. |
| **Money market funds** | | | | | | | | |
| Financial net worth | .. | .. | .. | .. | .. | .. | .. | .. |
| Financial assets | .. | .. | .. | .. | .. | .. | .. | .. |
| Currency and deposits | .. | .. | .. | .. | .. | .. | .. | .. |
| Debt securities | .. | .. | .. | .. | .. | .. | .. | .. |
| Loans | .. | .. | .. | .. | .. | .. | .. | .. |
| Equity and investment fund shares | .. | .. | .. | .. | .. | .. | .. | .. |
| Equity | .. | .. | .. | .. | .. | .. | .. | .. |
| Investment fund shares | .. | .. | .. | .. | .. | .. | .. | .. |
| Money market fund shares | .. | .. | .. | .. | .. | .. | .. | .. |
| Non-Money market fund shares | .. | .. | .. | .. | .. | .. | .. | .. |
| Insurance pension and standardised guarantees | .. | .. | .. | .. | .. | .. | .. | .. |
| Financial derivatives and employee stock options | .. | .. | .. | .. | .. | .. | .. | .. |
| Other accounts receivable | .. | .. | .. | .. | .. | .. | .. | .. |
| Financial liabilities | .. | .. | .. | .. | .. | .. | .. | .. |
| Debt securities | .. | .. | .. | .. | .. | .. | .. | .. |
| Short-term debt securities | .. | .. | .. | .. | .. | .. | .. | .. |
| Long-term debt securities | .. | .. | .. | .. | .. | .. | .. | .. |
| Loans | .. | .. | .. | .. | .. | .. | .. | .. |
| Short-term loans | .. | .. | .. | .. | .. | .. | .. | .. |
| Long-term loans | .. | .. | .. | .. | .. | .. | .. | .. |
| Equity and investment fund shares | .. | .. | .. | .. | .. | .. | .. | .. |
| Insurance pension and standardised guarantees | .. | .. | .. | .. | .. | .. | .. | .. |
| Financial derivatives and employee stock options | .. | .. | .. | .. | .. | .. | .. | .. |
| Other accounts payable | .. | .. | .. | .. | .. | .. | .. | .. |
| Non-financial assets | .. | .. | .. | .. | .. | .. | .. | .. |
| **Non-money market funds** | | | | | | | | |
| Financial net worth | -3 | -749 | -2 498 | -2 533 | -4 121 | -4 762 | -1 392 | -1 262 |
| Financial assets | 158 821 | 209 923 | 237 992 | 290 227 | 285 975 | 316 463 | 311 168 | 321 687 |
| Currency and deposits | 12 150 | 18 749 | 17 330 | 21 771 | 20 358 | 21 000 | 29 692 | 14 731 |
| Debt securities | 66 395 | 86 207 | 107 560 | 109 602 | 119 317 | 139 954 | 142 306 | 152 468 |
| Loans | 402 | 895 | 3 796 | 14 139 | 14 581 | 8 077 | 9 622 | .. |
| Equity and investment fund shares | 67 500 | 88 632 | 90 023 | 119 453 | .. | 117 655 | .. | .. |
| Equity | 59 602 | 79 090 | 74 532 | 102 432 | 86 089 | 97 248 | 86 168 | 93 111 |
| Investment fund shares | 7 898 | 9 542 | 15 491 | 17 021 | 17 679 | 20 407 | 18 708 | 17 264 |
| Money market fund shares | 0 | 0 | 2 | 6 | .. | 0 | 0 | 0 |
| Non-Money market fund shares | 7 898 | 9 542 | 15 489 | 17 015 | 17 679 | 20 407 | 18 708 | 17 264 |
| Insurance pension and standardised guarantees | .. | .. | .. | .. | .. | .. | .. | .. |
| Financial derivatives and employee stock options | 119 | 279 | 297 | 360 | 349 | 668 | 235 | 1 075 |
| Other accounts receivable | 12 255 | 15 161 | 18 986 | 24 902 | 27 602 | 29 109 | 24 437 | 24 406 |
| Financial liabilities | 158 824 | 210 672 | 240 490 | 292 760 | .. | .. | .. | 322 949 |
| Debt securities | .. | .. | .. | .. | .. | .. | .. | .. |
| Short-term debt securities | .. | .. | .. | .. | .. | .. | .. | .. |
| Long-term debt securities | .. | .. | .. | .. | .. | .. | .. | .. |
| Loans | 3 627 | 6 240 | 11 106 | 9 777 | 7 369 | 4 539 | 3 776 | 10 969 |
| Short-term loans | 3 627 | 6 166 | 11 012 | 9 660 | 7 099 | 4 329 | 3 405 | 10 686 |
| Long-term loans | 0 | 74 | 94 | 117 | 270 | 210 | 371 | 283 |
| Equity and investment fund shares | 150 428 | 192 273 | 216 134 | 269 914 | 271 720 | 302 531 | 291 038 | 304 356 |
| Insurance pension and standardised guarantees | .. | .. | .. | .. | .. | .. | .. | .. |
| Financial derivatives and employee stock options | 144 | 120 | 534 | 141 | 179 | 118 | 286 | 542 |
| Other accounts payable | 4 627 | 12 038 | 12 715 | 12 928 | 10 827 | 14 036 | 17 460 | 7 082 |
| Non-financial assets | 0 | 748 | 2 496 | 2 535 | 4 121 | 4 762 | 1 391 | 1 261 |
| **Open-end non-money market funds** | | | | | | | | |
| Financial net worth | -1 | -1 | -2 | 1 | 0 | 0 | 1 | 0 |
| Financial assets | 106 075 | 128 591 | 142 814 | 144 289 | 137 573 | 159 502 | 164 204 | 173 831 |
| Currency and deposits | 8 777 | 13 373 | 12 328 | 11 685 | 9 713 | 11 925 | 15 758 | 5 862 |

## Table 2. Financial assets and liabilities of investment funds *(cont.)*

*Million PLN*

| | 2012 | 2013 | 2014 | 2015 | 2016 | 2017 | 2018 | 2019 |
|---|---|---|---|---|---|---|---|---|
| Debt securities | 60 927 | 69 103 | 84 334 | 84 718 | 81 034 | 94 280 | 106 676 | 120 668 |
| Loans | 2 | 3 | 2 | 2 | .. | .. | .. | 5 940 |
| Equity and investment fund shares | 34 143 | 44 069 | 43 700 | 45 919 | 45 312 | 51 303 | 39 339 | 39 989 |
| Equity | 28 172 | 35 747 | 32 304 | 30 991 | 30 825 | 35 633 | 25 840 | 26 196 |
| Investment fund shares | 5 971 | 8 322 | 11 396 | 14 928 | 14 487 | 15 670 | 13 499 | 13 793 |
| Money market fund shares | 0 | 0 | 2 | 6 | .. | 0 | 0 | 0 |
| Non-Money market fund shares | 5 971 | 8 322 | 11 394 | 14 922 | 14 487 | 15 670 | 13 499 | 13 793 |
| Insurance pension and standardised guarantees | .. | .. | .. | .. | .. | .. | .. | .. |
| Financial derivatives and employee stock options | 70 | 185 | 69 | 182 | 114 | 408 | 108 | 572 |
| Other accounts receivable | 2 156 | 1 858 | 2 381 | 1 783 | 1 398 | 1 495 | 1 123 | 800 |
| Financial liabilities | 106 076 | 128 592 | 142 816 | 144 288 | 137 573 | 159 502 | 164 203 | 173 831 |
| Debt securities | .. | .. | .. | .. | .. | .. | .. | .. |
| Short-term debt securities | .. | .. | .. | .. | .. | .. | .. | .. |
| Long-term debt securities | .. | .. | .. | .. | .. | .. | .. | .. |
| Loans | 3 539 | 5 442 | 8 137 | 8 392 | 6 679 | 3 906 | 3 193 | 10 316 |
| Short-term loans | 3 539 | 5 416 | 8 137 | 8 392 | 6 679 | 3 906 | 3 193 | 10 316 |
| Long-term loans | 0 | 26 | 0 | 0 | 0 | 0 | 0 | 0 |
| Equity and investment fund shares | 99 293 | 115 358 | 127 583 | 129 829 | 126 206 | 150 578 | 151 819 | 161 711 |
| Insurance pension and standardised guarantees | .. | .. | .. | .. | .. | .. | .. | .. |
| Financial derivatives and employee stock options | 67 | 55 | 420 | 113 | 116 | 38 | 208 | 284 |
| Other accounts payable | 3 178 | 7 737 | 6 675 | 5 953 | 4 572 | 4 979 | 8 983 | 1 520 |
| Non-financial assets | 0 | 0 | 0 | 0 | 0 | 0 | 0 | 0 |
| **Open-end investment funds** | | | | | | | | |
| Financial net worth | .. | .. | .. | .. | .. | .. | .. | .. |
| Financial assets | .. | .. | .. | .. | .. | .. | .. | .. |
| Currency and deposits | .. | .. | .. | .. | .. | .. | .. | .. |
| Debt securities | .. | .. | .. | .. | .. | .. | .. | .. |
| Loans | .. | .. | .. | .. | .. | .. | .. | .. |
| Equity and investment fund shares | .. | .. | .. | .. | .. | .. | .. | .. |
| Equity | .. | .. | .. | .. | .. | .. | .. | .. |
| Investment fund shares | .. | .. | .. | .. | .. | .. | .. | .. |
| Money market fund shares | .. | .. | .. | .. | .. | .. | .. | .. |
| Non-Money market fund shares | .. | .. | .. | .. | .. | .. | .. | .. |
| Insurance pension and standardised guarantees | .. | .. | .. | .. | .. | .. | .. | .. |
| Financial derivatives and employee stock options | .. | .. | .. | .. | .. | .. | .. | .. |
| Other accounts receivable | .. | .. | .. | .. | .. | .. | .. | .. |
| Financial liabilities | .. | .. | .. | .. | .. | .. | .. | .. |
| Debt securities | .. | .. | .. | .. | .. | .. | .. | .. |
| Short-term debt securities | .. | .. | .. | .. | .. | .. | .. | .. |
| Long-term debt securities | .. | .. | .. | .. | .. | .. | .. | .. |
| Loans | .. | .. | .. | .. | .. | .. | .. | .. |
| Short-term loans | .. | .. | .. | .. | .. | .. | .. | .. |
| Long-term loans | .. | .. | .. | .. | .. | .. | .. | .. |
| Equity and investment fund shares | .. | .. | .. | .. | .. | .. | .. | .. |
| Insurance pension and standardised guarantees | .. | .. | .. | .. | .. | .. | .. | .. |
| Financial derivatives and employee stock options | .. | .. | .. | .. | .. | .. | .. | .. |
| Other accounts payable | .. | .. | .. | .. | .. | .. | .. | .. |
| Non-financial assets | .. | .. | .. | .. | .. | .. | .. | .. |

Note: Detailed metadata at: *http://metalinks.oecd.org/instinv/20200916/dcb3*

# POLAND

## Table 3. Financial assets and liabilities of insurance corporations and pension funds

*Million PLN*

| | 2012 | 2013 | 2014 | 2015 | 2016 | 2017 | 2018 | 2019 |
|---|---|---|---|---|---|---|---|---|
| **Insurance corporations and pension funds** | | | | | | | | |
| Financial net worth | -2 340 | -2 496 | -2 831 | -3 045 | .. | .. | .. | .. |
| Financial assets | 441 731 | 474 234 | 334 184 | 329 381 | 339 497 | .. | .. | .. |
| Currency and deposits | 36 249 | 29 340 | 24 153 | 21 380 | 22 265 | .. | .. | .. |
| Debt securities | 223 591 | 222 296 | 80 118 | 79 760 | 87 830 | .. | .. | .. |
| Loans | 3 410 | 5 116 | 5 347 | 3 976 | 2 850 | .. | .. | .. |
| Equity and investment fund shares | 155 137 | 192 442 | 197 425 | 194 438 | 192 936 | .. | .. | .. |
| Equity | 110 518 | 137 230 | 138 276 | 133 099 | 142 091 | .. | .. | .. |
| Investment fund shares | 44 620 | 55 212 | 59 150 | 61 339 | 50 845 | .. | .. | .. |
| Money market fund shares | .. | .. | .. | .. | .. | .. | .. | .. |
| Non-Money market fund shares | .. | .. | .. | .. | .. | .. | .. | .. |
| Insurance pension and standardised guarantees | 7 024 | 6 271 | 7 194 | 9 715 | 6 447 | .. | .. | .. |
| Financial derivatives and employee stock options | 641 | 653 | 915 | 853 | 611 | .. | .. | .. |
| Other accounts receivable | 15 678 | 18 118 | 19 030 | 19 259 | 26 558 | .. | .. | .. |
| Financial liabilities | 444 071 | 476 730 | 337 015 | 332 425 | 341 148 | .. | .. | .. |
| Debt securities | .. | .. | .. | .. | .. | .. | .. | .. |
| Short-term debt securities | .. | .. | .. | .. | .. | .. | .. | .. |
| Long-term debt securities | .. | .. | .. | .. | .. | .. | .. | .. |
| Loans | .. | .. | .. | .. | .. | .. | .. | .. |
| Short-term loans | .. | .. | .. | .. | .. | .. | .. | .. |
| Long-term loans | .. | .. | .. | .. | .. | .. | .. | .. |
| Equity and investment fund shares | .. | .. | .. | .. | .. | .. | .. | .. |
| Insurance pension and standardised guarantees | 392 259 | 428 089 | 283 800 | 279 398 | 297 935 | .. | .. | .. |
| Financial derivatives and employee stock options | .. | .. | .. | .. | .. | .. | .. | .. |
| Other accounts payable | .. | .. | .. | .. | .. | .. | .. | .. |
| Non-financial assets | 2 340 | 2 496 | 2 839 | 3 045 | 1 651 | .. | .. | .. |
| **Insurance corporations** | | | | | | | | |
| Financial net worth | -2 340 | -2 496 | -2 831 | -3 045 | -1 651 e | .. | .. | .. |
| Financial assets | 167 538 | 171 365 | 182 993 | 186 680 | 183 715 | .. | .. | .. |
| Currency and deposits | 16 575 | 12 995 | 13 281 | 11 590 | 9 844 | .. | .. | .. |
| Debt securities | 66 380 | 62 893 | 64 883 | 65 008 | 72 813 | .. | .. | .. |
| Loans | 3 410 | 5 116 | 5 347 | 3 976 | 2 850 | .. | .. | .. |
| Equity and investment fund shares | 58 074 | 66 157 | 72 842 | 76 711 | 65 202 | .. | .. | .. |
| Equity | 14 520 | 11 575 | 13 992 | 15 587 | 14 458 | .. | .. | .. |
| Investment fund shares | 43 555 | 54 582 | 58 851 | 61 124 | 50 744 | .. | .. | .. |
| Money market fund shares | .. | .. | .. | .. | .. | .. | .. | .. |
| Non-Money market fund shares | .. | .. | .. | .. | .. | .. | .. | .. |
| Insurance pension and standardised guarantees | 7 024 | 6 271 | 7 194 | 9 715 | 6 447 | .. | .. | .. |
| Financial derivatives and employee stock options | 639 | 651 | 911 | 852 | 611 | .. | .. | .. |
| Other accounts receivable | 15 434 | 17 284 | 18 534 | 18 827 | 25 947 | .. | .. | .. |
| Financial liabilities | 169 878 | 173 861 | 185 824 | 189 724 | 185 366 | .. | .. | .. |
| Debt securities | .. | .. | .. | .. | .. | .. | .. | .. |
| Short-term debt securities | .. | .. | .. | .. | .. | .. | .. | .. |
| Long-term debt securities | .. | .. | .. | .. | .. | .. | .. | .. |
| Loans | .. | .. | .. | .. | .. | .. | .. | .. |
| Short-term loans | .. | .. | .. | .. | .. | .. | .. | .. |
| Long-term loans | .. | .. | .. | .. | .. | .. | .. | .. |
| Equity and investment fund shares | .. | .. | .. | .. | .. | .. | .. | .. |
| Insurance pension and standardised guarantees | 120 780 | 126 778 | 132 971 | 137 107 | 142 729 | .. | .. | .. |
| Financial derivatives and employee stock options | .. | .. | .. | .. | .. | .. | .. | .. |
| Other accounts payable | .. | .. | .. | .. | .. | .. | .. | .. |
| Non-financial assets | 2 340 | 2 496 | 2 839 | 3 045 | 1 651 | .. | .. | .. |
| **Pension funds** | | | | | | | | |
| Financial net worth | 0 | 0 | 0 | 0 | 0 | 0 | 0 | 0 |
| Financial assets | 274 193 | 302 869 | 151 191 | 142 701 | 155 782 | 181 845 | 159 322 | 156 854 |
| Currency and deposits | 19 674 | 16 345 | 10 872 | 9 790 | 12 421 | 12 019 | 9 774 | 12 573 |
| Debt securities | 157 211 | 159 403 | 15 235 | 14 752 | 15 017 | 15 737 | 14 719 | 16 031 |
| Loans | 0 | 0 | 0 | 0 | 0 | 0 | 0 | 0 |
| Equity and investment fund shares | 97 063 | 126 285 | 124 583 | 117 727 | 127 734 | 153 778 | 134 600 | 128 041 |
| Equity | 95 998 | 125 655 | 124 284 | 117 512 | 127 633 | 153 752 | 134 595 | 128 040 |
| Investment fund shares | 1 065 | 630 | 299 | 215 | 101 | 26 | 5 | 1 |
| Money market fund shares | .. | .. | .. | .. | .. | 0 | 0 | 0 |
| Non-Money market fund shares | .. | .. | .. | .. | .. | 26 | 5 | 1 |
| Insurance pension and standardised guarantees | 0 | 0 | 0 | 0 | 0 | 0 | 0 | 0 |
| Financial derivatives and employee stock options | 2 | 2 | 4 | 1 | 0 | 0 | 0 | 6 |
| Other accounts receivable | 244 | 834 | 496 | 432 | 611 | 311 | 230 | 203 |
| Financial liabilities | 274 193 | 302 869 | 151 191 | 142 701 | 155 782 | 181 845 | 159 322 | 156 854 |
| Debt securities | 0 | 0 | 0 | 0 | 0 | 0 | 0 | 0 |
| Short-term debt securities | 0 | 0 | 0 | 0 | 0 | 0 | 0 | 0 |
| Long-term debt securities | 0 | 0 | 0 | 0 | 0 | 0 | 0 | 0 |
| Loans | 2 116 | 759 | 0 | 0 | 0 | 0 | 0 | 0 |
| Short-term loans | .. | .. | 0 | 0 | 0 | 0 | 0 | 0 |
| Long-term loans | .. | .. | 0 | 0 | 0 | 0 | 0 | 0 |
| Equity and investment fund shares | 0 | 0 | 0 | 0 | 0 | 0 | 0 | 0 |
| Insurance pension and standardised guarantees | 271 479 | 301 311 | 150 829 | 142 291 | 155 206 | 181 393 | 159 134 | 156 694 |
| Financial derivatives and employee stock options | 0 | 0 | 0 | 0 | 0 | 0 | 0 | 0 |
| Other accounts payable | 598 | 798 | 362 | 410 | 576 | 452 | 188 | 160 |
| Non-financial assets | 0 | 0 | 0 | 0 | 0 | 0 | 0 | 0 |

Note: Detailed metadata at: *http://metalinks.oecd.org/instinv/20200916/dcb3*

# POLAND

## Table 4. Portfolio composition by type of investor
As percentage of financial assets and of financial liabilities

*Per cent*

| | 2012 | 2013 | 2014 | 2015 | 2016 | 2017 | 2018 | 2019 |
|---|---|---|---|---|---|---|---|---|
| **Investment funds** | | | | | | | | |
| Financial assets | .. | .. | .. | .. | .. | .. | .. | .. |
| Currency and deposits | .. | .. | .. | .. | .. | .. | .. | .. |
| Debt securities | .. | .. | .. | .. | .. | .. | .. | .. |
| Loans | .. | .. | .. | .. | .. | .. | .. | .. |
| Equity and investment fund shares | .. | .. | .. | .. | .. | .. | .. | .. |
| Insurance pension and standardised guarantee schemes | .. | .. | .. | .. | .. | .. | .. | .. |
| Financial derivatives and employee stock options | .. | .. | .. | .. | .. | .. | .. | .. |
| Other accounts receivable | .. | .. | .. | .. | .. | .. | .. | .. |
| Financial liabilities | .. | .. | .. | .. | .. | .. | .. | .. |
| Currency and deposits | .. | .. | .. | .. | .. | .. | .. | .. |
| Debt securities | .. | .. | .. | .. | .. | .. | .. | .. |
| Loans | .. | .. | .. | .. | .. | .. | .. | .. |
| Equity and investment fund shares | .. | .. | .. | .. | .. | .. | .. | .. |
| Insurance pension and standardised guarantee schemes | .. | .. | .. | .. | .. | .. | .. | .. |
| Financial derivatives and employee stock options | .. | .. | .. | .. | .. | .. | .. | .. |
| Other accounts receivable | .. | .. | .. | .. | .. | .. | .. | .. |
| **Insurance corporations** | | | | | | | | |
| Financial assets | 100.0 | 100.0 | 100.0 | 100.0 | 100.0 | .. | .. | .. |
| Currency and deposits | 9.9 | 7.6 | 7.3 | 6.2 | 5.4 | .. | .. | .. |
| Debt securities | 39.6 | 36.7 | 35.5 | 34.8 | 39.6 | .. | .. | .. |
| Loans | 2.0 | 3.0 | 2.9 | 2.1 | 1.6 | .. | .. | .. |
| Equity and investment fund shares | 34.7 | 38.6 | 39.8 | 41.1 | 35.5 | .. | .. | .. |
| Insurance pension and standardised guarantee schemes | 4.2 | 3.7 | 3.9 | 5.2 | 3.5 | .. | .. | .. |
| Financial derivatives and employee stock options | 0.4 | 0.4 | 0.5 | 0.5 | 0.3 | .. | .. | .. |
| Other accounts receivable | 9.2 | 10.1 | 10.1 | 10.1 | 14.1 | .. | .. | .. |
| Financial liabilities | 100.0 | 100.0 | 100.0 | 100.0 | 100.0 | .. | .. | .. |
| Currency and deposits | 1.5 | 1.1 | 0.8 | 0.7 | 0.9 | .. | .. | .. |
| Debt securities | .. | .. | .. | .. | .. | .. | .. | .. |
| Loans | .. | .. | .. | .. | .. | .. | .. | .. |
| Equity and investment fund shares | .. | .. | .. | .. | .. | .. | .. | .. |
| Insurance pension and standardised guarantee schemes | 71.1 | 72.9 | 71.6 | 72.3 | 77.0 | .. | .. | .. |
| Financial derivatives and employee stock options | .. | .. | .. | .. | .. | .. | .. | .. |
| Other accounts receivable | .. | .. | .. | .. | .. | .. | .. | .. |
| **Pension funds** | | | | | | | | |
| Financial assets | 100.0 | 100.0 | 100.0 | 100.0 | 100.0 | 100.0 | 100.0 | 100.0 |
| Currency and deposits | 7.2 | 5.4 | 7.2 | 6.9 | 8.0 | 6.6 | 6.1 | 8.0 |
| Debt securities | 57.3 | 52.6 | 10.1 | 10.3 | 9.6 | 8.7 | 9.2 | 10.2 |
| Loans | 0.0 | 0.0 | 0.0 | 0.0 | 0.0 | 0.0 | 0.0 | 0.0 |
| Equity and investment fund shares | 35.4 | 41.7 | 82.4 | 82.5 | 82.0 | 84.6 | 84.5 | 81.6 |
| Insurance pension and standardised guarantee schemes | 0.0 | 0.0 | 0.0 | 0.0 | 0.0 | 0.0 | 0.0 | 0.0 |
| Financial derivatives and employee stock options | 0.0 | 0.0 | 0.0 | 0.0 | 0.0 | 0.0 | 0.0 | 0.0 |
| Other accounts receivable | 0.1 | 0.3 | 0.3 | 0.3 | 0.4 | 0.2 | 0.1 | 0.1 |
| Financial liabilities | 100.0 | 100.0 | 100.0 | 100.0 | 100.0 | 100.0 | 100.0 | 100.0 |
| Currency and deposits | 0.0 | 0.0 | 0.0 | 0.0 | 0.0 | 0.0 | 0.0 | 0.0 |
| Debt securities | 0.0 | 0.0 | 0.0 | 0.0 | 0.0 | 0.0 | 0.0 | 0.0 |
| Loans | 0.8 | 0.3 | 0.0 | 0.0 | 0.0 | 0.0 | 0.0 | 0.0 |
| Equity and investment fund shares | 0.0 | 0.0 | 0.0 | 0.0 | 0.0 | 0.0 | 0.0 | 0.0 |
| Insurance pension and standardised guarantee schemes | 99.0 | 99.5 | 99.8 | 99.7 | 99.6 | 99.8 | 99.9 | 99.9 |
| Financial derivatives and employee stock options | 0.0 | 0.0 | 0.0 | 0.0 | 0.0 | 0.0 | 0.0 | 0.0 |
| Other accounts receivable | 0.2 | 0.3 | 0.2 | 0.3 | 0.4 | 0.2 | 0.1 | 0.1 |

Note: Detailed metadata at: *http://metalinks.oecd.org/instinv/20200916/eb22*

# PORTUGAL

## Table 1. Financial assets and liabilities of institutional investors, 2018

*Million EUR (1999 PTE euro)*

| | Total | Investment funds: Non-money market funds: Total | Open-end non-money market funds | Closed-end non-money market funds | Money market funds: Total |
|---|---|---|---|---|---|
| Financial assets | .. | .. | .. | .. | .. |
| Currency and deposits | .. | .. | .. | .. | .. |
| Debt securities | .. | 4 457 | .. | .. | .. |
| Debt securities, short term | .. | .. | .. | .. | .. |
| Debt securities, long term | .. | .. | .. | .. | .. |
| Debt securities issued by residents | .. | 731 | .. | .. | .. |
| Debt securities issued by non-residents | .. | 3 726 | .. | .. | .. |
| Loans | .. | .. | .. | .. | .. |
| Loans, short-term | .. | .. | .. | .. | .. |
| Loans, long-term | .. | .. | .. | .. | .. |
| Loans granted to residents | .. | .. | .. | .. | .. |
| Loans granted to non-residents | .. | .. | .. | .. | .. |
| Equity and investment fund shares/units | .. | .. | .. | .. | .. |
| Equity and investment fund shares issued/units by residents | .. | 1 551 | .. | .. | .. |
| Equity and investment fund shares/units issued by non residents | .. | 4 378 | .. | .. | .. |
| Other accounts receivable | .. | .. | .. | .. | .. |

| | Total | Investment funds: Non-money market funds: Total | Open-end non-money market funds | Closed-end non-money market funds | Money market funds: Total |
|---|---|---|---|---|---|
| Financial liabilities | .. | .. | .. | .. | .. |
| Currency and deposits | .. | .. | .. | .. | .. |
| Debt securities | .. | .. | .. | .. | .. |
| Debt securities, short term | .. | .. | .. | .. | .. |
| Debt securities, long term | .. | .. | .. | .. | .. |
| Loans | .. | 1 690 | .. | .. | .. |
| Loans, short-term | .. | .. | .. | .. | .. |
| Loans, long-term | .. | .. | .. | .. | .. |
| Equity and investment fund shares/units | 25 655 | 25 299 | .. | .. | 356 |
| Insurance pension and standardised guaratees | .. | .. | .. | .. | .. |
| Financial derivatives and employee stock options | .. | .. | .. | .. | .. |
| Other accounts payable | .. | .. | .. | .. | .. |

| | Total | Insurance corporations and pension funds: Insurance corporations: Total | Life insurance corporations | Non-life insurance corporations | Pension funds: Total |
|---|---|---|---|---|---|
| Financial assets | .. | .. | .. | .. | .. |
| Currency and deposits | 7 264 | .. | .. | .. | .. |
| Debt securities | 46 793 | .. | .. | .. | .. |
| Debt securities, short-term | 988 | .. | .. | .. | .. |
| Debt securities, long term | 45 805 | .. | .. | .. | .. |
| Debt securities issued by residents | .. | .. | .. | .. | .. |
| Debt securities issued by non-residents | .. | .. | .. | .. | .. |
| Loans | 654 | .. | .. | .. | .. |
| Loans, short-term | 527 | .. | .. | .. | .. |
| Loans, long-term | 127 | .. | .. | .. | .. |
| Loans granted to residents | .. | .. | .. | .. | .. |
| Loans granted to non-residents | .. | .. | .. | .. | .. |
| Equity and investment fund shares/units | 17 554 | .. | .. | .. | .. |
| Equity and investment fund shares/units issued by residents | .. | .. | .. | .. | .. |
| Equity and investment fund shares/units issued by non residents | .. | .. | .. | .. | .. |
| Other accounts receivable | 2 396 | .. | .. | .. | .. |

| | Total | Insurance corporations and pension funds: Insurance corporations: Total | Life insurance corporations | Non-life insurance corporations | Pension funds: Total |
|---|---|---|---|---|---|
| Financial liabilities | .. | .. | .. | .. | .. |
| Currency and deposits | .. | .. | .. | .. | .. |
| Debt securities | 158 | .. | .. | .. | .. |
| Debt securities, short term | 0 | .. | .. | .. | .. |
| Debt securities, long term | 158 | .. | .. | .. | .. |
| Loans | 685 | .. | .. | .. | .. |
| Loans, short-term | 344 | .. | .. | .. | .. |
| Loans, long-term | 341 | .. | .. | .. | .. |
| Equity and investment fund shares/units | 6 306 | .. | .. | .. | .. |
| Insurance pension and standardised guarantees | 70 365 | .. | .. | .. | .. |
| Financial derivatives and employee stock options | .. | .. | .. | .. | .. |
| Other accounts payable | 1 280 | .. | .. | .. | .. |

Note: Detailed metadata at: *http://metalinks.oecd.org/instinv/20200916/f42e*

# PORTUGAL

## Table 2. Financial assets and liabilities of investment funds

*Million EUR*

| | 2012 | 2013 | 2014 | 2015 | 2016 | 2017 | 2018 | 2019 |
|---|---|---|---|---|---|---|---|---|
| **Investment funds** | | | | | | | | |
| Financial net worth | .. | .. | .. | .. | .. | .. | .. | .. |
| Financial assets | .. | .. | .. | .. | .. | .. | .. | .. |
| Currency and deposits | .. | .. | .. | .. | .. | .. | .. | .. |
| Debt securities | .. | .. | .. | .. | .. | .. | .. | .. |
| Loans | .. | .. | .. | .. | .. | .. | .. | .. |
| Equity and investment fund shares | .. | .. | .. | .. | .. | .. | .. | .. |
| Equity | .. | .. | .. | .. | .. | .. | .. | .. |
| Investment fund shares | .. | .. | .. | .. | .. | .. | .. | .. |
| Money market fund shares | .. | .. | .. | .. | .. | .. | .. | .. |
| Non-Money market fund shares | .. | .. | .. | .. | .. | .. | .. | .. |
| Insurance pension and standardised guarantees | .. | .. | .. | .. | .. | .. | .. | .. |
| Financial derivatives and employee stock options | .. | .. | .. | .. | .. | .. | .. | .. |
| Other accounts receivable | .. | .. | .. | .. | .. | .. | .. | .. |
| Financial liabilities | .. | .. | .. | .. | .. | .. | .. | .. |
| Debt securities | .. | .. | .. | .. | .. | .. | .. | .. |
| Short-term debt securities | .. | .. | .. | .. | .. | .. | .. | .. |
| Long-term debt securities | .. | .. | .. | .. | .. | .. | .. | .. |
| Loans | .. | .. | .. | .. | .. | .. | .. | .. |
| Short-term loans | .. | .. | .. | .. | .. | .. | .. | .. |
| Long-term loans | .. | .. | .. | .. | .. | .. | .. | .. |
| Equity and investment fund shares | 26 914 | 28 398 | 27 117 | 27 003 | 25 392 | 26 924 | 25 655 | 27 362 |
| Insurance pension and standardised guarantees | .. | .. | .. | .. | .. | .. | .. | .. |
| Financial derivatives and employee stock options | .. | .. | .. | .. | .. | .. | .. | .. |
| Other accounts payable | .. | .. | .. | .. | .. | .. | .. | .. |
| Non-financial assets | .. | .. | .. | .. | .. | .. | .. | .. |
| **Money market funds** | | | | | | | | |
| Financial net worth | .. | .. | .. | .. | .. | .. | .. | .. |
| Financial assets | .. | .. | .. | .. | .. | .. | .. | .. |
| Currency and deposits | .. | .. | .. | .. | .. | .. | .. | .. |
| Debt securities | .. | .. | .. | .. | .. | .. | .. | .. |
| Loans | .. | .. | .. | .. | .. | .. | .. | .. |
| Equity and investment fund shares | .. | .. | .. | .. | .. | .. | .. | .. |
| Equity | .. | .. | .. | .. | .. | .. | .. | .. |
| Investment fund shares | .. | .. | .. | .. | .. | .. | .. | .. |
| Money market fund shares | .. | .. | .. | .. | .. | .. | .. | .. |
| Non-Money market fund shares | .. | .. | .. | .. | .. | .. | .. | .. |
| Insurance pension and standardised guarantees | .. | .. | .. | .. | .. | .. | .. | .. |
| Financial derivatives and employee stock options | .. | .. | .. | .. | .. | .. | .. | .. |
| Other accounts receivable | .. | .. | .. | .. | .. | .. | .. | .. |
| Financial liabilities | .. | .. | .. | .. | .. | .. | .. | .. |
| Debt securities | .. | .. | .. | .. | .. | .. | .. | .. |
| Short-term debt securities | .. | .. | .. | .. | .. | .. | .. | .. |
| Long-term debt securities | .. | .. | .. | .. | .. | .. | .. | .. |
| Loans | .. | .. | .. | .. | .. | .. | .. | .. |
| Short-term loans | .. | .. | .. | .. | .. | .. | .. | .. |
| Long-term loans | .. | .. | .. | .. | .. | .. | .. | .. |
| Equity and investment fund shares | 1 308 | 2 383 | 2 497 | 3 053 | 2 336 | 432 | 356 | 248 |
| Insurance pension and standardised guarantees | .. | .. | .. | .. | .. | .. | .. | .. |
| Financial derivatives and employee stock options | .. | .. | .. | .. | .. | .. | .. | .. |
| Other accounts payable | .. | .. | .. | .. | .. | .. | .. | .. |
| Non-financial assets | .. | .. | .. | .. | .. | .. | .. | .. |
| **Non-money market funds** | | | | | | | | |
| Financial net worth | .. | .. | .. | .. | .. | .. | .. | .. |
| Financial assets | .. | .. | .. | .. | .. | .. | .. | .. |
| Currency and deposits | .. | .. | .. | .. | .. | .. | .. | .. |
| Debt securities | 6 773 | 5 634 | 4 442 | 3 757 | 3 566 | 4 846 | 4 457 | 5 377 |
| Loans | .. | .. | .. | .. | .. | .. | .. | .. |
| Equity and investment fund shares | .. | .. | .. | .. | .. | .. | .. | .. |
| Equity | 2 576 | 2 484 | 2 597 | 2 584 | 2 508 | 2 851 | 2 778 | 3 230 |
| Investment fund shares | 1 688 | 1 963 | 2 308 | 2 927 | 2 710 | 3 439 | 3 151 | 4 231 |
| Money market fund shares | .. | .. | .. | .. | .. | .. | .. | .. |
| Non-Money market fund shares | .. | .. | .. | .. | .. | .. | .. | .. |
| Insurance pension and standardised guarantees | .. | .. | .. | .. | .. | .. | .. | .. |
| Financial derivatives and employee stock options | .. | .. | .. | .. | .. | .. | .. | .. |
| Other accounts receivable | .. | .. | .. | .. | .. | .. | .. | .. |
| Financial liabilities | .. | .. | .. | .. | .. | .. | .. | .. |
| Debt securities | .. | .. | .. | .. | .. | .. | .. | .. |
| Short-term debt securities | .. | .. | .. | .. | .. | .. | .. | .. |
| Long-term debt securities | .. | .. | .. | .. | .. | .. | .. | .. |
| Loans | 3 193 | 2 737 | 2 383 | 1 930 | 1 804 | 1 654 | 1 690 | 1 582 |
| Short-term loans | .. | .. | .. | .. | .. | .. | .. | .. |
| Long-term loans | .. | .. | .. | .. | .. | .. | .. | .. |
| Equity and investment fund shares | 25 606 | 26 015 | 24 620 | 23 950 | 23 057 | 26 492 | 25 299 | 27 115 |
| Insurance pension and standardised guarantees | .. | .. | .. | .. | .. | .. | .. | .. |
| Financial derivatives and employee stock options | .. | .. | .. | .. | .. | .. | .. | .. |
| Other accounts payable | .. | .. | .. | .. | .. | .. | .. | .. |
| Non-financial assets | 14 651 | 14 572 | 13 476 | 12 083 | 11 329 | 11 193 | 10 925 | 10 579 |
| **Open-end non-money market funds** | | | | | | | | |
| Financial net worth | .. | .. | .. | .. | .. | .. | .. | .. |
| Financial assets | .. | .. | .. | .. | .. | .. | .. | .. |
| Currency and deposits | .. | .. | .. | .. | .. | .. | .. | .. |

# PORTUGAL

## Table 2. Financial assets and liabilities of investment funds *(cont.)*

*Million EUR*

| | 2012 | 2013 | 2014 | 2015 | 2016 | 2017 | 2018 | 2019 |
|---|---|---|---|---|---|---|---|---|
| Debt securities | .. | .. | .. | .. | .. | .. | .. | .. |
| Loans | .. | .. | .. | .. | .. | .. | .. | .. |
| Equity and investment fund shares | .. | .. | .. | .. | .. | .. | .. | .. |
| Equity | .. | .. | .. | .. | .. | .. | .. | .. |
| Investment fund shares | .. | .. | .. | .. | .. | .. | .. | .. |
| Money market fund shares | .. | .. | .. | .. | .. | .. | .. | .. |
| Non-Money market fund shares | .. | .. | .. | .. | .. | .. | .. | .. |
| Insurance pension and standardised guarantees | .. | .. | .. | .. | .. | .. | .. | .. |
| Financial derivatives and employee stock options | .. | .. | .. | .. | .. | .. | .. | .. |
| Other accounts receivable | .. | .. | .. | .. | .. | .. | .. | .. |
| Financial liabilities | .. | .. | .. | .. | .. | .. | .. | .. |
| Debt securities | .. | .. | .. | .. | .. | .. | .. | .. |
| Short-term debt securities | .. | .. | .. | .. | .. | .. | .. | .. |
| Long-term debt securities | .. | .. | .. | .. | .. | .. | .. | .. |
| Loans | .. | .. | .. | .. | .. | .. | .. | .. |
| Short-term loans | .. | .. | .. | .. | .. | .. | .. | .. |
| Long-term loans | .. | .. | .. | .. | .. | .. | .. | .. |
| Equity and investment fund shares | .. | .. | .. | .. | .. | .. | .. | .. |
| Insurance pension and standardised guarantees | .. | .. | .. | .. | .. | .. | .. | .. |
| Financial derivatives and employee stock options | .. | .. | .. | .. | .. | .. | .. | .. |
| Other accounts payable | .. | .. | .. | .. | .. | .. | .. | .. |
| Non-financial assets | .. | .. | .. | .. | .. | .. | .. | .. |
| **Open-end investment funds** | | | | | | | | |
| Financial net worth | .. | .. | .. | .. | .. | .. | .. | .. |
| Financial assets | .. | .. | .. | .. | .. | .. | .. | .. |
| Currency and deposits | .. | .. | .. | .. | .. | .. | .. | .. |
| Debt securities | .. | .. | .. | .. | .. | .. | .. | .. |
| Loans | .. | .. | .. | .. | .. | .. | .. | .. |
| Equity and investment fund shares | .. | .. | .. | .. | .. | .. | .. | .. |
| Equity | .. | .. | .. | .. | .. | .. | .. | .. |
| Investment fund shares | .. | .. | .. | .. | .. | .. | .. | .. |
| Money market fund shares | .. | .. | .. | .. | .. | .. | .. | .. |
| Non-Money market fund shares | .. | .. | .. | .. | .. | .. | .. | .. |
| Insurance pension and standardised guarantees | .. | .. | .. | .. | .. | .. | .. | .. |
| Financial derivatives and employee stock options | .. | .. | .. | .. | .. | .. | .. | .. |
| Other accounts receivable | .. | .. | .. | .. | .. | .. | .. | .. |
| Financial liabilities | .. | .. | .. | .. | .. | .. | .. | .. |
| Debt securities | .. | .. | .. | .. | .. | .. | .. | .. |
| Short-term debt securities | .. | .. | .. | .. | .. | .. | .. | .. |
| Long-term debt securities | .. | .. | .. | .. | .. | .. | .. | .. |
| Loans | .. | .. | .. | .. | .. | .. | .. | .. |
| Short-term loans | .. | .. | .. | .. | .. | .. | .. | .. |
| Long-term loans | .. | .. | .. | .. | .. | .. | .. | .. |
| Equity and investment fund shares | .. | .. | .. | .. | .. | .. | .. | .. |
| Insurance pension and standardised guarantees | .. | .. | .. | .. | .. | .. | .. | .. |
| Financial derivatives and employee stock options | .. | .. | .. | .. | .. | .. | .. | .. |
| Other accounts payable | .. | .. | .. | .. | .. | .. | .. | .. |
| Non-financial assets | .. | .. | .. | .. | .. | .. | .. | .. |

Note: Detailed metadata at: *http://metalinks.oecd.org/instinv/20200916/f42e*

# PORTUGAL

## Table 3. Financial assets and liabilities of insurance corporations and pension funds

*Million EUR*

| | 2012 | 2013 | 2014 | 2015 | 2016 | 2017 | 2018 | 2019 |
|---|---|---|---|---|---|---|---|---|
| **Insurance corporations and pension funds** | | | | | | | | |
| Financial net worth | .. | .. | .. | .. | .. | .. | .. | .. |
| Financial assets | .. | .. | .. | .. | .. | .. | .. | .. |
| Currency and deposits | 9 742 | 8 896 | 9 488 | 8 334 | 6 116 | 5 623 | 7 264 | 5 771 |
| Debt securities | 45 667 | 44 680 | 48 391 | 46 861 | 46 202 | 47 312 | 46 793 | 51 088 |
| Loans | 396 | 88 | 265 | 282 | 341 | 493 | 654 | 851 |
| Equity and investment fund shares | 12 374 | 13 578 | 15 297 | 16 398 | 16 785 | 19 033 | 17 554 | 20 097 |
| Equity | 4 364 | 4 554 | 5 637 | 6 885 | 6 392 | 6 781 | 5 885 | 6 211 |
| Investment fund shares | 8 010 | 9 024 | 9 660 | 9 513 | 10 392 | 12 253 | 11 669 | 13 886 |
| Money market fund shares | 16 | 11 | 8 | 6 | 6 | 2 | 5 | 0 |
| Non-Money market fund shares | 7 994 | 9 013 | 9 652 | 9 507 | 10 387 | 12 250 | 11 665 | 13 886 |
| Insurance pension and standardised guarantees | 802 | 716 | 816 | 760 | 1 222 | 974 | 1 108 | 1 086 |
| Financial derivatives and employee stock options | .. | .. | .. | .. | .. | .. | .. | .. |
| Other accounts receivable | 1 983 | 2 103 | 2 230 | 2 004 | 2 233 | 2 114 | 2 396 | 2 287 |
| Financial liabilities | .. | .. | .. | .. | .. | .. | .. | .. |
| Debt securities | 196 | 186 | 193 | 223 | 201 | 207 | 158 | 166 |
| Short-term debt securities | 0 | 0 | 0 | 0 | 0 | 0 | 0 | 0 |
| Long-term debt securities | 196 | 186 | 193 | 223 | 201 | 207 | 158 | 166 |
| Loans | 1 666 | 341 | 508 | 434 | 554 | 668 | 685 | 732 |
| Short-term loans | 1 458 | 75 | 125 | 88 | 175 | 305 | 344 | 403 |
| Long-term loans | 208 | 266 | 383 | 346 | 379 | 363 | 341 | 329 |
| Equity and investment fund shares | 5 945 | 5 795 | 5 618 | 5 529 | 5 639 | 6 814 | 6 306 | 7 192 |
| Insurance pension and standardised guarantees | 64 605 | 66 381 | 71 262 | 69 972 | 68 107 | 70 212 | 70 365 | 74 099 |
| Financial derivatives and employee stock options | .. | .. | .. | .. | .. | .. | .. | .. |
| Other accounts payable | 1 613 | 1 421 | 898 | 1 043 | 1 241 | 1 185 | 1 280 | 1 340 |
| Non-financial assets | .. | .. | .. | .. | .. | .. | .. | .. |
| **Insurance corporations** | | | | | | | | |
| Financial net worth | .. | .. | .. | .. | .. | .. | .. | .. |
| Financial assets | .. | .. | .. | .. | .. | .. | .. | .. |
| Currency and deposits | .. | .. | .. | .. | .. | .. | .. | .. |
| Debt securities | .. | .. | .. | .. | .. | .. | .. | .. |
| Loans | .. | .. | .. | .. | .. | .. | .. | .. |
| Equity and investment fund shares | .. | .. | .. | .. | .. | .. | .. | .. |
| Equity | .. | .. | .. | .. | .. | .. | .. | .. |
| Investment fund shares | .. | .. | .. | .. | .. | .. | .. | .. |
| Money market fund shares | .. | .. | .. | .. | .. | .. | .. | .. |
| Non-Money market fund shares | .. | .. | .. | .. | .. | .. | .. | .. |
| Insurance pension and standardised guarantees | .. | .. | .. | .. | .. | .. | .. | .. |
| Financial derivatives and employee stock options | .. | .. | .. | .. | .. | .. | .. | .. |
| Other accounts receivable | .. | .. | .. | .. | .. | .. | .. | .. |
| Financial liabilities | .. | .. | .. | .. | .. | .. | .. | .. |
| Debt securities | .. | .. | .. | .. | .. | .. | .. | .. |
| Short-term debt securities | .. | .. | .. | .. | .. | .. | .. | .. |
| Long-term debt securities | .. | .. | .. | .. | .. | .. | .. | .. |
| Loans | .. | .. | .. | .. | .. | .. | .. | .. |
| Short-term loans | .. | .. | .. | .. | .. | .. | .. | .. |
| Long-term loans | .. | .. | .. | .. | .. | .. | .. | .. |
| Equity and investment fund shares | .. | .. | .. | .. | .. | .. | .. | .. |
| Insurance pension and standardised guarantees | .. | .. | .. | .. | .. | .. | .. | .. |
| Financial derivatives and employee stock options | .. | .. | .. | .. | .. | .. | .. | .. |
| Other accounts payable | .. | .. | .. | .. | .. | .. | .. | .. |
| Non-financial assets | .. | .. | .. | .. | .. | .. | .. | .. |
| **Pension funds** | | | | | | | | |
| Financial net worth | .. | .. | .. | .. | .. | .. | .. | .. |
| Financial assets | .. | .. | .. | .. | .. | .. | .. | .. |
| Currency and deposits | .. | .. | .. | .. | .. | .. | .. | .. |
| Debt securities | .. | .. | .. | .. | .. | .. | .. | .. |
| Loans | .. | .. | .. | .. | .. | .. | .. | .. |
| Equity and investment fund shares | .. | .. | .. | .. | .. | .. | .. | .. |
| Equity | .. | .. | .. | .. | .. | .. | .. | .. |
| Investment fund shares | .. | .. | .. | .. | .. | .. | .. | .. |
| Money market fund shares | .. | .. | .. | .. | .. | .. | .. | .. |
| Non-Money market fund shares | .. | .. | .. | .. | .. | .. | .. | .. |
| Insurance pension and standardised guarantees | .. | .. | .. | .. | .. | .. | .. | .. |
| Financial derivatives and employee stock options | .. | .. | .. | .. | .. | .. | .. | .. |
| Other accounts receivable | .. | .. | .. | .. | .. | .. | .. | .. |
| Financial liabilities | .. | .. | .. | .. | .. | .. | .. | .. |
| Debt securities | .. | .. | .. | .. | .. | .. | .. | .. |
| Short-term debt securities | .. | .. | .. | .. | .. | .. | .. | .. |
| Long-term debt securities | .. | .. | .. | .. | .. | .. | .. | .. |
| Loans | .. | .. | .. | .. | .. | .. | .. | .. |
| Short-term loans | .. | .. | .. | .. | .. | .. | .. | .. |
| Long-term loans | .. | .. | .. | .. | .. | .. | .. | .. |
| Equity and investment fund shares | .. | .. | .. | .. | .. | .. | .. | .. |
| Insurance pension and standardised guarantees | .. | .. | .. | .. | .. | .. | .. | .. |
| Financial derivatives and employee stock options | .. | .. | .. | .. | .. | .. | .. | .. |
| Other accounts payable | .. | .. | .. | .. | .. | .. | .. | .. |
| Non-financial assets | .. | .. | .. | .. | .. | .. | .. | .. |

Note: Detailed metadata at: *http://metalinks.oecd.org/instinv/20200916/f42e*

# SLOVAK REPUBLIC

## Table 1. Financial assets and liabilities of institutional investors, 2018

*Million EUR (2009 SKK euro)*

| | Total | Investment funds | | | |
|---|---|---|---|---|---|
| | | Non-money market funds | | | Money market funds |
| | | Total | Open-end non-money market funds | Closed-end non-money market funds | Total |
| Financial assets | .. | 6 745 | .. | .. | .. |
| Currency and deposits | .. | 1 474 | .. | .. | .. |
| Debt securities | .. | 1 180 | .. | .. | .. |
| Debt securities, short term | .. | 36 | .. | .. | .. |
| Debt securities, long term | .. | 1 144 | .. | .. | .. |
| Debt securities issued by residents | .. | .. | .. | .. | .. |
| Debt securities issued by non-residents | .. | .. | .. | .. | .. |
| Loans | .. | 283 | .. | .. | .. |
| Loans, short-term | .. | 0 | .. | .. | .. |
| Loans, long-term | .. | 283 | .. | .. | .. |
| Loans granted to residents | .. | .. | .. | .. | .. |
| Loans granted to non-residents | .. | .. | .. | .. | .. |
| Equity and investment fund shares/units | .. | 3 763 | .. | .. | .. |
| Equity and investment fund shares issued/units by residents | .. | .. | .. | .. | .. |
| Equity and investment fund shares/units issued by non residents | .. | .. | .. | .. | .. |
| Other accounts receivable | .. | 36 | .. | .. | .. |

| | Total | Investment funds | | | |
|---|---|---|---|---|---|
| | | Non-money market funds | | | Money market funds |
| | | Total | Open-end non-money market funds | Closed-end non-money market funds | Total |
| Financial liabilities | .. | 6 865 | .. | .. | .. |
| Currency and deposits | .. | .. | .. | .. | .. |
| Debt securities | .. | 0 | .. | .. | .. |
| Debt securities, short term | .. | 0 | .. | .. | .. |
| Debt securities, long term | .. | 0 | .. | .. | .. |
| Loans | .. | 0 | .. | .. | .. |
| Loans, short-term | .. | 0 | .. | .. | .. |
| Loans, long-term | .. | 0 | .. | .. | .. |
| Equity and investment fund shares/units | .. | 6 771 | .. | .. | .. |
| Insurance pension and standardised guaratees | .. | 0 | .. | .. | .. |
| Financial derivatives and employee stock options | .. | 6 | .. | .. | .. |
| Other accounts payable | .. | 89 | .. | .. | .. |

| | Total | Insurance corporations and pension funds | | | |
|---|---|---|---|---|---|
| | | Insurance corporations | | | Pension funds |
| | | Total | Life insurance corporations | Non-life insurance corporations | Total |
| Financial assets | 17 320 | 7 677 | .. | .. | 9 643 |
| Currency and deposits | 1 440 | 259 | .. | .. | 1 181 |
| Debt securities | 10 907 | 4 753 | .. | .. | 6 154 |
| Debt securities, short-term | 16 | 0 | .. | .. | 16 |
| Debt securities, long term | 10 891 | 4 753 | .. | .. | 6 138 |
| Debt securities issued by residents | .. | .. | .. | .. | .. |
| Debt securities issued by non-residents | .. | .. | .. | .. | .. |
| Loans | 42 | 41 | .. | .. | 1 |
| Loans, short-term | 11 | 10 | .. | .. | 1 |
| Loans, long-term | 32 | 32 | .. | .. | 0 |
| Loans granted to residents | .. | .. | .. | .. | .. |
| Loans granted to non-residents | .. | .. | .. | .. | .. |
| Equity and investment fund shares/units | 4 166 | 1 875 | .. | .. | 2 291 |
| Equity and investment fund shares/units issued by residents | .. | .. | .. | .. | .. |
| Equity and investment fund shares/units issued by non residents | .. | .. | .. | .. | .. |
| Other accounts receivable | 392 | 379 | .. | .. | 13 |

| | Total | Insurance corporations and pension funds | | | |
|---|---|---|---|---|---|
| | | Insurance corporations | | | Pension funds |
| | | Total | Life insurance corporations | Non-life insurance corporations | Total |
| Financial liabilities | 17 116 | 7 027 | .. | .. | 10 089 |
| Currency and deposits | .. | .. | .. | .. | .. |
| Debt securities | 0 | 0 | .. | .. | 0 |
| Debt securities, short term | 0 | 0 | .. | .. | 0 |
| Debt securities, long term | 0 | 0 | .. | .. | 0 |
| Loans | 142 | 142 | .. | .. | 0 |
| Loans, short-term | 0 | 0 | .. | .. | 0 |
| Loans, long-term | 142 | 142 | .. | .. | 0 |
| Equity and investment fund shares/units | 279 | 279 | .. | .. | 0 |
| Insurance pension and standardised guarantees | 16 004 | 5 934 | .. | .. | 10 069 |
| Financial derivatives and employee stock options | 9 | 2 | .. | .. | 8 |
| Other accounts payable | 683 | 671 | .. | .. | 12 |

Note: Detailed metadata at: *http://metalinks.oecd.org/instinv/20200916/365a*

## Table 2. Financial assets and liabilities of investment funds

*Million EUR*

| | 2012 | 2013 | 2014 | 2015 | 2016 | 2017 | 2018 | 2019 |
|---|---|---|---|---|---|---|---|---|
| **Investment funds** | | | | | | | | |
| Financial net worth | .. | .. | .. | .. | .. | .. | .. | .. |
| Financial assets | .. | .. | .. | .. | .. | .. | .. | .. |
| Currency and deposits | .. | .. | .. | .. | .. | .. | .. | .. |
| Debt securities | .. | .. | .. | .. | .. | .. | .. | .. |
| Loans | .. | .. | .. | .. | .. | .. | .. | .. |
| Equity and investment fund shares | .. | .. | .. | .. | .. | .. | .. | .. |
| Equity | .. | .. | .. | .. | .. | .. | .. | .. |
| Investment fund shares | .. | .. | .. | .. | .. | .. | .. | .. |
| Money market fund shares | .. | .. | .. | .. | .. | .. | .. | .. |
| Non-Money market fund shares | .. | .. | .. | .. | .. | .. | .. | .. |
| Insurance pension and standardised guarantees | .. | .. | .. | .. | .. | .. | .. | .. |
| Financial derivatives and employee stock options | .. | .. | .. | .. | .. | .. | .. | .. |
| Other accounts receivable | .. | .. | .. | .. | .. | .. | .. | .. |
| Financial liabilities | .. | .. | .. | .. | .. | .. | .. | .. |
| Debt securities | .. | .. | .. | .. | .. | .. | .. | .. |
| Short-term debt securities | .. | .. | .. | .. | .. | .. | .. | .. |
| Long-term debt securities | .. | .. | .. | .. | .. | .. | .. | .. |
| Loans | .. | .. | .. | .. | .. | .. | .. | .. |
| Short-term loans | .. | .. | .. | .. | .. | .. | .. | .. |
| Long-term loans | .. | .. | .. | .. | .. | .. | .. | .. |
| Equity and investment fund shares | .. | .. | .. | .. | .. | .. | .. | .. |
| Insurance pension and standardised guarantees | .. | .. | .. | .. | .. | .. | .. | .. |
| Financial derivatives and employee stock options | .. | .. | .. | .. | .. | .. | .. | .. |
| Other accounts payable | .. | .. | .. | .. | .. | .. | .. | .. |
| Non-financial assets | .. | .. | .. | .. | .. | .. | .. | .. |
| **Money market funds** | | | | | | | | |
| Financial net worth | .. | .. | .. | .. | .. | .. | .. | .. |
| Financial assets | .. | .. | .. | .. | .. | .. | .. | .. |
| Currency and deposits | .. | .. | .. | .. | .. | .. | .. | .. |
| Debt securities | .. | .. | .. | .. | .. | .. | .. | .. |
| Loans | .. | .. | .. | .. | .. | .. | .. | .. |
| Equity and investment fund shares | .. | .. | .. | .. | .. | .. | .. | .. |
| Equity | .. | .. | .. | .. | .. | .. | .. | .. |
| Investment fund shares | .. | .. | .. | .. | .. | .. | .. | .. |
| Money market fund shares | .. | .. | .. | .. | .. | .. | .. | .. |
| Non-Money market fund shares | .. | .. | .. | .. | .. | .. | .. | .. |
| Insurance pension and standardised guarantees | .. | .. | .. | .. | .. | .. | .. | .. |
| Financial derivatives and employee stock options | .. | .. | .. | .. | .. | .. | .. | .. |
| Other accounts receivable | .. | .. | .. | .. | .. | .. | .. | .. |
| Financial liabilities | .. | .. | .. | .. | .. | .. | .. | .. |
| Debt securities | .. | .. | .. | .. | .. | .. | .. | .. |
| Short-term debt securities | .. | .. | .. | .. | .. | .. | .. | .. |
| Long-term debt securities | .. | .. | .. | .. | .. | .. | .. | .. |
| Loans | .. | .. | .. | .. | .. | .. | .. | .. |
| Short-term loans | .. | .. | .. | .. | .. | .. | .. | .. |
| Long-term loans | .. | .. | .. | .. | .. | .. | .. | .. |
| Equity and investment fund shares | .. | .. | .. | .. | .. | .. | .. | .. |
| Insurance pension and standardised guarantees | .. | .. | .. | .. | .. | .. | .. | .. |
| Financial derivatives and employee stock options | .. | .. | .. | .. | .. | .. | .. | .. |
| Other accounts payable | .. | .. | .. | .. | .. | .. | .. | .. |
| Non-financial assets | .. | .. | .. | .. | .. | .. | .. | .. |
| **Non-money market funds** | | | | | | | | |
| Financial net worth | .. | .. | .. | .. | .. | .. | .. | .. |
| Financial assets | 3 665 | 4 062 | 4 755 | 5 652 | 5 991 | 6 572 | 6 745 | .. |
| Currency and deposits | 1 407 | 1 906 | 1 999 | 1 717 | 1 575 | 1 698 | 1 474 | .. |
| Debt securities | 1 090 | 1 045 | 1 348 | 1 271 | 1 233 | 1 071 | 1 180 | .. |
| Loans | 181 | 223 | 184 | 131 | 138 | 168 | 283 | .. |
| Equity and investment fund shares | 987 | 831 | 1 176 | 2 464 | 2 955 | 3 611 | 3 763 | .. |
| Equity | 0 | 387 | 377 | 802 | 906 | 993 | 1 136 | .. |
| Investment fund shares | 0 | 444 | 799 | 1 662 | 2 049 | 2 618 | 2 628 | .. |
| Money market fund shares | .. | .. | .. | .. | .. | .. | .. | .. |
| Non-Money market fund shares | .. | .. | .. | .. | .. | .. | .. | .. |
| Insurance pension and standardised guarantees | 0 | 2 | 0 | 0 | 0 | 0 | 0 | .. |
| Financial derivatives and employee stock options | 0 | 0 | 0 | 0 | 0 | 5 | 9 | .. |
| Other accounts receivable | 0 | 54 | 48 | 70 | 90 | 18 | 36 | .. |
| Financial liabilities | 3 793 | 4 412 | 5 413 | 5 973 | 6 174 | 6 776 | 6 865 | .. |
| Debt securities | 0 | 0 | 0 | 0 | 0 | 0 | 0 | .. |
| Short-term debt securities | 0 | 0 | 0 | 0 | 0 | 0 | 0 | .. |
| Long-term debt securities | 0 | 0 | 0 | 0 | 0 | 0 | 0 | .. |
| Loans | 0 | 0 | 0 | 0 | 3 | 1 | 0 | .. |
| Short-term loans | 0 | 0 | 0 | 0 | 3 | 1 | 0 | .. |
| Long-term loans | 0 | 0 | 0 | 0 | 0 | 0 | 0 | .. |
| Equity and investment fund shares | 3 793 | 4 356 | 5 399 | 5 889 | 6 091 | 6 722 | 6 771 | .. |
| Insurance pension and standardised guarantees | 0 | 0 | 0 | 0 | 0 | 0 | 0 | .. |
| Financial derivatives and employee stock options | 0 | 0 | 0 | 2 | 2 | 2 | 6 | .. |
| Other accounts payable | 0 | 56 | 14 | 82 | 77 | 51 | 89 | .. |
| Non-financial assets | .. | .. | .. | .. | .. | .. | .. | .. |
| **Open-end non-money market funds** | | | | | | | | |
| Financial net worth | .. | .. | .. | .. | .. | .. | .. | .. |
| Financial assets | .. | .. | .. | .. | .. | .. | .. | .. |
| Currency and deposits | .. | .. | .. | .. | .. | .. | .. | .. |

## Table 2. Financial assets and liabilities of investment funds *(cont.)*

*Million EUR*

| | 2012 | 2013 | 2014 | 2015 | 2016 | 2017 | 2018 | 2019 |
|---|---|---|---|---|---|---|---|---|
| Debt securities | .. | .. | .. | .. | .. | .. | .. | .. |
| Loans | .. | .. | .. | .. | .. | .. | .. | .. |
| Equity and investment fund shares | .. | .. | .. | .. | .. | .. | .. | .. |
| Equity | .. | .. | .. | .. | .. | .. | .. | .. |
| Investment fund shares | .. | .. | .. | .. | .. | .. | .. | .. |
| Money market fund shares | .. | .. | .. | .. | .. | .. | .. | .. |
| Non-Money market fund shares | .. | .. | .. | .. | .. | .. | .. | .. |
| Insurance pension and standardised guarantees | .. | .. | .. | .. | .. | .. | .. | .. |
| Financial derivatives and employee stock options | .. | .. | .. | .. | .. | .. | .. | .. |
| Other accounts receivable | .. | .. | .. | .. | .. | .. | .. | .. |
| Financial liabilities | .. | .. | .. | .. | .. | .. | .. | .. |
| Debt securities | .. | .. | .. | .. | .. | .. | .. | .. |
| Short-term debt securities | .. | .. | .. | .. | .. | .. | .. | .. |
| Long-term debt securities | .. | .. | .. | .. | .. | .. | .. | .. |
| Loans | .. | .. | .. | .. | .. | .. | .. | .. |
| Short-term loans | .. | .. | .. | .. | .. | .. | .. | .. |
| Long-term loans | .. | .. | .. | .. | .. | .. | .. | .. |
| Equity and investment fund shares | .. | .. | .. | .. | .. | .. | .. | .. |
| Insurance pension and standardised guarantees | .. | .. | .. | .. | .. | .. | .. | .. |
| Financial derivatives and employee stock options | .. | .. | .. | .. | .. | .. | .. | .. |
| Other accounts payable | .. | .. | .. | .. | .. | .. | .. | .. |
| Non-financial assets | .. | .. | .. | .. | .. | .. | .. | .. |
| **Open-end investment funds** | | | | | | | | |
| Financial net worth | .. | .. | .. | .. | .. | .. | .. | .. |
| Financial assets | .. | .. | .. | .. | .. | .. | .. | .. |
| Currency and deposits | .. | .. | .. | .. | .. | .. | .. | .. |
| Debt securities | .. | .. | .. | .. | .. | .. | .. | .. |
| Loans | .. | .. | .. | .. | .. | .. | .. | .. |
| Equity and investment fund shares | .. | .. | .. | .. | .. | .. | .. | .. |
| Equity | .. | .. | .. | .. | .. | .. | .. | .. |
| Investment fund shares | .. | .. | .. | .. | .. | .. | .. | .. |
| Money market fund shares | .. | .. | .. | .. | .. | .. | .. | .. |
| Non-Money market fund shares | .. | .. | .. | .. | .. | .. | .. | .. |
| Insurance pension and standardised guarantees | .. | .. | .. | .. | .. | .. | .. | .. |
| Financial derivatives and employee stock options | .. | .. | .. | .. | .. | .. | .. | .. |
| Other accounts receivable | .. | .. | .. | .. | .. | .. | .. | .. |
| Financial liabilities | .. | .. | .. | .. | .. | .. | .. | .. |
| Debt securities | .. | .. | .. | .. | .. | .. | .. | .. |
| Short-term debt securities | .. | .. | .. | .. | .. | .. | .. | .. |
| Long-term debt securities | .. | .. | .. | .. | .. | .. | .. | .. |
| Loans | .. | .. | .. | .. | .. | .. | .. | .. |
| Short-term loans | .. | .. | .. | .. | .. | .. | .. | .. |
| Long-term loans | .. | .. | .. | .. | .. | .. | .. | .. |
| Equity and investment fund shares | .. | .. | .. | .. | .. | .. | .. | .. |
| Insurance pension and standardised guarantees | .. | .. | .. | .. | .. | .. | .. | .. |
| Financial derivatives and employee stock options | .. | .. | .. | .. | .. | .. | .. | .. |
| Other accounts payable | .. | .. | .. | .. | .. | .. | .. | .. |
| Non-financial assets | .. | .. | .. | .. | .. | .. | .. | .. |

Note: Detailed metadata at: *http://metalinks.oecd.org/instinv/20200916/365a*

# SLOVAK REPUBLIC

## Table 3. Financial assets and liabilities of insurance corporations and pension funds

*Million EUR*

| | 2012 | 2013 | 2014 | 2015 | 2016 | 2017 | 2018 | 2019 |
|---|---|---|---|---|---|---|---|---|
| **Insurance corporations and pension funds** | | | | | | | | |
| Financial net worth | .. | .. | .. | .. | .. | .. | .. | .. |
| Financial assets | 13 173 | 14 210 | 15 029 | 14 847 | 16 237 | 17 358 | 17 320 | .. |
| Currency and deposits | 2 034 | 1 838 | 1 639 | 1 428 | 1 165 | 1 518 | 1 440 | .. |
| Debt securities | 8 828 | 9 624 | 10 216 | 9 953 | 10 898 | 10 719 | 10 907 | .. |
| Loans | 87 | 28 | 46 | 37 | 24 | 26 | 42 | .. |
| Equity and investment fund shares | 1 522 | 2 054 | 2 424 | 2 799 | 3 355 | 4 273 | 4 166 | .. |
| Equity | 0 | 361 | 332 | 338 | 399 | 365 | 342 | .. |
| Investment fund shares | 0 | 1 693 | 2 092 | 2 462 | 2 957 | 3 908 | 3 824 | .. |
| Money market fund shares | .. | .. | .. | .. | .. | .. | .. | .. |
| Non-Money market fund shares | .. | .. | .. | .. | .. | .. | .. | .. |
| Insurance pension and standardised guarantees | 344 | 325 | 372 | 319 | 445 | 412 | 366 | .. |
| Financial derivatives and employee stock options | 4 | 6 | 5 | 6 | 8 | 9 | 7 | .. |
| Other accounts receivable | 355 | 335 | 326 | 305 | 343 | 402 | 392 | .. |
| Financial liabilities | 12 648 | 12 953 | 14 225 | 13 610 | 15 004 | 16 466 | 17 116 | .. |
| Debt securities | 0 | 0 | 0 | 1 | 1 | 1 | 0 | .. |
| Short-term debt securities | 0 | 0 | 0 | 0 | 0 | 0 | 0 | .. |
| Long-term debt securities | 0 | 0 | 0 | 1 | 1 | 1 | 0 | .. |
| Loans | 94 | 135 | 145 | 89 | 90 | 126 | 142 | .. |
| Short-term loans | 0 | 0 | 0 | 0 | 0 | 1 | 0 | .. |
| Long-term loans | 93 | 135 | 145 | 89 | 90 | 125 | 142 | .. |
| Equity and investment fund shares | 485 | 405 | 462 | 453 | 472 | 322 | 279 | .. |
| Insurance pension and standardised guarantees | 11 659 | 11 990 | 13 218 | 12 629 | 13 992 | 15 443 | 16 004 | .. |
| Financial derivatives and employee stock options | 6 | 8 | 9 | 4 | 9 | 6 | 9 | .. |
| Other accounts payable | 404 | 414 | 391 | 433 | 441 | 568 | 683 | .. |
| Non-financial assets | .. | .. | .. | .. | .. | .. | .. | .. |
| **Insurance corporations** | | | | | | | | |
| Financial net worth | .. | .. | .. | .. | .. | .. | .. | .. |
| Financial assets | 6 700 | 6 889 | 7 043 | 6 934 | 7 814 | 8 073 | 7 677 | .. |
| Currency and deposits | 513 | 360 | 296 | 267 | 257 | 316 | 259 | .. |
| Debt securities | 4 368 | 4 720 | 4 748 | 4 727 | 5 160 | 4 923 | 4 753 | .. |
| Loans | 87 | 28 | 46 | 37 | 24 | 26 | 41 | .. |
| Equity and investment fund shares | 1 031 | 1 127 | 1 256 | 1 287 | 1 586 | 1 996 | 1 875 | .. |
| Equity | 0 | 179 | 168 | 170 | 218 | 173 | 116 | .. |
| Investment fund shares | 0 | 948 | 1 088 | 1 117 | 1 368 | 1 824 | 1 760 | .. |
| Money market fund shares | .. | .. | .. | .. | .. | .. | .. | .. |
| Non-Money market fund shares | .. | .. | .. | .. | .. | .. | .. | .. |
| Insurance pension and standardised guarantees | 344 | 325 | 372 | 319 | 445 | 412 | 366 | .. |
| Financial derivatives and employee stock options | 4 | 5 | 5 | 6 | 3 | 3 | 3 | .. |
| Other accounts receivable | 355 | 324 | 320 | 292 | 339 | 396 | 379 | .. |
| Financial liabilities | 5 852 | 5 838 | 6 344 | 5 731 | 6 328 | 6 913 | 7 027 | .. |
| Debt securities | 0 | 0 | 0 | 1 | 1 | 1 | 0 | .. |
| Short-term debt securities | 0 | 0 | 0 | 0 | 0 | 0 | 0 | .. |
| Long-term debt securities | 0 | 0 | 0 | 1 | 1 | 1 | 0 | .. |
| Loans | 94 | 135 | 145 | 89 | 90 | 125 | 142 | .. |
| Short-term loans | 0 | 0 | 0 | 0 | 0 | 0 | 0 | .. |
| Long-term loans | 93 | 135 | 145 | 89 | 90 | 125 | 142 | .. |
| Equity and investment fund shares | 485 | 405 | 462 | 453 | 472 | 322 | 279 | .. |
| Insurance pension and standardised guarantees | 4 880 | 4 901 | 5 348 | 4 782 | 5 341 | 5 921 | 5 934 | .. |
| Financial derivatives and employee stock options | 6 | 5 | 8 | 2 | 4 | 2 | 2 | .. |
| Other accounts payable | 387 | 393 | 381 | 404 | 421 | 543 | 671 | .. |
| Non-financial assets | .. | .. | .. | .. | .. | .. | .. | .. |
| **Pension funds** | | | | | | | | |
| Financial net worth | .. | .. | .. | .. | .. | .. | .. | .. |
| Financial assets | 6 473 | 7 321 | 7 986 | 7 913 | 8 423 | 9 286 | 9 643 | .. |
| Currency and deposits | 1 521 | 1 479 | 1 344 | 1 161 | 908 | 1 202 | 1 181 | .. |
| Debt securities | 4 460 | 4 904 | 5 469 | 5 226 | 5 737 | 5 796 | 6 154 | .. |
| Loans | 0 | 0 | 0 | 0 | 0 | 0 | 1 | .. |
| Equity and investment fund shares | 492 | 926 | 1 168 | 1 513 | 1 769 | 2 277 | 2 291 | .. |
| Equity | 0 | 181 | 165 | 167 | 181 | 193 | 226 | .. |
| Investment fund shares | 0 | 745 | 1 004 | 1 345 | 1 589 | 2 085 | 2 064 | .. |
| Money market fund shares | .. | .. | .. | .. | .. | .. | .. | .. |
| Non-Money market fund shares | .. | .. | .. | .. | .. | .. | .. | .. |
| Insurance pension and standardised guarantees | 0 | 0 | 0 | 0 | 0 | 0 | 0 | .. |
| Financial derivatives and employee stock options | 0 | 1 | 0 | 1 | 5 | 5 | 4 | .. |
| Other accounts receivable | 0 | 11 | 5 | 13 | 4 | 5 | 13 | .. |
| Financial liabilities | 6 796 | 7 115 | 7 882 | 7 878 | 8 676 | 9 553 | 10 089 | .. |
| Debt securities | 0 | 0 | 0 | 0 | 0 | 0 | 0 | .. |
| Short-term debt securities | 0 | 0 | 0 | 0 | 0 | 0 | 0 | .. |
| Long-term debt securities | 0 | 0 | 0 | 0 | 0 | 0 | 0 | .. |
| Loans | 0 | 0 | 0 | 0 | 0 | 1 | 0 | .. |
| Short-term loans | 0 | 0 | 0 | 0 | 0 | 1 | 0 | .. |
| Long-term loans | 0 | 0 | 0 | 0 | 0 | 0 | 0 | .. |
| Equity and investment fund shares | 0 | 0 | 0 | 0 | 0 | 0 | 0 | .. |
| Insurance pension and standardised guarantees | 6 779 | 7 089 | 7 870 | 7 847 | 8 651 | 9 522 | 10 069 | .. |
| Financial derivatives and employee stock options | 0 | 4 | 2 | 3 | 5 | 4 | 8 | .. |
| Other accounts payable | 17 | 22 | 10 | 29 | 20 | 25 | 12 | .. |
| Non-financial assets | .. | .. | .. | .. | .. | .. | .. | .. |

Note: Detailed metadata at: *http://metalinks.oecd.org/instinv/20200916/365a*

# SLOVAK REPUBLIC

## Table 4. Portfolio composition by type of investor

As percentage of financial assets and of financial liabilities

*Per cent*

| | 2012 | 2013 | 2014 | 2015 | 2016 | 2017 | 2018 | 2019 |
|---|---|---|---|---|---|---|---|---|
| **Investment funds** | | | | | | | | |
| Financial assets | .. | .. | .. | .. | .. | .. | .. | .. |
| Currency and deposits | .. | .. | .. | .. | .. | .. | .. | .. |
| Debt securities | .. | .. | .. | .. | .. | .. | .. | .. |
| Loans | .. | .. | .. | .. | .. | .. | .. | .. |
| Equity and investment fund shares | .. | .. | .. | .. | .. | .. | .. | .. |
| Insurance pension and standardised guarantee schemes | .. | .. | .. | .. | .. | .. | .. | .. |
| Financial derivatives and employee stock options | .. | .. | .. | .. | .. | .. | .. | .. |
| Other accounts receivable | .. | .. | .. | .. | .. | .. | .. | .. |
| Financial liabilities | .. | .. | .. | .. | .. | .. | .. | .. |
| Currency and deposits | .. | .. | .. | .. | .. | .. | .. | .. |
| Debt securities | .. | .. | .. | .. | .. | .. | .. | .. |
| Loans | .. | .. | .. | .. | .. | .. | .. | .. |
| Equity and investment fund shares | .. | .. | .. | .. | .. | .. | .. | .. |
| Insurance pension and standardised guarantee schemes | .. | .. | .. | .. | .. | .. | .. | .. |
| Financial derivatives and employee stock options | .. | .. | .. | .. | .. | .. | .. | .. |
| Other accounts receivable | .. | .. | .. | .. | .. | .. | .. | .. |
| **Insurance corporations** | | | | | | | | |
| Financial assets | 100.0 | 100.0 | 100.0 | 100.0 | 100.0 | 100.0 | 100.0 | .. |
| Currency and deposits | 7.7 | 5.2 | 4.2 | 3.8 | 3.3 | 3.9 | 3.4 | .. |
| Debt securities | 65.2 | 68.5 | 67.4 | 68.2 | 66.0 | 61.0 | 61.9 | .. |
| Loans | 1.3 | 0.4 | 0.7 | 0.5 | 0.3 | 0.3 | 0.5 | .. |
| Equity and investment fund shares | 15.4 | 16.4 | 17.8 | 18.6 | 20.3 | 24.7 | 24.4 | .. |
| Insurance pension and standardised guarantee schemes | 5.1 | 4.7 | 5.3 | 4.6 | 5.7 | 5.1 | 4.8 | .. |
| Financial derivatives and employee stock options | 0.1 | 0.1 | 0.1 | 0.1 | 0.0 | 0.0 | 0.0 | .. |
| Other accounts receivable | 5.3 | 4.7 | 4.5 | 4.2 | 4.3 | 4.9 | 4.9 | .. |
| Financial liabilities | 100.0 | 100.0 | 100.0 | 100.0 | 100.0 | 100.0 | 100.0 | .. |
| Currency and deposits | 0.0 | 0.0 | 0.0 | 0.0 | 0.0 | 0.0 | 0.0 | .. |
| Debt securities | 0.0 | 0.0 | 0.0 | 0.0 | 0.0 | 0.0 | 0.0 | .. |
| Loans | 1.6 | 2.3 | 2.3 | 1.5 | 1.4 | 1.8 | 2.0 | .. |
| Equity and investment fund shares | 8.3 | 6.9 | 7.3 | 7.9 | 7.5 | 4.7 | 4.0 | .. |
| Insurance pension and standardised guarantee schemes | 83.4 | 83.9 | 84.3 | 83.4 | 84.4 | 85.7 | 84.4 | .. |
| Financial derivatives and employee stock options | 0.1 | 0.1 | 0.1 | 0.0 | 0.1 | 0.0 | 0.0 | .. |
| Other accounts receivable | 6.6 | 6.7 | 6.0 | 7.1 | 6.7 | 7.9 | 9.5 | .. |
| **Pension funds** | | | | | | | | |
| Financial assets | 100.0 | 100.0 | 100.0 | 100.0 | 100.0 | 100.0 | 100.0 | .. |
| Currency and deposits | 23.5 | 20.2 | 16.8 | 14.7 | 10.8 | 12.9 | 12.2 | .. |
| Debt securities | 68.9 | 67.0 | 68.5 | 66.0 | 68.1 | 62.4 | 63.8 | .. |
| Loans | 0.0 | 0.0 | 0.0 | 0.0 | 0.0 | 0.0 | 0.0 | .. |
| Equity and investment fund shares | 7.6 | 12.7 | 14.6 | 19.1 | 21.0 | 24.5 | 23.8 | .. |
| Insurance pension and standardised guarantee schemes | 0.0 | 0.0 | 0.0 | 0.0 | 0.0 | 0.0 | 0.0 | .. |
| Financial derivatives and employee stock options | 0.0 | 0.0 | 0.0 | 0.0 | 0.1 | 0.1 | 0.0 | .. |
| Other accounts receivable | 0.0 | 0.1 | 0.1 | 0.2 | 0.0 | 0.1 | 0.1 | .. |
| Financial liabilities | 100.0 | 100.0 | 100.0 | 100.0 | 100.0 | 100.0 | 100.0 | .. |
| Currency and deposits | 0.0 | 0.0 | 0.0 | 0.0 | 0.0 | 0.0 | 0.0 | .. |
| Debt securities | 0.0 | 0.0 | 0.0 | 0.0 | 0.0 | 0.0 | 0.0 | .. |
| Loans | 0.0 | 0.0 | 0.0 | 0.0 | 0.0 | 0.0 | 0.0 | .. |
| Equity and investment fund shares | 0.0 | 0.0 | 0.0 | 0.0 | 0.0 | 0.0 | 0.0 | .. |
| Insurance pension and standardised guarantee schemes | 99.7 | 99.6 | 99.9 | 99.6 | 99.7 | 99.7 | 99.8 | .. |
| Financial derivatives and employee stock options | 0.0 | 0.1 | 0.0 | 0.0 | 0.1 | 0.0 | 0.1 | .. |
| Other accounts receivable | 0.3 | 0.3 | 0.1 | 0.4 | 0.2 | 0.3 | 0.1 | .. |

Note: Detailed metadata at: *http://metalinks.oecd.org/instinv/20200916/eb22*

# SLOVENIA

## Table 1. Financial assets and liabilities of institutional investors, 2018

*Million EUR (2007 SIT euro)*

| | Investment funds | | | | |
|---|---|---|---|---|---|
| | | Non-money market funds | | | Money market funds |
| | Total | Total | Open-end non-money market funds | Closed-end non-money market funds | Total |
| Financial assets | 2 478 | 2 399 | 2 399 | .. | 80 |
| Currency and deposits | 187 | 140 | 140 | .. | 46 |
| Debt securities | 465 | 434 | 434 | .. | 32 |
| Debt securities, short term | 39 | 10 | 10 | .. | 30 |
| Debt securities, long term | 426 | 424 | 424 | .. | 2 |
| Debt securities issued by residents | 46 | 38 | 38 | .. | 7 |
| Debt securities issued by non-residents | 420 | 396 | 396 | .. | 24 |
| Loans | .. | .. | .. | .. | .. |
| Loans, short-term | .. | .. | .. | .. | .. |
| Loans, long-term | .. | .. | .. | .. | .. |
| Loans granted to residents | .. | .. | .. | .. | .. |
| Loans granted to non-residents | .. | .. | .. | .. | .. |
| Equity and investment fund shares/units | 1 821 | 1 820 | 1 820 | .. | .. |
| Equity and investment fund shares issued/units by residents | 84 | 84 | 84 | .. | .. |
| Equity and investment fund shares/units issued by non residents | 1 737 | 1 736 | 1 736 | .. | .. |
| Other accounts receivable | 6 | 4 | 4 | .. | 1 |

| | Investment funds | | | | |
|---|---|---|---|---|---|
| | | Non-money market funds | | | Money market funds |
| | Total | Total | Open-end non-money market funds | Closed-end non-money market funds | Total |
| Financial liabilities | 2 478 | 2 399 | 2 399 | .. | 80 |
| Currency and deposits | .. | .. | .. | .. | .. |
| Debt securities | .. | .. | .. | .. | .. |
| Debt securities, short term | .. | .. | .. | .. | .. |
| Debt securities, long term | .. | .. | .. | .. | .. |
| Loans | 0 | 0 | 0 | .. | .. |
| Loans, short-term | 0 | 0 | 0 | .. | .. |
| Loans, long-term | .. | .. | .. | .. | .. |
| Equity and investment fund shares/units | 2 470 | 2 390 | 2 390 | .. | 79 |
| Insurance pension and standardised guaratees | .. | .. | .. | .. | .. |
| Financial derivatives and employee stock options | 0 | 0 | 0 | .. | .. |
| Other accounts payable | 9 | 9 | 9 | .. | 0 |

| | Insurance corporations and pension funds | | | | |
|---|---|---|---|---|---|
| | | Insurance corporations | | | Pension funds |
| | Total | Total | Life insurance corporations | Non-life insurance corporations | Total |
| Financial assets | 10 408 | 7 667 | .. | .. | 2 741 |
| Currency and deposits | 538 | 243 | .. | .. | 295 |
| Debt securities | 6 155 | 4 594 | .. | .. | 1 561 |
| Debt securities, short-term | 87 | 43 | .. | .. | 43 |
| Debt securities, long term | 6 068 | 4 550 | .. | .. | 1 518 |
| Debt securities issued by residents | 1 716 | 1 040 | .. | .. | 676 |
| Debt securities issued by non-residents | 4 439 | 3 554 | .. | .. | 885 |
| Loans | 131 | 122 | .. | .. | 9 |
| Loans, short-term | 46 | 37 | .. | .. | 9 |
| Loans, long-term | 85 | 85 | .. | .. | 0 |
| Loans granted to residents | 95 | 86 | .. | .. | 9 |
| Loans granted to non-residents | 36 | 36 | .. | .. | 0 |
| Equity and investment fund shares/units | 2 922 | 2 048 | .. | .. | 874 |
| Equity and investment fund shares/units issued by residents | 1 458 | 1 362 | .. | .. | 96 |
| Equity and investment fund shares/units issued by non residents | 1 464 | 686 | .. | .. | 778 |
| Other accounts receivable | 461 | 460 | .. | .. | 2 |

| | Insurance corporations and pension funds | | | | |
|---|---|---|---|---|---|
| | | Insurance corporations | | | Pension funds |
| | Total | Total | Life insurance corporations | Non-life insurance corporations | Total |
| Financial liabilities | 10 406 | 7 573 | .. | .. | 2 834 |
| Currency and deposits | 0 | 0 | .. | .. | 0 |
| Debt securities | 84 | 84 | .. | .. | 0 |
| Debt securities, short term | 0 | 0 | .. | .. | 0 |
| Debt securities, long term | 84 | 84 | .. | .. | 0 |
| Loans | 3 | 3 | .. | .. | 0 |
| Loans, short-term | 0 | 0 | .. | .. | 0 |
| Loans, long-term | 3 | 3 | .. | .. | 0 |
| Equity and investment fund shares/units | 1 912 | 1 864 | .. | .. | 48 |
| Insurance pension and standardised guarantees | 8 161 | 5 383 | .. | .. | 2 778 |
| Financial derivatives and employee stock options | 0 | 0 | .. | .. | 0 |
| Other accounts payable | 247 | 240 | .. | .. | 7 |

Note: Detailed metadata at: *http://metalinks.oecd.org/instinv/20200916/b4a3*

# SLOVENIA

## Table 2. Financial assets and liabilities of investment funds

*Million EUR*

| | 2012 | 2013 | 2014 | 2015 | 2016 | 2017 | 2018 | 2019 |
|---|---|---|---|---|---|---|---|---|
| **Investment funds** | | | | | | | | |
| Financial net worth | .. | .. | .. | .. | .. | .. | .. | .. |
| Financial assets | 1 831 | 1 856 | 2 151 | 2 319 | 2 474 | 2 665 | 2 478 | 3 020 |
| Currency and deposits | 136 | 110 | 136 | 166 | 192 | 171 | 187 | 165 |
| Debt securities | 250 | 221 | 263 | 351 | 425 | 448 | 465 | 551 |
| Loans | .. | .. | .. | .. | .. | .. | .. | .. |
| Equity and investment fund shares | 1 433 | 1 516 | 1 746 | 1 795 | 1 846 | 2 043 | 1 821 | 2 297 |
| Equity | 1 280 | 1 348 | 1 598 | 1 641 | 1 690 | 1 875 | 1 667 | 2 079 |
| Investment fund shares | 153 | 168 | 149 | 154 | 156 | 168 | 154 | 218 |
| Money market fund shares | 0 | 0 | 0 | 0 | 2 | 2 | 1 | 1 |
| Non-Money market fund shares | 153 | 168 | 149 | 154 | 154 | 166 | 152 | 217 |
| Insurance pension and standardised guarantees | .. | .. | .. | .. | .. | .. | .. | .. |
| Financial derivatives and employee stock options | 0 | 0 | 0 | 1 | 1 | 0 | 0 | 0 |
| Other accounts receivable | 12 | 9 | 6 | 5 | 11 | 4 | 6 | 7 |
| Financial liabilities | 1 831 | 1 856 | 2 151 | 2 319 | 2 474 | 2 665 | 2 478 | 3 020 |
| Debt securities | .. | .. | .. | .. | .. | .. | .. | .. |
| Short-term debt securities | .. | .. | .. | .. | .. | .. | .. | .. |
| Long-term debt securities | .. | .. | .. | .. | .. | .. | .. | .. |
| Loans | 0 | 0 | 0 | 0 | 0 | 0 | 0 | 0 |
| Short-term loans | 0 | 0 | 0 | 0 | 0 | 0 | 0 | 0 |
| Long-term loans | .. | .. | .. | .. | .. | .. | .. | .. |
| Equity and investment fund shares | 1 817 | 1 840 | 2 143 | 2 309 | 2 464 | 2 657 | 2 470 | 3 009 |
| Insurance pension and standardised guarantees | .. | .. | .. | .. | .. | .. | .. | .. |
| Financial derivatives and employee stock options | 0 | 0 | 0 | 0 | 0 | 0 | 0 | 0 |
| Other accounts payable | 14 | 16 | 8 | 10 | 11 | 8 | 9 | 11 |
| Non-financial assets | .. | .. | .. | .. | .. | .. | .. | .. |
| **Money market funds** | | | | | | | | |
| Financial net worth | .. | .. | .. | .. | .. | .. | .. | .. |
| Financial assets | 26 | 37 | 37 | 58 | 100 | 55 | 80 | 57 |
| Currency and deposits | 15 | 23 | 25 | 32 | 68 | 36 | 46 | 29 |
| Debt securities | 10 | 14 | 13 | 25 | 32 | 19 | 32 | 28 |
| Loans | .. | .. | .. | .. | .. | .. | .. | .. |
| Equity and investment fund shares | .. | .. | .. | .. | .. | .. | .. | .. |
| Equity | .. | .. | .. | .. | .. | .. | .. | .. |
| Investment fund shares | .. | .. | .. | .. | .. | .. | .. | .. |
| Money market fund shares | .. | .. | .. | .. | .. | .. | .. | .. |
| Non-Money market fund shares | .. | .. | .. | .. | .. | .. | .. | .. |
| Insurance pension and standardised guarantees | .. | .. | .. | .. | .. | .. | .. | .. |
| Financial derivatives and employee stock options | .. | .. | .. | .. | .. | .. | .. | .. |
| Other accounts receivable | 0 | 0 | 0 | 0 | 0 | 0 | 1 | 0 |
| Financial liabilities | 26 | 37 | 37 | 58 | 100 | 55 | 80 | 57 |
| Debt securities | .. | .. | .. | .. | .. | .. | .. | .. |
| Short-term debt securities | .. | .. | .. | .. | .. | .. | .. | .. |
| Long-term debt securities | .. | .. | .. | .. | .. | .. | .. | .. |
| Loans | .. | .. | .. | .. | .. | .. | .. | .. |
| Short-term loans | .. | .. | .. | .. | .. | .. | .. | .. |
| Long-term loans | .. | .. | .. | .. | .. | .. | .. | .. |
| Equity and investment fund shares | 24 | 36 | 37 | 56 | 99 | 55 | 79 | 56 |
| Insurance pension and standardised guarantees | .. | .. | .. | .. | .. | .. | .. | .. |
| Financial derivatives and employee stock options | .. | .. | .. | .. | .. | .. | .. | .. |
| Other accounts payable | 2 | 0 | 1 | 1 | 1 | 0 | 0 | 1 |
| Non-financial assets | .. | .. | .. | .. | .. | .. | .. | .. |
| **Non-money market funds** | | | | | | | | |
| Financial net worth | .. | .. | .. | .. | .. | .. | .. | .. |
| Financial assets | 1 805 | 1 819 | 2 113 | 2 261 | 2 374 | 2 610 | 2 399 | 2 963 |
| Currency and deposits | 121 | 87 | 111 | 134 | 124 | 135 | 140 | 136 |
| Debt securities | 239 | 206 | 250 | 326 | 393 | 429 | 434 | 524 |
| Loans | .. | .. | .. | .. | .. | .. | .. | .. |
| Equity and investment fund shares | 1 433 | 1 516 | 1 746 | 1 795 | 1 846 | 2 042 | 1 820 | 2 297 |
| Equity | 1 280 | 1 348 | 1 598 | 1 641 | 1 690 | 1 875 | 1 667 | 2 079 |
| Investment fund shares | 153 | 168 | 149 | 154 | 156 | 168 | 153 | 218 |
| Money market fund shares | 0 | 0 | 0 | 0 | 2 | 2 | 1 | 1 |
| Non-Money market fund shares | 153 | 168 | 149 | 154 | 154 | 166 | 152 | 217 |
| Insurance pension and standardised guarantees | .. | .. | .. | .. | .. | .. | .. | .. |
| Financial derivatives and employee stock options | 0 | 0 | 0 | 1 | 1 | 0 | 0 | 0 |
| Other accounts receivable | 12 | 9 | 6 | 5 | 11 | 4 | 4 | 7 |
| Financial liabilities | 1 805 | 1 819 | 2 113 | 2 261 | 2 374 | 2 610 | 2 399 | 2 963 |
| Debt securities | .. | .. | .. | .. | .. | .. | .. | .. |
| Short-term debt securities | .. | .. | .. | .. | .. | .. | .. | .. |
| Long-term debt securities | .. | .. | .. | .. | .. | .. | .. | .. |
| Loans | 0 | 0 | 0 | 0 | 0 | 0 | 0 | 0 |
| Short-term loans | 0 | 0 | 0 | 0 | 0 | 0 | 0 | 0 |
| Long-term loans | .. | .. | .. | .. | .. | .. | .. | .. |
| Equity and investment fund shares | 1 794 | 1 803 | 2 106 | 2 253 | 2 364 | 2 603 | 2 390 | 2 953 |
| Insurance pension and standardised guarantees | .. | .. | .. | .. | .. | .. | .. | .. |
| Financial derivatives and employee stock options | 0 | 0 | 0 | 0 | 0 | 0 | 0 | 0 |
| Other accounts payable | 11 | 16 | 7 | 9 | 9 | 7 | 9 | 10 |
| Non-financial assets | .. | .. | .. | .. | .. | .. | .. | .. |
| **Open-end non-money market funds** | | | | | | | | |
| Financial net worth | .. | .. | .. | .. | .. | .. | .. | .. |
| Financial assets | 1 805 | 1 819 | 2 113 | 2 261 | 2 374 | 2 610 | 2 399 | 2 963 |
| Currency and deposits | 121 | 87 | 111 | 134 | 124 | 135 | 140 | 136 |

# SLOVENIA

## Table 2. Financial assets and liabilities of investment funds *(cont.)*

*Million EUR*

| | 2012 | 2013 | 2014 | 2015 | 2016 | 2017 | 2018 | 2019 |
|---|---|---|---|---|---|---|---|---|
| Debt securities | 239 | 206 | 250 | 326 | 393 | 429 | 434 | 524 |
| Loans | .. | .. | .. | .. | .. | .. | .. | .. |
| Equity and investment fund shares | 1 433 | 1 516 | 1 746 | 1 795 | 1 846 | 2 042 | 1 820 | 2 297 |
| Equity | 1 280 | 1 348 | 1 598 | 1 641 | 1 690 | 1 875 | 1 667 | 2 079 |
| Investment fund shares | 153 | 168 | 149 | 154 | 156 | 168 | 153 | 218 |
| Money market fund shares | 0 | 0 | 0 | 0 | 2 | 2 | 1 | 1 |
| Non-Money market fund shares | 153 | 168 | 149 | 154 | 154 | 166 | 152 | 217 |
| Insurance pension and standardised guarantees | .. | .. | .. | .. | .. | .. | .. | .. |
| Financial derivatives and employee stock options | 0 | 0 | 0 | 1 | 1 | 0 | 0 | 0 |
| Other accounts receivable | 12 | 9 | 6 | 5 | 11 | 4 | 4 | 7 |
| Financial liabilities | 1 805 | 1 819 | 2 113 | 2 261 | 2 374 | 2 610 | 2 399 | 2 963 |
| Debt securities | .. | .. | .. | .. | .. | .. | .. | .. |
| Short-term debt securities | .. | .. | .. | .. | .. | .. | .. | .. |
| Long-term debt securities | .. | .. | .. | .. | .. | .. | .. | .. |
| Loans | 0 | 0 | 0 | 0 | 0 | 0 | 0 | 0 |
| Short-term loans | 0 | 0 | 0 | 0 | 0 | 0 | 0 | 0 |
| Long-term loans | .. | .. | .. | .. | .. | .. | .. | .. |
| Equity and investment fund shares | 1 794 | 1 803 | 2 106 | 2 253 | 2 364 | 2 603 | 2 390 | 2 953 |
| Insurance pension and standardised guarantees | .. | .. | .. | .. | .. | .. | .. | .. |
| Financial derivatives and employee stock options | 0 | 0 | 0 | 0 | 0 | 0 | 0 | 0 |
| Other accounts payable | 11 | 16 | 7 | 9 | 9 | 7 | 9 | 10 |
| Non-financial assets | .. | .. | .. | .. | .. | .. | .. | .. |
| **Open-end investment funds** | | | | | | | | |
| Financial net worth | .. | .. | .. | .. | .. | .. | .. | .. |
| Financial assets | 1 831 | 1 856 | 2 151 | 2 319 | 2 474 | 2 665 | 2 478 | 3 020 |
| Currency and deposits | 136 | 110 | 136 | 166 | 192 | 171 | 187 | 165 |
| Debt securities | 250 | 221 | 263 | 351 | 425 | 448 | 465 | 551 |
| Loans | .. | .. | .. | .. | .. | .. | .. | .. |
| Equity and investment fund shares | 1 433 | 1 516 | 1 746 | 1 795 | 1 846 | 2 043 | 1 821 | 2 297 |
| Equity | 1 280 | 1 348 | 1 598 | 1 641 | 1 690 | 1 875 | 1 667 | 2 079 |
| Investment fund shares | 153 | 168 | 149 | 154 | 156 | 168 | 154 | 218 |
| Money market fund shares | 0 | 0 | 0 | 0 | 2 | 2 | 1 | 1 |
| Non-Money market fund shares | 153 | 168 | 149 | 154 | 154 | 166 | 152 | 217 |
| Insurance pension and standardised guarantees | .. | .. | .. | .. | .. | .. | .. | .. |
| Financial derivatives and employee stock options | 0 | 0 | 0 | 1 | 1 | 0 | 0 | 0 |
| Other accounts receivable | 12 | 9 | 6 | 5 | 11 | 4 | 6 | 7 |
| Financial liabilities | 1 831 | 1 856 | 2 151 | 2 319 | 2 474 | 2 665 | 2 478 | 3 020 |
| Debt securities | .. | .. | .. | .. | .. | .. | .. | .. |
| Short-term debt securities | .. | .. | .. | .. | .. | .. | .. | .. |
| Long-term debt securities | .. | .. | .. | .. | .. | .. | .. | .. |
| Loans | 0 | 0 | 0 | 0 | 0 | 0 | 0 | 0 |
| Short-term loans | 0 | 0 | 0 | 0 | 0 | 0 | 0 | 0 |
| Long-term loans | .. | .. | .. | .. | .. | .. | .. | .. |
| Equity and investment fund shares | 1 817 | 1 840 | 2 143 | 2 309 | 2 464 | 2 657 | 2 470 | 3 009 |
| Insurance pension and standardised guarantees | .. | .. | .. | .. | .. | .. | .. | .. |
| Financial derivatives and employee stock options | 0 | 0 | 0 | 0 | 0 | 0 | 0 | 0 |
| Other accounts payable | 14 | 16 | 8 | 10 | 11 | 8 | 9 | 11 |
| Non-financial assets | .. | .. | .. | .. | .. | .. | .. | .. |

Note: Detailed metadata at: *http://metalinks.oecd.org/instinv/20200916/b4a3*

## Table 3. Financial assets and liabilities of insurance corporations and pension funds

*Million EUR*

| | 2012 | 2013 | 2014 | 2015 | 2016 | 2017 | 2018 | 2019 |
|---|---|---|---|---|---|---|---|---|
| **Insurance corporations and pension funds** | | | | | | | | |
| Financial net worth | 164 | 213 | 182 | 42 | 132 | 54 | 2 | 28 |
| Financial assets | 8 275 | 8 614 | 9 370 | 9 486 | 9 980 | 10 373 | 10 408 | 11 455 |
| Currency and deposits | 950 | 686 | 781 | 670 | 660 | 627 | 538 | 640 |
| Debt securities | 4 440 | 4 882 | 5 345 | 5 693 | 6 026 | 6 083 | 6 155 | 6 616 |
| Loans | 174 | 166 | 150 | 113 | 124 | 132 | 131 | 74 |
| Equity and investment fund shares | 2 153 | 2 307 | 2 597 | 2 581 | 2 677 | 2 976 | 2 922 | 3 405 |
| Equity | 827 | 858 | 929 | 840 | 775 | 873 | 939 | 1 020 |
| Investment fund shares | 1 326 | 1 449 | 1 667 | 1 741 | 1 902 | 2 103 | 1 983 | 2 385 |
| Money market fund shares | .. | .. | .. | .. | .. | .. | .. | .. |
| Non-Money market fund shares | .. | .. | .. | .. | .. | .. | .. | .. |
| Insurance pension and standardised guarantees | 225 | 201 | 216 | 177 | 182 | 192 | 199 | 212 |
| Financial derivatives and employee stock options | 4 | 2 | 0 | 0 | 0 | 0 | 2 | 1 |
| Other accounts receivable | 330 | 370 | 282 | 253 | 311 | 362 | 461 | 508 |
| Financial liabilities | 8 111 | 8 401 | 9 189 | 9 444 | 9 849 | 10 319 | 10 406 | 11 427 |
| Debt securities | 45 | 37 | 38 | 35 | 84 | 84 | 84 | 209 |
| Short-term debt securities | 0 | 0 | 0 | 0 | 0 | 0 | 0 | 0 |
| Long-term debt securities | 45 | 37 | 38 | 35 | 84 | 84 | 84 | 209 |
| Loans | 37 | 31 | 26 | 26 | 26 | 2 | 3 | 2 |
| Short-term loans | 3 | 5 | 0 | 0 | 1 | 0 | 0 | 0 |
| Long-term loans | 34 | 26 | 26 | 26 | 25 | 2 | 3 | 2 |
| Equity and investment fund shares | 1 215 | 1 348 | 1 690 | 1 659 | 1 696 | 1 908 | 1 912 | 2 130 |
| Insurance pension and standardised guarantees | 6 553 | 6 684 | 7 209 | 7 498 | 7 810 | 8 074 | 8 161 | 8 813 |
| Financial derivatives and employee stock options | 0 | 0 | 0 | 0 | 0 | 0 | 0 | 0 |
| Other accounts payable | 262 | 301 | 226 | 227 | 233 | 251 | 247 | 273 |
| Non-financial assets | .. | .. | .. | .. | .. | .. | .. | .. |
| **Insurance corporations** | | | | | | | | |
| Financial net worth | 175 | 207 | 180 | 34 | 140 | 84 | 95 | 116 |
| Financial assets | 6 197 | 6 476 | 7 031 | 6 999 | 7 416 | 7 688 | 7 667 | 8 396 |
| Currency and deposits | 488 | 365 | 327 | 314 | 286 | 248 | 243 | 328 |
| Debt securities | 3 256 | 3 590 | 4 083 | 4 157 | 4 486 | 4 567 | 4 594 | 4 886 |
| Loans | 121 | 112 | 112 | 87 | 99 | 109 | 122 | 71 |
| Equity and investment fund shares | 1 779 | 1 852 | 2 019 | 2 016 | 2 060 | 2 215 | 2 048 | 2 392 |
| Equity | 754 | 794 | 830 | 775 | 711 | 809 | 858 | 936 |
| Investment fund shares | 1 025 | 1 058 | 1 189 | 1 241 | 1 350 | 1 406 | 1 191 | 1 456 |
| Money market fund shares | .. | .. | .. | .. | .. | .. | .. | .. |
| Non-Money market fund shares | .. | .. | .. | .. | .. | .. | .. | .. |
| Insurance pension and standardised guarantees | 225 | 201 | 216 | 177 | 182 | 192 | 199 | 212 |
| Financial derivatives and employee stock options | 4 | 2 | 0 | 0 | 0 | 0 | 2 | 1 |
| Other accounts receivable | 324 | 355 | 273 | 249 | 303 | 357 | 460 | 507 |
| Financial liabilities | 6 023 | 6 268 | 6 851 | 6 965 | 7 276 | 7 604 | 7 573 | 8 280 |
| Debt securities | 45 | 37 | 38 | 35 | 84 | 84 | 84 | 209 |
| Short-term debt securities | 0 | 0 | 0 | 0 | 0 | 0 | 0 | 0 |
| Long-term debt securities | 45 | 37 | 38 | 35 | 84 | 84 | 84 | 209 |
| Loans | 37 | 31 | 26 | 26 | 26 | 2 | 3 | 2 |
| Short-term loans | 3 | 5 | 0 | 0 | 1 | 0 | 0 | 0 |
| Long-term loans | 34 | 26 | 26 | 26 | 25 | 2 | 3 | 2 |
| Equity and investment fund shares | 1 176 | 1 308 | 1 648 | 1 615 | 1 651 | 1 861 | 1 864 | 2 079 |
| Insurance pension and standardised guarantees | 4 512 | 4 599 | 4 927 | 5 070 | 5 301 | 5 413 | 5 383 | 5 724 |
| Financial derivatives and employee stock options | 0 | 0 | 0 | 0 | 0 | 0 | 0 | 0 |
| Other accounts payable | 252 | 294 | 213 | 220 | 214 | 245 | 240 | 266 |
| Non-financial assets | .. | .. | .. | .. | .. | .. | .. | .. |
| **Pension funds** | | | | | | | | |
| Financial net worth | -10 | 6 | 2 | 8 | -8 | -31 | -93 | -88 |
| Financial assets | 2 078 | 2 139 | 2 339 | 2 487 | 2 564 | 2 685 | 2 741 | 3 058 |
| Currency and deposits | 462 | 322 | 454 | 356 | 375 | 379 | 295 | 312 |
| Debt securities | 1 184 | 1 292 | 1 261 | 1 537 | 1 540 | 1 516 | 1 561 | 1 730 |
| Loans | 53 | 54 | 37 | 27 | 25 | 23 | 9 | 3 |
| Equity and investment fund shares | 374 | 455 | 578 | 565 | 616 | 761 | 874 | 1 013 |
| Equity | 73 | 64 | 99 | 64 | 64 | 64 | 81 | 84 |
| Investment fund shares | 301 | 391 | 479 | 500 | 552 | 697 | 793 | 929 |
| Money market fund shares | .. | .. | .. | .. | .. | .. | .. | .. |
| Non-Money market fund shares | .. | .. | .. | .. | .. | .. | .. | .. |
| Insurance pension and standardised guarantees | 0 | 0 | 0 | 0 | 0 | 0 | 0 | 0 |
| Financial derivatives and employee stock options | 0 | 0 | 0 | 0 | 0 | 0 | 0 | 0 |
| Other accounts receivable | 6 | 15 | 9 | 4 | 8 | 6 | 2 | 1 |
| Financial liabilities | 2 089 | 2 133 | 2 337 | 2 479 | 2 572 | 2 715 | 2 834 | 3 147 |
| Debt securities | 0 | 0 | 0 | 0 | 0 | 0 | 0 | 0 |
| Short-term debt securities | 0 | 0 | 0 | 0 | 0 | 0 | 0 | 0 |
| Long-term debt securities | 0 | 0 | 0 | 0 | 0 | 0 | 0 | 0 |
| Loans | 0 | 0 | 0 | 0 | 0 | 0 | 0 | 0 |
| Short-term loans | 0 | 0 | 0 | 0 | 0 | 0 | 0 | 0 |
| Long-term loans | 0 | 0 | 0 | 0 | 0 | 0 | 0 | 0 |
| Equity and investment fund shares | 39 | 40 | 43 | 44 | 45 | 47 | 48 | 51 |
| Insurance pension and standardised guarantees | 2 041 | 2 085 | 2 281 | 2 428 | 2 509 | 2 662 | 2 778 | 3 089 |
| Financial derivatives and employee stock options | 0 | 0 | 0 | 0 | 0 | 0 | 0 | 0 |
| Other accounts payable | 10 | 8 | 13 | 7 | 18 | 6 | 7 | 7 |
| Non-financial assets | .. | .. | .. | .. | .. | .. | .. | .. |

Note: Detailed metadata at: *http://metalinks.oecd.org/instinv/20200916/b4a3*

# SLOVENIA

## Table 4. Portfolio composition by type of investor
As percentage of financial assets and of financial liabilities

*Per cent*

| | 2012 | 2013 | 2014 | 2015 | 2016 | 2017 | 2018 | 2019 |
|---|---|---|---|---|---|---|---|---|
| **Investment funds** | | | | | | | | |
| Financial assets | 100.0 | 100.0 | 100.0 | 100.0 | 100.0 | 100.0 | 100.0 | 100.0 |
| Currency and deposits | 7.4 | 5.9 | 6.3 | 7.1 | 7.8 | 6.4 | 7.5 | 5.5 |
| Debt securities | 13.6 | 11.9 | 12.2 | 15.2 | 17.2 | 16.8 | 18.8 | 18.3 |
| Loans | 0.0 | 0.0 | 0.0 | 0.0 | 0.0 | 0.0 | 0.0 | 0.0 |
| Equity and investment fund shares | 78.3 | 81.7 | 81.2 | 77.4 | 74.6 | 76.7 | 73.5 | 76.0 |
| Insurance pension and standardised guarantee schemes | 0.0 | 0.0 | 0.0 | 0.0 | 0.0 | 0.0 | 0.0 | 0.0 |
| Financial derivatives and employee stock options | 0.0 | 0.0 | 0.0 | 0.0 | 0.0 | 0.0 | 0.0 | 0.0 |
| Other accounts receivable | 0.7 | 0.5 | 0.3 | 0.2 | 0.4 | 0.1 | 0.2 | 0.2 |
| Financial liabilities | 100.0 | 100.0 | 100.0 | 100.0 | 100.0 | 100.0 | 100.0 | 100.0 |
| Currency and deposits | 0.0 | 0.0 | 0.0 | 0.0 | 0.0 | 0.0 | 0.0 | 0.0 |
| Debt securities | 0.0 | 0.0 | 0.0 | 0.0 | 0.0 | 0.0 | 0.0 | 0.0 |
| Loans | 0.0 | 0.0 | 0.0 | 0.0 | 0.0 | 0.0 | 0.0 | 0.0 |
| Equity and investment fund shares | 99.3 | 99.1 | 99.6 | 99.6 | 99.6 | 99.7 | 99.6 | 99.6 |
| Insurance pension and standardised guarantee schemes | 0.0 | 0.0 | 0.0 | 0.0 | 0.0 | 0.0 | 0.0 | 0.0 |
| Financial derivatives and employee stock options | 0.0 | 0.0 | 0.0 | 0.0 | 0.0 | 0.0 | 0.0 | 0.0 |
| Other accounts receivable | 0.7 | 0.9 | 0.4 | 0.4 | 0.4 | 0.3 | 0.4 | 0.4 |
| **Insurance corporations** | | | | | | | | |
| Financial assets | 100.0 | 100.0 | 100.0 | 100.0 | 100.0 | 100.0 | 100.0 | 100.0 |
| Currency and deposits | 7.9 | 5.6 | 4.7 | 4.5 | 3.9 | 3.2 | 3.2 | 3.9 |
| Debt securities | 52.5 | 55.4 | 58.1 | 59.4 | 60.5 | 59.4 | 59.9 | 58.2 |
| Loans | 2.0 | 1.7 | 1.6 | 1.2 | 1.3 | 1.4 | 1.6 | 0.8 |
| Equity and investment fund shares | 28.7 | 28.6 | 28.7 | 28.8 | 27.8 | 28.8 | 26.7 | 28.5 |
| Insurance pension and standardised guarantee schemes | 3.6 | 3.1 | 3.1 | 2.5 | 2.5 | 2.5 | 2.6 | 2.5 |
| Financial derivatives and employee stock options | 0.1 | 0.0 | 0.0 | 0.0 | 0.0 | 0.0 | 0.0 | 0.0 |
| Other accounts receivable | 5.2 | 5.5 | 3.9 | 3.6 | 4.1 | 4.6 | 6.0 | 6.0 |
| Financial liabilities | 100.0 | 100.0 | 100.0 | 100.0 | 100.0 | 100.0 | 100.0 | 100.0 |
| Currency and deposits | 0.0 | 0.0 | 0.0 | 0.0 | 0.0 | 0.0 | 0.0 | 0.0 |
| Debt securities | 0.8 | 0.6 | 0.6 | 0.5 | 1.2 | 1.1 | 1.1 | 2.5 |
| Loans | 0.6 | 0.5 | 0.4 | 0.4 | 0.4 | 0.0 | 0.0 | 0.0 |
| Equity and investment fund shares | 19.5 | 20.9 | 24.0 | 23.2 | 22.7 | 24.5 | 24.6 | 25.1 |
| Insurance pension and standardised guarantee schemes | 74.9 | 73.4 | 71.9 | 72.8 | 72.8 | 71.2 | 71.1 | 69.1 |
| Financial derivatives and employee stock options | 0.0 | 0.0 | 0.0 | 0.0 | 0.0 | 0.0 | 0.0 | 0.0 |
| Other accounts receivable | 4.2 | 4.7 | 3.1 | 3.2 | 2.9 | 3.2 | 3.2 | 3.2 |
| **Pension funds** | | | | | | | | |
| Financial assets | 100.0 | 100.0 | 100.0 | 100.0 | 100.0 | 100.0 | 100.0 | 100.0 |
| Currency and deposits | 22.2 | 15.0 | 19.4 | 14.3 | 14.6 | 14.1 | 10.8 | 10.2 |
| Debt securities | 57.0 | 60.4 | 53.9 | 61.8 | 60.1 | 56.5 | 57.0 | 56.5 |
| Loans | 2.5 | 2.5 | 1.6 | 1.1 | 1.0 | 0.9 | 0.3 | 0.1 |
| Equity and investment fund shares | 18.0 | 21.3 | 24.7 | 22.7 | 24.0 | 28.4 | 31.9 | 33.1 |
| Insurance pension and standardised guarantee schemes | 0.0 | 0.0 | 0.0 | 0.0 | 0.0 | 0.0 | 0.0 | 0.0 |
| Financial derivatives and employee stock options | 0.0 | 0.0 | 0.0 | 0.0 | 0.0 | 0.0 | 0.0 | 0.0 |
| Other accounts receivable | 0.3 | 0.7 | 0.4 | 0.2 | 0.3 | 0.2 | 0.1 | 0.0 |
| Financial liabilities | 100.0 | 100.0 | 100.0 | 100.0 | 100.0 | 100.0 | 100.0 | 100.0 |
| Currency and deposits | 0.0 | 0.0 | 0.0 | 0.0 | 0.0 | 0.0 | 0.0 | 0.0 |
| Debt securities | 0.0 | 0.0 | 0.0 | 0.0 | 0.0 | 0.0 | 0.0 | 0.0 |
| Loans | 0.0 | 0.0 | 0.0 | 0.0 | 0.0 | 0.0 | 0.0 | 0.0 |
| Equity and investment fund shares | 1.8 | 1.9 | 1.8 | 1.8 | 1.7 | 1.7 | 1.7 | 1.6 |
| Insurance pension and standardised guarantee schemes | 97.7 | 97.7 | 97.6 | 97.9 | 97.5 | 98.0 | 98.0 | 98.2 |
| Financial derivatives and employee stock options | 0.0 | 0.0 | 0.0 | 0.0 | 0.0 | 0.0 | 0.0 | 0.0 |
| Other accounts receivable | 0.5 | 0.4 | 0.6 | 0.3 | 0.7 | 0.2 | 0.3 | 0.2 |

Note: Detailed metadata at: *http://metalinks.oecd.org/instinv/20200916/eb22*

# SPAIN

## Table 1. Financial assets and liabilities of institutional investors, 2018

*Million EUR (1999 ESP euro)*

| | Total | Investment funds | | | |
|---|---|---|---|---|---|
| | | Non-money market funds | | | Money market funds |
| | | Total | Open-end non-money market funds | Closed-end non-money market funds | Total |
| Financial assets | 297 960 | 291 142 | 285 248 | 5 894 | 6 818 |
| Currency and deposits | 33 574 | 31 920 | 31 205 | 715 | 1 654 |
| Debt securities | 124 350 | 119 239 | 119 239 | 1 | 5 111 |
| Debt securities, short term | 17 184 | 12 074 | 12 074 | 0 | 5 111 |
| Debt securities, long term | 107 165 | 107 165 | 107 165 | 1 | 0 |
| Debt securities issued by residents | 51 480 | 50 128 | 50 128 | 1 | 1 351 |
| Debt securities issued by non-residents | 72 870 | 69 111 | 69 111 | 0 | 3 759 |
| Loans | 0 | 0 | .. | 0 | 0 |
| Loans, short-term | 0 | .. | .. | 0 | 0 |
| Loans, long-term | 0 | .. | .. | 0 | 0 |
| Loans granted to residents | 0 | .. | .. | 0 | 0 |
| Loans granted to non-residents | 0 | .. | .. | 0 | 0 |
| Equity and investment fund shares/units | 135 571 | 135 516 | 130 689 | 4 828 | 55 |
| Equity and investment fund shares issued/units by residents | 24 066 | 24 066 | 21 210 | 2 856 | 0 |
| Equity and investment fund shares/units issued by non residents | 111 506 | 111 451 | 109 479 | 1 972 | 55 |
| Other accounts receivable | 3 645 | 3 646 | 3 296 | 350 | -1 |

| | Total | Investment funds | | | |
|---|---|---|---|---|---|
| | | Non-money market funds | | | Money market funds |
| | | Total | Open-end non-money market funds | Closed-end non-money market funds | Total |
| Financial liabilities | 299 959 | 293 141 | 285 248 | 7 893 | 6 818 |
| Currency and deposits | 0 | .. | .. | 0 | 0 |
| Debt securities | 0 | 0 | .. | 0 | 0 |
| Debt securities, short term | 0 | 0 | .. | 0 | 0 |
| Debt securities, long term | 0 | 0 | .. | 0 | 0 |
| Loans | 556 | 548 | 1 | 547 | 8 |
| Loans, short-term | 556 | 548 | 1 | 547 | 8 |
| Loans, long-term | 0 | .. | .. | 0 | 0 |
| Equity and investment fund shares/units | 297 052 | 290 243 | 282 991 | 7 252 | 6 810 |
| Insurance pension and standardised guaratees | 0 | 0 | .. | 0 | 0 |
| Financial derivatives and employee stock options | 397 | 397 | 397 | 0 | 0 |
| Other accounts payable | 1 954 | 1 954 | 1 860 | 94 | 0 |

| | Total | Insurance corporations and pension funds | | | |
|---|---|---|---|---|---|
| | | Insurance corporations | | | Pension funds |
| | | Total | Life insurance corporations | Non-life insurance corporations | Total |
| Financial assets | 449 939 | 310 482 | .. | .. | 139 457 |
| Currency and deposits | 34 347 | 22 539 | .. | .. | 11 809 |
| Debt securities | 294 407 | 227 538 | .. | .. | 66 869 |
| Debt securities, short-term | 5 031 | 1 618 | .. | .. | 3 413 |
| Debt securities, long term | 289 376 | 225 920 | .. | .. | 63 456 |
| Debt securities issued by residents | 191 742 | 157 697 | .. | .. | 34 045 |
| Debt securities issued by non-residents | 102 665 | 69 842 | .. | .. | 32 824 |
| Loans | 4 109 | 4 094 | .. | .. | 15 |
| Loans, short-term | 1 673 | 1 673 | .. | .. | 0 |
| Loans, long-term | 2 436 | 2 421 | .. | .. | 15 |
| Loans granted to residents | 3 170 | 3 155 | .. | .. | 15 |
| Loans granted to non-residents | 938 | 938 | .. | .. | .. |
| Equity and investment fund shares/units | 84 394 | 37 153 | .. | .. | 47 241 |
| Equity and investment fund shares/units issued by residents | .. | .. | .. | .. | .. |
| Equity and investment fund shares/units issued by non residents | .. | .. | .. | .. | .. |
| Other accounts receivable | 7 043 | 6 885 | .. | .. | 158 |

| | Total | Insurance corporations and pension funds | | | |
|---|---|---|---|---|---|
| | | Insurance corporations | | | Pension funds |
| | | Total | Life insurance corporations | Non-life insurance corporations | Total |
| Financial liabilities | 469 537 | 329 004 | .. | .. | 140 533 |
| Currency and deposits | .. | .. | .. | .. | .. |
| Debt securities | 169 | 169 | .. | .. | 0 |
| Debt securities, short term | 0 | 0 | .. | .. | 0 |
| Debt securities, long term | 169 | 169 | .. | .. | 0 |
| Loans | 8 013 | 7 891 | .. | .. | 122 |
| Loans, short-term | 4 118 | 4 065 | .. | .. | 53 |
| Loans, long-term | 3 894 | 3 826 | .. | .. | 68 |
| Equity and investment fund shares/units | 63 930 | 63 930 | .. | .. | 0 |
| Insurance pension and standardised guaratees | 372 730 | 232 826 | .. | .. | 139 904 |
| Financial derivatives and employee stock options | 13 194 | 13 141 | .. | .. | 53 |
| Other accounts payable | 11 501 | 11 047 | .. | .. | 454 |

Note: Detailed metadata at: *http://metalinks.oecd.org/instinv/20200916/069f*

# SPAIN

## Table 2. Financial assets and liabilities of investment funds

*Million EUR*

| | 2012 | 2013 | 2014 | 2015 | 2016 | 2017 | 2018 | 2019 |
|---|---|---|---|---|---|---|---|---|
| **Investment funds** | | | | | | | | |
| Financial net worth | -4 248 | -4 536 | -472 | -311 | -26 | -1 417 | -1 999 | -1 594 |
| Financial assets | 153 287 | 190 235 | 237 116 | 263 299 | 278 825 | 307 254 | 297 960 | 321 496 |
| Currency and deposits | 27 633 | 39 780 | 43 901 | 46 809 | 44 578 | 37 483 | 33 574 | 37 791 |
| Debt securities | 87 273 | 98 663 | 119 003 | 110 939 | 123 593 | 125 296 | 124 350 | 127 460 |
| Loans | 23 | 1 | 0 | 0 | 0 | 0 | 0 | 0 |
| Equity and investment fund shares | 35 579 | 48 208 | 70 501 | 101 626 | 106 767 | 139 865 | 135 571 | 152 173 |
| Equity | 19 208 | 26 439 | 33 463 | 40 675 | 41 267 | 51 431 | 50 488 | 56 640 |
| Investment fund shares | 16 371 | 21 769 | 37 038 | 60 952 | 65 500 | 88 434 | 85 084 | 95 534 |
| Money market fund shares | 875 | 722 | 563 | 1 330 | 1 464 | 1 538 | 2 225 | 2 200 |
| Non-Money market fund shares | 15 497 | 21 047 | 36 475 | 59 621 | 64 036 | 86 896 | 82 859 | 93 334 |
| Insurance pension and standardised guarantees | 0 | 0 | 0 | 0 | 0 | 0 | 0 | 0 |
| Financial derivatives and employee stock options | 1 159 | 1 440 | 1 327 | 1 123 | 1 340 | 1 381 | 820 | 1 058 |
| Other accounts receivable | 1 621 | 2 142 | 2 384 | 2 801 | 2 547 | 3 229 | 3 645 | 3 014 |
| Financial liabilities | 157 535 | 194 770 | 237 588 | 263 609 | 278 851 | 308 671 | 299 959 | 323 090 |
| Debt securities | 0 | 0 | 0 | 0 | 0 | 0 | 0 | 0 |
| Short-term debt securities | 0 | 0 | 0 | 0 | 0 | 0 | 0 | 0 |
| Long-term debt securities | 0 | 0 | 0 | 0 | 0 | 0 | 0 | 0 |
| Loans | 534 | 864 | 591 | 665 | 667 | 539 | 556 | 745 |
| Short-term loans | 534 | 864 | 591 | 665 | 667 | 539 | 556 | 745 |
| Long-term loans | 0 | 0 | 0 | 0 | 0 | 0 | 0 | 0 |
| Equity and investment fund shares | 155 617 | 192 364 | 235 207 | 261 294 | 275 969 | 305 660 | 297 052 | 320 109 |
| Insurance pension and standardised guarantees | 0 | 0 | 0 | 0 | 0 | 0 | 0 | 0 |
| Financial derivatives and employee stock options | 521 | 363 | 417 | 377 | 413 | 390 | 397 | 495 |
| Other accounts payable | 863 | 1 180 | 1 372 | 1 273 | 1 803 | 2 083 | 1 954 | 1 741 |
| Non-financial assets | 4 939 | 5 258 | 1 479 | 1 434 | 1 287 | 906 | 1 085 | 1 374 |
| **Money market funds** | | | | | | | | |
| Financial net worth | 0 | 0 | 0 | 0 | 0 | 0 | 0 | 0 |
| Financial assets | 6 992 | 8 432 | 7 309 | 8 328 | 9 731 | 7 129 | 6 818 | 3 790 |
| Currency and deposits | 1 825 | 2 695 | 2 559 | 3 510 | 2 726 | 1 372 | 1 654 | 880 |
| Debt securities | 5 055 | 5 644 | 4 702 | 4 784 | 6 964 | 5 695 | 5 111 | 2 914 |
| Loans | 23 | 1 | 0 | 0 | 0 | 0 | 0 | 0 |
| Equity and investment fund shares | 1 | 3 | 6 | 3 | 34 | 54 | 55 | 0 |
| Equity | .. | .. | .. | .. | .. | .. | .. | .. |
| Investment fund shares | 1 | 3 | 6 | 3 | 34 | 54 | 55 | 0 |
| Money market fund shares | 1 | 3 | 4 | 3 | 34 | 54 | 55 | 0 |
| Non-Money market fund shares | 0 | 0 | 2 | 0 | 0 | 0 | 0 | 0 |
| Insurance pension and standardised guarantees | 0 | 0 | 0 | 0 | 0 | 0 | 0 | 0 |
| Financial derivatives and employee stock options | 0 | 0 | 0 | 0 | 0 | 0 | 0 | 0 |
| Other accounts receivable | 89 | 89 | 42 | 32 | 8 | 9 | -1 | -3 |
| Financial liabilities | 6 992 | 8 432 | 7 309 | 8 328 | 9 731 | 7 129 | 6 818 | 3 790 |
| Debt securities | 0 | 0 | 0 | 0 | 0 | 0 | 0 | 0 |
| Short-term debt securities | 0 | 0 | 0 | 0 | 0 | 0 | 0 | 0 |
| Long-term debt securities | 0 | 0 | 0 | 0 | 0 | 0 | 0 | 0 |
| Loans | 9 | 11 | 9 | 9 | 9 | 6 | 8 | 2 |
| Short-term loans | 9 | 11 | 9 | 9 | 9 | 6 | 8 | 2 |
| Long-term loans | 0 | 0 | 0 | 0 | 0 | 0 | 0 | 0 |
| Equity and investment fund shares | 6 979 | 8 420 | 7 299 | 8 320 | 9 722 | 7 122 | 6 810 | 3 788 |
| Insurance pension and standardised guarantees | 0 | 0 | 0 | 0 | 0 | 0 | 0 | 0 |
| Financial derivatives and employee stock options | 0 | 0 | 0 | 0 | 0 | 0 | 0 | 0 |
| Other accounts payable | 4 | 1 | 1 | 0 | 0 | 1 | 0 | 0 |
| Non-financial assets | 0 | 0 | 0 | 0 | 0 | 0 | 0 | .. |
| **Non-money market funds** | | | | | | | | |
| Financial net worth | -4 248 | -4 536 | -472 | -311 | -26 | -1 417 | -1 999 | -1 594 |
| Financial assets | 146 295 | 181 803 | 229 807 | 254 971 | 269 094 | 300 125 | 291 142 | 317 706 |
| Currency and deposits | 25 808 | 37 085 | 41 342 | 43 299 | 41 852 | 36 112 | 31 920 | 36 911 |
| Debt securities | 82 218 | 93 019 | 114 301 | 106 156 | 116 629 | 119 601 | 119 239 | 124 546 |
| Loans | 0 | 0 | 0 | 0 | 0 | 0 | 0 | 0 |
| Equity and investment fund shares | 35 578 | 48 205 | 70 495 | 101 624 | 106 734 | 139 812 | 135 516 | 152 173 |
| Equity | 19 208 | 26 439 | 33 463 | 40 675 | 41 267 | 51 431 | 50 488 | 56 640 |
| Investment fund shares | 16 371 | 21 766 | 37 033 | 60 949 | 65 466 | 88 380 | 85 029 | 95 534 |
| Money market fund shares | 874 | 719 | 559 | 1 327 | 1 430 | 1 484 | 2 170 | 2 200 |
| Non-Money market fund shares | 15 497 | 21 047 | 36 473 | 59 621 | 64 036 | 86 896 | 82 859 | 93 334 |
| Insurance pension and standardised guarantees | 0 | .. | .. | .. | .. | .. | .. | .. |
| Financial derivatives and employee stock options | 1 159 | 1 440 | 1 327 | 1 123 | 1 340 | 1 381 | 820 | 1 058 |
| Other accounts receivable | 1 532 | 2 054 | 2 342 | 2 770 | 2 539 | 3 220 | 3 646 | 3 017 |
| Financial liabilities | 150 542 | 186 338 | 230 279 | 255 281 | 269 119 | 301 542 | 293 141 | 319 300 |
| Debt securities | 0 | 0 | 0 | 0 | 0 | 0 | 0 | 0 |
| Short-term debt securities | 0 | 0 | 0 | 0 | 0 | 0 | 0 | 0 |
| Long-term debt securities | 0 | 0 | 0 | 0 | 0 | 0 | 0 | 0 |
| Loans | 525 | 853 | 582 | 656 | 658 | 533 | 548 | 742 |
| Short-term loans | 525 | 853 | 582 | 656 | 658 | 533 | 548 | 742 |
| Long-term loans | .. | .. | .. | .. | .. | .. | .. | .. |
| Equity and investment fund shares | 148 638 | 183 944 | 227 908 | 252 975 | 266 247 | 298 537 | 290 243 | 316 321 |
| Insurance pension and standardised guarantees | 0 | 0 | 0 | 0 | 0 | 0 | 0 | 0 |
| Financial derivatives and employee stock options | 521 | 363 | 417 | 377 | 413 | 390 | 397 | 495 |
| Other accounts payable | 859 | 1 179 | 1 372 | 1 273 | 1 802 | 2 082 | 1 954 | 1 741 |
| Non-financial assets | 4 939 | 5 258 | 1 479 | 1 434 | 1 287 | 906 | 1 085 | 1 374 |
| **Open-end non-money market funds** | | | | | | | | |
| Financial net worth | 0 | 0 | 0 | 0 | 0 | -1 | 0 | 0 |
| Financial assets | 143 078 | 178 394 | 226 056 | 250 971 | 264 376 | 294 567 | 285 248 | 309 452 |
| Currency and deposits | 25 421 | 36 555 | 40 928 | 42 893 | 41 322 | 35 469 | 31 205 | 35 540 |

## Table 2. Financial assets and liabilities of investment funds *(cont.)*

*Million EUR*

| | 2012 | 2013 | 2014 | 2015 | 2016 | 2017 | 2018 | 2019 |
|---|---|---|---|---|---|---|---|---|
| Debt securities | 82 218 | 93 018 | 114 297 | 106 155 | 116 628 | 119 600 | 119 239 | 124 545 |
| Loans | .. | .. | .. | .. | .. | .. | .. | .. |
| Equity and investment fund shares | 32 810 | 45 416 | 67 393 | 98 253 | 102 881 | 135 252 | 130 689 | 145 662 |
| Equity | 16 440 | 23 656 | 30 371 | 37 315 | 37 418 | 46 872 | 45 660 | 50 128 |
| Investment fund shares | 16 371 | 21 760 | 37 021 | 60 938 | 65 463 | 88 380 | 85 029 | 95 534 |
| Money market fund shares | 874 | 719 | 559 | 1 327 | 1 430 | 1 484 | 2 170 | 2 200 |
| Non-Money market fund shares | 15 497 | 21 041 | 36 462 | 59 611 | 64 032 | 86 896 | 82 859 | 93 334 |
| Insurance pension and standardised guarantees | .. | .. | .. | .. | .. | .. | .. | .. |
| Financial derivatives and employee stock options | 1 159 | 1 440 | 1 327 | 1 123 | 1 340 | 1 381 | 820 | 1 057 |
| Other accounts receivable | 1 469 | 1 965 | 2 111 | 2 548 | 2 205 | 2 865 | 3 296 | 2 649 |
| Financial liabilities | 143 078 | 178 394 | 226 056 | 250 971 | 264 376 | 294 568 | 285 248 | 309 452 |
| Debt securities | .. | .. | .. | .. | .. | .. | .. | .. |
| Short-term debt securities | .. | .. | .. | .. | .. | .. | .. | .. |
| Long-term debt securities | .. | .. | .. | .. | .. | .. | .. | .. |
| Loans | 37 | 3 | 5 | 4 | 0 | 1 | 1 | 1 |
| Short-term loans | 37 | 3 | 5 | 4 | 0 | 1 | 1 | 1 |
| Long-term loans | .. | .. | .. | .. | .. | .. | .. | .. |
| Equity and investment fund shares | 141 831 | 177 072 | 224 346 | 249 404 | 262 252 | 292 158 | 282 991 | 307 410 |
| Insurance pension and standardised guarantees | .. | .. | .. | .. | .. | .. | .. | .. |
| Financial derivatives and employee stock options | 521 | 363 | 417 | 377 | 413 | 390 | 397 | 495 |
| Other accounts payable | 689 | 956 | 1 288 | 1 186 | 1 712 | 2 020 | 1 860 | 1 545 |
| Non-financial assets | 0 | 0 | 0 | 0 | 0 | 1 | 1 | 1 |
| **Open-end investment funds** | | | | | | | | |
| Financial net worth | 0 | 0 | 0 | 0 | 0 | -1 | 0 | 0 |
| Financial assets | 150 070 | 186 826 | 233 364 | 259 299 | 274 107 | 301 696 | 292 066 | 313 242 |
| Currency and deposits | 27 246 | 39 250 | 43 487 | 46 403 | 44 048 | 36 840 | 32 859 | 36 419 |
| Debt securities | 87 273 | 98 662 | 118 999 | 110 939 | 123 592 | 125 295 | 124 349 | 127 459 |
| Loans | 23 | 1 | 0 | 0 | 0 | 0 | 0 | 0 |
| Equity and investment fund shares | 32 811 | 45 418 | 67 398 | 98 256 | 102 914 | 135 306 | 130 744 | 145 662 |
| Equity | 16 440 | 23 656 | 30 371 | 37 315 | 37 418 | 46 872 | 45 660 | 50 128 |
| Investment fund shares | 16 371 | 21 763 | 37 027 | 60 941 | 65 496 | 88 434 | 85 084 | 95 534 |
| Money market fund shares | 875 | 722 | 563 | 1 330 | 1 464 | 1 538 | 2 225 | 2 200 |
| Non-Money market fund shares | 15 497 | 21 041 | 36 464 | 59 611 | 64 032 | 86 896 | 82 859 | 93 334 |
| Insurance pension and standardised guarantees | 0 | 0 | 0 | 0 | 0 | 0 | 0 | 0 |
| Financial derivatives and employee stock options | 1 159 | 1 440 | 1 327 | 1 123 | 1 340 | 1 381 | 820 | 1 057 |
| Other accounts receivable | 1 558 | 2 054 | 2 153 | 2 579 | 2 213 | 2 874 | 3 295 | 2 645 |
| Financial liabilities | 150 070 | 186 826 | 233 365 | 259 300 | 274 108 | 301 697 | 292 066 | 313 242 |
| Debt securities | 0 | 0 | 0 | 0 | 0 | 0 | 0 | 0 |
| Short-term debt securities | 0 | 0 | 0 | 0 | 0 | 0 | 0 | 0 |
| Long-term debt securities | 0 | 0 | 0 | 0 | 0 | 0 | 0 | 0 |
| Loans | 46 | 14 | 14 | 13 | 9 | 7 | 9 | 3 |
| Short-term loans | 46 | 14 | 14 | 13 | 9 | 7 | 9 | 3 |
| Long-term loans | 0 | 0 | 0 | 0 | 0 | 0 | 0 | 0 |
| Equity and investment fund shares | 148 810 | 185 492 | 231 645 | 257 723 | 271 974 | 299 280 | 289 801 | 311 198 |
| Insurance pension and standardised guarantees | 0 | 0 | 0 | 0 | 0 | 0 | 0 | 0 |
| Financial derivatives and employee stock options | 521 | 363 | 417 | 377 | 413 | 390 | 397 | 495 |
| Other accounts payable | 693 | 957 | 1 288 | 1 186 | 1 712 | 2 020 | 1 860 | 1 545 |
| Non-financial assets | 0 | 0 | 0 | 0 | 0 | 1 | 1 | 1 |

Note: Detailed metadata at: *http://metalinks.oecd.org/instinv/20200916/069f*

# SPAIN

## Table 3. Financial assets and liabilities of insurance corporations and pension funds

*Million EUR*

| | 2012 | 2013 | 2014 | 2015 | 2016 | 2017 | 2018 | 2019 |
|---|---|---|---|---|---|---|---|---|
| **Insurance corporations and pension funds** | | | | | | | | |
| Financial net worth | -9 632 | -25 424 | -16 835 | -9 442 | -21 335 | -20 605 | -19 598 | -20 954 |
| Financial assets | 370 781 | 379 238 | 422 717 | 432 790 | 436 384 | 448 282 | 449 939 | 469 596 |
| Currency and deposits | 63 177 | 63 157 | 59 695 | 59 088 | 40 012 | 39 594 | 34 347 | 29 826 |
| Debt securities | 217 165 | 220 781 | 262 854 | 279 163 | 290 547 | 287 489 | 294 407 | 302 703 |
| Loans | 7 742 | 7 356 | 5 441 | 5 242 | 2 995 | 3 581 | 4 109 | 3 421 |
| Equity and investment fund shares | 46 330 | 52 496 | 59 066 | 62 665 | 72 570 | 83 439 | 84 394 | 99 850 |
| Equity | 26 650 | 29 329 | 30 360 | 28 834 | 33 131 | 35 067 | 35 081 | 40 106 |
| Investment fund shares | 19 680 | 23 167 | 28 706 | 33 831 | 39 439 | 48 373 | 49 313 | 59 744 |
| Money market fund shares | .. | .. | .. | .. | .. | .. | .. | .. |
| Non-Money market fund shares | .. | .. | .. | .. | .. | .. | .. | .. |
| Insurance pension and standardised guarantees | 16 366 | 16 415 | 16 548 | 14 965 | 14 116 | 18 645 | 19 467 | 21 158 |
| Financial derivatives and employee stock options | 1 247 | 915 | 1 895 | 1 771 | 7 555 | 7 585 | 6 172 | 6 407 |
| Other accounts receivable | 18 754 | 18 120 | 17 219 | 9 896 | 8 588 | 7 949 | 7 043 | 6 232 |
| Financial liabilities | 380 413 | 404 662 | 439 552 | 442 232 | 457 719 | 468 887 | 469 537 | 490 550 |
| Debt securities | 146 | 146 | 0 | 0 | 169 | 169 | 169 | 169 |
| Short-term debt securities | 0 | 0 | 0 | 0 | 0 | 0 | 0 | 0 |
| Long-term debt securities | 146 | 146 | 0 | 0 | 169 | 169 | 169 | 169 |
| Loans | 17 579 | 17 320 | 19 181 | 18 149 | 6 330 | 7 329 | 8 013 | 6 173 |
| Short-term loans | 16 547 | 16 139 | 17 497 | 16 501 | 4 440 | 4 640 | 4 118 | 1 809 |
| Long-term loans | 1 031 | 1 181 | 1 683 | 1 647 | 1 889 | 2 690 | 3 894 | 4 365 |
| Equity and investment fund shares | 48 125 | 55 780 | 60 333 | 61 437 | 66 145 | 63 321 | 63 930 | 55 504 |
| Insurance pension and standardised guarantees | 307 549 | 324 732 | 352 371 | 355 616 | 359 275 | 372 930 | 372 730 | 404 365 |
| Financial derivatives and employee stock options | 0 | 0 | 971 | 1 071 | 11 603 | 12 338 | 13 194 | 13 735 |
| Other accounts payable | 7 013 | 6 684 | 6 699 | 5 958 | 14 197 | 12 800 | 11 501 | 10 602 |
| Non-financial assets | 10 241 | 10 582 | 10 705 | 11 066 | 11 462 | 11 483 | 11 903 | 12 442 |
| **Insurance corporations** | | | | | | | | |
| Financial net worth | -7 969 | -23 216 | -16 165 | -4 603 | -19 936 | -17 310 | -18 522 | -16 038 |
| Financial assets | 263 458 | 265 547 | 297 624 | 307 423 | 304 552 | 307 311 | 310 482 | 321 125 |
| Currency and deposits | 48 179 | 49 049 | 45 406 | 43 281 | 25 711 | 26 502 | 22 539 | 18 576 |
| Debt securities | 155 979 | 155 415 | 191 102 | 210 898 | 221 012 | 220 546 | 227 538 | 236 780 |
| Loans | 7 704 | 7 325 | 5 433 | 5 211 | 2 986 | 3 562 | 4 094 | 3 409 |
| Equity and investment fund shares | 24 561 | 27 484 | 30 185 | 30 479 | 34 038 | 35 414 | 37 153 | 42 966 |
| Equity | 15 630 | 18 319 | 18 618 | 16 389 | 18 947 | 17 742 | 18 346 | 20 559 |
| Investment fund shares | 8 931 | 9 166 | 11 567 | 14 091 | 15 091 | 17 672 | 18 807 | 22 407 |
| Money market fund shares | .. | .. | .. | .. | .. | .. | .. | .. |
| Non-Money market fund shares | .. | .. | .. | .. | .. | .. | .. | .. |
| Insurance pension and standardised guarantees | 7 226 | 7 429 | 6 587 | 6 218 | 5 020 | 6 040 | 6 164 | 6 917 |
| Financial derivatives and employee stock options | 1 247 | 915 | 1 882 | 1 745 | 7 506 | 7 524 | 6 109 | 6 378 |
| Other accounts receivable | 18 561 | 17 930 | 17 029 | 9 590 | 8 279 | 7 724 | 6 885 | 6 101 |
| Financial liabilities | 271 427 | 288 763 | 313 789 | 312 026 | 324 488 | 324 621 | 329 004 | 337 163 |
| Debt securities | 146 | 146 | 0 | 0 | 169 | 169 | 169 | 169 |
| Short-term debt securities | 0 | 0 | 0 | 0 | 0 | 0 | 0 | 0 |
| Long-term debt securities | 146 | 146 | 0 | 0 | 169 | 169 | 169 | 169 |
| Loans | 17 579 | 17 320 | 19 158 | 17 652 | 6 304 | 7 266 | 7 891 | 6 145 |
| Short-term loans | 16 547 | 16 139 | 17 488 | 16 256 | 4 428 | 4 609 | 4 065 | 1 803 |
| Long-term loans | 1 031 | 1 181 | 1 670 | 1 395 | 1 876 | 2 657 | 3 826 | 4 343 |
| Equity and investment fund shares | 48 125 | 55 780 | 60 333 | 61 437 | 66 145 | 63 321 | 63 930 | 55 504 |
| Insurance pension and standardised guarantees | 198 779 | 209 080 | 227 042 | 226 306 | 226 674 | 229 232 | 232 826 | 251 249 |
| Financial derivatives and employee stock options | 0 | 0 | 959 | 1 064 | 11 589 | 12 316 | 13 141 | 13 731 |
| Other accounts payable | 6 797 | 6 437 | 6 298 | 5 566 | 13 607 | 12 317 | 11 047 | 10 364 |
| Non-financial assets | 10 012 | 10 382 | 10 527 | 10 906 | 11 299 | 11 317 | 11 735 | 12 270 |
| **Pension funds** | | | | | | | | |
| Financial net worth | -1 663 | -2 208 | -670 | -4 839 | -1 400 | -3 295 | -1 076 | -4 916 |
| Financial assets | 107 323 | 113 691 | 125 093 | 125 367 | 131 831 | 140 971 | 139 457 | 148 471 |
| Currency and deposits | 14 997 | 14 108 | 14 289 | 15 807 | 14 301 | 13 093 | 11 809 | 11 250 |
| Debt securities | 61 186 | 65 366 | 71 752 | 68 265 | 69 535 | 66 943 | 66 869 | 65 923 |
| Loans | 38 | 31 | 8 | 31 | 10 | 19 | 15 | 13 |
| Equity and investment fund shares | 21 769 | 25 011 | 28 881 | 32 185 | 38 532 | 48 025 | 47 241 | 56 884 |
| Equity | 11 020 | 11 010 | 11 742 | 12 445 | 14 184 | 17 325 | 16 735 | 19 547 |
| Investment fund shares | 10 749 | 14 001 | 17 139 | 19 740 | 24 348 | 30 701 | 30 506 | 37 337 |
| Money market fund shares | .. | .. | .. | .. | .. | .. | .. | .. |
| Non-Money market fund shares | .. | .. | .. | .. | .. | .. | .. | .. |
| Insurance pension and standardised guarantees | 9 140 | 8 986 | 9 961 | 8 747 | 9 096 | 12 605 | 13 303 | 14 241 |
| Financial derivatives and employee stock options | 0 | 0 | 13 | 26 | 49 | 61 | 63 | 29 |
| Other accounts receivable | 193 | 190 | 190 | 306 | 309 | 225 | 158 | 131 |
| Financial liabilities | 108 986 | 115 899 | 125 763 | 130 206 | 133 231 | 144 266 | 140 533 | 153 387 |
| Debt securities | 0 | 0 | 0 | 0 | 0 | 0 | 0 | 0 |
| Short-term debt securities | 0 | 0 | 0 | 0 | 0 | 0 | 0 | 0 |
| Long-term debt securities | 0 | 0 | 0 | 0 | 0 | 0 | 0 | 0 |
| Loans | 0 | 0 | 23 | 497 | 26 | 63 | 122 | 28 |
| Short-term loans | 0 | 0 | 9 | 245 | 12 | 31 | 53 | 6 |
| Long-term loans | 0 | 0 | 13 | 252 | 13 | 33 | 68 | 22 |
| Equity and investment fund shares | 0 | 0 | 0 | 0 | 0 | 0 | 0 | 0 |
| Insurance pension and standardised guarantees | 108 770 | 115 652 | 125 329 | 129 310 | 132 601 | 143 698 | 139 904 | 153 116 |
| Financial derivatives and employee stock options | 0 | 0 | 12 | 7 | 14 | 22 | 53 | 4 |
| Other accounts payable | 216 | 247 | 401 | 392 | 590 | 483 | 454 | 238 |
| Non-financial assets | 229 | 200 | 178 | 159 | 163 | 167 | 168 | 172 |

Note: Detailed metadata at: *http://metalinks.oecd.org/instinv/20200916/069f*

## Table 4. Portfolio composition by type of investor
### As percentage of financial assets and of financial liabilities

*Per cent*

| | 2012 | 2013 | 2014 | 2015 | 2016 | 2017 | 2018 | 2019 |
|---|---|---|---|---|---|---|---|---|
| **Investment funds** | | | | | | | | |
| Financial assets | 100.0 | 100.0 | 100.0 | 100.0 | 100.0 | 100.0 | 100.0 | 100.0 |
| Currency and deposits | 18.0 | 20.9 | 18.5 | 17.8 | 16.0 | 12.2 | 11.3 | 11.8 |
| Debt securities | 56.9 | 51.9 | 50.2 | 42.1 | 44.3 | 40.8 | 41.7 | 39.6 |
| Loans | 0.0 | 0.0 | 0.0 | 0.0 | 0.0 | 0.0 | 0.0 | 0.0 |
| Equity and investment fund shares | 23.2 | 25.3 | 29.7 | 38.6 | 38.3 | 45.5 | 45.5 | 47.3 |
| Insurance pension and standardised guarantee schemes | 0.0 | 0.0 | 0.0 | 0.0 | 0.0 | 0.0 | 0.0 | 0.0 |
| Financial derivatives and employee stock options | 0.8 | 0.8 | 0.6 | 0.4 | 0.5 | 0.4 | 0.3 | 0.3 |
| Other accounts receivable | 1.1 | 1.1 | 1.0 | 1.1 | 0.9 | 1.1 | 1.2 | 0.9 |
| Financial liabilities | 100.0 | 100.0 | 100.0 | 100.0 | 100.0 | 100.0 | 100.0 | 100.0 |
| Currency and deposits | 0.0 | 0.0 | 0.0 | 0.0 | 0.0 | 0.0 | 0.0 | 0.0 |
| Debt securities | 0.0 | 0.0 | 0.0 | 0.0 | 0.0 | 0.0 | 0.0 | 0.0 |
| Loans | 0.3 | 0.4 | 0.2 | 0.3 | 0.2 | 0.2 | 0.2 | 0.2 |
| Equity and investment fund shares | 98.8 | 98.8 | 99.0 | 99.1 | 99.0 | 99.0 | 99.0 | 99.1 |
| Insurance pension and standardised guarantee schemes | 0.0 | 0.0 | 0.0 | 0.0 | 0.0 | 0.0 | 0.0 | 0.0 |
| Financial derivatives and employee stock options | 0.3 | 0.2 | 0.2 | 0.1 | 0.1 | 0.1 | 0.1 | 0.2 |
| Other accounts receivable | 0.5 | 0.6 | 0.6 | 0.5 | 0.6 | 0.7 | 0.7 | 0.5 |
| **Insurance corporations** | | | | | | | | |
| Financial assets | 100.0 | 100.0 | 100.0 | 100.0 | 100.0 | 100.0 | 100.0 | 100.0 |
| Currency and deposits | 18.3 | 18.5 | 15.3 | 14.1 | 8.4 | 8.6 | 7.3 | 5.8 |
| Debt securities | 59.2 | 58.5 | 64.2 | 68.6 | 72.6 | 71.8 | 73.3 | 73.7 |
| Loans | 2.9 | 2.8 | 1.8 | 1.7 | 1.0 | 1.2 | 1.3 | 1.1 |
| Equity and investment fund shares | 9.3 | 10.3 | 10.1 | 9.9 | 11.2 | 11.5 | 12.0 | 13.4 |
| Insurance pension and standardised guarantee schemes | 2.7 | 2.8 | 2.2 | 2.0 | 1.6 | 2.0 | 2.0 | 2.2 |
| Financial derivatives and employee stock options | 0.5 | 0.3 | 0.6 | 0.6 | 2.5 | 2.4 | 2.0 | 2.0 |
| Other accounts receivable | 7.0 | 6.8 | 5.7 | 3.1 | 2.7 | 2.5 | 2.2 | 1.9 |
| Financial liabilities | 100.0 | 100.0 | 100.0 | 100.0 | 100.0 | 100.0 | 100.0 | 100.0 |
| Currency and deposits | 0.0 | 0.0 | 0.0 | 0.0 | 0.0 | 0.0 | 0.0 | 0.0 |
| Debt securities | 0.1 | 0.1 | 0.0 | 0.0 | 0.1 | 0.1 | 0.1 | 0.1 |
| Loans | 6.5 | 6.0 | 6.1 | 5.7 | 1.9 | 2.2 | 2.4 | 1.8 |
| Equity and investment fund shares | 17.7 | 19.3 | 19.2 | 19.7 | 20.4 | 19.5 | 19.4 | 16.5 |
| Insurance pension and standardised guarantee schemes | 73.2 | 72.4 | 72.4 | 72.5 | 69.9 | 70.6 | 70.8 | 74.5 |
| Financial derivatives and employee stock options | 0.0 | 0.0 | 0.3 | 0.3 | 3.6 | 3.8 | 4.0 | 4.1 |
| Other accounts receivable | 2.5 | 2.2 | 2.0 | 1.8 | 4.2 | 3.8 | 3.4 | 3.1 |
| **Pension funds** | | | | | | | | |
| Financial assets | 100.0 | 100.0 | 100.0 | 100.0 | 100.0 | 100.0 | 100.0 | 100.0 |
| Currency and deposits | 14.0 | 12.4 | 11.4 | 12.6 | 10.8 | 9.3 | 8.5 | 7.6 |
| Debt securities | 57.0 | 57.5 | 57.4 | 54.5 | 52.7 | 47.5 | 47.9 | 44.4 |
| Loans | 0.0 | 0.0 | 0.0 | 0.0 | 0.0 | 0.0 | 0.0 | 0.0 |
| Equity and investment fund shares | 20.3 | 22.0 | 23.1 | 25.7 | 29.2 | 34.1 | 33.9 | 38.3 |
| Insurance pension and standardised guarantee schemes | 8.5 | 7.9 | 8.0 | 7.0 | 6.9 | 8.9 | 9.5 | 9.6 |
| Financial derivatives and employee stock options | 0.0 | 0.0 | 0.0 | 0.0 | 0.0 | 0.0 | 0.0 | 0.0 |
| Other accounts receivable | 0.2 | 0.2 | 0.2 | 0.2 | 0.2 | 0.2 | 0.1 | 0.1 |
| Financial liabilities | 100.0 | 100.0 | 100.0 | 100.0 | 100.0 | 100.0 | 100.0 | 100.0 |
| Currency and deposits | 0.0 | 0.0 | 0.0 | 0.0 | 0.0 | 0.0 | 0.0 | 0.0 |
| Debt securities | 0.0 | 0.0 | 0.0 | 0.0 | 0.0 | 0.0 | 0.0 | 0.0 |
| Loans | 0.0 | 0.0 | 0.0 | 0.4 | 0.0 | 0.0 | 0.1 | 0.0 |
| Equity and investment fund shares | 0.0 | 0.0 | 0.0 | 0.0 | 0.0 | 0.0 | 0.0 | 0.0 |
| Insurance pension and standardised guarantee schemes | 99.8 | 99.8 | 99.7 | 99.3 | 99.5 | 99.6 | 99.6 | 99.8 |
| Financial derivatives and employee stock options | 0.0 | 0.0 | 0.0 | 0.0 | 0.0 | 0.0 | 0.0 | 0.0 |
| Other accounts receivable | 0.2 | 0.2 | 0.3 | 0.3 | 0.4 | 0.3 | 0.3 | 0.2 |

Note: Detailed metadata at: *http://metalinks.oecd.org/instinv/20200916/eb22*

# SWEDEN

## Table 1. Financial assets and liabilities of institutional investors, 2018

*Million SEK*

| | Investment funds | | | | |
|---|---|---|---|---|---|
| | | Non-money market funds | | | Money market funds |
| | Total | Total | Open-end non-money market funds | Closed-end non-money market funds | Total |
| Financial assets | 3 970 864 | 3 951 182 | .. | .. | 19 682 |
| Currency and deposits | 130 791 | 129 586 | .. | .. | 1 205 |
| Debt securities | 852 419 | 833 943 | .. | .. | 18 476 |
| Debt securities, short term | 49 417 | 47 438 | .. | .. | 1 979 |
| Debt securities, long term | 803 002 | 786 505 | .. | .. | 16 497 |
| Debt securities issued by residents | 693 910 | 675 434 | .. | .. | 18 476 |
| Debt securities issued by non-residents | 158 509 | 158 509 | .. | .. | .. |
| Loans | .. | .. | .. | .. | .. |
| Loans, short-term | .. | .. | .. | .. | .. |
| Loans, long-term | .. | .. | .. | .. | .. |
| Loans granted to residents | .. | .. | .. | .. | .. |
| Loans granted to non-residents | .. | .. | .. | .. | .. |
| Equity and investment fund shares/units | 2 900 468 | 2 900 468 | .. | .. | .. |
| Equity and investment fund shares issued/units by residents | 1 128 380 | 1 128 380 | .. | .. | .. |
| Equity and investment fund shares/units issued by non residents | 1 772 088 | 1 772 088 | .. | .. | .. |
| Other accounts receivable | 69 543 | 69 543 | .. | .. | .. |

| | Investment funds | | | | |
|---|---|---|---|---|---|
| | | Non-money market funds | | | Money market funds |
| | Total | Total | Open-end non-money market funds | Closed-end non-money market funds | Total |
| Financial liabilities | 3 970 864 | 3 951 182 | .. | .. | 19 682 |
| Currency and deposits | .. | .. | .. | .. | .. |
| Debt securities | .. | .. | .. | .. | .. |
| Debt securities, short term | .. | .. | .. | .. | .. |
| Debt securities, long term | .. | .. | .. | .. | .. |
| Loans | 23 991 | 23 991 | .. | .. | .. |
| Loans, short-term | 23 974 | 23 974 | .. | .. | .. |
| Loans, long-term | 17 | 17 | .. | .. | .. |
| Equity and investment fund shares/units | 3 796 738 | 3 777 695 | .. | .. | 19 043 |
| Insurance pension and standardised guaratees | .. | .. | .. | .. | .. |
| Financial derivatives and employee stock options | 17 592 | 17 591 | .. | .. | 1 |
| Other accounts payable | 132 543 | 131 905 | .. | .. | 638 |

| | Insurance corporations and pension funds | | | | |
|---|---|---|---|---|---|
| | | Insurance corporations | | | Pension funds |
| | Total | Total | Life insurance corporations | Non-life insurance corporations | Total |
| Financial assets | 5 989 785 | 1 520 636 | .. | .. | 4 469 149 |
| Currency and deposits | 190 517 | 50 625 | .. | .. | 139 892 |
| Debt securities | 1 577 580 | 407 681 | .. | .. | 1 169 899 |
| Debt securities, short-term | 48 844 | 11 502 | .. | .. | 37 342 |
| Debt securities, long term | 1 528 736 | 396 179 | .. | .. | 1 132 557 |
| Debt securities issued by residents | 1 103 389 | 300 157 | .. | .. | 803 232 |
| Debt securities issued by non-residents | 474 191 | 107 524 | .. | .. | 366 667 |
| Loans | 95 833 | 31 233 | .. | .. | 64 600 |
| Loans, short-term | 17 254 | 0 | .. | .. | 17 254 |
| Loans, long-term | 78 579 | 31 233 | .. | .. | 47 346 |
| Loans granted to residents | 79 095 | 24 888 | .. | .. | 54 207 |
| Loans granted to non-residents | 16 738 | 6 345 | .. | .. | 10 393 |
| Equity and investment fund shares/units | 4 033 605 | 989 987 | .. | .. | 3 043 618 |
| Equity and investment fund shares/units issued by residents | 2 748 867 | 776 241 | .. | .. | 1 972 626 |
| Equity and investment fund shares/units issued by non residents | 1 284 738 | 213 746 | .. | .. | 1 070 992 |
| Other accounts receivable | 40 090 | 11 635 | .. | .. | 28 455 |

| | Insurance corporations and pension funds | | | | |
|---|---|---|---|---|---|
| | | Insurance corporations | | | Pension funds |
| | Total | Total | Life insurance corporations | Non-life insurance corporations | Total |
| Financial liabilities | 5 279 955 | 1 160 601 | .. | .. | 4 119 354 |
| Currency and deposits | .. | .. | .. | .. | .. |
| Debt securities | 2 653 | 2 553 | .. | .. | 100 |
| Debt securities, short term | 0 | 0 | .. | .. | .. |
| Debt securities, long term | 2 653 | 2 553 | .. | .. | 100 |
| Loans | 47 230 | 17 071 | .. | .. | 30 159 |
| Loans, short-term | 37 822 | 15 144 | .. | .. | 22 678 |
| Loans, long-term | 9 408 | 1 927 | .. | .. | 7 481 |
| Equity and investment fund shares/units | 386 590 | 119 366 | .. | .. | 267 224 |
| Insurance pension and standardised guarantees | 4 810 215 | 1 014 066 | .. | .. | 3 796 149 |
| Financial derivatives and employee stock options | 18 556 | 525 | .. | .. | 18 031 |
| Other accounts payable | 14 711 | 7 020 | .. | .. | 7 691 |

Note: Detailed metadata at: *http://metalinks.oecd.org/instinv/20200916/b704*

# SWEDEN

## Table 2. Financial assets and liabilities of investment funds

*Million SEK*

| | 2012 | 2013 | 2014 | 2015 | 2016 | 2017 | 2018 | 2019 |
|---|---|---|---|---|---|---|---|---|
| **Investment funds** | | | | | | | | |
| Financial net worth | 0 | 0 | 0 | 0 | 0 | 0 | 0 | 0 |
| Financial assets | 1 898 888 | 2 370 648 | 3 013 996 | 3 201 560 | 3 602 738 | 4 014 763 | 3 970 864 | 4 944 102 |
| Currency and deposits | 64 412 | 68 292 | 83 751 | 94 600 | 100 631 | 130 560 | 130 791 | 136 605 |
| Debt securities | 401 403 | 488 305 | 756 278 | 747 892 | 827 527 | 802 858 | 852 419 | 938 537 |
| Loans | .. | .. | .. | .. | .. | .. | .. | .. |
| Equity and investment fund shares | 1 327 329 | 1 698 569 | 2 062 603 | 2 256 773 | 2 539 086 | 2 933 958 | 2 900 468 | 3 789 770 |
| Equity | 1 053 080 | 1 315 861 | 1 588 209 | 1 729 009 | 1 982 252 | 2 307 481 | 2 279 955 | 3 086 170 |
| Investment fund shares | 274 249 | 382 708 | 474 394 | 527 764 | 556 834 | 626 477 | 620 513 | 703 600 |
| Money market fund shares | 5 591 | 5 478 | 17 058 | 13 130 | 10 987 | 8 903 | 9 950 | 10 977 |
| Non-Money market fund shares | 268 658 | 377 230 | 457 336 | 514 634 | 545 847 | 617 574 | 610 563 | 692 623 |
| Insurance pension and standardised guarantees | .. | .. | .. | .. | .. | .. | .. | .. |
| Financial derivatives and employee stock options | 14 974 | 20 993 | 28 746 | 31 136 | 40 441 | 19 585 | 17 643 | 23 770 |
| Other accounts receivable | 90 770 | 94 489 | 82 618 | 71 159 | 95 053 | 127 802 | 69 543 | 55 420 |
| Financial liabilities | 1 898 888 | 2 370 648 | 3 013 996 | 3 201 560 | 3 602 738 | 4 014 763 | 3 970 864 | 4 944 102 |
| Debt securities | .. | .. | .. | .. | .. | .. | .. | .. |
| Short-term debt securities | .. | .. | .. | .. | .. | .. | .. | .. |
| Long-term debt securities | .. | .. | .. | .. | .. | .. | .. | .. |
| Loans | 6 623 | 6 543 | 15 106 | 9 649 | 18 916 | 23 333 | 23 991 | 40 357 |
| Short-term loans | 6 600 | 6 528 | 15 087 | 9 639 | 18 899 | 23 311 | 23 974 | 40 330 |
| Long-term loans | 23 | 15 | 19 | 10 | 17 | 22 | 17 | 27 |
| Equity and investment fund shares | 1 737 409 | 2 158 151 | 2 769 988 | 3 039 287 | 3 345 569 | 3 762 546 | 3 796 738 | 4 786 404 |
| Insurance pension and standardised guarantees | .. | .. | .. | .. | .. | .. | .. | .. |
| Financial derivatives and employee stock options | 13 204 | 14 892 | 29 678 | 27 826 | 28 459 | 17 087 | 17 592 | 18 869 |
| Other accounts payable | 141 652 | 191 062 | 199 224 | 124 798 | 209 794 | 211 797 | 132 543 | 98 472 |
| Non-financial assets | 0 | 0 | 0 | 0 | 0 | 0 | 0 | 0 |
| **Money market funds** | | | | | | | | |
| Financial net worth | 0 | 0 | 0 | 0 | 0 | 0 | 0 | .. |
| Financial assets | 22 192 | 19 439 | 22 983 | 23 636 | 18 898 | 17 118 | 19 682 | .. |
| Currency and deposits | 167 | 237 | 563 | 793 | 658 | 412 | 1 205 | .. |
| Debt securities | 21 580 | 18 759 | 22 346 | 22 773 | 18 173 | 16 628 | 18 476 | .. |
| Loans | .. | .. | .. | .. | .. | .. | .. | .. |
| Equity and investment fund shares | .. | .. | .. | .. | .. | .. | .. | .. |
| Equity | .. | .. | .. | .. | .. | .. | .. | .. |
| Investment fund shares | .. | .. | .. | .. | .. | .. | .. | .. |
| Money market fund shares | .. | .. | .. | .. | .. | .. | .. | .. |
| Non-Money market fund shares | .. | .. | .. | .. | .. | .. | .. | .. |
| Insurance pension and standardised guarantees | .. | .. | .. | .. | .. | .. | .. | .. |
| Financial derivatives and employee stock options | 6 | .. | 1 | .. | .. | .. | 1 | .. |
| Other accounts receivable | 439 | 443 | 73 | 70 | 67 | 78 | .. | .. |
| Financial liabilities | 22 192 | 19 439 | 22 983 | 23 636 | 18 898 | 17 118 | 19 682 | .. |
| Debt securities | .. | .. | .. | .. | .. | .. | .. | .. |
| Short-term debt securities | .. | .. | .. | .. | .. | .. | .. | .. |
| Long-term debt securities | .. | .. | .. | .. | .. | .. | .. | .. |
| Loans | .. | .. | .. | .. | .. | .. | .. | .. |
| Short-term loans | .. | .. | .. | .. | .. | .. | .. | .. |
| Long-term loans | .. | .. | .. | .. | .. | .. | .. | .. |
| Equity and investment fund shares | 22 103 | 19 349 | 22 715 | 23 572 | 18 831 | 17 051 | 19 043 | .. |
| Insurance pension and standardised guarantees | .. | .. | .. | .. | .. | .. | .. | .. |
| Financial derivatives and employee stock options | 5 | .. | 1 | .. | .. | .. | 1 | .. |
| Other accounts payable | 84 | 90 | 267 | 64 | 67 | 67 | 638 | .. |
| Non-financial assets | 0 | 0 | 0 | 0 | 0 | 0 | 0 | .. |
| **Non-money market funds** | | | | | | | | |
| Financial net worth | 0 | 0 | 0 | 0 | 0 | 0 | 0 | 0 |
| Financial assets | 1 876 696 | 2 351 209 | 2 991 013 | 3 177 924 | 3 583 840 | 3 997 645 | 3 951 182 | 4 944 102 |
| Currency and deposits | 64 245 | 68 055 | 83 188 | 93 807 | 99 973 | 130 148 | 129 586 | 136 605 |
| Debt securities | 379 823 | 469 546 | 733 932 | 725 119 | 809 354 | 786 230 | 833 943 | 938 537 |
| Loans | .. | .. | .. | .. | .. | .. | .. | .. |
| Equity and investment fund shares | 1 327 329 | 1 698 569 | 2 062 603 | 2 256 773 | 2 539 086 | 2 933 958 | 2 900 468 | 3 789 770 |
| Equity | 1 053 080 | 1 315 861 | 1 588 209 | 1 729 009 | 1 982 252 | 2 307 481 | 2 279 955 | 3 086 170 |
| Investment fund shares | 274 249 | 382 708 | 474 394 | 527 764 | 556 834 | 626 477 | 620 513 | 703 600 |
| Money market fund shares | 5 591 | 5 478 | 17 058 | 13 130 | 10 987 | 8 903 | 9 950 | 10 977 |
| Non-Money market fund shares | 268 658 | 377 230 | 457 336 | 514 634 | 545 847 | 617 574 | 610 563 | 692 623 |
| Insurance pension and standardised guarantees | .. | .. | .. | .. | .. | .. | .. | .. |
| Financial derivatives and employee stock options | 14 968 | 20 993 | 28 745 | 31 136 | 40 441 | 19 585 | 17 642 | 23 770 |
| Other accounts receivable | 90 331 | 94 046 | 82 545 | 71 089 | 94 986 | 127 724 | 69 543 | 55 420 |
| Financial liabilities | 1 876 696 | 2 351 209 | 2 991 013 | 3 177 924 | 3 583 840 | 3 997 645 | 3 951 182 | 4 944 102 |
| Debt securities | .. | .. | .. | .. | .. | .. | .. | .. |
| Short-term debt securities | .. | .. | .. | .. | .. | .. | .. | .. |
| Long-term debt securities | .. | .. | .. | .. | .. | .. | .. | .. |
| Loans | 6 623 | 6 543 | 15 106 | 9 649 | 18 916 | 23 333 | 23 991 | 40 357 |
| Short-term loans | 6 600 | 6 528 | 15 087 | 9 639 | 18 899 | 23 311 | 23 974 | 40 330 |
| Long-term loans | 23 | 15 | 19 | 10 | 17 | 22 | 17 | 27 |
| Equity and investment fund shares | 1 715 306 | 2 138 802 | 2 747 273 | 3 015 715 | 3 326 738 | 3 745 495 | 3 777 695 | 4 786 404 |
| Insurance pension and standardised guarantees | .. | .. | .. | .. | .. | .. | .. | .. |
| Financial derivatives and employee stock options | 13 199 | 14 892 | 29 677 | 27 826 | 28 459 | 17 087 | 17 591 | 18 869 |
| Other accounts payable | 141 568 | 190 972 | 198 957 | 124 734 | 209 727 | 211 730 | 131 905 | 98 472 |
| Non-financial assets | 0 | 0 | 0 | 0 | 0 | 0 | 0 | 0 |
| **Open-end non-money market funds** | | | | | | | | |
| Financial net worth | .. | .. | .. | .. | .. | .. | .. | .. |
| Financial assets | .. | .. | .. | .. | .. | .. | .. | .. |
| Currency and deposits | .. | .. | .. | .. | .. | .. | .. | .. |

# SWEDEN

## Table 2. Financial assets and liabilities of investment funds *(cont.)*

*Million SEK*

| | 2012 | 2013 | 2014 | 2015 | 2016 | 2017 | 2018 | 2019 |
|---|---|---|---|---|---|---|---|---|
| Debt securities | .. | .. | .. | .. | .. | .. | .. | .. |
| Loans | .. | .. | .. | .. | .. | .. | .. | .. |
| Equity and investment fund shares | .. | .. | .. | .. | .. | .. | .. | .. |
| Equity | .. | .. | .. | .. | .. | .. | .. | .. |
| Investment fund shares | .. | .. | .. | .. | .. | .. | .. | .. |
| Money market fund shares | .. | .. | .. | .. | .. | .. | .. | .. |
| Non-Money market fund shares | .. | .. | .. | .. | .. | .. | .. | .. |
| Insurance pension and standardised guarantees | .. | .. | .. | .. | .. | .. | .. | .. |
| Financial derivatives and employee stock options | .. | .. | .. | .. | .. | .. | .. | .. |
| Other accounts receivable | .. | .. | .. | .. | .. | .. | .. | .. |
| Financial liabilities | .. | .. | .. | .. | .. | .. | .. | .. |
| Debt securities | .. | .. | .. | .. | .. | .. | .. | .. |
| Short-term debt securities | .. | .. | .. | .. | .. | .. | .. | .. |
| Long-term debt securities | .. | .. | .. | .. | .. | .. | .. | .. |
| Loans | .. | .. | .. | .. | .. | .. | .. | .. |
| Short-term loans | .. | .. | .. | .. | .. | .. | .. | .. |
| Long-term loans | .. | .. | .. | .. | .. | .. | .. | .. |
| Equity and investment fund shares | .. | .. | .. | .. | .. | .. | .. | .. |
| Insurance pension and standardised guarantees | .. | .. | .. | .. | .. | .. | .. | .. |
| Financial derivatives and employee stock options | .. | .. | .. | .. | .. | .. | .. | .. |
| Other accounts payable | .. | .. | .. | .. | .. | .. | .. | .. |
| Non-financial assets | .. | .. | .. | .. | .. | .. | .. | .. |
| **Open-end investment funds** | | | | | | | | |
| Financial net worth | .. | .. | .. | .. | .. | .. | .. | .. |
| Financial assets | .. | .. | .. | .. | .. | .. | .. | .. |
| Currency and deposits | .. | .. | .. | .. | .. | .. | .. | .. |
| Debt securities | .. | .. | .. | .. | .. | .. | .. | .. |
| Loans | .. | .. | .. | .. | .. | .. | .. | .. |
| Equity and investment fund shares | .. | .. | .. | .. | .. | .. | .. | .. |
| Equity | .. | .. | .. | .. | .. | .. | .. | .. |
| Investment fund shares | .. | .. | .. | .. | .. | .. | .. | .. |
| Money market fund shares | .. | .. | .. | .. | .. | .. | .. | .. |
| Non-Money market fund shares | .. | .. | .. | .. | .. | .. | .. | .. |
| Insurance pension and standardised guarantees | .. | .. | .. | .. | .. | .. | .. | .. |
| Financial derivatives and employee stock options | .. | .. | .. | .. | .. | .. | .. | .. |
| Other accounts receivable | .. | .. | .. | .. | .. | .. | .. | .. |
| Financial liabilities | .. | .. | .. | .. | .. | .. | .. | .. |
| Debt securities | .. | .. | .. | .. | .. | .. | .. | .. |
| Short-term debt securities | .. | .. | .. | .. | .. | .. | .. | .. |
| Long-term debt securities | .. | .. | .. | .. | .. | .. | .. | .. |
| Loans | .. | .. | .. | .. | .. | .. | .. | .. |
| Short-term loans | .. | .. | .. | .. | .. | .. | .. | .. |
| Long-term loans | .. | .. | .. | .. | .. | .. | .. | .. |
| Equity and investment fund shares | .. | .. | .. | .. | .. | .. | .. | .. |
| Insurance pension and standardised guarantees | .. | .. | .. | .. | .. | .. | .. | .. |
| Financial derivatives and employee stock options | .. | .. | .. | .. | .. | .. | .. | .. |
| Other accounts payable | .. | .. | .. | .. | .. | .. | .. | .. |
| Non-financial assets | .. | .. | .. | .. | .. | .. | .. | .. |

Note: Detailed metadata at: *http://metalinks.oecd.org/instinv/20200916/b704*

# SWEDEN

## Table 3. Financial assets and liabilities of insurance corporations and pension funds

*Million SEK*

| | 2012 | 2013 | 2014 | 2015 | 2016 | 2017 | 2018 | 2019 |
|---|---|---|---|---|---|---|---|---|
| **Insurance corporations and pension funds** | | | | | | | | |
| Financial net worth | 271 791 | 354 766 | 476 716 | 579 521 | 669 268 | 804 933 | 709 830 | 1 024 060 |
| Financial assets | 3 843 477 | 4 241 278 | 4 927 214 | 5 168 153 | 5 556 009 | 6 059 181 | 5 989 785 | 7 183 837 |
| Currency and deposits | 136 481 | 136 304 | 155 936 | 161 080 | 166 730 | 177 028 | 190 517 | 232 240 |
| Debt securities | 1 381 916 | 1 349 259 | 1 455 501 | 1 468 583 | 1 461 490 | 1 518 255 | 1 577 580 | 1 616 898 |
| Loans | 71 437 | 84 818 | 90 821 | 81 059 | 90 439 | 94 225 | 95 833 | 102 261 |
| Equity and investment fund shares | 2 137 674 | 2 577 396 | 3 101 827 | 3 358 170 | 3 739 313 | 4 179 738 | 4 033 605 | 5 116 074 |
| Equity | 838 644 | 980 480 | 1 125 909 | 1 197 838 | 1 322 010 | 1 441 218 | 1 361 833 | 1 697 585 |
| Investment fund shares | 1 299 030 | 1 596 916 | 1 975 918 | 2 160 332 | 2 417 303 | 2 738 520 | 2 671 772 | 3 418 489 |
| Money market fund shares | 53 856 | 65 825 | 65 887 | 70 756 | 69 846 | 78 582 | 93 856 | 93 646 |
| Non-Money market fund shares | 1 245 174 | 1 531 091 | 1 910 031 | 2 089 576 | 2 347 457 | 2 659 938 | 2 577 916 | 3 324 843 |
| Insurance pension and standardised guarantees | 32 157 | 29 225 | 31 230 | 27 481 | 24 967 | 25 534 | 26 795 | 27 463 |
| Financial derivatives and employee stock options | 36 680 | 16 155 | 29 737 | 29 196 | 27 909 | 22 825 | 25 365 | 40 241 |
| Other accounts receivable | 47 132 | 48 121 | 62 162 | 42 584 | 45 161 | 41 576 | 40 090 | 48 660 |
| Financial liabilities | 3 571 686 | 3 886 512 | 4 450 498 | 4 588 632 | 4 886 741 | 5 254 248 | 5 279 955 | 6 159 777 |
| Debt securities | 5 347 | 5 422 | 4 659 | 3 231 | 2 574 | 2 607 | 2 653 | 2 575 |
| Short-term debt securities | 0 | 0 | 0 | 0 | 0 | 0 | 0 | 0 |
| Long-term debt securities | 5 347 | 5 422 | 4 659 | 3 231 | 2 574 | 2 607 | 2 653 | 2 575 |
| Loans | 54 943 | 24 504 | 62 124 | 49 505 | 53 294 | 50 821 | 47 230 | 93 688 |
| Short-term loans | 37 911 | 20 012 | 37 571 | 33 183 | 39 210 | 42 363 | 37 822 | 77 291 |
| Long-term loans | 17 032 | 4 492 | 24 553 | 16 322 | 14 084 | 8 458 | 9 408 | 16 397 |
| Equity and investment fund shares | 368 208 | 377 082 | 376 041 | 379 374 | 381 702 | 388 680 | 386 590 | 389 400 |
| Insurance pension and standardised guarantees | 3 118 483 | 3 457 868 | 3 963 857 | 4 128 827 | 4 416 129 | 4 778 233 | 4 810 215 | 5 633 375 |
| Financial derivatives and employee stock options | 14 023 | 11 428 | 32 531 | 14 744 | 20 490 | 19 790 | 18 556 | 25 146 |
| Other accounts payable | 10 682 | 10 208 | 11 286 | 12 951 | 12 552 | 14 117 | 14 711 | 15 593 |
| Non-financial assets | .. | .. | .. | .. | .. | .. | .. | .. |
| **Insurance corporations** | | | | | | | | |
| Financial net worth | 195 381 | 235 190 | 264 771 | 336 741 | 349 475 | 370 958 | 360 035 | 427 956 |
| Financial assets | 1 106 064 | 1 163 486 | 1 333 473 | 1 375 672 | 1 432 113 | 1 550 302 | 1 520 636 | 1 771 609 |
| Currency and deposits | 65 228 | 46 692 | 71 912 | 65 483 | 56 366 | 55 568 | 50 625 | 68 257 |
| Debt securities | 393 959 | 372 587 | 393 474 | 393 450 | 388 598 | 402 775 | 407 681 | 403 413 |
| Loans | 23 984 | 28 351 | 32 581 | 25 678 | 26 855 | 32 328 | 31 233 | 34 487 |
| Equity and investment fund shares | 569 447 | 666 614 | 780 646 | 845 738 | 921 926 | 1 020 021 | 989 987 | 1 223 192 |
| Equity | 214 100 | 249 457 | 281 100 | 296 229 | 319 248 | 331 281 | 321 311 | 379 211 |
| Investment fund shares | 355 347 | 417 157 | 499 546 | 549 509 | 602 678 | 688 740 | 668 676 | 843 981 |
| Money market fund shares | 21 277 | 26 011 | 25 286 | 26 263 | 27 158 | 29 637 | 36 762 | 39 650 |
| Non-Money market fund shares | 334 070 | 391 146 | 474 260 | 523 246 | 575 520 | 659 103 | 631 914 | 804 331 |
| Insurance pension and standardised guarantees | 32 157 | 29 225 | 31 230 | 27 481 | 24 967 | 25 534 | 26 795 | 27 463 |
| Financial derivatives and employee stock options | 6 213 | 2 428 | 5 130 | 3 220 | 1 994 | 2 548 | 2 680 | 4 081 |
| Other accounts receivable | 15 076 | 17 589 | 18 500 | 14 622 | 11 407 | 11 528 | 11 635 | 10 716 |
| Financial liabilities | 910 683 | 928 296 | 1 068 702 | 1 038 931 | 1 082 638 | 1 179 344 | 1 160 601 | 1 343 653 |
| Debt securities | 3 647 | 3 722 | 3 862 | 2 433 | 2 474 | 2 507 | 2 553 | 2 575 |
| Short-term debt securities | 0 | 0 | 0 | 0 | 0 | 0 | 0 | 0 |
| Long-term debt securities | 3 647 | 3 722 | 3 862 | 2 433 | 2 474 | 2 507 | 2 553 | 2 575 |
| Loans | 36 854 | 19 561 | 46 438 | 21 187 | 20 937 | 23 804 | 17 071 | 56 120 |
| Short-term loans | 34 726 | 18 216 | 36 409 | 18 664 | 18 736 | 22 880 | 15 144 | 54 576 |
| Long-term loans | 2 128 | 1 345 | 10 029 | 2 523 | 2 201 | 924 | 1 927 | 1 544 |
| Equity and investment fund shares | 118 646 | 118 646 | 118 646 | 118 646 | 118 646 | 118 646 | 119 366 | 119 366 |
| Insurance pension and standardised guarantees | 743 679 | 779 345 | 890 825 | 888 822 | 931 438 | 1 026 125 | 1 014 066 | 1 157 470 |
| Financial derivatives and employee stock options | 1 340 | 969 | 2 806 | 1 298 | 2 108 | 1 168 | 525 | 747 |
| Other accounts payable | 6 517 | 6 053 | 6 125 | 6 545 | 7 035 | 7 094 | 7 020 | 7 375 |
| Non-financial assets | .. | .. | .. | .. | .. | .. | .. | .. |
| **Pension funds** | | | | | | | | |
| Financial net worth | 76 410 | 119 576 | 211 945 | 242 780 | 319 793 | 433 975 | 349 795 | 596 104 |
| Financial assets | 2 737 413 | 3 077 792 | 3 593 741 | 3 792 481 | 4 123 896 | 4 508 879 | 4 469 149 | 5 412 228 |
| Currency and deposits | 71 253 | 89 612 | 84 024 | 95 597 | 110 364 | 121 460 | 139 892 | 163 983 |
| Debt securities | 987 957 | 976 672 | 1 062 027 | 1 075 133 | 1 072 892 | 1 115 480 | 1 169 899 | 1 213 485 |
| Loans | 47 453 | 56 467 | 58 240 | 55 381 | 63 584 | 61 897 | 64 600 | 67 774 |
| Equity and investment fund shares | 1 568 227 | 1 910 782 | 2 321 181 | 2 512 432 | 2 817 387 | 3 159 717 | 3 043 618 | 3 892 882 |
| Equity | 624 544 | 731 023 | 844 809 | 901 609 | 1 002 762 | 1 109 937 | 1 040 522 | 1 318 374 |
| Investment fund shares | 943 683 | 1 179 759 | 1 476 372 | 1 610 823 | 1 814 625 | 2 049 780 | 2 003 096 | 2 574 508 |
| Money market fund shares | 32 579 | 39 814 | 40 601 | 44 493 | 42 688 | 48 945 | 57 094 | 53 996 |
| Non-Money market fund shares | 911 104 | 1 139 945 | 1 435 771 | 1 566 330 | 1 771 937 | 2 000 835 | 1 946 002 | 2 520 512 |
| Insurance pension and standardised guarantees | .. | .. | .. | .. | .. | .. | .. | .. |
| Financial derivatives and employee stock options | 30 467 | 13 727 | 24 607 | 25 976 | 25 915 | 20 277 | 22 685 | 36 160 |
| Other accounts receivable | 32 056 | 30 532 | 43 662 | 27 962 | 33 754 | 30 048 | 28 455 | 37 944 |
| Financial liabilities | 2 661 003 | 2 958 216 | 3 381 796 | 3 549 701 | 3 804 103 | 4 074 904 | 4 119 354 | 4 816 124 |
| Debt securities | 1 700 | 1 700 | 797 | 798 | 100 | 100 | 100 | .. |
| Short-term debt securities | .. | .. | .. | .. | .. | .. | .. | .. |
| Long-term debt securities | 1 700 | 1 700 | 797 | 798 | 100 | 100 | 100 | .. |
| Loans | 18 089 | 4 943 | 15 686 | 28 318 | 32 357 | 27 017 | 30 159 | 37 568 |
| Short-term loans | 3 185 | 1 796 | 1 162 | 14 519 | 20 474 | 19 483 | 22 678 | 22 715 |
| Long-term loans | 14 904 | 3 147 | 14 524 | 13 799 | 11 883 | 7 534 | 7 481 | 14 853 |
| Equity and investment fund shares | 249 562 | 258 436 | 257 395 | 260 728 | 263 056 | 270 034 | 267 224 | 270 034 |
| Insurance pension and standardised guarantees | 2 374 804 | 2 678 523 | 3 073 032 | 3 240 005 | 3 484 691 | 3 752 108 | 3 796 149 | 4 475 905 |
| Financial derivatives and employee stock options | 12 683 | 10 459 | 29 725 | 13 446 | 18 382 | 18 622 | 18 031 | 24 399 |
| Other accounts payable | 4 165 | 4 155 | 5 161 | 6 406 | 5 517 | 7 023 | 7 691 | 8 218 |
| Non-financial assets | .. | .. | .. | .. | .. | .. | .. | .. |

Note: Detailed metadata at: *http://metalinks.oecd.org/instinv/20200916/b704*

## Table 4. Portfolio composition by type of investor
As percentage of financial assets and of financial liabilities

*Per cent*

| | 2012 | 2013 | 2014 | 2015 | 2016 | 2017 | 2018 | 2019 |
|---|---|---|---|---|---|---|---|---|
| **Investment funds** | | | | | | | | |
| Financial assets | 100.0 | 100.0 | 100.0 | 100.0 | 100.0 | 100.0 | 100.0 | 100.0 |
| Currency and deposits | 3.4 | 2.9 | 2.8 | 3.0 | 2.8 | 3.3 | 3.3 | 2.8 |
| Debt securities | 21.1 | 20.6 | 25.1 | 23.4 | 23.0 | 20.0 | 21.5 | 19.0 |
| Loans | 0.0 | 0.0 | 0.0 | 0.0 | 0.0 | 0.0 | 0.0 | 0.0 |
| Equity and investment fund shares | 69.9 | 71.6 | 68.4 | 70.5 | 70.5 | 73.1 | 73.0 | 76.7 |
| Insurance pension and standardised guarantee schemes | 0.0 | 0.0 | 0.0 | 0.0 | 0.0 | 0.0 | 0.0 | 0.0 |
| Financial derivatives and employee stock options | 0.8 | 0.9 | 1.0 | 1.0 | 1.1 | 0.5 | 0.4 | 0.5 |
| Other accounts receivable | 4.8 | 4.0 | 2.7 | 2.2 | 2.6 | 3.2 | 1.8 | 1.1 |
| Financial liabilities | 100.0 | 100.0 | 100.0 | 100.0 | 100.0 | 100.0 | 100.0 | 100.0 |
| Currency and deposits | 0.0 | 0.0 | 0.0 | 0.0 | 0.0 | 0.0 | 0.0 | 0.0 |
| Debt securities | 0.0 | 0.0 | 0.0 | 0.0 | 0.0 | 0.0 | 0.0 | 0.0 |
| Loans | 0.3 | 0.3 | 0.5 | 0.3 | 0.5 | 0.6 | 0.6 | 0.8 |
| Equity and investment fund shares | 91.5 | 91.0 | 91.9 | 94.9 | 92.9 | 93.7 | 95.6 | 96.8 |
| Insurance pension and standardised guarantee schemes | 0.0 | 0.0 | 0.0 | 0.0 | 0.0 | 0.0 | 0.0 | 0.0 |
| Financial derivatives and employee stock options | 0.7 | 0.6 | 1.0 | 0.9 | 0.8 | 0.4 | 0.4 | 0.4 |
| Other accounts receivable | 7.5 | 8.1 | 6.6 | 3.9 | 5.8 | 5.3 | 3.3 | 2.0 |
| **Insurance corporations** | | | | | | | | |
| Financial assets | 100.0 | 100.0 | 100.0 | 100.0 | 100.0 | 100.0 | 100.0 | 100.0 |
| Currency and deposits | 5.9 | 4.0 | 5.4 | 4.8 | 3.9 | 3.6 | 3.3 | 3.9 |
| Debt securities | 35.6 | 32.0 | 29.5 | 28.6 | 27.1 | 26.0 | 26.8 | 22.8 |
| Loans | 2.2 | 2.4 | 2.4 | 1.9 | 1.9 | 2.1 | 2.1 | 1.9 |
| Equity and investment fund shares | 51.5 | 57.3 | 58.5 | 61.5 | 64.4 | 65.8 | 65.1 | 69.0 |
| Insurance pension and standardised guarantee schemes | 2.9 | 2.5 | 2.3 | 2.0 | 1.7 | 1.6 | 1.8 | 1.6 |
| Financial derivatives and employee stock options | 0.6 | 0.2 | 0.4 | 0.2 | 0.1 | 0.2 | 0.2 | 0.2 |
| Other accounts receivable | 1.4 | 1.5 | 1.4 | 1.1 | 0.8 | 0.7 | 0.8 | 0.6 |
| Financial liabilities | 100.0 | 100.0 | 100.0 | 100.0 | 100.0 | 100.0 | 100.0 | 100.0 |
| Currency and deposits | 0.0 | 0.0 | 0.0 | 0.0 | 0.0 | 0.0 | 0.0 | 0.0 |
| Debt securities | 0.4 | 0.4 | 0.4 | 0.2 | 0.2 | 0.2 | 0.2 | 0.2 |
| Loans | 4.0 | 2.1 | 4.3 | 2.0 | 1.9 | 2.0 | 1.5 | 4.2 |
| Equity and investment fund shares | 13.0 | 12.8 | 11.1 | 11.4 | 11.0 | 10.1 | 10.3 | 8.9 |
| Insurance pension and standardised guarantee schemes | 81.7 | 84.0 | 83.4 | 85.6 | 86.0 | 87.0 | 87.4 | 86.1 |
| Financial derivatives and employee stock options | 0.1 | 0.1 | 0.3 | 0.1 | 0.2 | 0.1 | 0.0 | 0.1 |
| Other accounts receivable | 0.7 | 0.7 | 0.6 | 0.6 | 0.6 | 0.6 | 0.6 | 0.5 |
| **Pension funds** | | | | | | | | |
| Financial assets | 100.0 | 100.0 | 100.0 | 100.0 | 100.0 | 100.0 | 100.0 | 100.0 |
| Currency and deposits | 2.6 | 2.9 | 2.3 | 2.5 | 2.7 | 2.7 | 3.1 | 3.0 |
| Debt securities | 36.1 | 31.7 | 29.6 | 28.3 | 26.0 | 24.7 | 26.2 | 22.4 |
| Loans | 1.7 | 1.8 | 1.6 | 1.5 | 1.5 | 1.4 | 1.4 | 1.3 |
| Equity and investment fund shares | 57.3 | 62.1 | 64.6 | 66.2 | 68.3 | 70.1 | 68.1 | 71.9 |
| Insurance pension and standardised guarantee schemes | 0.0 | 0.0 | 0.0 | 0.0 | 0.0 | 0.0 | 0.0 | 0.0 |
| Financial derivatives and employee stock options | 1.1 | 0.4 | 0.7 | 0.7 | 0.6 | 0.4 | 0.5 | 0.7 |
| Other accounts receivable | 1.2 | 1.0 | 1.2 | 0.7 | 0.8 | 0.7 | 0.6 | 0.7 |
| Financial liabilities | 100.0 | 100.0 | 100.0 | 100.0 | 100.0 | 100.0 | 100.0 | 100.0 |
| Currency and deposits | 0.0 | 0.0 | 0.0 | 0.0 | 0.0 | 0.0 | 0.0 | 0.0 |
| Debt securities | 0.1 | 0.1 | 0.0 | 0.0 | 0.0 | 0.0 | 0.0 | 0.0 |
| Loans | 0.7 | 0.2 | 0.5 | 0.8 | 0.9 | 0.7 | 0.7 | 0.8 |
| Equity and investment fund shares | 9.4 | 8.7 | 7.6 | 7.3 | 6.9 | 6.6 | 6.5 | 5.6 |
| Insurance pension and standardised guarantee schemes | 89.2 | 90.5 | 90.9 | 91.3 | 91.6 | 92.1 | 92.2 | 92.9 |
| Financial derivatives and employee stock options | 0.5 | 0.4 | 0.9 | 0.4 | 0.5 | 0.5 | 0.4 | 0.5 |
| Other accounts receivable | 0.2 | 0.1 | 0.2 | 0.2 | 0.1 | 0.2 | 0.2 | 0.2 |

Note: Detailed metadata at: *http://metalinks.oecd.org/instinv/20200916/eb22*

# SWITZERLAND

## Table 1. Financial assets and liabilities of institutional investo, 2017

*Million CHF*

| | Total | Investment funds | | | |
|---|---|---|---|---|---|
| | | Non-money market funds | | | Money market funds |
| | | Total | Open-end non-money market funds | Closed-end non-money market funds | Total |
| Financial assets | .. | .. | 756 477 | .. | 30 473 |
| Currency and deposits | .. | .. | 20 535 | .. | 2 226 |
| Debt securities | .. | .. | 334 875 | .. | 28 057 |
| Debt securities, short term | .. | .. | 2 092 | .. | 15 371 |
| Debt securities, long term | .. | .. | 332 783 | .. | 12 686 |
| Debt securities issued by residents | .. | .. | 106 850 | .. | 4 906 |
| Debt securities issued by non-residents | .. | .. | 228 025 | .. | 23 151 |
| Loans | .. | .. | .. | .. | .. |
| Loans, short-term | .. | .. | .. | .. | .. |
| Loans, long-term | .. | .. | .. | .. | .. |
| Loans granted to residents | .. | .. | .. | .. | .. |
| Loans granted to non-residents | .. | .. | .. | .. | .. |
| Equity and investment fund shares/units | .. | .. | 401 067 | .. | 190 |
| Equity and investment fund shares issued/units by residents | .. | .. | 200 288 | .. | 60 |
| Equity and investment fund shares/units issued by non residents | .. | .. | 200 779 | .. | 130 |
| Other accounts receivable | .. | .. | .. | .. | .. |

| | Total | Investment funds | | | |
|---|---|---|---|---|---|
| | | Non-money market funds | | | Money market funds |
| | | Total | Open-end non-money market funds | Closed-end non-money market funds | Total |
| Financial liabilities | .. | .. | 871 974 | .. | 32 836 |
| Currency and deposits | .. | .. | .. | .. | .. |
| Debt securities | .. | .. | .. | .. | .. |
| Debt securities, short term | .. | .. | .. | .. | .. |
| Debt securities, long term | .. | .. | .. | .. | .. |
| Loans | .. | .. | 16 594 | .. | 205 |
| Loans, short-term | .. | .. | .. | .. | .. |
| Loans, long-term | .. | .. | .. | .. | .. |
| Equity and investment fund shares/units | .. | .. | 855 380 | .. | 32 631 |
| Insurance pension and standardised guaratees | .. | .. | .. | .. | .. |
| Financial derivatives and employee stock options | .. | .. | .. | .. | .. |
| Other accounts payable | .. | .. | .. | .. | .. |

| | Total | Insurance corporations and pension funds | | | |
|---|---|---|---|---|---|
| | | Insurance corporations | | | Pension funds |
| | | Total | Life insurance corporations | Non-life insurance corporations | Total |
| Financial assets | 1 455 192 | 640 202 | .. | .. | 814 990 |
| Currency and deposits | 98 834 | 56 258 | .. | .. | 42 576 |
| Debt securities | 305 502 | 195 971 | .. | .. | 109 531 |
| Debt securities, short-term | 5 256 | 3 994 | .. | .. | 1 262 |
| Debt securities, long term | 300 246 | 191 977 | .. | .. | 108 269 |
| Debt securities issued by residents | 139 263 | 77 172 | .. | .. | 62 091 |
| Debt securities issued by non-residents | 166 239 | 118 799 | .. | .. | 47 440 |
| Loans | 106 533 | 93 723 | .. | .. | 12 810 |
| Loans, short-term | .. | .. | .. | .. | .. |
| Loans, long-term | .. | .. | .. | .. | .. |
| Loans granted to residents | 51 068 | 38 258 | .. | .. | 12 810 |
| Loans granted to non-residents | 55 465 | 55 465 | .. | .. | .. |
| Equity and investment fund shares/units | 942 800 | 294 250 | .. | .. | 648 550 |
| Equity and investment fund shares/units issued by residents | 694 008 | 148 706 | .. | .. | 545 302 |
| Equity and investment fund shares/units issued by non residents | 248 792 | 145 544 | .. | .. | 103 248 |
| Other accounts receivable | .. | .. | .. | .. | .. |

| | Total | Insurance corporations and pension funds | | | |
|---|---|---|---|---|---|
| | | Insurance corporations | | | Pension funds |
| | | Total | Life insurance corporations | Non-life insurance corporations | Total |
| Financial liabilities | .. | .. | .. | .. | 776 940 |
| Currency and deposits | .. | .. | .. | .. | .. |
| Debt securities | 10 509 | 10 509 | .. | .. | .. |
| Debt securities, short term | .. | .. | .. | .. | .. |
| Debt securities, long term | 10 509 | 10 509 | .. | .. | .. |
| Loans | 65 810 | 63 604 | .. | .. | 2 206 |
| Loans, short-term | .. | .. | .. | .. | .. |
| Loans, long-term | .. | .. | .. | .. | .. |
| Equity and investment fund shares/units | .. | .. | .. | .. | .. |
| Insurance pension and standardised guarantees | 1 159 775 | 385 041 | .. | .. | 774 734 |
| Financial derivatives and employee stock options | .. | .. | .. | .. | .. |
| Other accounts payable | .. | .. | .. | .. | .. |

# SWITZERLAND

## Table 2. Financial assets and liabilities of investment funds

*Million CHF*

| | 2012 | 2013 | 2014 | 2015 | 2016 | 2017 | 2018 | 2019 |
|---|---|---|---|---|---|---|---|---|
| **Investment funds** | | | | | | | | |
| Financial net worth | .. | .. | .. | .. | .. | .. | .. | .. |
| Financial assets | .. | .. | .. | .. | .. | .. | .. | .. |
| Currency and deposits | .. | .. | .. | .. | .. | .. | .. | .. |
| Debt securities | .. | .. | .. | .. | .. | .. | .. | .. |
| Loans | .. | .. | .. | .. | .. | .. | .. | .. |
| Equity and investment fund shares | .. | .. | .. | .. | .. | .. | .. | .. |
| Equity | .. | .. | .. | .. | .. | .. | .. | .. |
| Investment fund shares | .. | .. | .. | .. | .. | .. | .. | .. |
| Money market fund shares | .. | .. | .. | .. | .. | .. | .. | .. |
| Non-Money market fund shares | .. | .. | .. | .. | .. | .. | .. | .. |
| Insurance pension and standardised guarantees | .. | .. | .. | .. | .. | .. | .. | .. |
| Financial derivatives and employee stock options | .. | .. | .. | .. | .. | .. | .. | .. |
| Other accounts receivable | .. | .. | .. | .. | .. | .. | .. | .. |
| Financial liabilities | .. | .. | .. | .. | .. | .. | .. | .. |
| Debt securities | .. | .. | .. | .. | .. | .. | .. | .. |
| Short-term debt securities | .. | .. | .. | .. | .. | .. | .. | .. |
| Long-term debt securities | .. | .. | .. | .. | .. | .. | .. | .. |
| Loans | .. | .. | .. | .. | .. | .. | .. | .. |
| Short-term loans | .. | .. | .. | .. | .. | .. | .. | .. |
| Long-term loans | .. | .. | .. | .. | .. | .. | .. | .. |
| Equity and investment fund shares | .. | .. | .. | .. | .. | .. | .. | .. |
| Insurance pension and standardised guarantees | .. | .. | .. | .. | .. | .. | .. | .. |
| Financial derivatives and employee stock options | .. | .. | .. | .. | .. | .. | .. | .. |
| Other accounts payable | .. | .. | .. | .. | .. | .. | .. | .. |
| Non-financial assets | .. | .. | .. | .. | .. | .. | .. | .. |
| **Money market funds** | | | | | | | | |
| Financial net worth | -2 372 | -236 | -272 | -1 765 | -593 | -2 363 | -341 | .. |
| Financial assets | 33 845 | 36 075 | 36 595 | 30 548 | 31 298 | 30 473 | 31 026 | .. |
| Currency and deposits | 2 514 | 2 562 | 2 630 | 2 234 | 1 710 | 2 226 | 2 419 | .. |
| Debt securities | 31 120 | 33 284 | 33 783 | 28 245 | 29 469 | 28 057 | 27 892 | .. |
| Loans | .. | .. | .. | .. | .. | .. | .. | .. |
| Equity and investment fund shares | 211 | 229 | 182 | 69 | 119 | 190 | 715 | .. |
| Equity | 22 | 29 | 34 | 34 | 35 | 55 | 448 | .. |
| Investment fund shares | 189 | 200 | 148 | 35 | 84 | 135 | 267 | .. |
| Money market fund shares | .. | .. | .. | .. | .. | .. | .. | .. |
| Non-Money market fund shares | .. | .. | .. | .. | .. | .. | .. | .. |
| Insurance pension and standardised guarantees | .. | .. | .. | .. | .. | .. | .. | .. |
| Financial derivatives and employee stock options | .. | .. | .. | .. | .. | .. | .. | .. |
| Other accounts receivable | .. | .. | .. | .. | .. | .. | .. | .. |
| Financial liabilities | 36 217 | 36 311 | 36 867 | 32 313 | 31 891 | 32 836 | 31 367 | .. |
| Debt securities | .. | .. | .. | .. | .. | .. | .. | .. |
| Short-term debt securities | .. | .. | .. | .. | .. | .. | .. | .. |
| Long-term debt securities | .. | .. | .. | .. | .. | .. | .. | .. |
| Loans | 89 | 64 | 37 | 259 | 64 | 205 | 182 | .. |
| Short-term loans | .. | .. | .. | .. | .. | .. | .. | .. |
| Long-term loans | .. | .. | .. | .. | .. | .. | .. | .. |
| Equity and investment fund shares | 36 128 | 36 247 | 36 830 | 32 054 | 31 827 | 32 631 | 31 185 | .. |
| Insurance pension and standardised guarantees | .. | .. | .. | .. | .. | .. | .. | .. |
| Financial derivatives and employee stock options | .. | .. | .. | .. | .. | .. | .. | .. |
| Other accounts payable | .. | .. | .. | .. | .. | .. | .. | .. |
| Non-financial assets | .. | .. | .. | .. | .. | .. | .. | .. |
| **Non-money market funds** | | | | | | | | |
| Financial net worth | .. | .. | .. | .. | .. | .. | .. | .. |
| Financial assets | .. | .. | .. | .. | .. | .. | .. | .. |
| Currency and deposits | .. | .. | .. | .. | .. | .. | .. | .. |
| Debt securities | .. | .. | .. | .. | .. | .. | .. | .. |
| Loans | .. | .. | .. | .. | .. | .. | .. | .. |
| Equity and investment fund shares | .. | .. | .. | .. | .. | .. | .. | .. |
| Equity | .. | .. | .. | .. | .. | .. | .. | .. |
| Investment fund shares | .. | .. | .. | .. | .. | .. | .. | .. |
| Money market fund shares | .. | .. | .. | .. | .. | .. | .. | .. |
| Non-Money market fund shares | .. | .. | .. | .. | .. | .. | .. | .. |
| Insurance pension and standardised guarantees | .. | .. | .. | .. | .. | .. | .. | .. |
| Financial derivatives and employee stock options | .. | .. | .. | .. | .. | .. | .. | .. |
| Other accounts receivable | .. | .. | .. | .. | .. | .. | .. | .. |
| Financial liabilities | .. | .. | .. | .. | .. | .. | .. | .. |
| Debt securities | .. | .. | .. | .. | .. | .. | .. | .. |
| Short-term debt securities | .. | .. | .. | .. | .. | .. | .. | .. |
| Long-term debt securities | .. | .. | .. | .. | .. | .. | .. | .. |
| Loans | .. | .. | .. | .. | .. | .. | .. | .. |
| Short-term loans | .. | .. | .. | .. | .. | .. | .. | .. |
| Long-term loans | .. | .. | .. | .. | .. | .. | .. | .. |
| Equity and investment fund shares | .. | .. | .. | .. | .. | .. | .. | .. |
| Insurance pension and standardised guarantees | .. | .. | .. | .. | .. | .. | .. | .. |
| Financial derivatives and employee stock options | .. | .. | .. | .. | .. | .. | .. | .. |
| Other accounts payable | .. | .. | .. | .. | .. | .. | .. | .. |
| Non-financial assets | .. | .. | .. | .. | .. | .. | .. | .. |
| **Open-end non-money market funds** | | | | | | | | |
| Financial net worth | -72 780 | -57 435 | -59 597 | -69 103 | -68 191 | -115 497 | -88 256 | .. |
| Financial assets | 455 826 | 512 314 | 598 345 | 648 819 | 704 808 | 756 477 | 761 723 | .. |
| Currency and deposits | 14 427 | 13 342 | 14 041 | 16 215 | 18 438 | 20 535 | 19 418 | .. |

# SWITZERLAND

## Table 2. Financial assets and liabilities of investment funds *(cont.)*

*Million CHF*

| | 2012 | 2013 | 2014 | 2015 | 2016 | 2017 | 2018 | 2019 |
|---|---|---|---|---|---|---|---|---|
| Debt securities | 236 940 | 247 866 | 290 117 | 313 460 | 336 642 | 334 875 | 343 812 | .. |
| Loans | .. | .. | .. | .. | .. | .. | .. | .. |
| Equity and investment fund shares | 204 459 | 251 106 | 294 187 | 319 144 | 349 728 | 401 067 | 398 493 | .. |
| Equity | 149 956 | 180 666 | 207 477 | 219 330 | 246 329 | 273 916 | 273 556 | .. |
| Investment fund shares | 54 503 | 70 440 | 86 710 | 99 814 | 103 399 | 127 151 | 124 937 | .. |
| Money market fund shares | .. | .. | .. | .. | .. | .. | .. | .. |
| Non-Money market fund shares | .. | .. | .. | .. | .. | .. | .. | .. |
| Insurance pension and standardised guarantees | .. | .. | .. | .. | .. | .. | .. | .. |
| Financial derivatives and employee stock options | .. | .. | .. | .. | .. | .. | .. | .. |
| Other accounts receivable | .. | .. | .. | .. | .. | .. | .. | .. |
| Financial liabilities | 528 606 | 569 749 | 657 942 | 717 922 | 772 999 | 871 974 | 849 979 | .. |
| Debt securities | .. | .. | .. | .. | .. | .. | .. | .. |
| Short-term debt securities | .. | .. | .. | .. | .. | .. | .. | .. |
| Long-term debt securities | .. | .. | .. | .. | .. | .. | .. | .. |
| Loans | 8 171 | 7 440 | 10 672 | 10 948 | 12 691 | 16 594 | 17 748 | .. |
| Short-term loans | .. | .. | .. | .. | .. | .. | .. | .. |
| Long-term loans | .. | .. | .. | .. | .. | .. | .. | .. |
| Equity and investment fund shares | 520 435 | 562 309 | 647 270 | 706 974 | 760 308 | 855 380 | 832 231 | .. |
| Insurance pension and standardised guarantees | .. | .. | .. | .. | .. | .. | .. | .. |
| Financial derivatives and employee stock options | .. | .. | .. | .. | .. | .. | .. | .. |
| Other accounts payable | .. | .. | .. | .. | .. | .. | .. | .. |
| Non-financial assets | 36 202 | 39 884 | 45 810 | 49 340 | 53 460 | 60 606 | 70 052 | .. |
| **Open-end investment funds** | | | | | | | | |
| Financial net worth | -75 152 | -57 671 | -59 869 | -70 868 | -68 784 | -117 860 | -88 597 | .. |
| Financial assets | 489 671 | 548 389 | 634 940 | 679 367 | 736 106 | 786 950 | 792 749 | .. |
| Currency and deposits | 16 941 | 15 904 | 16 671 | 18 449 | 20 148 | 22 761 | 21 837 | .. |
| Debt securities | 268 060 | 281 150 | 323 900 | 341 705 | 366 111 | 362 932 | 371 704 | .. |
| Loans | .. | .. | .. | .. | .. | .. | .. | .. |
| Equity and investment fund shares | 204 670 | 251 335 | 294 369 | 319 213 | 349 847 | 401 257 | 399 208 | .. |
| Equity | 149 978 | 180 695 | 207 511 | 219 364 | 246 364 | 273 971 | 274 004 | .. |
| Investment fund shares | 54 692 | 70 640 | 86 858 | 99 849 | 103 483 | 127 286 | 125 204 | .. |
| Money market fund shares | .. | .. | .. | .. | .. | .. | .. | .. |
| Non-Money market fund shares | .. | .. | .. | .. | .. | .. | .. | .. |
| Insurance pension and standardised guarantees | .. | .. | .. | .. | .. | .. | .. | .. |
| Financial derivatives and employee stock options | .. | .. | .. | .. | .. | .. | .. | .. |
| Other accounts receivable | .. | .. | .. | .. | .. | .. | .. | .. |
| Financial liabilities | 564 823 | 606 060 | 694 809 | 750 235 | 804 890 | 904 810 | 881 346 | .. |
| Debt securities | .. | .. | .. | .. | .. | .. | .. | .. |
| Short-term debt securities | .. | .. | .. | .. | .. | .. | .. | .. |
| Long-term debt securities | .. | .. | .. | .. | .. | .. | .. | .. |
| Loans | 8 260 | 7 504 | 10 709 | 11 207 | 12 755 | 16 799 | 17 930 | .. |
| Short-term loans | .. | .. | .. | .. | .. | .. | .. | .. |
| Long-term loans | .. | .. | .. | .. | .. | .. | .. | .. |
| Equity and investment fund shares | 556 563 | 598 556 | 684 100 | 739 028 | 792 135 | 888 011 | 863 416 | .. |
| Insurance pension and standardised guarantees | .. | .. | .. | .. | .. | .. | .. | .. |
| Financial derivatives and employee stock options | .. | .. | .. | .. | .. | .. | .. | .. |
| Other accounts payable | .. | .. | .. | .. | .. | .. | .. | .. |
| Non-financial assets | 36 202 | 39 884 | 45 810 | 49 340 | 53 460 | 60 606 | 70 052 | .. |

# SWITZERLAND

## Table 3. Financial assets and liabilities of insurance corporations and pension funds

*Million CHF*

| | 2012 | 2013 | 2014 | 2015 | 2016 | 2017 | 2018 | 2019 |
|---|---|---|---|---|---|---|---|---|
| **Insurance corporations and pension funds** | | | | | | | | |
| Financial net worth | .. | .. | .. | .. | .. | .. | .. | .. |
| Financial assets | 1 168 010 | 1 201 078 | 1 279 585 \| | 1 289 578 | 1 369 608 | 1 455 192 | 1 436 123 | .. |
| Currency and deposits | 100 222 | 103 725 | 102 031 | 94 765 | 93 583 | 98 834 | 110 063 | .. |
| Debt securities | 351 568 | 331 313 | 340 745 \| | 311 554 | 316 073 | 305 502 | 294 788 | .. |
| Loans | 42 882 | 44 284 | 84 160 \| | 84 891 | 99 827 | 106 533 | 102 047 | .. |
| Equity and investment fund shares | 665 912 | 712 491 | 749 387 \| | 796 202 | 857 344 | 942 800 | 925 589 | .. |
| Equity | 245 948 | 240 732 | 186 659 \| | 192 692 | 199 928 | 207 688 | 199 771 | .. |
| Investment fund shares | 419 964 | 471 759 | 562 728 | 603 510 | 657 416 | 735 112 | 725 818 | .. |
| Money market fund shares | .. | .. | .. | .. | .. | .. | .. | .. |
| Non-Money market fund shares | .. | .. | .. | .. | .. | .. | .. | .. |
| Insurance pension and standardised guarantees | 7 426 | 9 265 | 3 262 | 2 166 | 2 781 | 1 523 | 3 636 | .. |
| Financial derivatives and employee stock options | .. | .. | .. | .. | .. | .. | .. | .. |
| Other accounts receivable | .. | .. | .. | .. | .. | .. | .. | .. |
| Financial liabilities | .. | .. | .. | .. | .. | .. | .. | .. |
| Debt securities | 9 255 | 9 258 | 13 447 | 13 482 | 13 263 | 10 509 | 10 607 | .. |
| Short-term debt securities | .. | .. | .. | .. | .. | .. | .. | .. |
| Long-term debt securities | 9 255 | 9 258 | 13 447 | 13 482 | 13 263 | 10 509 | 10 607 | .. |
| Loans | 14 306 | 15 574 | 60 060 | 56 074 | 61 396 | 65 810 | 68 213 | .. |
| Short-term loans | .. | .. | .. | .. | .. | .. | .. | .. |
| Long-term loans | .. | .. | .. | .. | .. | .. | .. | .. |
| Equity and investment fund shares | .. | .. | .. | .. | .. | .. | .. | .. |
| Insurance pension and standardised guarantees | 964 261 | 1 001 221 | 1 040 436 | 1 078 988 | 1 121 804 | 1 159 775 | 1 183 830 | .. |
| Financial derivatives and employee stock options | .. | .. | .. | .. | .. | .. | .. | .. |
| Other accounts payable | .. | .. | .. | .. | .. | .. | .. | .. |
| Non-financial assets | 107 523 | 110 279 | 115 227 | 115 407 | 121 469 | 128 468 | .. | .. |
| **Insurance corporations** | | | | | | | | |
| Financial net worth | .. | .. | .. | .. | .. | .. | .. | .. |
| Financial assets | 559 596 | 546 872 | 574 517 \| | 571 361 | 616 660 | 640 202 | 633 894 | .. |
| Currency and deposits | 55 240 | 50 634 | 50 932 | 51 575 | 53 728 | 56 258 | 66 101 | .. |
| Debt securities | 212 350 | 200 018 | 206 604 \| | 189 549 | 196 386 | 195 971 | 187 311 | .. |
| Loans | 32 376 | 33 419 | 72 368 \| | 72 778 | 87 507 | 93 723 | 88 143 | .. |
| Equity and investment fund shares | 259 630 | 262 801 | 244 613 \| | 257 459 | 279 039 | 294 250 | 292 339 | .. |
| Equity | 156 019 | 152 373 | 110 981 \| | 114 242 | 126 717 | 136 433 | 135 801 | .. |
| Investment fund shares | 103 611 | 110 428 | 133 632 | 143 217 | 152 322 | 157 817 | 156 538 | .. |
| Money market fund shares | .. | .. | .. | .. | .. | .. | .. | .. |
| Non-Money market fund shares | .. | .. | .. | .. | .. | .. | .. | .. |
| Insurance pension and standardised guarantees | .. | .. | .. | .. | .. | .. | .. | .. |
| Financial derivatives and employee stock options | .. | .. | .. | .. | .. | .. | .. | .. |
| Other accounts receivable | .. | .. | .. | .. | .. | .. | .. | .. |
| Financial liabilities | .. | .. | .. | .. | .. | .. | .. | .. |
| Debt securities | 9 255 | 9 258 | 13 447 | 13 482 | 13 263 | 10 509 | 10 607 | .. |
| Short-term debt securities | .. | .. | .. | .. | .. | .. | .. | .. |
| Long-term debt securities | 9 255 | 9 258 | 13 447 | 13 482 | 13 263 | 10 509 | 10 607 | .. |
| Loans | 12 444 | 12 661 | 58 160 | 54 573 | 59 621 | 63 604 | 66 594 | .. |
| Short-term loans | .. | .. | .. | .. | .. | .. | .. | .. |
| Long-term loans | .. | .. | .. | .. | .. | .. | .. | .. |
| Equity and investment fund shares | .. | .. | .. | .. | .. | .. | .. | .. |
| Insurance pension and standardised guarantees | 342 370 | 352 040 | 361 927 | 371 735 | 380 206 | 385 041 | 383 404 | .. |
| Financial derivatives and employee stock options | .. | .. | .. | .. | .. | .. | .. | .. |
| Other accounts payable | .. | .. | .. | .. | .. | .. | .. | .. |
| Non-financial assets | 40 792 | 41 703 | 43 111 | 44 933 | 47 703 | 49 749 | 51 393 | .. |
| **Pension funds** | | | | | | | | |
| Financial net worth | -15 339 | 2 112 | 24 659 | 9 463 | 9 575 | 38 050 | 184 | .. |
| Financial assets | 608 414 | 654 206 | 705 068 | 718 217 | 752 948 | 814 990 | 802 229 | .. |
| Currency and deposits | 44 982 | 53 091 | 51 099 | 43 190 | 39 855 | 42 576 | 43 962 | .. |
| Debt securities | 139 218 | 131 295 | 134 141 | 122 005 | 119 687 | 109 531 | 107 477 | .. |
| Loans | 10 506 | 10 865 | 11 792 | 12 113 | 12 320 | 12 810 | 13 904 | .. |
| Equity and investment fund shares | 406 282 | 449 690 | 504 774 | 538 743 | 578 305 | 648 550 | 633 250 | .. |
| Equity | 89 929 | 88 359 | 75 678 | 78 450 | 73 211 | 71 255 | 63 970 | .. |
| Investment fund shares | 316 353 | 361 331 | 429 096 | 460 293 | 505 094 | 577 295 | 569 280 | .. |
| Money market fund shares | .. | .. | .. | .. | .. | .. | .. | .. |
| Non-Money market fund shares | .. | .. | .. | .. | .. | .. | .. | .. |
| Insurance pension and standardised guarantees | 7 426 | 9 265 | 3 262 | 2 166 | 2 781 | 1 523 | 3 636 | .. |
| Financial derivatives and employee stock options | .. | .. | .. | .. | .. | .. | .. | .. |
| Other accounts receivable | .. | .. | .. | .. | .. | .. | .. | .. |
| Financial liabilities | 623 753 | 652 094 | 680 409 | 708 754 | 743 373 | 776 940 | 802 045 | .. |
| Debt securities | .. | .. | .. | .. | .. | .. | .. | .. |
| Short-term debt securities | .. | .. | .. | .. | .. | .. | .. | .. |
| Long-term debt securities | .. | .. | .. | .. | .. | .. | .. | .. |
| Loans | 1 862 | 2 913 | 1 900 | 1 501 | 1 775 | 2 206 | 1 619 | .. |
| Short-term loans | .. | .. | .. | .. | .. | .. | .. | .. |
| Long-term loans | .. | .. | .. | .. | .. | .. | .. | .. |
| Equity and investment fund shares | .. | .. | .. | .. | .. | .. | .. | .. |
| Insurance pension and standardised guarantees | 621 891 | 649 181 | 678 509 | 707 253 | 741 598 | 774 734 | 800 426 | .. |
| Financial derivatives and employee stock options | .. | .. | .. | .. | .. | .. | .. | .. |
| Other accounts payable | .. | .. | .. | .. | .. | .. | .. | .. |
| Non-financial assets | 66 731 | 68 576 | 72 116 | 70 474 | 73 766 | 78 719 | .. | .. |

## Table 4. Portfolio composition by type of investor
As percentage of financial assets and of financial liabilities

*Per cent*

| | 2012 | 2013 | 2014 | 2015 | 2016 | 2017 | 2018 | 2019 |
|---|---|---|---|---|---|---|---|---|
| **Investment funds** | | | | | | | | |
| Financial assets | .. | .. | .. | .. | .. | .. | .. | .. |
| Currency and deposits | .. | .. | .. | .. | .. | .. | .. | .. |
| Debt securities | .. | .. | .. | .. | .. | .. | .. | .. |
| Loans | .. | .. | .. | .. | .. | .. | .. | .. |
| Equity and investment fund shares | .. | .. | .. | .. | .. | .. | .. | .. |
| Insurance pension and standardised guarantee schemes | .. | .. | .. | .. | .. | .. | .. | .. |
| Financial derivatives and employee stock options | .. | .. | .. | .. | .. | .. | .. | .. |
| Other accounts receivable | .. | .. | .. | .. | .. | .. | .. | .. |
| Financial liabilities | .. | .. | .. | .. | .. | .. | .. | .. |
| Currency and deposits | .. | .. | .. | .. | .. | .. | .. | .. |
| Debt securities | .. | .. | .. | .. | .. | .. | .. | .. |
| Loans | .. | .. | .. | .. | .. | .. | .. | .. |
| Equity and investment fund shares | .. | .. | .. | .. | .. | .. | .. | .. |
| Insurance pension and standardised guarantee schemes | .. | .. | .. | .. | .. | .. | .. | .. |
| Financial derivatives and employee stock options | .. | .. | .. | .. | .. | .. | .. | .. |
| Other accounts receivable | .. | .. | .. | .. | .. | .. | .. | .. |
| **Insurance corporations** | | | | | | | | |
| Financial assets | 100.0 | 100.0 | 100.0 | 100.0 | 100.0 | 100.0 | 100.0 | .. |
| Currency and deposits | 9.9 | 9.3 | 8.9 | 9.0 | 8.7 | 8.8 | 10.4 | .. |
| Debt securities | 37.9 | 36.6 | 36.0 | 33.2 | 31.8 | 30.6 | 29.5 | .. |
| Loans | 5.8 | 6.1 | 12.6 | 12.7 | 14.2 | 14.6 | 13.9 | .. |
| Equity and investment fund shares | 46.4 | 48.1 | 42.6 | 45.1 | 45.3 | 46.0 | 46.1 | .. |
| Insurance pension and standardised guarantee schemes | 0.0 | 0.0 | 0.0 | 0.0 | 0.0 | 0.0 | 0.0 | .. |
| Financial derivatives and employee stock options | 0.0 | 0.0 | 0.0 | 0.0 | 0.0 | 0.0 | 0.0 | .. |
| Other accounts receivable | 0.0 | 0.0 | 0.0 | 0.0 | 0.0 | 0.0 | 0.0 | .. |
| Financial liabilities | .. | .. | .. | .. | .. | .. | .. | .. |
| Currency and deposits | .. | .. | .. | .. | .. | .. | .. | .. |
| Debt securities | .. | .. | .. | .. | .. | .. | .. | .. |
| Loans | .. | .. | .. | .. | .. | .. | .. | .. |
| Equity and investment fund shares | .. | .. | .. | .. | .. | .. | .. | .. |
| Insurance pension and standardised guarantee schemes | .. | .. | .. | .. | .. | .. | .. | .. |
| Financial derivatives and employee stock options | .. | .. | .. | .. | .. | .. | .. | .. |
| Other accounts receivable | .. | .. | .. | .. | .. | .. | .. | .. |
| **Pension funds** | | | | | | | | |
| Financial assets | 100.0 | 100.0 | 100.0 | 100.0 | 100.0 | 100.0 | 100.0 | .. |
| Currency and deposits | 7.4 | 8.1 | 7.2 | 6.0 | 5.3 | 5.2 | 5.5 | .. |
| Debt securities | 22.9 | 20.1 | 19.0 | 17.0 | 15.9 | 13.4 | 13.4 | .. |
| Loans | 1.7 | 1.7 | 1.7 | 1.7 | 1.6 | 1.6 | 1.7 | .. |
| Equity and investment fund shares | 66.8 | 68.7 | 71.6 | 75.0 | 76.8 | 79.6 | 78.9 | .. |
| Insurance pension and standardised guarantee schemes | 1.2 | 1.4 | 0.5 | 0.3 | 0.4 | 0.2 | 0.5 | .. |
| Financial derivatives and employee stock options | 0.0 | 0.0 | 0.0 | 0.0 | 0.0 | 0.0 | 0.0 | .. |
| Other accounts receivable | 0.0 | 0.0 | 0.0 | 0.0 | 0.0 | 0.0 | 0.0 | .. |
| Financial liabilities | 100.0 | 100.0 | 100.0 | 100.0 | 100.0 | 100.0 | 100.0 | .. |
| Currency and deposits | 0.0 | 0.0 | 0.0 | 0.0 | 0.0 | 0.0 | 0.0 | .. |
| Debt securities | 0.0 | 0.0 | 0.0 | 0.0 | 0.0 | 0.0 | 0.0 | .. |
| Loans | 0.3 | 0.4 | 0.3 | 0.2 | 0.2 | 0.3 | 0.2 | .. |
| Equity and investment fund shares | 0.0 | 0.0 | 0.0 | 0.0 | 0.0 | 0.0 | 0.0 | .. |
| Insurance pension and standardised guarantee schemes | 99.7 | 99.6 | 99.7 | 99.8 | 99.8 | 99.7 | 99.8 | .. |
| Financial derivatives and employee stock options | 0.0 | 0.0 | 0.0 | 0.0 | 0.0 | 0.0 | 0.0 | .. |
| Other accounts receivable | 0.0 | 0.0 | 0.0 | 0.0 | 0.0 | 0.0 | 0.0 | .. |

# TURKEY

## Table 1. Financial assets and liabilities of institutional investors, 2018

*Million TRY*

| | Investment funds | | | | |
|---|---|---|---|---|---|
| | Total | Non-money market funds | | | Money market funds |
| | | Total | Open-end non-money market funds | Closed-end non-money market funds | Total |
| Financial assets | 50 423 | 37 589 | 34 923 | 2 666 | 12 834 |
| Currency and deposits | 14 205 | 5 215 | 4 609 | 606 | 8 991 |
| Debt securities | 29 396 | 25 552 | 24 236 | 1 316 | 3 844 |
| Debt securities, short term | 15 041 | 11 384 | 11 173 | 211 | 3 657 |
| Debt securities, long term | 14 355 | 14 168 | 13 063 | 1 105 | 187 |
| Debt securities issued by residents | 29 321 | 25 477 | 24 161 | 1 316 | 3 844 |
| Debt securities issued by non-residents | 75 | 75 | 75 | 0 | 0 |
| Loans | .. | .. | .. | .. | .. |
| Loans, short-term | .. | .. | .. | .. | .. |
| Loans, long-term | .. | .. | .. | .. | .. |
| Loans granted to residents | .. | .. | .. | .. | .. |
| Loans granted to non-residents | .. | .. | .. | .. | .. |
| Equity and investment fund shares/units | 6 823 | 6 823 | 6 079 | 744 | 0 |
| Equity and investment fund shares issued/units by residents | 4 933 | 4 933 | 4 190 | 744 | 0 |
| Equity and investment fund shares/units issued by non residents | 1 889 | 1 889 | 1 889 | 0 | 0 |
| Other accounts receivable | .. | .. | .. | .. | .. |

| | Investment funds | | | | |
|---|---|---|---|---|---|
| | Total | Non-money market funds | | | Money market funds |
| | | Total | Open-end non-money market funds | Closed-end non-money market funds | Total |
| Financial liabilities | .. | .. | .. | .. | .. |
| Currency and deposits | .. | .. | .. | .. | .. |
| Debt securities | .. | .. | .. | .. | .. |
| Debt securities, short term | .. | .. | .. | .. | .. |
| Debt securities, long term | .. | .. | .. | .. | .. |
| Loans | .. | .. | .. | .. | .. |
| Loans, short-term | .. | .. | .. | .. | .. |
| Loans, long-term | .. | .. | .. | .. | .. |
| Equity and investment fund shares/units | .. | .. | .. | .. | .. |
| Insurance pension and standardised guaratees | .. | .. | .. | .. | .. |
| Financial derivatives and employee stock options | .. | .. | .. | .. | .. |
| Other accounts payable | .. | .. | .. | .. | .. |

| | Insurance corporations and pension funds | | | | |
|---|---|---|---|---|---|
| | Total | Insurance corporations | | | Pension funds |
| | | Total | Life insurance corporations | Non-life insurance corporations | Total |
| Financial assets | 216 810 | 92 801 | 19 152 | 73 649 | 124 009 |
| Currency and deposits | 69 477 | 37 696 | 9 504 | 28 192 | 31 781 |
| Debt securities | 101 254 | 24 684 | 6 233 | 18 451 | 76 570 |
| Debt securities, short-term | 24 680 | 24 680 | 6 232 | 18 448 | 0 |
| Debt securities, long term | 76 574 | 4 | 2 | 3 | 76 570 |
| Debt securities issued by residents | .. | .. | .. | .. | .. |
| Debt securities issued by non-residents | .. | .. | .. | .. | .. |
| Loans | 4 745 | 314 | 314 | 0 | 4 431 |
| Loans, short-term | 150 | 150 | 150 | .. | 0 |
| Loans, long-term | 4 595 | 164 | 164 | .. | 4 431 |
| Loans granted to residents | .. | .. | .. | .. | .. |
| Loans granted to non-residents | .. | .. | .. | .. | .. |
| Equity and investment fund shares/units | 13 504 | 4 114 | 326 | 3 788 | 9 390 |
| Equity and investment fund shares/units issued by residents | .. | .. | .. | .. | .. |
| Equity and investment fund shares/units issued by non residents | .. | .. | .. | .. | .. |
| Other accounts receivable | 27 831 | 25 993 | 2 774 | 23 219 | 1 838 |

| | Insurance corporations and pension funds | | | | |
|---|---|---|---|---|---|
| | Total | Insurance corporations | | | Pension funds |
| | | Total | Life insurance corporations | Non-life insurance corporations | Total |
| Financial liabilities | 220 041 | 88 606 | 18 184 | 70 422 | 131 434 |
| Currency and deposits | .. | .. | .. | .. | 0 |
| Debt securities | 0 | 0 | 0 | .. | 0 |
| Debt securities, short term | .. | .. | .. | .. | .. |
| Debt securities, long term | .. | .. | .. | .. | .. |
| Loans | 322 | 322 | 11 | 311 | 0 |
| Loans, short-term | 322 | 322 | 11 | 311 | .. |
| Loans, long-term | 0 | 0 | 0 | 0 | .. |
| Equity and investment fund shares/units | 65 051 | 30 124 | 7 458 | 22 666 | 34 927 |
| Insurance pension and standardised guarantees | 142 966 | 50 169 | 10 351 | 39 818 | 92 797 |
| Financial derivatives and employee stock options | .. | .. | .. | .. | .. |
| Other accounts payable | 11 702 | 7 992 | 364 | 7 628 | 3 710 |

Note: Detailed metadata at: *http://metalinks.oecd.org/instinv/20200916/f42e*

# TURKEY

## Table 2. Financial assets and liabilities of investment funds

*Million TRY*

| | 2012 | 2013 | 2014 | 2015 | 2016 | 2017 | 2018 | 2019 |
|---|---|---|---|---|---|---|---|---|
| **Investment funds** | | | | | | | | |
| Financial net worth | .. | .. | .. | .. | .. | .. | .. | .. |
| Financial assets | .. | .. | 45 383 | 40 267 | 46 865 | 55 885 | 50 423 | 116 618 |
| Currency and deposits | .. | .. | 23 058 | 11 524 | 13 202 | 17 067 | 14 205 | 53 063 |
| Debt securities | .. | .. | 19 979 | 25 353 | 29 823 | 31 924 | 29 396 | 51 279 |
| Loans | .. | .. | .. | .. | .. | .. | .. | .. |
| Equity and investment fund shares | .. | .. | 2 346 | 3 390 | 3 840 | 6 894 | 6 823 | 12 276 |
| Equity | .. | .. | 2 244 | 3 250 | 3 510 | 5 447 | 5 412 | 9 909 |
| Investment fund shares | .. | .. | 102 | 140 | 330 | 1 447 | 1 411 | 2 367 |
| Money market fund shares | .. | .. | 56 | 30 | 3 | 15 | 4 | 1 |
| Non-Money market fund shares | .. | .. | 46 | 110 | 328 | 1 432 | 1 407 | 2 366 |
| Insurance pension and standardised guarantees | .. | .. | .. | .. | .. | .. | .. | .. |
| Financial derivatives and employee stock options | .. | .. | .. | .. | .. | .. | .. | .. |
| Other accounts receivable | .. | .. | .. | .. | .. | .. | .. | .. |
| Financial liabilities | .. | .. | .. | .. | .. | .. | .. | .. |
| Debt securities | .. | .. | .. | .. | .. | .. | .. | .. |
| Short-term debt securities | .. | .. | .. | .. | .. | .. | .. | .. |
| Long-term debt securities | .. | .. | .. | .. | .. | .. | .. | .. |
| Loans | .. | .. | .. | .. | .. | .. | .. | .. |
| Short-term loans | .. | .. | .. | .. | .. | .. | .. | .. |
| Long-term loans | .. | .. | .. | .. | .. | .. | .. | .. |
| Equity and investment fund shares | .. | .. | .. | .. | .. | .. | .. | .. |
| Insurance pension and standardised guarantees | .. | .. | .. | .. | .. | .. | .. | .. |
| Financial derivatives and employee stock options | .. | .. | .. | .. | .. | .. | .. | .. |
| Other accounts payable | .. | .. | .. | .. | .. | .. | .. | .. |
| Non-financial assets | .. | .. | 32 264 | 41 236 | 50 710 | 59 143 | 70 147 | 79 578 |
| **Money market funds** | | | | | | | | |
| Financial net worth | .. | .. | .. | .. | .. | .. | .. | .. |
| Financial assets | .. | .. | 12 622 | 11 933 | 12 625 | 13 814 | 12 834 | 39 921 |
| Currency and deposits | .. | .. | 8 901 | 7 378 | 7 441 | 9 754 | 8 991 | 35 559 |
| Debt securities | .. | .. | 3 721 | 4 555 | 5 184 | 4 060 | 3 844 | 4 362 |
| Loans | .. | .. | .. | .. | .. | .. | .. | .. |
| Equity and investment fund shares | .. | .. | 0 | 0 | 0 | 0 | 0 | 0 |
| Equity | .. | .. | 0 | 0 | 0 | 0 | 0 | 0 |
| Investment fund shares | .. | .. | 0 | 0 | 0 | 0 | 0 | 0 |
| Money market fund shares | .. | .. | 0 | 0 | 0 | 0 | 0 | 0 |
| Non-Money market fund shares | .. | .. | 0 | 0 | 0 | 0 | 0 | 0 |
| Insurance pension and standardised guarantees | .. | .. | .. | .. | .. | .. | .. | .. |
| Financial derivatives and employee stock options | .. | .. | .. | .. | .. | .. | .. | .. |
| Other accounts receivable | .. | .. | .. | .. | .. | .. | .. | .. |
| Financial liabilities | .. | .. | .. | .. | .. | .. | .. | .. |
| Debt securities | .. | .. | .. | .. | .. | .. | .. | .. |
| Short-term debt securities | .. | .. | .. | .. | .. | .. | .. | .. |
| Long-term debt securities | .. | .. | .. | .. | .. | .. | .. | .. |
| Loans | .. | .. | .. | .. | .. | .. | .. | .. |
| Short-term loans | .. | .. | .. | .. | .. | .. | .. | .. |
| Long-term loans | .. | .. | .. | .. | .. | .. | .. | .. |
| Equity and investment fund shares | .. | .. | .. | .. | .. | .. | .. | .. |
| Insurance pension and standardised guarantees | .. | .. | .. | .. | .. | .. | .. | .. |
| Financial derivatives and employee stock options | .. | .. | .. | .. | .. | .. | .. | .. |
| Other accounts payable | .. | .. | .. | .. | .. | .. | .. | .. |
| Non-financial assets | .. | .. | 0 | 0 | 0 | 0 | 0 | 0 |
| **Non-money market funds** | | | | | | | | |
| Financial net worth | .. | .. | .. | .. | .. | .. | .. | .. |
| Financial assets | .. | .. | 32 761 | 28 334 | 34 240 | 42 071 | 37 589 | 76 697 |
| Currency and deposits | .. | .. | 14 157 | 4 145 | 5 761 | 7 312 | 5 215 | 17 504 |
| Debt securities | .. | .. | 16 258 | 20 798 | 24 639 | 27 865 | 25 552 | 46 916 |
| Loans | .. | .. | .. | .. | .. | .. | .. | .. |
| Equity and investment fund shares | .. | .. | 2 346 | 3 390 | 3 840 | 6 894 | 6 823 | 12 276 |
| Equity | .. | .. | 2 244 | 3 250 | 3 510 | 5 447 | 5 412 | 9 909 |
| Investment fund shares | .. | .. | 102 | 140 | 330 | 1 447 | 1 411 | 2 367 |
| Money market fund shares | .. | .. | 56 | 30 | 3 | 15 | 4 | 1 |
| Non-Money market fund shares | .. | .. | 46 | 110 | 328 | 1 432 | 1 407 | 2 366 |
| Insurance pension and standardised guarantees | .. | .. | .. | .. | .. | .. | .. | .. |
| Financial derivatives and employee stock options | .. | .. | .. | .. | .. | .. | .. | .. |
| Other accounts receivable | .. | .. | .. | .. | .. | .. | .. | .. |
| Financial liabilities | .. | .. | .. | .. | .. | .. | .. | .. |
| Debt securities | .. | .. | .. | .. | .. | .. | .. | .. |
| Short-term debt securities | .. | .. | .. | .. | .. | .. | .. | .. |
| Long-term debt securities | .. | .. | .. | .. | .. | .. | .. | .. |
| Loans | .. | .. | .. | .. | .. | .. | .. | .. |
| Short-term loans | .. | .. | .. | .. | .. | .. | .. | .. |
| Long-term loans | .. | .. | .. | .. | .. | .. | .. | .. |
| Equity and investment fund shares | .. | .. | .. | .. | .. | .. | .. | .. |
| Insurance pension and standardised guarantees | .. | .. | .. | .. | .. | .. | .. | .. |
| Financial derivatives and employee stock options | .. | .. | .. | .. | .. | .. | .. | .. |
| Other accounts payable | .. | .. | .. | .. | .. | .. | .. | .. |
| Non-financial assets | .. | .. | 32 264 | 41 236 | 50 710 | 59 143 | 70 147 | 79 578 |
| **Open-end non-money market funds** | | | | | | | | |
| Financial net worth | .. | .. | .. | .. | .. | .. | .. | .. |
| Financial assets | .. | .. | 31 676 | 26 822 | 32 346 | 40 058 | 34 923 | 73 408 |
| Currency and deposits | .. | .. | 13 983 | 3 920 | 5 259 | 6 835 | 4 609 | 16 203 |

## Table 2. Financial assets and liabilities of investment funds *(cont.)*

*Million TRY*

| | 2012 | 2013 | 2014 | 2015 | 2016 | 2017 | 2018 | 2019 |
|---|---|---|---|---|---|---|---|---|
| Debt securities | .. | .. | 15 509 | 20 072 | 23 810 | 26 919 | 24 236 | 45 591 |
| Loans | .. | .. | .. | .. | .. | .. | .. | .. |
| Equity and investment fund shares | .. | .. | 2 184 | 2 829 | 3 277 | 6 304 | 6 079 | 11 614 |
| Equity | .. | .. | 2 138 | 2 719 | 2 949 | 4 872 | 4 672 | 9 247 |
| Investment fund shares | .. | .. | 46 | 110 | 328 | 1 432 | 1 407 | 2 367 |
| Money market fund shares | .. | .. | 0 | 0 | 0 | 1 | 0 | 0 |
| Non-Money market fund shares | .. | .. | 46 | 110 | 328 | 1 432 | 1 407 | 2 366 |
| Insurance pension and standardised guarantees | .. | .. | .. | .. | .. | .. | .. | .. |
| Financial derivatives and employee stock options | .. | .. | .. | .. | .. | .. | .. | .. |
| Other accounts receivable | .. | .. | .. | .. | .. | .. | .. | .. |
| Financial liabilities | .. | .. | .. | .. | .. | .. | .. | .. |
| Debt securities | .. | .. | .. | .. | .. | .. | .. | .. |
| Short-term debt securities | .. | .. | .. | .. | .. | .. | .. | .. |
| Long-term debt securities | .. | .. | .. | .. | .. | .. | .. | .. |
| Loans | .. | .. | .. | .. | .. | .. | .. | .. |
| Short-term loans | .. | .. | .. | .. | .. | .. | .. | .. |
| Long-term loans | .. | .. | .. | .. | .. | .. | .. | .. |
| Equity and investment fund shares | .. | .. | .. | .. | .. | .. | .. | .. |
| Insurance pension and standardised guarantees | .. | .. | .. | .. | .. | .. | .. | .. |
| Financial derivatives and employee stock options | .. | .. | .. | .. | .. | .. | .. | .. |
| Other accounts payable | .. | .. | .. | .. | .. | .. | .. | .. |
| Non-financial assets | .. | .. | 0 | 0 | 0 | 0 | 0 | 0 |
| **Open-end investment funds** | | | | | | | | |
| Financial net worth | .. | .. | .. | .. | .. | .. | .. | .. |
| Financial assets | .. | .. | 44 298 | 38 755 | 44 970 | 53 872 | 47 757 | 113 330 |
| Currency and deposits | .. | .. | 22 884 | 11 299 | 12 700 | 16 589 | 13 599 | 51 762 |
| Debt securities | .. | .. | 19 230 | 24 627 | 28 994 | 30 979 | 28 079 | 49 953 |
| Loans | .. | .. | .. | .. | .. | .. | .. | .. |
| Equity and investment fund shares | .. | .. | 2 184 | 2 829 | 3 277 | 6 304 | 6 079 | 11 614 |
| Equity | .. | .. | 2 138 | 2 719 | 2 949 | 4 872 | 4 672 | 9 247 |
| Investment fund shares | .. | .. | 46 | 110 | 328 | 1 432 | 1 407 | 2 367 |
| Money market fund shares | .. | .. | 0 | 0 | 0 | 1 | 0 | 0 |
| Non-Money market fund shares | .. | .. | 46 | 110 | 328 | 1 432 | 1 407 | 2 366 |
| Insurance pension and standardised guarantees | .. | .. | .. | .. | .. | .. | .. | .. |
| Financial derivatives and employee stock options | .. | .. | .. | .. | .. | .. | .. | .. |
| Other accounts receivable | .. | .. | .. | .. | .. | .. | .. | .. |
| Financial liabilities | .. | .. | .. | .. | .. | .. | .. | .. |
| Debt securities | .. | .. | .. | .. | .. | .. | .. | .. |
| Short-term debt securities | .. | .. | .. | .. | .. | .. | .. | .. |
| Long-term debt securities | .. | .. | .. | .. | .. | .. | .. | .. |
| Loans | .. | .. | .. | .. | .. | .. | .. | .. |
| Short-term loans | .. | .. | .. | .. | .. | .. | .. | .. |
| Long-term loans | .. | .. | .. | .. | .. | .. | .. | .. |
| Equity and investment fund shares | .. | .. | .. | .. | .. | .. | .. | .. |
| Insurance pension and standardised guarantees | .. | .. | .. | .. | .. | .. | .. | .. |
| Financial derivatives and employee stock options | .. | .. | .. | .. | .. | .. | .. | .. |
| Other accounts payable | .. | .. | .. | .. | .. | .. | .. | .. |
| Non-financial assets | .. | .. | 0 | 0 | 0 | 0 | 0 | 0 |

Note: Detailed metadata at: *http://metalinks.oecd.org/instinv/20200916/f42e*

# TURKEY

## Table 3. Financial assets and liabilities of insurance corporations and pension funds

*Million TRY*

| | 2012 | 2013 | 2014 | 2015 | 2016 | 2017 | 2018 | 2019 |
|---|---|---|---|---|---|---|---|---|
| **Insurance corporations and pension funds** | | | | | | | | |
| Financial net worth | .. | .. | -4 420 | -4 895 | -3 774 | -4 071 | -3 230 | -7 408 |
| Financial assets | .. | .. | 103 720 | 122 899 | 146 341 | 181 714 | 216 810 | 265 257 |
| Currency and deposits | .. | .. | 37 675 | 48 486 | 59 158 | 78 543 | 69 477 | 95 140 |
| Debt securities | .. | .. | 41 395 | 43 840 | 51 896 | 63 632 | 101 254 | 104 172 |
| Loans | .. | .. | 2 635 | 3 142 | 4 316 | 3 533 | 4 745 | 10 985 |
| Equity and investment fund shares | .. | .. | 7 475 | 9 816 | 10 574 | 13 391 | 13 504 | 21 515 |
| Equity | .. | .. | 6 890 | 9 170 | 9 637 | 11 824 | 12 482 | 19 207 |
| Investment fund shares | .. | .. | 585 | 646 | 936 | 1 567 | 1 022 | 2 308 |
| Money market fund shares | .. | .. | .. | .. | .. | .. | .. | .. |
| Non-Money market fund shares | .. | .. | .. | .. | .. | .. | .. | .. |
| Insurance pension and standardised guarantees | .. | .. | .. | .. | .. | .. | .. | .. |
| Financial derivatives and employee stock options | .. | .. | .. | .. | .. | .. | .. | .. |
| Other accounts receivable | .. | .. | 14 541 | 17 616 | 20 401 | 22 616 | 27 831 | 33 445 |
| Financial liabilities | .. | .. | 108 140 | 127 794 | 150 115 | 185 785 | 220 041 | 272 665 |
| Debt securities | .. | .. | 0 | 0 | 0 | 0 | 0 | 0 |
| Short-term debt securities | .. | .. | .. | .. | .. | .. | .. | .. |
| Long-term debt securities | .. | .. | .. | .. | .. | .. | .. | .. |
| Loans | .. | .. | 352 | 993 | 667 | 285 | 322 | 682 |
| Short-term loans | .. | .. | 351 | 993 | 667 | 285 | 322 | 361 |
| Long-term loans | .. | .. | 1 | 1 | 0 | 0 | 0 | 320 |
| Equity and investment fund shares | .. | .. | 37 116 | 39 908 | 42 423 | 52 429 | 65 051 | 75 244 |
| Insurance pension and standardised guarantees | .. | .. | 62 723 | 78 312 | 97 832 | 122 062 | 142 966 | 182 564 |
| Financial derivatives and employee stock options | .. | .. | .. | .. | .. | .. | .. | .. |
| Other accounts payable | .. | .. | 7 950 | 8 581 | 9 193 | 11 009 | 11 702 | 14 176 |
| Non-financial assets | .. | .. | 77 733 | 49 286 | 61 451 | 80 002 | 93 414 | 127 928 |
| **Insurance corporations** | | | | | | | | |
| Financial net worth | .. | .. | 663 | 416 | 1 536 | 1 767 | 4 195 | 17 |
| Financial assets | .. | .. | 46 061 | 53 756 | 64 303 | 78 866 | 92 801 | 115 001 |
| Currency and deposits | .. | .. | 16 997 | 20 476 | 25 562 | 32 239 | 37 696 | 43 463 |
| Debt securities | .. | .. | 13 112 | 13 497 | 15 826 | 20 755 | 24 684 | 33 618 |
| Loans | .. | .. | 169 | 186 | 214 | 246 | 314 | 362 |
| Equity and investment fund shares | .. | .. | 2 389 | 3 166 | 3 487 | 4 117 | 4 114 | 5 952 |
| Equity | .. | .. | 1 804 | 2 520 | 2 551 | 2 550 | 3 092 | 3 643 |
| Investment fund shares | .. | .. | 585 | 646 | 936 | 1 567 | 1 022 | 2 308 |
| Money market fund shares | .. | .. | .. | .. | .. | .. | .. | .. |
| Non-Money market fund shares | .. | .. | .. | .. | .. | .. | .. | .. |
| Insurance pension and standardised guarantees | .. | .. | .. | .. | .. | .. | .. | .. |
| Financial derivatives and employee stock options | .. | .. | .. | .. | .. | .. | .. | .. |
| Other accounts receivable | .. | .. | 13 394 | 16 431 | 19 217 | 21 508 | 25 993 | 31 607 |
| Financial liabilities | .. | .. | 45 398 | 53 341 | 62 767 | 77 098 | 88 606 | 114 984 |
| Debt securities | .. | .. | 0 | 0 | 0 | 0 | 0 | 1 |
| Short-term debt securities | .. | .. | .. | .. | .. | .. | .. | .. |
| Long-term debt securities | .. | .. | .. | .. | .. | .. | .. | .. |
| Loans | .. | .. | 352 | 993 | 667 | 285 | 322 | 682 |
| Short-term loans | .. | .. | 351 | 993 | 667 | 285 | 322 | 361 |
| Long-term loans | .. | .. | 1 | 0 | 0 | 0 | 0 | 320 |
| Equity and investment fund shares | .. | .. | 16 002 | 16 823 | 19 338 | 26 721 | 30 124 | 40 317 |
| Insurance pension and standardised guarantees | .. | .. | 25 000 | 30 394 | 37 018 | 42 532 | 50 169 | 63 520 |
| Financial derivatives and employee stock options | .. | .. | .. | .. | .. | .. | .. | .. |
| Other accounts payable | .. | .. | 4 044 | 5 131 | 5 744 | 7 560 | 7 992 | 10 465 |
| Non-financial assets | .. | .. | 38 787 | 49 286 | 61 451 | 80 002 | 93 414 | 127 928 |
| **Pension funds** | | | | | | | | |
| Financial net worth | .. | .. | -5 084 | -5 310 | -5 310 | -5 838 | -7 425 | -7 425 |
| Financial assets | .. | .. | 57 659 | 69 143 | 82 038 | 102 849 | 124 009 | 150 256 |
| Currency and deposits | .. | .. | 20 678 | 28 010 | 33 596 | 46 304 | 31 781 | 51 677 |
| Debt securities | .. | .. | 28 282 | 30 342 | 36 070 | 42 877 | 76 570 | 70 554 |
| Loans | .. | .. | 2 466 | 2 956 | 4 102 | 3 287 | 4 431 | 10 623 |
| Equity and investment fund shares | .. | .. | 5 086 | 6 650 | 7 087 | 9 274 | 9 390 | 15 564 |
| Equity | .. | .. | 5 086 | 6 650 | 7 087 | 9 274 | 9 390 | 15 564 |
| Investment fund shares | .. | .. | 0 | 0 | 0 | 0 | 0 | 0 |
| Money market fund shares | .. | .. | .. | .. | .. | .. | .. | .. |
| Non-Money market fund shares | .. | .. | .. | .. | .. | .. | .. | .. |
| Insurance pension and standardised guarantees | .. | .. | 0 | 0 | 0 | 0 | 0 | 0 |
| Financial derivatives and employee stock options | .. | .. | 0 | 0 | 0 | 0 | 0 | 0 |
| Other accounts receivable | .. | .. | 1 147 | 1 184 | 1 184 | 1 107 | 1 838 | 1 838 |
| Financial liabilities | .. | .. | 62 742 | 74 453 | 87 349 | 108 687 | 131 434 | 157 681 |
| Debt securities | .. | .. | 0 | 0 | 0 | 0 | 0 | 0 |
| Short-term debt securities | .. | .. | .. | .. | .. | .. | .. | .. |
| Long-term debt securities | .. | .. | .. | .. | .. | .. | .. | .. |
| Loans | .. | .. | 0 | 0 | 0 | 0 | 0 | 0 |
| Short-term loans | .. | .. | .. | .. | .. | .. | .. | .. |
| Long-term loans | .. | .. | .. | .. | .. | .. | .. | .. |
| Equity and investment fund shares | .. | .. | 21 114 | 23 085 | 23 085 | 25 709 | 34 927 | 34 927 |
| Insurance pension and standardised guarantees | .. | .. | 37 723 | 47 918 | 60 814 | 79 530 | 92 797 | 119 044 |
| Financial derivatives and employee stock options | .. | .. | .. | .. | .. | .. | .. | .. |
| Other accounts payable | .. | .. | 3 906 | 3 450 | 3 450 | 3 449 | 3 710 | 3 710 |
| Non-financial assets | .. | .. | 38 946 | .. | .. | .. | .. | .. |

Note: Detailed metadata at: *http://metalinks.oecd.org/instinv/20200916/f42e*

## Table 4. Portfolio composition by type of investor

As percentage of financial assets and of financial liabilities

*Per cent*

| | 2012 | 2013 | 2014 | 2015 | 2016 | 2017 | 2018 | 2019 |
|---|---|---|---|---|---|---|---|---|
| **Investment funds** | | | | | | | | |
| Financial assets | .. | .. | 100.0 | 100.0 | 100.0 | 100.0 | 100.0 | 100.0 |
| Currency and deposits | .. | .. | 50.8 | 28.6 | 28.2 | 30.5 | 28.2 | 45.5 |
| Debt securities | .. | .. | 44.0 | 63.0 | 63.6 | 57.1 | 58.3 | 44.0 |
| Loans | .. | .. | 0.0 | 0.0 | 0.0 | 0.0 | 0.0 | 0.0 |
| Equity and investment fund shares | .. | .. | 5.2 | 8.4 | 8.2 | 12.3 | 13.5 | 10.5 |
| Insurance pension and standardised guarantee schemes | .. | .. | 0.0 | 0.0 | 0.0 | 0.0 | 0.0 | 0.0 |
| Financial derivatives and employee stock options | .. | .. | 0.0 | 0.0 | 0.0 | 0.0 | 0.0 | 0.0 |
| Other accounts receivable | .. | .. | 0.0 | 0.0 | 0.0 | 0.0 | 0.0 | 0.0 |
| Financial liabilities | .. | .. | .. | .. | .. | .. | .. | .. |
| Currency and deposits | .. | .. | .. | .. | .. | .. | .. | .. |
| Debt securities | .. | .. | .. | .. | .. | .. | .. | .. |
| Loans | .. | .. | .. | .. | .. | .. | .. | .. |
| Equity and investment fund shares | .. | .. | .. | .. | .. | .. | .. | .. |
| Insurance pension and standardised guarantee schemes | .. | .. | .. | .. | .. | .. | .. | .. |
| Financial derivatives and employee stock options | .. | .. | .. | .. | .. | .. | .. | .. |
| Other accounts receivable | .. | .. | .. | .. | .. | .. | .. | .. |
| **Insurance corporations** | | | | | | | | |
| Financial assets | .. | .. | 100.0 | 100.0 | 100.0 | 100.0 | 100.0 | 100.0 |
| Currency and deposits | .. | .. | 36.9 | 38.1 | 39.8 | 40.9 | 40.6 | 37.8 |
| Debt securities | .. | .. | 28.5 | 25.1 | 24.6 | 26.3 | 26.6 | 29.2 |
| Loans | .. | .. | 0.4 | 0.3 | 0.3 | 0.3 | 0.3 | 0.3 |
| Equity and investment fund shares | .. | .. | 5.2 | 5.9 | 5.4 | 5.2 | 4.4 | 5.2 |
| Insurance pension and standardised guarantee schemes | .. | .. | 0.0 | 0.0 | 0.0 | 0.0 | 0.0 | 0.0 |
| Financial derivatives and employee stock options | .. | .. | 0.0 | 0.0 | 0.0 | 0.0 | 0.0 | 0.0 |
| Other accounts receivable | .. | .. | 29.1 | 30.6 | 29.9 | 27.3 | 28.0 | 27.5 |
| Financial liabilities | .. | .. | 100.0 | 100.0 | 100.0 | 100.0 | 100.0 | 100.0 |
| Currency and deposits | .. | .. | 0.0 | 0.0 | 0.0 | 0.0 | 0.0 | 0.0 |
| Debt securities | .. | .. | 0.0 | 0.0 | 0.0 | 0.0 | 0.0 | 0.0 |
| Loans | .. | .. | 0.8 | 1.9 | 1.1 | 0.4 | 0.4 | 0.6 |
| Equity and investment fund shares | .. | .. | 35.2 | 31.5 | 30.8 | 34.7 | 34.0 | 35.1 |
| Insurance pension and standardised guarantee schemes | .. | .. | 55.1 | 57.0 | 59.0 | 55.2 | 56.6 | 55.2 |
| Financial derivatives and employee stock options | .. | .. | 0.0 | 0.0 | 0.0 | 0.0 | 0.0 | 0.0 |
| Other accounts receivable | .. | .. | 8.9 | 9.6 | 9.2 | 9.8 | 9.0 | 9.1 |
| **Pension funds** | | | | | | | | |
| Financial assets | .. | .. | 100.0 | 100.0 | 100.0 | 100.0 | 100.0 | 100.0 |
| Currency and deposits | .. | .. | 35.9 | 40.5 | 41.0 | 45.0 | 25.6 | 34.4 |
| Debt securities | .. | .. | 49.1 | 43.9 | 44.0 | 41.7 | 61.7 | 47.0 |
| Loans | .. | .. | 4.3 | 4.3 | 5.0 | 3.2 | 3.6 | 7.1 |
| Equity and investment fund shares | .. | .. | 8.8 | 9.6 | 8.6 | 9.0 | 7.6 | 10.4 |
| Insurance pension and standardised guarantee schemes | .. | .. | 0.0 | 0.0 | 0.0 | 0.0 | 0.0 | 0.0 |
| Financial derivatives and employee stock options | .. | .. | 0.0 | 0.0 | 0.0 | 0.0 | 0.0 | 0.0 |
| Other accounts receivable | .. | .. | 2.0 | 1.7 | 1.4 | 1.1 | 1.5 | 1.2 |
| Financial liabilities | .. | .. | 100.0 | 100.0 | 100.0 | 100.0 | 100.0 | 100.0 |
| Currency and deposits | .. | .. | 0.0 | 0.0 | 0.0 | 0.0 | 0.0 | 0.0 |
| Debt securities | .. | .. | 0.0 | 0.0 | 0.0 | 0.0 | 0.0 | 0.0 |
| Loans | .. | .. | 0.0 | 0.0 | 0.0 | 0.0 | 0.0 | 0.0 |
| Equity and investment fund shares | .. | .. | 33.7 | 31.0 | 26.4 | 23.7 | 26.6 | 22.2 |
| Insurance pension and standardised guarantee schemes | .. | .. | 60.1 | 64.4 | 69.6 | 73.2 | 70.6 | 75.5 |
| Financial derivatives and employee stock options | .. | .. | 0.0 | 0.0 | 0.0 | 0.0 | 0.0 | 0.0 |
| Other accounts receivable | .. | .. | 6.2 | 4.6 | 3.9 | 3.2 | 2.8 | 2.4 |

Note: Detailed metadata at: *http://metalinks.oecd.org/instinv/20200916/eb22*

# UNITED KINGDOM

## Table 1. Financial assets and liabilities of institutional investors, 2018

*Million GBP*

| | Investment funds | | | | |
|---|---|---|---|---|---|
| | | Non-money market funds | | | Money market funds |
| | Total | Total | Open-end non-money market funds | Closed-end non-money market funds | Total |
| Financial assets | .. | 1 197 766 | .. | .. | .. |
| Currency and deposits | .. | 42 106 | .. | .. | .. |
| Debt securities | .. | 299 466 | .. | .. | .. |
| Debt securities, short term | .. | .. | .. | .. | .. |
| Debt securities, long term | .. | .. | .. | .. | .. |
| Debt securities issued by residents | .. | .. | .. | .. | .. |
| Debt securities issued by non-residents | .. | .. | .. | .. | .. |
| Loans | .. | .. | .. | .. | .. |
| Loans, short-term | .. | .. | .. | .. | .. |
| Loans, long-term | .. | .. | .. | .. | .. |
| Loans granted to residents | .. | .. | .. | .. | .. |
| Loans granted to non-residents | .. | .. | .. | .. | .. |
| Equity and investment fund shares/units | .. | 821 041 | .. | .. | .. |
| Equity and investment fund shares issued/units by residents | .. | .. | .. | .. | .. |
| Equity and investment fund shares/units issued by non residents | .. | .. | .. | .. | .. |
| Other accounts receivable | .. | 3 201 | .. | .. | .. |

| | Investment funds | | | | |
|---|---|---|---|---|---|
| | | Non-money market funds | | | Money market funds |
| | Total | Total | Open-end non-money market funds | Closed-end non-money market funds | Total |
| Financial liabilities | .. | 1 258 469 | .. | .. | .. |
| Currency and deposits | .. | .. | .. | .. | .. |
| Debt securities | .. | 1 432 | .. | .. | .. |
| Debt securities, short term | .. | .. | .. | .. | .. |
| Debt securities, long term | .. | .. | .. | .. | .. |
| Loans | .. | 9 774 | .. | .. | .. |
| Loans, short-term | .. | .. | .. | .. | .. |
| Loans, long-term | .. | .. | .. | .. | .. |
| Equity and investment fund shares/units | .. | 1 221 851 | .. | .. | .. |
| Insurance pension and standardised guaratees | .. | 552 | .. | .. | .. |
| Financial derivatives and employee stock options | .. | 24 832 | .. | .. | .. |
| Other accounts payable | .. | 28 | .. | .. | .. |

| | Insurance corporations and pension funds | | | | |
|---|---|---|---|---|---|
| | | Insurance corporations | | | Pension funds |
| | Total | Total | Life insurance corporations | Non-life insurance corporations | Total |
| Financial assets | 4 156 337 | .. | .. | .. | .. |
| Currency and deposits | 169 957 | .. | .. | .. | .. |
| Debt securities | 1 292 467 | .. | .. | .. | .. |
| Debt securities, short-term | 17 187 | .. | .. | .. | .. |
| Debt securities, long term | 1 275 280 | .. | .. | .. | .. |
| Debt securities issued by residents | 915 040 | .. | .. | .. | .. |
| Debt securities issued by non-residents | 377 427 | .. | .. | .. | .. |
| Loans | 215 089 | .. | .. | .. | .. |
| Loans, short-term | .. | .. | .. | .. | .. |
| Loans, long-term | .. | .. | .. | .. | .. |
| Loans granted to residents | .. | .. | .. | .. | .. |
| Loans granted to non-residents | .. | .. | .. | .. | .. |
| Equity and investment fund shares/units | 1 555 348 | .. | .. | .. | .. |
| Equity and investment fund shares/units issued by residents | 872 889 | .. | .. | .. | .. |
| Equity and investment fund shares/units issued by non residents | 682 459 | .. | .. | .. | .. |
| Other accounts receivable | 31 539 | .. | .. | .. | .. |

| | Insurance corporations and pension funds | | | | |
|---|---|---|---|---|---|
| | | Insurance corporations | | | Pension funds |
| | Total | Total | Life insurance corporations | Non-life insurance corporations | Total |
| Financial liabilities | 4 175 752 | .. | .. | .. | .. |
| Currency and deposits | .. | .. | .. | .. | .. |
| Debt securities | 32 147 | .. | .. | .. | .. |
| Debt securities, short term | .. | .. | .. | .. | .. |
| Debt securities, long term | .. | .. | .. | .. | .. |
| Loans | 102 365 | .. | .. | .. | .. |
| Loans, short-term | 86 092 | .. | .. | .. | .. |
| Loans, long-term | 16 273 | .. | .. | .. | .. |
| Equity and investment fund shares/units | 118 458 | .. | .. | .. | .. |
| Insurance pension and standardised guarantees | 3 747 139 | .. | .. | .. | .. |
| Financial derivatives and employee stock options | 73 437 | .. | .. | .. | .. |
| Other accounts payable | 102 206 | .. | .. | .. | .. |

Note: Detailed metadata at: *http://metalinks.oecd.org/instinv/20200916/f42e*

## UNITED KINGDOM

### Table 3. Financial assets and liabilities of insurance corporations and pension funds

*Million GBP*

| | 2012 | 2013 | 2014 | 2015 | 2016 | 2017 | 2018 | 2019 |
|---|---|---|---|---|---|---|---|---|
| **Insurance corporations and pension funds** | | | | | | | | |
| Financial net worth | 136 281 | 152 679 | 184 364 | 131 045 | 91 966 | 75 467 | -19 415 | 56 921 |
| Financial assets | 3 493 794 | 3 486 467 | 4 017 059 | 3 926 604 | 4 336 030 | 4 373 917 | 4 156 337 | 4 479 930 |
| Currency and deposits | 130 659 | 146 098 | 146 465 | 136 653 | 142 383 | 160 869 | 169 957 | 174 088 |
| Debt securities | 1 002 101 | 1 002 513 | 1 096 507 | 1 098 289 | 1 230 826 | 1 270 882 | 1 292 467 | 1 396 130 |
| Loans | 176 481 | 205 884 | 167 890 | 173 908 | 203 678 | 218 898 | 215 089 | 226 235 |
| Equity and investment fund shares | 1 318 816 | 1 415 456 | 1 490 745 | 1 511 042 | 1 633 114 | 1 700 663 | 1 555 348 | 1 668 485 |
| Equity | 616 964 | 634 043 | 657 635 | 635 353 | 698 404 | 695 328 | 541 458 | 595 394 |
| Investment fund shares | 701 852 | 781 413 | 833 110 | 875 689 | 934 710 | 1 005 335 | 1 013 890 | 1 073 091 |
| Money market fund shares | .. | .. | .. | .. | .. | .. | .. | .. |
| Non-Money market fund shares | .. | .. | .. | .. | .. | .. | .. | .. |
| Insurance pension and standardised guarantees | 708 187 | 556 066 | 929 862 | 871 527 | 965 979 | 882 205 | 819 995 | 879 658 |
| Financial derivatives and employee stock options | 126 284 | 126 134 | 151 147 | 104 091 | 132 502 | 112 849 | 71 942 | 100 942 |
| Other accounts receivable | 31 266 | 34 316 | 34 443 | 31 094 | 27 548 | 27 551 | 31 539 | 34 392 |
| Financial liabilities | 3 357 513 | 3 333 788 | 3 832 695 | 3 795 559 | 4 244 064 | 4 298 450 | 4 175 752 | 4 423 009 |
| Debt securities | 26 222 | 23 878 | 28 652 | 24 759 | 31 688 | 33 508 | 32 147 | 34 272 |
| Short-term debt securities | .. | .. | .. | .. | .. | .. | .. | .. |
| Long-term debt securities | .. | .. | .. | .. | .. | .. | .. | .. |
| Loans | 62 078 | 68 328 | 53 325 | 62 000 | 75 882 | 90 481 | 102 365 | 107 075 |
| Short-term loans | 37 140 | 42 750 | 35 142 | 42 306 | 57 579 | 73 772 | 86 092 | 98 702 |
| Long-term loans | 24 938 | 25 578 | 18 183 | 19 694 | 18 303 | 16 709 | 16 273 | 8 373 |
| Equity and investment fund shares | 74 313 | 95 947 | 114 366 | 123 925 | 125 839 | 143 842 | 118 458 | 121 256 |
| Insurance pension and standardised guarantees | 2 982 139 | 2 930 029 | 3 380 788 | 3 392 547 | 3 762 238 | 3 810 276 | 3 747 139 | 3 949 398 |
| Financial derivatives and employee stock options | 125 219 | 125 410 | 149 266 | 102 718 | 130 520 | 111 807 | 73 437 | 101 816 |
| Other accounts payable | 87 542 | 90 196 | 106 298 | 89 610 | 117 897 | 108 536 | 102 206 | 109 192 |
| Non-financial assets | .. | .. | .. | .. | .. | .. | .. | .. |
| **Insurance corporations** | | | | | | | | |
| Financial net worth | .. | .. | .. | .. | .. | .. | .. | .. |
| Financial assets | .. | .. | .. | .. | .. | .. | .. | .. |
| Currency and deposits | .. | .. | .. | .. | .. | .. | .. | .. |
| Debt securities | .. | .. | .. | .. | .. | .. | .. | .. |
| Loans | .. | .. | .. | .. | .. | .. | .. | .. |
| Equity and investment fund shares | .. | .. | .. | .. | .. | .. | .. | .. |
| Equity | .. | .. | .. | .. | .. | .. | .. | .. |
| Investment fund shares | .. | .. | .. | .. | .. | .. | .. | .. |
| Money market fund shares | .. | .. | .. | .. | .. | .. | .. | .. |
| Non-Money market fund shares | .. | .. | .. | .. | .. | .. | .. | .. |
| Insurance pension and standardised guarantees | .. | .. | .. | .. | .. | .. | .. | .. |
| Financial derivatives and employee stock options | .. | .. | .. | .. | .. | .. | .. | .. |
| Other accounts receivable | .. | .. | .. | .. | .. | .. | .. | .. |
| Financial liabilities | .. | .. | .. | .. | .. | .. | .. | .. |
| Debt securities | .. | .. | .. | .. | .. | .. | .. | .. |
| Short-term debt securities | .. | .. | .. | .. | .. | .. | .. | .. |
| Long-term debt securities | .. | .. | .. | .. | .. | .. | .. | .. |
| Loans | .. | .. | .. | .. | .. | .. | .. | .. |
| Short-term loans | .. | .. | .. | .. | .. | .. | .. | .. |
| Long-term loans | .. | .. | .. | .. | .. | .. | .. | .. |
| Equity and investment fund shares | .. | .. | .. | .. | .. | .. | .. | .. |
| Insurance pension and standardised guarantees | .. | .. | .. | .. | .. | .. | .. | .. |
| Financial derivatives and employee stock options | .. | .. | .. | .. | .. | .. | .. | .. |
| Other accounts payable | .. | .. | .. | .. | .. | .. | .. | .. |
| Non-financial assets | .. | .. | .. | .. | .. | .. | .. | .. |
| **Pension funds** | | | | | | | | |
| Financial net worth | .. | .. | .. | .. | .. | .. | .. | .. |
| Financial assets | .. | .. | .. | .. | .. | .. | .. | .. |
| Currency and deposits | .. | .. | .. | .. | .. | .. | .. | .. |
| Debt securities | .. | .. | .. | .. | .. | .. | .. | .. |
| Loans | .. | .. | .. | .. | .. | .. | .. | .. |
| Equity and investment fund shares | .. | .. | .. | .. | .. | .. | .. | .. |
| Equity | .. | .. | .. | .. | .. | .. | .. | .. |
| Investment fund shares | .. | .. | .. | .. | .. | .. | .. | .. |
| Money market fund shares | .. | .. | .. | .. | .. | .. | .. | .. |
| Non-Money market fund shares | .. | .. | .. | .. | .. | .. | .. | .. |
| Insurance pension and standardised guarantees | .. | .. | .. | .. | .. | .. | .. | .. |
| Financial derivatives and employee stock options | .. | .. | .. | .. | .. | .. | .. | .. |
| Other accounts receivable | .. | .. | .. | .. | .. | .. | .. | .. |
| Financial liabilities | .. | .. | .. | .. | .. | .. | .. | .. |
| Debt securities | .. | .. | .. | .. | .. | .. | .. | .. |
| Short-term debt securities | .. | .. | .. | .. | .. | .. | .. | .. |
| Long-term debt securities | .. | .. | .. | .. | .. | .. | .. | .. |
| Loans | .. | .. | .. | .. | .. | .. | .. | .. |
| Short-term loans | .. | .. | .. | .. | .. | .. | .. | .. |
| Long-term loans | .. | .. | .. | .. | .. | .. | .. | .. |
| Equity and investment fund shares | .. | .. | .. | .. | .. | .. | .. | .. |
| Insurance pension and standardised guarantees | .. | .. | .. | .. | .. | .. | .. | .. |
| Financial derivatives and employee stock options | .. | .. | .. | .. | .. | .. | .. | .. |
| Other accounts payable | .. | .. | .. | .. | .. | .. | .. | .. |
| Non-financial assets | .. | .. | .. | .. | .. | .. | .. | .. |

Note: Detailed metadata at: *http://metalinks.oecd.org/instinv/20200916/f42e*

# UNITED STATES

## Table 1. Financial assets and liabilities of institutional investors, 2018

*Billion USD*

| | Total | Investment funds | | | |
|---|---|---|---|---|---|
| | | Non-money market funds | | | Money market funds |
| | | Total | Open-end non-money market funds | Closed-end non-money market funds | Total |
| Financial assets | 22 152 | 19 114 | 18 041 | 1 073 | 3 038 |
| Currency and deposits | 184 | 36 | .. | 36 | 148 |
| Debt securities | 7 526 | 5 663 | 5 178 | 485 | 1 862 |
| Debt securities, short term | 959 | 175 | 175 | .. | 785 |
| Debt securities, long term | 6 566 | 5 488 | 5 003 | 485 | 1 078 |
| Debt securities issued by residents | .. | .. | .. | .. | .. |
| Debt securities issued by non-residents | .. | .. | .. | .. | .. |
| Loans | 1 519 | 500 | 245 | 255 | 1 019 |
| Loans, short-term | 1 264 | 245 | 245 | .. | 1 019 |
| Loans, long-term | 255 | 255 | .. | 255 | .. |
| Loans granted to residents | .. | .. | .. | .. | .. |
| Loans granted to non-residents | .. | .. | .. | .. | .. |
| Equity and investment fund shares/units | 12 418 | 12 418 | 12 327 | 92 | .. |
| Equity and investment fund shares issued/units by residents | .. | .. | .. | .. | .. |
| Equity and investment fund shares/units issued by non residents | .. | .. | .. | .. | .. |
| Other accounts receivable | 504 | 496 | 292 | 205 | 8 |

| | Total | Investment funds | | | |
|---|---|---|---|---|---|
| | | Non-money market funds | | | Money market funds |
| | | Total | Open-end non-money market funds | Closed-end non-money market funds | Total |
| Financial liabilities | 22 502 | 19 464 | 18 041 | 1 423 | 3 038 |
| Currency and deposits | .. | .. | .. | .. | .. |
| Debt securities | 470 | 470 | .. | 470 | .. |
| Debt securities, short term | 0 | 0 | .. | 0 | .. |
| Debt securities, long term | 470 | 470 | .. | 470 | .. |
| Loans | 583 | 583 | .. | 583 | .. |
| Loans, short-term | 357 | 357 | .. | 357 | .. |
| Loans, long-term | 226 | 226 | .. | 226 | .. |
| Equity and investment fund shares/units | 21 331 | 18 293 | 18 041 | 252 | 3 038 |
| Insurance pension and standardised guaratees | .. | .. | .. | .. | .. |
| Financial derivatives and employee stock options | .. | .. | .. | .. | .. |
| Other accounts payable | 118 | 118 | .. | 118 | .. |

| | Total | Insurance corporations and pension funds | | | |
|---|---|---|---|---|---|
| | | Insurance corporations | | | Pension funds |
| | | Total | Life insurance corporations | Non-life insurance corporations | Total |
| Financial assets | 32 669 | 9 979 | 7 566 | 2 412 | 22 690 |
| Currency and deposits | 213 | 121 | 91 | 30 | 92 |
| Debt securities | 9 183 | 4 621 | 3 503 | 1 119 | 4 562 |
| Debt securities, short-term | 194 | 97 | 42 | 55 | 97 |
| Debt securities, long term | 8 988 | 4 524 | 3 461 | 1 063 | 4 464 |
| Debt securities issued by residents | .. | .. | .. | .. | .. |
| Debt securities issued by non-residents | .. | .. | .. | .. | .. |
| Loans | 811 | 761 | 739 | 22 | 49 |
| Loans, short-term | 180 | 173 | 171 | 1 | 8 |
| Loans, long-term | 630 | 589 | 568 | 20 | 42 |
| Loans granted to residents | .. | .. | .. | .. | .. |
| Loans granted to non-residents | .. | .. | .. | .. | .. |
| Equity and investment fund shares/units | 12 117 | 2 623 | 2 060 | 563 | 9 495 |
| Equity and investment fund shares/units issued by residents | .. | .. | .. | .. | .. |
| Equity and investment fund shares/units issued by non residents | .. | .. | .. | .. | .. |
| Other accounts receivable | 2 034 | 994 | 623 | 371 | 1 040 |

| | Total | Insurance corporations and pension funds | | | |
|---|---|---|---|---|---|
| | | Insurance corporations | | | Pension funds |
| | | Total | Life insurance corporations | Non-life insurance corporations | Total |
| Financial liabilities | 32 375 | 9 579 | 7 442 | 2 136 | 22 797 |
| Currency and deposits | 86 | 86 | 86 | .. | .. |
| Debt securities | .. | .. | .. | .. | .. |
| Debt securities, short term | .. | .. | .. | .. | .. |
| Debt securities, long term | .. | .. | .. | .. | .. |
| Loans | 109 | 109 | 105 | 4 | .. |
| Loans, short-term | 109 | 109 | 105 | 4 | .. |
| Loans, long-term | .. | .. | .. | .. | .. |
| Equity and investment fund shares/units | 879 | 879 | 347 | 532 | .. |
| Insurance pension and standardised guarantees | 30 499 | 7 702 | 6 408 | 1 294 | 22 797 |
| Financial derivatives and employee stock options | .. | .. | .. | .. | .. |
| Other accounts payable | 803 | 803 | 496 | 307 | .. |

Note: Detailed metadata at: *http://metalinks.oecd.org/instinv/20200916/f42e*

# UNITED STATES

## Table 2. Financial assets and liabilities of investment funds

*Billion USD*

| | 2012 | 2013 | 2014 | 2015 | 2016 | 2017 | 2018 | 2019 |
|---|---|---|---|---|---|---|---|---|
| **Investment funds** | | | | | | | | |
| Financial net worth | -224 | -264 | -297 | -337 | -332 | -339 | -350 | -432 |
| Financial assets | 15 252 | 17 683 | 18 888 | 18 662 | 19 812 | 23 179 | 22 152 | 26 866 |
| Currency and deposits | 540 | 575 | 587 | 454 | 211 | 245 | 184 | 312 |
| Debt securities | 6 147 | 5 995 | 6 144 | 6 189 | 6 659 | 7 217 | 7 526 | 8 750 |
| Loans | 787 | 959 | 1 158 | 1 159 | 1 271 | 1 463 | 1 519 | 1 696 |
| Equity and investment fund shares | 7 372 | 9 706 | 10 539 | 10 436 | 11 205 | 13 705 | 12 418 | 15 528 |
| Equity | 7 372 | 9 706 | 10 539 | 10 436 | 11 205 | 13 705 | 12 418 | 15 528 |
| Investment fund shares | .. | .. | .. | .. | .. | .. | .. | .. |
| Money market fund shares | .. | .. | .. | .. | .. | .. | .. | .. |
| Non-Money market fund shares | .. | .. | .. | .. | .. | .. | .. | .. |
| Insurance pension and standardised guarantees | .. | .. | .. | .. | .. | .. | .. | .. |
| Financial derivatives and employee stock options | .. | .. | .. | .. | .. | .. | .. | .. |
| Other accounts receivable | 407 | 447 | 460 | 424 | 465 | 549 | 504 | 579 |
| Financial liabilities | 15 475 | 17 947 | 19 185 | 18 999 | 20 144 | 23 519 | 22 502 | 27 298 |
| Debt securities | 179 | 355 | 403 | 396 | 417 | 439 | 470 | 538 |
| Short-term debt securities | 0 | 0 | 0 | 0 | 0 | 0 | 0 | 0 |
| Long-term debt securities | 179 | 355 | 403 | 396 | 417 | 439 | 470 | 538 |
| Loans | 542 | 497 | 536 | 520 | 494 | 552 | 583 | 643 |
| Short-term loans | 348 | 282 | 304 | 284 | 257 | 310 | 357 | 419 |
| Long-term loans | 194 | 214 | 231 | 235 | 236 | 242 | 226 | 225 |
| Equity and investment fund shares | 14 657 | 17 021 | 18 164 | 18 003 | 19 136 | 22 426 | 21 331 | 25 969 |
| Insurance pension and standardised guarantees | .. | .. | .. | .. | .. | .. | .. | .. |
| Financial derivatives and employee stock options | .. | .. | .. | .. | .. | .. | .. | .. |
| Other accounts payable | 96 | 74 | 82 | 80 | 97 | 102 | 118 | 148 |
| Non-financial assets | 224 | 264 | 297 | 337 | 332 | 339 | 350 | 432 |
| **Money market funds** | | | | | | | | |
| Financial net worth | .. | .. | .. | .. | .. | .. | .. | .. |
| Financial assets | 2 693 | 2 733 | 2 749 | 2 742 | 2 731 | 2 848 | 3 038 | 3 634 |
| Currency and deposits | 504 | 541 | 549 | 418 | 174 | 205 | 148 | 267 |
| Debt securities | 1 605 | 1 649 | 1 531 | 1 582 | 1 749 | 1 681 | 1 862 | 2 181 |
| Loans | 555 | 515 | 662 | 721 | 802 | 956 | 1 019 | 1 175 |
| Equity and investment fund shares | .. | .. | .. | .. | .. | .. | .. | .. |
| Equity | .. | .. | .. | .. | .. | .. | .. | .. |
| Investment fund shares | .. | .. | .. | .. | .. | .. | .. | .. |
| Money market fund shares | .. | .. | .. | .. | .. | .. | .. | .. |
| Non-Money market fund shares | .. | .. | .. | .. | .. | .. | .. | .. |
| Insurance pension and standardised guarantees | .. | .. | .. | .. | .. | .. | .. | .. |
| Financial derivatives and employee stock options | .. | .. | .. | .. | .. | .. | .. | .. |
| Other accounts receivable | 29 | 28 | 8 | 21 | 7 | 7 | 8 | 10 |
| Financial liabilities | 2 693 | 2 733 | 2 749 | 2 742 | 2 731 | 2 848 | 3 038 | 3 634 |
| Debt securities | .. | .. | .. | .. | .. | .. | .. | .. |
| Short-term debt securities | .. | .. | .. | .. | .. | .. | .. | .. |
| Long-term debt securities | .. | .. | .. | .. | .. | .. | .. | .. |
| Loans | .. | .. | .. | .. | .. | .. | .. | .. |
| Short-term loans | .. | .. | .. | .. | .. | .. | .. | .. |
| Long-term loans | .. | .. | .. | .. | .. | .. | .. | .. |
| Equity and investment fund shares | 2 693 | 2 733 | 2 749 | 2 742 | 2 731 | 2 848 | 3 038 | 3 634 |
| Insurance pension and standardised guarantees | .. | .. | .. | .. | .. | .. | .. | .. |
| Financial derivatives and employee stock options | .. | .. | .. | .. | .. | .. | .. | .. |
| Other accounts payable | .. | .. | .. | .. | .. | .. | .. | .. |
| Non-financial assets | .. | .. | .. | .. | .. | .. | .. | .. |
| **Non-money market funds** | | | | | | | | |
| Financial net worth | -224 | -264 | -297 | -337 | -332 | -339 | -350 | -432 |
| Financial assets | 12 558 | 14 950 | 16 139 | 15 920 | 17 080 | 20 331 | 19 114 | 23 232 |
| Currency and deposits | 35 | 34 | 39 | 36 | 38 | 41 | 36 | 45 |
| Debt securities | 4 542 | 4 346 | 4 614 | 4 606 | 4 910 | 5 537 | 5 663 | 6 569 |
| Loans | 232 | 444 | 496 | 438 | 469 | 507 | 500 | 521 |
| Equity and investment fund shares | 7 372 | 9 706 | 10 539 | 10 436 | 11 205 | 13 705 | 12 418 | 15 528 |
| Equity | 7 372 | 9 706 | 10 539 | 10 436 | 11 205 | 13 705 | 12 418 | 15 528 |
| Investment fund shares | .. | .. | .. | .. | .. | .. | .. | .. |
| Money market fund shares | .. | .. | .. | .. | .. | .. | .. | .. |
| Non-Money market fund shares | .. | .. | .. | .. | .. | .. | .. | .. |
| Insurance pension and standardised guarantees | .. | .. | .. | .. | .. | .. | .. | .. |
| Financial derivatives and employee stock options | .. | .. | .. | .. | .. | .. | .. | .. |
| Other accounts receivable | 378 | 419 | 452 | 403 | 458 | 542 | 496 | 569 |
| Financial liabilities | 12 782 | 15 213 | 16 436 | 16 256 | 17 413 | 20 670 | 19 464 | 23 663 |
| Debt securities | 179 | 355 | 403 | 396 | 417 | 439 | 470 | 538 |
| Short-term debt securities | 0 | 0 | 0 | 0 | 0 | 0 | 0 | 0 |
| Long-term debt securities | 179 | 355 | 403 | 396 | 417 | 439 | 470 | 538 |
| Loans | 542 | 497 | 536 | 520 | 494 | 552 | 583 | 643 |
| Short-term loans | 348 | 282 | 304 | 284 | 257 | 310 | 357 | 419 |
| Long-term loans | 194 | 214 | 231 | 235 | 236 | 242 | 226 | 225 |
| Equity and investment fund shares | 11 964 | 14 287 | 15 414 | 15 261 | 16 405 | 19 577 | 18 293 | 22 334 |
| Insurance pension and standardised guarantees | .. | .. | .. | .. | .. | .. | .. | .. |
| Financial derivatives and employee stock options | .. | .. | .. | .. | .. | .. | .. | .. |
| Other accounts payable | 96 | 74 | 82 | 80 | 97 | 102 | 118 | 148 |
| Non-financial assets | 224 | 264 | 297 | 337 | 332 | 339 | 350 | 432 |
| **Open-end non-money market funds** | | | | | | | | |
| Financial net worth | .. | .. | .. | .. | .. | .. | .. | .. |
| Financial assets | 11 701 | 14 008 | 15 125 | 14 998 | 16 140 | 19 300 | 18 041 | 22 056 |
| Currency and deposits | .. | .. | .. | .. | .. | .. | .. | .. |

# UNITED STATES

## Table 2. Financial assets and liabilities of investment funds *(cont.)*

*Billion USD*

| | 2012 | 2013 | 2014 | 2015 | 2016 | 2017 | 2018 | 2019 |
|---|---|---|---|---|---|---|---|---|
| Debt securities | 3 985 | 3 877 | 4 132 | 4 176 | 4 506 | 5 071 | 5 178 | 6 011 |
| Loans | 168 | 229 | 249 | 221 | 242 | 272 | 245 | 247 |
| Equity and investment fund shares | 7 271 | 9 592 | 10 419 | 10 335 | 11 103 | 13 595 | 12 327 | 15 421 |
| Equity | 7 271 | 9 592 | 10 419 | 10 335 | 11 103 | 13 595 | 12 327 | 15 421 |
| Investment fund shares | .. | .. | .. | .. | .. | .. | .. | .. |
| Money market fund shares | .. | .. | .. | .. | .. | .. | .. | .. |
| Non-Money market fund shares | .. | .. | .. | .. | .. | .. | .. | .. |
| Insurance pension and standardised guarantees | .. | .. | .. | .. | .. | .. | .. | .. |
| Financial derivatives and employee stock options | .. | .. | .. | .. | .. | .. | .. | .. |
| Other accounts receivable | 277 | 310 | 325 | 266 | 290 | 362 | 292 | 377 |
| Financial liabilities | 11 701 | 14 008 | 15 125 | 14 998 | 16 140 | 19 300 | 18 041 | 22 056 |
| Debt securities | .. | .. | .. | .. | .. | .. | .. | .. |
| Short-term debt securities | .. | .. | .. | .. | .. | .. | .. | .. |
| Long-term debt securities | .. | .. | .. | .. | .. | .. | .. | .. |
| Loans | .. | .. | .. | .. | .. | .. | .. | .. |
| Short-term loans | .. | .. | .. | .. | .. | .. | .. | .. |
| Long-term loans | .. | .. | .. | .. | .. | .. | .. | .. |
| Equity and investment fund shares | 11 701 | 14 008 | 15 125 | 14 998 | 16 140 | 19 300 | 18 041 | 22 056 |
| Insurance pension and standardised guarantees | .. | .. | .. | .. | .. | .. | .. | .. |
| Financial derivatives and employee stock options | .. | .. | .. | .. | .. | .. | .. | .. |
| Other accounts payable | .. | .. | .. | .. | .. | .. | .. | .. |
| Non-financial assets | .. | .. | .. | .. | .. | .. | .. | .. |
| **Open-end investment funds** | | | | | | | | |
| Financial net worth | .. | .. | .. | .. | .. | .. | .. | .. |
| Financial assets | 14 394 | 16 741 | 17 874 | 17 740 | 18 871 | 22 148 | 21 079 | 25 690 |
| Currency and deposits | 504 | 541 | 549 | 418 | 174 | 205 | 148 | 267 |
| Debt securities | 5 590 | 5 526 | 5 662 | 5 758 | 6 255 | 6 752 | 7 040 | 8 193 |
| Loans | 722 | 745 | 910 | 941 | 1 043 | 1 228 | 1 264 | 1 422 |
| Equity and investment fund shares | 7 271 | 9 592 | 10 419 | 10 335 | 11 103 | 13 595 | 12 327 | 15 421 |
| Equity | 7 271 | 9 592 | 10 419 | 10 335 | 11 103 | 13 595 | 12 327 | 15 421 |
| Investment fund shares | .. | .. | .. | .. | .. | .. | .. | .. |
| Money market fund shares | .. | .. | .. | .. | .. | .. | .. | .. |
| Non-Money market fund shares | .. | .. | .. | .. | .. | .. | .. | .. |
| Insurance pension and standardised guarantees | .. | .. | .. | .. | .. | .. | .. | .. |
| Financial derivatives and employee stock options | .. | .. | .. | .. | .. | .. | .. | .. |
| Other accounts receivable | 306 | 338 | 333 | 288 | 297 | 369 | 300 | 387 |
| Financial liabilities | 14 394 | 16 741 | 17 874 | 17 740 | 18 871 | 22 148 | 21 079 | 25 690 |
| Debt securities | .. | .. | .. | .. | .. | .. | .. | .. |
| Short-term debt securities | .. | .. | .. | .. | .. | .. | .. | .. |
| Long-term debt securities | .. | .. | .. | .. | .. | .. | .. | .. |
| Loans | .. | .. | .. | .. | .. | .. | .. | .. |
| Short-term loans | .. | .. | .. | .. | .. | .. | .. | .. |
| Long-term loans | .. | .. | .. | .. | .. | .. | .. | .. |
| Equity and investment fund shares | 14 394 | 16 741 | 17 874 | 17 740 | 18 871 | 22 148 | 21 079 | 25 690 |
| Insurance pension and standardised guarantees | .. | .. | .. | .. | .. | .. | .. | .. |
| Financial derivatives and employee stock options | .. | .. | .. | .. | .. | .. | .. | .. |
| Other accounts payable | .. | .. | .. | .. | .. | .. | .. | .. |
| Non-financial assets | .. | .. | .. | .. | .. | .. | .. | .. |

Note: Detailed metadata at: *http://metalinks.oecd.org/instinv/20200916/f42e*

# UNITED STATES

## Table 3. Financial assets and liabilities of insurance corporations and pension funds

*Billion USD*

| | 2012 | 2013 | 2014 | 2015 | 2016 | 2017 | 2018 | 2019 |
|---|---|---|---|---|---|---|---|---|
| **Insurance corporations and pension funds** | | | | | | | | |
| Financial net worth | 588 | 356 | 443 | 314 | 296 | 332 | 293 | 576 |
| Financial assets | 25 446 | 28 008 | 29 162 | 29 445 | 30 694 | 32 735 | 32 669 | 35 561 |
| Currency and deposits | 179 | 174 | 192 | 199 | 194 | 213 | 213 | 240 |
| Debt securities | 7 484 | 7 542 | 8 069 | 8 049 | 8 433 | 8 783 | 9 183 | 10 195 |
| Loans | 554 | 569 | 605 | 646 | 693 | 890 | 811 | 884 |
| Equity and investment fund shares | 9 221 | 10 913 | 11 300 | 11 037 | 11 527 | 13 263 | 12 117 | 14 482 |
| Equity | 4 902 | 5 777 | 5 913 | 5 780 | 6 014 | 7 010 | 6 309 | 7 684 |
| Investment fund shares | 4 318 | 5 136 | 5 386 | 5 257 | 5 513 | 6 254 | 5 808 | 6 798 |
| Money market fund shares | 280 | 284 | 285 | 288 | 284 | 289 | 300 | 314 |
| Non-Money market fund shares | 4 039 | 4 852 | 5 101 | 4 968 | 5 229 | 5 965 | 5 507 | 6 484 |
| Insurance pension and standardised guarantees | 6 502 | 7 289 | 7 368 | 7 865 | 8 061 | 7 692 | 8 312 | 7 639 |
| Financial derivatives and employee stock options | .. | .. | .. | .. | .. | .. | .. | .. |
| Other accounts receivable | 1 507 | 1 522 | 1 629 | 1 649 | 1 785 | 1 893 | 2 034 | 2 122 |
| Financial liabilities | 24 858 | 27 652 | 28 720 | 29 130 | 30 398 | 32 403 | 32 375 | 34 986 |
| Debt securities | .. | .. | .. | .. | .. | .. | .. | .. |
| Short-term debt securities | .. | .. | .. | .. | .. | .. | .. | .. |
| Long-term debt securities | .. | .. | .. | .. | .. | .. | .. | .. |
| Loans | 66 | 75 | 77 | 83 | 93 | 99 | 109 | 110 |
| Short-term loans | 66 | 75 | 77 | 83 | 93 | 99 | 109 | 110 |
| Long-term loans | .. | .. | .. | .. | .. | .. | .. | .. |
| Equity and investment fund shares | 623 | 711 | 772 | 786 | 901 | 1 024 | 879 | 1 143 |
| Insurance pension and standardised guarantees | 23 495 | 26 169 | 27 119 | 27 525 | 28 607 | 30 390 | 30 499 | 32 738 |
| Financial derivatives and employee stock options | .. | .. | .. | .. | .. | .. | .. | .. |
| Other accounts payable | 612 | 645 | 691 | 672 | 726 | 808 | 803 | 904 |
| Non-financial assets | 249 | 257 | 262 | 269 | 276 | 286 | 300 | 312 |
| **Insurance corporations** | | | | | | | | |
| Financial net worth | 749 | 538 | 635 | 492 | 444 | 453 | 400 | 692 |
| Financial assets | 8 307 | 8 615 | 9 063 | 9 037 | 9 471 | 10 135 | 9 979 | 11 158 |
| Currency and deposits | 102 | 86 | 98 | 105 | 101 | 123 | 121 | 142 |
| Debt securities | 4 137 | 4 062 | 4 305 | 4 257 | 4 472 | 4 683 | 4 621 | 5 212 |
| Loans | 514 | 534 | 566 | 609 | 649 | 697 | 761 | 816 |
| Equity and investment fund shares | 2 211 | 2 576 | 2 658 | 2 566 | 2 622 | 2 930 | 2 623 | 3 100 |
| Equity | 896 | 1 069 | 1 105 | 1 069 | 1 102 | 1 266 | 1 121 | 1 392 |
| Investment fund shares | 1 315 | 1 507 | 1 552 | 1 497 | 1 520 | 1 665 | 1 501 | 1 708 |
| Money market fund shares | 86 | 72 | 74 | 81 | 60 | 68 | 77 | 83 |
| Non-Money market fund shares | 1 229 | 1 435 | 1 478 | 1 417 | 1 460 | 1 597 | 1 424 | 1 625 |
| Insurance pension and standardised guarantees | 580 | 607 | 609 | 640 | 695 | 780 | 859 | 889 |
| Financial derivatives and employee stock options | .. | .. | .. | .. | .. | .. | .. | .. |
| Other accounts receivable | 764 | 749 | 827 | 859 | 932 | 922 | 994 | 998 |
| Financial liabilities | 7 558 | 8 076 | 8 428 | 8 545 | 9 028 | 9 682 | 9 579 | 10 465 |
| Debt securities | .. | .. | .. | .. | .. | .. | .. | .. |
| Short-term debt securities | .. | .. | .. | .. | .. | .. | .. | .. |
| Long-term debt securities | .. | .. | .. | .. | .. | .. | .. | .. |
| Loans | 66 | 75 | 77 | 83 | 93 | 99 | 109 | 110 |
| Short-term loans | 66 | 75 | 77 | 83 | 93 | 99 | 109 | 110 |
| Long-term loans | .. | .. | .. | .. | .. | .. | .. | .. |
| Equity and investment fund shares | 623 | 711 | 772 | 786 | 901 | 1 024 | 879 | 1 143 |
| Insurance pension and standardised guarantees | 6 195 | 6 594 | 6 827 | 6 940 | 7 237 | 7 669 | 7 702 | 8 217 |
| Financial derivatives and employee stock options | .. | .. | .. | .. | .. | .. | .. | .. |
| Other accounts payable | 612 | 645 | 691 | 672 | 726 | 808 | 803 | 904 |
| Non-financial assets | 242 | 249 | 254 | 261 | 268 | 278 | 292 | 303 |
| **Pension funds** | | | | | | | | |
| Financial net worth | -161 | -182 | -192 | -177 | -147 | -122 | -107 | -117 |
| Financial assets | 17 138 | 19 393 | 20 100 | 20 408 | 21 223 | 22 600 | 22 690 | 24 404 |
| Currency and deposits | 78 | 87 | 94 | 94 | 93 | 91 | 92 | 98 |
| Debt securities | 3 347 | 3 479 | 3 764 | 3 792 | 3 961 | 4 100 | 4 562 | 4 983 |
| Loans | 39 | 36 | 39 | 37 | 44 | 193 | 49 | 68 |
| Equity and investment fund shares | 7 010 | 8 337 | 8 642 | 8 470 | 8 905 | 10 333 | 9 495 | 11 382 |
| Equity | 4 006 | 4 708 | 4 808 | 4 711 | 4 912 | 5 744 | 5 188 | 6 292 |
| Investment fund shares | 3 003 | 3 629 | 3 834 | 3 760 | 3 993 | 4 589 | 4 307 | 5 090 |
| Money market fund shares | 194 | 212 | 211 | 208 | 223 | 221 | 223 | 231 |
| Non-Money market fund shares | 2 809 | 3 417 | 3 623 | 3 552 | 3 770 | 4 368 | 4 083 | 4 859 |
| Insurance pension and standardised guarantees | 5 922 | 6 681 | 6 759 | 7 225 | 7 366 | 6 912 | 7 453 | 6 750 |
| Financial derivatives and employee stock options | .. | .. | .. | .. | .. | .. | .. | .. |
| Other accounts receivable | 743 | 773 | 801 | 789 | 853 | 971 | 1 040 | 1 123 |
| Financial liabilities | 17 300 | 19 575 | 20 292 | 20 585 | 21 370 | 22 721 | 22 797 | 24 520 |
| Debt securities | .. | .. | .. | .. | .. | .. | .. | .. |
| Short-term debt securities | .. | .. | .. | .. | .. | .. | .. | .. |
| Long-term debt securities | .. | .. | .. | .. | .. | .. | .. | .. |
| Loans | .. | .. | .. | .. | .. | .. | .. | .. |
| Short-term loans | .. | .. | .. | .. | .. | .. | .. | .. |
| Long-term loans | .. | .. | .. | .. | .. | .. | .. | .. |
| Equity and investment fund shares | .. | .. | .. | .. | .. | .. | .. | .. |
| Insurance pension and standardised guarantees | 17 300 | 19 575 | 20 292 | 20 585 | 21 370 | 22 721 | 22 797 | 24 520 |
| Financial derivatives and employee stock options | .. | .. | .. | .. | .. | .. | .. | .. |
| Other accounts payable | .. | .. | .. | .. | .. | .. | .. | .. |
| Non-financial assets | 8 | 8 | 8 | 8 | 8 | 8 | 8 | 9 |

Note: Detailed metadata at: *http://metalinks.oecd.org/instinv/20200916/f42e*

# UNITED STATES

## Table 4. Portfolio composition by type of investor

As percentage of financial assets and of financial liabilities

*Per cent*

| | 2012 | 2013 | 2014 | 2015 | 2016 | 2017 | 2018 | 2019 |
|---|---|---|---|---|---|---|---|---|
| **Investment funds** | | | | | | | | |
| Financial assets | 100.0 | 100.0 | 100.0 | 100.0 | 100.0 | 100.0 | 100.0 | 100.0 |
| Currency and deposits | 3.5 | 3.3 | 3.1 | 2.4 | 1.1 | 1.1 | 0.8 | 1.2 |
| Debt securities | 40.3 | 33.9 | 32.5 | 33.2 | 33.6 | 31.1 | 34.0 | 32.6 |
| Loans | 5.2 | 5.4 | 6.1 | 6.2 | 6.4 | 6.3 | 6.9 | 6.3 |
| Equity and investment fund shares | 48.3 | 54.9 | 55.8 | 55.9 | 56.6 | 59.1 | 56.1 | 57.8 |
| Insurance pension and standardised guarantee schemes | 0.0 | 0.0 | 0.0 | 0.0 | 0.0 | 0.0 | 0.0 | 0.0 |
| Financial derivatives and employee stock options | 0.0 | 0.0 | 0.0 | 0.0 | 0.0 | 0.0 | 0.0 | 0.0 |
| Other accounts receivable | 2.7 | 2.5 | 2.4 | 2.3 | 2.3 | 2.4 | 2.3 | 2.2 |
| Financial liabilities | 100.0 | 100.0 | 100.0 | 100.0 | 100.0 | 100.0 | 100.0 | 100.0 |
| Currency and deposits | 0.0 | 0.0 | 0.0 | 0.0 | 0.0 | 0.0 | 0.0 | 0.0 |
| Debt securities | 1.2 | 2.0 | 2.1 | 2.1 | 2.1 | 1.9 | 2.1 | 2.0 |
| Loans | 3.5 | 2.8 | 2.8 | 2.7 | 2.5 | 2.3 | 2.6 | 2.4 |
| Equity and investment fund shares | 94.7 | 94.8 | 94.7 | 94.8 | 95.0 | 95.4 | 94.8 | 95.1 |
| Insurance pension and standardised guarantee schemes | 0.0 | 0.0 | 0.0 | 0.0 | 0.0 | 0.0 | 0.0 | 0.0 |
| Financial derivatives and employee stock options | 0.0 | 0.0 | 0.0 | 0.0 | 0.0 | 0.0 | 0.0 | 0.0 |
| Other accounts receivable | 0.6 | 0.4 | 0.4 | 0.4 | 0.5 | 0.4 | 0.5 | 0.5 |
| **Insurance corporations** | | | | | | | | |
| Financial assets | 100.0 | 100.0 | 100.0 | 100.0 | 100.0 | 100.0 | 100.0 | 100.0 |
| Currency and deposits | 1.2 | 1.0 | 1.1 | 1.2 | 1.1 | 1.2 | 1.2 | 1.3 |
| Debt securities | 49.8 | 47.2 | 47.5 | 47.1 | 47.2 | 46.2 | 46.3 | 46.7 |
| Loans | 6.2 | 6.2 | 6.2 | 6.7 | 6.9 | 6.9 | 7.6 | 7.3 |
| Equity and investment fund shares | 26.6 | 29.9 | 29.3 | 28.4 | 27.7 | 28.9 | 26.3 | 27.8 |
| Insurance pension and standardised guarantee schemes | 7.0 | 7.1 | 6.7 | 7.1 | 7.3 | 7.7 | 8.6 | 8.0 |
| Financial derivatives and employee stock options | 0.0 | 0.0 | 0.0 | 0.0 | 0.0 | 0.0 | 0.0 | 0.0 |
| Other accounts receivable | 9.2 | 8.7 | 9.1 | 9.5 | 9.8 | 9.1 | 10.0 | 8.9 |
| Financial liabilities | 100.0 | 100.0 | 100.0 | 100.0 | 100.0 | 100.0 | 100.0 | 100.0 |
| Currency and deposits | 0.8 | 0.7 | 0.7 | 0.7 | 0.8 | 0.9 | 0.9 | 0.9 |
| Debt securities | 0.0 | 0.0 | 0.0 | 0.0 | 0.0 | 0.0 | 0.0 | 0.0 |
| Loans | 0.9 | 0.9 | 0.9 | 1.0 | 1.0 | 1.0 | 1.1 | 1.1 |
| Equity and investment fund shares | 8.2 | 8.8 | 9.2 | 9.2 | 10.0 | 10.6 | 9.2 | 10.9 |
| Insurance pension and standardised guarantee schemes | 82.0 | 81.6 | 81.0 | 81.2 | 80.2 | 79.2 | 80.4 | 78.5 |
| Financial derivatives and employee stock options | 0.0 | 0.0 | 0.0 | 0.0 | 0.0 | 0.0 | 0.0 | 0.0 |
| Other accounts receivable | 8.1 | 8.0 | 8.2 | 7.9 | 8.0 | 8.3 | 8.4 | 8.6 |
| **Pension funds** | | | | | | | | |
| Financial assets | 100.0 | 100.0 | 100.0 | 100.0 | 100.0 | 100.0 | 100.0 | 100.0 |
| Currency and deposits | 0.5 | 0.5 | 0.5 | 0.5 | 0.4 | 0.4 | 0.4 | 0.4 |
| Debt securities | 19.5 | 17.9 | 18.7 | 18.6 | 18.7 | 18.1 | 20.1 | 20.4 |
| Loans | 0.2 | 0.2 | 0.2 | 0.2 | 0.2 | 0.9 | 0.2 | 0.3 |
| Equity and investment fund shares | 40.9 | 43.0 | 43.0 | 41.5 | 42.0 | 45.7 | 41.8 | 46.6 |
| Insurance pension and standardised guarantee schemes | 34.6 | 34.5 | 33.6 | 35.4 | 34.7 | 30.6 | 32.8 | 27.7 |
| Financial derivatives and employee stock options | 0.0 | 0.0 | 0.0 | 0.0 | 0.0 | 0.0 | 0.0 | 0.0 |
| Other accounts receivable | 4.3 | 4.0 | 4.0 | 3.9 | 4.0 | 4.3 | 4.6 | 4.6 |
| Financial liabilities | 100.0 | 100.0 | 100.0 | 100.0 | 100.0 | 100.0 | 100.0 | 100.0 |
| Currency and deposits | 0.0 | 0.0 | 0.0 | 0.0 | 0.0 | 0.0 | 0.0 | 0.0 |
| Debt securities | 0.0 | 0.0 | 0.0 | 0.0 | 0.0 | 0.0 | 0.0 | 0.0 |
| Loans | 0.0 | 0.0 | 0.0 | 0.0 | 0.0 | 0.0 | 0.0 | 0.0 |
| Equity and investment fund shares | 0.0 | 0.0 | 0.0 | 0.0 | 0.0 | 0.0 | 0.0 | 0.0 |
| Insurance pension and standardised guarantee schemes | 100.0 | 100.0 | 100.0 | 100.0 | 100.0 | 100.0 | 100.0 | 100.0 |
| Financial derivatives and employee stock options | 0.0 | 0.0 | 0.0 | 0.0 | 0.0 | 0.0 | 0.0 | 0.0 |
| Other accounts receivable | 0.0 | 0.0 | 0.0 | 0.0 | 0.0 | 0.0 | 0.0 | 0.0 |

Note: Detailed metadata at: *http://metalinks.oecd.org/instinv/20200916/eb22*

# RUSSIAN FEDERATION

## Table 1. Financial assets and liabilities of institutional investors, 2018

*Million RUB*

| | Investment funds | | | | |
|---|---|---|---|---|---|
| | Total | Non-money market funds | | | Money market funds |
| | | Total | Open-end non-money market funds | Closed-end non-money market funds | Total |
| Financial assets | 2 791 800 | 2 791 800 | 353 761 | 2 438 040 | .. |
| Currency and deposits | 310 688 | 310 688 | 9 831 | 300 857 | .. |
| Debt securities | 412 817 | 412 817 | 243 638 | 169 179 | .. |
| Debt securities, short term | .. | .. | .. | .. | .. |
| Debt securities, long term | .. | .. | .. | .. | .. |
| Debt securities issued by residents | 340 127 | 340 127 | 191 862 | 148 265 | .. |
| Debt securities issued by non-residents | 72 690 | 72 690 | 51 776 | 20 914 | .. |
| Loans | 312 074 | 312 074 | 0 | 312 074 | .. |
| Loans, short-term | .. | .. | .. | .. | .. |
| Loans, long-term | .. | .. | .. | .. | .. |
| Loans granted to residents | .. | .. | .. | .. | .. |
| Loans granted to non-residents | .. | .. | .. | .. | .. |
| Equity and investment fund shares/units | 1 616 483 | 1 616 483 | 92 143 | 1 524 341 | .. |
| Equity and investment fund shares issued/units by residents | 1 515 095 | 1 515 095 | 64 197 | 1 450 897 | .. |
| Equity and investment fund shares/units issued by non residents | 101 389 | 101 389 | 27 946 | 73 443 | .. |
| Other accounts receivable | 139 738 | 139 738 | 8 149 | 131 588 | .. |

| | Investment funds | | | | |
|---|---|---|---|---|---|
| | Total | Non-money market funds | | | Money market funds |
| | | Total | Open-end non-money market funds | Closed-end non-money market funds | Total |
| Financial liabilities | 3 666 947 | 3 666 947 | 353 761 | 3 313 186 | .. |
| Currency and deposits | .. | .. | .. | .. | .. |
| Debt securities | .. | .. | .. | .. | .. |
| Debt securities, short term | .. | .. | .. | .. | .. |
| Debt securities, long term | .. | .. | .. | .. | .. |
| Loans | .. | .. | .. | .. | .. |
| Loans, short-term | .. | .. | .. | .. | .. |
| Loans, long-term | .. | .. | .. | .. | .. |
| Equity and investment fund shares/units | 3 343 076 | 3 343 076 | 348 926 | 2 994 151 | .. |
| Insurance pension and standardised guaratees | .. | .. | .. | .. | .. |
| Financial derivatives and employee stock options | .. | .. | .. | .. | .. |
| Other accounts payable | 323 870 | 323 870 | 4 835 | 319 035 | .. |

| | Insurance corporations and pension funds | | | | |
|---|---|---|---|---|---|
| | Total | Insurance corporations | | | Pension funds |
| | | Total | Life insurance corporations | Non-life insurance corporations | Total |
| Financial assets | 6 712 576 | 2 647 330 | .. | .. | 4 065 247 |
| Currency and deposits | 1 067 407 | 724 766 | .. | .. | 342 641 |
| Debt securities | 3 933 119 | 1 180 238 | .. | .. | 2 752 881 |
| Debt securities, short-term | .. | .. | .. | .. | .. |
| Debt securities, long term | .. | .. | .. | .. | .. |
| Debt securities issued by residents | 3 673 330 | 976 539 | .. | .. | 2 696 791 |
| Debt securities issued by non-residents | 259 789 | 203 699 | .. | .. | 56 090 |
| Loans | 15 219 | 15 208 | .. | .. | 11 |
| Loans, short-term | .. | .. | .. | .. | .. |
| Loans, long-term | .. | .. | .. | .. | .. |
| Loans granted to residents | 13 160 | 13 149 | .. | .. | 11 |
| Loans granted to non-residents | 2 059 | 2 059 | .. | .. | 0 |
| Equity and investment fund shares/units | 878 193 | 200 444 | .. | .. | 677 750 |
| Equity and investment fund shares/units issued by residents | 869 226 | 191 567 | .. | .. | 677 659 |
| Equity and investment fund shares/units issued by non residents | 8 968 | 8 877 | .. | .. | 91 |
| Other accounts receivable | 673 805 | 381 842 | .. | .. | 291 963 |

| | Insurance corporations and pension funds | | | | |
|---|---|---|---|---|---|
| | Total | Insurance corporations | | | Pension funds |
| | | Total | Life insurance corporations | Non-life insurance corporations | Total |
| Financial liabilities | 6 821 191 | 2 894 167 | .. | .. | 3 927 024 |
| Currency and deposits | .. | .. | .. | .. | .. |
| Debt securities | 6 402 | 6 402 | .. | .. | 0 |
| Debt securities, short term | .. | .. | .. | .. | .. |
| Debt securities, long term | .. | .. | .. | .. | .. |
| Loans | 16 659 | 16 659 | .. | .. | 0 |
| Loans, short-term | .. | .. | .. | .. | .. |
| Loans, long-term | .. | .. | .. | .. | .. |
| Equity and investment fund shares/units | 1 042 623 | 851 268 | .. | .. | 191 355 |
| Insurance pension and standardised guarantees | 5 569 035 | 1 851 966 | .. | .. | 3 717 069 |
| Financial derivatives and employee stock options | 0 | 0 | .. | .. | 0 |
| Other accounts payable | 186 472 | 167 871 | .. | .. | 18 600 |

Note: Detailed metadata at: *http://metalinks.oecd.org/instinv/20200916/f42e*

# RUSSIAN FEDERATION

## Table 2. Financial assets and liabilities of investment funds

*Million RUB*

| | 2012 | 2013 | 2014 | 2015 | 2016 | 2017 | 2018 | 2019 |
|---|---|---|---|---|---|---|---|---|
| **Investment funds** | | | | | | | | |
| Financial net worth | -599 116 | -927 518 | -1 067 975 | -1 133 161 | -1 072 824 | -943 955 | -875 147 | -934 473 |
| Financial assets | 1 011 243 | 1 187 664 | 1 359 209 | 1 547 779 | 1 766 933 | 2 370 888 | 2 791 800 | 4 209 749 |
| Currency and deposits | 153 160 | 233 794 | 194 966 | 234 969 | 194 437 | 259 725 | 310 688 | 364 363 |
| Debt securities | 84 965 | 106 406 | 144 442 | 163 010 | 200 520 | 291 900 | 412 817 | 697 749 |
| Loans | 4 485 | 5 573 | 5 048 | 6 302 | 215 754 | 277 758 | 312 074 | 347 026 |
| Equity and investment fund shares | 582 323 | 568 263 | 676 092 | 743 265 | 999 279 | 1 339 063 | 1 616 483 | 2 126 179 |
| Equity | 571 058 | 553 341 | 651 281 | 709 459 | 981 172 | 1 307 736 | 1 507 372 | 1 653 852 |
| Investment fund shares | 11 265 | 14 922 | 24 810 | 33 806 | 18 107 | 31 327 | 109 112 | 472 327 |
| Money market fund shares | .. | .. | .. | .. | .. | .. | .. | .. |
| Non-Money market fund shares | 11 265 | 14 922 | 24 810 | 33 806 | 18 107 | 31 327 | 109 112 | 472 327 |
| Insurance pension and standardised guarantees | .. | .. | .. | .. | .. | .. | .. | .. |
| Financial derivatives and employee stock options | .. | .. | .. | .. | .. | .. | .. | .. |
| Other accounts receivable | 186 310 | 273 629 | 338 662 | 400 234 | 156 943 | 202 443 | 139 738 | 674 432 |
| Financial liabilities | 1 610 359 | 2 115 182 | 2 427 184 | 2 680 939 | 2 839 758 | 3 314 843 | 3 666 947 | 5 144 222 |
| Debt securities | .. | .. | .. | .. | .. | .. | .. | .. |
| Short-term debt securities | .. | .. | .. | .. | .. | .. | .. | .. |
| Long-term debt securities | .. | .. | .. | .. | .. | .. | .. | .. |
| Loans | .. | .. | .. | .. | .. | .. | .. | .. |
| Short-term loans | .. | .. | .. | .. | .. | .. | .. | .. |
| Long-term loans | .. | .. | .. | .. | .. | .. | .. | .. |
| Equity and investment fund shares | 1 456 131 | 1 870 555 | 2 141 000 | 2 387 732 | 2 584 387 | 2 942 186 | 3 343 076 | 4 471 039 |
| Insurance pension and standardised guarantees | .. | .. | .. | .. | .. | .. | .. | .. |
| Financial derivatives and employee stock options | .. | .. | .. | .. | .. | .. | .. | .. |
| Other accounts payable | 154 229 | 244 627 | 286 184 | 293 207 | 255 371 | 372 658 | 323 870 | 673 182 |
| Non-financial assets | 747 099 | 928 734 | 1 057 455 | 1 133 161 | 1 072 825 | 943 955 | 875 147 | 934 473 |
| **Money market funds** | | | | | | | | |
| Financial net worth | .. | .. | .. | .. | .. | .. | .. | .. |
| Financial assets | .. | .. | .. | .. | .. | .. | .. | .. |
| Currency and deposits | .. | .. | .. | .. | .. | .. | .. | .. |
| Debt securities | .. | .. | .. | .. | .. | .. | .. | .. |
| Loans | .. | .. | .. | .. | .. | .. | .. | .. |
| Equity and investment fund shares | .. | .. | .. | .. | .. | .. | .. | .. |
| Equity | .. | .. | .. | .. | .. | .. | .. | .. |
| Investment fund shares | .. | .. | .. | .. | .. | .. | .. | .. |
| Money market fund shares | .. | .. | .. | .. | .. | .. | .. | .. |
| Non-Money market fund shares | .. | .. | .. | .. | .. | .. | .. | .. |
| Insurance pension and standardised guarantees | .. | .. | .. | .. | .. | .. | .. | .. |
| Financial derivatives and employee stock options | .. | .. | .. | .. | .. | .. | .. | .. |
| Other accounts receivable | .. | .. | .. | .. | .. | .. | .. | .. |
| Financial liabilities | .. | .. | .. | .. | .. | .. | .. | .. |
| Debt securities | .. | .. | .. | .. | .. | .. | .. | .. |
| Short-term debt securities | .. | .. | .. | .. | .. | .. | .. | .. |
| Long-term debt securities | .. | .. | .. | .. | .. | .. | .. | .. |
| Loans | .. | .. | .. | .. | .. | .. | .. | .. |
| Short-term loans | .. | .. | .. | .. | .. | .. | .. | .. |
| Long-term loans | .. | .. | .. | .. | .. | .. | .. | .. |
| Equity and investment fund shares | .. | .. | .. | .. | .. | .. | .. | .. |
| Insurance pension and standardised guarantees | .. | .. | .. | .. | .. | .. | .. | .. |
| Financial derivatives and employee stock options | .. | .. | .. | .. | .. | .. | .. | .. |
| Other accounts payable | .. | .. | .. | .. | .. | .. | .. | .. |
| Non-financial assets | .. | .. | .. | .. | .. | .. | .. | .. |
| **Non-money market funds** | | | | | | | | |
| Financial net worth | -599 116 | -927 518 | -1 067 975 | -1 133 161 | -1 072 824 | -943 955 | -875 147 | -934 473 |
| Financial assets | 1 011 243 | 1 187 664 | 1 359 209 | 1 547 779 | 1 766 933 | 2 370 888 | 2 791 800 | 4 209 749 |
| Currency and deposits | 153 160 | 233 794 | 194 966 | 234 969 | 194 437 | 259 725 | 310 688 | 364 363 |
| Debt securities | 84 965 | 106 406 | 144 442 | 163 010 | 200 520 | 291 900 | 412 817 | 697 749 |
| Loans | 4 485 | 5 573 | 5 048 | 6 302 | 215 754 | 277 758 | 312 074 | 347 026 |
| Equity and investment fund shares | 582 323 | 568 263 | 676 092 | 743 265 | 999 279 | 1 339 063 | 1 616 483 | 2 126 179 |
| Equity | 571 058 | 553 341 | 651 281 | 709 459 | 981 172 | 1 307 736 | 1 507 372 | 1 653 852 |
| Investment fund shares | 11 265 | 14 922 | 24 810 | 33 806 | 18 107 | 31 327 | 109 112 | 472 327 |
| Money market fund shares | .. | .. | .. | .. | .. | .. | .. | .. |
| Non-Money market fund shares | 11 265 | 14 922 | 24 810 | 33 806 | 18 107 | 31 327 | 109 112 | 472 327 |
| Insurance pension and standardised guarantees | .. | .. | .. | .. | .. | .. | .. | .. |
| Financial derivatives and employee stock options | .. | .. | .. | .. | .. | .. | .. | .. |
| Other accounts receivable | 186 310 | 273 629 | 338 662 | 400 234 | 156 943 | 202 443 | 139 738 | 674 432 |
| Financial liabilities | 1 610 359 | 2 115 182 | 2 427 184 | 2 680 939 | 2 839 758 | 3 314 843 | 3 666 947 | 5 144 222 |
| Debt securities | .. | .. | .. | .. | .. | .. | .. | .. |
| Short-term debt securities | .. | .. | .. | .. | .. | .. | .. | .. |
| Long-term debt securities | .. | .. | .. | .. | .. | .. | .. | .. |
| Loans | .. | .. | .. | .. | .. | .. | .. | .. |
| Short-term loans | .. | .. | .. | .. | .. | .. | .. | .. |
| Long-term loans | .. | .. | .. | .. | .. | .. | .. | .. |
| Equity and investment fund shares | 1 456 131 | 1 870 555 | 2 141 000 | 2 387 732 | 2 584 387 | 2 942 186 | 3 343 076 | 4 471 039 |
| Insurance pension and standardised guarantees | .. | .. | .. | .. | .. | .. | .. | .. |
| Financial derivatives and employee stock options | .. | .. | .. | .. | .. | .. | .. | .. |
| Other accounts payable | 154 229 | 244 627 | 286 184 | 293 207 | 255 371 | 372 658 | 323 870 | 673 182 |
| Non-financial assets | 747 099 | 928 734 | 1 057 455 | 1 133 161 | 1 072 825 | 943 955 | 875 147 | 934 473 |
| **Open-end non-money market funds** | | | | | | | | |
| Financial net worth | -2 528 | -2 526 | -2 400 | -2 920 | 0 | 0 | 0 | 0 |
| Financial assets | 112 154 | 137 703 | 111 968 | 137 979 | 155 323 | 242 565 | 353 761 | 534 769 |
| Currency and deposits | 7 149 | 15 862 | 10 863 | 9 497 | 5 969 | 4 890 | 9 831 | 19 835 |

## Table 2. Financial assets and liabilities of investment funds *(cont.)*

*Million RUB*

| | 2012 | 2013 | 2014 | 2015 | 2016 | 2017 | 2018 | 2019 |
|---|---|---|---|---|---|---|---|---|
| Debt securities | 40 247 | 64 521 | 38 613 | 57 923 | 83 508 | 166 549 | 243 638 | 333 654 |
| Loans | 0 | 0 | 0 | 0 | 14 | 7 | 0 | 0 |
| Equity and investment fund shares | 57 055 | 47 940 | 55 217 | 65 307 | 60 331 | 64 783 | 92 143 | 169 570 |
| Equity | 49 831 | 38 593 | 36 877 | 39 934 | 47 567 | 50 586 | 75 862 | 145 092 |
| Investment fund shares | 7 224 | 9 347 | 18 340 | 25 373 | 12 764 | 14 197 | 16 281 | 24 477 |
| Money market fund shares | .. | .. | .. | .. | .. | .. | .. | .. |
| Non-Money market fund shares | 7 224 | 9 347 | 18 340 | 25 373 | 12 764 | 14 197 | 16 281 | 24 477 |
| Insurance pension and standardised guarantees | .. | .. | .. | .. | .. | .. | .. | .. |
| Financial derivatives and employee stock options | .. | .. | .. | .. | .. | .. | .. | .. |
| Other accounts receivable | 7 703 | 9 381 | 7 275 | 5 252 | 5 501 | 6 336 | 8 149 | 11 710 |
| Financial liabilities | 114 682 | 140 229 | 114 368 | 140 898 | 155 323 | 242 565 | 353 761 | 534 769 |
| Debt securities | .. | .. | .. | .. | .. | .. | .. | .. |
| Short-term debt securities | .. | .. | .. | .. | .. | .. | .. | .. |
| Long-term debt securities | .. | .. | .. | .. | .. | .. | .. | .. |
| Loans | .. | .. | .. | .. | .. | .. | .. | .. |
| Short-term loans | .. | .. | .. | .. | .. | .. | .. | .. |
| Long-term loans | .. | .. | .. | .. | .. | .. | .. | .. |
| Equity and investment fund shares | 113 360 | 138 551 | 111 901 | 139 000 | 153 431 | 239 569 | 348 926 | 525 007 |
| Insurance pension and standardised guarantees | .. | .. | .. | .. | .. | .. | .. | .. |
| Financial derivatives and employee stock options | .. | .. | .. | .. | .. | .. | .. | .. |
| Other accounts payable | 1 323 | 1 678 | 2 466 | 1 899 | 1 892 | 2 996 | 4 835 | 9 762 |
| Non-financial assets | 2 528 | 2 526 | 2 400 | 2 920 | 0 | 0 | 0 | 0 |
| **Open-end investment funds** | | | | | | | | |
| Financial net worth | -2 528 | -2 526 | -2 400 | -2 920 | 0 | 0 | 0 | 0 |
| Financial assets | 112 154 | 137 703 | 111 968 | 137 979 | 155 323 | 242 565 | 353 761 | 534 769 |
| Currency and deposits | 7 149 | 15 862 | 10 863 | 9 497 | 5 969 | 4 890 | 9 831 | 19 835 |
| Debt securities | 40 247 | 64 521 | 38 613 | 57 923 | 83 508 | 166 549 | 243 638 | 333 654 |
| Loans | 0 | 0 | 0 | 0 | 14 | 7 | 0 | 0 |
| Equity and investment fund shares | 57 055 | 47 940 | 55 217 | 65 307 | 60 331 | 64 783 | 92 143 | 169 570 |
| Equity | 49 831 | 38 593 | 36 877 | 39 934 | 47 567 | 50 586 | 75 862 | 145 092 |
| Investment fund shares | 7 224 | 9 347 | 18 340 | 25 373 | 12 764 | 14 197 | 16 281 | 24 477 |
| Money market fund shares | .. | .. | .. | .. | .. | .. | .. | .. |
| Non-Money market fund shares | 7 224 | 9 347 | 18 340 | 25 373 | 12 764 | 14 197 | 16 281 | 24 477 |
| Insurance pension and standardised guarantees | .. | .. | .. | .. | .. | .. | .. | .. |
| Financial derivatives and employee stock options | .. | .. | .. | .. | .. | .. | .. | .. |
| Other accounts receivable | 7 703 | 9 381 | 7 275 | 5 252 | 5 501 | 6 336 | 8 149 | 11 710 |
| Financial liabilities | 114 682 | 140 229 | 114 368 | 140 898 | 155 323 | 242 565 | 353 761 | 534 769 |
| Debt securities | .. | .. | .. | .. | .. | .. | .. | .. |
| Short-term debt securities | .. | .. | .. | .. | .. | .. | .. | .. |
| Long-term debt securities | .. | .. | .. | .. | .. | .. | .. | .. |
| Loans | .. | .. | .. | .. | .. | .. | .. | .. |
| Short-term loans | .. | .. | .. | .. | .. | .. | .. | .. |
| Long-term loans | .. | .. | .. | .. | .. | .. | .. | .. |
| Equity and investment fund shares | 113 360 | 138 551 | 111 901 | 139 000 | 153 431 | 239 569 | 348 926 | 525 007 |
| Insurance pension and standardised guarantees | .. | .. | .. | .. | .. | .. | .. | .. |
| Financial derivatives and employee stock options | .. | .. | .. | .. | .. | .. | .. | .. |
| Other accounts payable | 1 323 | 1 678 | 2 466 | 1 899 | 1 892 | 2 996 | 4 835 | 9 762 |
| Non-financial assets | 2 528 | 2 526 | 2 400 | 2 920 | 0 | 0 | 0 | 0 |

Note: Detailed metadata at: *http://metalinks.oecd.org/instinv/20200916/f42e*

# RUSSIAN FEDERATION

## Table 3. Financial assets and liabilities of insurance corporations and pension funds

*Million RUB*

| | 2012 | 2013 | 2014 | 2015 | 2016 | 2017 | 2018 | 2019 |
|---|---|---|---|---|---|---|---|---|
| **Insurance corporations and pension funds** | | | | | | | | |
| Financial net worth | 37 978 | -99 885 | -114 842 | -93 230 | -39 268 | -202 112 | -108 614 | -137 028 |
| Financial assets | 2 623 622 | 3 285 681 | 3 621 747 | 4 383 131 | 5 186 580 | 6 065 656 | 6 712 576 | 7 368 525 |
| Currency and deposits | 782 878 | 884 194 | 1 009 962 | 1 124 722 | 1 177 055 | 1 212 617 | 1 067 407 | 1 015 912 |
| Debt securities | 766 267 | 1 118 204 | 1 246 384 | 1 815 796 | 2 396 130 | 3 151 890 | 3 933 119 | 4 751 038 |
| Loans | 10 643 | 14 830 | 21 854 | 12 441 | 15 166 | 14 624 | 15 219 | 23 372 |
| Equity and investment fund shares | 637 540 | 707 154 | 740 973 | 909 213 | 1 077 174 | 1 006 944 | 878 193 | 853 172 |
| Equity | 409 928 | 471 794 | 512 666 | 638 755 | 850 250 | 738 275 | 623 003 | 622 100 |
| Investment fund shares | 227 612 | 235 360 | 228 308 | 270 458 | 226 924 | 268 669 | 255 190 | 231 072 |
| Money market fund shares | .. | .. | .. | .. | .. | .. | .. | .. |
| Non-Money market fund shares | 227 612 | 235 360 | 228 308 | 270 458 | 226 924 | 268 669 | 255 190 | 231 072 |
| Insurance pension and standardised guarantees | 90 002 | 108 240 | 158 480 | 130 129 | 150 781 | 136 745 | 137 318 | 112 450 |
| Financial derivatives and employee stock options | .. | .. | .. | 31 | 65 | 8 353 | 7 515 | 23 076 |
| Other accounts receivable | 336 293 | 453 059 | 444 094 | 390 799 | 370 208 | 534 482 | 673 805 | 589 505 |
| Financial liabilities | 2 585 644 | 3 385 566 | 3 736 589 | 4 476 361 | 5 225 847 | 6 267 768 | 6 821 191 | 7 505 554 |
| Debt securities | 13 764 | 16 456 | 11 227 | 10 662 | 12 999 | 7 067 | 6 402 | 6 446 |
| Short-term debt securities | .. | .. | .. | .. | .. | .. | .. | .. |
| Long-term debt securities | .. | .. | .. | .. | .. | .. | .. | .. |
| Loans | 22 965 | 22 629 | 18 545 | 11 657 | 10 622 | 12 575 | 16 659 | 26 026 |
| Short-term loans | .. | .. | .. | .. | .. | .. | .. | .. |
| Long-term loans | .. | .. | .. | .. | .. | .. | .. | .. |
| Equity and investment fund shares | 470 831 | 642 559 | 710 356 | 765 520 | 872 819 | 1 107 491 | 1 042 623 | 1 167 734 |
| Insurance pension and standardised guarantees | 1 931 595 | 2 527 450 | 2 793 482 | 3 526 193 | 4 161 056 | 4 942 529 | 5 569 035 | 6 103 077 |
| Financial derivatives and employee stock options | .. | .. | .. | 0 | 0 | 5 | 0 | 242 |
| Other accounts payable | 146 489 | 176 472 | 202 979 | 162 329 | 168 352 | 198 100 | 186 472 | 202 029 |
| Non-financial assets | 95 194 | 91 047 | 97 464 | 95 451 | 95 342 | 266 361 | 335 120 | 435 018 |
| **Insurance corporations** | | | | | | | | |
| Financial net worth | -34 178 | -164 872 | -188 535 | -182 588 | -163 839 | -321 481 | -246 837 | -273 622 |
| Financial assets | 1 076 346 | 1 233 629 | 1 443 045 | 1 507 129 | 1 772 300 | 2 203 039 | 2 647 330 | 2 961 738 |
| Currency and deposits | 353 259 | 375 724 | 439 713 | 521 204 | 603 586 | 717 992 | 724 766 | 724 035 |
| Debt securities | 255 781 | 307 279 | 330 003 | 368 514 | 497 670 | 840 804 | 1 180 238 | 1 461 070 |
| Loans | 9 163 | 14 648 | 21 710 | 12 334 | 15 154 | 14 610 | 15 208 | 23 372 |
| Equity and investment fund shares | 126 166 | 138 441 | 157 677 | 147 278 | 149 964 | 138 240 | 200 444 | 214 456 |
| Equity | 117 211 | 129 721 | 149 018 | 133 406 | 141 960 | 125 269 | 188 887 | 204 123 |
| Investment fund shares | 8 955 | 8 720 | 8 660 | 13 872 | 8 005 | 12 972 | 11 557 | 10 333 |
| Money market fund shares | .. | .. | .. | .. | .. | .. | .. | .. |
| Non-Money market fund shares | 8 955 | 8 720 | 8 660 | 13 872 | 8 005 | 12 972 | 11 557 | 10 333 |
| Insurance pension and standardised guarantees | 90 002 | 108 240 | 158 480 | 130 129 | 150 781 | 136 745 | 137 318 | 112 450 |
| Financial derivatives and employee stock options | .. | .. | .. | 31 | 65 | 8 353 | 7 515 | 23 076 |
| Other accounts receivable | 241 975 | 289 297 | 335 462 | 327 638 | 355 080 | 346 294 | 381 842 | 403 280 |
| Financial liabilities | 1 110 524 | 1 398 501 | 1 631 580 | 1 689 717 | 1 936 139 | 2 524 519 | 2 894 167 | 3 235 360 |
| Debt securities | 13 764 | 16 456 | 11 227 | 10 662 | 12 999 | 7 067 | 6 402 | 6 446 |
| Short-term debt securities | .. | .. | .. | .. | .. | .. | .. | .. |
| Long-term debt securities | .. | .. | .. | .. | .. | .. | .. | .. |
| Loans | 20 669 | 21 452 | 17 086 | 11 488 | 10 587 | 12 575 | 16 659 | 25 926 |
| Short-term loans | .. | .. | .. | .. | .. | .. | .. | .. |
| Long-term loans | .. | .. | .. | .. | .. | .. | .. | .. |
| Equity and investment fund shares | 362 679 | 517 612 | 567 245 | 600 911 | 688 635 | 869 781 | 851 268 | 919 754 |
| Insurance pension and standardised guarantees | 579 072 | 684 034 | 845 958 | 928 531 | 1 082 139 | 1 458 916 | 1 851 966 | 2 101 457 |
| Financial derivatives and employee stock options | .. | .. | .. | 0 | 0 | 5 | 0 | 242 |
| Other accounts payable | 134 340 | 158 947 | 190 064 | 138 125 | 141 780 | 176 175 | 167 871 | 181 536 |
| Non-financial assets | 89 494 | 85 687 | 92 936 | 91 487 | 91 044 | 261 703 | 332 447 | 430 363 |
| **Pension funds** | | | | | | | | |
| Financial net worth | 72 156 | 64 988 | 73 693 | 89 358 | 124 572 | 119 368 | 138 222 | 136 593 |
| Financial assets | 1 547 276 | 2 052 053 | 2 178 702 | 2 876 002 | 3 414 280 | 3 862 617 | 4 065 247 | 4 406 787 |
| Currency and deposits | 429 619 | 508 470 | 570 249 | 603 518 | 573 469 | 494 625 | 342 641 | 291 877 |
| Debt securities | 510 486 | 810 925 | 916 381 | 1 447 282 | 1 898 460 | 2 311 086 | 2 752 881 | 3 289 969 |
| Loans | 1 480 | 182 | 144 | 107 | 12 | 14 | 11 | 0 |
| Equity and investment fund shares | 511 374 | 568 714 | 583 296 | 761 935 | 927 210 | 868 704 | 677 750 | 638 716 |
| Equity | 292 717 | 342 074 | 363 648 | 505 349 | 708 290 | 613 006 | 434 116 | 417 977 |
| Investment fund shares | 218 657 | 226 640 | 219 648 | 256 586 | 218 920 | 255 698 | 243 633 | 220 739 |
| Money market fund shares | .. | .. | .. | .. | .. | .. | .. | .. |
| Non-Money market fund shares | 218 657 | 226 640 | 219 648 | 256 586 | 218 920 | 255 698 | 243 633 | 220 739 |
| Insurance pension and standardised guarantees | .. | .. | .. | .. | .. | .. | .. | .. |
| Financial derivatives and employee stock options | .. | .. | .. | 0 | 0 | 0 | 0 | 0 |
| Other accounts receivable | 94 318 | 163 762 | 108 632 | 63 161 | 15 128 | 188 188 | 291 963 | 186 225 |
| Financial liabilities | 1 475 120 | 1 987 065 | 2 105 009 | 2 786 644 | 3 289 708 | 3 743 248 | 3 927 024 | 4 270 194 |
| Debt securities | 0 | 0 | 0 | 0 | 0 | 0 | 0 | 0 |
| Short-term debt securities | .. | .. | .. | .. | .. | .. | .. | .. |
| Long-term debt securities | .. | .. | .. | .. | .. | .. | .. | .. |
| Loans | 2 296 | 1 177 | 1 459 | 169 | 35 | 1 | 0 | 101 |
| Short-term loans | .. | .. | .. | .. | .. | .. | .. | .. |
| Long-term loans | .. | .. | .. | .. | .. | .. | .. | .. |
| Equity and investment fund shares | 108 152 | 124 947 | 143 111 | 164 609 | 184 184 | 237 709 | 191 355 | 247 980 |
| Insurance pension and standardised guarantees | 1 352 523 | 1 843 416 | 1 947 524 | 2 597 662 | 3 078 917 | 3 483 613 | 3 717 069 | 4 001 621 |
| Financial derivatives and employee stock options | .. | .. | .. | 0 | 0 | 0 | 0 | 0 |
| Other accounts payable | 12 149 | 17 525 | 12 915 | 24 204 | 26 572 | 21 925 | 18 600 | 20 493 |
| Non-financial assets | 5 700 | 5 360 | 4 528 | 3 963 | 4 298 | 4 659 | 2 673 | 4 655 |

Note: Detailed metadata at: *http://metalinks.oecd.org/instinv/20200916/f42e*

## Table 4. Portfolio composition by type of investor

As percentage of financial assets and of financial liabilities

*Per cent*

| | 2012 | 2013 | 2014 | 2015 | 2016 | 2017 | 2018 | 2019 |
|---|---|---|---|---|---|---|---|---|
| **Investment funds** | | | | | | | | |
| Financial assets | 100.0 | 100.0 | 100.0 | 100.0 | 100.0 | 100.0 | 100.0 | 100.0 |
| Currency and deposits | 15.1 | 19.7 | 14.3 | 15.2 | 11.0 | 11.0 | 11.1 | 8.7 |
| Debt securities | 8.4 | 9.0 | 10.6 | 10.5 | 11.3 | 12.3 | 14.8 | 16.6 |
| Loans | 0.4 | 0.5 | 0.4 | 0.4 | 12.2 | 11.7 | 11.2 | 8.2 |
| Equity and investment fund shares | 57.6 | 47.8 | 49.7 | 48.0 | 56.6 | 56.5 | 57.9 | 50.5 |
| Insurance pension and standardised guarantee schemes | 0.0 | 0.0 | 0.0 | 0.0 | 0.0 | 0.0 | 0.0 | 0.0 |
| Financial derivatives and employee stock options | 0.0 | 0.0 | 0.0 | 0.0 | 0.0 | 0.0 | 0.0 | 0.0 |
| Other accounts receivable | 18.4 | 23.0 | 24.9 | 25.9 | 8.9 | 8.5 | 5.0 | 16.0 |
| Financial liabilities | 100.0 | 100.0 | 100.0 | 100.0 | 100.0 | 100.0 | 100.0 | 100.0 |
| Currency and deposits | 0.0 | 0.0 | 0.0 | 0.0 | 0.0 | 0.0 | 0.0 | 0.0 |
| Debt securities | 0.0 | 0.0 | 0.0 | 0.0 | 0.0 | 0.0 | 0.0 | 0.0 |
| Loans | 0.0 | 0.0 | 0.0 | 0.0 | 0.0 | 0.0 | 0.0 | 0.0 |
| Equity and investment fund shares | 90.4 | 88.4 | 88.2 | 89.1 | 91.0 | 88.8 | 91.2 | 86.9 |
| Insurance pension and standardised guarantee schemes | 0.0 | 0.0 | 0.0 | 0.0 | 0.0 | 0.0 | 0.0 | 0.0 |
| Financial derivatives and employee stock options | 0.0 | 0.0 | 0.0 | 0.0 | 0.0 | 0.0 | 0.0 | 0.0 |
| Other accounts receivable | 9.6 | 11.6 | 11.8 | 10.9 | 9.0 | 11.2 | 8.8 | 13.1 |
| **Insurance corporations** | | | | | | | | |
| Financial assets | 100.0 | 100.0 | 100.0 | 100.0 | 100.0 | 100.0 | 100.0 | 100.0 |
| Currency and deposits | 32.8 | 30.5 | 30.5 | 34.6 | 34.1 | 32.6 | 27.4 | 24.4 |
| Debt securities | 23.8 | 24.9 | 22.9 | 24.5 | 28.1 | 38.2 | 44.6 | 49.3 |
| Loans | 0.9 | 1.2 | 1.5 | 0.8 | 0.9 | 0.7 | 0.6 | 0.8 |
| Equity and investment fund shares | 11.7 | 11.2 | 10.9 | 9.8 | 8.5 | 6.3 | 7.6 | 7.2 |
| Insurance pension and standardised guarantee schemes | 8.4 | 8.8 | 11.0 | 8.6 | 8.5 | 6.2 | 5.2 | 3.8 |
| Financial derivatives and employee stock options | 0.0 | 0.0 | 0.0 | 0.0 | 0.0 | 0.4 | 0.3 | 0.8 |
| Other accounts receivable | 22.5 | 23.5 | 23.2 | 21.7 | 20.0 | 15.7 | 14.4 | 13.6 |
| Financial liabilities | 100.0 | 100.0 | 100.0 | 100.0 | 100.0 | 100.0 | 100.0 | 100.0 |
| Currency and deposits | 0.0 | 0.0 | 0.0 | 0.0 | 0.0 | 0.0 | 0.0 | 0.0 |
| Debt securities | 1.2 | 1.2 | 0.7 | 0.6 | 0.7 | 0.3 | 0.2 | 0.2 |
| Loans | 1.9 | 1.5 | 1.0 | 0.7 | 0.5 | 0.5 | 0.6 | 0.8 |
| Equity and investment fund shares | 32.7 | 37.0 | 34.8 | 35.6 | 35.6 | 34.5 | 29.4 | 28.4 |
| Insurance pension and standardised guarantee schemes | 52.1 | 48.9 | 51.8 | 55.0 | 55.9 | 57.8 | 64.0 | 65.0 |
| Financial derivatives and employee stock options | 0.0 | 0.0 | 0.0 | 0.0 | 0.0 | 0.0 | 0.0 | 0.0 |
| Other accounts receivable | 12.1 | 11.4 | 11.6 | 8.2 | 7.3 | 7.0 | 5.8 | 5.6 |
| **Pension funds** | | | | | | | | |
| Financial assets | 100.0 | 100.0 | 100.0 | 100.0 | 100.0 | 100.0 | 100.0 | 100.0 |
| Currency and deposits | 27.8 | 24.8 | 26.2 | 21.0 | 16.8 | 12.8 | 8.4 | 6.6 |
| Debt securities | 33.0 | 39.5 | 42.1 | 50.3 | 55.6 | 59.8 | 67.7 | 74.7 |
| Loans | 0.1 | 0.0 | 0.0 | 0.0 | 0.0 | 0.0 | 0.0 | 0.0 |
| Equity and investment fund shares | 33.0 | 27.7 | 26.8 | 26.5 | 27.2 | 22.5 | 16.7 | 14.5 |
| Insurance pension and standardised guarantee schemes | 0.0 | 0.0 | 0.0 | 0.0 | 0.0 | 0.0 | 0.0 | 0.0 |
| Financial derivatives and employee stock options | 0.0 | 0.0 | 0.0 | 0.0 | 0.0 | 0.0 | 0.0 | 0.0 |
| Other accounts receivable | 6.1 | 8.0 | 5.0 | 2.2 | 0.4 | 4.9 | 7.2 | 4.2 |
| Financial liabilities | 100.0 | 100.0 | 100.0 | 100.0 | 100.0 | 100.0 | 100.0 | 100.0 |
| Currency and deposits | 0.0 | 0.0 | 0.0 | 0.0 | 0.0 | 0.0 | 0.0 | 0.0 |
| Debt securities | 0.0 | 0.0 | 0.0 | 0.0 | 0.0 | 0.0 | 0.0 | 0.0 |
| Loans | 0.2 | 0.1 | 0.1 | 0.0 | 0.0 | 0.0 | 0.0 | 0.0 |
| Equity and investment fund shares | 7.3 | 6.3 | 6.8 | 5.9 | 5.6 | 6.4 | 4.9 | 5.8 |
| Insurance pension and standardised guarantee schemes | 91.7 | 92.8 | 92.5 | 93.2 | 93.6 | 93.1 | 94.7 | 93.7 |
| Financial derivatives and employee stock options | 0.0 | 0.0 | 0.0 | 0.0 | 0.0 | 0.0 | 0.0 | 0.0 |
| Other accounts receivable | 0.8 | 0.9 | 0.6 | 0.9 | 0.8 | 0.6 | 0.5 | 0.5 |

Note: Detailed metadata at: *http://metalinks.oecd.org/instinv/20200916/eb22*

www.ingramcontent.com/pod-product-compliance
Lightning Source LLC
Chambersburg PA
CBHW061213240926
51846CB00006B/1208
*9789264512528*